성경 읽기의 참고서 신약 1권

장(章)으로 성경 꿰뚫어 보기

성경 읽기 참고서 신약 1

장(章)으로 성경 꿰뚫어 보기

정규동 목사

국제문학사

추천사

하나님의 말씀은 시대를 초월하여 우리에게 생명의 빛을 비추는 진리입니다. 그러나 오늘날 많은 성도들이 방대한 성경 본문 앞에서 어떻게 말씀을 읽고 묵상하며 사역에 적용할 것인지 고민하곤 합니다.

이때 하베스트대학교 정규동 교수님께서 신약성경 마태복음부터 요한계시록까지 모든 장을 '꿰뚫어보는 성경' 이라는 주제로 요약 정리하신 사역은 매우 귀하고 소중합니다. 성경의 흐름을 잡도록 돕고, 동시에 영적 양식을 삼도록 매일 아침 성경 한 장씩 은혜롭게 정리하여 나누어 주신 그 헌신은 현장에서 복음을 전하는 선교사들에게 큰 힘과 위로가 되었습니다.

이 귀한 자료들이 '장(章)중심으로 꿰뚫어 보기'라는 제목의 책으로 출판되어 더 많은 독자들에게 전해지게 된 것은 하나님께서 주신 특별한 은혜입니다.

본서는 성경 전체를 맥락 속에서 이해하고 적용할 수 있도록 길잡이가 되는 책입니다. 특히 성경을 체계적으로 배우기를 원하는 목회자, 선교사, 평신도, 신학생들에게 강력히 추천합니다.

본서를 통해 더 많은 독자들이 성경을 깊이 이해하고 하나님의 말씀에 순종하며 성경의 가르침대로 살아가시기를 소망합니다.

하베스트대학교 총장 이성상

머리말

말씀은 능력입니다. 구약 시대에나, 신약 시대에나, 지금에도 변함이 없습니다. 하나님은 천지 만물을 말씀으로 창조하셨습니다. 하나님은 말씀으로 사람을 불러서 믿음의 조상으로 세우기도 하고, 일꾼으로 혹은 선지자로 사역하게 하셨습니다. 말씀으로 부르시고, 말씀을 주시고, 말씀하게 하셨습니다.

신약성경에는 말씀이신 분이 오셔서 친히 말씀하셨습니다. 예수님이 사마리아 우물가의 여인과 잠시 나눈 말씀이 그 여인의 인생 전체를 바꾸어 놓았습니다. 삭개오가 악착같이 모은 재산을 아낌없이 나눈 것도 말씀이었고, 베드로가 물고기를 엄청나게 잡은 것은 '말씀에 의지하여' 그물을 던졌을 때 경험했던 일입니다. 말씀 한마디에 병이 떠나가고, 귀신이 쫓겨나고, 풍랑이 잠잠해졌습니다. 죽은 나사로를 살리신 것도 오직 한마디 말씀이었습니다.

말씀은 이렇게 변함없는 능력인데 지금 우리에게는 어떻습니까? 능력 그대로 나타나고 있습니까? 옛날과 비교해 볼 때 신앙생활뿐 아니라 우리의 모든 생활이 좋아진 것은 부인할 수 없는 사실인데, 말씀의 능력이 많이 약화된 것도 부인할 수 없습니다. 그 원인이 어디에 있을까요? 말씀을 가까이하지 않고, 말씀대로 순종하지 않고, 말씀을 귀하게 여기지 않고, 말씀 앞에서 두려워하지 않기 때문입니다. 이 책이 말씀의 능력을 회복하는 일에 쓰여지기를 원합니다.

하베스트 국제 사역원에서 주최하는 31회 세계선교 컨퍼런스에 참석했다가 이성상 총장님의 사역에 반해서 붙들린 자가 되었고, 그때 그 자리에서 권유를 받아 글을 쓰기 시작했습니다. 하루에 3시간을 들여서 신약성경 처음부터 연재하기 시작했는데 9개월 동안 하루도 쉬지 않고 올려서 신약을 마치게 되었으며, 그 글을 모아 책으로 만들었습니다. 매일 아침 묵상 시간에 성경 옆에 이 책을 두고 함께 읽으면서 참고하면 아주 많은 효과를 누리게 될 것입니다. 지금은 구약성경을 연재하고 있습니다. 연재를 받아 보시려면 하베스트 대학교에 들어오시면 되고, 들어오시는 분에게는 누구에게나 제공해 드립니다. 매일 묵상 시간에 참고서와 같이 이용하시면 성경이 꿰뚫어지는 것을 경험하게 될 것입니다. 조금의 노력으로 많은 것을 거둘 수 있습니다.

저의 소원은 말씀이 살아나고, 말씀의 능력이 곳곳에서 나타나는 겁니다. 그리고 모든 사람이 성경을 사랑하고, 말씀을 귀하게 여기는 겁니다. 그것을 위해서 무엇이든지 아낌없이 제공하려고 합니다. 내가 깨우친 것. 나에게만 주신 은혜를 다 나누려고 합니다. 누구든지 '침노'해서 다 얻어 가시길 바랍니다.

이 책은 '꿰뚫어 보는 성경 세미나'의 강의 교재로 사용될 것입니다. 성경 세미나는 주기적으로 계속할 계획입니다. 세미나는 책으로 읽는 것과 한 시간 강의 듣는 것과는 전혀 다릅니다. 말씀의 능력을 강하게 경험하려면 세미나에 참석해야 합니다. 이 책과 세미나를 통해서 말씀이 말씀 그대로 살아나고, 말씀의 능력을 그 자리에서 경험하는 일들이 있기를 간절히 소망합니다.

이 책을 집필하면서 두 가지 책을 참고했습니다. 장별로 연구하여 출판된 책이 많지 않았기 때문입니다. 한 권은 'QA 시스템 성경 연구 시리즈"(강병도, 1986, 기독지혜사, 총15권)이고, 다른 한 권은 '신약 강해'(요네다 유다까 米田豊, 1963, 혜문사)입니다. 요한계시록은 한 권을 더 참고했는데, 헨드릭슨 주석의 계시록 편입니다. 특히 앞에 기술한 두 권의 책에서 많은 소재를 얻었습니다. 나머지는 필자가 평소에 성경을 묵상하면서 깨우친 것을 글로 펼쳐 보였습니다.

이 책이 이 세상에 나오도록 출판을 진두지휘하신 김성구 목사님과 교정으로 글을 더욱 빛나게 해 주신 심재황 교수님께 감사한 마음을 전합니다. 그 외 관심을 가져주신 분들, 아침마다 올리는 글을 읽고 격려해 주신 분들, 그리고 수고하신 여러분들에게 고마운 마음을 전합니다. 감사합니다.

2025년 10월 2일

팔공산 자락에서
정규동 목사

차 례

추천사 ······································ 4

머리말 ······································ 5

☆마태복음 (1강 ~ 28강) ······················ 9

☆마가복음 (29강 ~ 44강) ······················ 93

☆누가복음 (45강 ~ 68강) ······················ 145

☆요한복음 (69강 ~ 89강) ······················ 219

☆사도행전 (90강 ~ 117강) ······················ 283

☆로마서 (118강 ~ 133강) ······················ 369

마태복음

(1강 ~ 28강)

1강

아들을 낳으리니 이름을 예수라 하라! (마 1)

신약의 첫 성경인 마태복음을 시작합니다. 4 복음서는 수신자와 기록자에 따른 고유의 여러 특색이 있습니다. 마태복음은 세리가 기록해서 유대인에게 보냈습니다. 마가복음은 베드로의 비서가 기록하여 로마인을 주 대상자로 삼았습니다. 누가복음은 의사가 헬라인이 읽을 것을 생각하며 적었습니다. 요한복음은 사도가 적고 만백성이 수신인입니다.

세리가 가장 중요하게 생각하는 것은 돈과 장부입니다. 마태복음에는 돈에 대한 언급이 많으며 다른 복음서에서 찾아볼 수 없는 돈에 대한 언급이 여럿 있습니다. 마태는 장부를 정리하듯이 주제별로 한 곳에 모아 두었습니다. 그래서 산상수훈(5-7), 기적(8-9), 제자 파송(10), 비유(13)가 한 곳에 모여 있습니다. 다른 성경에는 그렇지 않고 이리저리 흩어져 있습니다.

그 외 다른 특징은 아래와 같습니다. 첫째, 유대인이 유대인에게 보낸 편지입니다. 둘째, 4 복음서 중에 구약 인용이 가장 많습니다. 셋째, 예수님은 다윗의 후손으로 유대인의 왕이며 메시야라는 것을 강조했습니다. 넷째, '하나님의 나라' 대신에 '천국'이라는 단어를 사용했습니다. 다섯째, 임마누엘로 시작하여(1:23) 임마누엘로 마쳤습니다(28:20). 여섯째, 부활의 목격자인데도 불구하고 부활 기록이 복음서 중에 가장 짧습니다.

족보의 비밀

1) 5명의 여자

우리나라에도 전에는 족보에 여자들의 이름을 올리지 않았습니다. 유대인들, 그리고 2천 년 전에는 더 말할 것이 없습니다. 그런데 유대인을 수신자로 하는 편지의 첫머리에 여자들, 그것도 이방인 여자들의 이름을 넣었다는 것은 파격적이라 말하지 않을 수 없습니다.

5명의 여자는 다말, 라합, 룻, 우리야의 아내(밧세바), 그리고 마리아입니다. 이 중에 라합과 룻은 이방인이고, 다말과 밧세바는 정숙하지 못한 여인이었습니다. 자랑스럽지 못한 사람이 메시야의 족보에 이름이 올려졌습니다. 예수님이 죄인을 구원하기 위해서 이 땅에 오셨기 때문입니다.

2) 다윗의 이름이 먼저 나옵니다.

우리 성경에는 '아브라함과 다윗'으로 아브라함이 먼저 나오지만, 헬라어 성경에는 다윗의 이름이 먼저 나옵니다. 이것은 왕이신 예수님이 다윗의 혈통을 이어받았음을 강조하기 위함입니다. 예수님은 다윗의 후손으로 다윗의 왕통을 이어받은 왕이었습니다.

3) 직분이 기록된 한 사람이 있습니다.

솔로몬과 그 후손들이 모두 왕이었지만 족보에 왕이라는 명칭이 있는 사람은 다윗뿐입니다. 왜 다윗만 왕이라고 그 직분을 표시했을까요? 그 이유는 위에서 설명한 것과 동일합니다. 왕으로 오신 메시야를 드러내기 위해서입니다.

4) 이름이 빠진 왕이 있습니다.

마태는 의도적으로 몇 명의 왕을 족보에 이름을 올리지 않았습니다. 그 사람들은 요람과 웃시야 사이의 아하시야, 요아스, 아마샤 3명의 왕입니다. 이방 여인도 이름을 넣었는데 왜 이들의 이름을 제외했을까요? 마태가 14대로 맞추기 위해서 그렇게 했고, 무엇보다 중요한 이유는 이것이 족보가 아니라 메시야의 계보이기 때문입니다.

5) 신적 수동태로 구분했습니다.

'마리아에게서 그리스도라 칭하는 예수가 나시니라'(16). 마태는 이 부분은 수동태로, 그 외 모든 사람의 출생은 능동태로 기록했습니다. 이렇게 한 이유는 구분하기 위해서입니다. 여기에 나오는 이런 수동태를 신적 수동태라 합니다. 하나님의 간섭이 있어서 된 일을 표현할 때 신적 수동태를 사용합니다. 예수님의 탄생은 보통 사람의 탄생과 다르다는 것입니다.

6) 마지막 세대는 14대가 아닙니다.

마태는 14대로 맞추기 위해서 몇 사람의 이름을 제외하기까지 했는데, 마지막 세대는 13세대로 되어 있습니다. 마태가 실수한 걸까요? 아닙니다. 마태의 의도가 숨어 있습니다. 그것은 마지막 세대는 그의 글을 읽는 사람이 되라는 뜻입니다. 예수님을 주로 믿어서 아브라함의 후손이 되면 그 사람은 다윗 왕의 후손으로 왕통을 이어받는 믿음의 후손이 됩니다. '왕 같은 제사장'이 되는 겁니다. 우리는 믿어서 우리의 이름이 생명책에 기록되었을 뿐 아니라 족보에도 맨 끝의 14대에 이름이 올라 있습니다. 이렇게 해서 우리는 메시야의 가족이 되고 천국 백성이 됩니다.

임마누엘

마태복음은 임마누엘로 시작하여 임마누엘로 마칩니다. 앞에 나오는 임마누엘은 이사야의 예언입니다. 그 예언에 따라서 하나님이 그 아들을 이 땅에 보냈습니다. 하나님이 함께 하시는 것은 눈으로 볼 수 없는데, 임마누엘을 눈으로 보도록 오신 분이 예수님입니다. 마지막에 나오는 임마누엘은 이제까지 임마누엘 하신 예수님이 승천하면서 이제부터 다른 방식으로 임마누엘 하실 것을 말씀하셨습니다. 이제부터는 성령으로 임마누엘을 실현하실 것입니다.

동정녀 탄생의 이유

예수님은 처녀의 몸에서 태어났습니다. 처녀는 임신하기 전에 이미 처녀가 아닙니다. 세상 이치로 보면 처녀는 절대로 아기를 낳을 수 없습니다. 그런데 왜 예수님은 이런 특이한 방법으로 이 땅에 오셨을까요?

그것은 첫째, 구약의 예언을 이루기 위해서입니다. 하나님이 범죄 현장에서 말씀하신 '여자의 후손'은 그 후 수천 년이 지난 뒤에 이사야를 통해서 '처녀'라고 밝혀졌습니다. 메시야를 이 세상에 있게 할 사람은 3가지 조건을 갖추어야 합니다. 첫째는 여자의 후손, 둘째는 처녀, 셋째는 다윗의 후손입니다. 왜냐하면 메시야가 다윗의 후손으로 오신다고 했기 때문입니다(삼하7:11-). 이 모든 조건을 갖춘 사람이 마리아였습니다.

두 번째 이유는 예수님이 우리들과 같이 태어나면 죄인을 구원할 수가 없습니다. 그래서 여자의 후손으로 태어나지만 다르게 태어나야 했습니다. 그것이 바로 처녀 탄생입니다.

전도해 보면 '처녀 탄생'에서 걸려 넘어지는 사람들이 많습니다. 믿을 수 없다고 했습니다. 죄인인 나를 위해서 이렇게 탄생하셨는데 이것을 받아들이지 못합니다. 하나님이 하신다면 무슨 일인들 못 하시겠습니까? 알고 보면 우리와 다르게 태어나신 것이 얼마나 감사한지 모릅니다. 우리와 같이 태어나셨다면 우리는 아직도 죄 가운데 있을 것이기 때문입니다.

2강
동방박사의 고장 난 내비게이션 (마 2)

2장은 4가지 사건을 담고 있습니다. 동방박사의 방문, 애굽으로 피난, 유아 살해, 나사렛 귀향입니다. 이 4가지 사건은 마태복음에만 있습니다. 누가는 나세렛 귀환을 언급했지만(눅2:39), 어떤 이유와 과정을 거쳐서 나사렛에 오게 되었는지는 말하지 않았습니다.

아기 예수님의 탄생을 축하하기 위해서 선택된 축하단은 5부류의 사람들입니다. 유대인을 대표해서 목자들, 이방인을 대표해서 동방박사들이 뽑혔습니다. 그리고 우주를 대표해서 이상한 별이 동원되었습니다. 목자들은 예수님이 태어난 직후에 짐승의 우리 간을 방문했습니다(눅2:16). 누가복음은 두 사람을 더 소개해 주고 있습니다. 이들은 신앙인의 대표로 이스라엘의 위로를 기다렸던 시므온(눅2:22-)과 성전에서 금식하며 기도했던 안나였습니다(눅2:36-). 이들은 탄생 8일 후에 예수님을 만났습니다. 동방박사는 목자들보다 훨씬 더 늦은 날에 '집'에서 예수님께 경배했습니다(11). 하나님은 그 아들을 드러내지 않고 이 땅에 보내셨지만, 이렇게 각계각층의 축하단으로 축하하게 하심으로 메시야의 오심을 알아야 했던 사람들은 알도록 하셨습니다.

마태는 특별히 동방박사의 예방을 언급했는데, 그 이유는 이들이 한 말에 있습니다. '유대인의 왕으로 나신 이가 어디 계시뇨?'(2). 이 말을 전하기 위해서 그들은 생명의 위험과 여로의 고생을 마다하지 않고 그 먼길을 찾아왔습니다. 이들은 별의 인도함을 받아서 왔는데, 별이 동방박사들을 목적지로 인도한 내비게이션 역할을 했습니다. 이 별은 그 당시에만 있었고 그 뒤 다시는 나타나지 않은 참으로 이상한 별이었습니다.

동방박사의 방문 (1-12)

1) 이 별은 이상한 별입니다.

이 별은 전무후무한 별입니다. 하늘에 있는 수많은 별들은 지금도 계속해서 움직이고 있지만 사람을 인도하지는 않습니다. 별은 밤에만 볼 수 있습니다. 박사들을 인도하려면 낮 시간에는 운행을 정지해야 합니다. 그리고 박사들이 모든 채비를 다 차릴 때까지 기다려야 박사들과 함께 출발할 수 있습니다. 너무 빨리 가도 안 되고, 너무 천천히 가도 안 되고, 낮 동안에 혼자 가 버려도 안 됩니다. 별에 눈이 달린 것처럼 박사들의 행동에 맞추어서 움직였고 그들을 인도했습니다. 그러니까 하늘의 수많은 별들과 다른 별이었고, 하나님이 보낸 특별한 별이라 아니할 수가 없습니다.

2) 고장 난 건가요?

바르게 잘 인도하던 내비가 왜 박사들을 예루살렘으로 인도했을까요? 목적지를 잘못 설정했는가요? 아니면 고장을 일으킨 걸까요? 하나님의 내비가 그럴리가 있겠습니까? 그렇다면 그곳에는 분명한 목적이 있었습니다. 구주의 탄생은 적어도 예루살렘에는 알려야 할 필요가 있었습니다. 하나님은 멀리 있는 이방인 박사들을 준비해서 예루살렘에 이 사실을 알리도록 했습니다. 그래서 내비는 왕이 있는 예루살렘으로 박사들을 인도했습니다. 고장 난 것이 아니라 정확하게 인도했습니다. 이렇게 하면 태어나는 아기에게 위험하지 않겠습니까? 그 뒤에 일어나는 문제는 하나님이 알아서 하실 겁니다.

3) 내비가 또다시 나타났습니다.

박사들이 왕에게 이 놀라운 사실을 알리자 왕은 즉각적으로 제사장과 서기관을 소집했습니다. 그들은 성경의 예언을 알았고, 장소까지 정확하게 말해주었습니다. 그러나 따라나서는 사람은 한 사람도 없었습니다. 기다리고 있다고 하면서 말입니다. 그들은 그 후 지금까지 기다리고 있습니다. 박사들이 베들레헴으로 가려고 나섰을 때, 그 내비가 또 나타났습니다. 그들이 별을 보고 얼마나 기뻐하고 기뻐했던지 반복법, 중첩법, 최상법을 써서 그들의 기쁨을 나타냈습니다. 내비는 그들을 정확하게 아기 예수님이 있는 곳으로 인도해서 그곳에 멈추어 섰습니다. 그곳은 짐승의 우리가 아니라 집이었습니다(11). 목자들이 찾아간 곳이 아니기 때문에 목자와 동방박사는 서로 만날 수가 없었습니다. 성탄절에 성극을 할 때 이 두 사람이 만나는 것은 성극을 지도하는 감독의 실수입니다.

애굽 피난 (13-15)

예수님이 탄생한 후에 있었던 4가지 사건은 주의 사자가 꿈으로 지시했습니다. 동방박사들에게 다른 길로 고국에 돌아가라고 한 것도(12), 요셉에게 아기를 데리고 애굽으로 피신하라는 것도(13), 요셉에게 이스라엘 땅으로 가라는 것과 마지막으로 나사렛으로 가라는 것도 모두 꿈으로 지시했습니다(19-). 요셉은 마리아에게서 임신 소식을 들었을 때 그때 잠시 고민했지만, 그 후에는 꿈으로 지시하시는 것을 순종하는 사람이 되었습니다.

유아 살해 (16-18)

헤롯은 박사들이 다른 길로 고국에 돌아가고 난 뒤에야 속은 줄을 알았습니다(16). 이렇게 헤롯이 바로 알았다는 것은 잊어버리지 않고 기억하고 있었다는 말입니다. 헤롯은 군사들로 박사들을 미행하도록 지시하지 않았던 것을 두고두고 후회했을 것입니다. 그러나 이것은 또 이렇게 되도록 인도하시는 하나님의 은혜입니다. 헤롯의 잔인성이 '두 살 아래로' 베들레헴의 모든 아기들을 다 죽이도록 한 것에서 잘 드러나고 있습니다(16). 최초의 순교자는 이름도 모르는 갓난아기들이었습니다.

나사렛 귀향 (19-23)

요셉이 나사렛으로 귀향한 것은 꿈에 지시하심을 받아서였지만, 사실은 마리아와 요셉이 베들레헴으로 떠나기 전에 살았던 곳이 바로 나사렛이었습니다(눅 2:4). 그래서 자기가 살았던 곳으로 돌아간 것입니다. '선지자로 하신 말씀에 나사렛 사람이라 칭하리라'는 구약성경 어디에도 없습니다. 이 말씀은 구약성경의 어느 특정한 구절에 대한 성취가 아니라 구약 선지자들의 일반적인 메시야 예언에 대한 성취입니다. 메시야가 멸시를 당하고 배척을 받을 것은 시편과 이사야와 다니엘에서 예언했습니다. 예수님을 나사렛 사람이라고 칭하는 것은 이런 멸시와 배척이 그 안에 담겨 있습니다.

하나님은 필요할 때에 별을 통해서 인도하기도 하고, 꿈으로 지시하기도 합니다. 이때 이렇게 하셨다고, 그리고 이것이 성경에 나온다고 우리도 이렇게 인도하심을 받으려고 하면 안 됩니다. 지금 우리에게는 별보다도 더 분명하고, 꿈보다도 더 정확한 '말씀'이 있습니다. '말씀'이 가장 좋은 내비게이션입니다.

3강
내 사랑하는 아들이요 내 기뻐하는 자라! (마 3)

성경에 나오는 인물 중에 출생의 비밀이 알려진 사람은 그리 많지 않습니다. 마태복음 3장에 처음으로 등장하는 세례요한이 그중의 한 사람입니다. 그의 출생을 자세하게 기록한 사람은 마태가 아니라 누가입니다. 누가는 그의 출생에 대해서 자세하게 말했지만, 그의 성장에 대해서는 아무 말도 하지 않았습니다. 마태도 마찬가집니다. 마태는 그의 출생과 성장에 대해서 아무 말도 하지 않고 그의 사역을 바로 말했습니다.

어느 날 갑자기 세례요한의 사역이 시작되었지만, 세례요한은 느닷없이 나타난 인물이 아닙니다. 그는 구약성경에 예언된 인물이었습니다. 이사야가 그의 출현을 예고했으며, 무슨 사역을 할 것인지도 미리 말했습니다. 그는 왕의 오심을 준비하는 사람이었습니다. 더 정확하게 말하면 왕을 맞이하도록 사람들로 하여금 준비하도록 만드는 사람이었습니다.

옛날에 왕이 행차하면 왕이 탄 마차가 편안하게 갈 수 있도록 길을 평탄하게 하고 도로를 정비했습니다. '너희는 주의 길을 예비하라. 그의 첩경을 평탄케 하라'(3). 메시야는 마음에 모셔 들여야 할 왕이기 때문에 마음의 길을 평탄하게 해야 합니다. 그렇게 하는 것은 바로 '회개'입니다. 그래서 세례요한은 '회개하라 천국이 가까왔다'고 외쳤습니다(2). 그는 특이하게도 광야에서 살았는데, 그곳은 사람이 살기에 적합하지 않은 곳입니다. 사람들은 세례요한이 있는 광야로 모여들었습니다. 요한은 말라기 이후 400년간의 침묵을 깨고 외치기 시작한 하나님의 선지자였습니다. 수많은 사람들이 세례요한을 보려고, 그리고 그의 말씀을 들으려고 광야로 나왔습니다. 말씀이 있으면 이렇게 광야에도 사람이 모입니다. 하나님이 사람을 모으시고, 귀를 기울여 듣게 하시기 때문입니다.

3장에는 3가지 내용이 있습니다. 첫째는 세례요한이 소개되어 있고, 둘째는 그의 사역이 소개되어 있습니다. 셋째는 예수님이 세례요한에게 세례를 받는 내용입니다.

세례요한

1) 출신 성분

세례요한의 아버지는 아비야 반열의 제사장이었으며, 어머니는 아론의 후손이었습니다. 그러니까 세례요한은 정통 제사장 가문에서 태어났으며, 앞으로 제사장이 될 사람이었습니다. 세례요한은 예수님과 같이 천사가 그의 탄생을 알려주었으며, 출생 과정이 성경에 자세하게 기록되어 있습니다. 이런 모든 사실을 마태는 생략했고, 누가는 자세하게 적었습니다. 곧 그의 가문, 천사가 전해준 출생에 대한 소식, 아버지가 벙어리가 된 것, 기적적인 탄생 등, 마태복음에는 없습니다. 마태복음에는 바로 그의 사역을 말하고 있습니다.

2) 주거지와 음식

제사장이라면 성전이나 그 주변에 있어야 하는데, 그는 광야에서 살았고(눅 1:80), 광야에서 사역을 시작했습니다. 이것은 성전과 제사장으로 대표되는 구약 시대를 거부하고 예수님으로 시작되는 새 시대를 드러내기 위함이었습니다.

그의 옷은 낙타털로 만든 옷이었는데 이것은 광야에서 적당한 옷입니다. 그러나 그의 신분을 생각하면 낙타는 가까이하면 안 되는 짐승이었습니다. 부정한 짐승은 그 고기를 먹지 못할 뿐 아니라, 그에게서 생산되는 모든 것을 먹을 수 없었습니다. 이런 규정을 더욱 엄격하게 지켜야 하는 제사장으로서는 낙타털 옷을 누가 공짜로 준다고 해도 입을 수 없었습니다. 그런데 세례요한은 이 모든 것을 초월했습니다. 그가 생계를 위해 먹었던 음식은 광야에서 조달하기 쉬운 메뚜기와 야생 꿀이었습니다. 그는 단 한마디를 외치기 위해서 자기의 생활 전체를 그의 사역에 맞추었습니다. 이런 모습은 우리의 사역에 좋은 귀감이 됩니다.

세례요한의 사역

세례요한은 제사장으로 태어났지만, 제사장이기보다는 선지자로서의 사역을 했습니다. 간혹 에스겔 같이 제사장 가문에서 태어나서 선지자로 사역한 사람이 있었지만 그리 흔하지 않았습니다. 그래서 우리는 세례요한을 제사장보다는 선지자로, 마지막 선지자로 기억하고 있습니다. 세례요한은 여러 선지자 중에 가장 복된 사람입니다. 왜냐하면 다른 선지자들은 예수님을 보지 못하고 그저 곧 오실 분으로 소개했을 뿐입니다. 그러나 세례요한은 예수님을 직접 보았고, 예수님을 지명하면서 '바로 이분입니다!' 하고 소개했기 때문입니다. 이런 복은 세례요한 혼자 누렸던 복입니다.

세례요한은 두 가지를 거절했습니다. 첫째는 바리새인과 사두개인을 거절했습니다(7). 그것은 그들이 세례받기에 합당한 자가 아니었기 때문입니다. 회개한 자가 죄가 씻어졌다는 표징으로 받는 것이 세례입니다. 그런데 이들은 회개는 하지 않으면서 세례 베푸는 요한에게 나아왔습니다. 그래서 그들을 거절했고, 오히려 호되게 책망했습니다. 둘째는 예수님을 거절했습니다(14). 예수님도 세례받기에 합당한 분이 아닙니다. 바리새인과 사두개인은 회개하지 않아서 안 되었지만, 예수님은 죄가 없는 분이기 때문에 안 되는 겁니다. 예수님은 세례를 받을 필요가 없는 분이었습니다. 세례요한은 이것을 알았습니다. 그래서 거절했습니다. 그런데 예수님이 '우리가 이와 같이 하여 모든 의를 이루는 것이 합당하니라' 하셨고(15), 요한은 그 말씀을 받아들인 뒤에 황송한 마음으로 세례를 베풀었습니다.

하늘에서 들린 음성

예수님이 세례를 받으시고 물에서 나올 때 하늘에서 음성이 들렸습니다. '이는 내 사랑하는 아들이요 내 기뻐하는 자라'(17). 이곳에는 특이하게도 삼위 하나님이 함께 계십니다. 아버지 하나님은 음성으로, 성령님은 비둘기 모양으로, 그리고 아들 하나님은 사람으로 계셨습니다. 아버지 하나님이 음성으로 말씀하신 것은 이제 시작하는 아들의 공사역을 인정하시고 기뻐하셨다는 뜻입니다. 이럴 때 하늘이 열렸습니다(16). '하늘이 열렸다'는 것도 성경에 자주 나오지 않는 특이한 표현입니다.

우리는 이 시대를 살아가는 제2의 세례요한입니다. 세례요한과 같이 우리도 예수님을 소개하는 사람들이기 때문입니다. 그의 삶은 우리에게 많은 것을 생각하게 합니다. 그의 의식주는 사역을 위해서 최소화했고, 그의 삶은 사역에 집중되었습니다. 세례요한처럼 이렇게 살 수 있겠습니까? 꼭 그렇게 살 수도 없고, 또 꼭 그렇게 살 필요도 없습니다. 그렇지만 그 심정, 그 정신, 그 자세, 그 기백은 기억해야 합니다. 그래야 제2의 세례요한이 될 수 있습니다. 그래야 제2의 세례요한으로 살아갈 수 있습니다.

4강
시험을 받으신 예수님 (마 4)

세례를 받는 것도 죄 때문에 받는 것이고, 시험도 죄 때문에 받습니다. 예수님은 죄가 없기 때문에 세례도, 시험도 받을 이유가 없었습니다. 그런데 왜 예수님은 사단으로 하여금 시험하도록 허락하셨을까요? 아주 중요한 의미가 이곳에 있습니다.

예수님은 공사역을 시작하시면서 제일 먼저 세례를 받고 시험을 당하신 일을 하셨습니다. 에덴동산에서 아담이 범죄한 후로 세상은 이렇게 되었으며, 모든 사람은 죄인이 되었습니다. 예수님은 아담의 실패를 회복하기 위해서 마지막 아담으로 이 땅에 오셨습니다(고전15:45). 에덴동산과 예수님이 금식하신 광야는 비교가 불가합니다. 에덴동산은 모든 것이 다 있었지만, 광야는 아무것도 없었습니다. 게다가 예수님은 지금 40일 금식하고 난 뒤 굶주린 상태였습니다. 그 당시 아담에게 있었던 '하나님의 형상'은 죄 때문에 손상을 입기 이전입니다. 그렇지만 아담은 실패했고, 예수님은 승리했습니다.

예수님은 실패한 대표 선수 아담을 대신해서 이 땅에 오신 새로운 대표 선수입니다. 예수님이 승리하심으로 아담의 실패를 회복하셨습니다. 아담과 하와는 하나님의 말씀을 기억하지 아니함으로 범죄 했는데, 예수님은 사단의 시험을 오직 말씀으로 물리쳤습니다. 우리는 아담 때문에 진 자가 되었다가 예수님 때문에 이제 이긴 자로 바뀌어졌습니다. 아담 때문에 죄인이었는데, 예수님을 믿어서 의인이 되었습니다. '아담 안에서 모든 사람이 죽은 것같이 그리스도 안에서 모든 사람이 삶을 얻으리라'(고전15:22). '모든 사람'이라고 했습니다. 제외되는 사람은 한 사람도 없습니다. 4장에는 4가지 내용이 담겨 있습니다. 예수님의 시험당하심, 가버나움에서 사역의 시작, 제자들을 부르심, 그리고 갈릴리 사역입니다.

예수님의 시험 받으심 (1-11)

1) 대표자의 원리

아담은 모든 사람을 대표합니다. 아담이 에덴동산에서 범죄 할 때 그의 모든 후손은 그의 허리에 있었습니다. 그래서 아담은 그 후에 태어나는 모든 사람의 대표자가 됩니다. 예수님은 그를 믿는 모든 사람의 대표자입니다.

바울은 로마서 5장 22절에서 '한 사람의 순종치 아니함으로 많은 사람이 죄인 된 것같이 한 사람의 순종하심으로 많은 사람이 의인이 되리라!' 순종치 않은 한 사람은 아담이고, 순종한 한 사람은 예수님입니다. 바울이 말하고 있는 핵심은 이것입니다. 아담이 대표자였기 때문에 내가 범죄의 현장에 없었어도 죄인이 되었고, 예수님이 대표자이기 때문에 그를 믿으면 그분의 승리가 내 것이 됩니다. 이것이 대표자의 원리입니다. 이것을 안다면 '내가 그곳에 있지도 않았는데 왜 내가 죄인인가? 하는 말을 할 수 없습니다.

2) 첫 번째 시험

마귀는 약점을 따라 공격합니다. 예수님이 금식 후 배고픈 그때 공격했고, 배고픈 것을 두고 시험했습니다. 마귀의 수법은 수천 년이 지나도 변함이 없습니다. 에덴동산에서 아담에게 먹는 것으로 공격한 마귀는 예수님에게도 먹는 것으로 시험했습니다. 예수님은 자신의 권세로 능히 돌들을 떡 덩이로 변하게 할 수 있습니다. 그렇지만 그렇게 하지 않았습니다. 마귀는 '당신이 만약 하나님의 아들이라면...' 하고 시험했는데, 예수님은 '사람이...' 하고 대답했습니다. 하나님 아들의 권위를 사용하지 않고, 사람으로 시험을 이기겠다고 하신 것입니다.

동일한 시험은 십자가에서 또 일어났습니다. 마귀는 십자가 아래에 있는 사람들의 입을 사용해서 '당신이 하나님의 아들이라면...' 하고 말했습니다(마 27:39-). 수법도 말도 동일합니다.

3) 두 번째 시험

마귀는 흉내도 잘 냅니다. 예수님이 말씀으로 시험을 이기니 마귀도 말씀을 인용했습니다. 시편 91편의 말씀입니다. 그런데 마귀는 그 말씀을 비틀어서 사용했습니다. 시편의 말씀은 걸어 다닐 때 돌부리에 걸려 넘어지지 않게 하신다는 말씀인데, 사단은 높은 곳에서 뛰어내릴 때에도 손으로 받들어서 지켜줄 것이라고 했습니다. 마귀는 속이고, 말을 바꾸고, 비틀어서 전하는 일에 전문가입니다. 유의하지 않으면 성경을 인용하는 것에 그만 홀딱 넘어가고 말 것입니다. 이럴 때도 예수님은 자신의 권위를 사용하지 않고, 신명기에 나오는 쉐마의 말씀으로 물리치셨습니다. 그런데 이상한 것은 사단이 성전 꼭대기에 있는 예수님을 밀쳐 버리면 되는데, 왜 뛰어내리라고 했을까요? 시험도 범위 안에서 해야 하고, 그런 권세는 그에게 없기 때문입니다.

4) 세 번째 시험

마귀가 예수님을 지극히 높은 산으로 데리고 갔습니다. 왜냐하면 천하만국과 그 영광을 보여 주기 위해서입니다. 마귀는 예수님께 "이 모든 권세와 영광을 내가 네게 주리라. 이것은 내게 넘겨준 것이므로 내가 원하는 자에게 줄 수 있다"라고 (눅4:6) 말했습니다. 마귀는 권세와 영광이 자기에게 있다고 했는데, 예수님은 주기도문에서 '나라와 권세와 영광이 아버지께 있사옵나이다!' 라고 했으며, 그것도 영원히 있다고 했습니다 (6:13). 누구의 말이 옳겠습니까?

사역의 시작 (12-17, 23-25)

예수님은 고향 나사렛을 떠나서 가버나움에 가서 사역을 시작했습니다. '이때부터 예수께서 비로소 전파하여 가라사대...' (17). 나사렛을 떠난 이유가 무엇일까요? 고향 사람들이 예수님을 육신으로 이해했기 때문이고, 믿지 않고 배척할 것이기 때문입니다 (13:53-).

23절 이후에는 예수님의 첫 번째 갈릴리 사역이 시작됩니다. 예수님은 갈릴리에 두루 다니시며 복음을 전했습니다. 예수님은 처음부터 3가지인데, 가르치고, 전파하고, 고치는 사역으로 시작하셨습니다 (23). 예수님이 전파하신 것은 '천국 복음' 이었고, 고치신 것은 '모든 병과 모든 약한 것' 입니다 (23). 그런데 가르치신 내용은 없고 '회당' 이라는 장소만 있습니다. 예수님은 무엇을 가르쳤을가요? 그것은 말할 것도 없이 '천국 복음' 입니다. 전파하신 내용을 가르쳤고, 가르치신 후에 전파하셨습니다.

제자들을 부르심 (18-22)

4장에 나오는 제자 선택은 4사람입니다. 베드로와 그의 형제 안드레, 그리고 요한과 그의 형제 야고보입니다. 어부로 업종이 같고, 같은 동네 사람이며, 형제지간입니다. 예수님은 이런 동질성을 중요하게 보셨습니다. 이들은 최초로 선택된 제자들입니다.

마귀는 약점을 따라 연거푸 공격합니다. 예수님은 한 번도 자신의 권위를 사용하지 않고 오직 말씀으로 이겼습니다. 마귀는 말씀 앞에서 이상하리만큼 다음 시험으로 넘어갔습니다. 이것은 말씀의 위력을 우리에게 알게 합니다. 전신갑주의 유일한 공격 무기는 말씀의 칼입니다. 마귀는 하나님의 아들도 이렇게 시험했는데 우리를 가만히 두겠습니까? 그러나 걱정할 것 없습니다. 우리에게도 능력의 말씀이 있기 때문입니다. 우리에게도 칼이 있기 때문입니다.

5강
산 위에서 들려주신 보배로운 말씀 (마 5)

5장에는 4가지 내용이 있습니다. 예수님은 8복, 빛과 소금, 완전케 하려함에 대한 말씀입니다. 그리고 '옛사람에게 말한바 ~ 하였다는 것을 너희가 들었으나 나는 너희에게 이르노니' 하는 6개의 반복 어구가 있습니다. 그 6가지는 살인, 간음, 이혼, 맹세, 보복, 이웃 사랑입니다.

예수님은 '내가 율법이나 선지자나 폐하러 온 줄로 생각지 말라 폐하러 온 것이 아니라 완전케 하려 함이라' (17) 하셨습니다. 이 말씀은 예수님이 모세를 통해서 율법을 주셨을 때, 이들의 조상들이 그 원래의 뜻을 이해하지 못하고 잘못되게 율법을 지키는 것을 바르게 하고 완전하게 하려 함이라는 뜻입니다. 그렇게 말씀하신 후에 6가지의 예를 들었습니다.

이 중에 '눈은 눈으로 이는 이로 갚으라' 는 것을 조금 자세히 설명하겠습니다. 이것을 '구약의 보복법' 혹은 '동형보복법' 이라 합니다. 하나님이 이 율법을 주신 것은 보복을 하기는 하지만 그 이상을 넘어가지 말라고 최소한의 한계를 정해 주신 것입니다. 그러나 사람들은 최대한의 한계로 사용했습니다. 사람은 누구나가 자기가 받은 그 이상으로 보복해야 속이 시원해집니다. 그렇게 하면 보복이 또 다른 보복을 낳아서 원한이 끝이 없게 됩니다. 이 법을 받은 사람들은 그렇게 하지 말라는 법을 자기의 원한을 갚는 것으로 사용했습니다. 그런데 예수님은 '악한 자를 대적하지 말라! 누구든지 네 오른편 빰을 치거든 왼편도 돌려대라' 하셨습니다 (39). 내가 양보하고, 손해 볼 각오를 하고, 적극적으로 나서서 행하라고 하셨습니다.

예수님이 예를 든 6가지는 다 이런 원리로 이해할 수 있습니다. 이것이 바로 율법을 주실 때의 율법의 원래의 뜻입니다.

산상보훈의 구성

산상보훈은 5장에서 7장까지입니다. 그 내용을 구분하면 팔복(八福, the beatitudes)은 천국 백성의 본성을 말씀하신 것인데 팔복이니까 8가지입니다 (5:3-12). 이어서 예수님은 '너희는 세상의 소금과 빛이라' 고 하셨습니다 (13-16). 이것은 천국 백성의 영향을 말씀하신 것입니다. 2가지입니다. 이어지는 말씀은 '옛 사람에게 말한 바 ~ 하지 말라는 것을 너희가 들었으나 나는 너희에게 이르노니...' 하는 구절이 6번 반복됩니다 (17-48). 이것은 천국 백성의 율법인데 6가지입니다.

6장에서 예수님은 천국 백성의 행실에 대해 3가지로 말씀하셨습니다(6:1-18).

구제할 때 어떻게 해야 하는지, 기도할 때와 금식할 때 어떻게 하는지를 말씀하셨습니다. 요점은 사람에게 보이려고 하지 말고 은밀하게 하라고 했습니다. 그러면 은밀한 중에 보시는 아버지가 갚으신다고 했습니다. 예수님은 천국 백성의 물질관 3가지를 말씀하셨습니다(19-34). 그리고 천국 백성의 대인 관계에 대해서 3가지 말씀을 주셨습니다(7:1-12). 마지막으로 예수님은 천국 백성의 선택에 대해서 3가지로 말씀하셨습니다(13-23). 그래서 총 28가지 말씀입니다.

예수님의 말씀은 단순한 율법의 해석이나 뜬구름 잡는 이야기가 아닙니다. 실제적인 교훈이요, 실생활에 그대로 적용되는 말씀입니다. 그래서 예수님의 말씀을 들은 사람들은 그 말씀에 깜짝 놀라면서 이런 반응을 보였습니다. '이는 그 가르치는 것이 권세 있는 자와 같고 저희 서기관과 같지 아니함일러라'(7:29).

'즐거워하라!' (12)

'즐거워하라"는 헬라어는 '아갈리아스테(agalliasthe)'입니다. 이 말씀의 뜻은 '온갖 동작을 다 취해서 무한한 기쁨으로 뛰어놀라'는 뜻입니다. 복음송에 이런 가사가 있습니다. '나의 발은 춤을 추며, 나의 손은 손뼉 치며, 나의 입은 기뻐 노래 부르네'. 바로 이렇게 하는 것을 말합니다. 얼마나 기쁘면 이렇게 하겠습니까? 그것도 예수님 때문에 핍박받고, 욕을 먹고, 거짓으로 모든 악한 말을 들을 때에 이렇게 하라고 했습니다. 이것은 아편에 중독되어 미친 자가 아니면 하기 힘든 행동입니다. 그런데 어떻게 예수님은 이렇게 하라고 하셨을까요?

같은 단어를 사도행전 16장 34절에서 간수가 사용했습니다. 이때 간수는 너와 네 집이 구원을 얻으리라는 말씀을 받고 믿는 자가 되었으며, 바울을 때린 죄를 용서받았고, 온 가족이 세례를 받은 후였습니다. 간수에게는 이만큼 기뻐할 일이 실제로 있었고 그래서 그렇게 기뻐했습니다.

또 다른 용례를 살펴보면 베드로가 그가 보낸 첫 번째 편지에서 편지의 수신자들이 이렇게 기뻐하고 있다고 했습니다(벧전1:8). 그들은 말할 수 없는 고난 가운데 있었지만, 그런 가운데에서도 말할 수 없는 영광스러운 즐거움으로 기뻐하고 있었습니다.

그러니까 간수처럼 기쁜 일이 있었기 때문에 기뻐할 뿐 아니라, 베드로 편지의 수신자처럼 정반대 상황에서도 기뻐하는 사람들이 있었다는 겁니다. 이것은 내가 만드는 기쁨이 아니라 성령이 주시는 기쁨입니다. 우리에게도 역시 마찬가지입니다. 우리가 어떤 상황에 있던지 관계없이 이런 기쁨으로 기뻐할 수 있다는 말씀입니다.

'오른편 빰을 치거든...' (5:39)

오른손으로 때리면 상대방은 왼 빰을 맞게 됩니다. 그런데 오른 빰을 맞았다는 것은 때리는 사람이 왼손잡이가 아닌 이상 불가능합니다. 예수님이 왼손잡이였을까요? 왜 예수님은 오른 빰을 먼저 말씀하셨을까요? 오른손잡이지만 손등으로 때리면 오른 빰을 칠 수 있습니다. 그리고 손등으로 빰을 때리는 것은 훨씬 더 모욕을 주는 행위였습니다. 손등으로 가격한 사람에게 두 배로 배상하라는 점토판이 발견되어 이것을 입증했습니다.

빰을 맞은 것만 해도 분하고 억울하고, 손등으로 맞아 더 모욕을 당했는데도 예수님은 왼 빰을 돌려대라고 하셨습니다. 보복 자체를 하지 말라는 당부입니다. 이런 일을 당했을 때 왼 빰을 돌려대는 것이 아니라 받은 만큼 갚아주기 위해서 자동적으로 내 손이 올라가는데, 어떻게 이렇게 할 수 있겠습니까?

이 모든 말씀은 듣기에 거북하고 실행하기는 더 어렵습니다. 맨정신으로는 불가능합니다. 예수님은 말씀하신 그대로를 다 행했습니다. 우리는 예수님이 아닌데 어떻게 하면 될까요? 맨정신으로는 불가능하지만 성령으로 충만하면 됩니다. 성령이 하게 하시면 기뻐하는 것도, 빰을 돌려대는 것도, 좁은 문을 지나 좁은 길을 가는 것도, 마치 넓은 길처럼 갈 수 있습니다. 예수님이 할 수 없는 것을 하라고 하셨겠습니까? 성령의 사람이 되어 이 말씀을 그대로 실천한 사람들을 우리는 주변에서 볼 수 있습니다. 이제는 우리가 할 차례입니다. 예수님을 닮아갑시다. 작은 예수로 살아갑시다.

6강
자기 상을 이미 받았느니라! (마 6)

예수님의 산상보훈은 5장에 이어 6장에서 계속됩니다. 이곳에서는 '사람에게 보이려고'(1) 하는 말씀이 반복됩니다. '외식하는 자와 같이 되지 말라'는 말씀입니다. 예수님은 3가지로 예를 들어 설명하셨습니다. 그것은 구제와 기도와 금식입니다. 그 당시에 외식하는 일이 3가지 밖에 없었던 것이 아니라 이것으로 다른 경우의 교훈을 삼으라는 뜻입니다. 1절은 3가지의 예들에 대한 결론입니다.

조선 시대에 은둔 생활을 즐긴 사람들이 있었고, 그런 생활을 동경하는 사람들이 많았습니다. 그들은 사람들을 피해서 산속 깊은 곳으로 갔으며, 사람들과의 만남을 스스로 단절했습니다. 그런데 그 사람들이 표주박에 시를 넣어서 시냇물에 띄워 보냈다고 합니다. 산 아래에 있는 사람들이 읽어보고 자기의 존재를 알아달라는 행위입니다. 산속으로 들어간 행동과 표주박을 띄워 보내는 행동은 서로 상반되어 전혀 맞지 않습니다. 산으로 들어가지 말든지, 아니면 표주박을 띄우지 말든지 둘 중에서 하나를 선택해야 맞지 않겠습니까? 이렇게 사람이라는 존재는 드러내기를 좋아합니다. 무엇을 하든지 자기를 나타내고 다른 사람들이 자기를 알아주기를 바랍니다.

6장에 나오는 이 사람들은 노골적으로 자기를 드러냈습니다. 자기를 드러내기 위해서 일부러 눈에 띄는 행동을 했습니다. 예수님은 그것을 지적하셨고 그렇게 하지 말라고 하셨습니다. 좀 더 구체적으로 살펴봅시다. 왜냐하면 우리도 사람인지라 이런 욕구가 우리에게 있기 때문입니다.

구제할 때

자기의 행위가 드러나기를 바라는 사람들은 많은 사람이 왕래하는 회당이나 거리에 나가서 구제행위를 합니다. 이렇게 해야 자기의 행동이 드러나기 때문입니다. 실제로 그 당시 사람들은 구제할 때 나팔을 불어서 사람들의 주의를 집중시켰다고 합니다. 예수님은 이런 행동을 하지 말라고 하셨습니다. 사람에게 보이기 위한 이런 행동은 그렇게 행동하는 순간에 목적을 달성했으며, 동시에 자기 상을 이미 받았다고 했습니다.

예수님은 오히려 '오른손이 하는 것을 왼손이 모르게 하라'고 하셨습니다. 한 몸인데 어떻게 모를 수 있나요? 그만큼 은밀하게 하라는 말씀입니다. 이렇게 하면 은밀한 중에 보시는 하나님이 은밀하게 갚아주신답니다. 이렇게 하는 행동은 하나님 앞에서

하는 행동이 됩니다. 사람에게 영광을 받으려 하지 말고, 하나님에게서 인정을 받으라는 당부입니다.

기도할 때

그 당시의 바리새인들은 사람에게 보이려고 기도하는 경우가 많았습니다. 이들도 구제했던 사람들과 마찬가지로 사람의 왕래가 많은 회당과 큰 거리로 나가서 기도했습니다. 구제하는 사람은 자기의 선행을 드러내려고 했고, 기도하는 사람은 자기의 경건을 보여주려고 했습니다. 선행이거나 경건이거나 사람에게 보여주려고 하는 행동은 같습니다.

기도는 하나님께 아뢰는 것인데 기도를 들으시는 하나님은 관심이 없고 사람에게 보이려고만 했으니 이게 안 될 행동이었습니다. 하나님은 우리가 아무리 은밀하게 기도해도 다 들으시고 은밀한 중에 갚으신다고 했습니다. 우리의 신음 소리도 들으시는 하나님 아닙니까? 예수님은 유대인의 이런 보이려고 하는 기도를 말씀하신 후에, 정반대의 인물인 이방인에 대해서 언급하셨습니다.

그들은 기도할 때 '중언부언(重言復言)' 했습니다. '중언부언' 이란 같은 말을 반복하는 것을 말합니다. 그들은 말을 많이 해야 들으실 줄로 알았기 때문입니다. 하나님은 우리의 아버지십니다. 아버지는 자식이 일일이 구하지 않아도 필요한 것을 주시는 분입니다. '구하기 전에 너희에게 있어야 할 것을 하나님 너희 아버지께서 아시느니라' (8). 이보다 더 명확한 말씀이 있을 수 없습니다.

주기도문

이어서 주기도문이 나옵니다. 어떻게 해서 산상보훈 안에 주기도문이 들어 있을까요? 마태는 왜 이곳에 주기도문을 배치했을까요? 예수님이 기도에 대해서 말씀하셨을 때 제자들의 마음속에 자연스럽게 생긴 의문이 있습니다. '그러면 어떻게 기도해야 합니까?' 이에 대해서 답을 주신 것이 주기도문입니다. 예수님은 '그러므로 너희는 이렇게 기도하라!' 하시고 이 기도문을 주셨습니다(9).

주기도문은 기도의 한 유형이고, 기도의 틀입니다. 이렇게 말씀하신 예수님이나 제자들도 단 한 번도 주기도문으로 기도한 적이 없습니다. 주기도문에는 크게 2가지 내용이 담겨 있습니다. 앞부분에는 하나님께 관계된 간구들이 있고, 뒷부분에는 사람에게 관계된 간구가 있습니다.

금식할 때도

금식은 또 다른 형태의 기도입니다. 금식할 때 사람에게 보이려고 얼굴을 흉하게 하지 말라고 했습니다. 오히려 얼굴을 씻어서 깨끗하게 하고 기름을 발라서 금식하는 표시를 내지 말라고 하셨습니다. 금식도 하나님 앞에서 하는 것인데 사람에게 보이려고 해서는 안 된다는 말씀입니다. 은밀한 것을 모두 보시고 아시는 하나님은 아무리 감추어 금식해도 다 아신다고 했습니다. 은밀하게 보신 분이 응답하실 때도 은밀하게 하시는 겁니다.

'두 주인을 섬기지 못하리니...'

예수님은 하나님과 재물을 겸하여 섬기지 못한다고 하셨습니다. 재물은 그 끄는 힘이 하나님만큼 강합니다. 그리고 하나님 이상으로 섬겨주기를 요구합니다. 그래서 사람들은 눈에 보이지 않는 하나님보다는 눈에 보이는 재물을 더 두려워합니다. 하나님은 안 보여도 걱정하지 않지만, 통장 잔고가 바닥이 나면 당장 큰일이 일어날 것같이 두려워합니다. 당장 쓸 것이 없으면 걱정이 되겠지만, 그것에 너무 매여서 끌려가면 안 됩니다. 그럴 때 하나님을 바라보는 것이 필요하고 그럴 때 발휘되어야 할 믿음이 우리에게 있어야 합니다. '하나님이 비워진 쌀독을 어떻게 채우시나 한번 기다려보자.' 이런 믿음이 필요합니다. 응답이 늦게 도착하면 하루쯤 금식할 생각을 가지면 마음에 여유가 생깁니다.

정리하면 예수님은 '~에 빠지지 않도록' 3가지를 주의하라고 하셨는데, 외식, 돈, 염려입니다. 이 3가지는 각기 3가지 항목을 가지고 있습니다. 외식에는 구제, 기도, 금식이 있고, 돈에는 해롭게 하는 3가지 곧 좀, 동록(銅綠, 녹), 도둑입니다. 예수님은 염려하지 말라 하신 후에 3가지 예를 들었습니다. 공중의 새, 내 몸의 키, 그리고 들의 백합화입니다. 이 3가지에 빠지면 헤어나오기 힘듭니다.

생명 있는 사람에게 자연스러운 현상이 염려라고 사람들은 생각합니다. '살아 있으니까 염려하지! 죽은 사람은 하고 싶어도 못 해!' 맞습니다. 생각이 있으니까 염려하게 됩니다. 그러나 염려가 내 생활 전체를 덮고, 내 신앙과 나의 활동에 영향을 미친다면 이런 염려는 해서는 안 됩니다.

내 생활에 염려할 일이 생겼을 때 예수님의 이 말씀을 생각하고 염려와 걱정을 물리쳐야 합니다. 염려는 하면 할수록 커지지만, 접어버리고 떨쳐버리면 사라지게 됩니다. 이것이 염려의 특성입니다. 염려해 보았자 그 염려가 내 문제를 해결해 주지 못합니다. '내일은 내일의 염려가 있을 것이요, 그날의 괴로움은 그날로 충분하니라'(34). 미리 당겨서 염려하지 맙시다.

7강
반석 위의 집과 모래 위의 집 (마 7)

7장은 예수님이 산상에서 주신 보배로운 말씀의 마지막 부분입니다. 이곳에서 예수님은 비판하지 말라고 하셨고, 기도에 대해서 말씀하시면서 구하라, 찾으라, 두드리라고 하셨습니다. 예수님은 산상보훈의 마지막 부분에서 3부류의 6가지 예를 들어서 설명하셨습니다. 첫 번째 부류는 두 문과 두 길입니다. 두 번째 부류는 두 나무와 두 열매이고, 세 번째 부류는 두 사람과 두 집입니다. 두 사람은 천국에 들어가는 사람과 밖에 쫓겨나는 사람입니다(21-). 많은 사람이 주의 이름으로 귀신을 쫓아내고 많은 권능을 행했지만, 자기들이 한 일을 인정받지 못했습니다. 열매를 보고 판단할 수 있다고 하신 분이 정확하게 구분해서 들어가지 못하게 했습니다. 겉으로 보기에는 아주 놀라운 일을 한 능력의 종이었는데 왜 그렇습니까? 그것은 진심으로 행하지 않고 '노릇'만 했기 때문입니다(22). 그들은 주의 이름으로 행하기는 했지만, 말씀대로 행하지 않았습니다. 그래서 예수님은 이들을 '불법을 행하는 자들'이라고 하셨습니다(23). 사람을 비판해서는 안 되지만 거짓 선지자는 비판해야 합니다. 그래야 판단할 수 있습니다. '그의 열매로 그들을 알리라'(20).

두 사람은 열매가 구별해 주었는데, 두 집도 구별해 주는 것이 있습니다. 그것은 환란의 바람과 고난의 홍수입니다. 이런 것이 없을 때는 두 집의 차이를 알 수 없습니다. 모래 위에 지은 집이라도 아무 일 없이 잘 지나갑니다. 그러나 말씀을 무시한 결과는 환란의 풍파가 찾아올 때 나타나게 되어 있습니다. 같이 당하는 환란이지만 말씀이 있는 사람은 말씀을 붙들고 환란을 이깁니다. 말씀을 실천한 것이 그 사람의 삶에 견고한 뿌리 역할을 해 줍니다. 그러나 듣기만 한 사람은 그 말씀이 내 몸에서 살과 피가 되지 않았기 때문에 환란 풍파를 견딜 수가 없습니다. 환란의 바람이 이 두 집을 정확하게 구별해 줍니다. 한 집은 무너져 내리니까 그때는 눈으로 봐서도 알 수 있습니다. 지혜와 미련은 이때 드러나게 됩니다.

'비판하지 말라!' (1-5)

남을 비판하면 내가 비판을 받게 됩니다. 이곳에서 말하는 비판은 단순한 판단이 아니라 '심판'의 의미가 내포되어 있습니다. 남을 비판하는 이유는 남에게 있는 '티끌'이 들보같이 보이고, 자기에게 있는 '들보'는 아예 안 보기 때문입니다. 남의 허물이 잘 보이기 마련이지만, 남의 허물을 볼 때 나에게도 저런 허물이 있다는 것을 생각하라는 말씀입니다. 예수님은 나에게 있는 허물이 더 크다고 하셨습니다. 이것을 안다면 남의 잘못을 비판할 수 없습니다. 비판하려는 대상을 대하는 마음에 조금이라도 사랑이 가미된다면 그것은 비판이 아니라 따뜻한 충고가 될 것입니다.

'거룩한 것을 개에게 주지 말라!' (6)

가치를 모르면 귀하게 여길 줄을 모릅니다. 개는 거룩한 것을 모르고, 돼지는 진주를 알지 못합니다. 먹을 것을 주면 좋아하지만, 진주는 돼지에게 아무 소용이 없습니다. 복음도 마찬가지입니다. 복음의 가치를 모르는 사람에게 복음을 전하면 가치를 모르기 때문에 발로 밟아 버릴 것입니다. 그뿐만 아닙니다. 예수님은 '돌이켜 너희를 찢어 상하게 할까 염려하라' 고 하셨습니다(6). 가치를 모르는 사람에게 전해 주다가 오히려 전하는 사람이 상해를 입을 수도 있다는 말씀입니다. 선교 현장에서 간혹 경험하게 되는 안타까운 일들입니다. 그러니 잘 살펴보고 전해야 되겠습니다.

'구하라! 찾으라! 문을 두드리라!' (7)

예수님은 3가지를 연속적으로 그리고 점층법으로 말씀하셨습니다. 조금씩 행동이 더해집니다. 구하는 것 보다는 찾는 것이 더 적극적입니다. 찾으면서 문을 두드리면 그 행동이 더 구체화 됩니다. '하물며' 는 앞뒤 말씀의 극적인 반전입니다. '하늘에 계신 너희 아버지께서 구하는 자에게 좋은 것으로 주시지 않겠느냐?' (11). "그럼요. 당연하지요. 땅에 사는 우리도 자녀들에게 좋은 것을 주는데요." 예수님은 우리가 해야 할 이런 대답까지 말씀해 주셨습니다.

'좁은 문으로 들어가라!' (13-14)

예수님은 좁은 문으로 들어가라고 하셨습니다. 우리는 보통 좁은 문만을 생각하는데, 자세히 보면 그 문을 통과한 뒤에 걸어가야 하는 좁은 길이 있습니다. 문은 금방 통과하지만, 길은 오랫동안 걸어가야 합니다. 문보다는 길이 훨씬 더 견디기 힘들고 고통스럽습니다. 이제까지 살아오면서 이런 일들을 많이 경험했습니다. 좁은 문으로 끝나지 않았고, 걸어가야 할 좁은 길이 있었기 때문에 좁은 문을 통과한 뒤에는 좁은 길을 걸어야 했습니다. 그러니까 좁은 문만 있다고 생각하면 안 되겠습니다. 이것은 세트로 주어집니다. 우리가 그냥 읽어 넘어가서 그렇지 예수님은 처음부터 세트로 말씀하셨습니다.

'너희를 도무지 알지 못하니...' (23)

'알다(know)'의 헬라어는 '기노스코(ginosko)'인데 아오리스트(aorist), 직설법, 과거시제입니다. '도무지" 알지 못한다는 말씀만 해도 무서운데, 원어는 '처음부터 한 번도 안 적이 없었다'는 뜻입니다. 예수님이 '내가 알지 못한다'고 하신 말씀은 이런 뜻을 담고 있습니다. 그래서 그들은 불법을 행하는 자들로 이름 붙여져서 예수님 곁으로 갈 수 없었습니다. 이제까지 한 번도 안 적이 없는 사람을 어떻게 곁에 오라고 하겠습니까? 그런데 문제는 이런 사람들이 지금 행하는 일들을 아주 잘하는 일이라 생각하고 자랑스럽게 여기고 있다는 것에 있습니다.

누가 지혜로운 자인가?

머리가 명석한 사람이 지혜로운 사람입니까? 솔로몬을 보십시오. 그 놀라운 지혜, 전무후무한 지혜를 가지고도 그는 그 지혜를 하나님을 아는 일에 사용하지 않았습니다. 그래서 그는 그 지혜를 가지고 겨우 죽기 며칠 전에 구원 얻는 사람이 되었습니다. 지혜자라도 행하지 않으면 어리석은 사람이 되고, 어리석은 사람이라도 예수님의 말씀을 행하면 지혜로운 사람이 됩니다. 우리는 지혜로운 사람이 되려고 하지 말고, 행하는 사람이 되어야 되겠습니다.

우리는 백 가지를 듣고 한 가지를 행하는 사람이 되지 말고, 한 가지를 듣고 백 가지로 행하는 사람이 됩시다. 아는 것도 중요하지만, 행하는 것은 더 중요합니다. 어떤 말씀은 나와 관계없는 듯이 보여서 안 하고, 어떤 말씀은 행하기 어려워서 외면한다면 내가 행할 수 있는 말씀은 없습니다. 말씀은 우리에게 부담을 주지만 행하면 복이 됩니다. 예수님은 우리에게 부담을 주시려고 말씀하신 것이 아니라 행하여 복 받는 사람이 되라고 말씀하셨습니다. 팔복은 이런 말씀이 반복됩니다. '너희는 복 받은 자로다'. 말씀을 말씀 그대로 행하므로 이 말씀의 주인공이 됩시다.

8강
병든 자를 고치신 예수님 (마 8)

마태는 마태복음 안에 5개의 설교 뭉치를 적당한 간격으로 배치해 두었습니다. 이것은 마태의 세리적 특성이라 할 수 있습니다. 마태는 직업이 세리(稅吏, tax collector)인지라 늘 장부를 정리했습니다. 장부 정리는 수입과 지출 그리고 잔액이 딱 맞아 떨어져야 됩니다. 그리고 한 날 지출한 것은 한 곳에 일목요연하게 적습니다. 세리는 절대로 생각나는 대로 이곳저곳에 아무렇게나 적지 않습니다. 마태가 마태복음을 기록한 방식이 이러합니다. 그는 장부 정리하듯이 일목요연하게 정리했습니다. 그래서 같은 주제는 한꺼번에 모아 두었습니다.

그래서 우리는 8-9장을 '기적 장'이라 하고, 10장을 '제자 파송 장'이라 하고, 13장을 '비유 장'이라 부릅니다. 마태가 이렇게 주제별로 정리했기 때문입니다. 그러면 다른 성경은 어떻습니까? 다른 복음서에는 여기저기 흩어져 있습니다. 마태는 이렇게 하면 찝찝해서 잠을 못 자는 사람입니다.

8장과 9장의 기적장에 나오는 질병 치료를 3가지로 분류할 수 있습니다. 첫째는 육체적인 질병인 한센병(Hán·sen's disèase), 중풍 병, 열병, 소경, 벙어리 이고, 두 번째는 정신적인 질병인 귀신 들린 자 이며, 세 번째는 초자연적인 기적인 풍랑을 제어하신 사건입니다.

기적 장에 나오는 기적은 총 12가지입니다. 8장에 8가지, 9장에 5가지가 있습니다. 그중 6가지는 '손'에 관계되어 있습니다. 문둥병자(한센병, Hán·sen's disèase)는 아무도 손대지 않으려는 사람인데 예수님은 그 몸에 손을 댔습니다(3). 예수님이 베드로 장모의 손을 만지시고(14-), 야이로의 딸은 손을 잡았습니다(9:25). 예수님은 두 사람의 소경의 눈을 만졌습니다(9:29). 9장의 중풍 병자는 환자가 멀리 떨어져 있어서 예수님이 손대지 않았는데 고쳐졌습니다(1-). 12년 동안 혈루증 앓았던 여인은 자기가 예수님의 옷에 손을 대기만 해도 나으리라는 믿음을 가지고 나아와서 고침을 받았습니다(9:20).

나머지 5가지는 '말씀'과 관계됩니다. 예수님이 말씀하시니 풍랑도, 귀신도, 두 번째 중풍병도, 소경도 벙어리도 그 순간에 낫게 되었습니다. 이것이 바로 말씀의 능력입니다. 예수님은 그의 권세가 가르침에 나타났습니다(7:29). 그런데 이 권세가 이제는 자연계(풍랑)와 영계(귀신)에도 나타났음을 말해주고 있습니다. 바람도 물결도 말씀 한마디에 순종했습니다. 귀신이 떼를 이루고 있어서 군대 귀신이라고 불리워졌지만, 그 귀신도 한 마디 말씀에 그대로 순종했습니다. 귀신이 예수님이 누구신지를 알게 해 주는 역할을 했습니다.

맨 처음 고침을 받은 환자 (2-4)

마태는 나병환자가 가장 먼저 고침을 받았다고 기록하고 있습니다. 마가와 누가는 회당에서 만난 귀신 들린 자(1장과 4장), 요한은 왕의 신하의 아들의 병을 치유하신 것을 가장 먼저 적었습니다. 이런 병들은 지금도 치료가 불가능합니다. 그러니 2천 년 전에는 어떠했겠습니까? 그런데 예수님은 말씀 한마디로 간단하게 해결하셨습니다.

나병은 접촉하면 병이 옮겨지기 때문에 병자와 가까이하지 말아야 합니다. 그런데 예수님은 그에게 손을 대시면서 말씀하셨습니다. 가까이하지 말라고 한 것은 우리가 지켜야 할 주의 사항일 뿐, 하나님의 아들은 해당 되지 않습니다. '즉시 그의 문둥병이 깨끗하여진지라'(3). 그 자리에서 '즉시' 나병이 치료되었습니다. 아무도 할 수 없는 일을 예수님이 하셨습니다. 이런 일들을 통해서 그는 우리와 같지만, 우리와 다르다는 것을 나타내 보이셨습니다.

풍랑을 잔잔케 하심 (23-27)

제자들은 풍랑 때문에 죽을 지경에 있었는데 그럴 때 예수님은 주무시고 계셨습니다. 우리의 인생에서도 예수님이 주무시고 계시는 듯한 일들이 있습니다. 물결은 더 세지는데 기도해도 응답이 없고, 배에 물이 가득 차서 가라앉기 직전인데 울부짖어도 도움의 손길은 보이지 않습니다. 풍랑 맞은 배 안에 나 혼자 있는 듯하고, 예수님은 주무시고 계시는 듯이 느껴집니다. 예수님이 왜 이렇게 하실까요? 어떤 경우에는 손을 내밀어서 바로 구원해 주셨는데, 어떤 경우에는 그냥 가만 계십니다. 왜 이렇게 하실까요? 우리는 이럴 때 한 가지 분명한 사실을 기억해야 되겠습니다. 그것은 '주인공이 탄 배는 가라앉지 않는다'입니다. 절대로 그런 일은 일어나지 않습니다.

예수님이 바람과 바다를 꾸짖었습니다. 그랬더니 '아주' 잔잔해졌다고 했습니다. 바다를 뒤흔들었던 태풍이 멈춘다고 해도 일렁이던 물결은 한참 지나야 잠잠해집니다. 이것은 자연의 법칙입니다. 그러나 예수님이 말씀하신 뒤에는 순간적으로 바로 잔잔해졌습니다. 이것을 마태는 '아주' 잔잔해졌다고 했습니다(26). 이런 놀라운 일은 마태가 직접 경험했던 일입니다.

가다라의 광인 (28-34)

이 사람은 아무도 어떻게 할 수 없는 감당이 불감당인 사람이었습니다. 그뿐만 아니라 피를 흘리면서 소리를 지르고 있었으니(막5:5) 그 동네 사람들에게 공포의 대상이었습니다. '아무도 그 길로 지나갈 수 없었더라' 고 했습니다(28). 가두어 놓아도 안 되고, 묶어 놓아도 소용없었습니다. 동네 사람들은 이구동성으로 '아이고! 왜 빨리 안 죽는가? 제발 빨리 죽어서 우리 곁을 떠나라!' 이렇게 말했을 것입니다. 아무짝에도 쓸데없는 인간, 해만 끼치는 사람이었습니다. 아무 소용없는 이 사람이 만들어 놓은 이 문제를 예수님이 해결하셨습니다. 귀신을 쫓아내고 나니까 이제는 죽지 않아도 되고, 그 동네를 떠날 필요도 없었습니다. 예수님의 방법은 이렇게 다 좋게 하시는 방법입니다.

예수님은 한 생명의 귀중함을 돼지 떼의 죽음을 통해서 교훈하셨습니다. 돼지는 2천 마리가 넘었다고 했습니다. 2천 마리라고 숫자를 밝힌 사람은 마가가 유일합니다(막5:13). 돼지 한 마리 가격을 30만 원으로 치면(새끼도 있으니까) 2천 마리면 6억입니다. 지금도 큰돈인데 그 당시에는 어마무시한 돈입니다. 아무짝에도 쓸모없는 사람이지만, 예수님은 그 사람을 구원하기 위해서 이렇게 엄청난 재산을 잃게 하셨습니다.

예수님은 나병이든, 중풍 병이든, 군대 귀신이든, 일어난 풍랑이든 말씀 한마디로 고치시고, 낫게 하시고, 치료하시고 잠잠하게 하셨습니다. '즉시' '그 시로' '아주' 예수님의 말씀 한마디로 이렇게 되었습니다. 말씀의 위력이 이렇게 놀랍습니다.

그런데 이런 놀라운 능력을 가진 예수님이지만, 나를 죄에서 구원하실 때는 '말씀 한마디' 하지 않았습니다. 자신이 직접 십자가에 매달려 피를 흘리셨습니다. 피가 흘려져야만 죄를 없게 할 수 있고, 그렇게 해야만 죄 가운데 있는 나를 구원할 수 있기 때문입니다. 놀랍지 않습니까? 감사하지 않습니까? 그러니까 예수님이 나를 위해 십자가를 지셨다는 것은 그 어떤 기적보다도 놀라운 기적입니다. 그 어떤 것보다도 놀랍고 감사한 일입니다. 내가 지금 풍랑 가운데 고생한다고 해도 이것 때문에 우리는 감사할 수 있습니다. 우리의 구원은 풍랑 때문에 가라앉지 않을 것이기 때문입니다.

9강

딸아! 안심하라! 네 믿음이 너를 구원하였다!(마 9)

기적에 대한 장에는 예수님이 어떻게 치료하셨다는 내용이 없이 그냥 고치기만 하신 기록이 2가지 있습니다. 그들이 어떻게 예수님께 나왔는지, 그리고 어떤 상태였는지, 예수님은 그들을 고치기 위해서 어떻게 하셨는지 전혀 설명이 없습니다. 그리고 마태는 여러 사람을 한꺼번에 설명했습니다. 그들은 귀신들린 자와 병든 자입니다(8:16-17). 사람들이 이런 사람들을 예수님께로 '많이' 데리고 왔다고 했습니다. 사람들이 병든 사람들을 많이 데리고 왔고, 예수님은 한 사람도 그냥 돌려보내지 않고 다 치료해 주셨습니다. 마태는 그 모든 사람의 치료 과정을 다 기록할 수 없었기 때문에 이렇게 한꺼번에 묶어서 적을 수밖에 없었습니다.

또 한 가지는 9장에 있습니다. 기적에 대한 장에 있는 마지막 2가지인데, 두 사람의 소경과 벙어리 귀신을 치료하신 내용입니다. 소경의 치료는 자세하게 설명되어 있는데, 벙어리 치료는 그렇지 않습니다. 사람들이 이 사람을 예수님께 데려왔는데, '귀신이 쫓겨나고 벙어리가 말하거늘' 이것이 설명의 다입니다. 어떻게 치료하셨다는 과정이 없습니다(9:32-).

9장에는 '믿음'과 관계되는 기적이 2가지 있습니다. 한 사람은 12년 혈루증(血瘻症)을 앓았던 여인입니다. 이 여인은 가만히 와서 살짝 손대고 그냥 가려고 했습니다. 그러나 예수님은 이 여인으로 하여금 이렇게 하지 못하게 했습니다. 그래서 이 여인을 찾았고, 불러서 사람들 앞에 세웠습니다. 감추었던 모든 것을 다 노출시켰습니다. 이제부터는 가만히 믿는 사람이 되지 말고 자신감을 가지고 드러내면서 살라고 하셨습니다. 그리고는 '딸아! 안심하라. 네 믿음이 너를 구원하였느니라' 하셨습니다(22).

또 한 사람은 중풍 병자인데, 예수님은 이 사람을 데리고 온 친구들의 믿음을 칭찬하셨습니다. 네 사람 중 한 사람이라도 부정적인 생각을 가졌다면 이들은 지붕으로 올라가지도, 남의 집의 지붕을 뜯지도 못했을 겁니다. 병 낫기 위한 일념으로 앞만 보고 나아가는 사람들이었습니다. 다른 사람들은 어떻게 되었던지, 남의 집은 어떻게 되었던지 이런 문제는 부차적인 것이었습니다. 어떻게 보면 자기들만을 생각하는 철저히 이기주의자들입니다. 그런데 '예수께서 저희 믿음을 보시고...' 했습니다(2). 예수님은 이들의 모든 행동을 믿음으로 보셨습니다. 중풍 병자는 친구들의 믿음 덕에 죄도 사함을 받고 중풍 병도 치료되는 은혜를 입었습니다.

세리(稅吏)라는 직업

베드로는 호수에서 고기 잡을 때 부름을 받았는데, 마태는 자기의 직장인 세관에서 부름을 받았습니다. 그 당시 세리라는 직업은 천시받는 정도가 아니라 사람 취급을 받지 못했습니다. 성경에서 세리를 말할 때 꼭 따라 나오는 단어가 있습니다. 그것은 '죄인'입니다. '예수께서 마태의 집에서 음식을 잡수실 때에 많은 세리와 죄인들이 와서 예수와 그 제자들과 함께 앉았더니 바리새인들이 보고 그 제자들에게 이르되 어찌하여 너희 선생은 세리와 죄인들과 함께 잡수시느냐?'(마9:10-). 이 사람들은 예수라는 선생님이 세리와 함께 앉아 식사하는 것을 시빗거리로 삼았습니다.

'너희는 믿지 아니하였으되 세리와 창기는 믿었으며'(마21:32). 이것은 예수님이 하신 말씀입니다. 세리는 죄인으로 취급받았으며, 창기와 같이 여겼습니다.

이들이 이렇게 미움을 받았던 이유는 로마 정부를 대리해서 세금을 거둘 때 자기 몫을 챙기기 위해서 과도하게 세금을 부과했기 때문입니다. 그러면서 세금을 제때 내지 않으면 가혹할 정도의 형벌이나 벌칙을 가했습니다. 그래야 자기 몫이 돌아오기 때문입니다. 이런 사람들은 인정사정이 없습니다. 이것저것 봐주다가는 아무것도 거두지 못하게 되고, 그러면 자기 몫이 없게 됩니다. 세리가 그의 직업인 마태도 어쩔 수 없이 이렇게 했을 것이며, 사람들에게 싫어함을 받는 중에 있었습니다.

예수님이 찾아오심

마태는 예수님을 알아보고 찾아간 것도 아니고, 형제나 친구의 손에 이끌려 예수님께로 나아 간 것도 아니었습니다. 그는 그저 세관에서 자기 일만 했을 뿐입니다. 그런데 예수님이 찾아오셨습니다. 그리고는 베드로를 부르듯이 '나를 좇으라!'하고 마태를 불렀습니다.

예수님의 12제자 중에 부름의 과정이 밝혀진 제자들은 7명이고, 나머지 사람들은 어떻게 제자가 되었는지 알 수 없습니다. 베드로와 안드레, 요한과 야고보, 빌립과 나다나엘, 그리고 마태입니다. 아무것도 모르고 예수님을 따라나섰는데 그분이 위대한 선생이었으며, 하나님의 아들이요, 사람으로 오신 하나님이셨습니다. 세상천지에 이런 횡재가 어디 있겠습니까?

마태의 감격

마태는 자기 직업이 그러했기 때문에 그 어떤 제자들보다도 더 감격스러웠습니다. '아! 어떻게 나 같은 사람이 제자가 되었는가?' '세리가 어떻게 사도가 되었는가?'

마태는 이런 감격을 자기 글에서 살짝 감추어서 나타냈습니다. 마태는 자신이 예수님의 부름을 받고 제자가 된 일을 9절에 적어 두었습니다. 이미 말씀드린 대로 8-9장은 기적에 대한 장입니다. 다시 말씀드리면 마태는 자기가 부름을 받은 사건을 여러 기적들과 함께 기록했다는 겁니다. 왜 그랬을까요? 아무리 생각해도 기적이기 때문입니다. 나병이 낫고, 중풍 병자가 일어나서 걸어가는 것만 기적이 아니라 인간 취급도 못 받던 세리가 제자가 된 것은 더 놀라운 기적이기 때문입니다. 소경이 보게 되고 벙어리가 말을 하게 된 것은 더 설명이 필요 없는 기적이지만, 세리가 사도가 된 것도 그에 못지않은 기적이라는 것입니다. 마태는 이것을 드러내지 않고 말하려고 자기가 부름 받은 것을 기적장에 살짝 끼워 놓았습니다. 그래서 자세히 살피지 않으면 마태의 의도를 파악하지 못하고 그냥 넘어가기 쉽습니다.

세월이 많이 지났는데....

세월이 지나면 기쁨도 사라지고 감격도 없어지기 마련입니다. 그런데 마태는 그렇지 않았습니다. 마태가 이 복음서를 기록하기까지는 적어도 30여 년의 간격이 있었습니다. 강산이 3번이나 바뀌었는데도 마태의 감격은 사라지지 않았습니다. 마태복음을 기록할 그때까지 이 감격이 없었다면 이렇게 넣어 놓지 않았을 것입니다. 세월이 많이 지났지만 마태는 그 감격을 그대로 가지고 있습니다. 왜냐하면 생각하면 할수록 놀랍고 감사했기 때문입니다. 이것이 바로 마태의 감격입니다.

우리도 부름을 받은 사람들입니다. 우리는 어떻습니까? 그때의 그 감격이 그대로 있습니까? 이런 일 저런 일 때문에 빛이 바래지 않았습니까? '부름 받아 나선 이 몸, 어디든지 가오리다" 임직받을 때, 혹은 파송 받을 때 마음 그대로입니까? '이름 없이 빛도 없이, 감사하며 섬기리다' 그때는 그렇게 고백했는데 지금도 그대로입니까? 참 많이 부끄럽습니다. 나를 부르신 것도 기적임에 틀림없는데... 그때는 나에게도 이런 감격이 있었는데.. 마태가 부럽습니다.

10강
그때에 무슨 말 할 것을 주시리니... (마 10)

10장은 '제자 파송의 장'이라고 일컬어집니다. 예수님은 12사도를 선택하신 후에 전도하기 위해 둘씩 둘씩 짝을 지어 파송하면서 여러 가지 주의 사항을 말씀하셨습니다. 같은 내용이 마가와 누가복음에도 있지만, 마태복음만큼 조직적이지도 자세하지도 못합니다. 누가복음에는 12사도보다는 70인 파송이 오히려 더 자세합니다(눅10장). 마태는 장부를 정리하듯이 얼마나 조직적으로 그의 복음서를 기록했는지 아주 기가 막힙니다. 그는 먼저 예수님이 12제자를 부르시고 그들에게 권능을 주신 것을 기록했습니다. 그 후에 제자들의 명단이 나옵니다. 그리고 5절부터 어디로 가야 할지(5-), 무엇을 말해야 할지(7), 병과 귀신 등의 장애물은 어떻게 해야 할지(8), 가지고 가지 말아야 할 것이 무엇인지(9-), 숙소는 어디에 정해야 되는지(11), 영접하지 않는 자에게는 어떻게 해야 하는지 등을 말씀하셨습니다(14-).

더 나아가서, 전도자의 자세, 당할 위험, 그럴 때 대처 방법을 말씀하셨는데, '너희를 넘겨줄 때에 어떻게 또는 무엇을 말할까 염려치 말라 그때에 무슨 말 할 것을 주시리니 말하는 이는 너희가 아니라 너희 속에서 말씀하시는 자 곧 너희 아버지의 성령이시니라' 했습니다(19-). 성령님이 함께 하신다는 겁니다. 그분이 그때 할 말을 가르쳐 주실 것인데, 그 일만 하겠습니까? 그러니 걱정하지 말라는 말씀입니다. 요한복음에는 성령을 소개하는 장이 따로 있지만(14-16장), 마태복음에는 그렇지 않습니다. 예수님은 제자들을 파송하시면서 성령에 대해서도 가르쳤습니다. 제자들은 전도 실습을 하면서 성령님을 함께 체험했습니다.

예수님은 제자들이 당할 위험을 미리 다 말씀하셨습니다. 예수님의 말씀만 들으면 가고 싶은 마음이 '싹' 사라질 지경입니다. 끌려갈 것, 채찍질 당할 것, 심문을 받게 될 것, 모든 사람에게 미움을 받을 것, 귀신 든 자로 취급을 받을 것, 죽게 될 것 등입니다.

이러한 모든 말씀은 마태가 직접 들은 말씀이었습니다. 마태는 예수님의 보냄을 받아서 전도 실습을 갔던 사람입니다. 그런데 감사하게도 예수님이 하신 말씀을 다 경험하지는 않았습니다. 잡히거나 채찍에 맞거나, 심문을 받는 일도 없었고, 죽을 고비를 넘기지도 않았습니다. 그러니까 이런 일들은 그 당시에 바로 경험할 일이 아니라 앞으로 일어나게 될 일이었습니다. 그 당시에는 겪지 않았지만, 그 후에는 이 모든 일들을 하나도 남기지 않고 다 경험했으며, 제자들은 담대하게 대처해서 복음을 전했습니다.

제자들의 명단

2절에 사도들의 이름이 나오는데, 이들의 이름은 성경에 3번 기록되어 있습니다. 누가복음 6장과 사도행전 1장과 그리고 오늘 본문입니다. 세 군데에 기록된 제자들의 이름을 비교해 보면 몇 가지 특징이 있는데 그중 하나가 마태복음에만 마태의 이름 앞에 '세리'라는 명칭이 기록되어 있습니다. 먼저 나온 감격은 9장의 기적 장에서 자기가 부름을 받은 사실을 기적 중의 한 가지로 끼어 넣어 놓았다고 이전 장에서 말씀드렸습니다. 마태는 10장에 또 하나의 감격을 살짝 숨겨서 소개하고 있습니다. 그것이 바로 '세리' 라는 명칭 속에 있습니다.

세리라는 명칭

예수님은 '만일 그들의 말도 듣지 않거든 교회에 말하고 교회의 말도 듣지 않거든 이방인과 세리와 같이 여기라' (마18:17) 하셨습니다. 유대인에게, 그리고 세리가 아닌 사람에게 '세리와 같은 놈'이라는 말보다 더 모욕적인 말은 없었습니다. 세리는 이렇게 취급되었기 때문에, 세리는 '세리' 로 불리는 것을 가장 싫어합니다. 이런 이유 때문에 다른 곳에 있는 제자들의 명단에는 마태의 이름 앞에 세리라는 단어가 없습니다.

저에게 사촌 형이 있었는데, 머리카락이 곱슬하고 머리 색깔이 우리와 같이 검은색이 아니라 갈색이었습니다. 그런 머리카락 때문에 그 형의 별명은 '노랭이' 였습니다. 이 형은 이 별명으로 불리는 것을 죽기보다 더 싫어했습니다. 누가 이 별명을 부르면 십리 길이라도 뒤쫓아 가서 실컷 두들겨 패주었습니다. 선배나 어른이라도 절대로 그냥 넘어가지 않았습니다. 그 형은 우리 집에서 같이 살았는데, 나는 꿈에서 잠꼬대라도 그 형의 별명을 부르지 않도록 각별히 신경을 써야 했습니다. 마태는 '세리'라는 명칭을 이 정도로 싫어했을 겁니다.

살아 있는 감격

자신이 기록한 복음서에 왜 마태는 이렇게 듣기 싫은 '세리'라는 명칭을 적어 두었을까요? 누가 적어라고 한 것도 아니고, 적을 필요도 없었는데 말입니다. 이것이 바로 마태의 감격입니다. 마태는 자기의 감격을 이렇게 살짝 감추어 두었습니다.

‘아! 나 같은 세리가 어떻게 제자가 되었나?’ 이것만 생각하면 그에게는 가슴 속에 차오르는 감격이 있었습니다. 그럴 때마다 그는 자기 자신에게 이렇게 말했을 것이라 생각됩니다. ‘너 마태! 너는 세리였다는 것을 잊으면 안 돼!’ 그래서 마태는 그 감격을 감격 그대로 나타내기 위해서 자기 이름 앞에 과거의 명칭을 적어 두었습니다. 듣기 싫은 말이요, 감추어 두고 싶었던 과거이지만 이 감격을 잊지 않기 위해서 그는 그렇게 했습니다.

‘금이나 은이나 동이나 가지지 말고…’ (9)

‘동돈(구리 돈)’을 말한 사람은 마태밖에 없습니다. 지금으로 치면 동전입니다. 마태는 예수님의 말씀을 돈을 취급하는 세리의 관점에서 듣고, ‘동전조차도 가지고 가지 말라’는 말씀으로 해석했습니다. 그야말로 주머니를 탈탈 털어서 빈털터리로 가라는 말씀입니다.

‘양을 이리 가운데로 보냄과 같도다’ (16)

양 떼가 있는 곳에 이리가 한 마리만 들어가도 난리가 나는데, 이리떼 속에 양이 들어가면 어떻게 되겠습니까? 사정이 이러하다면 안 보내야 맞지 않겠습니까? 그런데 예수님은 가라고 하셨습니다. 왜 그랬을까요? 예수님이 1절에서 말씀하신 것처럼 ‘권능’을 받아서 가면 괜찮기 때문입니다. 양이 권능을 받으면 아무도 함부로 건드리지 못하게 됩니다. 그래서 예수님은 항상 먼저 권능을 주셨고 (1), 그 뒤에 내보내셨으며 (5), 제자들은 그렇게 해서 갔고, 가서 권능을 경험하고 돌아왔습니다. 지금 우리에게도 마찬가집니다. 무엇보다도 중요한 것은 ‘권능’을 받는 것입니다.

우리는 어떤 모습으로 부름을 받았습니까? 부름 받은 그 자리가 나에게도 감격의 자리입니까? 부름 받을 때의 내 모습이 마태 같지는 않다고 할지라도 예수님의 제자가 된 지금의 내가 대단한 줄 알아야 하겠습니다. 과거를 잊지 않아야 감사가 더욱 커지게 됩니다. 바울도 그랬습니다. “내가 전에는 훼방자요, 핍박자요, 포행자이었으나…‘(딤전1:13). 과거의 내 모습을 잊지 않으면 잊지 않을수록 현재의 감사는 더욱 커지게 됩니다. 우리가 당하고 있는 일, 현재의 기도 제목에 관계없이 이것은 우리에게도 감격이 되어야 합니다. 마태와 같이 감추어 놓고 두고두고 감격하는 우리들이 됩시다.

11강
내가 너희를 쉬게 하리라! (마 11)

예수님은 제자들을 한 사람씩 불렀습니다. 요한복음을 참고하면 이제 제자들은 7명이 되었습니다. 예수님은 갈릴리 주변 마을로 다니시면서 가르치고, 전파하고, 고치셨습니다(4:23). 예수님이 가르치고 전한 말씀은 이제까지 한 번도 들어본 적이 없는 말씀이었습니다. 그래서 듣는 사람들이 권세 있는 말씀에 깜짝 놀랐다고 했습니다(7:28). 그리고 10장에서 제자들을 파송하여 전도 실습을 시켰습니다.

이렇게 예수님의 사역이 본격적으로 진행되고, 조직이 갖추어져 가는 시기에 반대 세력의 거대한 움직임도 동시에 시작되었습니다. 마태는 그것을 11장에서 2가지로 기록했습니다. 먼저는 세례요한의 의심이고, 두 번째는 권능을 가장 많이 행한 동네의 불신입니다.

세례요한은 예수님을 직접 보면서 소개한 사람입니다. 그런데 소개자가 의심자가 되었습니다. 사람은 누구나 고난이 심하면 잠시 이렇게 될 수 있습니다. 그리고 마태는 세 지역의 불신을 말했습니다. '고라신과 벳세다와 가버나움' 인데 이 세 곳의 동네는 갈릴리에 인접해 있었으며, 예수님이 나사렛을 떠나서 주 근거지로 삼았던 가버나움 주변에 있는 동네입니다. 예수님이 말씀하신 대로 권능을 가장 많이 행한 동네였지만, 회개하지 아니하고 예수님을 알아보지 못했습니다. 이런 의심과 불신이 커져서 드디어 예수님을 죽이자고 하는 살해 음모가 다음 장(12장)에서 시작됩니다. 살해 음모에 이어 불신하는 가족들이 예수님을 찾아온 사건이 기록되어 있습니다(12:46-).

그리고 마태는 다음 장 (13장)에서 함께 살았던 동네 나사렛에서도 배척이 있었다고 했습니다. 마가는 여기에 더해서 친속들이 '미쳤다'고 하는 말을 덧붙였습니다(막3:21).

점입가경입니다. 이렇게 해서 예수님은 십자가를 지게 됩니다. 예수님의 최종 목적지는 십자가입니다. 예수님은 십자가를 향해서 묵묵히 걸어가셨습니다. 복음서 저자들은 이것을 놓치지 않고 기록했습니다.

세례요한의 의심

세례요한이 감옥에 있을 때 제자들을 예수님에게 보내서 "오실 그분이 당신입니까? 우리가 다른 이를 기다릴까요?"하고 질문하게 했습니다. 이 질문이 무엇을 의미하는지 3가지 주장이 있습니다.

① 세례요한이 예수님의 메시아이심을 의심했다. ② 세례요한의 제자들이 의심하면서 자꾸 질문했기 때문에 그들을 예수님에게 보내서 직접 물어보게 했다. ③ 세례요한이 감옥에 있을 때 예수님이 나를 구하는 무슨 일을 할 줄 알았는데 아무 일도 하지 않아서 이런 질문을 했다.

여러분들은 어떻게 생각합니까? 저는 ①과 ③이 합쳐져서 이루어진 결과라고 생각합니다. 세례요한이 의심하지 않았다고 말하는 사람들은 예수님이 제자들에게 세례요한을 한껏 치켜세웠는데, 자신을 불신하고 의심한 사람을 그렇게 하실 리가 없습니다. 그리고 세례요한의 성격과 사역을 보면 그 사람이 그렇게 변심할 리가 없다는 주장을 합니다.

세례요한이 제자들을 예수님에게 보내서 질문하게 한 것을 보면 그의 내면세계에 무슨 일이 일어났던 것은 분명합니다. 세례요한이 예수님의 사역을 이해하는 것에 있어서 생각이 조금 다를 수 있습니다. 더구나 그는 지금 옥에 갇혀 있습니다. 이런 상황에서 '그가 과연 오시기로 되어 있는 그분이 맞는가?' 하고 생각할 수 있습니다. 그러나 세례요한에 대한 예수님의 말씀을 들어보면 그의 의심이 그렇게 심각한 수준이 아니라는 것을 알 수 있습니다. 예수님은 '괘심한 놈' 이라고 하지 않았으며, 세례요한일지라도 의심할 수 있다고 인정하셨습니다. 그의 의심은 잠시 하는 의심이었고, 더 알기 위한 의심이었지, 사실 자체를 부정하는 불신의 의심은 아니었습니다. 그래서 예수님은 세례요한을 여자가 낳은 자 중에 그보다 큰 이가 일어남이 없다고 말씀하셨습니다.

예수님의 짐

세례요한의 의심과 권능을 가장 많이 행한 동네가 회개하지 않는 것은 예수님에게 일종의 부담이었습니다. 얼마나 힘 빠지고 지치는 일이겠습니까? 예수님은 이런 짐을 짊어지고 계셨습니다.

요즘은 악성 댓글을 보고 그것을 견디지 못해서 자살하는 시대입니다. 인기에 연연하는 사람들은 이런 현상에 잠을 이루지 못하게 됩니다. 그런데 놀랍게도 이런 짐을 지신 예수님이 오히려 다른 짐을 지고 있는 자들을 향해 '오라' 라고 하셨습니다. 사람이라면 '내 코가 석 자' 라고 하면서 남을 돌아볼 여유가 없을 텐데 말입니다. 예수님은 이렇게 우리가 경험할 수 있는 모든 일들을 다 경험하셨고, 우리가 겪어야 할 일들을 다 겪었습니다. 우리에게 짐이 있다는 것을 알고 계셨으며, 그 짐 때문에 수고하고 있다는 것도 아셨습니다. 그래서 오라고 하신 겁니다.

3가지 오해

예수님이 '내가 너희를 쉬게 하리라'라고 하셨는데 왜 사람들에게는 쉼이 없을까요? 3가지 오해 때문입니다. 3가지 오해가 풀리지 않으면 쉼을 얻을 수 없습니다.

첫째는 멍에를 짐으로 생각하는 오해입니다. 멍에는 짐을 실어 나르려는 소의 목에 걸치는 나무입니다. 멍에를 걸쳐야 수레를 끌 수 있습니다. 멍에는 짐을 끌게 하려는 수단이지, 짐이 아닙니다. 예수님이 멍에를 메라고 하니까 이것을 짐으로 생각하고 예수 믿기를 거절하는 사람들이 많습니다.

두 번째 오해는 오면 무조건 쉬게 될 것이라고 생각하는 오해입니다. 그래서 '왔는데 왜 쉼이 없습니까?'하고 묻습니다. 이것도 오해입니다. 예수님은 그렇게 말씀하신 적이 없습니다.

세 번째 오해는 예수님이 메라고 하는 멍에를 무겁다고, 혹은 어렵다고 생각하는 오해입니다. 메어 보지도 않고 이렇게 생각하는 사람들이 있습니다. 어떤 사람들은 '광신자인 어느 집사처럼 될까봐 두려워서 못 믿겠다'고 하는 사람도 있습니다. 다 오해입니다. 우리의 믿음 생활은 신이 나서 하는 것이지 억지로 하는 것이 아닌데 말입니다.

3가지 명령

예수님은 3가지를 명령하셨는데 이것을 잘 행하면 쉼을 얻게 됩니다.

첫째는 오라는 명령입니다. 오지 않는 사람은 쉴 수가 없고, 교회에는 왔는데 예수님께로 나아가지 않으면 쉼을 누릴 수 없습니다. 둘째는 멍에를 메라고 하셨습니다. 가만히 있으면 안 됩니다. 짐을 실을 수 있도록 해 주는 멍에를 메야 합니다. 그것도 예수님의 멍에를 메야, 나의 죄 짐을 벗을 수 있습니다. 셋째는 배우라고 하셨습니다. 사람들은 배우기를 싫어합니다. 안 배우고 무엇을 얻을 수 있겠습니까? 걸음마도 배워야 하고, 운전도 배워야 합니다. 교회에 왔으면 교회의 법도를 배워야 하고, 성경도 배우고 하나님이 무엇을 요구하시고 원하시는지 배워야 합니다. 그래야 그 안에서 쉼을 누리고 안식할 수 있습니다.

우리는 이미 쉼을 경험한 사람들입니다. 더 큰 안식을 원한다면 기본에 충실해야 합니다. 우리가 어디에 있든지, 무엇을 하든지 예수님이 말씀하신 대로 하면 쉼을 얻을 수 있습니다. 이렇게 해서 쉼을 얻고 안식을 누리는 일들이 우리에게 있기를 바랍니다.

12강
무엇보다, 누구보다 더 크신 분 (마 12)

이전 장(11장)에 이어서 본 장에서는 배척이 본격적으로 진행됩니다. 이번 장에서 '어떻게 하여 예수를 죽일까?'(14) 하는 논의가 시작되기 때문입니다. 이들이 이렇게 본격적으로 논의하기 시작한 이유는 예수님이 안식일을 범했기 때문입니다. 이들은 안식일을 잘 지키려고 하다가 그만 율법에 매인 자들이 되고 말았습니다. 이들은 먼저 제자들이 안식일을 지키는 것을 보면서 시비를 걸었습니다. 예수님은 이들에게 2가지 예를 들어서 설명했습니다.

첫째는 다윗의 예입니다. 그리고 두 번째는 '안식일에 제사장들이 성전 안에서 안식일을 범하여도 죄가 없음을' 말씀하셨습니다. 그리고 결론을 3가지로 말씀하셨습니다. 성전보다 더 큰 이가 여기 있다는 것, 하나님은 제사보다는 자비를 원하신다는 것, 인자는 안식일의 주인이라는 것입니다.

이들은 예수님에게서 이런 말씀을 들은 뒤에 이제는 예수님에게 시비를 걸었습니다. 예수님이 안식일에 회당에 들어가셨는데, '안식일에 병을 고치는 것이 옳으니이까?' 하고 질문했습니다(10). 예수님은 안식일이라도 구덩이에 빠진 양을 구해 내는 그들의 행동을 들어서 설명했습니다(11). '사람이 양보다 얼마나 더 귀하냐?' 그렇기 때문에 안식일에 선을 행하는 것이 옳다고 하셨습니다. 그리고 예수님은 시비를 거는 사람들이 보는 앞에서 한 편 손 마른 사람을 고쳐주셨습니다. 사실은 안식일 논쟁을 촉발시킨 분은 예수님입니다. 예수님은 드러내 놓고 안식일에 병을 고치므로 그들이 보는 앞에서 안식일을 범했습니다. 그랬더니 바리새인들이 나가서 예수님을 죽일 방책을 의논했습니다(14). 이 사람들은 안식일의 주인이신 분이 오셔서 3가지 결론을 분명하게 말씀하셨는데도 그 말씀을 그대로 받아들이지 않았습니다. 예수님이 안식일을 범하는 것을 자기들이 똑똑히 보았다는 것 그것만 기억했습니다.

안식일 논쟁

제자들이 밀밭 사이로 지나가면서 시장하여 이삭을 잘라 먹었는데 그날이 안식일이었습니다. 바리새인들은 이렇게 하는 것을 '탈곡 행위'라고 하여 안식일을 범했다고 시비를 걸었습니다(1-8). 예수님은 다윗이 시장할 때 제사장만이 먹을 수 있는 진설병(陳設餠, shewbread)을 먹었던 예를 들었습니다. 그리고 안식일에 성전에서 섬기는 제사장의 예를 말했습니다. 이들의 논리대로 하면 제사장들이 안식일에 섬기는 것도 일에 속했습니다. 그렇다고 한다면 안식일에 성전에서는 아무것도 하지 말아야 합니다. 제사장들이 섬기지 않으면 무슨 제사를 드릴 수가 있겠습니까? 이것은 사람이 정한 법의 헛점입니다. 이것을 허용하면 저것이 안 되고, 저것을 금지하면 이것을 못하게 됩니다. 그러니까 예수님이 안식일의 주인인 줄 알고 그분 중심으로 지키면 간단하게 해결됩니다. 예수님이 그것을 말씀하셨는데, 이들은 율법에 매여서 이 말씀을 이해하지 못했습니다.

왜 예수님은 안식일에 병든 자를 고치셨을까요? 병으로 고통받는 자를 낫게 해서 그 병에서 해방시키는 것이 진정한 안식이기 때문에 그렇게 하셨습니다. 안식일에 진짜로 해야 될 일을 하셨는데, 이들은 예수님을 죽이려고 의논했습니다.

기적 장에서 제외된 두 가지 기적

한편 손 마른 사람을 고치신 일과 눈멀고 벙어리 된 자를 낫게 하신 일이 기적의 장에서 빠져나와 이곳에 기록되어 있습니다. 왜 그럴까요? 장부를 정리하듯이 한 곳에 모아 놓는 것이 마태의 세리적 특성이기는 하지만, 필요에 따라서는 이렇게 예외 규정을 두었습니다. 비교해 보시면 알겠지만, 기적의 장에는 사건의 설명만 있지만, 이곳에서는 연관된 다른 사건이 있습니다. 그것을 설명하기 위해서 그렇게 했습니다. 다분히 의도적이라 할 수 있습니다.

'귀신의 왕 바알세불을 힘 입지 않고서는...' (24)

이들은 예수님을 알지 못하고 믿지 못하니 예수님이 하신 사역도 받아들일 수가 없었습니다. 그렇지만 그들의 눈앞에서 병든 자가 나았으므로 그 사건 자체를 부인할 수 없었습니다. 그래서 갖다 붙인 것이 바로 이것입니다. 예수님이 낫게 하신 것을 귀신의 왕 바알세불을 힘입어서 하는 일이라 둘러씌웠습니다. 이것은 예수님께 아주 모욕적인 말입니다. 하나님의 역사를 분명히 보았으면서도 귀신이 한 일이라고 하는 것은 이 세상과 오는 세상에도 사하심을 얻지 못하는 성령을 훼방하는 죄입니다.

확실한 것을 보기 원하는 사람들 (38-45)

그때 서기관과 바리새인들 중 몇 사람이 예수님께로 와서 '우리에게 표적을 보여 주십시오'하고 요청했습니다(38). 이들은 예수님이 병든 자를 치유하는 모습을 보았습니다. 그렇지만 그들은 '확실한 표적'을 보기를 원했습니다. 귀신의 왕을 힘입어 병을 낫게 한다는 오해가 있으니, 자기들이 보는 앞에서 기적을 행하여 확실하게 나타내 달라는 요구였습니다. 이렇게 기적은 또 다른 기적을 요구합니다. 기적으로 만족할 사람은 아무도 없습니다.

나에게 신유(神癒, divine healing)의 은사가 있었으면 얼마나 좋을까 하는 생각을 한 적이 있습니다. 그러나 경험해 보니 기적이 일어나는 것을 보고 믿는 사람보다는 복음을 듣고 믿는 사람이 훨씬 많고 오래 가고 확실합니다. 그렇기 때문에 복음이 나에게 있다면 신유 은사는 없어도 되고 간혹 나타난다면 감사할 따름입니다.

더 크신 분

예수님은 자기를 두고 요나와 솔로몬보다 더 크다 하셨습니다. '더 크신 분' 이라는 표현은 12장에서 3번 나옵니다. 앞에서는 '성전보다 더 크신 분'(6)이라고 했습니다. 이렇게 더 크고 위대한 분을 몰라보면 안 되겠습니다. 그렇지 않으면 나중에는 요나의 설교를 듣고 회개했던 니느웨 사람들과 남방 여인이 믿지 못하는 사람들을 정죄할 것입니다.

비·소·리를 아시나요? 비고/ 소제 되고/ 수리되는 것(44)을 줄여서 한 말입니다. 귀신이 겁내는 것은 빗소리가 아닙니다. 이런 것은 아무리 있어도 귀신은 눈 하나 깜짝하지 않습니다. 철학이나 도덕, 문화나 과학이 우리 삶을 많이 개선한 것은 사실입니다. 그러나 그것은 우리 마음을 그저 비우고 소재하고 수리하는 정도밖에 안 됩니다. 그것으로 귀신을 쫓아낼 수 없으며, 쫓겨 나간 귀신을 못 들어오게 할 수도 없습니다. 예수님이 내 안에 계셔야 합니다. 예수님을 내 안에 모시는 것 외에는 그것이 무엇이든지 간에 다 비우고 소재하고 수리하는 것밖에 안 됩니다. 수리하려고 하지 말고 예수님을 모십시다. 귀신은 그저 귀신일 뿐입니다. 우리가 물러서지 않으면 귀신은 귀신같이 알고 도망갈 것입니다.

13강
비유로 말씀하신 예수님 (마 13)

다른 복음서에는 비유가 이곳저곳으로 흩어져 있는데 마태는 비유를 13장에 모아 놓았습니다. 우리가 잘 아는 대로 마태복음 25장에는 3가지(열처녀, 달란트, 양과 염소 비유) 비유가 있습니다. 전에 말씀드린 것처럼 필요할 때는 이렇게 따로 배치하기도 합니다.

13장에는 7가지 비유가 있습니다. 우리는 보통 예수님이 바닷가에서 7가지를 다 말씀하셨다고 생각하는데, 7가지는 2가지로 구분됩니다. '집에서 나가사'(1)와 '집에 들어가시니'(36)로 구분할 수 있습니다. 앞부분(바닷가에서)에서 4가지를, 뒷부분(집에서)에서 3가지를 말씀하셨습니다.

7가지 비유 중에서 그 비유를 해설해 주신 것은 2가지입니다. 또 7가지 비유는 2개씩 묶어져 있습니다. 겨자씨와 누룩 비유가 그러하고, 보화와 진주 비유, 그리고 가라지와 그물 비유가 묶어져 있습니다.

씨 뿌리는 비유

그 내용은 잘 알고 계시기 때문에 설명은 생략하고 우리가 유의해야 할 것에 대해서 살펴봅시다. 4가지 밭은 말씀에 대한 4종류의 마음을 말해 줍니다. 4가지 중에서 3가지는 실패했습니다. 75%. 거의 대부분이 실패한 것입니다. 이만큼 말씀을 전하기도, 받아들이기도, 열매 맺기가 쉽지 않다는 것을 알 수 있습니다. 이런 가운데 겨우 한가지가 성공합니다. 그런데 이 성공이 3가지 실패를 회복하고도 남을 만큼의 수확을 거둡니다. 30배 60배 100배입니다. 한 알 심어서 최소 30개, 최대 100개를 거둡니다. 3번을 실패해도 한 번만 성공하면 됩니다.

이 말씀은 선교지에 있는 우리들에게 얼마나 큰 위로를 주는지 모릅니다. 우리들은 늘 실패를 경험합니다. 되는 것이 아무것도 없어 보입니다. 아무것도 거둘 것이 없다는 생각이 우리를 괴롭힙니다. 언드우드 선교사가 "오! 주여! 지금은 아무것도 보이지 않습니다"고 했습니다. 보이는 것은 어둠과 가난과 인습에 묶여 있는 조선 사람들뿐이라고 했습니다. 그런데 마지막 씨앗 하나가 성공해서 지금 대한민국은 수많은 사람들을 해외 선교사로 파송하는 나라가 되었습니다. 지금 내가 사역하는 곳, 내가 있는 곳에서 바라보는 사정도 이와 별반 다르지 않다고 봅니다. 실패를 두려워하지 맙시다. 예수님의 말씀은 우리를 위로

합니다. 마지막 한 가지 씨앗에 희망을 걸고서, 오늘도 말씀의 씨앗을 뿌려 봅시다.

말씀의 능력

말씀이 역사하면 놀라운 능력으로 나타난다는 것은 마귀가 잘 알고 있었으며, 이런 결과를 제일 두려워하고 있습니다. 그래서 할 수만 있으면 모든 수단과 방법과 동원해서 그런 일들이 일어나지 않도록 막을 것입니다. 마태는 '악한 자'(19), 마가는 '사단'(4:15), 누가는 '마귀'(8:12)라고 했습니다. 마가는 사단이 '즉시' 와서 뿌려진 말씀의 씨앗을 빼앗아 간다고 했습니다. 이런 사정을 누가는 구체적으로 기록했습니다. "이에 마귀가 와서 그들로 믿어 구원을 얻지 못하게 하려고 말씀을 그 마음에서 빼앗는 것이요."

말씀의 능력이 이렇습니다. 뿌려지기만 하면, 그리고 자라기만 하면 그 말씀으로 그 영혼이 구원을 얻게 됩니다. 누가 무엇으로 죽은 영혼을 살려내며, 악한 세력에 잡혀 있는 영혼을 건져내겠습니까? 마귀는 이것을 너무 잘 알고 있기 때문에 지금도 불철주야 즉시 달려와서 말씀이 뿌리를 내리기 전에 빼앗아 갑니다. 말씀이 능력인 것을 마귀가 제일 잘 알기 때문입니다. 말씀이 능력임을 기억합시다. 마귀가 두려워하는 능력입니다. 최소 30배, 최대 100배로 결실하게 하는 능력입니다. 이런 말씀의 능력이 우리가 있는 곳곳에서 일어나기를 소원합니다.

겨자씨와 누룩 비유

겨자씨는 '땅 위의 모든 씨보다 작은 것이로되'(막4:31)하고 예수님이 말씀하셨습니다. 너무 작아서 잘 보이지 않기 때문에 눈 가까이 가져오면 콧김에 날아가서 땅에 떨어져 버리고, 땅에 떨어진 씨앗을 티끌과 섞여서 찾기가 어렵다고 합니다. 누룩도 마찬가지입니다. 밀가루에 섞어 놓으면 있는지도 모르는 것이 누룩입니다. 그런데 시간이 지나면 커지고 자라고 부풀어서 놀라운 모습이 됩니다. 처음 시작은 미약하고 보잘 것이 없지만, 그 안에 있는 생명력 때문에 결국은 놀라운 결과를 만들고 만다는 것을 말해 줍니다.

우리의 하는 일이 너무 미약해 보입니까? 그러나 너무 걱정하지 마십시오. 우리 아니면 우리 다음 세대가 열매를 거두면 됩니다. 생명력만 집어넣으면 그 다음 일은 그것이 알아서 할 것입니다. 이 세상에 생명력이 있는 것이 무엇이겠습니까? 예수 그리스도와 말씀 외에는 없습니다. 예수, 그리고 말씀. 곁으로 보기에 너무 미약해 보입니다. 그러나 세월이 가면 일이 일어납니다. 예수님을 전하는 우리의 일에 소망을 가집시다.

제자들의 복은 우리들의 복입니다. "너희 눈은 봄으로 너희 귀는 들음으로 복이 있도다. 많은 선지자와 의인이 너희 보는 것을 보고자 하여도 보지 못하였고, 너희 듣는 것을 듣고자 하여도 듣지 못하였느니라"(16-17). 이것이 바로 제자들이 누린 복이었고, 이 복은 우리들에게 주어진 복입니다. 오래전에 우리 심령에 복음의 씨앗이 뿌려졌고 귀한 결실로 맺어졌습니다. 우리는 지금 그 복음과 그 말씀을 전하는 자가 되었습니다. 우리를 통해서 얼마나 놀라운 열매를 거두게 될지는 오직 주님만 아십니다. 소망을 가지고 우리 맡은 일들을 잘 감당합시다. "이는 너희 수고가 주 안에서 헛되지 않은 줄 앎이니라!"(고전 15:58).

14 강
3가지 사건 (마 14)

마태복음에는 풍랑이 잠잠하게 된 사건이 2번 기록되어 있습니다. 한번은 기적의 장에 그리고 나머지는 오늘 본문입니다. 8장에 기록된 사건은 예수님이 배 안에서 주무시고 계셨는데 풍랑이 일었고, 오늘 본문은 예수님이 풍랑이 일어나는 물 위로 걸어가셨습니다. 앞의 사건에서는 예수님이 바람과 바다를 꾸짖었을 때 아주 잔잔하게 되었고, 오늘 본문에서는 예수님이 꾸짖거나 명령하신 것이 없었습니다. 예수님이 배에 오르셨을 때 바람이 그쳤다고 했습니다.

오늘 우리가 살펴보려고 하는 14장에는 3가지 사건이 기록되어 있습니다. 세례요한의 투옥과 죽음, 5병2어(五餠二魚)의 기적, 그리고 예수님이 물 위로 걸은 사건입니다.

세례요한의 투옥과 죽음

이 사건이 왜 이곳에 있을까요? 뒤에 나오는 2가지 기적과 아무런 연관이 없어 보입니다. 마태는 왜 이곳에 세례요한의 투옥과 죽음을 배치해 두었을까요? 그것은 '유령이라고 하여 무서워하는 것'이라는 단 한 가지 연관성 때문입니다. 헤롯은 예수님을 세례요한이 환생한 유령으로 생각했습니다. 제자들은 물 위로 걸어오시는 예수님을 유령으로 알았습니다. 예수님은 헤롯에게서는 물러나셨고, 제자들에게는 가까이 가셨습니다. 헤롯은 유령이라 생각해서 두려워했고, 제자들은 예수님을 유령으로 생각했기 때문에 두려워했습니다. 이런 연관성 때문에 이곳에 배치했습니다.

사실, 세례요한의 죽음은 끼어든 설명입니다. 사건은 이미 일어났었는데 마태는 이곳에서 소환해서 설명하고 있기 때문입니다. 세례요한은 '광야의 외치는 소리'입니다. 세례요한은 소리같이 외치다가 소리같이 사라졌습니다.

오병이어의 기적

예수님이 물러가신 것은 헤롯을 피해서 숨은 것이 아니라(이미 일어난 사건이니까), 배고픈 사람이 있었기 때문에 그들에게 먹을 것을 주고 배고픔을 해결하기 위해서 그들이 있는 곳으로 가신 것입니다. 5병2어의 기적은 4 복음서에 다 기록될 정도로 복음서 저자들이 아주 중요하게 다루었습니다.

예수님은 큰 무리를 보시고 불쌍히 여기셨습니다. 여기에 나오는 '불쌍히 여기다'(14)라는 단어는 헬라어로 "스플랑크니조마이(σπλαγχνιξομαι)"입니다. 성경에 12회 사용되었는데 주로 예수님이 직접 이 단어를 사용하거나 아니면 예수님의 마음을 설명할 때 사용되었습니다. 그래서 나는 이 단어를 '예수님의 단어'라고 부릅니다. 예수님의 마음을 가장 잘 설명한 단어라 할 수 있습니다. 떠나간 작은 아들을 하염없이 기다린 것도, 돌아오는 탕자를 반갑게 맞이한 것도 바로 "스플랑크니조마이" 이것 때문이었습니다.

강도 만난 사람을 제사장과 레위인, 그리고 사마리아인이 꼭 같은 지점에서 동일하게 보았습니다. 그런데 어떻게 두 사람은 그냥 지나가고 한 사람은 가까이 나아갔을까요? 사마리아인을 강도 만난 사람 가까이로 가게 했던 동인은 바로 이 단어입니다. 이 단어가 있고 없고의 차이입니다. 두 사람은 "스플랑크니조마이"가 없어서 그냥 갔습니다. 사마리아인은 강도 만난 유대인을 그냥 지나가야 맞습니다. 왜냐하면 자기들을 인간 취급을 해 주지 않았기 때문입니다. 그럼에도 불구하고, 그 사람 가까이로 나아갔습니다. 그것은 단 하나의 차이. 그에게 "스플랑크니조마이"가 있었기 때문입니다. 예수님은 이곳에서 비유를 통해서 가르치신 그 심정 그대로 행했습니다. '큰 무리를 보시고 불쌍히 여겨'라고 했습니다. 이곳에 나오는 단어 '불쌍히 여겨'의 의미가 바로 "스플랑크니조마이" 입니다. 이 단어가 예수님으로 오병이어의 기적을 행하게 했습니다.

물 위로 걸으신 예수님

예수님이 물 위로 걸으셨다는 것보다 더 놀라운 일이 있습니다. 그것은 베드로가 물 위로 걸은 사건입니다. 베드로는 갈릴리 호수에서 나고 자란 어부이지만 우리와 같은 사람 아닙니까? 그럼에도 불구하고, 그렇게 요청한 베드로의 용기가 대단합니다. 다른 제자들이 유령이라고 두려워하고 있을 때 베드로는 물 위로 걸어오는 분이 예수님이라는 확신을 가졌습니다. 그래서 그는 "나도 물 위로 걷게 해 주세요"라고 당부했습니다. 베드로가 물 위로 걸어오는 분이 예수님이라는 확신이 없이 유령이라고 생각했다면 절대로 이런 부탁을 하지 않았을 것입니다. 유령이 오는 것도 두려운데 유령에게로 가까이 나아가면 어떻게 되겠습니까? 베드로의 대단한 용기 밑바닥에는 저분이 예수님이라는 믿음이 있었습니다. 베드로는 누구보다 먼저 이런 확신을 가졌고, 그래서 그 누구와 달리 감히 이런 제안을 할 수 있었습니다.

세계 최초로, 그리고 유사 이래 처음으로 사람이 물 위로 걸었습니다. 그러나 오래 가지 못하고 베드로는 물속으로 빠져들었습니다. 물에 빠졌으면 헤엄을 치면 됩니다. 그곳에서 나고 자란 사람이 헤엄쳐서 바로 옆에 있는 배에 못 가겠습니까? 그러나 그는 염치 불구하고 구해 달라고 소리쳤습니다. 예수님은 '즉시' 손을 내밀어 구해 주셨습니다. 꾸짖고 난 뒤에 구해 주신 것이 아닙니다. '즉시'라는 이 단어를 두고 캠벨 몰간은 이렇게 말했습니다. '금으로 글씨를 새겨 높이 걸어 두어야 할 말씀이다.' 정말 그렇습니다. 왜냐하면 우리에게도 동일하게 하시기 때문입니다. "예수 그리스도는 어제나 오늘이나 영원토록 동일하시느니라!"(히13:8).

3가지 사건은 3가지 위기였습니다. 투옥과 배고픔과 불어닥친 풍랑의 위기입니다. 사람들과 제자들은 이 위기 앞에서 어찌해야 할 바를 몰랐습니다. 2가지 사건은 예수님이 해결해 주셨습니다. 먹고 사는 문제도, 갑자기 불어닥친 풍랑의 문제도 예수님 앞에서는 아무 문제도 되지 않았습니다. 베드로처럼 풍랑 가운데 계신 예수님을 바라보는 믿음의 눈이 있어야 되겠습니다. 바람만 보고, 그리고 물결만 볼 것이 아니라 그 뒤에 계신 우리 주님을 볼 수 있어야 되겠습니다. 그리고 베드로처럼 담대하게 제안을 해 보는 우리들이 되었으면 좋겠습니다. 그렇게 하려면 그분이 예수님이라는 믿음이 있어야 합니다. 믿음을 가집시다. 믿음의 눈으로 봅시다. 기억하면 좋을 이런 말이 있습니다. "Man's extremity is God's opportunity." 사람의 극단(위기)는 하나님의 기회이다.

15 강
네 소원대로 되리라! (마 15)

장소 이동을 가장 많이 말한 성경은 마가복음입니다. 총 60회가 넘는 장소의 언급이 있습니다. 그래서 다른 복음서에 없는 기록을 마가복음에서 찾을 수 있습니다. 성경을 읽는 우리에게는 이보다 더한 복이 없습니다. 빠진 부분을 매꾸어 주니까요. 반면에, 시간의 이동과 변화를 가장 많이 말한 성경은 마태복음입니다. 마태복음에는 '그때에' '이때에' '이때로부터'라는 표현이 총 36회 나오고, 시간에 대한 표현은 60회 이상 있습니다. 오늘 우리가 살펴보려고 하는 15장도 '그때에'라는 말로 시작합니다.

장로들의 유전

바리새인들은 율법을 잘 지키기 위해서 해서는 안 될 일들을 아주 자세하게 규정했습니다. 그것을 그들은 장로들의 유전이라고 했습니다. 예루살렘에서 온 사람들이 제자들이 손을 씻지 않고 먹는 것을 보고 장로들의 유전을 어겼다고 시비를 걸었습니다. 예수님은 이들이 아무리 장로들의 유전을 귀하게 여긴다고 해도 그것이 하나님의 말씀 위에 있을 수 없다고 가르쳤습니다. 더 나아가서, 예수님은 그들이 장로들의 유전을 자키기 위해서 하나님의 말씀을 폐하고 있는 예를 제시했습니다. 그들은 그렇게 하면서도 그것이 잘못인 줄 몰랐고, 당연한 줄 알았습니다. 왜냐하면 사람의 계명으로 교훈을 삼아 가르치면서 그 마음이 하나님에게서 멀리 있었기 때문입니다. 사랑은 없고 계명만 있었습니다. 그것도 자기들이 정한 사람의 계명만 있었습니다. 예수님은 그것을 지적하셨습니다. 손을 씻어서 뭐하겠다는 겁니까? 깨끗하게 해서 나쁠 것은 없지만, 그렇게 한다고 마음이 정결해지지 않는다는 것을 그들은 알지 못했습니다.

가나안 여인

예수님은 두로와 시돈 지방으로 가셔서 그곳에서 가나안 여인을 만났습니다. 그곳은 이방 지역이었고, 그 여인은 이방 여자였습니다. 그 여인의 딸이 귀신들려서 흉악한 상태에 있었습니다. 이 여인은 예수님을 '주님'으로, 그리고 '다윗의 자손'이라 불렀습니다. '다윗의 자손'이라는 호칭은 한 단어이지만 구약성경 전체를 요약한 말입니다. 사람들은 오실 메시야를 이렇게 불렀습니다. 이방 여인이 예수님을 이렇게 불렀으니 얼마나 놀라운 일입니까? 앞부분에 나오는 유대인들의 불신과 대조를 이루고 있습니다.

그런데 예수님은 이런 놀라운 호칭을 듣고서도 그냥 못 들은 척 아무 말씀도 하지 않았습니다. 제자들이 옆에서 간청하기도 했지만 대답하지 않았습니다. 겨우 한마디 하신 말씀이 청천벽력 같은 말씀이었습니다. 이 여인과 같은 이방인을 '개'라고 하셨습니다. 자존심이 상하기에 딱 좋은 말씀입니다. 이쯤 되면 '주어도 안 받을란다. 잘 먹고 잘 살아라' 하고 돌아서서 가야 합니다. 그러나 그 여인은 그렇게 하지 않았습니다. 이곳에서 이 여인은 '믿음의 재치'를 발휘했습니다. 개들도 부스러기는 먹으니까 그런 은혜가 있다면 그것을 달라고 했습니다. 예수님은 이제까지 한 번도 이렇게 하신 적이 없었습니다. 그런데 왜 이 여인에게는 이렇게 하셨을까요? 이 여인은 이방 여인이고, 이 지역은 이방 지역입니다.

예수님이 이곳을 그쳐 가신다면 다시 오기 힘듭니다. 하시는 김에 확실히 하고 가셔야 했습니다. 그래서 그 여인으로 몇 단계 고비를 넘도록 하셨습니다. 그 여인이 '주 다윗의 자손이여' 했지만, 그것이 그냥 입으로 하는 말이어서도 안 되고, 남에게 들어서 하는 말이라 해도 안 됩니다. 예수님은 이런 단계를 지나면서 스스로 자기를 점검하게 했습니다. 예수님이 보실 때 합격점에 이르렀습니다. 그래서 예수님은 "여자야! 네 믿음이 크도다. 네 소원대로 되리라!" 하셨습니다.

만약에 기분 나빠서 돌아갔다면 이런 놀라운 말씀을 듣지 못했을 겁니다. '침묵은 거절을 의미하지 않는다' 라는 말씀을 기억합시다. 예수님은 우리에게도 이렇게 하실 수 있습니다. 그것은 순전히 우리의 유익을 위해서 그렇게 하십니다. 그럴 때 우리도 '믿음의 재치'를 발휘하여 예수님에게서 은혜를 받읍시다.

장소의 이동

마태는 이곳에서 장소 이동을 아주 자세하게 기록하고 있습니다. 게네사렛(14:34)-- 두로와 시돈(21)-- 갈릴리(데가볼리,29)-- 마가단(39)-- 건너편(16:5)-- 가이사랴 빌립보(13)으로 이동하셨습니다. 예수님은 북쪽에 있는 두로와 시돈에 가셨다가 남쪽의 데가볼리 지역의 갈릴리로 오셨습니다. 이런 모든 여정을 지켜보면 예수님은 순전히 가나안 여인을 만나기 위해서 그곳에 가셨다는 것을 알 수 있습니다. 왜냐하면 그 여인을 만나고 난 뒤에 바로 데가볼리의 갈릴리로 가셨기 때문입니다. 당시에 그 여인이 이 사실을 알았을까요? 나중에라도 알았다면 예수님의 특별 관심에 아마도 온몸에 전율을 느꼈을 것입니다.

칠병이어의 기적

오병이어는 앞 장(14장)에 나옵니다. 예수님은 본 장에서 칠병이어(七餠二魚)의 기적을 행하셨습니다. 앞 장에서 있었던 일인데도 제자들은 그 일을 잊어버리고 자기들이 있는 곳이 '광야'이기 때문에 이 많은 사람들을 먹이는 것이 불가능하다고 말했습니다. 망각이 은혜라고 했지만, 너무 쉽게 잊어버리는 것은 문제입니다.

기적은 언제 일어났을까?

사천명이 먹고도 남을 만큼의 떡이 언제 만들어졌을까요? 우리 성경을 보면 알 수 없지만, 헬라어 원문을 보면 알 수 있습니다. '축사하시고 떼어 제자들에게 주시니...'(36)에서 '주시니'(εδωκε)는 διδωμι의 '미완료'입니다. '미완료'는 예수님이 제자들에게 주시고 또 주셔서 계속 주셨다는 의미입니다. 제자들은 광주리를 들고 예수님이 떼어주시는 떡을 받았습니다. 그때도 이미 기적은 일어나고 있었습니다. 작은 떡 한 덩어리로 수많은 광주리의 떡이 만들어지는 것을 봤으니까요. 제자들은 광주리를 들고 자기들이 맡은 사람들에게 가서 나누어 주기를 여러 번 반복했습니다. 예수님에게 돌아와서 다시 떡을 받을 때까지 예수님은 계속 떡을 떼고, 제자들에게 나누어 주고 계셨습니다. 기적은 이렇게 제자들에게 떼어주실 때 일어났습니다. 이것을 알게 해 주는 단어가 바로 '미완료'입니다.

딸의 병이 나아야 된다는 간절한 때문에 물러서지 않은 여인에게 예수님은 '네 믿음이 크도다' 하셨고, '네 소원대로 되리라' 하셨습니다. 그녀의 딸은 예수님이 이렇게 말씀하시는 그 시간에 나았습니다. 이 여인은 이런 은혜를 받았을 뿐 아니라 예수님에게서 칭찬을 받기도 하여 두 가지 은혜를 받았습니다. 덤으로 주시는 은혜입니다. 잠시의 고비를 넘기면 이런 은혜를 받게 됩니다. 예수님은 이렇게 하시려고 침묵하셨고, 매정하게 말씀하시기도 했습니다. 다분히 의도적입니다. 예수님의 이러한 의도하심을 알아차리는 우리들이 됩시다.

16강
베드로의 신앙 고백 (마 16)

예수님은 본 장에서 자기가 받을 고난을 분명하게 그리고 구체적으로 말씀하셨습니다. 그래서 '이때로부터… 비로소'라는 말씀과 베드로의 신앙 고백을 담고 있는 16장은 분기점을 이룬다고 할 수 있습니다. 예수님은 제자들의 신앙을 확인한 후에 곧 십자가를 지게 될 것을 말씀하셨습니다.

십자가는 구원 여정의 절정입니다. 예수님은 십자가를 지기 위해서 이 세상에 오셨습니다. "인자가 온 것은 섬김을 받으려 함이 아니라 도리어 섬기려 하고 자기 목숨을 많은 사람의 대속물로 주려함이니라"(20:28). 그렇기 때문에 십자가는 구원 여정의 최고봉이며, 십자가보다 더 중요한 것은 없습니다. 그러나 십자가를 받아들이지 못하는 사람은 예수님이 십자가에 죽은 것을 실패라고 말합니다. 대표적인 인물이 문선명입니다. 십자가를 알면 십자가를 통해서 은혜가 주어집니다. 그러나 십자가를 모르고 받아들이지 않으면 십자가는 걸려 넘어지게 하는 도구가 됩니다. 은혜를 주시는 것도 십자가요, 은혜를 빼앗는 것도 십자가 입니다.

표적을 구하는 사람들

표적을 구하는 사람들이 또 예수님을 찾아왔습니다. 도무지 합해질 수 없는 부류인 바리새인과 사두개인이 함께 왔습니다. 이들은 예수님에게 특수한 표적을 보여달라고 했습니다. 모세 시대에는 하늘에서 만나가 내렸고, 여호수아 때에는 태양이 멈추었으며, 사무엘이 사역할 때는 하늘에서 천둥과 벼락이 떨어졌습니다. 그렇게 눈에 확 드러나는 표적으로 자신이 하나님의 아들임을 증거해 달라고 했습니다.

예수님은 이 모든 것을 능히 하실 수 있습니다. 그러나 예수님은 그렇게 하지 않았습니다. 이것은 그들에게 천만다행한 일이었습니다. 왜냐하면 땅이 입을 벌려서 거역하던 사람들을 한순간에 산채로 음부에 떨어져 죽은 사건도 있었습니다(민16:30). 예수님이 기적을 행한다면 이런 일들도 능히 하실 수 있습니다. 그렇게 되면 어떻게 되겠습니까? 이런 것은 전혀 생각지 않고 기적을 보여 달라고 했으니 참으로 간이 큰 사람들입니다. 나 같았으면 땅으로 입을 벌려 본때를 한번 보여 주었을 것인데, 예수님은 그렇게 하지 않았습니다.

'나를 누구라고 하느냐?'

예수님은 제자들을 데리고 다시 북쪽으로 올라가셨습니다. 예수님은 왜 가이사랴 빌립보를 신앙 고백의 장소로 택했을까요? 그곳은 갈릴리 호수에서 북쪽으로 70㎞ 이상 떨어져 있습니다. 왜 그렇게 먼 곳을 신앙 고백의 최적지로 정했을까요? 그곳은 우상숭배의 본거지였습니다. 베드로는 제자들을 대신해서 예수님이 누구신지를 말했는데, 주변에 있는 여러 잡신과 같지 아니할 뿐 아니라 당신은 오시기로 한 메시야(그리스도) 바로 그분이요 살아계신 하나님의 아들이라고 고백했습니다. 정말 요약적으로, 그리고 간단명료하게 잘 표현했습니다.

"너희는 나를 누구라고 하느냐?" 이것은 대단히 중요한 질문입니다. 우리가 물설고 낯설은 곳에서 사역하는 이유는 이 질문에 대답하도록 하기 위해서입니다. 우리 앞에 있는 사람으로 하여금, 이 질문에 베드로와 같이 대답하기만 한다면 우리의 사역은 성공한 것입니다. 우리 앞에 이렇게 고백하는 사람들이 많아지기를 바랍니다.

'내 교회를 세우리니...' (18)

예수님은 베드로의 신앙 고백 위에 교회를 세운다고 하셨는데 그 교회가 '내 교회'라고 했습니다. 역사상 많은 교회가 환란을 당하고, 불타고 많은 성도들이 고난을 겪었습니다. 그럴 때는 정말 교회가 없어지는 듯했고, 모든 것이 잡아 먹히는 듯했습니다. 그러나 교회는 없어지지 않았고 지금까지 건재합니다. 왜 그렇습니까? 그것은 어떤 교회이든지 간에 그 교회는 '예수님의 교회'이기 때문입니다. 그래서 음부의 권세가 이기지 못한다고 했습니다. 고난은 좀 당하겠지만, 교회는 없어지지 않습니다. 주님은 자기 교회를 자기가 알아서 하실 것입니다. 교회에 대한 걱정은 이제 내려놓으면 됩니다.

책망받은 베드로

베드로는 신앙 고백 후에 예수님에게서 칭찬을 듣자마자 바로 책망을 받았습니다. "사단아! 내 뒤로 물러가라!" 무시무시한 책망입니다. 예수님은 왜 이렇게 베드로를 책망하셨을까요? '베드로가 예수를 붙들고 간하여 가로되...'(22) 유의해야 할 두 단어는 '붙잡고'와 '간하여'입니다.

이 부분을 개역개정에서는 '붙들고 항변하여...'로 조금 좋게 번역했습니다. 그러나 원어의 뜻을 다 반영하지는 못했습니다. 헬라어 성경 본문을 비교적 잘 번역한 '회복역'에는 이렇게 되어 있습니다. "베드로가 그분을 붙잡고 한쪽으로 가서... 책망하기 시작하였다." 두 가지 단어를 잘 번역했습니다. '붙잡고'를 장소 이동까지 포함해서 번역했고, '간하여'를 책망하기 시작했다고 아주 적극적으로 번역했습니다. 실제로 두 가지 단어의 뜻이 그러합니다. '간하다'의 사전적 의미는 '꾸짖다, 잔소리하다, 강하게 경고하다'입니다. 베드로가 예수님에게 이렇게 했습니다. 우리는 베드로가 한 말의 내용 때문에 예수님에게서 책망을 받았다고 생각하지만, 베드로는 그 말뿐 아니라 그의 행동에서도 상당히 불순하고 무례했었습니다. 그래서 그렇게 강한 책망을 받았습니다.

예수님은 책망들은 베드로를 포함해서 제자들에게 2가지 해결책을 제시했습니다. 신앙을 고백한 사람이 사단의 앞잡이 노릇을 하지 않으려고 하면 첫 번째로 자기도 십자가를 져야 한다고 하셨습니다. 십자가를 져야 십자가를 이해할 수 있습니다. 고난을 통해서 십자가의 의미가 더 깊이 깨닫게 됩니다. 자기 십자가를 자기가 지려면 자기를 부인하는 일이 있어야 합니다. 자기를 부인하는 것 없이 십자가를 질 수 없고, 자기 십자가를 지는 것 없이 예수님의 십자가를 이해할 수 없습니다. 또 한 가지 해결책은 변화 산 사건입니다. 그것은 다음 장으로 연결됩니다.

17강
본래의 모습을 보이신 예수님 (마 17)

제자들은 예수님을 정치적인 메시야로 생각했습니다. 세례요한이 옥중에서 의심한 것(11장), 요한의 형제들이 엄마를 앞세워 치맛바람을 일으키며 중요한 지리를 달라고 요구한 것(20장), 베드로가 예수님을 나무라고 꾸짖은 것(16장) 등이 이에 대한 예라고 하겠습니다. 예수님은 베드로를 심하게 책망하셨지만, 베드로를 위시한 제자들을 위로할 필요를 느끼셨습니다. 그리고 자신의 죽음이 권력의 힘에 밀려서 당하는 것이 아니라 예언된 사건이라는 것을 알게 해야 했습니다. 비록 사람들의 손에 넘겨져 십자가에서 비참하게 죽게 될 것이지만, 그것이 가장 중요한 사건이요, 십자가는 구원 여정의 절정이요, 그 일을 위해서 오셨다는 것을 제자들에게 알게 할 필요가 있었다.

그러나 이러한 사실을 설명한다고 제자들이 알아듣겠습니까? 제자들의 머릿속에는 '죽음'이라는 단어밖에 없었습니다. 예수님은 십자가를 말씀하신 뒤에 이어서 '부활'을 말씀하셨지만 제자들의 귀에는 들리지 않았습니다. 제자들에게 '부활'이란 한 번도 듣지도 보지도 못한 사건이었으므로 이들에게는 예수님이 죽어서 자기들 곁을 떠난다는 것이 너무 충격적으로 들렸습니다. 그래서 가장 좋은 방법은 구약의 유명 인사와 예수님 자신이 나누는 대화를 통해서 이러한 사실을 알리는 것이었습니다. 그러면서 동시에 예수님은 자신의 본래의 모습을 보여 주셨습니다. 그리고 하나님의 음성을 들려주셨습니다. "너희는 저의 말을 들으라!"(5). 예수님은 가장 확실한 방법으로 그들을 교육하셨고, 제자들의 수준에 맞게 그들을 이해시켰습니다. 그러나 제자들은 아직도 벙벙한 상태에 있었습니다.

변화된 모습을 보이심

모세는 율법을 대표하고, 엘리야는 선지자를 대표합니다. 구약 성도 2명이 나타난 것은 구약 백성을 대표하고, 신약 성도를 대표하는 3명의 제자들이 함께 하는 그 자리는 완성된 하나님 나라의 축소판이었습니다. 예수님의 얼굴은 해와 같이 빛났으며, 옷이 빛과 같이 희어졌다고 했습니다. 예수님은 자기의 본래의 모습을, 그리고 앞으로 보게 될 자신의 모습을 제자들에게 잠시 보여 주셨습니다.

예수님은 전장에서 베드로의 신앙 고백을 들으시고 '비로소' 죽음에 대해 말씀하셨습니다. 충격에서 헤어나지 못하는 제자들을 데리고 예수님은 이곳에서 자신의 영광스러움을 보게 하셨고, 대화의 내용을 듣게 하셨습니다. 모세와 엘리야가 예수님과 나눈 대화의 주제는 '죽으심'이었습니다(눅9:31). 이런 대화의 내용을 듣게 하신 것은 죽음으로 끝나는 것이 아니라 부활이 있고, 그리고 그 뒤에는 변화 산의 영광과 같은 영광이 있다는 것을 알게 하시기 위함이었습니다. 베드로는 이 사건에서 얼마나 충격을 받았던지 제가 무슨 말을 하는지도 모르는 말을 했다고 마가는 밝히고 있습니다(막9:6). 그리고 베드로는 이 사건을 '크신 위엄' '지극히 큰 영광'(벧후1:16,17)을 보았노라고 자기 경험을 말했습니다. 이렇게 놀라운 모습을 보았고 하나님의 음성을 들었지만, 그 놀라움과 감격은 닥쳐오는 환란의 쓰나미에 그만 휩쓸려 가고 말았습니다. 그래서 결국은 모든 제자들이 부인하고 도망가는 자가 되었습니다. 그렇다면 보아도 안 되고 들어도 안 되면 무엇을 어떻게 해야 합니까?

우리가 마주하는 선교지의 수많은 사람들이 이러하지 않습니까? 그들에게 보여 주고, 들려주었는데도 마냥 그 자리에 있습니다. 무엇을 더 해야 합니까? 그것은 이것에 더하여 성령 충만이 있어야 합니다. 사도행전에서 베드로의 변화를 보십시오. 40일 만에 무엇이 베드로를 그렇게 바꾸어 놓았습니까? 그것은 사도행전 2장에 있는 성령 충만의 경험입니다. 달라진 것은 이것밖에 없습니다. 그런데 베드로는 이제 더 이상 겁쟁이가 아니라 간이 배 밖에 나온 사람이 되었습니다. 우리도 이렇게 하면 됩니다. 우리 앞에 있는 사람들 곧 우리의 전도 대상자들이 알기도 하고 듣기도 해야 되겠지만 성령을 경험해야 됩니다. 그러면 됩니다. 이것이 우리의 간절한 기도 제목이 되어야 합니다.

산 아래의 상황

산 아래에서는 제자들이 곤란 가운데 있었습니다. 전도 실습할 때는 잘도 도망가던 귀신이 온갖 방법을 다 동원했지만 꿈쩍도 하지 않았습니다. 무리들 중에는 서기관(율법 학자)도 있었습니다(막9:14). 율법을 들이대며 공박하는 그들의 공격을 제자들이 무슨 수로 이길 수 있겠습니까? 권능이 없거나 안 나타나면 이렇게 됩니다. 서기관 앞이라도 귀신을 명령해서 쫓아내 버렸다면 그들이 무슨 할 말이 있겠습니까? 그러나 그러지 못하니 공박을 당하게 되는 겁니다. 우리에게도 마찬가지입니다. 권능이 있고, 주님의 권세가 나타나면 우리가 더 이상 설명할 필요가 없습니다. 그러나 그렇지 못하면 우리는 말로 설명해야 하는데 그것은 피곤하기 짝이 없는 일입니다.

감사하게도 예수님은 제자들을 파송하기 전에 '권능'을 주셨습니다(10:1). 우리들에게도 이미 주셨습니다. 그리고 지금 필요하다면 또 주실 것입니다. 둘러서 가려고 하지 말고 주님 말씀을 따라서 쉽게 쉽게 합시다.

예수님은 안 되는 제자들(겨자씨와 같은)에게 되는 것을 말씀하셨는데, 불가능이 현실이 된다(산이 옮겨지는 것과 같은)고 하셨습니다. 기도하면 이렇게 된답니다.

고기 입에서 나온 돈

돈은 어디에서 나와야 합니까? 지갑에서 나와야 될 돈이 물고기 입에서 나왔습니다. 가장 놀란 사람은 그 일을 경험한 베드로가 아니라 세리 마태였습니다. 세리는 돈을 취급하는 사람입니다. 돈은 전대 안이나 금고에서 나옵니다. 그런데 물고기 입에서 돈이 나왔으니 세리가 얼마나 놀랐겠습니까? 그래서 이 사건은 베드로의 비서인 마가가 기록한 마가복음에 나와야 될 사건이 마태복음에 기록되어 있습니다.

우리는 그 물고기의 노고를 알아주어야 합니다. 돈이 바다에 짝 깔렸겠습니까? 물고기는 세겔을 찾기 위해서 헤맸을 것이고, 찾아서는 입에 물었는데 그것도 쉬운 일이 아닙니다. 더 어려운 일은 돈을 물고 있는 상태에서 낚시 바늘을 삼켜야 했습니다. 그것도 주변의 경쟁 대상들을 물리치고 1등으로 물어야 됩니다. 왜냐하면 예수님이 제일 먼저 오르는 물고기 입에 돈이 있을 것이라고 말씀하셨기 때문입니다. 돈을 물고 죽을 힘을 다해서 낚시 바늘을 물어서 낚여졌습니다. 미물도 이렇게 순종하는데, 구속받아 새로운 창조물이 되었다는 우리들이 이만큼도 순종 못 하면 되겠습니까? 나중에 이 물고기가 우리 앞을 지나갈 때 고개 돌리는 사람이 되지 맙시다.

우리에게는 예수님의 십자가도 지나갔고, 부활도 이미 일어난 사건입니다. 우리에게는 내가 지고 가야 할 십자가만 있습니다. 우리는 이 십자가를 통해서 주님의 십자가를 바라보고 배웁니다. 지고 가기가 쉽지 않습니다. 그러나 그 고난 뒤에는 변화 산의 영광보다 더 놀라운 영광이 우리를 기다리고 있습니다. 잘 견디고 이겨서 이 영광에 영광스러운 모습으로 들어가는 우리들이 됩시다.

18강
천국에서는 누가 큽니까? (마 18)

예수님은 자신의 죽음을 두 번이나 말씀하셨습니다. 16장에서 한 번(21), 17장에서 또 한 번(22)입니다. 그런데도 제자들의 관심은 누가 큰가 혹은 중요한 자리를 누가 차지할 것인가였습니다. 두 번째 말씀하셨을 때는 변화 산 사건이 있은 뒤였습니다. 3명의 제자를 제외한 나머지 제자들은 그 광경을 직접 보지 못했습니다. 예수님은 3명의 제자들에게 본 것을 아무에게도 말하지 말라고 하셨습니다(17:9). 예수님이 말씀하신 '아무에게도'는 누구를 말하는 걸까요? 이 사람들 안에 다른 제자들도 포함되었을까요? 그것은 아니라고 생각됩니다. 왜냐하면 제자들은 한 공동체를 이룬 구성원이기 때문입니다.

누구인지는 밝혀지지 않았지만, '어떤 제자'가 예수님에게 나아와서 '천국에서는 누가 큽니까?'하고 물었습니다(1). 다른 제자들은 몰라도 3명의 제자들은 가만히 있으면 안 되는 사람들입니다. 왜냐하면 그들은 본 것이 있고, 들은 것이 있기 때문입니다. 본 것이 있고, 들은 것이 있는데 그렇지 않은 제자들과 다를 바 없이 행동하면 되겠습니까? 그들은 예수님의 영광스런 모습을 보았고, 예루살렘에서 곧 죽게 될 것을 들었습니다. 이런 상황에서 천국에서 누가 큰가 하는 논의는 아무 의미가 없지 않습니까? 우리는 다 본 것이 있고, 들은 것이 있는 사람들입니다. 그런데도 자리에 연연하는 것을 보면, 이때 제자들의 모습이 떠오릅니다.

제자들은 변화 산에서 예수님의 모습을 보았고, 예수님에게서 자신이 죽게 될 것을 두 번이나 들었는데도 이런 질문을 했습니다. 한심하기 짝이 없습니다. 우리는 이렇게 한심한 모습을 보이는 제자들이 되지 맙시다. 그렇게 되려고 하면 우리가 본 것과 들은 것의 의미를 바로 알고, 깊이 알아야 합니다. 그러면 다른 것은 특별한 의미가 없어집니다. 이런 사람이 천국에서 큰 자가 됩니다.

이어지는 말씀

예수님은 제자들의 질문에 대답하시면서 여러 가지를 이어서 말씀하셨습니다. 여러 가지 주제를 동시에 취급하셨습니다. 먼저는 어린아이와 같이 자기를 낮추는 그 사람이 천국에서 큰 자라고 하셨습니다. 예수님은 이어서 실족에 대해서 말씀하셨습니다. 그리고 한 마리 길 잃은 양의 비유를 말씀하셨고, 이어서 죄를 범한 형제를 권고하라고 하셨습니다. 그리고 용서에 대해서 말씀하시면서 탕감받은 종이 자기에게 빚진 자를 용서하지 않는 비유를 주셨습니다. 이 모든 말씀은 예수님이 한꺼번에 하신 말씀으로 묶어져 있습니다. 다음 장(19장)으로 넘어가면 다른 장면으로 바뀌어집니다. 상황도, 장소도 모두 바뀝니다. 그래서 18장의 말씀은 한꺼번에 하신 말씀이고, 주제가 여러 가지이지만 쭉 이어진다는 것을 알 수 있습니다.

'이방인과 세리와 같이 여기라!'

형제가 죄를 범하면 여러 차례 그리고 여러 단계를 거쳐서 권면해야 합니다. 그렇게 해도 듣지 않으면 '이방인과 세리와 같이 여기라'고 하셨습니다. 이것은 유대인에게는 가장 모욕적인 말입니다. 이것은 예수님이 하신 말씀인데, 마태가 이전에 세리 아니였습니까? 세리가 이렇게 취급받은 것은 맞지만 듣기에 반갑지 않은 말씀입니다. 그렇다면 자기 글에서는 빼 버리면 됩니다. 누가 뭐라고 하겠습니까? 그런데 마태는 이러한 달갑지 않은 말 '세리'를 이곳에 넣었습니다. 이 말씀 전체가 마태복음에만 있습니다. 이뿐만 아닙니다. "너희가 너희를 사랑하는 자를 사랑하면 무슨 상이 있으리요? 세리도 이같이 아니하느냐?" (5:46). 예수님이 산상수훈에서 이렇게 말씀하셨다고 마태가 적고 있습니다.

'세리'라는 이 단어는 이제 마태에게 거부 반응을 일으키는 단어가 아닙니다. 듣기 거북한 말씀이 아닙니다. '맞아! 그랬지!' '그렇게 행동한다면 그 사람은 세리보다 못한 사람이 되는 거야!' 이것은 은혜받은 마태의 자부심입니다. 상처가 아물어서 새 살이 차 올라왔습니다. 마태는 그렇게 해서 남아 있는 흔적을 자랑스러워했습니다. 우리에게도 이런 상처가 있다면 그것이 복음 안에서 자랑스런 흔적이 되게 합시다.

'용서하라!'

당시의 바리새인들은 2번까지는 용서했고, 3번째 동일한 죄를 범한다면 용서하지 않아도 된다고 했습니다. 베드로는 이것을 생각하고 예수님에게 3배 반이나 많은 7번을 제시했습니다. 자기가 할 수 있는 최대치를 말한 것입니다. 베드로는 이 정도라면 예수님도 오케이 할 줄 알았습니다. 예수님은 베드로의 말을 받아서 "일흔번씩 일곱 번이라도 하라!"(22)하심으로 '무한정'을 말씀하셨습니다. 베드로가 뒤로 나자빠지지 않은 것이 기적입니다.

용서는 쉽지 않습니다. 그래서 용서는 신앙생활의 꽃이라고, 그것도 오랜 세월을 기다려서 가장 늦게 피는 꽃이요 열매라고 했습니다. 누가 뭐라고 해도 용서하는 자가 이기는 자요 용서하는 자가 큰 자입니다. 알면서도 선뜻 손이

나가지 않는 것이 용서입니다. 그래서 우리는 늘 땅에서 작은 자로 살아갑니다.

탕감받은 종

한 달란트는 27.216킬로 그램이라고 합니다. 그러니까 금 한 덩어리입니다. 이런 금덩이가 일만 개가 있으니 엄청나지 않습니까? 달란트는 너무 커서 세리 아니고는 세지도, 짐작도 못할 화폐 단위입니다. 그래서 다른 복음서에는 달란트 비유가 없고 오직 마태복음에만 있습니다. 마태는 이곳에서 한번, 그리고 25장의 달란트 비유에서 또 한 번 사용했습니다.

종은 선한 주인의 은덕으로 이런 엄청난 돈을 안 갚아도 되도록 탕감받았습니다. 기분 좋게 길을 가던 종은 자기에게 빚진 자를 만났습니다. 그 빚은 자기가 탕감받은 것과 비교할 수 없는 금액이었습니다. 우리 번역에는 '목을 잡고'로 되어 있으나 원문은 (죽일 목적으로) '목을 조르다'는 뜻입니다. 이 비유는 우리가 하나님에게서 용서받은 것과 우리에게 죄지은 자를 우리가 용서하지 못하는 것을 비교하고 있습니다.

예수님은 천국에서 누가 크냐는 질문에 따라서 6가지 해답을 주셨습니다. ① 어린아이같이 자기를 낮추는 자(2-4) ② 실족하지 않게 하는 자(6-9) ③ 잃은 자를 찾는 자(12-14) ④ 죄 범한 사람을 권고하는 자(15-18) ⑤ 죄 범한 자를 위해, 권고하는 일을 위해 기도하는 자(19-20) ⑥ 무한정으로 용서하는 자(22-35). 이 모든 것을 어떻게 할 수 있겠습니까? 내 본성으로는 안 되지만 성령이 하시면 됩니다. 땅에서부터 큰 자로 살아갑시다.

19강
예수님께 나아온 4부류의 사람들 (마 19)

예수님은 이제 구원 여정을 마무리하기 위해 예루살렘으로 올라가십니다. 1절은 예수님이 갈릴리에서 떠나 요단강을 건너 유대 지경에 이르렀다는 말로 시작합니다. 다음 장(20:17)에 '예수께서 예루살렘으로 올라가려 하실 때'라는 말씀으로 보아 이곳은 예루살렘에 이르기 전 유대의 어느 지역이라는 것을 알 수 있습니다. 이곳에서 예수님께로 4부류의 사람들이 나아 왔습니다. 큰 무리가 나아오기도 했고, 2-3명의 사람들이 오기도 했습니다. 마지막에는 한 사람이 심각한 얼굴로 나아 왔지만 예수님은 그 사람도 만나주셨습니다.

예수님의 이번 예루살렘 방문은 마지막 방문이요, 십자가를 지기 위해서 가는 길입니다. 십자가의 의미를 모르는 제자들은 걱정이 태산이면서도, 자리다툼만 하고 있었습니다. 답답하기 그지없습니다. 우리는 모르고 당하지만 예수님은 모두 알고 계시지 않습니까? 예수님은 십자가와 죽음의 고통을 다 아십니다. 이런 골치 아픈 상황에서 우리 같았다면 아무도 만나지 않으려고 했을 것이 분명합니다. 그것도 골치 아픈 문제를 들고 와서 질문하고, 더구나 말에 올무를 걸려고 찾아오는 사람이라면 꼴도 보기 싫었을 겁니다. 그런데 예수님은 이런 사람들을 모두 만나 주셨습니다. 피하지도 숨지도 않았습니다. 골치 아픈 문제도 다 들어주시고 답을 주셨습니다. 우리 주님이신 예수님! 정말 멋있습니다. 우리는 그렇게 못하기 때문에 예수님을 정말 존경합니다.

병든 자들 (2)

마태는 첫 번째 나아온 사람들을 2절 한 절로 소개했습니다. 큰 무리가 나아왔습니다. 예수님은 긍휼히 여기는 마음으로 저희의 병을 고쳐주셨습니다. 어떤 병자가 나아왔는지, 어떤 병이 치료받았는지 알지 못합니다. 간단하게 이 사실만 기록해 두었기 때문입니다. 예수님이 베푸신 은혜로 아픈 몸 그대로 돌아간 사람은 아무도 없었습니다. 이것은 마지막 부분에 나아온 부자 청년과 대조를 이룹니다. 그는 빈손으로 돌아갔습니다. 왜 그렇습니까? 주는 것을 받으려고 하지 않았기 때문입니다.

바리새인들 (3-12)

두 번째로 나아온 이 사람들은 문제의 답을 찾기 위해서 온 것이 아니고, 어려운 문제를 해결해 보고자 예수님에게 나아온 것도 아니었습니다. 그들은 예수님을 시험하기 위해서 찾아왔습니다. 그들은 마음속으로 미리 질문을 준비하고 왔습니다.

그들은 먼저 '사람이 아무 연고 없이 아내를 버리는 것이 옳습니까?' 하고 물었습니다. 그리고 예수님의 답변을 들은 후에 '그런데 왜 모세는 이혼 증서를 주어서 내어버리라 했습니까?' 라는 질문을 했습니다. 그런 뒤에 대답을 못하고 쩔쩔 매는 예수님을 불쌍한 눈으로 쳐다보려고 했습니다. 사람이라면 정말 그들이 계획한 대로 그렇게 되었을 겁니다. 그러나 예수님은 하나님이지 않습니까? 이런 사람들 덕택에 우리는 정답을 들을 수 있게 되었습니다. '본래는 그렇지 않은데... 너희 마음의 완악함을 인하여 아내 내어버림을 허락하였다' (8). 예수님은 이렇게 정답을 말씀해 주셨습니다.

이혼하는 이유가 어디에 있습니까? 마음의 완악함 때문입니다. 부부 사이의 부정이 왜 일어나며, 성격 차이가 왜 있습니까? 마음의 완악함 때문입니다. 부부간에 싸움이 일어났을 때, 이혼은 절대 안 된다는 전제를 가지고 있으면, 전쟁 후 며칠을 지나는 동안 완악함이 사라지고 화해하게 됩니다. 그런데 이제는 이런 선도 허물어지고 나니 완악함이 더해져서 교회 내에서도 이혼을 심심찮게 보게 됩니다.

30년 전에 미국 가정은 10가정 중에 5가정은 이미 이혼했고, 1가정은 재판 중, 1가정은 별거 중, 1가정은 고민 중이랍니다. 온전한 가정은 2가정 밖에 없었습니다. 30년 만에 우리가 이 길을 열심히 쫓아가고 있으니 참으로 안타까운 일이 아닐 수 없습니다. 이혼은 절대 안 된다는 기준을 세우고, 완악을 버려야 합니다. 복음이 약입니다. 깨어지기 직전의 가정이 복음으로 회복되는 것을 봅니다. 우리는 안 되지만 성령은 하십니다.

어린이들 (13-15)

세 번째로 나아온 사람은 어린이들입니다. 이들은 당연히 부모들의 손에 이끌려서 예수님께로 나아왔습니다. 제자들이 그들을 막아서며 꾸짖었습니다. 그런데 예수님은 이 제자들을 더 크게 꾸짖었습니다. 마가는 '예수께서 보시고 분히 여겨 이르시되' (10:14) 라고 했습니다. 예수님은 자기를 두고 귀신의 왕을 힘입어 귀신을 쫓아낸다고 해도 화를 내지 않았는데, 여기에서는 이렇게 분을 발하셨습니다. 왜 그렇습니까? 천국이 이런 자의 것이기 때문입니다. 예수님은 이전 장 (18장) 에서 '누구든지 이 어린아이와 같이 자기를 낮추는 그이가 천국에서 큰 자' 라고 하셨고, '누구든지 내 이름으로 이 어린아이 하나를 영접하면 곧 나를 영접함이라'라고 하셨습니다. 그런데 몇 주가 흐른 것도 아니고, 세월이 많이 지난 것도 아닌데 제자들이 그 말씀을 기억하지 못하고 이렇게 했으니 분을 발하실 수밖에 더 있겠습니까?

마태는 결혼 문제 바로 뒤에 어린이들을 예수님께로 데리고 온 사건을 배치했습니다. 어린 자녀는 하나님이 주신 결혼의 선물입니다. 그러나 이혼하면 이런 선물이 주어지지 않습니다. 완악함을 버리고 하나님이 주시는 선물을 받으라는 메시지입니다.

부자 청년

마지막으로 나아온 사람은 부자 청년입니다. 이 청년에게는 여러 가지 장점이 있었습니다. 청년인데도 불구하고 영생에 관심을 가졌습니다. 그리고 정답을 가지고 계신 분에게 정확하게 찾아왔습니다. 질문하는 태도도 아주 좋았습니다. 마가는 '달려와서 꿇어앉아'(10:17) 물었다고 했습니다. 그는 이 문제를 진지하게 생각했고, 대답을 진지하게 들으려는 자세를 취했습니다. 그런데 그만 이것이 다였습니다. 마가복음 10장 21절에는 '예수께서 그를 보시고 사랑하사...' 라고 했습니다. 그래서 예수님은 그에게 정말 하면 되는 방법, 정말 바른 길을 안내했습니다. 사랑했으니까요. 그런데 그 청년은 슬픈 얼굴로 돌아갔습니다. 재물이 너무 많았기 때문입니다. 부유한 자가 가난한 마음이 되기는 정말 어렵습니다. 그래서 예수님은 '약대(낙타, 駱駝)가 바늘귀로 들어가는 것이 부자가 하늘나라에 들어가는 것보다' 오히려 쉽다고 하셨습니다(24).

옛날에 거지가 다리 밑에서 아들과 함께 살았습니다. 어느 날 보니 부자의 집에 불이 났습니다. 옛날에는 소방차가 없었고, 순전히 물동이로 물을 떠서 불을 꺼야 했습니다. 불을 끈다고 동네 사람들이 모여 이리 뛰고 저리 뛰고 난리가 났습니다. 아들 거지가 그것을 멀찍이서 관망하고 있을 때 아버지가 옆에 와서 한마디 했습니다. "우리는 저런 고생 안 해도 되제? 그게 다 이 애비 덕인 줄 알아라!"

우리는 쌓은 것이 별로 없습니다. 그래서 버릴 것도 별로 없습니다. '별로' 없는 이것 때문에 감사해 본 적이 있습니까? 이제까지 우리는 살면서 없는 것에 늘 아쉬워했습니다. 그러나 분명한 것은 우리는 부자 청년과 같이 고민할 것이 없습니다. 그러니 아쉬워만 하지 말고 감사합시다. 우리는 더 귀한 영생을 가졌지 않습니까?

20 강
무엇을 원하느냐? (마 20)

20장에도 4가지가 나옵니다. 2가지 말씀과 2가지 사건입니다. 예수님의 한 걸음 한 걸음은 마지막 한 주간을 향해서 나아가고 있습니다. 예수님은 자기가 당할 일을 생각하면서 제자들의 행동을 볼 때 얼마나 한심했겠습니까? 사람이 보통 이런 가운데 있으면 자동적으로 언성이 높아지고 자주 화를 내면서 한탄을 일삼게 됩니다. 그러면 자기가 내는 화를 자기가 이기지 못해서 결국은 화병으로 죽게 됩니다. 그런데 예수님은 그렇게 하지 않았습니다. 생각하는 것이나 행동하는 것이 한심하기 짝이 없는 제자들이었지만, 예수님은 한숨 쉬지도, 한탄하지도 않았습니다. 그렇다고 예수님이 항상 '만고강산 유람할제'가 아니었습니다. 예수님이 답답함을 토로한 적이 있었습니다. "내가 불을 땅에 던지러 왔노니 이 불이 이미 붙었으면 내가 무엇을 원하리요. 나는 받을 세례가 있으니 그 이루기까지 나의 답답함이 어떠하겠느냐?"(눅12:49-). 이런 적도 있었지만, 그러나 절망하지는 않았습니다. 왜 그랬을까요? 그것은 그들이 지금은 이렇지만, 성령이 임하셔서 성령의 사람이 된다면 그때는 달라진다는 것을 알고 계셨기 때문입니다. 예수님은 그들의 미래를 보셨습니다. 우리도 열악한 선교현장에서 이렇게 합시다. 그들의 미래를 봅시다. 그리고 성령이 임하시기를 기도합시다. 그러면 그들 중에서 베드로도 나오고, 그들이 마태가 되기도 할 것입니다.

포도원 비유 (1-16)

20장의 말씀은 19장에 이어집니다. 왜냐하면 '왜냐하면'이 있기 때문입니다. 우리 번역에서는 그 말이 빠졌습니다. 원문에서는 1절이 '왜냐하면'(γαρ)로 시작합니다. 앞 절(19:30)을 설명하기 위한 말씀이 이어지는데 그것이 포도원 비유였습니다. 앞 절은 '그러나 먼저 된 자로서 나중 되고 나중 된 자로서 먼저 될 자가 많으니라'입니다. 그리고 또 한 가지 이유가 있습니다. 그것은 비유 끝에 꼭 같은 구절이 결론으로 나옵니다(16). 여기에서는 순서가 바뀌어서 '나중 된 자'가 먼저 나옵니다.

이 비유에는 아주 착한 포도원 주인이 있습니다. 이 주인은 품꾼들보다도 더 부지런하고, 더 안타까워하고, 더 적극적이었습니다. 그리고 한 시간 일한 사람에게도 하루종일 일한 사람과 동일하게 하루의 품삯을 주었습니다.

이 비유가 말하고자 하는 내용이 뭘까요? 예수님은 무엇을 교훈하시려고 이 비유를 말씀하셨을까요? 이 비유 앞에는 '천국에서는 누가 큽니까?'(18장) 하는 질문이 있습니다. 이 비유 뒤에는 '주의 나라에서 가장 중요한 자리를 내 아들에게 주세요'라는 요청이 있습니다. 이 말을 들은 10 제자가 분히 여겼습니다(24). '시기심' 이것을 치료하기 위해서 예수님은 이 교훈을 주셨습니다. 주인이 베푸는 것은 주인의 뜻에 따른 것으로 시기의 대상이 아니라는 겁니다. 당시 제자들에게는 그것이 대단히 중요한 문제였지만, 사도행전에서 성령의 사람이 된 뒤에는 이런 것이 아무런 문제가 되지 않았습니다. 매를 두려워하지 않고, 목숨을 아까워하지 않는 사람들에게 이런 것은 하찮은 문제일 뿐이었습니다. 이렇게 성령이 임하면 자리에 연연하지 않게 됩니다.

수난의 세 번째 예고 (17-19)

이곳에서 말씀하신 수난 예고는 예수님이 세 번째 하신 말씀입니다. 첫 번째는 베드로의 신앙 고백 후에 하셨고(16:21), 두 번째는 변화 산 사건 후에(17:22) 하셨습니다. 세 번째 말씀하신 내용은 첫 번째와 두 번째에 비해서 아주 구체적이고 자세하게 말씀하셨습니다.

첫 번째 말씀에서는 그냥 고난을 받아 죽임을 당한다고 하셨는데, 두 번째는 사람들의 손에 넘겨진다고 했습니다. 그런데 세 번째는 그 사람이 누구인지를 밝히셨습니다. 그들은 대제사장과 서기관들이었습니다. 그리고 그들은 또 인자를 이방인들에게 넘긴다고 했습니다. 예수님은 어떻게 죽음을 맞이하게 될 것인지를 말씀하셨는데 그것은 능욕과 채찍질과 십자가형이었습니다. 이렇게 아주 자세하게 말씀하셨습니다. 미래의 일들을 언급하시는데 꼭 과거에 당한 일들을 회상하시듯이 말씀하셨습니다.

3가지 수난 예고에 공통점이 있습니다. 그것은 죽음을 말씀하시면서 동시에 부활을 말씀하셨다는 것입니다. 죽는다는 것도 놀랍지만 살아난다는 것은 더 놀라운 일이 아닙니까? 그런데 제자들의 머릿속에는 '죽음'만 가득 차 있어서 다른 것은 하나도 들어 올 자리가 없었습니다. 그래서 그들은 3번이나 들었지만, 그 말씀을 기억하고 있었던 제자는 한 사람도 없었습니다.

최초의 치맛바람 (20-28)

한국의 엄마들이 치맛바람의 시초인 줄 알았더니 벌써 2천여 년 전에도 있었습니다. 한국에서는 어린아이들을 위해서 선생님을 찾아가는데, 야고보와 요한의 엄마 살로메는 성인인 아들들의 손을 잡고 예수님 앞에 갔습니다. 그리고 좌의정과 우의정의 제일 중요한 자리를 자기 아들들에게 달라고 요청했습니다. 다 큰 아들을 거느리고 치맛바람을 일으켰으니 보기에도 그렇고 듣기에도 좀 민망합니다. 이러한 사건 뒤에 살로메는 예수님의 십자가 아래에 있었습니다(막15:40). 그리고 주일 아침에 예수님의 빈 무덤으로 달려가는 여자들 중에도 그녀의 이름이 있습니다(막16:1). 이렇게 함께 다닌 여인들은 마가 다락방에도 함께 있었을 것이 분명합니다. 그곳에는 '여자들과 예수의 모친 마리아와...'(행1:14) 로 표현되어 구체적인 이름이 없지만, '여자들' 그 안에 살로메가 있었다고 확신합니다. 십자가 아래에 있었고 부활의 날 새벽에 향품을 가지고 무덤에 달려갔던 여인이 그곳에 없을 이유가 없습니다. 그렇다고 한다면 성령의 충만함을 받고 난 뒤에 살로메는 어떻게 되었을가요? 지난 일들을 돌이켜 보며 어떤 생각을 했을까요? 쥐구멍에라도 들어가고 싶은 심정으로 엄청나게 부끄러워했을 겁니다. 성령 충만하면 마냥 부끄러울 일에 너무 아등바등 하지 맙시다.

예수님이 듣고 그냥 못 지나가시는 명칭이 있습니다. 그것은 '다윗의 자손' 입니다. 구약성경을 압축해 놓은 단어이며, 예수님을 메시야로 부르는 호칭이기 때문입니다. 소경은 어떻게 예수님을 이렇게 알았을까요? 눈은 막혔지만 귀는 열려 있었기 때문입니다. 제자들은 성한 눈을 가지고도 예수님을 바로 알지 못했습니다. 그런데 소경은 성하지 못한 눈을 가지고도 예수님을 바로 알아보았습니다. 마태는 이 둘을 비교하기 위해서 두 사건을 바로 이어서 배치해 두었습니다.

'너희가 무엇을 원하느냐?' 예수님은 살로메에게(21), 그리고 소경에게 똑같이 물었습니다(33). 지금 우리에게 이렇게 물으신다면 우리는 무엇이라고 대답할까요? 나의 소원은 무엇입니까? 나의 소원을 말하는 것보다는 성령 충만이 먼저입니다. 그 대답은 성령 충만 후에 생각해도 늦지 않습니다.

21강
마지막 한 주간의 시작 (마 21)

복음서 저자들은 예수님의 마지막 한 주간을 아주 중요하게 다룹니다. 요한은 거의 절반을 이곳에 할애했습니다. 마지막 한 주간은 예수님이 나귀를 타시고 예루살렘 성으로 들어가시는 것으로 시작됩니다. 이 일은 일요일에 있었습니다. 마태는 승리의 입성과 성전 정화가 연이어서 일어난 사건으로 기록하고 있지만, 마가복음에는 '이튿날'이라고 분명히 구분하고 있습니다.

21장에는 그다음 날의 행적까지 기록하고 있어서 한 장 안에 사흘의 행적이 담겨 있습니다. 수요일은 '침묵의 날'이라고 불려지는데, 그것은 그날에 예수님이 행하신 일이 없었기 때문입니다. 이렇게 본다면 21장 한 장에 마지막 한 주간의 절반(3일)이 기록되어 있는 셈입니다. 예수님이 무화과나무를 저주하신 것은 둘째 날이었습니다. 마태는 무화과나무 사건도 한꺼번에 기록하고 있어서 제자들의 질문이 그날 있었던 것처럼 보이지만, 마가는 과정과 결과를 나누어서 적었습니다. 마가는 '이튿날'(11:12) 곧 월요일에 예수님이 무화과나무를 저주하셨고, 이어서 성전을 정화하셨습니다. 그리고 20절에 '아침에'라는 말로 날이 바뀌었으며, 화요일에 제자들이 무화과나무가 뿌리까지 마른 것을 보고 질문했고, 예수님은 기도의 능력에 대해서 말씀하셨습니다. 장소 이동을 자세하게 적었던 마가가 이 부분에서는 시간 구분까지 잘 해 놓아서 마가의 설명을 따르면 되겠습니다.

승리의 입성 (1-11)

예수님은 예루살렘 성으로 들어가실 때 나귀를 타고 가시려고 했습니다. 위엄 있는 백마가 아니라 초라하기 짝이 없는 나귀, 그것도 새끼 나귀를 타셨습니다. 아마도 예수님의 발이 땅에 닿으려고 했기 때문에 발을 들어야만 했습니다. 마태는 이렇게 하신 것이 예언을 성취하신 것이라고 했습니다. 그분은 다스리려고 오신 것이 아니라 섬기려고 오셨으며, 평화의 왕으로 오셨습니다. 그렇기 때문에 예수님에게는 백마보다는 나귀 새끼가 더 어울렸습니다. 그는 겸손하여 나귀 곧 나귀의 새끼를 탈 것이라고 예언되어 있는데, 예수님은 이 모든 것을 그대로 행하심으로 자신의 겸손을 나타내셨습니다. 더 나아가서, 그렇게 하심으로 자신이 메시야이심을 공개적으로 나타내셨습니다. 이제까지 예수님은 드러내지 않고 감추셨는데 이제는 더 이상 그렇게 하실 필요가 없는 때가 되었기 때문입니다.

예수님은 나귀를 준비시키기 위해서 제자 중에서 둘을 보내시며 여러 가지 일들을 말씀하셨습니다. 나귀가 있는 곳은 건너편 마을(벳바게)이고, 나귀는 새끼와 함께 있을 것입니다. 마가는 더 자세하게 그 어린 새끼는 사람이 한 번도 타 본 적이 없는 나귀라고 했습니다. 예수님은 꼭 그 마을을 사전에 답사하신 것처럼 아주 생생하게 말씀하셨습니다. 그뿐만이 아닙니다. 예수님은 사람들의 반응도 아셨고, '주가 쓰시겠다'고 하면 두말없이 보내 줄 것도 알고 계셨습니다. 이곳에서 예수님은 제자들에게 자기에게 있는 신성의 일부분을 보여주셨습니다. 밖으로 보이는 것은 승리의 입성치고는 너무 초라했고, 며칠 후에는 십자가에서 비참한 모습으로 죽게 될 것입니다. 제자들이 이런 모습만 기억할 것이 아니라, 말씀하신 그대로 되는 것을 보면서 예언을 성취하기 위해서 사람의 몸을 입고 이 땅에 오신 메시야이심을 알아라고 그렇게 하셨습니다. 그래야만 제자들이 속히 제 자리로 돌아올 것이기 때문입니다.

성전 정화 (12-17)

예수님이 성전을 2번 정화하셨습니다. 처음 정화는 사역의 초기에 하셨는데, 이것은 요한만 기록했습니다(2:14-). 그때는 노끈으로 만든 채찍까지 동원했습니다. 그런 일이 있고 난 뒤에 3년이라는 세월이 지나갔지만 바뀐 것은 없었습니다. 성전에는 여전히 소와 양과 비둘기를 파는 사람들이 있었고, 돈 바꾸는 사람들도 그대로 영업을 계속했습니다. 상을 엎고, 사람들을 쫓아내신 예수님의 행동도 비슷합니다. 같은 사건을 위치만 달리 배치한 것이 아닌가 오해하기 딱 좋습니다. 예수님이 이렇게 하신 이유는 만민이 기도하는 집이 되어야 할 성전을 그들이 시장바닥으로 만들어 놓았기 때문입니다. 성전이 바뀌지 않으면 그들의 신앙도 바뀌지 않을 것입니다. 성전이 달라지지 않는 이상 그들의 생각도 달라지지 않을 것입니다. '성전이 잘못되면 마땅히 성읍은 잘못될 수밖에 없다'라는 말이 맞습니다. 그래서 사역 초기에 한번, 그리고 마지막 한 주간이 시작된 지금 또 한 번 성전을 청소했지만 달라지지 않았습니다. 더 이상 있을 필요가 없는 성전은 결국 AD 70년에 황폐화 되고 말았습니다.

무화과나무를 저주하심 (18-22)

한 번도 이렇게 하신 적이 없는 예수님이 십자가를 앞두고 너무 예민해지신 건가요? 예수님은 절대로 자기감정대로 하시는 분이 아닙니다. 이 사건은 많은 것을 암시하고 있는 대표적 행동입니다. 무화과나무가 상징하는 이스라엘이 잎은 무성했지만 열매가 없었기 때문에 화를 당하게 될 것을 보여 주셨습니다. 그리고 예수님은 이 사건을 통해서 제자들에게 기도의 능력에 대해서 교훈하셨습니다. 또 예수님은 이런 권세를 가진 분임을 생생하게 보게 하셨습니다.

무화과나무는 밤을 지나는 동안에 바짝 마른 상태가 되었습니다. 다음날 베드로가 보고(막11:21) 깜짝 놀란 이유가 바로 이것입니다. 나무를 베어 놓으면 그 상태로 몇 날 며칠을 갑니다. 그리고 서서히 시들면서 마르게 됩니다. 그런데 이 무화과나무는 단지 몇 시간이 지났을 뿐인데, 그것도 햇빛이 없는 밤을 지났을 뿐인데 시든 것이 아니라 바짝 말라 있었습니다. 마가복음에는 뿌리까지 말랐다고 했습니다. 이런 일은 주변에서 볼 수 없는 일이었습니다.

권위에 대한 질문 (23-27)

대제사장들과 백성의 장로들이 예수님께 나아와서 질문했습니다. 이들은 산헤드린 공회원들입니다. '무슨 권세로 이런 일을 하느냐?'라고 따졌습니다. 왜 자기들의 허락을 받지도 않고서 이런 일을 하느냐고 시비를 걸었습니다. 그들이 가장 기분 나쁘게 생각한 것은 예수님이 하루 전에 행하셨던 성전 정화 사건입니다. '당신이 누군데 감히 우리가 관리하는 성전을...' 이런 뜻입니다. 예수님은 이들과 충돌하지 않으려고 세례요한을 들어서 은근슬쩍 둘러서 말씀하셨습니다.

그리고 이어서 두 가지 비유를 주셨는데 그 안에 예수님이 말씀하고자 하는 내용이 다 담겨 있었습니다. 예수님은 첫 번째 두 아들의 비유를 통해서 큰 아들의 불순종(간다고 했다가 안 갔던)과 작은 아들의 순종(싫다고 했다가 뉘우치고 갔던)을 말씀하셨습니다. 이것은 이들의 삶의 방법을 비판하신 것입니다. 두 번째 비유는 세를 받으러 간 종들을 때리고 죽이고 결국은 아들까지 죽이는 내용입니다. 이것은 그들의 삶의 동기를 비판하신 것입니다.

복음서의 저자들은 마지막 한 주간을 아주 중요하게 다루었습니다. 그래서 그들은 이 부분을 자세하게 기록했습니다. 빌라도조차 죄가 없다고 했는데, 왜 예수님은 십자가에 달렸습니까? 그것은 죄 있는 나를 대신해서 죄의 값을 갚기 위해서입니다. 그렇기 때문에 마지막 한 주간은 나를 위한 한 주간이었습니다.

22강
3가지 질문과 1가지 반문 (마 22)

22장에는 셋째 날 곧 화요일에 있었던 일들을 기록하고 있습니다. 이날에 예수님은 종교 지도자들에게 까다로운 3가지 질문을 받았으며, 그들에게 한가지 반대 질문을 하셨습니다. 예수님은 각 질문에 2가지 대답을 주셨습니다. 그래서 이곳에서는 2가지가 많이 나옵니다.

예수님은 이전 장(21장)에 이어지는 한 가지 비유를 말씀하셨습니다. 1절은 '예수께서 다시 비유로 대답하여 가라사대'라는 말씀으로 시작됩니다. 이미 두 가지 비유를 말씀하셨는데, 또 한 가지를 말씀하셔서 총 3가지 비유를 연속해서 말씀하셨습니다. 예수님은 비유를 통해서 말씀하고자 하는 내용을 다 담아서 전했기 때문에 따로 더 언급할 필요가 없었습니다. 2번의 비유를 듣고 그 사람들은 그 비유가 자기들을 두고 하시는 말씀인 줄을 알아차렸습니다. "대제사장들과 바리새인들이 예수의 비유를 듣고 자기들을 가리켜 말씀하심인 줄 알고 잡고자 하나 무리를 무서워하니"(21:45). 이런 가운데 있었지만, 예수님은 비유로 말씀하기를 그치지 않았습니다.

혼인 잔치 비유 (1-14)

어떤 임금님이 자기 아들의 혼인 잔치에 사람들을 초청했습니다. "그 종들을 보내어 그 청한 사람들을..."(3)에 분명히 나오는 것처럼 잔치 전에 초청했고, 그리고 그 사람들은 초청에 가겠다고 대답을 했습니다. 임금님은 처음 보냈던 그 종들을 두 번째 다시 보냈습니다. 그리고 약속한 그분들을 모시고 오도록 했습니다. 그러니까 착오가 있을 수 없습니다. 그런데 그들 중에서 두 부류는 하나 같이 이런저런 핑계를 대면서 초청에 응하지 않았습니다. 임금님의 초청인데 어떻게 이럴 수 있나요? '소와 살진 짐승을 잡고 모든 것을 갖추어 놓았는데...'(4) 말입니다. 그래서 임금님은 종들에게 누구든지 데리고 와서 잔치 자리를 채우라고 말씀하셨습니다. 종들은 나가서 두 부류의 사람들 곧 악한 자나 선한 자나 만나는 대로 데리고 와서 그 자리를 가득하게 했습니다.

임금님이 잔치 자리에 와 보니 오직 한 사람만이 예복을 입지 않고 있었습니다. 잔치에 오면 주인이 마련한 예복을 입어야 하는 풍습이 있었습니다. 그에게도 눈이 있었으니 주변을 둘러보고 혼자 예복을 입지 않았다는 것을 발견했다면 그때라도 입으면 되는데, 이 사람은 그것조차 하지 않았습니다. 임금님의 질문에 한마디 변명도 하지 못한 것을 보면 자신의 잘못을 인정한 것입니다. 임금님은 화가 나서 그 사람을 바깥 어두운 데로 쫓아냈습니다.

예복을 입으면 자기의 입었던 옷이 가려져서 부자인지 가난한 자인지 밖으로 드러나지 않게 됩니다. 이 사람은 자기의 옷을 자랑하려고 예복을 거부한 것 같습니다. 예수님의 의의 옷을 입지 않고는 천국 잔치에 들어갈 수 없습니다. 나에게 있지도 않은 내 의를 내세우면 잔치 자리에서 쫓겨나게 됩니다. 옛날에는 내 잘난 맛에 살았는데, 십자가를 통해서 나를 보니 죄와 허물밖에 보이는 것이 없었습니다. 예복을 입어 내 허물을 가리지 않고 무슨 수로 임금님 앞에 설 수 있겠습니까?

납세에 관한 문제 (15-22)

3가지 질문 중에 첫 번째 질문은 납세에 관한 문제입니다. 두 부류의 사람들이 나아왔는데 15절에 밝히고 있는 것처럼 바리새인들이 '예수로 말에 올무를 걸려고' 헤롯 당원과 함께 찾아왔습니다. 이들은 정치적 견해가 달랐기 때문에 서로 대립되는 자들이었습니다. 그러나 '헤롯과 빌라도가 전에는 원수이었으나 당일에 서로 친구가 되니라'(눅23:12)처럼 예수님을 말에 올무를 걸려는 일에 이들도 서로 친구가 되었습니다. 찬성해도 걸리고, 반대해도 걸리도록 상반된 주장을 내놓았습니다. 예수님은 '셋 돈'을 보이라 하셨습니다(19). '셋돈'은 새번역에서 '세금 낼 돈'으로 바뀌었습니다. 그런데 예수님이 이렇게 요구하셨다는 것을 말한 사람은 마태가 유일합니다. 마태는 세리였으므로 돈의 종류를 구분할 수 있었고 예수님이 무슨 돈을 말씀하셨는지를 정확하게 알았습니다. 예수님은 2가지로 대답하셨는데 '가이사의 것은 가이사에게, 하나님의 것은 하나님에게 바치라'고 말씀하셨습니다. 질문했던 사람들뿐 아니라 주변에 있는 제자들까지 아무도 생각할 수 없었던 명 대답이었습니다.

부활에 관한 문제 (23-33)

이번에는 사두개인이 나아왔습니다. 그들은 현실적으로 있을 수 없는 일을 가정해서 질문했습니다. 예수님은 2가지로 대답하셨습니다. 부활 때에는 천사들과 같다는 말씀과 하나님은 산 자의 하나님이라는 대답이었습니다. 이것도 사람으로서는 그 누구도 대답할 수 없는 대답이었습니다. 이런 모든 일을 통해서도 예수님의 신성이 드러나고 있습니다.

큰 계명에 관한 문제 (34-40)

사두개인들이 예수님과의 대화에서 참패했다는 말을 듣고 바리새인들이 또 나왔습니다. 그들은 이번에는 '어느 계명이 큽니까?' 하는 문제를 제기했습니다. 유대인들은 계명을 613개로 분류하고 248개는 적극적 계명, 365개는 소극적 계명으로 나누어서 지켰습니다. 2개의 중요한 계명 앞에서 어느 것을 택할 것인가 하는 문제가 이들에게 있었을 것입니다. 어느 계명보다 크고 중요한 계명이 있다면 그것을 먼저 지켜야 되지 않겠습니까? 예수님은 이 피곤한 사람들에게 두 가지로 요약해서 설명하셨습니다. 첫째 돌판을 요약하여 '하나님 사랑', 그리고 두 번째 돌판을 요약하여 '이웃 사랑' 입니다.

예수님의 질문 (41-46)

예수님은 질문에 대답만 하신 것이 아니라 직접 질문하기도 했습니다. 질문의 대상자는 바리새인이었습니다. 예수님의 질문도 2가지입니다. 첫 번째는 '그리스도가 누구 자손이냐?' 는 것이고, 두 번째는 '어찌 그의 자손이 되겠느냐?' 라는 질문입니다. 예수님은 '나에 대해서 어떻게 생각하느냐?' 하고 묻지 않았고, '그리스도에 대해서 어떻게 생각하느냐?' 하고 물었습니다(42). 이렇게 하심으로 자신이 그리스도 이심을 완전히 드러내셨습니다. 반응은 2가지였습니다. 능히 대답하는 자도 없었고, 감히 묻는 자도 없었더라고 했습니다(46). 3가지 질문에서 예수님이 하신 예상외의 대답을 들은 사람들의 반응도 2가지입니다. 그들은 예수님의 대답을 기이히 여겼고(22), 가르침에 놀랐다고 했습니다(33).

사람으로는 대답하기 힘든 이런 질문 앞에서도 예수님은 '길이요 진리요 생명'이었습니다(요14:6). 인생길을 가면서 질문 사항이 있으면 예수님께 물으면 됩니다. 정답은 그분이 알고 계십니다. 반대자들에게도 이렇게 대답하셨는데, 사랑하는 우리에게 대답 안 하시겠습니까? 길과 방법을 아시는 분께 물으면 생명을 얻게 됩니다.

23 강
8가지 '화 있을진저!' (마 23)

마태는 예수님의 마지막 한 주간 중에서 화요일(셋째 날)에 있었던 일을 가장 길게 기록했습니다. 21장에서 26장 16절까지 입니다. 무려 5장이 넘습니다. 이어지는 17절에는 '무교절의 첫날에'라고 목요일로 날이 바뀌었음을 말하고 있습니다. 수요일은 '침묵의 날'이라고 일컬어집니다. 예수님이 아무 활동도 하지 않고 그냥 쉬었던 것이 아니라 단지 기록이 없을 뿐입니다. 성경이 침묵하고 있기 때문에 우리도 더 알려고 하지 않습니다.

예수님은 이곳에서 8가지 화를 말씀하셨습니다. 세어보면 7가지인데 8가지라 말하는 것은 어떤 사본에는 '너희는 과부의 가산을 삼키며 외식으로 길게 기도하니 그 받는 판결이 더욱 중하리라'(눅20:47)는 말씀이 있기 때문입니다. 누가복음에 있는 이 말씀도 예수님이 마지막 한 주간에 말씀하셨고, 서기관들에 관해서, 그리고 그 내용이 그들을 책망하신 것이기 때문에 8가지 화에 넣어도 괜찮다고 생각합니다. 예수님은 사역의 초기에 '8가지 복'을 말씀하셨습니다. 이제 예수님은 사역의 막바지에 '8가지 화'를 말씀하셨습니다. 복을 전했는데도 행하지 않았기 때문입니다. 복은 '하면'복을 받고 '안 하면'화를 당하게 됩니다. 반대로 저주는 '하면' 화를 당하고 '안 하면' 저주를 면하게 됩니다. 하나님이 모세를 통해서 주신 신명기 28장 '축복장'도 마찬가지입니다. 복과 저주가 병행됩니다. 28장의 이름이 '축복 장'이지만 살펴보면 저주가 훨씬 더 많습니다. 생긴 대로 부른다면 '저주 장'이 더 어울립니다. 예수님이 이곳에서 저주를 말씀하셨지만, 그 말씀을 기억하고 그렇게 하지 않으면 복이 됩니다. 그들이 그렇게 할 확률은 지극히 낮지만 말입니다.

'행하되... 본 받지는 말라!'

예수님은 8가지 화를 '무리와 제자들'에게 말씀하셨습니다. 그렇지만 그곳에는 바리새인들이 있었습니다. 예수님은 8화를 말씀하시면서 '외식하는 서기관들과 바리새인들이여!'라는 말씀을 7번, 그리고 단 한 번 '소경 된 인도자여!' 하고 말씀하셨습니다. 이런 호칭 뒤에는 '너희는'하는 말씀이 따라 나옵니다. 그리고 22장 41절에 '바리새인들이 모였을 때에' 예수님이 그들에게 말씀하셨는데, 23장은 대화의 상대가 바뀌지 않았기 때문에 바리새인에게 하신 말씀이라는 것을 알 수 있습니다. 서기관들은 모두 바리새인입니다. 그렇지만 예수님은 서기관들의 과오를 지적하기 위해서 이 둘을 구분해서 불렀습니다. 예수님에게 가장 많이 꾸중을 들은 사람들은 바리새인입니다. 예수님이 2번 '뱀들아! 독사의 새끼들아!' 하고 책망을 하셨는데, 모두 바리새인들에게 하신 말씀입니다(마12:34, 23:33). 그런데 이런 사람들 중에 착한 바리새인들도 있었습니다. 우리가 잘 알고 있는 니고데모(요3), 아리마대 요셉(요19), 가말리엘(행5) 등입니다. 아리마대 요셉은 '저희 결의와 행사에 찬성하지 아니한 자'(눅23:51)라고 했습니다.

예수님은 '저희의 말하는 바는 행하고 지키되 저희의 하는 행위는 본받지 말라'(3)하셨습니다. 말하는 것이 틀린 말이 아니었기 때문입니다. 그런데도 본받지 말라고 하신 이유는 그들에게 율법의 근본은 사라지고 조문만 남았는데 그것을 지키기에 급급했기 때문입니다.

8가지 복과 8가지 화

8가지 복이 8가지 화와 관계가 있을까요? 한 분(예수님)이 말씀하셨고, 사역초기에 그리고 사역의 마지막에 하신 말씀이고, 또 예수님은 한 번도 그냥 지나가는 말로 하신 적이 없기 때문에 연관 관계가 없다고 말하기 어렵습니다. 예수님은 8복의 첫 번째에서 '심령이 가난한 자에게 복이 있을진저, 천국이 저희의 것이 될 것임이요'라고 했습니다. 그리고 8화의 첫 번째 화를 말씀하실 때 '화 있을진저, 너희는 천국 문을 사람 앞에서 닫고...'라고 말씀하셨습니다. 동일하게 천국을 말씀하셨습니다. 이렇게 8복을 8화에 연관시켜 볼 수 있겠습니다. 8화는 2가지씩 짝을 이룹니다.

경문과 옷 술

경문은 이마에 붙이고 팔에 고정시키는 가죽으로 만든 작은 상자입니다. '손목에 메고 미간에 붙여라'(신6:8)는 말씀을 그대로 지키기 위해서 이렇게 했습니다. 그 안에는 율법의 중요한 4구절을 적어서 넣습니다. 경문은 '네피린'(기도의 띠)라는 이름으로 지금도 그들이 하고 있습니다. 통곡의 벽 앞에서 네피린을 이마와 팔에 맨 유대인들이 고개를 앞뒤로 흔들면서 기도하는 모습을 본 적이 있습니다. 예수님은 이들이 사람에게 보이려고 경문을 크게 만들고 띠를 넓게 한다고 지적하셨습니다. 또 그들은 옷에 다는 옷 술을 길게 했습니다. 이런 행위는 다 사람에게 보이기 위함이었습니다. 이스라엘 군인이 군복에 전혀 어울리지 않게 옷 술을 달고 있는 모습을 보았습니다. 우리가 보기에도 답답한데 예수님이 보실 때는 어떠했겠습니까? 그들은 말씀에 기록된 대로 경문과 옷

술을 했지만, 말씀을 행하지는 않았습니다. 말씀이신 분이 오셨는데도 알아보지 못하고 죽이려 했으니 이보다 더 이상한 일이 어디 있겠습니까?

하루살이와 약대

예수님은 네 번째 화를 말씀하시면서 그들의 습관을 예로 들었습니다. 그들은 박하와 회향과 근채의 십일조를 드리고 있었습니다. 그런데 그들은 율법의 더 중한 바. 의와 인과 신은 버렸습니다. 채소의 십일조는 값이 얼마 나가지 않는 것이라서 하루살이고, 의인신은 율법의 근본 정신이기 때문에 약대와 같이 크고 바로 눈에 띄게 됩니다. 하루살이와 약대는 크기나 가격에 있어서 비교가 안 됩니다. 그런데도 그들은 그렇게 행하고 있었습니다.

예수님은 제자들에게 3가지 금지 사항을 말씀하셨습니다(8-10). 3가지는 랍비라 칭함을 받지 말라, 땅에 있는 자를 아비라 하지 말라, 그리고 지도자라 칭함을 받지 말라고 하셨습니다. 육신의 아버지와 관계를 단절하라는 말씀이 아니라, 땅에 있는 위인을 아버지로 부르며 높이는 것을 하지 말라는 것입니다. 그리고 예수님은 '너희 중에 큰 자는 너희를 섬기는 자가 되어야 하리라' 라고 하셨고, 이어서 '누구든지 자기를 높이는 자는 낮아지고 누구든지 자기를 낮추는 자는 높아지리라'(11-12) 고 하셨습니다. 우리가 꼭 기억해야 할 말씀입니다.

24강
곧 있을 일과 장차 될 일 (마 24)

예수님은 감람산에서 2가지를 말씀하셨습니다. 그것은 곧 있을 일과 장래에 있을 일입니다. 멀리서 산을 보면 여러 개의 산이 겹쳐 있어서 2개의 산 사이가 가까운 듯이 보이지만 막상 첫 번째 봉우리에 올라가서 보면 겹쳐 보였던 산은 멀리 떨어져 있고, 그 사이에 골짜기가 있으며 강이 흐르고 있는 것을 알게 됩니다. 곧 있을 일은 예루살렘 멸망과 성전 파괴입니다. 그리고 장차 될 일은 재림 때에 되어질 일입니다. 성전 파괴는 예수님이 감람산에서 이렇게 말씀하신 후 30여 년이 지난 뒤에 그대로 이루어졌습니다. AD 70년이었습니다. 그렇기 때문에 장차 될 일도 예수님이 말씀하신 그대로 이루어질 것입니다. 앞에 말씀하신 예언이 그대로 이루어졌기 때문입니다. 이것이 증거입니다. 예수님은 제자들의 이해를 돕기 위해서 두 가지 사건을 겹쳐서 말씀하셨습니다.

제자들은 대부분 이러한 2가지 일들을 보지 못하고 죽었습니다. 우리는 한 가지 일은 과거로, 그리고 나머지 한 가지 일은 미래에 두고 있습니다. 그러니까 이 말씀은 우리가 유의해야 할 말씀입니다. 아직 이루어지지 않은 말씀이 있기 때문입니다. 그러나 이 부분의 말씀은 이해하기가 상당히 어렵습니다. 어렵다고 그냥 넘어갈 수는 없으니까 조심스럽게 한 번 살펴봅시다.

감람산 강화

감람산 강화는 '예수께서 감람산 위에 앉았을 때에'(3)라는 구절 때문에 붙은 이름입니다. 제자들은 예수님께 나아와서 물었습니다. '어느 때에 이런 일이 있겠습니까?' 제자들이 질문한 이런 일이란 무슨 일일까요? 그것은 앞 절(2)에서 말씀하신 성전의 파괴에 대한 말씀입니다. 그러면 예수님은 왜 성전 파괴를 말씀하셨을까요? 그것은 앞 장의 38절로 거슬러 올라갑니다. 그곳에서 예수님은 '예루살렘아! 예루살렘아!' 하고 안타깝게 부르시면서 "너희 집이 황폐하여 버린 바 되리라!" 하셨습니다. 이 말씀 후에 예수님은 제자들과 함께 성전에서 나와서 걸어가셨습니다. 제자들은 성전 건물을 가리키면서 "이 성전이 그렇게 된다는 말씀입니까?" 하고 예수님께 물었습니다. 그 당시 성전은 헤롯이 오랜 기간 보수하고 증축한 우리가 '제3 성전'으로 부르는 건물입니다. 그 건물은 솔로몬 성전보다 더 아름답고 멋있었습니다. 그 어떤 성전보다 거대하고 웅장했습니다. 이런 건물이 황폐해 진다니 제자들은 그 말씀을 믿을 수가 없었습니다. 그런데 예수님은 그 말씀에 덧붙여서 '돌 하나도 돌 위에 남지 않고 다 무너지리라'(2) 하셨습니다. 제자들은 숨이 멈출 지경이었습니다. 그래서 제자들은 예수님께 물었습니다. "어느 때에 이런 있겠습니까? 그리고 그때에는 무슨 징조가 있습니까?" 예수님은 제자들의 이런 질문에 따라서 2가지를 말씀하셨습니다. 그것이 바로 곧 있을 일과 장차 될 일입니다.

3가지 징조

이 부분은 신약성경에 나오는 질문에 대한 답변 중에 가장 깁니다. 예수님이 제일 먼저 말씀하신 것은 '미혹을 받지 않도록 주의하라!'(4) 입니다. 왜냐하면 거짓 그리스도가 나와서 미혹할 것이기 때문입니다. 주의하는 수밖에 다른 도리가 없습니다.

예수님은 말세에 있을 3가지 징조를 말씀하셨습니다. 그것은 거짓 선지자의 출현, 전쟁과 기근과 지진입니다. 그리고 성도들이 핍박을 당하게 될 것입니다. '불법이 성하므로 많은 사람의 사랑이 식어지리라' 라고 말씀하셨습니다(12). 성도들이 사랑을 베풀다가 한두 번 당한 뒤에는 사랑하기를 그만 포기하게 됩니다. 그러면 더욱 삭막해질 것입니다. 그러면 누가 남아 남겠습니까?

'그러나 끝까지 견디는 자는 구원을 얻으리라!'(13)고 말씀 하셨습니다.

'인자의 임함도 그러하리라!'

예수님이 이 땅에 임하실 때의 모습입니다. '번개가 동쪽에서 나서 서쪽까지 번쩍임 같이'(27) 이렇게 임하신다고 했습니다. 땅에 사는 사람들은 산으로 가로막혀 있어도 공중에서 번쩍이는 번개를 동시에 보게 됩니다. 예수님이 오실 때는 시차가 없이 온 세계에 한 번에 임하신다고 했습니다. 사람으로는 불가능합니다. 한국의 아침이 미국 워싱턴의 저녁입니다. 만약에 예수님이 한국에 먼저 오셨다면 미국으로 가시는 동안에 한국 성도들이 미국에 있는 가족과 친척들에게 휴대폰으로 연락해서 회개하고 엎드려 있도록 할 것 아니겠습니까? 이렇게 된다면 재림이 뒤죽박죽 뭐가 되겠습니까? 그래서 그렇게 안 하신다는 말씀입니다. 번개가 임함같이 시차 관계없이 동시에 임하시고, 동시에 보게 될 것입니다.

인자가 구름을 타고

29절부터는 확실히 구분되는 예수님이 재림하실 때 될 일들입니다. 천체의 변화가 일어날 것이라 하셨습니다. 언젠가는 해가 빛을 잃고 소용없는 때가 올 것입니다. 별들이 하늘에서 떨어지고 하늘의 권능들이 흔들릴 것이라 하셨습니다. 예루살렘이 멸망할 때는 이런 일이 없었으니까 이 일은 세상의 마지막에 될 일입니다.

'그때에 인자가 구름을 타고 능력과 큰 영광으로 오는 것을 보리라'(30). 그때는 천사들도 보이고 큰 나팔소리도 들릴 것입니다.

'그때 두 사람이...' (40-41)

밭을 갈고 있었던 두 사람은 남자입니다(40). 41절에 맷돌을 돌리는 사람은 여자들입니다. 맷돌을 돌릴 때는 두 여인이 맷돌에 끼워져 있는 손잡이 '어처구니'를 한 손씩 서로 엉켜 잡고 있습니다. 이렇게 서로의 손을 꼭 잡고 있어도 하늘에 올라갈 사람은 하늘로, 땅에 남을 사람은 땅에 남아서 실수와 착오가 없다는 것입니다. 어떤 사람은 '우리 집 사람이 교회에 아주 열심이니, 나는 그 치맛자락만 잡고 있어도 천국 가게 된다'라고 말합니다. 어림 반푼어치도 없는 말입니다. 마누라 치맛자락을 잡지 말고 주님의 손을 잡아야 됩니다.

제자들은 예수님에게서 곧 있을 일과 장차 될 일을 자세하게 들었습니다. 저자 직강이요, 쪽집게 과외였으며, 최고의 명강의였습니다. 그런데 그 제자들이 어떻게 되었습니까? 다 부인하고 도망가고 말았습니다. 미래를 아는 것이 그들을 붙들어 놓지 못했습니다. 미래를 아는 것도 중요하지만, 주님을 아는 것이 더 중요합니다. 세상 끝을 알면 대비할 수 있겠다 싶지만, 주님을 붙잡는 것이 세상 끝을 준비하는 가장 좋은 방법입니다.

25강
3가지 비유 (마 25)

마태복음 25장에는 3가지 비유가 나옵니다. 열 처녀, 달란트, 양과 염소의 비유입니다. 25장은 24장에 연결되기 때문에 사실은 4가지 비유입니다. 24장 마지막 부분에 선한 종과 악한 종의 비유가 있기 때문입니다. 예수님은 감람산에서 전체 5가지 비유를 말씀하셨습니다. 24장에 무화과나무의 비유가 있기 때문입니다(32). 예수님은 마지막으로 4가지 비유를 말씀하시는 것으로 감람산 강화를 마무리하셨습니다. 이 4가지 비유는 재림에 관한 설명 후에 '성도는 재림 주를 맞이하기 위해 어떻게 살아야 하는가?'를 가르쳐 주신 것입니다.

열 처녀 비유 (1-13)

열 처녀는 신랑을 기다리는 사람들이었습니다. 공통점은 처녀, 등 준비, 같은 장소, 기다림, 졸며 잤습니다. 슬기 있는 처녀도 기다림에 지쳐서 친구들과 함께 졸았고 잤습니다. 공통점은 여러 가지인데 차이점은 단 한 가지였습니다. 여분의 기름을 준비했으냐 그렇지 않느냐 입니다. 이 비유는 준비성을 강조합니다. 준비 없이 기다리는 것은 헛된 결과를 만들고 만다는 교훈입니다. 비슷한 것이 아무리 많아도 소용이 없었습니다. 같은 처녀였지만 그것이 효력을 발휘하지는 못했습니다. 지혜로운 처녀가 미련한 처녀와 함께 졸기도 하고 잤지만, 그것도 책망받지 않았습니다. 준비한 자는 들어갔고, 그렇지 못한 자들은 문밖에 있었습니다. 기름을 준비한다는 것이 이렇게 중요합니다.

달란트 비유 (14-30)

주인은 종들의 재능에 따라서 각기 달란트를 나누어 주었습니다. 한 달란트를 받은 종은 다섯 달란트를 받은 종에 비해서 5배의 차이가 납니다. 그러나 한 달란트의 가치가 엄청나기 때문에 한 개라고 무시할 수 없습니다. 주인은 받은 달란트로 어떻게 하라는 지시를 하지 않았습니다. 다섯 달란트와 두 달란트 받은 종은 '바로 가서'(16) 장사했습니다. '주인이 나의 무엇을 보시고 이렇게 많은 것으로 맡기셨는가? 오직 감사할 따름이다!' 마음속에서 일어나는 감사한 마음이 이들로 하여금 바로 가서 장사하도록 만들었습니다. 그렇게 해서 각기 받은 만큼의 이익을 남겼습니다.

한 달란트 받은 사람은 게으른 종이라 불려졌지만(26), 사실은 부지런했습니다. 바로 가서 땅을 파고 묻어 두었으며 누가 훔쳐가지나 않을까 날마다 가서 확인하고 감시했습니다. 그런데도 그 종은 주인에게서 책망을 받고 있던 것도 빼앗겼습니다. 근본적인 이유가 무엇이겠습니까? 그것은 그 종은 주인을 바르게 알지 못했고, 주인을 오해했습니다. 주인을 잘못 알았던 결과는 잘못된 행동으로 이어졌습니다. 이렇게 해서 결국은 받았던 것도 빼앗기고 밖으로 쫓겨나는 신세가 되고 말았습니다. 우리는 주인을 어떻게 알고 있습니까? 주인을 나대로 생각하면 안 된다는 것이 이 비유가 주는 교훈입니다.

양과 염소의 비유 (31-46)

양과 염소를 분별하는 분은 '인자' 입니다(31). 그런데 오른편에 있는 양들에게 말씀하시는 분은 '임금' 이라고 했습니다. '인자' 는 현실을, '임금' 은 비유를 말하는 것 같습니다. 임금님은 '내가 주릴 때 너희가 먹을 것을 주었다' 라고 말씀하셨는데, 의인들은(양이 의인으로 불려짐) '임금님이 왜 주리며, 또 언제 그런 일이 있었습니까?' 했습니다. 임금님은 '여기 내 형제 중에 지극히 작은 자 하나에게 한 것이 곧 내게 한 것이니라' 고 하셨습니다(40).

임금님은 왼쪽에 있는 사람들에게 '내가 주릴 때에 먹을 것을 주지 않았다' 라고 하셨습니다. 그랬더니 그들은 '우리가 언제 그렇게 안 했습니까?' 하고 반문했습니다. 차이점은 무엇입니까? 양들은 자기들이 그렇게 한 적도 없다고 했는데, 염소들은 자기들은 하나도 빠짐없이 다 했다고 했습니다. 임금님의 대답은 동일합니다. '지극히 작은 자에게 한 것이 곧 내게 한 것이고, 지극히 작은 자에게 하지 않은 것이 곧 내게 하지 않은 것이라'.

세계 곳곳에서 언어도 다르고, 문화도 다른 사람들에게 예수님을 전하는 우리의 일이 바로 지극히 작은 자를 섬기는 일입니다. 임금님은 우리에게도 말씀하실 것입니다. '내 아버지께 복 받은 자들이여! 나아와 창세로부터 너희를 위하여 예비 된 나라를 상속하라' (34). 우리는 뭔가를 받을 수 있는 사람들입니다. 기대하면서 우리의 맡은 일을 감당해 갑시다.

열 처녀 비유는 준비성을, 달란트 비유는 성실성을, 양과 염소의 비유는 지극히 작은 자를 외면하지 않는 측은성을 교훈합니다. 깨어 있어라. 오해하지 말아라. 내게 하듯이 해라. 이것이 재림하실 주님을 맞이할 준비입니다. 세계 곳곳에서 흘리는 우리의 땀과 눈물은 이미 우리의 주인에게 기억하신 바가 되었습니다. 왔던 길을 곧장 나아가면 됩니다.

26강
죄사함을 얻게 하려고 흘리는 피 (마 26)

26장은 마태복음의 28장 중에서 가장 긴 장입니다. 한 장 안에 사건도 가장 많고, 장소 이동도 가장 빈번합니다. 그만큼 사건이 급박하게 진행되었다는 것을 알게 해 줍니다.

26장은 예수님의 네 번째이자 마지막 수난 예고로부터 시작합니다. 이어서 예수님에게 향유를 부은 사건이 있었고, 가룟유다의 배반이 기록되어 있습니다. 유월절과 베드로의 부인 예언과 겟세마네 기도가 이어집니다. 그리고 체포, 종교 재판, 베드로의 부인과 베드로의 회개로 구성되어 있습니다. 이 모든 사건은 고난 주간 5일째인 목요일에 있었던 일들입니다. 예수님은 이제 몇 시간 뒤에 십자가에 매달리시게 될 것입니다.

마지막 수난 예고 (1-2)

예수님이 이제까지 3번 자기가 당할 일을 말씀하셨는데, 이제 그 일이 눈앞에 다가왔습니다. 이틀 뒤에 십자가에 달리실 것이라 말씀하셨지만, 그렇게 되도록 체포 및 재판을 받는 과정을 거치게 될 것입니다. 예수님은 유월절 명절에 십자가를 지실 것입니다. 왜냐하면 '세상 죄를 지고 가는 하나님의 어린양'이기 때문입니다(요1:29). 십자가를 향해서 모든 일이 급박하게 진행될 것입니다. 그러나 예수님은 초조하거나 조급함 없이 담담하게 모든 일을 맞이 하셨습니다. 그래서 예수님은 제자들의 동정을 구하지도 않았고, 슬퍼 탄식하지도 않았습니다.

산헤드린 회의 (3-5)

예수님이 마지막으로 수난을 예고하시는 그 시간에 다른 장소에서 산헤드린 공의회가 열렸습니다. 예수님을 잡아서 죽이기로 확정하고 어떻게 할 것인지를 의논했습니다. 그들은 또 한 가지를 결정했는데 그것은 '명절에는 거행하지 말자'라는 것이었습니다. 왜냐하면 괜히 백성들의 소요를 불러일으킬 일을 만들 필요가 없었기 때문입니다.

앞 절에서는 예수님은 명절에 죽게 될 것을 말씀하셨는데(2), 이들은 명절에는 죽이지 말자고 말했습니다(5). 누구의 말대로 되었습니까? 그 사람들이 아무리 계획하고 작전을 짠다고 해도 그들의 생각대로 일이 이루어지지 않았습니다. 예수님이 하신 말씀대로 되었습니다. 이를 통하여 예수님은 역사를 주관하시는 분임이 증명되었습니다.

향유를 부은 사건

장소는 밝혀졌지만, 향유를 부은 사람이 누구인지는 알 수 없습니다. 요한복음 12장에는 그 여인이 나사로의 동생 마리아라고 했습니다. 이 사건은 사실 고난 주간 전 토요일에 있었던 사건입니다. 마태는 왜 사흘 전에 있었던 사건을 이곳에 기록하고 있을까요? 그것은 가룟유다의 행동과 대조하고 비교하기 위해서입니다. '무슨 의사로 이것을 허비하느냐?' 하고 말했던 사람은 바로 가룟유다였습니다. 그 현장에 있었던 요한이 그렇게 말했습니다(요12:4). 예수님은 내 장례를 위해서 향유를 부었다고 마리아의 행동을 변호해 주셨습니다. 마리아는 은혜의 도구로 쓰임 받았고, 가룟유다는 죄악의 도구가 되었습니다.

최후의 만찬

예수님은 유월절 행사 중에 최초의 성찬식을 거행하셨습니다. 몇 시간이 지나면 채찍에 맞고 가시 면류관을 쓰고 십자가에서 피를 흘리실 것입니다. '이것은 죄 사함을 얻게 하려고 많은 사람을 위하여 흘리는바 나의 피 곧 언약의 피니라'(28). 이때는 제자들이 벙벙하여 아무것도 몰랐겠지만, 나중에 그 의미를 알았을 때 그들은 이 말씀을 어떻게 느꼈을까요?

베드로의 부인

베드로는 2번을 장담했습니다. 처음 장담과 두 번째 장담 사이에 베드로가 3번 부인하게 된다는 예수님의 말씀이 기록되어 있습니다. 그러니까 베드로는 자기가 예수님을 부인하게 되리라는 말씀을 듣고도 또 한 번 허풍을 떨었습니다. '내가 주와 함께 죽을지언정 주를 부인하지 않겠습니다'(35)

마태복음에만 있는 구절이 있습니다. '모든 제자도 이와같이 말하니라' 입니다(35). 이것은 그 현장에 있었던 마태 자신도 그렇게 큰소리를 쳤고, 베드로와 함께 허풍을 떨었다는 것입니다.

베드로는 몇 시간이 지나지 않아서 결국 3번 부인하게 됩니다. 듣고서도 이렇게 되고, 알고서도 이렇게 됩니다. 그러나 베드로의 장점이 있습니다. 닭 우는 소리를 듣고 예수님의 말씀이 생각나서 밖에 나가서 심히 통곡했다고 했습니다(75). 그 뒤 베드로는 닭이 울 때마다 울었다는 것과 닭고기를 절대로 안

먹었다는 전설이 전해지고 있습니다. 믿거나 말거나.

장소 이동

마태는 이 부분에서 예수님의 장소 이동을 자세히 적었습니다. 다른 복음서와 비교했을 때 빠진 부분이 있긴 했지만 비교적 자세하게 잘 기록했습니다. 예수님은 감람산을 떠나서 베다니의 나병환자 시몬의 집으로 가셨습니다(6). 그곳에서 예루살렘으로 이동하여(17) 제자들과 함께 최후의 만찬을 나누고, 그리고 겟세마네 동산에 가셔서 기도하셨습니다(36). 그곳에서 체포되어 가야바 법정에서 심문을 받고(57) 그리고 빌라도의 법정으로 넘겨졌습니다(27:2).

빌라도 법정은 27장에 기록되어 있습니다. 27장에도 여러 번의 장소 이동이 있었습니다. 마태복음에 소개되지 않은 장소 이동은 다음 회에 자세하게 소개하도록 하겠습니다.

제자들이나 바리새인이나 장로들이나 그들은 아무것도 모르고 행했던 것이 결국은 예언을 이루는 일이 되고 말았습니다. 그 사람들은 자기들이 결정해서 예수를 체포하고 처형했다고 생각했지만, 그것도 예언된 일이었습니다. 예수님은 예언된 대로 십자가를 지셨습니다. 예언된 대로 십자가의 길을 묵묵히 걸어가셨습니다. 구원 여정의 절정을 향하여 한 걸음 한 걸음 나아가셨습니다.

27 강
엘리 엘리 라마사박다니! (마 27)

27장은 예수님의 활동 중 마지막 행적을 자세하게 기록해 놓았습니다. 26장에 이어 두 번째로 깁니다. 이 장에서 예수님은 드디어 십자가에 못 박히게 됩니다. 이 일을 위해 오셨고, 이 일을 바라보고 한 걸음 한 걸음 걸어오셨는데 이제 그 정점에 도달하셨습니다. 우리는 거의 모든 일을 알지 못하는 가운데 겪게 됩니다. 그러나 예수님은 모든 것을 모두 아시고 당하셨습니다. 고통의 내용도 아시고, 죽음이 무엇인지도 아셨습니다. 그러면 훨씬 더 견디기 어렵지 않겠습니까? 그런데도 예수님은 모든 고통과 조롱을 참았고, 죽음의 과정을 다 겪었습니다.

가장 견디기 어려운 고통은 아버지 하나님의 외면이었습니다. 예수님은 십자가 위에서 외쳤습니다. '엘리 엘리 라마사박다니' '나의 하나님 나의 하나님 어찌하여 나를 버리시나이까?' 아버지는 아들의 절규를 모른 척 외면했습니다. 그렇게 해야만 우리를 구할 수 있었기 때문입니다. 그렇지만 그 일을 당하는 예수님으로서는 가장 견디기 어려운 고통이었습니다.

새벽에... (1-2)

대제사장들과 장로들이 새벽에 다시 모였습니다. 앞 장에 있는 비공식 모임에 이어(26:3), 이제 다시 모여서 비공식 모임에서 결정한 것을 정식으로 추인하는 과정을 거쳤습니다. 새벽에 모여 사형을 결정했으니 이 결정도 정상적이라 할 수도 없습니다. 그들은 예수님을 끌고 가서 빌라도에게 넘겼습니다. 빌라도는 그들에게 '너희가 그를 데려다가 너희 법대로 재판하라'고 말했고, 그들은 빌라도에게 '우리에게는 사람을 죽이는 권한이 없나이다'고 대답했습니다(요18:31).

이런 모든 것도 예수님이 미리 하신 말씀이 그대로 이루어진 것을 보게 합니다. '저희가 죽이기로 결안(結案)하고 이방인들에게 넘겨 주어'(20:18). 자기들이 먼저 결정을 했고, 그리고 이방인들에게 넘겨준다고 했는데, 그 말씀이 그대로 이루어진 것입니다.

빌라도 법정 (11-25)

빌라도는 재판하기 위해서 예수님을 심문했습니다. 예수님은 '네가 유대인의 왕이냐?' 하는 질문에만 대답하시고 그 외 다른 질문에는 한 마디도 대답하지 않았습니다. 총독이 심히 기이히 여길 정도였습니다(14). 왜 이렇게 하셨을까요? 자신을 밝힐 때는 대답을 해야 했지만, 그렇지 않은 질문에는 대답을 아니 해야 사형 판결을 받을 것이기 때문입니다. 빌라도는 '내가 누구를 놓아 주기를 원하느냐? 바라바 이냐? 그리스도 이냐?' 하고 판결을 군중들에게 넘겼습니다. '그러면 그리스도라고 하는 예수는 내가 어떻게 하랴?' 이렇게 최종 판결도 그들의 의견을 물었습니다. 만약에 빌라도의 하나밖에 없는 아들이 모함을 받아서 지금 이 자리에 있다고 합시다. 과연 빌라도가 예수님에게 했던 그대로 했을까요? 고함치고 민란을 일으킬 듯이 덤비는 사람들을 전부 감옥에 집어넣는 한이 있더라도 명명백백하게 진실을 밝히려고 했을 것입니다. 그렇게 하지 않았기 때문에 그가 받을 죄책은 중하다고 할 수밖에 없습니다.

빌라도는 간 큰 남자임에 틀림없습니다. 왜냐하면 그의 아내가 예수님을 두고 옳은 사람이라고 했고, 아무 상관도 하지 말 것을 당부했는데도 그 말을 듣지 않았으니 말입니다, 아마도 이후 각방을 쓰지 않았을까 짐작해 봅니다.

억지로 진 십자가

예수님이 십자가를 지고서 골고다로 가는 길에 자꾸 넘어졌습니다. 시간이 지체되면 안 되었기 때문에 로마 군병들은 주변에 있는 건장한 한 사람 골라서 대신해서 십자가를 지게 했습니다. 십자가는 원래 지고 가는 사람이 그 십자가에 달려야 합니다. 그러나 이 경우에는 십자가에 달릴 장소까지 대신 져 주는 행위입니다. 그렇지 않다면 구레네 시몬은 십자가를 절대로 질 일이 없습니다. 그 후에 이 사람은 이 사건을 자랑스럽게 생각하면서 주변 사람들에게 말하고 다녔을 것입니다. '내가 예수님의 십자가를 대신 져 주었다.' 그런데 알고 보니 대신 졌던 그 십자가는 자기가 져야 할 십자가였습니다. 내가 죄인인 것을 깨닫고 보니 그 십자가는 내 십자가였습니다. 내가 지고 가야 할 십자가였고, 내가 달려야 할 십자가였습니다. 참 기가 막히는 일 아닙니까? 억지로 진 십자가가, 아무것도 모르고 진 십자가가 내가 져야 할 십자가였다니...

잠시 십자가를 진 이 사건으로 구레네 시몬의 가족은 온 집이 믿는 가정이 되었고, 두 아들은 초대교회의 일꾼이 되었습니다(막15:21). 바울의 글을 보니 이 사람 시몬의 아내는 바울에게 '내 어머니'로 불려질 정도로 친숙한 관계가 되었습니다(롬16:13). 억지로 진 십자가도 이렇게 은혜가 되는데, 우리의 십자가는 우리에게 어떤 은혜를 주겠습니까? 소망을 가집시다.

위법한 일들

위법한 일들은 일사천리로 진행되었고, 전광석화와 같이 처리되었습니다. 산헤드린이 야간에 소집되었다는 것은 불법입니다. 산헤드린 역사상 이런 일이 없었습니다. 죄수에게도 정당하게 재판을 받을 권리가 있습니다. 그런데 예수님에게는 이런 모든 권리가 무시되었습니다. 그렇지 않으면 사형 판결을 내릴 수 없었고, 십자가에 매달 수 없었기 때문입니다. 새벽에 사형 선고를 내린 것도 불법이었고, 새벽에 빌라도에게 넘긴 것도 초법적인 행위였습니다. 체포된 날에 사형을 언도하는 것도 잘못이요, 불과 몇 시간 만에 사형을 집행한 것은 더욱 잘못된 일입니다. 상고심이 아예 없었습니다. 한 번 만에 재판은 끝났고, 한 번 만에 사형이 확정되었고, 몇 시간 뒤에 바로 형이 집행되었습니다. 최고의 법으로 일컬어지는 로마 법이 이러했습니다.

다섯 가지 기적

예수님이 십자가에서 운명하시기 전후로 5가지 기적이 일어났습니다. 첫째로 어둠이 임했습니다. 예수님은 십자가에 아침 9시에서 오후 3시까지 총 6시간 달려 있었습니다. 어둠은 12시부터 3시간 동안 임했습니다. 해가 빛을 잃었습니다. 이후에 일어난 4가지 기적은 예수님이 십자가에서 운명한 직후에 일어났습니다. 두 번째 기적은 성소의 휘장이 찢어졌습니다. 이 휘장은 쉽게 찢을 수 없는 것인데, 위에서 아래로 한 번에 찢어졌습니다. 더 이상 있을 필요가 없었기 때문입니다. 이 일은 성전 안에서 일어난 일이므로 나중에 알았습니다. 세 번째 기적은 지진입니다. 이것은 십자가 아래에 있었던 사람이라면 다 경험했을 사건입니다. 네 번째는 무덤이 열리고 죽었던 성도들이 많이 일어나서 거룩한 성에 들어간 기적입니다. 이 사건은 마태 혼자 기록하고 있습니다. 마지막 기적은 십자가 아래에서 사형을 집행했던 백부장의 고백입니다. 제자들은 다 도망갔지요, 십자가 아래에서는 조롱하지요, 그런데도 예수님은 한마디의 대꾸도 없이 이렇게 비참하게 죽는 모습을 보면 있던 믿음도 사라져야 하지 않겠습니까? 그런데 그 백부장은 그렇지 않고 고백했습니다. '이는 진실로 하나님의 아들이었도다'(54).

이런 것을 보면 믿을 사람은 어떤 경우에서도 믿게 되고, 안 믿을 사람은 죽은 사람이 살아난다 해도 안 믿는다는 것을 알게 됩니다. 믿을 사람은 정해져 있습니다. 그런데 그 사람을 알 수 없으니 어쩔 수 없이 우리는 모든 사람들에게 복음을 전해야 합니다.

28강
말씀하시던 대로 살아나셨느니라! (마 28)

예수님은 분명히 죽었고, 그리고 분명히 살아나셨습니다. 이렇게 해서 죽음에서 부활로 새장을 열었고, 안식일에서 주일로 새날이 시작되게 하셨습니다. 부활의 첫 열매가 되어 그 나무에 같은 열매가 계속 열린다는 확신을 주셨습니다. 죽은 사람이 살아난다는 것은 죽을 사람들이 사는 이 세상에서 있을 수 없는 일이기 때문에 제자들은 예수님의 부활을 쉽게 받아들일 수가 없었습니다. 예수님은 3년의 공생애 기간에 죽은 자를 3명이나 살아나게 하셨습니다. '나는 부활이요 생명이니'(요11:25) 이렇게 말씀하신 직후에 나사로를 살렸습니다. 이런 말씀을 듣고, 이런 경우를 보고서도 제자들은 믿지 못했습니다. 더 나아가서, 예수님에게서 부활이라는 말을 4번이나 들었지만, 그들은 이 말씀을 기억하지 못했습니다. 이렇게 제자들이 못 믿었던지, 안 믿었던지 그 일들과 관계없이 예수님은 살아나셨습니다.

철저한 조치 (27:62-66)

그들은 철저했습니다. 예수님을 십자가에 매단 것으로 끝이 아니었습니다. 대제사장들과 바리새인들이 빌라도를 찾아가서 사후 대비를 철저하게 해야 된다고 말했습니다. 제자들은 예수님에게서 부활하실 것을 4번이나 직접 들었는데도 모두 도망가버렸는데, 이들은 간접적으로 들었으면서도 부활을 염려하고 있었습니다. '내가 사흘 후에 다시 살아나리라'(63) 예수님이 이런 말씀을 하셨다고 했습니다. 그래서 그들은 3가지 조치를 취했습니다. 아무도 손대지 못하게 무덤 문을 봉인했습니다. 그리고 3일이라는 기간을 설정하고, 파수군을 최대한 많이 배치했습니다. 철통 경비입니다. 개미 한 마리도 얼씬 못하게 조치를 취했습니다.

무덤으로 달려간 여인들 (1-8)

이 여인들도 부활에 대해서는 조금도 생각지 않았습니다. 예수님의 시신은 안식일 때문에 가매장 되어 있었습니다. 안식일이 지나자마자 이 여인들은 예수님의 시신에 향품을 발라서 완전한 장례를 치르려고 무덤으로 달려갔습니다. 여인들이 향품을 준비했다는 것은 마가와 누가만 말하고 있습니다. 철저하게 못 믿었습니다. 촉이 빠른 여인들조차도 믿지 못했지만 부활은 이런 일에 관계없이 일어났습니다. 그 여인들은 천사가 돌문을 굴려내고 그 위에 앉아 있은 것을 보았습니다. 여인들이 본 그 천사의 모습은 휘황찬란했습니다. 파수군들은 천사의 이런 모습을 보고 죽은 자와 같이 되었다고 했습니다(4). 이것은 마태만 기록하고 있습니다.

천사들이 전해 준 말

'그가 여기 계시지 않고 그의 말씀하시던 대로 살아나셨느니라'(6). 마태가 기록한 천사는 매우 젊잖았습니다. 누가복음의 천사는 '어찌하여 산 자를 죽은 자 가운데서 찾느냐'(눅24:5) 하고 책망했는데 말입니다. 천사들은 부활 소식을 빨리 제자들에게 알리라고 했고, 부활하신 예수님이 제자들보다 더 빨리 갈릴리로 가실 것이라고 했습니다.

갈릴리는....

예수님이 십자가 달리기 전에 말씀하신 약속 장소입니다(26:32). 왜 예수님은 갈릴리에서 만나자고 했을까요? 나중에 보니 예수님이 예루살렘에서 부활하신 모습을 제자들에게 몇 번이나 보였고 그 뒤에 갈릴리에서 그들을 만났습니다. 부활하신 후에 갈릴리에서 처음 만난 것이 아니었습니다. 그럼 왜 굳이 갈릴리에서 만나자고 했을까요? 그것은 갈릴리는 제자들의 고향이었고, 예수님의 사역 중심지였습니다. 제자들은 그곳에서 많은 말씀을 들었고, 예수님이 행하시는 일들을 보았습니다. 그중에는 다시 살아날 것을 말씀하신 곳도 있습니다. 이런 모든 것을 회상하여 새로운 힘을 결집하기 위함이었습니다. 그렇게 하기에는 갈릴리가 최적지였습니다.

지상 명령

하늘과 땅의 모든 권세를 가지신 예수님은 제자들에게 명하셨습니다. 지상명령은 4가지입니다. 가라! 제자 삼으라! 세례를 주라! 가르쳐 지키게 하라! 4대 강령은 한 가지에 집중됩니다. 제자 삼으라는 말씀입니다. 헬라어 문법에도 그렇게 되어 있습니다. 제자 삼는 일을 집중해서 하면 다른 일은 따라오게 됩니다. 지금 우리들이 열심히 하고 있는 일들입니다. 우리는 제자 삼는 일을 위해서 가라는 명령에 따라서 갔습니다. 그리고 그들을 가르쳤고, 세례를 주었으며, 예수님의 말씀을 잘 지키라고 당부했습니다. 이렇게 해서 한사람 두 사람 제자를 만들어 가고 있습니다. 앞으로는 이들이 또 다른 사람을 제자로 만들어 갈 것입니다.

임마누엘

'내가 세상 끝날까지 너희와 항상 함께 있으리라!'(20). 이 말씀을 한 단어로 나타내면 '임마누엘'입니다. 마태복음은 임마누엘로 시작해서(1:23) 임마누엘로 마쳐집니다. 예수님의 탄생이 임마누엘이었고, 승천하시면서 약속하신 것이 임마누엘이었습니다. 예수님은 이 약속을 성령님으로 통해서 이루십니다. 지금도 지켜지고 있습니다. 예수님은 항상 함께 하시겠다고 하신 대로 성령님은 지금 우리 곁에 계십니다. 어떠한 상황에서도 이 약속은 지켜져 왔고, 앞으로도 분명히 그럴 것입니다. 예수님은 이제까지 모든 약속을 어김없이 지켰으니까요.

마태복음에는 부활에 관한 기록이 다른 복음서에 비해서 짧습니다. 복음서 중에 가장 짧습니다. 마가와 누가는 전해 들은 사실을 적었을 뿐이지만, 마태는 부활의 목격자 아닙니까? 부활하신 예수님을 직접 본 사람입니다. 자기 경험을 말해도 한참을 말할 수 있는 사람입니다. 그런데 마태복음의 부활 기록은 이들보다도 짧습니다. 간단하게 적혀 있습니다. 왜 이렇게 했을까요? 이유를 잘 알 수 없습니다. 천국에 가서 마태를 만나 직접 물어봐야 알겠지만, 그 전에 대충 짐작해 봅니다. 마태는 다른 사람들과 달리 지상 명령을 자세하게 기록했습니다. 마지막 말들을 적는 순간 마태의 마음이 예수님의 부활 소식을 전하고 싶은 마음으로 불타올랐습니다. 그래서 빨리 나가서 전하려고 마지막을 간단하게 마무리했습니다. 그리고 바로 뛰어나가서 전했습니다. '예수님은 살아나셨다. 우리와 함께 계신다. 내가 증인이다!' 이렇게 하노라고 급하게 마무리한 것이 아닌가 생각해 봅니다. 우리는 다 이런 복음 전파의 열정을 마태와 같이 경험했던 사람들입니다.

마가복음

(29강 ~ 44강)

29강

예수 그리스도의 복음의 시작 (막 1)

마가복음은 4 복음서 중에 가장 짧습니다. 그래서 마가복음의 문체는 간결합니다. 분량이 적기 때문에 생략된 기록이 많은데, 그런데 어떤 사건은 어느 성경보다 더 자세하게 기록되어 있습니다. 이것이 마가복음의 특징입니다. 구약성경의 인용이 많은 마태복음에 비해 마가복음에는 2회 밖에 없습니다. 율법에 대한 언급은 없고, 유대인의 관습에 관한 것을 자세하게 설명되어 있습니다. 이를 통해서 수신인이 유대인이 아닌 이방인이라는 것을 알 수 있습니다. 마가복음은 마가 요한이 로마에서 기록했으며 로마인에게 전해졌습니다. 우리가 잘 알고 있는 '에바다' '달리다굼' 등 번역된 단어들은 대부분 마가복음에 있습니다. 이런 단어의 의미를 모르는 로마 사람들을 위해 번역과 해설을 붙여 놓았습니다. 마가복음의 또 하나의 특징은 장소 이동에 대해서 어느 성경보다 자세하게 적어 놓았습니다. 다른 복음서가 마가복음의 덕을 많이 보고 있습니다. 어느 복음서보다 마가복음이 먼저 기록되었다고 주장하는 사람들이 많습니다.

헤드라인 (1)

1절에는 서술어가 없습니다. 우리 성경에는 '~이라' 하는 말을 붙여 놓았는데 그것은 이해를 돕기 위서 입니다. 이것은 신문의 머릿 기사(헤드라인)와 비슷합니다. 헤드라인을 보면 아래의 내용을 다 읽지 않아도 무슨 뜻인지 대충 짐작할 수 있습니다. 그런 역할을 해 주는 것이 헤드라인입니다. '하나님의 아들 예수 그리스도 복음의 시작' 도 이와 같은 역할을 합니다. 그 아래 기록된 내용을 다 읽기도 전에 짐작할 수 있습니다. 하나님의 아들이요 그리스도인 예수의 복음이 시작되었습니다. 마가는 계속 써 내려간 글에서 예수님이 하나님의 아들인 것을 말할 것입니다. 그리고 그분이 그리스도이신 것을 증명할 것입니다. 뿐만 아니라 그분이 복음이요, 복음을 전했음을 말할 것입니다. 그 모든 것이 이제 시작되었음을 선포했습니다. 그것은 구약 예언이 이제 성취되었음을 알리는 것입니다. 말씀이 육신이 되어 우리 가운데 나타났음을 말하는 것입니다.

요한복음은 창세기의 첫 절을 본떠서 첫 문장을 시작했습니다. '태초에 말씀이 계시니라'. 장엄합니다. 마가복음은 조금 다른 방법으로 처음의 글을 시작했지만 장엄하기는 마찬가지입니다. 우리는 헤드라인만 보고서도 그 아래의 글을 짐작할 수 있습니다. '아! 마가가 이러이러한 내용의 말을 하겠구나!' 이렇게 짐작하게 해 주는 문장이 1절입니다. 1절은 마가복음 전체를 이해하는 열쇠입니다.

하나님의 아들과 그리스도

예수님은 이 땅에 오신 하나님의 아들입니다. 마가는 이 단어의 중요성을 첫머리에서 밝혔습니다. 그 후로 마가는 이 중요한 단어를 어떻게 풀어나갔을까요? 이해 가능한 설명을 하지 못한다면 그것은 자기주장일 뿐입니다. 이것을 위해서 마가는 1장에서 벌써 증명하기 시작했습니다. '하나님의 아들'을 말한 헤드라인이 있는 아홉 절 아래에 첫 번째 증거를 기록했습니다. 그것은 어떤 것으로도 비교 불가능한 아버지 하나님의 말씀이었습니다. '너는 내 사랑하는 아들이라 내가 너를 기뻐하노라!'(11). 예수님을 두고 아버지가 친히 아들이라고 하셨습니다. 이것만으로 충분하지만 그래도 믿지 못하는 사람들을 위해서 마가는 두 번째 증거를 마가복음의 중간쯤에 두었습니다. 그것은 제자 중의 한 사람 베드로의 입을 통해서 '주는 그리스도십니다!'(8:29) 라고 고백했습니다.

마가는 가이사랴 빌립보에서 베드로가 예수님을 그리스도라 고백하기 전까지는 한 번도 예수님을 그리스도라고 말하지 않았습니다. 베드로의 고백 후에야 '그리스도'라는 단어를 5번 사용했습니다.

아버지가 친히 말씀하시고, 베드로가 예수님이 그리스도임을 고백했지만, 마가는 그래도 부족함을 느꼈는지 이방인을 위한 배려를 마가복음 마지막에 배치했습니다. 십자가 아래의 백부장입니다. 이 사람은 사형 집행관이었습니다. 속국 백성 중의 한 사람 청년 예수가 '반짝 인기'를 누리다가 잡혀서 십자가에서 비참하게 죽는 모습을 처음부터 끝까지 지켜보았던 사람입니다. 그럼에도 불구하고, 이 사람은 이렇게 말했습니다. '이 사람은 진실로 하나님의 아들이었도다'(15:39). 제자 중 한 사람인 베드로가 예수님이 그리스도인 것을 말했고, 그리고 이방인 군인이 하나님의 아들인 것을 말했습니다. 그리고 아버지 하나님이 음성으로 들려주셨습니다. 마가는 이런 놀라운 내용을 헤드라인에 감추어 두었습니다.

복음

오직 마가만이 복음에 많은 관심을 가졌습니다. 그는 헤드라인에서 말한 '복음'을 나타내고 설명하려고 애썼습니다. 그래서 마가복음의 곳곳에는 '복음'이 널려 있습니다. 마태는 예수님이 '회개하라 천국이 가까웠느니라'고 말씀하셨다는데, 마가는 예수님이 갈릴리에서 먼저 '복음' 을 전하신 뒤에 '복음을 믿으라' 고 하셨답니다(15). 이때의 복음은 예수님 자신을 말합니다. 그런데 예수님은 '누구든지 나와 복음을 위하여 제 목숨을 잃으면 구원하리라' (8:35) 하셨고, 또 '나와 및 복음을 위하여 집이나 형제나 자매나' (10:29) 이라는 말씀으로 예수님 자신과 복음을 분명하게 구분하셨습니다. 그러니까 마가의 결론은 복음이란 예수님 자신이기도 하고, 그리고 죄인을 구원하기 위한 예수님의 모든 말씀과 행동이라는 것입니다. 마가는 '복음이 먼저 만국에 전파되어야 할 것' 이라는 예수님의 말씀을 마지막 부분에 기록했고(13:10), 부활하신 예수님이 제자들에게 '너희는 온 천하에 다니며 만민에게 복음을 전파하라' (16:15) 는 말씀으로 그의 복음서를 마무리했습니다.

부지런한 종의 모습

마태복음은 예수님을 '왕' 으로, 누가복음은 '완전한 사람' 으로, 요한복음은 '하나님의 아들' 로 나타냈는데, 마가복음은 예수님을 '종' 으로 묘사했습니다. '종' 중에서도 부지런하고 아주 바쁘게 움직이는 종으로 소개하고 있습니다. 종은 '저물어 해질 때까지 병자들을 고치시고 많은 귀신들을 내어 쫓는 치유 사역을 하셨습니다(32). 그리고 다음 날, '새벽 오히려 미명' (35) 에 예수님은 한적한 곳에 가셔서 새벽기도를 하셨습니다. 참 부지런합니다. 그래서 마가복음에는 '곧', '즉시' 라는 말이 많이 나옵니다. '즉시' 는 마가복음 전체에 41회 사용되었고, '곧' 이라는 단어는 1장에서만 10회 나옵니다.

지은 죄로 인하여 죽을 죄인에게 가장 반가운 소식은 '이제 안 죽어도 된다' 라는 말입니다. 예수님은 죄인들에게 이런 복음을 전했습니다. 그리고 전하신 말씀이 복음이 되도록 십자가에서 구원을 완성하셨습니다. 예수님이 복음에 관계된 일을 하셨고, 복음을 완성하셨고, 친히 자신이 복음이 되셨고, 복음을 증거하셨습니다. 예수님을 믿고 받아들이면 그러면 복된 사람이 됩니다. 그 복은 영원히 이어지는 영생의 복입니다.

30강
안식일의 주인이신 예수님 (막 2)

마가복음 2장에는 4가지 사건이 소개되어 있습니다. 중풍 병자를 고치심, 마태를 부르심, 금식, 그리고 안식일 논쟁입니다. 마가복음의 기록은 마태복음 9장에 나옵니다. 중간에 산상보훈이 빠졌기 때문에 이렇게 껑충 뛰어넘었습니다. 마태복음 9장에 나오는 순서도 마가와 같습니다. 다만 마태는 마지막 안식일 논쟁 대신에 한 직원(야이로)의 딸을 살리신 것과 12년 혈루증 앓은 여인의 치유를 삽입했습니다. 안식일 논쟁은 마태복음 12장에 있습니다. 안식인 논쟁은 반대자들이 예수님을 죽일 것을 논의하는 계기가 되기 때문에(마12:14) 마태는 뒤에 두었고, 마가는 급박한 진행을 위해 이곳에 배치했습니다.

예수님은 안식일이 사람을 위하여 있다고 하셨고(27), 자신이 안식일의 주인이라고 하셨습니다. 안식일을 제정하신 주인이 안식일에 하시는 일과 제사장이 성전에서 행하는 일과 비교할 수 있겠습니까? 주인은 자기가 원하시는 대로 할 수 있습니다. 그러나 이 사람들은 예수님을 그저 자기와 같은 한 사람으로 보았기 때문에 이런 심각한 논쟁이 일어날 수밖에 없었습니다. 그들은 4가지 사건으로 4가지 비난을 만들었습니다. 그러니까 일일이 비난하고 시비를 걸었다는 것을 알 수 있습니다.

장소 이동 (1)

'수일 후에 예수께서 다시 가버나움으로 들어가시니'(1) '다시'라는 단어가 있는 이유는 가버나움에 두 번째로 들어가셨기 때문입니다. 1장 21절에 처음 들어가신 설명이 나옵니다. 그후 예수님은 갈릴리 온 동네를 다니면서 회당에서 전도하시고 귀신들을 내어쫓았습니다(1:39). 그리고 가버나움으로 돌아오셨습니다. 이렇게 가버나움이 자주 언급되는 이유는 예수님이 나사렛을 떠나 가버나움으로 오셨고, 가버나움이 갈릴리 사역의 중심지였기 때문입니다.

'예수께서 다시 바닷가에 나가시매'(13). 이 사람들은 호수를 바다라 불렀습니다. 그들이 볼 때는 호수가 바다만큼 넓었기 때문입니다. 예수님이 가신 바닷가는 가버나움 근처에 있는 갈릴리 호수였습니다. 3장 1절에 '다시 회당에 들어가시니...' 예수님은 또 장소를 이동하셨습니다. '다시'라는 표현이 계속 나오는 것은 1장에서 언급된 그곳에 가셨기 때문입니다.

4가지 사건과 4가지 비난

예수님이 중풍 병자를 고치실 때 '네 죄 사함을 받았느니라!' 하셨습니다(5). 이 말씀이 비난과 시비의 원인이 되었습니다. 그들은 '하나님 한 분 외에 누가 죄를 사할 수 있느냐?' 했습니다. 정확한 말이요, 지극히 정당한 주장입니다. 그러나 그들은 예수님이 하나님이신 것을 알지 못했습니다. 알려주어도 그 말을 받아들이려고 하지 않았습니다. 둘러선 사람들은 '이런 일을 도무지 보지 못하였다' 고 하면서 하나님께 영광을 돌렸다고 했습니다(12).

예수님이 마태를 세관에서 제자로 불렀더니 마태가 잔치 자리를 마련했습니다. 유유상종이라고 그 잔치 자리에 합석한 사람들은 마태의 친구들인 세리와 죄인들이었습니다. 바리새인과 서기관들이 예수님이 그들과 함께 먹는 것을 보고 시비를 걸었습니다.

세 번째 사건은 어떤 사람들이 와서 예수님의 제자들이 금식하지 않는다고 비난했습니다. 그 사람들에게 예수님은 '새 포도주는 새 부대에' 넣어야 한다고 말씀하셨습니다.

마지막 사건은 안식일에 제자들이 밀밭 사이를 가면서 있었던 일입니다. 마가는 마태와 달리 '먹었다는' 라는 말은 빼고 그냥 자르기만 했다고 했습니다(23). 이때도 바리새인들이 가만히 있지를 않았습니다. 그럴 때 예수님은 다윗에게 있었던 일을 예로 들면서 인자는 안식일에 주인이라고 하셨습니다.

비난의 진행 방향

반대자들의 비난이 어느 한 방향으로 진행되어 갔다는 것을 마가는 소상하게 밝히고 있습니다. 그들은 처음에는 '마음에 의논하기를...' (6) 하여 밖으로 드러나지 않게 비난했습니다. 그 뒤에는 비난의 말을 제자들에게 했습니다. '그 제자들에게 이르되...' (16). 비난은 이렇게 진행되어 나아갔습니다. 그리고 최종적으로는 예수님께 비난의 말을 쏟아 놓았습니다(18, 23). 제자들에게 말한 것도 결국은 예수님을 비난하기 위해서 한 것이었습니다. 예수님을 육신의 모습으로만 보거나, 믿지 않는 눈으로 보면 비난할 것이 많이 보일 것입니다. 이들은 예수님의 말에 올무를 걸기 위해서 나온 사람들이니까 더욱 그러했습니다.

그 후에 그들은 비난을 위한 비난을 했고, 비난을 위한 질문을 했으며, 비난하기 위해서 예수님을 따랐고, 비난할 목적으로 예수님에게로 왔습니다. 이들은 비난으로 똘똘 뭉쳐 있었습니다. '자기 땅에 오매 자기 백성이 영접지 아니하였으나' (요1:11). 영접하지 않은 것이 비난으로 나타났습니다.

중풍 병자를 고치심 (1-12)

중풍 병자를 데리고 온 친구들은 4명이었습니다(3). 4명이라고 그 숫자를 밝힌 사람은 마가가 유일합니다. 이 사람들은 철저한 이기주의자들입니다. 그곳에 모인 사람들 중에서 빨리 병 고침 받고 싶지 않은 사람이 누가 있겠습니까? 다들 자기 차례를 기다리고 있었습니다. 그런데 이 사람들은 자기들만을 생각했습니다. 기다리고 있는 사람들과 순서를 무시했습니다. 그리고 그들은 예수님의 설교를 방해했고, 자기들의 목적 성취를 위해 남의 집을 사정없이 부수었습니다. 나 같았으면 '이런 무례한 사람들'이라 하면서 당장 추방했을 것입니다. 그런데 예수님은 '저희의 믿음을 보시고'(5). 다른 것은 보시지 않고 오직 그들의 믿음만을 보셨습니다. 그리고 그들의 그 믿음을 칭찬하셨습니다. 그 믿음 때문에 그들의 친구를 고쳐주셨습니다.

예수님은 이런 저돌적인 믿음을 좋아하십니다. 마음속에 있는 믿음을 행동으로 나타낼 때 그것을 기뻐하십니다. 마음으로 생각할 뿐 아니라 입으로 시인하는 것을 좋아하십니다. 가만히 손대고 가는 것보다는 일어난 일을 드러내 놓고 말하는 것을 좋아하십니다. 나에게 되어진 일을 말하는 것이 전도입니다. 내가 행동으로 나타내야 할 내 믿음은 무엇입니까? 나는 나에게 되어진 어떤 일을 말해야 합니까?

31강
네 손을 내밀라! (막 3)

마가복음 3장에 나오는 첫 번째 사건은 2장 마지막 사건에 이어집니다. 바리새인들은 제자들이 배가 고파서 밀 이삭을 비벼 먹은 것을 두고 안식일에 하지 말아야 할 일을 했다고 비난했습니다. 안식일 논쟁이 시작된 것입니다. 바리새인들은 안식일을 지키는 것을 아주 중요하게 생각했습니다. 그렇기 때문에 그들은 안식일을 지키지 않은 문제를 두고 아주 격렬하게 따질 것이 분명했습니다. 연결되는 2가지 사건이 안식일 논쟁을 불러일으켰습니다.

3장에 처음으로 나오는 사건은 회당에서 한편 손 마른 사람을 고친 일입니다. 그 사람들은 '안식일에 이 사람을 고치나 어쩌나!' 하고 지켜보고 있었습니다(2). 예수님은 이 모든 사정을 아시니까, 그렇다면 살짝 비켜 가면 되는데, 그렇게 하지 않았습니다. 그래서 이 사건 이후로 예수님을 죽이려는 시도를 본격적으로 논의하게 됩니다.

장소 이동 (1)

예수님은 회당에서 바다로 물러가셨고(7), 그리고 산으로 올라가셨습니다(13). 그 후에는 집으로 들어가셨는데(20), 아마도 가버나움에 있는 베드로의 집인 것 같습니다. 그리고 예수님은 바닷가로 가셔서 큰 무리를 가르쳤습니다(4:1). 마가복음에는 이와 같이 장소의 이동을 자세하게 기록하고 있습니다.

예수님의 노하심 (5)

복음서에는 예수님의 노하셨다는 기록은 두 번 있고, 노하신 행동이 한 번 있습니다. 그중에 한 번이 5절에 기록되어 있습니다. 예수님은 자신을 두고 귀신이 들렸다고 해도 노하지 않았습니다(22). 이 사건에서 예수님이 노하신 것은 저희 마음의 완악함 때문이었습니다. 안식일의 주인이 안식일에 해야 하는 일을 했는데 그들은 자기들이 정해 놓은 안식일 준수를 어겨서 안식일을 범한 것으로 간주했습니다. 예수님은 이들의 완악함을 보고 노하셨습니다(5).

또 한 번은 제자들이 어린아이들이 예수님께 나아오는 것을 방해했습니다. 그럴 때 예수님은 제자들을 향하여 노하셨습니다(10:14). 이 사건을 마태와 누가도 기록했지만, 예수님이 노를 발하셨다는 것은 마가만 적고 있습니다. 예수님의 노하신 행동은 성전을 정화하실 때입니다. 예수님이 웃으면서 이 일을 하셨을 리는 없습니다. 그곳에 '노하셨다'라는 단어가 없어도 예수님이 하신 행동을 보고 우리는 충분히 알게 됩니다. 예수님은 이렇게 3번 노하셨습니다.

네 손을 내밀라! (5)

예수님은 회당에서 한쪽 손 마른 사람에게 2가지를 명령하셨습니다. '한가운데 일어서라' 그리고 '네 손을 내밀라'라는 말씀입니다. 이 사람은 자기에게 있는 장애 때문에 사람들 앞에 나서는 것을 심히 두려워하는 사람이었습니다. 그리고 이 사람이 이제까지 한 번도 말라버린 그 손을 내밀지 않은 것은 아닙니다. 지금 내민다고 낫는다는 보장이 있습니까? 안 되면 괜히 사람들 앞에서 무안만 당하지 않겠습니까? 우리는 쉽게 할 수 있는 행동이지만 이 사람에게는 용기와 결단이 필요했습니다. 이 사람은 예수님의 명령에 순종했습니다. 이제까지 내밀고 또 내밀었던 손이지만 예수님의 명령에 따라서 손을 내밀었습니다. 그랬더니 그 순간에 그만 손이 온전해 졌습니다. 이 사람은 회당에 있었기 때문에 손이 회복되는 복을 받았습니다. 예수님이 그 회당에 오셨기 때문입니다. 이렇게 은혜를 받으려면 은혜받는 자리에 있어야 합니다.

12 제자의 선택 (13-19)

예수님은 제자들을 선택하기 위해서 산에 올라가셨습니다. 마가복음에는 산에 올라가셔서 바로 제자들을 선택하신 것처럼 나오지만 예수님은 산에 가서 기도하신 후에 제자들을 세웠습니다(눅6:12). 아마도 제자 중에 자기를 팔아 넘길 가룟 유다가 있었기 때문에 그를 두고 가장 많이 기도했을 것입니다. 12 제자의 명단이 공개되었습니다. 예수님은 3명의 제자들에게 새 이름을 주셨는데, 요한과 야고보에게는 '보아너게'라는 이름을 주셨습니다(17). 그들의 성격이 우레가 치는 것같이 급했기 때문에 주신 이름입니다. 또 한 사람은 시몬인데, 그에게는 베드로라는 이름을 주셨습니다(16).

12 제자들은 각양각색의 사람들로 구성되었습니다. 어부가 4명, 같은 동네 사람이 6명, 형제간이 4명, 세리가 1명, 열심 당원 1명(셀롯은 열심 당원을 의미, 눅6:15, 행1:13). 부름받은 과정이 알려진 제자는 7명입니다. 베드로와 안드레, 요한과 야고보, 그리고 빌립과 바돌로매(나다나엘), 마지막으로 마태입니다. 나머지 5명은 성경의 기록이 없어서 우리는 그 사정을 잘 알지 못합니다. 면면이 뛰어난 사람은 한 사람도 없습니다. '이 사람들이 무엇을 한단 말인가?' 이런 말을 듣기에 십상인 사람들입니다. 지금 당장 보기에는 그렇습니다. 그러나 예수님은 성령 충만 후의 이들을 바라보셨습니다. 변화된 제자들의 활약은

사도행전에 자세하게 기록되어 있습니다.

최악의 비난

어떤 사람을 두고 '미쳤다' 거나 '귀신이 들렸다' 하는 것은 더 할 수 없는 최악의 비난이요, 비교할 수 없는 최고의 인격 모독입니다. 예수님은 이런 비난을 들었습니다. '미쳤다' 는 말은 가족들에게서 들었고, '귀신 들렸다' 는 말은 적대자들을 통해서입니다. 마리아와 예수님의 동생들이 예수님을 찾아왔습니다. 이해할 수 없는 말과 행동을 하니까, 더 이상 가문을 욕되지 않게 하려고 예수님에게로 왔습니다. 억지로라도 집으로 데리고 갈 작정인 듯했습니다. '누가 내 모친이며 내 동생들이냐?' (33). 예수님의 이 말씀은 가족 관계를 부정하는 것이 아니라, 새로운 가족을 알려주시는 말씀입니다.

이렇게 형님을 잘 이해하지 못했던 동생들이 은혜를 받았습니다. 이들이 은혜받았다는 증거는 사도행전에 나옵니다. 그들은 성령이 강림하시는 현장에 있었습니다 (1:14). 은혜를 받으려면 은혜의 현장에 있어야 한다는 것이 다시 한 번 입증되었습니다. 이렇게 해서 이들은 초대교회의 지도자가 되었고 (야고보), 신약 성경을 기록하는 영광을 누리게 되었습니다. 야고보서와 유다서를 기록한 사람은 예수님의 친동생들이요, 바로 이 사람들입니다. 지금 모습이 어떻든지 그 사람이 은혜를 받으면 이렇게 됩니다. 이전 것은 다 지나가고 새로운 피조물이 됩니다 (고후5:17).

32강
더 강하신 분 (막 4)

마가복음 4장에는 씨를 주제로 하는 3개의 비유가 있습니다. 씨뿌리는 비유와 씨를 뿌린 후에 자라나는 싹에 대한 비유, 그리고 겨자씨 비유입니다. 씨뿌리는 비유는 말씀을 받아들이는 4가지 마음 상태를 말합니다. 자라나는 싹의 비유는 씨를 뿌린 자가 알지 못하는 가운데 자라서 열매를 맺는다는 내용입니다.

하나님의 나라는 사람의 노력이 아니라, 순전히 하나님의 은혜로 자라간다는 것을 알게 해 줍니다. 겨자씨 비유는 씨를 뿌릴 때는 씨 중에 가장 작은 씨를 뿌리지만(31) 나중에는 자라서 새들이 그 그늘에 깃들이게 된다는 내용입니다. 하나님의 나라가 이렇게 성장하고 자란다는 것을 말해 줍니다.

이 중에 자라나는 싹의 비유는 마가복음에만 있는 특이한 비유입니다. 마태는 예수님이 비유를 말씀하실 때 '천국은' 했고, 마가복음에는 '하나님의 나라'로 표현되어 있습니다. 마태복음은 수신인이 유대인이기 때문에 '하나님'이라는 성호를 사용하는 것을 꺼렸습니다. 그래서 '천국'(The kingdom of heaven)이라 했고, 마가는 그런 제약 조건이 없었기 때문에 '하나님의 나라'라는 표현을 바로 사용했습니다.

'사단이 즉시 와서 저희에게 뿌리운 말씀을 빼앗은 것이요' (15)

마가는 뿌려진 씨앗을 빼앗아 가는 것이 '사단'이라 했고, 마태는 '악한 자', 누가는 '마귀'라고 했습니다. 이름이 어떻든 간에 하는 일은 동일합니다. 말씀이 뿌리내리지 못하도록 '빼앗아' 가는 일을 합니다. 마가는 '즉시'라는 단어를 사용하여 사단의 신속성을 강조했습니다. 종으로 오신 예수님만 '즉시' 움직이는 것이 아니라 사단도 이렇게 부지런합니다. 왜 이럴까요? 씨앗이 뿌리를 내리면 놀라운 결실을 하게 된다는 것을 귀신같이 알았기 때문입니다. 그래서 '구원을 얻지 못하게 하려고'(눅12) 말씀의 씨앗을 빼앗아 간다고 했습니다.

사단이 하는 일을 우리가 저지할 수는 없습니다. 제 할 일을 계속하도록 내버려 두되, 우리는 우리의 할 일을 해야 합니다. 그것은 사단이 빼앗아 가기 전에 뿌리가 내리도록 해야 합니다. 그리고 복음의 씨앗을 더 많이 뿌려야 됩니다. 사단이 정신을 못 차리도록 막 뿌려야 하는 겁니다.

가시떨기 밭 (18)

이 밭은 앞의 두 경우와 다릅니다. 길가와 돌밭은 뿌리에 문제가 있었습니다. 가시떨기 밭은 아래쪽에는 아무 문제가 없었고, 위쪽에서 가시가 성장을 막았습니다. 자라면 자랄수록 찔리게 됩니다. 아프기 때문에 더 이상의 자람을 포기해야 됩니다. 이렇게 찌르는 것이 '세상의 염려와 재리(財利)의 유혹과 기타 욕심'이라고 했습니다(19).

선교지에서는 이런 밭의 소유자들을 정말 많이 만나게 됩니다. 이들을 찌르는 가시는 가르치는 선생님들의 마음도 찔려서 아프게 합니다. 이 가시를 걷어내야 결심하게 될 것인데 어떻게 해야 할까요? 우리에게는 방법이 없습니다. 말씀이 그 마음속에서 역사하시기를 기도하며 기다릴 뿐입니다. 성령이 역사하셔서 말씀이 그 마음속에서 폭발하면 일시에 가시가 다 제거되고, 문제가 해결됩니다. 아주 흔하게 일어나는 일은 아니지만 말입니다.

결실의 차이 (8)

좋은 땅에서는 30배, 60배, 100배의 결실을 얻게 됩니다. 한 알 심어서 최소 30개, 최대 100개를 거두게 된답니다. 감자를 생각해 봅시다. 씨눈이 있는 반쪽을 심었습니다. 그곳에서 100개를 거둔다면 한 자루를 거두는 것을 말합니다. 반쪽 심어서 한 자루. 대단한 수확 아닙니까?

그런데 이곳에도 차등이 있습니다. 60개는 30개의 배이고, 100개는 30개의 3배가 넘습니다. 많이 거두는 곳은 많이 거두게 되지만, 적게 거두는 곳은 많은 곳의 3분의 1밖에 거두지 못합니다. 이런 일은 선교지에서 자주 경험하는 바입니다. 잘 되는 곳이 있고, 힘들고 어려운 지역이 있습니다. 안 되는 곳은 아무리 힘을 써도 안 됩니다. 어려운 지역의 한 알이 쉬운 곳의 여러 수십 개의 수고와 마찬가지라는 것을 주인이 다 알고 계십니다. 달란트 비유에서 주인은 더 많이 가져왔다고 더 칭찬하지 않았습니다. 칭찬은 동일합니다. 우리에게도 이렇게 하실 것입니다. 갯수에 너무 신경 쓰지 맙시다. 한 사람을 백 사람같이 길러내면 됩니다. 한 사람을 바울과 베드로같이 되게 하면 됩니다.

'우리의 죽게 된 것을 돌아보지 아니하시나이까?' (38)

제자들은 배 안에서 죽음을 경험했습니다. 그래서 주무시고 계신 예수님께 이렇게 말했습니다. 예수님은 왜 제자들을 풍랑 가운데 그냥 두셨을까요? 그것은 직접 경험이 중요하기 때문입니다. 제자들은 이제까지 예수님이 병자들을 낫게 하시는 것을 눈으로 보았습니다. 그러나 그것은 어디까지나 눈으로 보는 경험입니다. 풍랑 만난 배 안에서 예수님이 풍랑을 잠잠케 하심으로 자기들을 구출해 주신 것은 마음 졸이며 몸으로 직접 직접 경험한 일입니다. 이제 이들은 예수님을 새로운 시선으로 바라보게 되었습니다. 그래서 그들은 이렇게 말했습니다. '저가 뉘기에 바람과 바다라도 순종하는고?'(41).

'저희가 심히 두려워하여...' (41)

예수님의 명령 한 마디에 바람이 그쳤습니다. 바다는 '아주' 잔잔해졌다고 했습니다. 제자들은 이제 더 이상 두려워할 이유가 없습니다. 원인이 제거되었기 때문입니다. 바람이 그쳤는데 그런데 그들은 '심히' 두려워했다고 했습니다(41). 바다가 아주 잔잔해졌는데 왜 이들은 새로운 두려움에 휩싸였을까요? 그것은 풍랑을 말씀 한마디로 제어하신 예수님에 대한 두려움이었습니다. 방금 전에 그들이 경험했던 것과 성격이 다릅니다. 제자들은 경외감을 동반한 경건한 두려움을 가지게 되었습니다.

우리에게도 풍랑이 있습니다. 기도해도 응답이 없습니다. 풍랑 만난 배에 나 혼자 있는 것 같습니다. 예수님이 주무시는 듯합니다. 그러나 예수님은 영원히 잠들지 않습니다. '이 풍랑으로 인하여 더 빨리 갑니다.' 우리도 이 풍랑으로 인하여 제자들처럼 예수님을 새롭게 경험하는 계기가 되시기 바랍니다. 우리도 경건한 두려움에 휩싸이는 기회가 되었으면 좋겠습니다. 그렇게만 된다면 풍랑은 절대로 헛되지 않습니다. 우리에게는 더 강하신 분이 계십니다. 그분은 귀신보다도, 풍랑보다도 더 강합니다.

33 강
특별 방문, 특별 사랑 (막 5)

마가복음 5장에는 3가지 사건이 나옵니다. 마가복음은 4복음서 중에서 가장 짧습니다. 그런데 여기에 나오는 3가지 사건은 어느 복음서보다도 자세하게 기록되어 있습니다. 이것이 마가복음의 특징입니다. 3가지 사건은 군대 귀신 든 사람을 고치신 것, 혈루병 여인을 치유하신 것, 야이로의 딸을 살리신 사건입니다. 3가지 사건에서 각 주인공이 예수님을 만나는 과정도 특색이 있습니다. 군대 귀신 든 사람은 예수님이 찾아가서 만나주셨고, 혈루병 여인은 몰래 나아왔다가 살짝 돌아가려고 했습니다. 야이로는 예수님께 공개적으로 나아왔고, 공개적으로 도움을 요청했습니다. 현대 의학이 옛날에 비해 굉장하게 발전했지만, 귀신이나 죽음의 문제를 해결할 수 없습니다. 그런데 불치의 병도 예수님께 나아오니 고쳐졌고, 죽음도 예수님이 말씀하시니 해결되었습니다.

5장에는 오늘 설명하려는 두 가지 사건들이 엉켜 있습니다. 한가지 사건이 전개되는 동안에 다른 한 가지 사건이 끼어들었습니다. 그리고 처음의 사건으로 돌아가서 마무리 됩니다. 회당장 야이로의 12살 된 딸을 살리는 사건과 12년 혈루증을 앓은 여인에 관계된 사건입니다. 둘 다 믿음이 승리한다는 공통된 결론을 가지고 있습니다. 딸은 죽었는데 아버지의 믿음으로 살아났고, 혈루증 여인은 옷에 손을 대기만 해도 나으리라는 믿음으로 나아 왔는데 그 믿음대로 되었습니다. 한 사람은 어린 여자이고, 또한 사람은 어른인 여자입니다. 딸은 평생 살아온 나이가 12년이고, 여인은 병을 앓은 기간만 12년이었습니다. 두 사람 다 예수님 통해서 12년을 보상받았습니다. 죽었다가 다시 살아나서, 그리고 치유되고 회복되어서 새로운 삶을 살게 되었습니다.

거라사인의 광인

이 사람은 거처지가 무덤 사이였습니다. 집에 감금해 두었을 때 쇠사슬이나 고랑을 깨뜨리고 뛰쳐나가서 이곳에 살았습니다. 어떤 도구로도 이 사람의 이상 행동을 제어할 수 없었습니다. 이 사람은 밤낮 소리를 질러 댔습니다. 다들 자고 있는 조용한 밤에 이런 괴상한 소리를 듣는다면 정말 소름이 끼칩니다. 게다가 자기 몸을 상하게 해서 피를 질질 흘리고 있으니 사람들은 겁이 나서 아무도 그곳으로 갈 수가 없었습니다.

동네 사람들은 이구동성으로 말합니다. '귀신은 뭐하고 있나? 저승사자는 출장을 갔나? 저런 사람을 빨리 안 데려가고 뭐 하는가?' 이 사람은 완전한 무법자요, 동네 사람들에게 공포의 대상이었습니다. 아무짝에도 쓸모없는 사람이었습니다. 죽었다고 한다면 '아이고! 잘 죽었다!'라고 모두가 박수를 칠 사람이었습니다.

귀신들의 간청

천하장사가 중학생과 씨름하면 어떻게 되겠습니까? 해 볼 것도 없겠지요? 그런데 20명의 중학생이 한꺼번에 달려들어서 붙들고 늘어지면 천하장사도 숫자 앞에 힘을 쓸 수가 없습니다. 귀신의 숫자가 군단을 이루고 있으니 한 번쯤은 예수님에게 '엉겨붙을' 수 있지 않겠습니까? '우리를 끌어내 보시오. 내 발로는 안 나갑니다'하고 버틸 수 있지 않겠습니까? 그런데 놀랍게도 단 한 번도 그런 적이 없습니다. 예수님이 말씀하시면 무조건 복종입니다. 귀신은 이유를 달지도 않았습니다. 이유 불문, 즉각 시행, 철저 이행, 완전 복종입니다. 제자들은 아직 헷갈리고 있었지만, 귀신들은 예수님이 누구신지 알았기 때문입니다.

그런데 귀신은 버티기는커녕 예수님에게 간절히 요청했습니다. 그는 예수님을 보자말자 멀리서 달려와 예수님께 절했습니다(6). 귀신이 하는 행동과 이 사람의 행동이 섞여서 나타났습니다. 그리고는 예수님께 간청했습니다. '간절히 구하다'(10), '간구하다'(12), '괴롭게 마옵소서'(7). 이런 단어가 연속해서 나옵니다. 예수님 앞에서 절절매고 있습니다. 귀신들린 자를 만나보면 예수님의 이름이 얼마나 위대하고 놀라운지 경험할 수 있습니다. 그리고 또 한 가지 경험은 귀신을 추방하고 나면 그 가족들이 줄줄이 알사탕으로 딸려 나오게 됩니다. 가족뿐 아니라, 친척 그리고 이웃이 예수님을 믿게 됩니다. 그들은 귀신을 경험하면서 영적 세계에 눈을 뜨게 되었고, 예수님의 위대함을 보았기 때문입니다. 주변에 귀신들린 자가 있으면 눈여겨 봅시다. 잘만 하면 귀신이 전도의 도구가 됩니다.

장소 이동

예수님은 '우리가 저편으로 건너가자'(4:35) 하시고 배를 탔습니다. 그리고 예수님과 제자들은 '바다 건너편 거라사인의 지방에 이르렀습니다'(5:1). '배에서 나오시매 곧 더러운 귀신들린 사람이 무덤 사이에서 나와 예수를 만나다'라고 했습니다(2). 그리고 예수님은 그 사람을 온전케 하셨습니다. 이 일이 끝나자말자 예수님은 바로 '배를 타시고 저편으로 건너가시매' 했습니다(21). 그러니까 예수님은 순전히 이 사람을 만나기 위해서 이곳에 오셨으며, 이 사람을 온전케 한 뒤에는 바로 배 타고 건너편으로 가셨습니다. 마가복음이 가장 자세하게 장소 이동을 말해 주고 있습니다.

야이로

야이로는 회당장이었습니다. 회당장은 회당을 관리하는 사람으로 주변 사람들로부터 존경의 대상이었습니다. 야이로에게 12살 먹은 외동딸(눅8:42)이 있었습니다. 그런데 이 딸이 무슨 연유인지는 알 수 없으나 죽어 가고 있었습니다. 야이로는 예수님에 대해서 소문을 들어서 알고 있었고, 그래서 그는 망설이지 않고 바로 예수님을 찾아갔습니다. 그는 예수님의 '발아래 엎드려서 많이 간구'했습니다(22). 우리는 야이로의 이런 행동을 보면서 아버지로서의 절박한 심정을 읽을 수 있습니다. 야이로는 예수님이 자기 집으로 오셔서 딸의 몸에 손을 얹어 살게 해 달라고 간청했습니다. 예수님은 두 말도 하지 않고, 그를 따라나섰습니다. '가라! 네 믿은 대로 될지어다!'(마8:13) 하시지도 않았고, '가라! 네 딸이 살았다!'(요4:50) 이런 말씀도 하시지 않고 그냥 따라갔습니다. 왜냐하면 가면서 하실 다른 일이 있었기 때문입니다.

혈루병 여인 (25-34)

이 병은 부인병인데 이 여인은 이 병을 앓은 지 12년이나 되었습니다. 야이로의 딸이 태어나던 그때부터 이 병으로 시달림을 받았습니다. 이 병은 레위기의 법에 따르면 부정한 병이었습니다(레15:25). 이 여인이 다른 사람을 접촉하면 그 사람이 부정해지기 때문에 사람이 모이는 곳에는 갈 수가 없었습니다. 당연히 성전이나 회당에는 출입이 금지되었습니다. 이 여인은 이 병을 치료하기 위해서 약이라는 약은 다 써 보았고, 잘한다는 의사에게 모든 치료를 다 받아 보았습니다. 이렇게 하는 동안에 치료비로 엄청나게 많은 돈을 지출해야 했습니다. '병 고치려다 가산을 탕진한다'는 말처럼 있던 것을 다 허비하였는데 낫기는커녕 더 심해졌습니다. 절망입니다. 날린 돈을 생각해도, 더 심해진 몸을 돌아보아도 한숨 밖에 나오지 않았습니다. 이제는 돈이 없어서 의사를 찾아갈 수도 없었습니다.

이 여인이 예수님을 찾은 것은 그녀가 마지막으로 할 수 있는 일이었습니다. 이것으로 안 되면 더 이상 희망이 없습니다. 사람은 이상하게도 이렇게 막다른 골목에 서야만 그곳에서 진정한 믿음이 생기게 됩니다. 이 여인은 이런 절박한 마음을 가지고 예수님께로 나아갔습니다. 그런데 자기는 부정한 여인이기 때문에 야이로와 같이 공개적으로 나아갈 수가 없었습니다. 그래서 살짝 다가가서 옷을 만진 뒤 가만히 돌아갈 생각이었습니다. 행동은 감추어서 할 것이지만, 마음속의 믿음은 확고했습니다. 절벽 끝에서 한쪽 발로만 서 있는 모습입니다.

'누가 내 몸에 손을 대었느냐?' (31)

연약한 여인의 몸으로 그 많은 사람을 헤치고 예수님께로 나아간다는 것은 쉬운 일이 아닙니다. 그러나 이것이 마지막 방법이 될 수도 있는데, 무엇을 주저하며 무엇을 망설이겠습니까? 예수님의 옷에 손을 댔습니다. 그 순간에 그 여인이 12년 동안이나 바라고 원하였던 일이 자기 몸에서 일어난 것을 몸으로 느꼈습니다(29). 마가는 의사인 누가보다 이 사실을 더 자세하게 기록했습니다. 의사는 '혈루증이 그쳤다'(눅8:44)라고 말했는데, 마가는 '혈루 근원이 말랐다'(29)라고 했습니다. 자기가 그렇게 바라고 원하였던 일이 몸에 일어나는 것을 느끼는 그 순간 아마도 그 여인의 몸에는 5만 볼트의 전기가 흐르지 않았을까요?

전율하고 있는 것도 잠시. 갑자기 주변 모든 사람들의 동작이 멈추었습니다. 예수님이 멈추어 섰기 때문입니다. 그리고는 예수님이 '둘러보며' 자기를 찾고 있었습니다. '누가 내게 손을 댔느냐?' 더 이상 숨길 수가 없었습니다. 이제 나왔으니 아무도 몰래 살짝 빠져나가려고 했는데 그럴 수가 없었습니다. 그래서 예수님 앞에 엎드려 이실직고(以實直告) 했습니다.

예수님은 왜 이 여인을 찾고 계셨을까요? 살짝 믿는 것, 감추어 두고 믿는 것을 예수님은 좋아하시지 않았기 때문입니다. 나아올 때는 살짝 왔을지라도 갈 때는 그렇게 돌려보낼 수 없었습니다. 이 여인은 이제 공개적인 인물이 되어야 합니다. 이제는 자기에게 있었던 일을 간증하면서 살아야 합니다. 예수님은 이 여인이 옛날의 아픈 상처, 그리고 아팠던 12년의 세월을 자랑스럽게 여기며 살기를 바라셨습니다. 그래서 그렇게 하셨습니다. 이 여인이 살짝 갔다면 자기에게 한 예수님의 놀라운 말씀을 듣지 못할뻔 했습니다. '딸아! 네 믿음이 너를 구원하였으니 평안히 가라! 네 병에서 놓여 평안할지어다'(34).

놀랍지 않습니까? 동네 사람들을 공포에 떨게 했던 사람, 전혀 쓸모없는 인간, 빨리 죽었으면 좋겠다고 생각하는 한 사람을 위해서 예수님이 이렇게 하셨습니다. 이 사람을 위해서 시간을 내셨고, 갈릴리 호수를 건너 찾아오셨습니다. 그리고 이 사람에게 은혜를 베풀어 주셨습니다. 천하에 쓸모없는 사람을 이렇게 찾아주시다니... 그 사랑이 참으로 놀랍습니다. 이보다 더 놀라운 사랑이 있

겠습니까? 이보다 더 특별한 사랑이 있겠습니까?

예. 있습니다. 나를 위한 사랑입니다. 귀신 든 사람을 위해서는 배만 타면 되었지만, 죄인인 나를 구원하기 위해서는 기저귀를 차는 갓난아기가 되셔야 했습니다. 귀신 든 자를 위해서는 건너편으로 가기만 하면 되었지만, 나를 위해서는 수많은 별을 넘어 이 땅에 오셔야 했습니다. '저 높고 높은 별을 넘어 이 낮고 낮은 땅 위에 죄 범한 영혼 구하려 그 아들 보내사...'(304장 찬송).

이 사랑을 잊지 맙시다. 나에게 베푸신 사랑입니다. 특별한 방문이요, 특별한 사랑입니다. 우리도 바울처럼 이 사랑에 강권함을 받읍시다(고후5:14).

34강
안심하라! 내니 두려워 말라! (막 6)

마가복음은 4복음서 중에 가장 짧은 성경인데 6장에 기록된 사건들을 보면 다른 복음서에 없는 내용이 첨가된 것을 알 수 있습니다. 예수님은 고향에서 배척을 당하셨는데, 그곳에서는 아무 권능도 행하실 수가 없어서 소수의 병자에게 안수만 하셨다는 것과(5), 헤로디아가 세례요한을 원수같이 여겼다든지, 헤롯이 그의 딸에게 나라의 절반까지 주겠다는 약속을 한 것은 마가복음에만 나옵니다. 12제자가 전도 훈련 후에 돌아와서 보고 하는 내용도 이곳에만 있으며(30), 예수님이 제자들에게 '한적한 곳에 가서 잠깐 쉬어라' 하신 것도 이곳에만 나옵니다(31).

오병이어의 기적에서는 예수님이 떼를 지어 앉게 하셨는데, 마가만 100명의 단위를 추가했습니다(40). 마가는 놀랍게도 그곳의 잔디가 '푸른 잔디'(39)라 하여 잔디의 색깔까지 말했습니다. 물 위로 걸은 사건에서는 제자들이 괴로이 노 젓는 것을 예수님이 보셨다든지, 제자들을 그냥 지나가려고 했다는 것은 마가만 말했습니다(48). 예수님이 게네사렛에서 병자를 치료하시는 내용도 마가복음이 훨씬 자세합니다. 마가는 나아온 사람들이 어떤 모습으로 나아왔는지 그리고 어떤 간절한 행동을 했는지를 말했습니다. 사람들은 병자를 침상 채로 메고 나아왔으며, 병자를 시장에 두기도 했습니다(55). 이렇게 4복음서를 비교해 보면 마가복음은 가장 짧은 대도 추가된 것이 있어서 특색 있게 기록되었다는 것을 알 수 있습니다.

고향 방문 (1-6)

고향 사람들은 한 동네에서 예수님과 함께 살았기 때문에 예수님의 살아온 과정을 다 알았습니다. 그렇게 아는 그것 때문에 그들은 예수님을 하나님의 아들로 받아들일 수가 없었습니다. 그들은 예수님을 누구의 아들, 누구의 형으로만 알고 있었는데, 아는 그것이 걸림돌이 되었습니다. 마태는 예수님을 '목수의 아들'(13:55)이라 했는데, 마가는 예수님을 '마리아의 아들 목수'라고 하여 예수님이 목수임을 말했습니다(3). 예수님이 멍에를 만들었을 거라고 말하는 근거가 바로 이곳에 있습니다.

예수님은 고향에서 권능을 행하실 수가 없어서 단지 소수의 병자들을 고쳐주셨을 뿐입니다. 그러면서 믿지 않는 고향 사람들을 이상하게 여기셨습니다(6).

그들은 예수님을 '배척' 했는데, 이 단어는 '스칸달리조(σκανδαλίζω)' 로 미완료로 사용되었습니다. 그 뜻은 신앙이나 관계를 포기할 정도의 강한 '관계 단절' 을 의미합니다. 예수님은 이런 모든 사정을 아셨는데도 불구하고 고향을 찾은 이유가 뭘까요? 그들도 복음을 들어야 하는 죄인이기 때문입니다. 복음을 듣지 않고는 살아날 방법이 없기 때문입니다.

이상한 일의 연속

'저희의 믿지 않음을 이상하게 여기셨더라' (6). 마가는 그 아래로 이상한 일들을 연속해서 적고 있습니다. 예수님은 제자들을 전도 실습하러 보내시면서 아무것도 가지고 가지 말라는 이상한 명령을 하셨습니다. 신고 있는 신발과 들고 있는 지팡이만 가지고 가라고 하셨습니다. 전도 여행을 가는데 이상하지 않습니까? 예수님이 이렇게 말씀하신 이유는 준비하는 것 때문에 마땅히 해야 할 본질이 훼손되지 않게 하라는 말씀입니다. 우리는 다 이렇게 해서 떠났던 사람들입니다. 지내 놓고 보니 안 챙겨도 될 것들을 챙겨 오느라고 짐이 엄청 많아서 고생했던 일이 떠올라 피식 웃게 되지요? 예수님이 아무것도 가져가지 말라고 하신 또 한 가지 이유는 그곳에 가면 다 있기 때문입니다. 이것도 가보고야 아는 우리의 경험입니다. 지금 출발하는 우리의 후배들, 짐 챙긴다고 정신이 없습니다. 이들도 나중에야 피식 웃게 되겠지요.

여자아이가 춤을 추어 왕을 기쁘게 했다는 상으로 사람의 목을 달라는 것도, 그 요구를 들어주는 왕도 다 이상한 사람들이고 이상한 일입니다. 한 아이는 사람을 죽게 만들었는데, 한 아이는(요6:9) 자기의 먹을 것을 바쳐서 만 명이 넘는 사람이 먹고도 남는 기적의 마중물이 되었습니다. 이것도 참 이상한 일입니다. 물 위로 걸은 사건은 이상한 것을 넘어 신기하고 놀랍습니다.

오병이어의 기적 (32-44)

4복음서에 다 나오는 유일한 기적입니다. 그만큼 이 사건이 중요하기 때문에 4복음서의 저자들이 다 기록했습니다. 이 사건은 공생에의 절정을 이루는 사건입니다. 사람들은 모세 시대에 만나를 먹었던 사건을 기억했습니다. 예수님을 임금으로 세워서 이런 기적으로 먹을 것을 공급받기를 원했습니다(요6:15). 참 아이러니한 것은 이들의 조상들은 계속해서 먹는 만나를 싫어했습니다. '우리 마음이 이 하찮은 음식을 싫어하노라' (민21:5). 이들의 조상들은 광야에서 이것밖에 먹을 것이 없다고 불평했습니다. 그렇게 싫어했던 만나를 그 후손들이 먹게 해 달라고 졸라대니 기가 찰 노릇입니다.

물 위로 걸으심 (45-52)

복음서에는 여러 가지 설명으로 예수님이 풍랑을 잠잠하게 하신 기록이 있는데, 도대체 몇 번인지 헷갈리게 됩니다. 예수님이 배에서 주무신 경우가 있었고, 베드로가 물 위로 걷기도 했고, 예수님이 그냥 지나가시려는 때도 있었습니다. 예수님이 풍랑을 향하여 명령하여 잠잠해진 때도 있었고, 배에 올라서는 순간에 물결이 잔잔해진 적도 있었습니다. 결론적으로 말하면, 사건은 2가지입니다. 예수님이 배에서 주무실 때 일어난 풍랑과 물 위로 걸어오신 이 2가지 사건이 다입니다.

오늘 본문에 나오는 사건은 물 위로 걸어오신 사건입니다. 예수님이 물결 위를 걸어서 배에 오르자 바람이 그쳤습니다(51). 그렇다면 예수님이 배에 갈 때까지 바람은 계속 불었고, 풍랑은 일었으며 물결은 계속 넘실댔습니다. 예수님은 날아오는 물보라를 맞으며 배에까지 갔습니다. 왜 예수님은 바람을 명하여 잠잠하게 하신 후에 제자들에게 가지 않았을까요? 예수님은 자신을 위해서는 한 번도 기적을 행하신 일이 없습니다. 제자들이 자신이 행하시는 권능을 똑똑히 보라고 이렇게 하셨습니다. 조금이라도 제자들을 더 골탕 먹이시려고 한 것은 절대로 아닙니다. 오해하지 맙시다. 예수님은 지금도 우리를 향하여 말씀하십니다. '안심하라! 내니 두려워 말라!' (50).

35강
그가 다 잘하였도다! (막 7)

마가복음 2장과 3장에는 안식일에 대한 논쟁이 있었는데, 7장에는 결례에 대한 논쟁이 기록되어 있습니다. 이들은 제자들이 씻지 않은 손으로 음식을 먹는 것을 보고 시비를 걸었습니다. 바리새인은 씻지 않은 손으로는 절대로 음식을 먹지 않기 때문입니다. 이런 규정을 정한 것을 이들은 '장로들의 유전'이라고 했습니다. 이들은 모세의 율법을 모르는 사람들이 아닙니다. 그 중에서 십계명이 어떤 법보다 우선한다는 것을 잘 알고 있습니다. '장로들의 유전'이 만들어진 것도 결국은 율법을 잘 지키기 위해서 이런 세부 지침을 만들었습니다.

세월이 지나면서 계명이 앞선다는 것을 알고는 있지만 생활 속에서 더 중요하게 그리고 더 엄격하게 지키는 것은 장로들의 유전이었습니다. 누구라도 장로들의 유전을 어기면 그 자리에서 바로 지적을 받고 책망을 듣게 됩니다. 이들이 제자들의 하는 것을 보고 지적했던 것과 같이 그렇게 합니다. 그러니까 이런 것이 무서워서라도 장로들의 유전을 잘 지킬 수밖에 없었고, 그것에 매일 수밖에 없었습니다. 이런 논쟁 후에 그들의 후속 조치가 따로 나오지 않는 것은 이들이 이미 결정한 것이 있었고, 지금은 그 결정에 따라서 행동하기 때문입니다. 그 결정은 '어떻게 하여 예수를 죽일까?'(3: 6) 하는 것입니다.

'부정한 손으로 떡을 먹나이까?' (1-23)

앞 장에서 예수님이 제자들을 전도 훈련을 위해 파송할 때, 예루살렘에서는 갈릴리의 예수님에게로 몇 사람을 파송했습니다. 예루살렘의 지도자들은 조리있게 잘 따지는 사람을 뽑아서 보냈습니다. 이들의 사명은 어떻게 해서든지 예수님을 말에 올무에 걸려고 했습니다. 이들은 와서 예수님과 제자들을 면밀히 살폈습니다. 그들에게 딱 걸린 것이 바로 제자들이 손을 씻지 않고 음식을 먹는 것이었습니다. 그래서 예수님께 '장로들의 유전'을 들어서 이 문제를 따졌습니다.

이 사람들은 손은 부지런히 씻었지만(3), 마음은 깨끗하지를 못했고, 마음은 어떻게 씻는지를 몰랐습니다. 또 마음이 깨끗해야지 정말 깨끗한 것임을 알지 못했습니다. 예수님의 대답은 2가지입니다. 먼저 이사야의 예언을 들어서 이들의 잘못을 지적하셨습니다. 또 덧붙여서 '너희는 너희의 유전을 지키려고 하나님의 계명을 잘 저버리는도다'(9) 하셨습니다. 그리고 예수님은 그들이 당시에 하고 있었던 행동을 하나 예로 들었는데, 그것은 '고르반' 입니다. '하나님께 드립니다' 라고 하기만 하면 부모 공경의 의무에서 벗어날 수 있었습니다.

예수님은 이렇게 말씀하신 후에 정말 사람을 더럽게 하는 것이 무엇인지를 말씀하셨습니다. 그것은 사람의 마음에서 나오는 것입니다. 예수님은 또 '이 같은 일을 많이 행하느니라!' (13) 고 그들을 숨은 악행을 드러내셨습니다. 다른 예를 들자면 시간이 부족하다는 뜻입니다.

사람을 더럽게 하는 항목을 마태는 7가지를 말했는데, 마가는 12가지를 나열했습니다. 앞에 나오는 6가지는 복수형으로 되어 있고, 행동을 동반합니다. 뒤에 나오는 6가지는 단수형으로 되어 있고 마음의 작용을 말합니다.

수로보니게 여인 (24-30)

예수님은 게네사렛에서 (6:53) 시비 거는 그 사람들을 떠나서 두로 지경으로 가셨습니다 (24). '장로의 유전' 으로 시비를 걸었던 바리새인들의 주장에 따르면 이방인과의 교제는 금지사항이었고, 또 다른 시빗거리였습니다. 그들은 이방인과 교제를 나누거나 그들이 사는 곳에 가면 부정하게 되고 자기 몸을 더럽힌다고 규정했습니다. 그런데 예수님은 이방 지역으로 가셨으며, 이방인과 대화를 나누고 병을 고쳐주셨습니다. 예수님의 이런 행동은 그런 잘못된 자기들의 규정을 뛰어 넘어야 된다는 것을 가르치고 있습니다.

예수님은 '자녀의 떡을 취하여 개들에게 던짐이 마땅치 아니하니라' (27) 하셨습니다. 이제까지 한 번도 이렇게 하신 적이 없었습니다. 그런데 왜 이렇게 하셨을까요? 예수님은 자기에게 나아온 사람에게 자신에게 맞추라고 하시지 않았습니다. 항상 자기 자신을 그 사람의 필요에 맞추셨습니다. 이렇게 하신 이유는 분명히 그 여자에게 있습니다. 그 여자에게 좋게 하기 위해서 그렇게 하셨습니다. 그 여자는 이렇게 말했습니다. '주여! 옳습니다. 그러나 상 아래 개들도 부스러기를 먹습니다.' (28). 예수님의 그 냉정함 앞에서 어떻게 이런 말을 할 수 있었을까요? 이 여인은 아주 지혜롭습니다. 유대인은 자기의 정결을 위해서 이방인과 교제를 나누지 않는다는 것을 이 여인도 알고 있었습니다. 그러나 보세요. 예수님은 이미 이방 지역에 와 계시지 않습니까? 이방인인 자기와 대화를 나누고 있지 않습니까? 이런 말씀을 하실 거라면 '뭣 하려고' 그곳에 오셨겠습니까? 그러니까 절대로 그냥 가실 분이 아니라는 것을 짐작했습니다. 예상은 적중했고, 그 여인은 은혜를 받았습니다.

'이 말을 하였으니...' (29)

예수님은 여인의 이 말을 기다리고 계신 듯합니다. '이 말을 하였으니 돌아가라. 귀신이 네 딸에게서 나갔느니라'(29). 예수님이 요구하시는 어느 수준이 있습니다. 그곳에 이르면 예수님은 지체하지 않고 '합격'이라고 말해 주십니다. 그곳이 어디 쯤인지 우리는 모릅니다. 그래서 지금 가는 길을 계속 가야 되고, 하던 일을 계속 해야 됩니다. 예수님이 우리에게도 '이 말을 하였으니' '이런 행동을 하였으니' 하는 말씀을 하시도록 우리의 가던 걸음을 계속 걸어가 봅시다.

귀먹고 어눌한 자 (31-37)

예수님이 장소를 이동하셨습니다. 북쪽 두로에서 시돈으로, 그리고 남동쪽 데가볼리 지경을 통과하여 갈릴리 호수에 이르렀다고 했습니다(31). 이곳도 이방지역입니다. 예수님은 그곳에서 귀먹고 어눌한 사람을 만났습니다. 예수님이 이 사람에게 행하신 일은 아주 특이합니다. 한 번도 이렇게 하신 적이 없는 일을 하셨습니다. 특이 행동은 3가지입니다. 먼저 그를 따로 데리고 무리를 떠나가셨습니다. 일대일 사역입니다. 두 번째는 손가락을 그의 귀에 넣고 침을 뱉아 손을 그의 혀에 대고 '에바다'(열리라) 하셨습니다. 세 번째는 예수님이 하늘을 우러러 탄식하셨습니다. 이런 행동은 무엇을 의미할까요? 예수님은 왜 이렇게 하셨을까요? 그것은 위에서 말씀드린 것처럼 이 사람의 형편에 맞추어서 하신 행동입니다. 이 사람에게 좋도록 하기 위해서 이렇게 하셨습니다.

예루살렘에서 온 바리새인들과 서기관은 '당신의 제자들은 왜 장로의 유전을 지키지 않습니까?' 하고 시비를 걸었는데, 예수님의 하시는 일을 지켜본 이방인들은 '그가 다 잘하였도다!' 하고 말했습니다. 다 잘했고 잘못하신 일은 없다고 했습니다. 이 사람들은 예수님을 하나님의 아들로 알지 못했지만 이렇게 말했습니다. 이런 사람들이 나중에 자기에게 행하신 예수님의 구원 사역을 알게 되면 뭐라고 말하겠습니까?

36강
사흘간의 부흥 집회 (막8)

마가는 예수님이 4천 명을 먹이신 칠병이어의 기적을 마태보다 자세하게 기록했습니다. 마가는 예수님 곁에 큰 무리가 있었는데 그들에게 먹을 것이 없었다고 했습니다. 예수님은 많은 사람 중에 멀리서 온 사람도 있다는 것을 말씀하셨습니다. 이런 사정을 설명한 사람은 마가뿐입니다. 예수님은 이렇게 멀리서 온 사람이 누군지를 아십니다. 그리고 그 사람들에게 먹을 것이 없다는 것도 아셨고, 그냥 돌려보내면 길에서 기진할 것도 아셨습니다. 이렇게 멀리서 온 사람을 예수님이 아셨다면, 먼 곳으로 간 사람도 아실 겁니다. 멀리 간 사람은 우리들입니다. 이름도 성도 모르는 사람을 위해서 우리는 멀고도 먼 곳에 지금 와 있습니다. 우리는 이 말씀에 힘을 얻습니다. 예수님이 우리를 알아주신다면 사람은 좀 몰라주어도 괜찮지 않겠습니까? 예수님이 우리의 필요를 다 공급해 주신다면 지금 나에게 없다고 그것이 문제가 되겠습니까?

사흘간의 부흥 집회 (1-9)

이 사람들이 예수님과 함께 있었던 기간은 사흘이었습니다. 이 말씀은 마태복음에도 나옵니다. 이들은 사흘 동안 무엇을 했을까요? 운동회를 한 것은 아닐 테고, 그냥 아무 일 없이 지내기를 사흘간 했을 리도 만무합니다. 예수님은 이들에게 말씀을 전하셨고, 이들은 예수님의 말씀을 들으면서 은혜를 받았습니다. 그렇게 하면서 3일이 지나갔습니다. 이렇게 해서 광야에서 사흘간의 부흥 집회가 열렸습니다. 이들은 먹을 음식이 떨어지는 것도 몰랐고, 배고픈 것도 잊어버리고 말씀에 심취했습니다. 예수님이 3일간이나 말씀을 전했다는 기록은 7병2어 사건밖에 없습니다.

예수님은 다 아셨을 텐데 왜 무슨 조치를 취하지 않고 사흘 동안 그냥 두셨을까요? 그것은 있는 음식을 서로 나누어 먹도록 하면서 '사람이 떡으로만 살 것이 아니요 하나님의 입으로 나오는 모든 말씀으로 살 것이니라'(마4:4)라는 말씀을 친히 실천하셨습니다.

그런데 제자들은 예수님의 '내가 무리를 불쌍히 여기노라'라는 말씀을 들으면서도 조금 전에 경험했던 5병2어의 기적을 생각하지 못했습니다. 그들의 눈에는 오직 황량한 '광야'와 '수많은 사람들'만 보였기 때문에 이 문제를 자기들이 해결한다는 것은 불가능하다고 보았습니다(4). 불가능이 너무 크게 보이면 조금 전에 경험했던 일들도 이렇게 다 잊어버리게 됩니다.

마가는 7병2어에서도 미완료를 사용하여 예수님이 제자들에게 떡을 나누어 줄 그때 기적이 일어났다고 말했습니다. 5병2어는 '푸른 잔디'에 앉았다고 했는데(6:39), 이때는 사람들이 '땅'에 앉았습니다. 마가가 이렇게 자세하게 기록할 수 있었던 것은 그 현장에 있었던 베드로의 진술에 의존했기 때문입니다.

장소 이동

마가는 이 부분에서도 장소 이동을 소상하게 기록했습니다. 7장에서 예수님은 두로 지방에 가서 수로보니게 여인의 딸을 고쳤습니다. 그리고는 '시돈을 지나 데가볼리 지경을 통과하여 갈릴리 호수에 이르렀다'라고 했습니다(7:31). 이곳은 갈릴리 호수의 남동쪽 데가볼리 지경의 광야입니다. 시돈에서는 아주 먼 거리입니다. 이곳에서 예수님은 칠병이어의 기적을 행하셨습니다. 그런 후에 달마누다(마태는 마가단이라 함 15:39)로 가셨다가(8:10), 다시 배 타고 건너편으로 가셨습니다(13). 그곳은 벳세다인데 그곳에서 예수님은 소경을 치료하셨습니다(22). 벳세다는 달마누다 건너편에 있습니다. 그리고 예수님은 이곳에서 북쪽 끝에 있는 가이사랴 빌립보로 가셔서 '너희는 나를 누구라고 하느냐' 하고 물었습니다(27).

이곳에서 한 가지 의문이 생깁니다. 예수님이 두로와 시돈에 가셨을 때 오른쪽으로 조금만 더 올라가면 가이사랴 빌립보인데, 왜 아래로 그 먼 길을 내려오셨다가 다시 올라가셨을까요? 예수님은 오래지 않아서 그곳으로 가실 것을 알고 계셨는데 말입니다. 가신 김에 북쪽 볼 일 다 보고 내려오시면 두 번 걸음 안 하고 좋을 건데 왜 그렇게 하셨을까 하는 생각을 하게 됩니다. 답은 모르겠습니다.

소경을 고치심 (22-26)

벳세다에서 소경을 치료하신 것은 마가만 기록했습니다. 그리고 치료 방법도 아주 특이합니다. 앞 장에 나오는 귀먹고 어눌한 자를 치료하실 때와 흡사합니다. 예수님은 소경을 붙들고 마을 밖으로 나갔습니다. 그리고 눈에 침을 뱉으며 안수하셨습니다. 소경은 치료되기는 했지만 온전하지를 않았습니다. 사람이 나무로 보였습니다. 그래서 예수님이 한 번 더 안수하셨습니다. 왜 이런 일이 일어났을까요? 예수님이 실수하신 걸까요? 아니면 예수님도 이럴 때가 있는 것인가요? 앞에 말씀드린 바와 같이 예수님은 항상 그 사람의 형편과 사정에 맞추어서 치료하시고 고쳐주셨습니다. 이렇게 하신 것은 이 사람에게 가장 적당한 방법이었고, 받은 은혜를 가장 확실하게 기억할 수 있는 행동이었습니다. 그리고 또 한 가지는 다른 성경은 치료된 것에 초점을 맞추었고, 마가는 예수님의 치료 과정까지 자세하게 기록했습니다. 이것도 당연히 베드로가 말해 주는 것을 받아 적은 것이라 할 수 있습니다.

베드로의 신앙 고백 (27-33)

마가는 이 부분의 내용을 간단하게 적지 않고 자세하게 기록했습니다. 신앙 고백에 관계된 말씀은 6부분으로 나누어집니다. 예수님의 질문, 베드로의 답변, 수난 예고, 베드로의 만류, 예수님의 책망, 자기 부인과 십자가입니다. 이 부분을 슬로우비디오(느린 화면)으로 처리하면 이와 같습니다. 예수님이 베드로의 신앙 고백을 듣고 자기가 받을 수난을 예고하셨습니다. 그러자 베드로가 예수님에게로 걸어가서 예수님을 붙들고 옆으로 이동했습니다. 그리고는 예수님을 동생 나무라듯이 꾸짖었습니다. '아니 선생님은 자기만 생각하십니까? 그렇게 한다면 3년이나 따라다닌 우리들은 어찌하라고요? 일이 잘되어 가고 있는데 죽는다니 도대체 무슨 말씀입니까?' 예수님은 베드로가 잡은 손에서 몸을 돌려 제자들을 보셨습니다(33). 제자들을 보면서 베드로를 꾸짖었습니다. 베드로 뒤에 제자들이 있었겠지요. 예수님은 베드로의 말과 이런 무뢰한 행동을 동시에 책망하셨습니다. 베드로가 신앙 고백은 아주 잘 했는데, 행동은 이렇게 그지없이 무뢰했습니다.

예수님은 종으로 오셔서 종의 일을 하셨습니다. 종은 반복되는 일을 귀찮아 여기면 안 됩니다. 그것의 좋은 예가 소경 치료입니다. 한 번 안수하셨는데 완전하게 고쳐지지 못했습니다. 눈은 열렸지만, 사람을 나무로 보았습니다. 그래서 예수님은 한 번 더 안수하셨습니다. 그렇게 해서 완전하게 보게 하셨습니다. 종은 이런 일들을 귀찮게 여기면 종노릇을 할 수 없습니다. 예수님은 주인의 명령에 충실한 종이었습니다. 우리를 구원하시는 일을 완수하려 하심에 한 발자국도 뒤로 물러선 적이 없습니다. 십자가를 향해서 곧장 나아갔습니다. 참으로 감사한 종입니다.

37강
너희는 저의 말을 들으라! (막 9)

예수님은 이곳에서부터 제자 교육에 집중합니다. 변형된 모습을 보인 것도 제자 교육의 일환이었습니다. 하나님의 정하신 뜻에 따라서 십자가를 질 것이지만, 하늘 영광이 사라져 버리고 모든 것이 끝나버리는 것이 아닙니다. 산 아래에서도 예수님의 제자 교육은 계속되었습니다. 귀신을 쫓아내지 못한 제자들에게 예수님은 기도의 중요성을 가르쳤습니다. 이런 와중에 제자들은 노중에서 누가 크냐는 문제로 다투었습니다. 예수님은 이런 그들에게 겸손을 말씀하셨습니다.

요한이 예수님에게 보고하기를 우리에게 속하지 않은 사람이 주님의 이름으로 귀신을 쫓아내는 것을 하지 말라고 했다고 보고했습니다. 그럴 때 예수님은 요한을 위시한 제자들에게 금하지 말라고 하시면서 관용을 가르쳤습니다. 마지막으로 예수님은 제자들에게 실족의 위험에 대해서 말씀하셨습니다. 이 모든 것은 31절의 '이는 제자들을 가르치시며' 하는 말씀을 실천하신 실제적인 예가 됩니다. 마가는 그것을 놓치지 않았고 이 장에서 자세하게 기록하고 있습니다.

변화되신 예수님 (2-8)

예수님은 3명의 제자들을 데리고 높은 산으로 올라가셨는데, 그들은 베드로와 요한과 그의 형제 야고보였습니다. 이들은 신약 성도를 대표합니다. 이 사람들은 이제까지 한 번도 본 적이 없는 예수님의 모습을 보았습니다. 예수님의 옷에서 광채가 났습니다. 그리고 모세와 엘리야가 나타나서 예수님과 대화를 나누는 것을 보았습니다. 모세와 엘리야는 구약 성도를 대표하는데 모세는 율법을, 엘리야는 예언을 대표합니다. 예수님은 자기의 본래의 모습을 잠시 보여주시면서 제자들을 위로하셨습니다. 십자가를 지고 죽을 것이지만 3일 만에 살아났기에, 이런 영광이 없어져 버리는 것이 아니기 때문에 걱정하지 말라는 뜻입니다. 구름 속에서 하나님 아버지의 음성이 들렸는데, 아버지는 예수님 자신뿐 아니라 그가 하신 모든 일을 인정하셨습니다. '이는 내 사랑하는 아들이니 너희는 저의 말을 들으라'(7). 우리는 예수님의 말씀을 듣고 그 말씀에 따라서 행하면 됩니다.

산 아래에서 있었던 일 (9-29)

이 부분을 마가만큼 자세하게 기록한 성경이 없습니다. 마가가 아주 자세하게 기록한 사건들은 이제까지 우리가 살펴본 대로 12년 혈루증 앓은 여인과 거라사인의 광인에 관한 기록이었습니다. 산 아래에서 일어난 일도 마가는 어느 성경보다 자세하게 기록했습니다.

제자들은 산 위에서 천국을 경험했는데, 산 아래에서는 지옥이 그들을 기다리고 있었습니다. 산 아래 남아 있던 제자들이 귀신을 쫓아내지 못했습니다. 아무리 해도 안 되었습니다. 이런 모습을 본 아버지가 포기 상태에 이르렀는데, 형편은 이것으로 끝이 아니고 점점 더 악화되었고 그곳은 불신앙으로 가득 차 있었습니다. 귀신이 나가지 않는 것만으로도 힘든데, 그 옆에는 불신앙을 자랑하듯 내세우는 서기관들이 조롱하고 있었습니다(14). 제자들은 어떻게 못하는 불신앙, 아버지는 포기하는 불신앙, 주변 사람들은 그저 관망하는 불신앙, 서기관들은 조롱하는 불신앙. 산 아래에는 이렇게 불신앙뿐이었습니다.

아이의 아버지는 이런 불신앙을 예수님과의 대화에서 그대로 드러냈습니다. 제자들이 할 수 없는 것을 보고 선생님인들 별수가 있을까 하고 생각했습니다. 그래서 '안 될 것이 뻔하지만 할 수 있으면 해 주세요. 안 되는데 뭐 우짜겠습니까?'. 이렇게 말했습니다. 예수님이 보실 때는 아버지의 상태가 심각했습니다. 아이는 귀신이 장악해서 심각했고, 아버지는 불신앙에 잠식되어 있었습니다. 이것을 먼저 치료하지 않고서는 복을 주실 수가 없습니다. 왜냐하면 주시는 선물을 받을 믿음의 손이 없었기 때문입니다. 그래서 예수님은 아들을 고치기 전에 먼저 아버지를 치료하셨는데 그것은 그를 책망하는 것이었습니다. '할 수 있거든이 무슨 말이냐 믿는 자에게는 능치 못할 일이 없느니라'(23). 아이의 아버지는 바로 깨달았습니다. 그래서 외쳤습니다. '내가 믿나이다. 나의 믿음 없는 것을 도와주소서!'(24). 여기에 나오는 3가지, 곧 아이 아버지의 부정적인 반응, 예수님의 책망, 그리고 그의 즉각적인 반성, 이것은 마가복음에만 있습니다.

믿음이 있어야...

이제까지 예수님에게 나아왔던 사람들은 다 믿음으로 나아왔고, 믿음의 역사를 경험하고 돌아갔습니다. 12년 혈루증 여인이 그랬고, 이방인인지라도 믿음을 가지고 나아오니까 멀리 떨어져 있었던 딸이 치료되기도 했습니다. 예수님은 야이로의 딸이 죽었다고 하자 야이로에게 '두려워 말고 믿기만 하라'(5:36) 하셨습니다. 포기하지 않았기에 야이로는 죽은 딸이 살아나는 기적을 경험했습니다. 그런데 산 아래의 아버지는 유대인인데도 불구하고 믿음이 없었습니다. 믿음이 없으면 아무것도 안 되고, 아무것도 할 수 없습니다. 예수님이 역사하실 수도 없고, 놀라운 일을 경험할 수도 없습니다. 그래서 예수님은 그렇게 책망하셨습니다.

제자들은 왜?

제자들은 왜 귀신을 쫓아내지 못했을까요? 그들은 오래전에 귀신을 쫓아내는 권능을 받았고(6:7), 전도 실습에서 실제로 귀신을 쫓아냈습니다. 그런데 왜 지금은 안 되는 걸까요? 예수님의 말씀에서 답을 찾을 수 있습니다. '기도 외 다른 것으로는 안 된다'고 하셨습니다(29). 그렇다면 이들은 기도 외에 어떤 것을 의지했을까요? 이들은 한번 받은 권능이 계속 있는 줄 알았고, 늘 되는 줄 알았습니다. 전에 권능을 받았더라도 지금 기도하지 않으면 안 된다는 것을 알지 못했습니다. 그들은 또 그들의 경험을 의지했습니다. 사람은 누구나 이렇게 해서 벽에 부딪혀야 기도하게 됩니다. 제자들도 그렇고 우리도 마찬가지입니다. 전에 받은 권능도, 전에 행했던 경험도 아무 소용이 없습니다. 기도하지 않으면 권능이 나타나지 않을 뿐 아니라, 계속되지 않기 때문입니다. 기도하는 수밖에 다른 도리가 없습니다. 나의 경험과 생각을 버리고 주님을 바라보아야 합니다. 그것이 기도입니다.

제자들의 논쟁 (33-37)

제자들이 논쟁을 벌인 것은 길 가는 중이었는데, 예수님이 이 문제를 끄집어내신 것은 '집'(33)이었습니다. 예수님은 어린아이를 실물 대상으로 삼아서 '아무든지 첫째가 되고자 하면 뭇사람의 끝이 되며 뭇사람을 섬기는 자가 되어야 하리라'(35) 하셨습니다.

이런 희생과 봉사와 낮아짐이 없이 큰 자와 첫째가 되려는 것이 문제입니다. 이렇게 해서 첫째가 되면 그것은 진정한 첫째가 아닙니다. 그래서 언젠가는 가장 낮은 자리로 떨어지고 말 것입니다. 그런데 이런 사람들이 우리 주변에 아주 많다는 것이 문제입니다.

38강
우리가 예루살렘으로 올라가노니 (막 10)

마가복음 10장은 예수님의 갈릴리 사역이 끝나고 베뢰아 사역이 시작되는 것을 알려줍니다. 베뢰아는 유대인들이 갈릴리에서 예루살렘으로 갈 때나 올 때 사마리아로 지나지 않기 위해서 둘러 가는 지역으로 요단강 동쪽에 있습니다. 요단강 동쪽의 데가볼리를 지나서 남쪽으로 내려가면 여리고 맞은편에 이르게 되는데 그곳이 베뢰아입니다.

예수님은 마지막 한 주간, 곧 십자가에 달리시기 위해서 예루살렘으로 가면서 이곳 베뢰아에서 제자들을 가르치는 일들을 계속하셨습니다. 베뢰아 사역은 분량도 사건도 그렇게 많지 않고 기간도 길지 않습니다. 이곳에서의 사역은 갈릴리와 예루살렘 사역을 이어주는 역할을 합니다. '예수께서 거기서 떠나 유대 지경과 요단강 건너편으로 가시니'(1). 이곳에서 시작하여 '저희가 여리고에 이르렀더니'(46)까지가 여기에 해당합니다. 베뢰아 사역은 이것이 다입니다. 베뢰아 사역을 기록한 성경은 장소 이동을 잘 구분한 마가복음밖에 없습니다. 예수님은 베뢰아에서 5가지 일에서 5가지 교훈을 주셨습니다.

이혼에 대해서 (1-12)

바리새인들이 예수님께 나아와서 시험하며 물었습니다(2). 바리새인들은 정말 끈질깁니다. 이들은 예수님의 사역 곳곳에서 시비를 걸고 말에 올무를 놓았습니다. 그렇게 하다가 결국은 예수님을 십자가에 못 박는 일에 앞장섰습니다. 이들은 베뢰아 지역에서도 어김없이 나타나서 예수님께 질문했습니다. 질문 내용은 결혼 생활에서 이혼에 관한 것이었습니다. 바리새인들이 예수님을 말의 올무에 걸기 위해서 세운 계략은 기가 막힙니다. 그들이 베뢰아 지역에 와서 예수님께 이혼에 관한 질문을 한 것은 이곳이 헤롯의 관할 지역이기 때문입니다. 헤롯은 헤로디아와 결혼했는데, 그녀는 동생 빌립의 아내였습니다. 제수씨를 빼앗아서 아내로 삼은 것입니다. 세례요한은 이것의 부당함을 지적했고 그 때문에 감옥에 갇혔으며 원수같이 여긴 헤로디아에 의해 죽임을 당했습니다. 예수님이 결혼과 이혼에 대해서 언급한다면 헤롯과 연관 지을 수 있습니다. 그러면 세례요한의 목을 벤 것처럼 예수님도 제거할 수 있다는 계산이 나옵니다. 그래서 그들은 이곳 베뢰아에 와서 이런 질문을 했습니다.

예수님은 이혼의 문제를 결혼의 본질을 말씀하시는 것으로 답변하셨습니다.

하나님이 결혼이라는 제도를 통해 한 몸이 되게 하셨기 때문에 '그러므로 하나님이 짝지어 주신 것을 사람이 나누지 못할 것이니라'(9) 하셨습니다. 이 말씀은 이 문제의 결론입니다. 살다 보면 누구나 몇 번의 위기를 맞이하게 됩니다. 그러나 그때마다 결론이 분명하면 며칠 지나서 누가 먼저 손을 내밀든지 화해하게 됩니다. 이혼이 교회 안에도 성행하는 이유는 결론이 분명하지 않기 때문입니다. 예수님이 말씀하신 결론 앞에서는 그 누구도 물러나지 말아야 합니다. 남편도 아내도, 시부모도 친부모도, 목사님도 장로님도. 물러나지 않으면 화해하고 새롭게 출발하게 됩니다.

분히 여기신 예수님 (13-16)

베뢰아 지역에서도 자식을 사랑하는 부모의 마음은 동일합니다. 그들도 자기 아이들을 예수님께로 데리고 왔습니다. 그런데 제자들이 '얘들은 가라! 시끄럽게 하지 말고' 하며 쫓아냈습니다. 예수님은 분히 여기면서 이런 제자들을 꾸짖었습니다(13). 앞 장에서 예수님이 실물 설교하실 때 어린아이를 품에 안았던 것을 제자들이 보았습니다(9:36). 그런데도 이렇게 했으니 꾸지람을 들어 마땅하지요? 예수님은 그 어린아이들을 가까이 오게 하셔서 그들을 안고, 안수하시고 그들에게 복을 주셨습니다. 그 아이들에게는 평생 잊지 못할 귀한 경험이 되었습니다. 이들은 자라서 초대교회의 귀한 일꾼이 되었을 것이 분명합니다.

부자 청년 (17-22)

어떤 청년이 예수님께 나아왔습니다. 그는 부자였으며, 관원이기도 했습니다(눅18:18). 부자들은 자기의 가진 것으로 현세를 즐겁게 사는 것에 관심이 많은데 이 청년은 영생에 관심을 가졌습니다. 그가 예수님께 와서 한 행동을 보면 이 문제에 얼마나 진지했었는지를 알 수 있습니다. 그는 달려왔고 예수님 앞에 꿇어앉았습니다(17). 말씀을 들을 자세를 취했습니다. 예수님은 이 청년과 몇 마디 대화를 나눈 후에 '그를 보시고 사랑'하셨다고 했습니다(21). 그래서 사랑스러운 그 청년에게 진정한 대답을 주셨습니다. 그것은 자기가 지켰다고 하는 율법의 정신을 실제로 이행하고 오라는 말씀이었습니다. 사랑 실천은 재산을 가난한 사람들에게 나누어 주는 것입니다. 할 마음만 있다면 이것보다 쉬운 일이 어디 있겠습니까? 그러나 이 청년에게는 그렇게 하고 싶지 않았으니까 이것보다 더 어려운 일이 없었습니다. 그래서 슬픈 기색을 띠고 근심하며 돌아갔습니다. 왔을 때와는 너무 다른 모습입니다. 예수님은 재산을 나누어주는 구제로 구원을 얻을 수 있다고 말하지 않았습니다. 그렇게는 죄를 없게 할 수 없기 때문에 구원을 얻을 수 없습니다. 그래서 예수님은 '그리고 와서 나를 좇으라!'(21) 고 말씀하셨습니다.

세 번째 수난 예고 (32-34)

예수님은 세 번째이자 마지막으로 자기가 받을 수난을 예고하셨습니다. 시간으로 보나 장소로 보나 수난이 정말 눈앞에 다가왔습니다. 이때는 아주 구체적으로 말씀하셨는데, 그렇지만 항상 그렇게 해 오셨던 것처럼 3일 만에 살아날 것을 동시에 말씀하셨습니다. 제자들은 예수님이 죽는다는 말씀에 충격을 받아서 3일 뒤의 부활은 관심을 두지 않았습니다. 예수님은 노중(路中)에서 이 말씀을 하셨습니다. 왜 이렇게 하셨을까요? 제자들은 갈릴리 노중에서 '누가 크냐' 하고 쟁론했습니다(9:34). 앞 장에 있었던 일입니다. 길을 갈 때에라도 그런 일들로 시간을 보내지 말고, 구원 여정의 절정인 십자가를 한 번 생각해 보라는 암시입니다.

바디매오를 고치심 (46-52)

이제 예수님은 베뢰아 지역을 벗어나서 요단강을 건너서 여리고로 가셨습니다(46). 그곳에 소경 한 사람이 있었는데 바디매오라고 이름을 밝히 성경은 마가복음이 유일합니다. 그는 자기 앞에 웅성거리는 소리를 듣고 주변 사람들에게 무슨 일이냐고 물었습니다. 주변 사람들은 '나사렛 예수가 지나간다' 라고 말해 주었습니다. 사람들은 보통 들은 대로 말하기 마련입니다. 나사렛 예수라고 들었으니 나사렛 예수라고 불러야 됩니다. 그런데 소경은 그렇게 부르지 않고, '다윗의 자손 예수여'(47) 하고 불렀습니다. 이 호칭은 구약성경을 압축해 놓은 말입니다.

예수님은 자기를 이렇게 부를 때 절대로 그냥 지나가신 적이 없습니다. 예수님의 발걸음을 멈추어 세우는 호칭입니다. 그는 소경이라 눈은 볼 수 없었지만, 귀는 열려 있으니까 그 성한 귀를 잘 활용했습니다. 그래서 그 사람은 눈까지 고침을 받는 은혜를 얻었습니다.

우리도 이렇게 해 봅시다. 예수님이 우리의 외침에 발걸음을 멈추시도록 '다윗의 자손 예수여!' 하고 불러 봅시다.

39 강
주가 쓰시겠다 하라! (막 11)

마가복음 11장은 예수님의 예루살렘 입성으로 시작됩니다. 마지막 한 주간의 시작입니다. 이날은 마지막 한 주간의 첫째 날인데 일요일이었습니다. 이날에 예수님은 나귀 타고 예루살렘으로 들어가셨다가 저물었을 때에 제자들과 함께 베다니로 가셨습니다(11). 마지막 한 주간에 예수님이 주로 거주하셨던 곳은 베다니 이었으며, 나사로의 집으로 짐작됩니다(요11:1).

예수님은 예루살렘 성으로 들어가실 때 나귀를 타고 가시려고 했습니다. 왜냐하면 그렇게 예언되어 있었기 때문입니다. 제자 둘을 보내어 나귀 새끼를 준비하게 하셨는데, 그들이 당할 일과 행할 일을 미리 다 말씀하셨습니다. 제자들이 가서 예수님이 말씀하신 그대로 임을 확인했습니다. 이것은 예수님이 신성을 가지신 분임을 알게 합니다. 예수님은 이제 며칠 뒤에 십자가에 달리실 것입니다.

무력(武力) 앞에 무력(無力)하게 처형당하는 것처럼 보이지만, 이런 가운데에서도 신성을 나타내시므로 자신이 메시야임을 알게 하셨습니다. 그 뒤에도 예수님은 유월절을 지낼 곳을 준비하면서, 그리고 베드로의 부인을 미리 예고하심으로 또 한 번 신성을 드러내셨습니다(14장). 뿐만 아니라, 자기의 수난을 3번이나 말씀하셨습니다. 우리는 모르고 당하지만 예수님은 알고 계셨습니다. 그 사람들이 예수님을 잡아가는 것이 아닐 뿐 아니라, 그들이 예수님을 죽이는 것도 아닙니다. 예수님이 자기 목숨을 자기가 버리는 겁니다. '내가 다시 목숨을 얻기 위해서 목숨을 버림이라 이를 내게서 빼앗는 자가 있는 것이 아니라 내가 스스로 버리노라. 나는 버릴 권세도 있고 다시 얻을 권세도 있으니...'(요10:17-18). 그 당시 제자들이 이 말씀을 어떻게 알았으리요? 알았다면 누가 도망갔겠습니까?

나귀를 타신 왕 (1-10)

예수님은 겸손의 왕으로 이 땅에 오셨기 때문에 나귀를 타게 된다고 예언되어 있습니다. 나귀 중에서도 새끼 나귀입니다. 마가는 이 부분에서도 특색 있는 기록을 남겼습니다. 제자 두 사람이 예수님이 말씀하신 동네로 갔습니다. 정말 예수님이 말씀하신 대로 나귀가 있었는데 그 나귀는 '문 앞 거리에' 매여 있었다고 했습니다(4). 마가는 이렇게까지 정확하게 말했습니다. 그 일을 했던 베드로가 말해 주었으니까 그럴 수밖에 없습니다.

예수님이 나귀를 타고 예루살렘 성으로 들어가실 때 수많은 사람들이 자기 겉옷과 나뭇가지를 길에 폈습니다. 이럴 때 마가는 그 나뭇가지를 '밭에서' 베었다고 말했습니다. 직접 본 듯이 말하고 있습니다. 이것도 현장에 있었던 베드로가 진술하는 것을 기록했기 때문에 그렇습니다. 이런 자세한 표현은 마가복음에만 나옵니다.

장소 이동

예수님은 여리고(10:46)에서 감람산 벳바게와 베다니에 이르렀습니다(11:1). 그곳에서 나귀를 준비하게 하셨습니다. 그 후 예수님은 나귀를 타고 예루살렘으로 가셨고, 성전에 들어가사 모든 것을 둘러보시고 저물 때 베다니로 나갔습니다(11). 다음 날 예루살렘으로 들어가면서 무화과나무를 저주했습니다(12). 그리고 예루살렘에 들어가서 성전을 정화하는 일을 하셨습니다(15-). 또다시 저물었을 때에 성 밖 베다니로 갔습니다(19). 다음 날 아침에 무화과나무가 마른 것을 보고 베드로가 물었습니다. 그 뒤 27절에 '예루살렘에 들어가시니라.' 고 한 것을 보면 무화과나무가 있었던 곳은 예루살렘이 아닌 것이 분명하고, 베다니와 예루살렘 사이의 어느 지점임을 알 수 있습니다. 그리고 예수님은 성전에서 대제사장들과 서기관들과 장로들과 마지막 논쟁을 하게 됩니다. 논쟁이 끝나는 것은 13장 1절입니다. '예수께서 성전에서 나가실 때에'라는 기록을 보아서 알 수 있습니다.

이렇게 마가는 예수님의 장소 이동을 아주 소상하게 기록해서 성경을 읽는 우리들에게 얼마나 많은 도움을 주는지 모릅니다. 가장 짧게 기록된 성경에서 이런 특색이 있습니다.

성전 정화 (15-18)

그 당시 성전에서는 짐승 제사가 드려졌는데 먼 곳에서 혹은 외국에서 짐승을 끌고 올 수가 없었습니다. 그래서 그런 예배자들의 편의를 위해서 짐승을 팔았습니다. 성전에서 쓰는 돈이 따로 있었습니다. 외국에서 온 사람들은 자기의 돈을 바꾸어야 했습니다. 이렇게 처음에는 예배자의 편의를 위해서 시행되었던 것이 그만 이를 취하는 장사가 되었고, 성전 주변은 시끄럽고 냄새나고 지저분한 시장 바닥이 되고 말았습니다. 장사꾼들과 제사장이 결탁하여 자기가 가지고 온 짐승은 아무리 튼튼하고 좋아도 제사장이 퇴자를 놓았습니다. 그러면 밖에서 파는 짐승을 사와야 했습니다. 예배자들은 울며 겨자 먹기식으로 할 수 없이 비싼 가격으로 짐승을 사야 했습니다. 이런 일이 비일비재했으니 다 아시는 예수님이 그냥 둘 수 있겠습니까?

예수님은 또 기구를 가지고 성전 안으로 지나다니지 말도록 경고했습니다(16). 성전 건너편으로 갈 때 성전을 지름길로 이용했습니다. '만민의 기도하는 집'을 지름길로 이용해서 되겠습니까? 이런 말씀은 다른 복음서에는 없고 오직 마가만 말했습니다.

무화과나무를 저주하심 (12-14, 20-25)

무화과의 때가 아니었는데 예수님이 열매가 없다고 그 나무를 저주했습니다. 이제까지 예수님이 이렇게 하신 적은 한 번도 없었습니다. '무화과의 때가 아니라'는 설명은 열매를 본격적으로 수확하는 때가 아니라는 뜻입니다(13). 잎이 있으면 무화과는 그전에 열매가 먼저 열리므로 열매를 기대할 수 있답니다(13). 그런데 그 나무는 잎은 있었지만 열매는 없었습니다. 우리와 기후와 환경이 다르기 때문에 우리는 그 사정을 다 알지 못합니다. 그러나 분명한 것은 예수님이 신경이 예민해서 그렇게 하신 것은 아닙니다. 예수님은 이런 일을 통해서 마지막으로 제자들을 교훈하실 필요를 느끼셨고, 그래서 기도의 능력에 대해서 가르쳤습니다.

기도에 대해서 가르치심 (46-52)

예수님은 두 번째로 기도에 대해서 교훈하셨습니다. 첫 번째는 변화산 아래에서 귀신을 쫓아낸 뒤입니다(9장). 그리고 오늘 본문인데, 여기에서는 아주 자세하게 기도에 대해서 말씀하셨습니다. 산이 들려져서 바다에 빠뜨려지는 기적도 일어나게 된다고 하셨습니다. 왜 예수님은 이렇게 기도에 대해서 강조하셨을까요? 그것은 좀 뒤에 예수님은 부활과 승천으로 제자들 곁에 계시지 않게 됩니다. 그러나 기도하면 만날 수 있습니다. 제자들이 기도하면 예수님이 응답하실 것입니다. 그래서 예수님은 기도를 강조했고, 제자들은 그것을 그대로 실천했고, 예수님은 약속하신대로 응답하셨습니다.

우리에게도 형편은 마찬가지입니다. 예수님은 하늘에 계십니다. 그러나 기도하면 응답으로 만나게 됩니다. 나에게 없다고 없는 것이 아니며, 없어야 될 것이 나에게 있다고 걱정할 것이 아닙니다. 기도하면 없는 것은 있게, 있는 것은 없게 해 주실 것이기 때문입니다.

40강
백성들이 즐겁게 듣더라! (막 12)

예수님은 지금 예루살렘의 성전 안에 계십니다. 성전의 실체가 이 세상에 오셨는데도 사람들은 알아보지 못했습니다. 예수님이 성전에서 걸어다닐 때에 대제사장들과 서기관들과 장로들이 나아와 논쟁을 벌였습니다. 이곳에 4가지 질문이 나옵니다. 3가지는 이들이 물었고, 한가지는 예수님이 이들에게 질문했습니다. 납세에 대해서, 부활과 계대결혼에 대한 질문인데 이 질문은 현실에서는 일어날 수 없는 일을 가정해서 만든 질문입니다. 세 번째는 계명에 관한 질문입니다. 이 사람들은 예수님의 말씀을 듣고 자기들끼리 '예수께서 대답을 잘 하셨다'(28)고 인정했습니다. 더 이상 꼬리를 무는 질문을 하지 못했습니다. 대답을 다 하신 예수님이 마지막으로 이들에게 질문하셨습니다. 다윗이 메시야를 주님으로 불렀으니 그분이 정말 다윗의 자손이 맞겠느냐고 물었습니다.

이런 분위기 속에서 2가지 대조가 있습니다. 그것은 이렇게 말에 올무를 걸려고 하는 여러 부류의 사람들과 대조를 이루는 사람들이 있었습니다. 주변에 있었던 백성들은 예수님이 하시는 말씀을 즐겁게 들었습니다(37). 또 한 가지 대조는 연보함에 한 고드란트를 넣은 어떤 과부입니다. 이 여인은 많이 연보한 여러 부자들과 대조가 되었고, 시비를 걸고 있는 여러 사람들과 대조를 이룹니다. 저 사람들은 사랑이 있는 듯 보였지만 사랑이 없었고, 이 과부는 아무것도 없는 듯 보였지만 사랑이 있었습니다. 마지막 한 주간에 있었던 2가지 사랑 이야기입니다.

악한 농부의 비유 (1-12)

예수님은 마지막 한 주간을 보내고 있었기 때문에 이제는 아무것도 거리낄 것이 없었습니다. 그래서 비유로 말씀하기는 했지만 노골적으로 그들의 잘못을 지적했습니다.

그것이 바로 1절부터 나오는 악한 농부의 비유입니다. 주인이 포도원을 만들고 모든 시설을 갖추어서 농부들에게 세를 주고 다른 나라로 갔습니다. 때가 되어 세를 받으려고 종들을 보냈는데 농부들은 정당하게 세를 내기는커녕 종들을 때리고 머리에 상처를 내고 그저 돌려보냈습니다. 주인은 아무리 그래도 내 아들은 다르게 대우할 것이라 생각하고 최종적으로 아들을 보냈습니다. 그런데 농부들은 아들을 죽여서 포도원 밖에 버렸습니다. 비유를 들은 사람들은 이 비유가 자기들을 가리켜 한 말인 줄을 바로 알았습니다(12). 그래서 예수님을 잡고자 했지만 무리를 두려워하여 그냥 버려두고 갔습니다.

4가지 질문 (13-37)

첫 번째 질문은 납세에 관한 것입니다. 그들은 바리새인과 헤롯당이 손을 잡고 예수님에게 질문했습니다. 바리새인은 세금을 로마 정부에 바치는 것을 싫어하는 사람들이고, 헤롯당은 세금을 로마 정부에 바치는 것은 정당하다고 주장했습니다. 이런 주장들 때문에 이들은 절대로 함께 할 수 없는 집단입니다. 그런데도 말에 올무를 걸기 위해서 두 집단이 함께 예수님께로 왔습니다. 예수님이 이렇게 말해도 걸리고 저렇게 말해도 걸리기 때문입니다. 예수님은 '가이사의 것은 가이사에게, 하나님의 것은 하나님께'라는 기가 막히는 대답으로 그들로 하여금 더 이상 아무 말도 못하게 했습니다.

두 번째 질문은 7형제가 한 여자를 아내로 취했는데, 부활 후에는 누구의 아내가 되느냐는 질문입니다. 이렇게 질문한 사람들은 사두개인이었는데 이들은 부활이 없다고 주장하는 사람들입니다. 그런데도 이런 있지도 않은 일들을 가정하여 질문을 했습니다. 예수님은 '너희가 성경도 하나님의 능력도 알지 못하므로 오해하였다'는 책망으로 시작하여 답변하셨습니다. 이 사람들도 더 이상 아무 말도 하지 못했습니다.

세 번째 질문은 '모든 계명 중에 첫째가 무엇입니까?' 하는 질문입니다. 다른 질문과 달리 한 사람이 예수님께 물었습니다. 그는 서기관이었는데 바리새인이 서기관이 되기 때문에 그는 바리새인이었습니다. 예수님은 두 돌판을 요약하여 하나님 사랑과 이웃 사랑으로 말씀하셨고, 한가지로 말하면 '사랑'이라고 대답하셨습니다. 다른 질문과 달리 질문자의 말이 이어서 나옵니다. '맞습니다. 사랑이 모든 번제물보다 낫습니다'(32-). 아주 지혜 있게 대답했고, 걸고넘어지기만 하는 바리새인이 맞장구를 쳤다는 점에서 특이합니다. 시험하러 왔다가(마 22:35) 예수님의 말씀에 맞장구를 친 사람은 이 사람이 유일합니다. 이런 사건을 기록한 사람도 마가가 유일합니다.

모두 다 대답하고 난 뒤에 이제는 예수님이 그들에게 질문하셨습니다. '다윗이 그리스도를 주라고 하였으니 어찌 그의 자손이 되겠느냐?'(37). 대답하는 사람은 한 사람도 없었고, 또 다른 질문으로 괴롭히는 사람도 없었습니다. 그런데 그 주변에 있던 백성들은 즐거워했다고 했습니다(37). 이것을 기록한 사람도 마가가 유일합니다.

과부의 연보 (41-44)

예수님은 연보함에 돈을 넣는 사람들을 보셨습니다. 그때나 지금이나 같은 돈이라도 사랑과 정성이 함께 드려질 때 그 헌금이 가치가 있고 귀한 것이 됩니다. 사람들은 밖으로 보이는 액수를 보지만, 예수님은 보이지 않는 정성과 사랑을 보십니다. '이 가난한 과부는 연보함에 넣은 모든 사람보다 많이 넣었느니라'(43). 얼마나 했길래 가장 많이 넣었다고 했을까요? 그녀가 드린 헌금은 두 렙 돈 곧 한 고드란트였습니다. 렙돈은 헬라 돈이고, 고드란트는 로마 돈의 명칭입니다. 로마 사람들을 위해서 로마 돈으로 설명하셨습니다. 쉽게 설명하면 동전 두 개입니다. 동전 두 닢을 가장 많이 넣었다고 했으니 예수님의 계산법은 특이합니다. 왜 그랬을까요? 그것이 그녀의 전 재산, 생활비 전부였기 때문입니다.

이 과부는 부자 청년과도 좋은 대조를 이룹니다. 청년은 재산이 아까워서 슬픈 얼굴로 그냥 갔습니다. 그런데 이 여자는 얼마 되지 않지만 전 재산을 기쁨으로 드렸습니다. 영생은 누구에게 있겠습니까? 이런 내밀한 사정을 말 안 해도 아는 것은 예수님의 신적인 특성입니다.

말에 올무를 걸려고 맹렬하게 질문하는 이런 험악한 분위기 속에서도 이러한 2가지 이야기는 우리에게 훈훈함을 전해 줍니다. 여러 가지 어려움이 우리에게 있다고 해도 그런 중에도 주님이 주시는 위로와 은혜가 있습니다. 우리가 전하는 주님의 말씀을 즐겁게 듣는 사람도 있고, 자기의 사랑을 가만히 담아서 은밀하게 드리는 사람도 있습니다. 우리는 내 앞에 있는 골치 아픈 사람들을 보지 말고 이런 사람을 보고 나아가면 됩니다. 그 끝에 주님이 계십니다.

41 강
이는 재난의 시작이니라! (막 13)

마가복음 13장은 마지막 한 주간 중에서 화요일에 있었던 일을 기록하고 있습니다. 예수님은 일요일에 나귀를 타고 승리의 입성을 하셨으며 성전을 둘러보고 베다니로 돌아오셨습니다. 월요일에 무화과나무를 저주하셨으며 성전을 정화하셨습니다. 다음 날 화요일 아침에 무화과나무에 대한 교훈을 주셨습니다. 성전에서 포도원 비유를, 이어서 그들이 예수님에게 한 3가지 질문과 예수님이 그들에게 하신 한 가지 질문이 나옵니다. 예수님은 과부의 헌금을 칭찬하셨습니다.

오늘 우리가 살펴보려고 하는 13장은 같은 날(화요일)에 있었던 일입니다. 1절은 예수님이 성전에서 나가셨다는 말로 시작합니다. 그리고 감람산에 앉아서 13장의 말씀을 하셨습니다(3).

예수님의 말씀은 성전 파괴를 다루고 있습니다. 맞은편 감람산은 성전이 바라보이는 곳입니다. 그곳에서 예수님은 '저 성전이 아주 처참하게 파괴될 것이다' 하고 말씀하셨으니 제자들에게 얼마나 생생하게 들렸겠습니까? 이 말씀을 우리는 보통 '감람산 강화' 혹은 '감람산 예언'이라고 부릅니다. 공관복음에 다 같이 기록되어 있는데 그중에 마태의 기록이 가장 상세하고, 마가는 다른 사람이 하지 않은 말을 덧붙임으로 그 특색을 계속 유지하고 있습니다.

제자들의 질문

제자들은 예수님과 함께 성전을 나온 뒤에 웅장한 성전 건물을 가리키며 '선생님! 이 성전을 좀 봐 주십시오' 하고 말했습니다(1). 제자들이 말한 성전은 이제 막 공사가 끝나고 가림막이 치워져서 세상에 처음 그 모습을 드러낸 것이 아니며, 이들이 처음으로 보는 건물이 아닙니다. 이들은 이 성전을 자주 보았습니다. 그런데 왜 처음 보는 성전처럼 예수님에게 그렇게 말했을까요? 그것은 마가복음에는 빠져 있지만, 마태복음에 예수님이 '예루살렘아! 예루살렘아! 암탉이 그 새끼를 날개 아래 모음 같이'(23:37) 이렇게 절규하신 뒤에 '보라! 너희 집이 황폐하여 버린 바 되리라' 하고 말씀하셨습니다. 예수님의 이 말씀 때문에 제자들이 그런 행동을 했습니다. '선생님! 이렇게 웅장하게 지어진 하나님의 집이 황폐해진다는 말씀입니까?' 제자들의 반문에 예수님의 대답은 간단하면서도 단호했습니다. '돌 하나도 돌 위에 남지 않고 다 무너뜨려지리라'(2).

그리고 난 뒤에 예수님은 제자들을 데리고 맞은편 감람산으로 가서 앉았습니다. 4명(베드로 형제와 요한의 형제)의 제자들이 나아와서 2가지 질문을 했습니다. 어느 때에 이런 일이 있게 되며, 그때 무슨 징조가 있습니까? 이렇게 해서 예수님의 감람산 강화가 시작되었습니다.

'돌 하나도 돌 위에 남지 않고...' (2)

성전이 미사일을 맞은 것도 아닌데 어떻게 이렇게 파괴되겠습니까? 성전 주춧돌의 길이가 7m요 높이가 1m가 넘는다고 합니다. 성벽이 무너져도 돌 위에 돌이 있기 마련인데, 이런 일이 일어날 확률은 극히 드물다고 하겠습니다. 그런데도 예수님은 그러한 드문 일을 예언하셨습니다. 예수님이 예언하신 후 40년 뒤에 로마의 장군 디도가 예루살렘을 공략했고, 예수님이 예언하신 대로 성전이 황폐하게 되었습니다. 그때 성전의 돌 사이에 황금이 있다는 소문이 퍼져서 군사들이 황금을 찾으려고 돌 위에 놓인 돌을 다 굴러냈다고 합니다. 그때 얼마나 처참했던지 역사가 요세푸스의 증언에 따르면 예루살렘에서 죽은 사람이 100만 명 이상이고, 10만명 가량이 포로로 잡혀갔다고 했습니다.

'무슨 말을 할까 미리 염려하지 말고...' (11)

곳곳에 전쟁과 지진과 기근이 있을 것입니다. 그러나 이런 것은 재난의 시작일뿐입니다. 재난은 제자들에게도 미치게 될 것입니다. 사람들이 제자들을 잡아서 넘겨줄 것이고 매질할 것입니다. 이러한 때에 무슨 말을 할 것인가 미리 염려하지 말라고 하셨습니다. 생각하면 염려하게 되고 염려하면 두렵게 됩니다. 생각하고 염려한다고 뾰족한 수가 생기는 것도 아닙니다. 예수님은 이런 제자들에게 놀라운 약속을 주셨습니다. 그럴 때 성령이 제자들 속에서 할 말을 주겠다고 하셨습니다. '무엇이든지 그 시에 너희에게 주시는 그 말을 하라. 말하는 이는 너희가 아니요 성령이시니라'(11). 그래서 제자들은 이 말씀을 기억하고 그대로 행했습니다. 사도행전에는 실재의 경험이 나옵니다. 성령님은 그 시에 말해야 될 가장 합당한 말씀을 주셨습니다. 말은 제자들이 하지만, 성령이 말을 주어서 말하게 하시는데 누가 당하겠습니까? '스데반이 지혜와 성령으로 말함을 그들이 능히 당하지 못하여'(행6:10). 그때의 성령님은 지금 우리의 성령님입니다. 우리에게도 할 말을 주십니다. 내가 경험해 보니 성령님은 담대함까지 주셨습니다. 일어날 일을 미리 걱정하지 말고 그냥 부딪히면 됩니다.

'아들도 모르고 아버지만 아시느니라' (32)

그날과 그때는 아무도 모른다고 했습니다. 심지어는 아들도 모르고 아버지만 아시기 때문에 숨겨져 있습니다. 예수님이 하나님이시라면 모두 아셔야 되고, 삼위가 일체라면 모를 리가 없습니다. 그런데도 왜 모른다고 하셨을까요? 그것은 성부 하나님의 절대성을 강조하는 것이며, 또 인성을 가진 예수님의 입장에서 보면 모를 수밖에 없습니다.

그날과 그때를 알려고 너무 애를 쓰지 맙시다. 예수님도 모른다고 했는데 우리가 알아서 무엇하겠습니까? 모르는 것이 약이라는 말이 있습니다. 내 개인의 죽음의 날을 모르는 것과 마찬가지입니다. 우리는 내 죽는 날을 모르기 때문에 이렇게 살아가고 있습니다. 알아서 달력에 표시해 놓는 것보다 모르는 것이 훨씬 좋습니다.

모든 말씀을 마치신 예수님의 당부는 딱 한 가지입니다. '그러므로 깨어 있으라!' (35) 입니다. 적그리스도가 미혹할 것이므로 깨어 있어야 하고, 핍박이 일어날 것이기 때문에, 그리고 주님이 언제 오실지 모르기 때문에 깨어 있어야 합니다. 예수님은 감람산 강화의 마지막 부분에서 '깨어 있으라' 라는 말씀을 3번 연속으로 하셨습니다(33,34,35). 중요한 말씀은 이렇게 강조하게 되어 있습니다. 예수님이 그 뒤에 덧붙인 말씀도 우리는 기억해야 하겠습니다. '내가 너희에게 하는 이 말이 모든 사람에게 하는 말이니라!' (37)

42강
그러나 나의 원대로 마옵시고... (막 14)

우리는 이제 신약 성경에서 가장 긴장 중의 한 장을 살펴보려고 합니다. 14장에는 한 장 안에 가장 많은 사건들이 있고, 가장 긴박하게 진행되었습니다. 반대자들이 예수님을 잡아서 죽일 계획을 세우고 행동에 들어갔습니다. 그들은 명절을 피해서 하자고 구체적인 날짜까지 정했습니다(1). 적대자들은 이러한데 제자들은 정치적인 메시야 관점에서 벗어나지 못하고 있었습니다. 게다가 제자 중의 한 사람인 가룟 유다가 3년을 따라다닌 선생님을 돈을 받고 팔았습니다. 제자에게 배반을 당한 선생님. 참 가슴 아픈 일입니다. 뿐만이 아닙니다. 베드로는 부인할 것이고, 다른 제자들은 다 도망갈 것입니다(27-). 예수님은 이 세 가지를 다 알고 계셨습니다. 그래서 미리 말씀하셨습니다. 미리 아셨다고 마음이 안 아프겠습니까? 그렇지만 예수님은 이 모든 일들을 담담하게 부딪혀 나갔습니다. 이 모든 사건이 14장 안에 있습니다. 그 뒤를 이어 예수님이 체포되신 것과 재판을 받는 것까지 기록되어 있습니다.

향유를 부은 여인

마가는 이 사건이 일어난 장소는 기록했지만, 그 여자가 누구인지는 말하지 않았습니다. 그곳은 베다니 문둥이 시몬의 집이었습니다(3). 향유를 부은 '한 여자'는 마리아였으며, 그 여자를 책망한 '어떤 사람들' 중에 주동자는 가룟 유다였는데, 이렇게 정확하게 이름을 밝혀준 사람은 사도 요한이었습니다(12:1-).

마가가 이 부분을 가장 자세하게 기록했습니다. 그래서 이 부분에는 다른 성경에 없는 여러 가지 표현들이 나타납니다. 마가는 그 향유가 '순전한 나드'라고 했습니다(3). 예수님은 마리아의 심정을 알아주셨는데, 아주 비싼 향유를 '힘을 다하여'(8) 준비하고 그것을 아낌없이 부어드린 것까지 예수님은 아셨습니다. 그래서 예수님은 '저가 내게 좋은 일을 하였느니라' 하고 말씀하셨는데 그 '좋은 일'이란 예수님의 장사를 미리 준비하는 것이었습니다(6).

베드로의 실수 (31)

마가복음의 특징 중에서 하나는 베드로의 잘한 점은 감추어져 있고, 그의 실수가 부각되어 있습니다. 왜 이럴까요? 베드로가 은혜를 받았고, 베드로가 변화되었기 때문입니다. 베드로는 자기가 나타나는 일들은 되도록 빼고, 자기의 실수는 빠짐없이 적도록 했습니다. 베드로가 '내가 주와 함께 죽을지언정 주를 부인하지 않겠습니다'(31) 하고 말했는데, 그럴 때 베드로가 '힘있게' 말했다고 했습니다. 이런 단어가 사용된 것은 마가밖에 없습니다. 베드로는 자기의 실수를 정확하게 기억하고 있었습니다. 다른 성경은 '닭 울기 전에 세 번'이라 기록되어 있는데, 마가는 '닭이 두 번 울기 전에 세 번 부인하리라'(30) 하여 가장 정확하게 적었습니다. 이런 모든 것은 베드로의 진술 없이는 불가능합니다.

겟세마네 동산의 기도 (32-42)

예수님은 성만찬을 하신 후에 기드론 골짜기를 지나 건너편 감람산의 겟세마네로 가셨습니다. 이곳은 자주 가셨던 곳이기 때문에 가룟 유다도 잘 아는 곳입니다. 예수님은 피하여 숨지 않았습니다. 베드로와 요한과 야고보를 데리고 기도처로 가실 때의 예수님의 심정을 마가는 이렇게 표현했습니다. '심히 놀라시며 슬퍼하사'(33). 슬퍼하셨다는 것은 마태도 기록했지만, 놀라셨다는 표현은 마가만의 기록입니다. 그는 예수님이 '심히' 놀라셨다고 했습니다.

마가는 또 예수님이 '아바 아버지여 아버지께는 모든 것이 가능하오니'(36) 하는 기도를 드렸다고 했는데, 이것도 마가만의 표현입니다. 이런 모든 표현은 예수님이 '인간적이면서 너무나도 인간적인' 사람의 모습이라는 것을 잘 나타내 주고 있습니다. 예수님은 이럴 때 인간으로서 당할 수 있는 최고의 괴로움과 슬픔을 경험하셨습니다. 예수님은 '모든 것이 가능'이라는 말로 아버지의 전능하심을 추호도 의심하지 않았습니다(36). 이런 말을 하기는 했지만, 예수님은 '그러나' 하는 말로 자신을 내려놓았습니다. 이런 극한의 상황에서도 순종하는 모습입니다.

그런데도 3명의 제자들은 잠을 이기지 못하고 자고 있었습니다. 예수님이 그들에게 '너희가 한 시간도 깨어 있을 수 없더냐?' 하셨는데(마26:40), 마가는 그 말씀을 베드로에게 하셨다고 했습니다. 그래서 마가복음에는 '시몬아!' 하고 부르는 호칭이 나옵니다(37).

돌아온 베드로

예수님이 체포되었을 때 제자들은 모두 도망갔습니다. 그런데 그중에 베드로는 자기가 한 말이 있었기 때문에 돌아와서 끌려가는 예수님의 뒤를 따라갔습니다. 그러나 아차 하면 도망갈 수 있도록 '멀찍이'(54) 어느 정도의 거리를 두고 좇아갔습니다. 그리고 베드로는 아래 뜰(66)에서 하속들과 함께 불을 쬐고 있었습니다. 그때는 밤이었으니 깜깜하여 사람을 구분하기 힘들었습니다. 베드로는 어둠을 이용하여 자기를 감출 수 있다고 생각했을지 모릅니다. 그러나 예수님의 말씀을 이루기 위해서 어떤 여종이 나섰습니다. 그녀는 불빛에 비친 베드로의 얼굴을 주목하여 보고는 베드로에게 물었고, 곁에 있는 사람에게 말하기도 했습니다(67). 베드로는 저주하며 맹세까지 하면서 예수님을 모른다고 부인했습니다. 예수님을 안다는 것이 자랑거리인데, 이때는 두려우니까 살아남기 위해서 이렇게 말했습니다. 베드로는 다른 제자들과 달리 돌아오기는 했지만, 결국은 이렇게 예수님을 모른다고 부인하고 말았습니다. 예수님의 말씀을 들은 지 일주일이 지난 것도 아니고, 단지 몇 시간 전인데 알고서도 이렇게 말했습니다.

수난 기록 비교

마태는 전체 1061절 중에서 수난과 부활을 기록한 구절이 161절이고, 마가는 661절 중에서 128절입니다. 비중을 따져보면 마태는 전체에서 15%를, 마가는 19%를 차지합니다. 마가가 훨씬 높은 비중으로 기록했다는 것을 알 수 있습니다. 십자가가 가장 중요하기 때문입니다. 부활이 있으려면 십자가가 있어야 합니다. 십자가를 거치지 않은 부활은 없기 때문입니다. 예수님은 십자가를 향해서 묵묵히 걸어가셨고, 십자가의 삶을 사셨습니다. 십자가에 매달리는 것만 십자가가 아니라 예수님은 이미 정신적인 십자가를 경험하셨습니다.

베드로의 부인, 제자들의 도망, 제자 중의 한 사람인 가롯 유다의 배반, 불법 재판, 말도 안 되는 거짓 증거, 대제사장의 가증스러운 행동. 예수님은 이러한 모든 것을 보면서도 입을 닫고 아무 말씀도 하지 않았습니다. '너는 아무 대답도 없느냐? 이 사람들의 너를 치는 증거가 어떠하냐 하되 잠잠하고 아무 대답도 아니하시거늘'(50). 왜 이렇게 하셨을까요? 나를 구하기 위해서였습니다. 그래야만 십자가를 지실 것이기 때문입니다. 이유는 단 한 가지. 오직 이것뿐이었습니다.

43 강
십자가에 못 박게 하소서! (막 15)

우리는 이제 15장에서 예수님의 마지막 수난의 모습을 보게 됩니다. 이곳에서 예수님은 재판을 받았고, 채찍에 맞고, 조롱을 받았으며, 끌려가서 십자가에 못 박히게 됩니다. 대제사장들의 부추김을 받은 무리들은 빌라도에게 '십자가에 못 박아 주소서' 하고 외쳤습니다. 갈릴리에서 따라온 사람들이 있었지만 힘없는 여자들이었고, 남자들인 제자들은 모두 도망갔고, 제자 중의 한 명은 배반했고, 다른 한 명은 부인했습니다. 십자가에서 '나의 하나님! 나의 하나님! 어찌하여 나를 버리시나이까?' 하고 절규해도 아버지조차 대답이 없었습니다. 예수님은 철저히 혼자였습니다. 이러한 쓰라린 배신감과 처절한 외로움을 어떻게 이기셨을까요?

당신이 만약 십자가 그 현장에 있었다면 어떻게 했을 것 같습니까? 만약 내가 그 자리에 있었다면 나는 베드로와 별반 다르지 않았을 것이고, 무엇을 해야 될지 몰랐던 다른 제자들과 같이 행동했을 겁니다. 두려움 때문에 그 자리를 피하여 숨는 것 이외에 무슨 행동을 했겠습니까? 그래서 한 사람이 도망갈 때 나도 그 뒤를 따라 도망가는 자가 되었을 것이 분명합니다. 부인하고 도망가는 제자들의 모습이 바로 내 모습입니다. 그래서 마음이 더 아픕니다.

'무리에게 만족을 주고자 하여...' (15)

빌라도는 '내가 너를 놓을 권세도 있고 십자가에 못 박을 권세도 있는 줄 알지 못하느냐?'(요19:10). 이렇게 말한 것처럼 그는 최후의 판결자입니다. 그런데 그는 자기의 권위를 바르게 사용하지 않고 '무리에게 만족을 주고자 하여'(15) 예수님을 십자가에 못 박도록 넘겨주었습니다. 만약 빌라도의 아들이 이런 누명을 쓰고 잡혀 왔는데도 이렇게 했을까요? 무책임하게 판단의 권리를 군중들에게 넘기고 군중들의 입맛에 맞게 판결했을 리가 없습니다.

마가복음에는 빌라도가 손을 씻는 것도, '이 사람의 피에 대해서 나는 무죄하다'(마27:24) 라고 말하는 것이 없습니다. 이런 말과 행동은 오직 마태만 기록했습니다.

조롱과 구타

빌라도가 무리들에게 예수님을 넘겨준 것은 십자가형을 언도한 것이나 마찬가지입니다. 형이 확정된 예수님은 이제 죽은 사람이나 다를 바가 없었습니다. 잠시 있다가 십자가에 달려 죽게 될 것이기 때문에 손으로 때려도, 채찍으로 때려도, 침을 뱉는데도 왜 그렇게 하느냐고 말하는 사람이 없습니다. 생사람을 십자가에 못 박아서 달면 고통 때문에 바둥거리게 되어 있습니다. 그러면 십자가에서 떨어지는 곤란한 일이 발생하게 됩니다. 이런 일을 방지하기 위해서 십자가에 달기 전에 채찍으로 때려서 거의 죽은 상태가 되게 합니다. 그래야 사형을 집행하는 사람들이 편하기 때문에 사람이 그냥 축 늘어지도록 때린다고 합니다. 채찍에 맞다가 죽는다고 해도 아무 관계없으니까요. 실제로 그런 일이 발생하기도 했답니다.

예수님은 대제사장의 집에서 종교 재판을 받을 때 이미 조롱과 매 맞음을 당했습니다(14장). 그 후에 빌라도 법정에서는 군인들에 의해서 조롱과 구타를 당했는데, 그들은 한 차원 높게 조롱했습니다. 유대인의 왕이니까 자색 옷을 입히고 가시 면류관을 씌워서 왕으로 꾸며 주었습니다. 그리고 그 앞에서 '유대인의 왕이여 평안할지어다' 하며 절했습니다. 그러면서 침을 뱉고 갈대로 머리를 쳤습니다. 진짜 왕이라면 절대로 할 수 없는 행동인데, 자기들이 만든 가짜 왕이니까 이렇게 했습니다. 가시로 만든 관을 씌웠는데, 갈대로 머리를 때렸다면 가시가 더 깊이 박혀서 피가 더 많이 흘렀을 것이 분명합니다.

예수님이 매달리신 십자가 아래에서 대제사장들과 서기관들과 지나가는 자들이 함께 조롱했습니다. 그들은 '십자가에서 내려오라' 라고 말했습니다. 십자가에서 내려올 능력이라면 이렇게 말하는 자들을 처단할 권세는 없었겠습니까? 무식하면 이렇게 용감합니다. 제 죽는 줄을 모르고 '깨춤'을 추고 있습니다. 들어도 못 들은 척하고 자기를 구원하지 않았기 때문에 우리를 구원하실 수 있었습니다. 자기들을 위해서 이렇게 매달려 있는 줄을 모르고 이렇게 조롱하고 있으니 참 기가 막히는 노릇입니다. 만약에 이렇게 조롱한 사람이 나중에 믿는 자가 되었다면, 그 사람은 매일 자기 입을 쥐어박으면서 회개했을 것입니다.

일어난 일들

예수님은 오전 9시에 십자가에 매달리셨습니다. 해가 빛을 잃고 어둡게 되는 현상은 낮 12시부터 예수님이 운명하시는 오후 3시까지 계속되었습니다. 빛으로 오신 분이 십자가에 달리시니 해가 빛을 발할 수가 없었습니다. 영혼의 햇빛이 고통으로 부르짖으니 이 세상은 어둠에 잠기게 되었습니다. 이것은 누구나 볼 수 있는 현상이었고, 누구나 경험할 수 있었습니다. 숨어있는 제자들도, 조롱하던 적대자들도, 가슴 아파하는 여자들도, 지나가던 사람들도 이 어둠을 다 경험했습니다. 그런데도 조롱의 말을 계속했으니 참 간 큰 사람들입니다. 해로 하여금 빛을 잃게 하신 분이 무엇인들 못하겠습니까?

또 한 가지는 성전의 휘장이 찢어지는 사건이었습니다(38). 이것은 나중에 알았습니다. 성전은 떨어진 곳에 있었고, 실내에서 일어난 일이기 때문입니다. 지성소를 가리는 휘장이었는데 이렇게 제거되어서 안이 완전히 노출되었습니다. 예수님의 피 때문에 이제 더 이상 가릴 필요가 없었습니다.

남아 있는 예언

예수님은 구약성경에 자기에게 관계된 예언을 하나씩 다 이루어 가셨습니다. '내가 만일 그렇게 하면 이런 일이 있으리라 한 성경이 어떻게 이루어지리요?' (마26:54) 이런 말씀을 하시면서 성경을 이루어 가셨습니다. 예수님이 십자가에 달리신 뒤에 마지막으로 돌아보니 이제 2가지 예언만 남았습니다. 그 두 가지만 이루면 구약의 예언이 다 이루게 됩니다. 시편 22편에 옷을 제비 뽑으리라 했는데, 십자가 아래의 군병들이 예수님의 옷을 두고 제비뽑기를 했습니다(24). 또 한 가지는 요한복음에 나옵니다 '이후에 예수께서 모든 일이 이미 이룬 줄 아시고 성경으로 응하게 하려 하사 가라사대 목마르다 하시니…'(요19:28). 그랬더니 사람들이 신 포도주를 머금은 해융(海絨, sponge)을 예수님의 입에 댔고 그것을 받으신 후에 '다 이루었다' 하고 운명하셨습니다. 이것은 시편 69편 21절에 예언되어 있습니다. 십자가 위에서 죽음의 고통 가운데 있으면서도 자기에 대해서 예언된 것을 생각하셨고, 그 모든 것을 다 이루시고 운명하셨습니다.

어떤 목사님은 새벽 기도 시간에 매일 십자가를 묵상한다고 했습니다. 그러면 십자가의 은혜가, 그리고 그 놀라운 사랑이 쓰나미처럼 가슴에 밀려온다고 합니다. 우리도 십자가를 바라봅시다. 우리도 십자가를 통한 사랑의 쓰나미를 한번 경험해 봅시다.

'아~ 아~ 아 아 아~ 주의 사랑 깊고 크셔라.
내 영혼에 파도처럼 메아리쳐 온다.'

44강
여기 계시지 아니하니라! (막 16)

마가복음의 마지막 장입니다. 예수님은 분명히 죽었고, 분명히 다시 살아났습니다. 전에 언급한 대로 마태는 부활의 목격자요, 부활하신 주님과 대화를 나눈 사람인데도 부활 소식을 간단하게 적었습니다. 특이하게도 예수님이 제자들을 찾아오신 사건은 아예 언급이 없습니다. 그런데 마가는 그에 비해 자세하게 적었습니다. 마가복음에는 부활하신 예수님이 제자들에게 찾아오셨다는 것을 2번 기록하고 있습니다. 엠마오로 가는 두 제자와 11 제자가 음식 먹을 때에 예수님이 찾아오셨다는 것도 기록되어 있습니다(12,14).

마가는 예수님의 부활을 증거하면서 계속해서 제자들이 믿지 못하였음을 말하고 있습니다. 왜 이랬을까요? 죽은 사람이 살아나는 것은 짐작할 수도 없는 일이었기 때문입니다. 그래서 제자들은 부활하신 예수님을 보고서도, 그리고 다른 제자들의 증언을 듣고서도 반신반의했습니다. 이들이 이렇게 부활을 믿지 못했지만, 그것이 예수님의 부활에 아무런 영향을 미치지 못했습니다. 지금도 마찬가지입니다. 우리가 전하는 부활 소식을 받아들이지 못하는 사람이 있다고 해서 부활 사실이 없어지는 것이 아닙니다. 전혀 관계없습니다. 믿는 그 사람에게, 그리고 받아들이는 그 사람에게 복이 될 뿐입니다.

무덤에 달려간 여자들 (1-8)

안식일이 지난 새벽에 무덤으로 달려간 사람은 3명의 여인이었습니다. 막달라 마리아와 야고보의 어머니 마리아와 살로메입니다. 살로메는 야고보와 요한의 어머니입니다. 그들은 향품을 가지고 무덤으로 갔습니다. 안식일 때문에 십자가에서 급하게 내려 우선 안치한 사랑하는 선생님의 시신에 바르기 위해서입니다. 그들은 무덤의 문을 누가 열어줄 것인가 걱정하며 갔는데, 더 걱정스러운 일이 발생했습니다.

무덤의 문은 열려 있었는데 예수님의 시신이 보이지 않았습니다. 이런 낭패가 어디 있겠습니까? 깜짝 놀라서 무덤 안에 들어가 보니 흰옷을 입은 청년이 예수님의 시신이 없는 이유를 밝혀주었습니다. '그가 살아나셨고 여기 계시지 아니하니라'(6). 마가는 이때 여자들이 '심히' 놀랐다고 했으며, 무서워서 아무에게도 말을 못할 정도로 떨었다고 했습니다(8). 요한의 설명을 참고하면 막달라 마리아는 무덤을 떠나지 아니하고 계속 울고 있었습니다. 그럴 때 예수님이 막달라 마리아에게 부활하신 모습을 맨 처음으로 보여주셨습니다(요20:11-). 예수님은 사도도 아니고 제자도 아닌 여자에게 부활의 모습을 처음으로 보이셨습니다.

부활하신 예수님을 본 사람들

예수님이 부활의 모습을 보이신 것은 우리의 생각을 뛰어넘습니다. 대제사장들이나 서기관들 특히나 바리새인들 앞에 나타나서 부활의 모습을 보여 주신다면 얼마나 통쾌하고 폼이 나겠습니까? 그 사람들은 기절초풍해서 뒤로 나자빠졌을 것입니다. 그러나 예수님은 한 번도 그렇게 하지 않았습니다. 그 사람들에게는 한 사람에게도 부활의 모습을 보여 주지 않았습니다. 그렇기 때문에 부활의 모습을 보는 것이나 아는 것은 특권에 속한다고 할 수 있습니다.

예수님은 총 12번 나타나셨습니다. 12번 안에는 승천하실 때와 그 후 바울에게 보이신 것도 포함됩니다. 5번이 부활하신 그날에 예루살렘에서 보이셨고, 일주일 후 예루살렘에서 열한 사도에게 나타나셨습니다. 그러니까 12회 중에서 절반이 예루살렘에서 부활하신 당일과 일주일 후에 보여 주셨습니다.

부활하신 당일에 본 사람들은 막달라 마리아, 다른 여자들(마28:9), 그리고 베드로(고전15:5)와 엠마오로 가는 두 제자입니다. 그 후 예수님은 도마를 제외한 10 제자에게 보이셨고, 일주일 후에 도마를 포함한 11 제자에게 나타나셨습니다.

예수님이 갈릴리 호수의 디베랴에서 베드로를 만나신 것은 언제인지 알 수 없습니다. 갈릴리의 어느 산에서 지상 명령을 말씀하신 때도 언제인지 명확하지 않습니다. 그러나 분명한 것은 이런 모든 일이 부활하신 후 일주일 내에 있었던 일은 아닙니다. 예수님이 40일 동안 이 땅에 계실 때 일어났으며, 후반부의 어느 날에 있었던 일입니다. 그러니까 예수님은 부활하신 당일에 주로 보이셨고, 또 승천하기 직전에 보이셨습니다.

믿지 않은 사람들

제자들은 예수님으로부터 부활에 관한 말씀을 3번 이상 들었습니다. 그들이 들었던 말씀이 실제로 눈앞에서 일어났는데도 믿지 못했습니다. 죽은 사람이 살아난다는 것은 상상도 할 수 없는 일이기는 하지만, 그래도 예수님은 하나님의 아들이지 않습니까? 우리와 다르다는 것을 알고 있다면 능히 부활할 수 있음을 인정해야 할 것인데 제자들은 그렇게 하지 못했습니다. 이런 제자들의 상태를 가장 잘 나타내 주고 있는 성경이 마가복음입니다. 마가는 제자들이 이래도 못 믿고, 저렇게 해도 안 믿었다고 했습니다. 그들은 막달라 마리아의 증언을 들었는데도 못 믿었습니다(11). 그 후에 엠마오의 두 제자가 그들에게 가서 자기들에게 찾아오신 예수님을 증거했습니다. 그래도 그들은 믿지 못했습니다(12). 11명의 제자가 식사를 하고 있을 때, 그들 가운데 예수님이 나타나셨습니다. 그리고 그때까지 믿지 못하는 제자들을 꾸짖었습니다(14).

이렇게 믿지 않는 사람이 있는가 하면, 보지 않고도 믿는 사람들이 있습니다. 예수님은 믿기만 하면 여러 증거가 따른다고 말씀하셨습니다. 주의 이름으로 귀신이 쫓겨가고, 새 방언을 말하고, 뱀을 집으며, 무슨 독을 마실지라도 해를 받지 아니하고 병든 사람에게 손을 얹은즉 나으리라 하셨습니다(17). 복음이 가는 길을 아무것도 막아서지 못한다는 말씀입니다. 귀신이라도, 병이라도, 언어의 장벽도 복음은 뛰어넘습니다. 전에 말씀드린 바와 같이 귀신 들린 자와 병든 자들을 유의해서 살펴보면, 그들이 줄줄이 알사탕이 된다는 것을 기억합시다. 부활하신 예수님은 승천하셔서 지금도 전도하는 사람들을 도와주십니다. '주께서 함께 역사하사 그 따르는 표적으로 말씀을 확실히 증거하시니라'(20). 우리가 이 일에서 제외될 리가 없습니다.

누가복음

(45강 ~ 68강)

45강
할머니와 처녀가 아기를 낳다니... (눅 1)

의사인 누가가 기록한 누가복음을 시작합니다. 누가는 헬라인이었는데 바울의 2차 전도 여행부터 동행하여 주치의 역할을 했습니다. 그는 바울이 투옥될 때 같이 있었는데, 누가복음은 함께 있는 바울의 지도 아래 기록되었습니다. 베드로에게 마가라는 비서가 있었다면 바울에게는 누가라는 비서가 그를 돌보아 주며 성경을 기록했습니다.

누가복음의 특징은 저자가 서두에 '그 모든 일을 근원부터 자세히 살핀 나도' (3) 하고 말한 것처럼 자세히 살핀 흔적이 많이 있습니다. 세례요한의 출생에 관한 비밀, 마리아의 수태고지, 예수님의 어린 시절, 12살 때 예루살렘 방문 등 누가복음의 앞부분만 살펴보아도 다른 성경에 없는 내용들이 이렇게 많습니다.

또 다른 특징은 누가는 성령에 대해서 그리고 기도에 대해서도 많이 말했습니다. 누가복음에 나오는 비유 중에서 밤에 찾아온 친구(11장), 불의한 재판관(18장), 바리새인과 세리의 기도(18장) 등은 누가복음에만 나오는 기도에 관한 비유입니다. 그는 또 예수님이 중요한 일들 앞두고 항상 기도하셨다는 것을 말했습니다. 예수님은 베드로가 믿음이 떨어지지 않게 기도하셨다고 했는데 (22:32) 이것도 누가복음에만 나옵니다. 누가가 이렇게 성령과 기도에 대해서 많이 강조한 것은 그가 성령 충만한 기도의 사람이었기 때문입니다.

말도 안 되는 두 가지 사건

할머니가 아기를 낳고 처녀가 임신을 했습니다. 이것은 있을 수 없는 일이요, 말도 안 되는 사건입니다. 의학적으로도 이해가 불가능합니다. 그런데도 의사 누가는 그의 글 첫머리에 이 사실을 적었습니다. 이해하기는 어렵지만 믿음으로는 얼마든지 받아들일 수 있었기 때문입니다. 하나님이 하려고 한다면 무슨 일인들 못하시겠습니까? '대저 하나님의 모든 말씀은 능치 못하심이 없느니라' (37). 마리아처럼 누가도 이 말씀을 그대로 받아들였습니다. 그는 자신의 의학적 지식으로 이 일들을 판단하려고 하지 않았습니다.

늦게 배달된 기도 응답

사가랴와 엘리사벳은 결혼하고부터 이제까지 계속해서 자식을 달라고 기도해 왔습니다. 이런 기도가 수십 년 계속되었지만 아무런 징조도 나타나지 않았습니다. 계속되는 기도는 기도의 습관을 만듭니다. 개인이 기도할 때 보통 기도하는 순서가 있는데 그 차례를 따라 기도하게 됩니다. 이런 기도 제목으로 오래 기도하다 보면 그것이 습관이 되어서 입에서 그냥 줄줄줄 나옵니다. 응답과 관계없이 늘 해 오던 대로 그냥 기도하게 됩니다. 이들이 이렇게 기도했을 가능성이 많습니다.

그런 가운데 천사가 사가랴에게 나타나서 '네 간구함이 들렸다'(13)라고 말해 주었습니다. 이틀 전에 기도했는데 이런 말을 들었다면 '할렐루야!'하고 했겠지만, 50년을 넘게 기도하면서 이미 포기하고도 습관적으로 기도하고 있으니까 감사가 나오지 않았습니다. '주시려면 일찍 주시지. 할머니가 어찌 아기를 낳으며, 할머니가 우째 아기를 키웁니까? 하나님도 참 딱하십니다. 응답이 뭐 이렇게 늦게 배달됩니까?' 사가랴에게 이런 생각이 안 들었겠습니까? 사가랴는 기도했고, 지금도 기도하고 있으면서도 천사의 기도 응답을 선뜻 받아들이지 못했습니다.

우리도 기도하는데, 기도 응답이 늦을 때가 있습니다. '주시려면 일찍 주시지.' 이런 말이 우리 입에서도 나옵니다. 이럴 때 기억합시다. '주시려면 일찍 주시지'하는 것은 우리 생각이고, 주시는 지금이 바로 하나님의 때입니다. 기도가 느리게 상달된 것도 아니고, 응답이 늦게 배달된 것도 아니고, 배달하는 천사가 실수한 것도 아닙니다. 안 주시는 것에도 뜻이 있고, 늦게 주시는 것에도 하나님의 계획이 있습니다. 믿음으로만 받을 수 있습니다.

벙어리가 된 사가랴

천사에게 말대꾸 한마디 했다가 사가랴는 그만 벙어리가 되고 말았습니다. 악을 쓰고 바락바락 달려든 것도 아닌데 한순간에 벙어리라니, 이거 참 너무하지 않습니까? 이 정도의 말도 못합니까? 그러면 이 세상에 벙어리 안 될 사람 누가 있겠습니까?

우리는 이 일을 사가랴가 받은 벌로만 생각할 것이 아닙니다. 하나님은 이 일을 아들을 이 땅에 보내실 때 필요한 표징으로 사용하셨고, 천기가 누설되지 않게 하시려고 그렇게 하셨습니다. 이 일에는 2가지 효과가 있었습니다. 먼저는 마리아에게 경고의 메시지가 되었습니다. 두 번째는 사가랴 자신에게 임한 은혜입니다. 그는 말을 할 수 없었기 때문에 속으로 말하면서 기도할 수밖에 없었습니다. 이렇게 하다 보니 사가랴의 기도는 더욱 깊어졌고 하나님과의 관계는 더욱 가까워졌습니다. 말을 못 하는 기간 동안, 사가랴의 신앙 상태는 한 단계 업그레이드 되었습니다. 그렇기 때문에 사가랴의 신앙생활에는 하나도 손해가 없었습니다.

마리아의 수태고지

여섯째 달이 지났을 때는 가브리엘이 마리아를 방문한 때인데 그 전에 할머니의 임신과 사가랴가 벙어리가 되었다는 소식이 처녀 마리아에게 전해졌습니다. 하나님의 하시는 일이 참으로 신기하고 놀랍다는 생각을 하고 있었는데 어느 날 천사가 찾아와서 할머니가 임신했다는 소식보다 더 놀라운 말을 전해 주었습니다. 왜 더 놀라운 말입니까? 그것은 자기에게 내려진 하나님의 말씀이기 때문입니다. 남이 겪은 것을 전해 듣는 것이 아니고 자기가 경험해야 될 일이기 때문입니다. 마리아는 정혼하고 결혼 날짜를 기다리고 있는데, 아기를 임신했다면 어떻게 되겠습니까? 남편인 요셉에게 뭐라고 설명하겠습니까? 성령으로 임신? 요셉이 곧이 듣겠습니까? 요셉이 받아들이지 않는다면 어떻게 되겠습니까? 여간 복잡한 일이 아닙니다. 그런데 한편으로는 사가랴에게 일어난 일이 경고가 되었습니다. 이렇게 하기도 그렇고, 저렇게 하기도 그렇습니다. 그럴 때 마리아는 모든 것을 하나님께 맡기기로 했습니다. 그래서 그 모든 것을 그대로 수용했습니다.

1장에는 6가지 기적이 나옵니다. 할머니의 임신, 사가랴의 벙어리, 마리아의 임신, 첫 방문으로 아무도 말하지 않았는데 엘리사벳이 마리아의 임신을 알아차린 것, 태중의 아이가 주님이라는 것을 안 것, 사가랴가 아이의 이름을 쓰자 그때 입이 열린 것 등입니다. 의사는 첫머리에서 기적적인 사건으로 그의 글을 시작하고 있습니다. 이렇게 시작된 그의 글은 의학적 소견으로는 이해할 수 없는 기적으로 가득합니다. 우리는 또 한 가지 기적을 봅니다. 의사가 기적을 말한 기적입니다. 왜냐하면 그에게 믿음이 있었기 때문입니다.

46강
탄생하신 주님을 맞이하는 사람들 (눅 2)

1장에서는 몸으로 오시는 메시야를 낳을 사람이 정해졌습니다. 마리아입니다. 처녀 마리아가 능치 못함이 없는 하나님의 말씀을 그대로 받아들이도록 사가랴가 벙어리가 되는 일도 있었습니다. 세례요한의 탄생은 메시야의 길을 준비하기 위함이었습니다. 그런데 그전에 준비된 것이 있습니다. 사가랴의 벙어리는 마리아로 하여금 준비하도록 만들었습니다. 아이를 낳을 자는 준비되었으니 이제는 환영객과 축하객을 준비해야 했습니다. 오늘 우리가 살펴볼 2장에는 이런 사람들이 누구인지, 이 사람들에게 무슨 일이 있었는지를 알게 합니다. 축하객으로 동원된 사람은 4부류의 사람들입니다. 목자들과 시므온과 안나 구약의 선지자들입니다.

인구조사와 정혼

로마 황제가 영을 내려 모든 사람으로 호적을 하게 했습니다. 이것은 메시야가 베들레헴에서 탄생한다는 말씀을 이루기 위함이었습니다. 황제의 명령이 내려지면 누구나 할 것 없이 본적지로 가야 했습니다. 임산부는 먼 길을 이동하는 일이 위험하기 때문에 마리아는 안 가도 된다면 갈 리가 없습니다. 그러나 아기를 낳을 마리아가 가야지 요셉만 간다면 무슨 소용이 있겠습니까? 예언은 빗나가게 됩니다. 배가 부른 마리아를 움직이게 하려면 황제의 명령이 꼭 필요했습니다. 다시 말해서, 황제는 모르고 한 행동이었지만 구주 탄생을 돕는 결과를 낳았습니다.

그 당시 그 사람들에게 정혼이라는 제도가 있었습니다. 정혼은 약혼과 결혼 사이에 있는 제도입니다. 그 사람들이 한 단계를 더 만들어 놓았습니다. 정혼하면 정식 부부가 되지만 아직 잠자리는 같이 하지 못합니다. 이것은 마리아의 처녀 탄생을 이루기 위해서, 그리고 임신한 마리아를 보호하기 위해서 만들어진 제도입니다. 정혼했기 때문에 요셉은 마리아를 데리고 베들레헴에 가야 했습니다. 그렇지만 아직 결혼하지 않았기 때문에 조금 떨어진 자리에 있어야 했습니다. 하나님은 아들을 이 땅에 보내기 위해서 모든 환경을 준비하시는 중에 이런 제도를 이용하셨다는 것을 알 수 있습니다.

있을 곳이 없음이라. (7)

요셉은 임산부를 위해서 먼 길을 천천히 이동했습니다. 베들레헴의 숙박업소는 먼저 온 사람들이 다 차지해 버려서 있을 곳이 없었습니다. '인자는 머리 둘 곳이 없다'(마8:20)라고 하셨는데 예수님은 탄생할 때부터 이렇게 되었습니다. 그래서 짐승의 우리에서 태어나서 강보에 싸여서 구유에 뉘어졌습니다. 더 이상 낮아질 수 없는 곳까지 낮아지셨습니다. 하나님의 아들이 태어나는데 왕궁은 아니더라도 출산을 위한 기본적인 환경도 갖추지 못한 곳이었습니다. 미천한 우리가 태어날 때도 이 정도는 아니었습니다. 낮은 자리에 있는 우리를 구원하기 위해서 이렇게 낮아지셨다니 그저 황공할 따름입니다.

축하객과 환영객

4부류의 환영객 중에 첫 번째 축하객은 목자들입니다. 목자는 그 당시에 가장 천시받는 직업이었습니다. 이들은 자기 양을 지키는 것이 아니라 고용된 사람들입니다. 목자는 밖에서 양과 함께 살아야 했고, 밤을 지새면서 양들을 지켜야 했습니다. 두 번째 사람은 성전에서 아기 예수를 만난 시므온과 안나입니다. 두 사람 다 나이 많이 들도록 하나님 나라에 대한 소망을 가지고 있었던 공통점이 있습니다.

한 사람은 남자 대표이고, 또한 사람은 여자 대표입니다. 마지막 한 부류는 구약성경의 선지자들인데, 그들은 오래전에 예언으로 메시야를 환영했던 사람들입니다. 베들레헴에서 탄생하실 것을 예언한 선지자도 있었고, 나귀를 타고 입성할 것을 예언한 선지자도 있었습니다. 이 사람들은 예언을 하면서 가슴 부풀었고, 감격했고, 감사했습니다. 이렇게 예언된 분이 이제 '때가 차서'(갈4:4) 이 땅에 사람으로 태어나게 되었습니다.

하나님은 이렇게 여러 사람들을 환영객으로 준비하셨지만, 이름이 알려진 화려한 사람은 아무도 없었습니다. 낮은 자를 구원하기 위해서 이 땅에 오신 분을 맞이하기 위해서 낮은 사람들이 축하객으로 준비되었습니다.

천사들의 합창 (8-20)

주인의 심기가 어떤지는 종들의 얼굴 표정과 행동을 보면 알 수 있습니다. 종들이 고개를 숙이고 시무룩하면 주인이 고함을 쳤거나 기분이 안 좋은 날입니다. 종들이 웃으면서 바삐 움직이면 칭찬을 들었거나 주인의 기분이 좋다는 증거입니다.

우리는 하늘나라의 사정을 알 수 없습니다. 아들을 죽는 곳에 보내는 아버지의 심정은 어떠했을까요? 하나님의 마음을 어떻게 알리요? 그러나 종들인 천사들이 하는 행동을 보면 짐작할 수 있습니다. 하늘 아버지가 기분이 우울하고 안 좋았다면 천사들은 조용히 직무를 수행하고 사라졌을 것입니다. 그런데 천사들이 기뻐하고 찬송하고, 큰 기쁨의 좋은 소식을 전한다고 했고, 지극히 높은 곳에서는 하나님께 영광이라고 했습니다. 아버지는 아들을 이와 같은 마음으로 이 땅에 보내셨습니다. 수많은 선지자들을 통해서 예언했던 그 예언이 현실이 되는 순간이니까, 아버지 하나님은 너무너무 기뻐하시고 좋아하셨습니다. 죄인을 구원하는 일을 아버지는 이렇게 기뻐하셨다는 것을 우리는 기억해야 합니다. 억지로 마지못해서 한 일이 아닙니다.

예수님의 소년 시절 (41-52)

예수님이 탄생 이후에 어떻게 자라났는지에 대한 언급은 누가복음에만 나옵니다. 그리고 12살 어린 시절에 있었던 일도 오직 누가만 기록했습니다. '아기가 자라며 강하여지고 지혜가 충족하며'(40)라고 했는데, 그 지혜가 얼마만큼 충만했는지에 대한 예가 12살에 예루살렘 성전에서 여러 선생들과 토론했던 사건입니다. 그들이 다 그 지혜를 기이히 여기더라고 했습니다(47).

그 후 예수님은 나사렛에서 육신의 부모인 요셉과 마리아를 순종하며 받들었습니다. '순종하여 받들다'(υποτασσομενοs)는 수동태, 미완료인데 그 당시 이후 계속해서 공생애 시작까지 순종하며 섬겼다는 것을 말합니다. 예수님은 변함이 없었습니다. 이렇게 예수님은 효자였습니다. 효자 예수님 앞에 우리도 효도하는 성도, 은혜를 잊지 않는 성도가 되어야 하겠습니다.

47강
너희는 주의 길을 예비하라! (눅 3)

마태복음은 '임마누엘'로 시작해서(1:23), '임마누엘'로 마칩니다(28:20). 마가복음은 '복음'으로 시작해서(1:1), '복음'으로 마칩니다(16:15). 누가복음은 '성령 충만'으로 시작해서(1:15), 그것으로 마쳐집니다(24:49). 누가복음에는 한 가지가 더 있습니다. '죄 사함을 얻게 하는 회개'로 시작해서(3:3), 이것으로 마칩니다(24:47).

3장에 나오는 '죄 사함을 얻게 하는 회개'는 세례요한의 사역입니다. 세례요한이 이러한 일의 포문을 열었습니다. 이렇게 해야만 주님을 맞이할 준비가 되기 때문입니다. 그래서 그의 설교 첫마디가 '회개하라!'라는 외침이었습니다. 마지막에 나오는 '죄 사함을 얻게 하는 회개'는 제자들이 감당해야 할 사역입니다. 이런 회개가 예루살렘에서 시작하여 모든 족속에게 전파될 것이라고 하셨습니다. 부활하신 예수님이 제자들에게 이러한 일을 계속하라고 당부하셨습니다. 복음 전파의 다른 표현입니다. 회개해야 복음을 받아들일 수 있고, 회개해야만 구원의 길에 들어설 수 있기 때문입니다.

세례요한의 이런 사역을 이사야는 이렇게 표현했습니다. 골짜기가 메워지고, 모든 산과 작은 산은 낮아지고, 굽은 것은 곧아지고, 험한 길이 평탄하여질 것이라고 했습니다(4-5). 이것은 바뀌어지는 사람의 마음을 이렇게 표현했습니다. 높아진 마음은 낮아지고 낮은 마음은 채워지고, 굽은 마음과 험한 마음은 바르게 되고 평탄하게 된다고 했습니다. 이렇게 해야만 '주의 길을 예비하게' 됩니다. 이 모든 것은 회개로 됩니다. 낮아지는 것도, 높아지는 것도, 곧게 되는 것도, 평탄하게 되는 것도 다 회개하면 이렇게 됩니다. 회개의 눈물이 이렇게 만듭니다. 누가는 회개를 이렇게 귀하게 보았습니다. 그래서 누가복음에는 회개가 어느 성경보다 많이 나옵니다.

독사의 자식들아!

마태는 세례를 받으러 나오는 바리새인과 사두개인을 향하여 세례요한이 이렇게 말했습니다. 그런데 누가는 '무리들'을 행하여 이렇게 말했다고 했습니다(7). 그 무리들 중에 사리새인과 사두개인이 있었기 때문입니다. 왜 세례요한은 이렇게 말했을까요? 그것은 진정으로 회개하지 않고 세례를 받는 행렬에 서 있었기 때문입니다.

회개에는 합당한 열매가 맺혀야 하는데, 이들은 이런 열매가 없었습니다. 오히려 그들은 어떻게 말하는지 지켜보고, 어떻게 행하는지 감시하고 있었습니다. 그러면서도 자기들의 잘못을 깨닫지 못하고 그들의 행동을 정당한 것으로 알고 있었으니까 이런 말을 들을 수밖에 없었습니다. 이런 말을 들었을 때에라도 회개하면 되는데 그들은 그렇게 하지 않았습니다. 마음속에 적개심만 더 키워갔습니다.

회개는 다른 사람들이 하고...

책망은 바리새인과 사두개인을 향해서 했는데, 이 말씀으로 찔림을 받고 회개한 사람들은 세리와 군병들과 무리들이었습니다. 이들은 '그러면 우리가 무엇을 하리이까?' 하는 말을 공통으로 했습니다(10,12,14). 세례요한은 그들에게 부당하게 하지 말라고 했고, 무리에게는 선을 베풀며 살라고 했습니다.

교회에서 목사님이 책망하면 진짜로 회개해야 할 사람은 먼 산을 보고 있는데, 엉뚱한 사람이 회개하는 것을 봅니다. 회개할 사람은 회개가 쉬운데, 회개하지 않으려는 사람에게는 회개만큼 어려운 것이 없습니다. 요한계시록에 재앙을 당하면서도 회개하지 않는 사람들이 나오는데, 그들은 절대로 회개하지 않았습니다. 그래서 결국은 영원한 심판을 당하게 되는 것입니다. 회개는 은혜의 지름길입니다.

울면 다 해결됩니다. 원한도 눈물 앞에서는 힘을 발휘하지 못합니다. 울면 문제가 해결되고, 문이 열리고, 기도가 응답 되고, 은혜가 주어집니다. 우리는 회개하면서 울어 본지가 언제입니까? 언제 울고 아직 그대로입니까?

나보다 능력 많으신 분

세례요한은 아직 예수님을 만난 적이 없었습니다. 예수님이 공사역을 시작하기 이전이었으므로 그의 말씀을 들은 적도 없었고, 병을 고치거나 귀신을 쫓아내는 것을 본 적도 없습니다. 그런데도 세례요한은 예수님을 자기보다 능력이 많은 분으로 바로 알아보았습니다. 얼마나 높은 분인지 자기는 그분의 신발 끈도 풀 자격이 없다고 했습니다. 성령이 알게 하시면 이렇게 됩니다. 경험해서 아는 것이 아니며, 눈으로 보고 아는 것도 아닙니다.

세례요한은 예수님을 불과 성령으로 세례를 주실 분이라 했는데, 이 말씀은 오순절에 성취되었습니다. 자기의 타작마당을 정하게 하여 쭉정이는 꺼지지 않는 불에 태우는 분이란 심판주를 말합니다. 세례요한은 거의 완벽하게 예수님을 이해했습니다.

누가복음의 계보 (23-38)

마태복음은 아브라함에서 시작해서 아래로 내려가고, 누가복음은 요셉으로 시작해서 위로 올라갑니다. 위로 올라가서 그 끝이 하나님입니다. 사람의 계보에 어떻게 하나님이 언급됩니까? 그것은 하나님이 사람을 만드신 분으로 인류의 기원이 되시기 때문입니다.

마태는 계보를 14대로 나누었는데, 누가는 그런 작업을 하지 않았습니다. 마태의 계보와 차이가 나는 이유는 다윗 이후로 달라지기 때문입니다. 마태는 다윗 다음으로 솔로몬을, 누가는 다윗 다음으로 나단을 기록했습니다. 마태는 요셉의 가계를, 누가는 마리아의 가계를 적었다고 합니다. 누가복음에는 여자의 이름이 없습니다.

지금 우리는 세례요한과 같이 주의 길을 예비하는 일을 합니다. 높아진 것은 깎아내리고, 낮아진 것은 돋우고, 곧게 하고 평탄하게 합니다. 회개하도록 돕는 일이 우리의 주 사역입니다. 누구나 회개는 안 하려고 하고, 어려워하고, 부담스러워합니다. 그래도 안 할 수가 없습니다. 회개의 문을 넘어야 은혜의 세계로 들어가기 때문입니다. 어떻게 하면 잘할 수 있을까요? 성령님의 도움을 받으면 됩니다. 내 힘으로는 절대로 할 수 없지만, 성령님이 도와주시면 됩니다. 성령이 역사하시면 이상한 일이 일어납니다. 우리는 성령님의 역사로 앞으로 아주 놀라운 일들을 우리의 현장에서 경험하게 될 것입니다. 성령님은 보혜사이기 때문입니다.

48강
이는 그 말씀이 권세가 있음이러라! (눅 4)

이 장에서부터 예수님의 공생애가 시작됩니다. 그래서 4장에는 예수님이 받은 시험과 전도 그리고 귀신 추방 등이 기록되어 있습니다. 이것을 두고 초기 갈릴리 사역이라 말합니다. 예수님은 자라나신 곳 나사렛에 가셨습니다. 누가는 그곳을 '자라나신 곳'이라고 했는데, 2장에서 베들레헴 탄생을 자세하게 설명했기 때문에 나사렛은 고향이 아니라 자란 곳이라고 분명하게 구분했습니다. 누가만 이렇게 말했습니다. 예수님은 나사렛을 2번 방문하셨습니다. 1차 방문은 누가복음 4장(본문)이고, 2차 방문은 마가복음 6장과 마태복음 13장에 기록되어 있습니다. 2차 방문은 2차 갈릴리 사역과 3차 사역 사이에 이루어졌습니다. 1차 방문했을 때는 성경을 읽고 설명했으나 2차 방문에는 이런 일이 없었고, 동네 사람들이 예수님을 받아들이지 못하고 이상하게 생각하는 반응만 적혀 있습니다.

예수님은 회당에서 이사야의 글을 '찾아서' 읽었으며 '이 글이 오늘날 너희 귀에 응하였다'라고 했습니다. 그 구절을 '찾았다'는 것은 그 구절이 어디에 있다는 것을 잘 아셨다는 말입니다. 이것은 예수님이 성경을 다 알고 계셨다는 증거입니다. 말씀을 들은 사람들의 반응입니다. '저희가 그 가르치심에 놀라니 이는 그 말씀이 권세가 있음이러라'고 했습니다(32). 하나님의 아들이 전하는 말씀이 권세가 없을 리가 있겠습니까? 우리는 절대로 '멀쩡한 사람을 재우는 능력'을 개발하고 신장시키려 해서는 안 됩니다. 이런 능력은 하루아침에 나타나는 것이 아니라 수년간의 수련이 필요합니다. 우리가 전하는 말에 권세가 나타나지 않으면 이렇게 됩니다. 이런 일을 수년간 수련하는 일이 우리의 역할이 되어서는 안 되겠습니다.

예수님이 받으신 시험

예수님은 아담이 에덴동산에서 실패한 것을 광야에서 3번의 시험을 통해서 회복하셨습니다. 40일 금식 후에 바로 시험이 있었습니다. 아담과 하와의 시험은 먹음직, 보암직, 지혜롭게 할 만큼 탐스러움입니다(창3:6). 예수님의 시험도 3가지입니다. 먹는 시험, 천하만국을 보여 주는 시험, 기록된 말씀을 시험해 보라는 지혜를 탐하는 시험입니다. 요한1서 2장 16절에는 '육신의 정욕, 안목의 정욕, 이생의 자랑'이라는 말씀이 나옵니다. 이렇게 3부분의 말씀이 서로서로

다 연결됩니다.

시험에 대한 누가복음의 특징은 '사람이 떡으로만 살 것이 아니라'는 말씀은 있지만, '하나님의 입으로 나오는 모든 말씀으로 살 것이니라'는 말씀은 없습니다. 두 번째와 세 번째 시험이 바뀌었습니다. 마귀는 천하만국을 순식간에 보여 주며 '이것은 내게 넘겨준 것이므로 내 것이라'고 거짓말을 했습니다. '마귀가 모든 시험을 다한 후에 얼마 동안 떠나니라'(13)는 말씀은 누가복음에만 나옵니다.

나사렛 전도 (16-30)

첫 번째 나사렛 방문은 누가복음에만 있기 때문에 비교 대상이 없습니다. 누가는 그곳에서 있었던 일들을 아주 자세하게 설명했습니다. 성경을 찾아서 읽었다는 것, 그 사람들이 의아하게 생각할 때 '의원아! 네 병을 고쳐라'는 말씀을 하신 것과 엘리야와 엘리사 시대에 있었던 일을 예로 들었습니다. 동네 사람들이 예수님을 죽이려고 낭떠러지까지 끌고 갔습니다. 첫 방문부터 심상치가 않았습니다. 그러나 예수님은 그 뒤에 또 한 번 그곳을 방문하여 말씀을 전했습니다. 자라나신 곳을, 그리고 그 동네 사람들을 얼마나 사랑하셨는지를 짐작할 수 있습니다.

귀신의 고백

신약 성경에서 귀신을 말할 때 따라 나오는 말이 있습니다. 그것은 '더러운'이라는 말입니다. 귀신은 밝은 것을 좋아하지 않고, 어두운 곳, 구석진 곳, 밤을 좋아합니다. 성격이 더러울 뿐 아니라 행동도 더럽습니다. 귀신 든 자에게서 나는 냄새는 세상에서 잘 맡을 수 없는 지독하고, 독특한 냄새입니다. 씻는 것을 싫어하고 더러운 것을 좋아합니다.

이런 귀신이 예수님은 정확하게 알아봤습니다. 예수님이 어디에서 성장했는지를 알고 나사렛 예수라고 불렀습니다. 이것은 사람 예수님을 아는 것을 말합니다. '나는 당신이 누구인 줄 아노니 하나님의 거룩한 자입니다'(34)라고 했습니다. 귀신이 귀신같이 알아봤습니다. 이것은 예수님의 신성을 아는 것입니다. 41절에는 여러 귀신들을 추방한 것이 기록되어 있는데, 그곳 귀신은 예수님을 '당신은 하나님의 아들입니다'하고 말했습니다. 이 정도 알면 예수님에 대해서 모두 아는 것이라 할 수 있습니다. 그래서 귀신은 예수님을 두려워했고, 한 마디의 명령에 그대로 복종의 정도를 넘어 굴종했습니다.

'일일이 그 위에 손을 얹으시고...' (40)

예수님은 아침부터 귀신을 쫓아내고, 병자들을 치유하시는 사역으로 바쁜 하루를 보내고 해가 지려는 저녁이 되었습니다. 이때가 되면 피곤이 몰려옵니다. 그렇지만 예수님 주변에는 많은 환자들이 치유의 은혜를 받고자 몰려왔습니다. 예수님은 한꺼번에 '자! 아픈 곳에 손을 얹으세요' 하고 집단적으로 기도하지 않았습니다. 그 뒤에도 한 번도 이렇게 하신 적이 없습니다. 피곤하지만 '일일이' 그들에게 손을 얹어서 고쳐주셨다고 했습니다. 우리는 예수님을 본받아서 이런 일에 귀찮아하지 않아야 되겠습니다.

이런 바쁜 날들이 지나고 날이 밝았습니다. 좀 더 자고 싶은 새벽입니다. 그러나 예수님은 일어나서 한적한 곳에 가셨습니다. 누가는 그냥 그곳에 갔다고만 적었는데, 다른 성경을 참고해서 보면 (막1:35), 예수님은 그곳에 기도하기 위해서 가셨습니다. 기도는 예수님의 능력의 원천이었습니다. 예수님이라고 그냥 권세가 나타나는 것이 아니라 우리와 같은 인성을 가졌으므로 기도해야 했습니다. 누가는 곳곳에서 예수님이 이렇게 기도하셨고, 이를 통해서 예수님은 능력을 공급받았다는 것을 말했습니다. 예수님도 이러하셨는데 우리는 더 말할 필요가 없습니다. 새벽잠을 깨워서 능력을 공급받읍시다.

49강
말씀에 의지하여 그물을 내리리이다. (눅 5)

누가복음에는 예수님이 제자들을 부르시는 모습이 조금 다르게 나옵니다. 베드로의 경우 먼저 기적을 경험하게 한 후에 그를 불렀습니다. '이제 후로는 네가 사람을 취하리라'(10)라고 하셨습니다. 그랬더니 '저희가' 배들을 육지에 대고 예수님을 좇았다고 했습니다. 기적을 경험한 사람은 베드로인데 어떻게 해서 저희들일까요?

야고보와 요한은 기적을 간접적으로 경험했습니다. 그들은 베드로가 기적을 경험할 때 그 주변에 있었습니다. 베드로가 이들을 불러서 잡은 물고기를 자기들의 배에 실었습니다. 베드로보다는 덜 놀랐겠지만, 기적의 충격은 이들에게도 상당한 영향을 미쳤습니다. 그래서 예수님의 말씀에 이들도 베드로와 함께 배들을 버려두고 예수님을 따랐으며, 이렇게 해서 4명의 제자가 확보되었습니다.

누가복음에는 이렇게 제자들을 부르시는 모습이 조금 다르게 소개된 이유는 요한복음 1장에서 예수님과 최초의 접촉이 있은 뒤에 이루어진 일을 설명하는 것이기 때문입니다. 27절에는 세리 마태가 부름을 받고 예수님의 제자가 됩니다. 그러니까 누가복음 5장에는 5명의 제자들이 부름을 받는 모습이 실려 있습니다.

베드로가 경험한 기적 (1-11)

베드로가 경험한 엄청나게 많은 물고기를 잡은 기적 안에는 5가지 기적이 담겨 있습니다.

첫째는 한 마리도 안 잡히는 기적입니다. 이것은 예수님의 말씀에 따른 것이고, 명령에 따라서 물고기가 움직였기 때문입니다. 밤새 그물을 던졌는데 어떻게 피라미 한 마리도 안 잡혔을까요? 기적이 아니고는 있을 수 없는 일입니다.

두 번째 기적은 그물이 찢어졌는데 물고기가 도망가지 않은 기적입니다. 그물이 찢어질 정도가 아니라 아예 찢어졌습니다(눅5:6). 물고기가 찢어진 그물을 통해서 다 빠져나가 버린다면 물고기를 그렇게 많이 잡을 수가 없습니다. 그런데도 엄청나게 잡았습니다. 기적이 아니고는 있을 수 없는 일입니다.

세 번째는 물고기가 엄청나게 잡힌 기적입니다. 예수님의 말씀에 따라서 깊은 대로 가서 그물을 내린 결과 이렇게 되었습니다. 하나도 안 잡히던 물고기가 일시에 다 잡혔습니다. 이것이 바로 말씀의 능력입니다.

네 번째는 베드로의 굴복입니다. 베드로는 기적을 경험하고 난 뒤에 바로 예수님의 거룩함과 자기의 죄인됨을 알았습니다. 그래서 자기를 떠나 달라고 부탁했습니다.

다섯 번째는 옆에 있던 친구들의 반응입니다. 이들은 기적을 경험한 주인공이 아니기 때문에 그냥 감탄만 하고 옆에 있어야 할 사람들인데 이들도 베드로와 함께 예수님을 따라나섰습니다. 사람의 마음이 바뀌는 것이 물고기를 많이 잡는 것보다 더 놀라운 기적입니다.

말씀에 의지하여

베드로는 이제 작업을 마치고 그물을 씻고 있었습니다. 그럴 때 예수님이 베드로에게 오셨고 배를 좀 빌리기를 청했습니다. 청중들은 바닷가에 있고, 예수님은 배 위에서 말씀을 전했습니다. 배 주인인 베드로는 당연히 배에 있어야 했습니다. 예수님 가장 가까이 있었던 사람은 베드로입니다. 베드로는 가장 가까운 곳에서 예수님의 모습을 아주 생생하게 보았습니다. 이날 가장 큰 은혜를 받은 사람은 베드로였습니다.

예수님은 베드로에게 배 빌린 삯을 주시려고 했습니다. 예수님께는 공짜가 없습니다. 그래서 깊은 곳에 가서 그물을 내리라고 하셨습니다. 베드로는 '우리가 밤새도록 그물을 던졌어도 잡은 것이 없지만 말씀에 의지하여 그물을 내리겠습니다'(5) 하고 대답했습니다. 이럴 때 베드로의 마음을 움직인 '말씀'은 베드로가 언제 들을 말씀일까요? 예수님이 언제 하신 말씀이 그물을 씻어서 일을 마친 베드로의 마음을 그렇게 움직였을까요? 우리는 '깊은 데로 가서 그물을 내려라'라는 말씀이라고 생각하지만, 그것은 베드로에게 하신 명령입니다. 이 명령을 따르도록 베드로의 마음을 움직인 그 말씀이 무엇이냐는 겁니다. 그것은 좀 전에 배에서 들은 예수님의 말씀이었습니다. 그때 베드로는 최고의 은혜를 받았고, 그 말씀으로 무엇이든지 하고자 하는 마음이 생겼습니다. 이것이 바로 말씀의 능력입니다. 말씀이 능력으로 임하면 이렇게 됩니다.

물속에서 일어난 일

그날 물속에서는 아주 놀라운 일이 일어났습니다. 예수님의 말씀에 따라서 물고기들이 순식간에 그물 안에 들어가야 했습니다. 그래서 물고기들이 새치기하고, 서로 밀고, 땡기고, 잡고, 넘어지고, 자빠지고, 엎어지고, 붙잡고 늘어지고 난리가 났답니다. '밀지 마라, 와 이렇게 밀어대노?' '허 참! 나 한테 그런 말을 하지 마라. 내가 미는 게 아니라 지금 나도 밀리고 있다.' '우리 질서를 좀 지킵시다!' '워따매! 질서를 지켜 가꼬 우째 그물 안에 다 들어간단강... 말이 되는 말을 해야제!' '우물쭈물할 시간이 없어! 비집고라도 속히 들어가야 돼.' 그날 물속의 광경입니다.

이렇게 해서 그물 안에 그 많은 물고기들이 다 들어갔다는 거 아닙니까? 이렇게 아니하고는 그 많은 물고기들이 그 짧은 시간에 그물 안에 다 들어갈 수 없습니다. 물고기들은 이렇게 순종을 잘합니다. 잡히지 말라고 하니까 이리저리로 피해서 한 마리도 잡히지 않고, 잡혀라 하니까 기를 쓰고 들어가서 그물 안에 있고. 불순종하고 거역하는 것은 사람밖에 없습니다. 우리가 물고기만도 못해서 되겠습니까?

물러가 기도하신 예수님 (16)

누가는 예수님이 기도하셨다는 것을 다시 한번 기록하고 있습니다. 앞장 42절에서 예수님은 한적한 곳에 가서 새벽에 기도하셨습니다. 16절에 또 예수님이 기도하셨다는 것이 나옵니다. 이때는 새벽 시간은 아니었습니다. 이렇게 예수님은 기도하셨고, 누가는 예수님의 기도를 이렇게 자주 언급하고 있습니다. 누가가 예수님의 기도를 어디에 어떻게 배치하고 있는지 보십시오. 나병환자를 고치신 것과 중풍 병자를 치료하시는 사건 사이에 두고 있습니다. 이렇게 해서 예수님의 능력이 기도에서 온다는 것을 강조했습니다. 병자를 고치는 사이에 예수님은 기도하셨습니다. 고치고 난 뒤에도 기도하셨고, 치료하기 전에도 기도하셨습니다.

두 가지 비방과 여러 가지 답변 (29-39)

바리새인들이 '너희가 어찌하여 세리와 죄인과 함께 먹느냐?' 하고 제자들을 비방했습니다. 또 한 가지로 '요한의 제자는 자주 금식하는데 당신의 제자들은 먹고 마시느냐?'(33) 하고 예수님께 말했습니다. 예수님은 병든 자에게라야 의사가 필요하다고 하셨고, 신랑이 빼앗길 날에는 금식할 것이라 답변하셨습니다. 이어서 새 옷 조각을 낡은 옷에 붙이는 자가 없고, 새 포도주는 새 부대에 넣어야 한다고 대답하여 더 이상 비방하지 못하게 그들의 입을 막았습니다.

예수님이 누구신지를 모르면 이렇게 하는 일마다 못마땅하게 보입니다. 우리는 예수님의 모든 말씀이 은혜롭게 들리니 이 얼마나 놀라운 은혜입니까? 이 은혜를 잘 간직합시다.

50강
누르고 흔들어 넘치도록 하여... (눅 6)

누가복음 6장에는 2가지 논쟁과 한 가지 기적, 그리고 12 제자의 선택과 산상 설교가 있습니다. 이 부분은 다른 복음서와 비교하여 크게 다르지 않지만, 누가만의 특색이 몇 군데 나타납니다. 예수님이 회당에서 손 마른 사람을 치유하실 때 다른 복음서는 '한편 손 마른 사람'이라고 했는데, 누가복음에는 그 손이 오른쪽 손이라 했습니다. 의사의 시각입니다. 누가는 예수님이 '평지에 서서'(17) 설교를 하셨다고 하여 산 위에서 말씀을 전했다는 마태와 차이가 나지만, 그것은 산 위에 있는 평지라고 보는 것이 적당하겠습니다.

마태는 '심령이 가난한 자'라고 했는데, 누가는 그냥 '가난한 자'라고 하여 재물과 마음의 가난이라는 구분을 없애고 그 둘을 포함해서 말했습니다. 마태복음에 나오는 '~ 하였다는 것을 너희가 들었으나 나는 너희에게 이르노니' 하는 6가지 말씀의 형태는 누가복음에는 없습니다. '주라!'는 명령을 실천하는 자에게 아주 놀라운 방법으로 채워주신다는 말씀은 누가복음에만 있습니다. 하나를 나누어 주고 여럿을 돌려받는다는데 안 할 이유가 없습니다. 예수님의 약속이니까 하기만 하면 틀림없이 받게 될 것입니다. 희에게 이르노니

안식일 논쟁 (1-11)

안식일 논쟁은 2가지입니다. 하나는 제자들이 배가 고파서 밀 이삭을 잘라 먹은 것에 대해서 바리새인들이 비방했고, 또 한 가지는 예수님이 안식일에 병 고친 것을 두고 그들은 또 트집을 잡았습니다. 그들이 볼 때는 명백하게 안식일을 범한 사례가 되기 때문입니다. 예수님은 제자들이 배가 고파서 밀 이삭을 잘라 먹은 사건에서는 다윗이 제사장 외에 먹지 못하는 진설병(陳設餠, shewbread)을 먹은 예를 들어 답변하셨습니다. 안식일에 병자를 치료한 사건에서는 '안식일에 선을 행하는 것과 악을 행하는 것 생명을 구하는 것과 멸하는 것 어느 것이 옳으냐?'(9) 라고 말씀하셨습니다.

예수님이 왜 다윗의 예를 들었을까요? 그것은 사역의 마지막 주간에 다윗의 예를 들 것이기 때문입니다. 다윗은 사실 율법을 어겼습니다. 그러나 이들은 다윗이 이렇게 행한 것을 두고 율법을 범했다고 말하지 않았습니다. 이런 다윗이 메시야를 주님이라 불렀습니다(20:41). 다윗도 이렇게 자유한데, 안식일의 주인이 자유롭게 행하지 못하겠습니까?

네 손을 내밀라! (6-11)

안식일 준수는 서기관들과 바리새인들이 생명과 같이 중히 여겼습니다. 이런 사람들이 예수님께 와서 안식일을 지키나 안 지키나 지켜보고 있었습니다. 예수님은 이들의 이런 행동과 관계없이 그 사람에게 명령하셨습니다. '일어나서 네 손을 내밀라' 이것은 그 사람들의 관점에서 보면 안식일에 해서는 안 되는 일이었습니다. 그러나 안식일의 주인이 볼 때는 병에서 해방되어 참 안식을 경험하게 하는 일이므로 당연히 해야 될 일이었습니다. 이들은 이런 일을 본 뒤에 분기가 가득하여 어떻게 예수님을 처치할 것인지를 의논했습니다(11).

예수님의 기도 (12)

누가는 또 예수님이 기도하셨다는 것을 언급하고 있습니다. 예수님은 무슨 중요한 일이 있을 때 항상 기도하셨습니다. 이번에는 무슨 일이 있었을까요? 예수님은 제자 선택을 앞두고 기도하셨습니다. 그 일의 중요성 때문에 예수님은 밤을 새우며 기도하셨습니다. 새벽기도에 이어 철야 기도입니다. 가룟 유다가 자신을 팔 것이므로 그 제자를 두고 가장 오랫동안 기도하셨습니다. 누군가는 예수님을 팔아 넘겨야 되겠지만, 그것이 3년을 따라다닌 제자 중에서 한 사람이라니 참 기가 막히는 일이 아니겠습니까? 다 아시는 예수님이 그래서 밤을 새워 기도하셨습니다. 기도는 능력의 원천이기도 하지만, 하나님의 뜻을 받드는 순종의 힘이기도 합니다.

4복 4화 (20-26)

마태복음에는 8가지 복이 나오지만, 누가복음에는 4가지 복에 4가지 화가 있습니다. 예수님은 세상 가치로 복이 아니라고 생각하는 가난, 기아, 애통, 모욕이 복이라고 하셨고, 이런 사람이 복된 사람이라고 하셨습니다. 어떻게 이것이 복이 될까요? 예수님은 또 부, 물질적 만족, 희열, 칭찬이 화라고 하셨으며, 이런 사람에게 화가 있다고 하셨습니다. 우리가 생각하는 복이 어떻게 화가 될까요? 예수님이 복이라고 하신 이유는 그런 사람이 그것 때문에 복을 받을 수 있기 때문입니다.

예수님이 우리가 복된 사람이라고 말하는 사람에게 화라고 하신 이유는 그것 때문에 진정한 복을 받을 수 없기 때문입니다. 복 받을 자리로 나아오는 길에 그것이 최대의 장애물이 되기 때문입니다. 그렇다면 우리는 이미 복 받은 사람이 맞고, 앞으로 복 받을 사람이 틀림없습니다.

후히 주시는 분 (38)

27절부터 38절까지는 18가지 명령어가 나옵니다. 하라, 주라, 하지 말라는 명령입니다. '원수를 사랑하라'는 2번 나옵니다(27, 35). 강조하는 것은 중요하기 때문입니다. 18가지 명령 중에서 마지막에 나오는 명령은 이 모든 명령의 결론과도 같습니다. 우리가 너무나도 좋아하는 말씀입니다. '주라! 그리하면 너희에게 줄 것이니 곧 후히 되어 누르고 흔들어 넘치도록 하여 너희에게 안겨주리라'. 여기에는 언어의 중첩이 반복되어 나타납니다. 후히 되는 것만 해도 많이 주는 것인데, 그것에 더하여 누르고 흔들어서 넘치도록 준다고 했습니다.

어린 시절 우리 집은 농사를 지었는데 햇볕에 말린 벼를 가마니에 담을 때 가마니를 잡고 들었다가 놓기를 반복하기도 하고, 또 지게 작대기를 가마니에 꽂아 흔들면 구석까지 다 채워지게 됩니다. 이렇게 하는 것이 바로 '누르고 흔드는 것'입니다. 넘치도록 주기 위해서 이렇게 하신답니다. 너무 많이 담았기 때문에 받을 때 잘못하면 다 흘리게 됩니다. 그래서 고이 잘 가져가라고 안겨준다고 했습니다. 주고 또 주고 넘치도록 주고 안겨서 준답니다.

어떻게 하면 이런 복을 받게 됩니까? 그냥 '주라'는 명령에 따라서 주면 됩니까? 구제할 때 이렇게 갚아주신다는 겁니까? 이 말씀은 18가지 명령의 결론이기 때문에 18가지를 하면 이렇게 하신다는 약속입니다. 다른 여러 가지 것들도 사실은 다 주는 것입니다. 사랑을 주고, 복을 빌어주고, 기도해 주고, 뺨도 주고, 속옷도 주고, 용서를 주는 겁니다. 괜히 나 혼자 손해 보는 듯한 마음을 버리고 이렇게 하면, 다 아시고 보시는 분이 이렇게 갚으신다고 했습니다.

예수님이 약속하신 것이 엄청나기 때문에 그것은 탐이 나는데, 실행하기는 쉽지 않습니다. 그러면 예수님이 괜한 상품을 걸어 놓은 겁니까? 아무리 비싼 것을 걸어 놓아도 타 갈 사람이 없을 거니까 그렇게 하신 걸까요? 내 힘으로는 안 됩니다. 내 정신으로도 못합니다. 그러나 성령이 하게 하시면 할 수 있습니다. 성령이 도와주시면 됩니다. 성령 충만으로 이런 상품을 모두 타 가는 일들이 세계 곳곳에서 일어나기 바랍니다.

51강

네 믿음이 너를 구원하였으니... (눅 7)

예수님은 믿음의 행동을 가장 좋아하셨고, 그때의 그 믿음을 최고로 치셨습니다. 믿음만 있으면 죽은 자도 살아나게 되고, 믿음만 있으면 죽을 병도 고침받게 됩니다. 유대인이라고 믿음이 저절로 있는 것도 아니며, 이방인이라고 믿음이 없는 것도 아닙니다. 믿음이 좋을 것 같았던 세례 요한이 장기 투옥으로 메시야로 오신 예수님을 의심했고, 믿음이 없을 것 같았던 죄인으로 불렸던 어떤 여인은 예수님에게서 '네 믿음이 너를 구원하였다'는 말씀을 들었습니다(50). 누구에게 믿음이 있는지, 누구에게 믿음이 없는지는 겉으로 보아서는 알 수 없습니다. 있어 보이는 사람이 없고, 없어 보이는 사람이 있는 것으로 결론이 나기 때문입니다.

평소에는 믿음이 있는지 없는지 알 수 없는데, 어떤 문제가 발생하면 그때 알아보게 됩니다. 발생한 문제 앞에서 그 사람은 어떤 행동을 하게 되는데, 그때 그 사람의 행동에서 믿음이 나타나게 됩니다. 믿음은 문제 앞에 빛을 발합니다. 그리고 그 믿음이 그 사람을 이끌어갑니다. 믿음이 있는 사람은 믿음의 말과 믿음의 행동을 하게 됩니다. 가버나움의 백부장이 그랬습니다. 그는 종이 병들어 죽어 가는 사건으로 예수님에게서 믿음의 칭찬을 받았습니다. 최고의 칭찬이었습니다. 왜냐하면 이제까지 보지 못한 믿음의 행동을 했고, 이제까지 듣지 못한 믿음의 말을 했기 때문입니다. 우리는 어떻습니까? 그렇습니다. 일이 터져봐야 압니다. 내 믿음의 밑천이 다 드러나면 안 되겠지요? 그러니까 일이 없는 지금 믿음을 잘 쌓아놓도록 합시다.

백부장의 믿음 (1-10)

이 백부장은 군인이고 이방인입니다. 그렇다면 당연히 하나님을 몰라야 되고, 잘 안 믿는 사람이어야 맞는데 그는 정반대의 사람이었습니다. 그의 믿음은 유대인들을 향한 선행에서 그대로 드러났습니다. 그는 유대 백성의 지도자인 장로들의 친구였고, 남의 나라에 와 있는데도 그 백성들을 위해서 회당을 지어주었습니다. 그는 또 자비로운 사람이었습니다. 종이 아픈데 그냥 지나쳐도 되지만 그는 장로들을 보내어 예수님을 청했습니다. 장로들을 예수님께 보냈다는 것은 누가복음에만 나옵니다.

그런 뒤에 그의 생각이 바뀌었습니다. 마음속의 믿음이 발동했습니다. '굳이 우리 집까지 오실 것 있나? 계신 곳에서 명령만 하면 되지. 군대에서 상관이 명령하면 멀든지 가깝든지, 보든지 안 보든지 명령대로 실행하지 않는가? 예수님의 그 능력으로 명령만 하면 될 것이 아닌가?' 이렇게 생각했습니다. 그래서 사람을 다시 보내서 이런 말들과 함께 오시지 말도록 만류했습니다. 이 말을 듣고 예수님은 감탄하셨습니다. 이방인이 그것도 군인이 어떻게 이런 믿음을 가졌을까? 조금 전에 만난 자기의 동족 유대인이 분기가 가득해서 자신을 죽이려는 사람들과 너무나 대조가 됩니다. 결과는 바로 나타났습니다. 종은 그 순간에 완전히 나았습니다.

나인성 과부 (11-16)

아들이 죽었습니다. 엄마는 과부였습니다. 외아들인데 죽었으니 이제 엄마 혼자 남았습니다. 얼마나 기가 찼겠습니까? 그 동네는 더운 날씨로 인해 사람이 죽으면 당일에 시신을 무덤에 갖다 놓는다고 합니다. 엄마는 울다가 실신하고 정신을 차리면 또 울고 이렇게 장례 행렬을 따라가고 있었습니다. 이런 안타까운 모습을 예수님이 보셨습니다. '주께서 과부를 보시고 불씽히 여기사' (13). 예수님의 마음을 가장 잘 나타내 주는 단어 '스플랑크니조마이' (splanchnizomai, 불쌍히 여기다)' 가 이곳에 나옵니다. 그 여인이 예수님께 간청한 것도 아니고, 아무런 믿음의 행위를 한 것도 없는데 예수님이 청년의 관으로 가까이 가셨습니다. '청년아! 일어나라!' 명령 한 마디에 죽었던 청년이 살아났습니다. 예수님은 자신을 두고 '나는 부활이요 생명' (요11:25) 이라고 하셨는데, 생명이신 분이 죽은 청년에게 생명을 주셨습니다.

이 사건이 우리에게 교훈하는 바가 무엇일까요? 예수님은 이렇게 말 안 해도, 그리고 부탁하지 않아도 불쌍히 여기셔서 은혜를 베푸시는 분입니다. 그런데도 은혜를 받지 못하는 이유가 무엇입니까? 믿음이 없기 때문입니다. 믿음도 없고, 불쌍히 여길만한 것도 없습니다.

우리의 모든 기도를 한 마디로 압축하면 '불쌍히 여기옵소서!' (스플랑크니조마이) 라는 한 마디에 다 담을 수 있습니다. 이 안에 모든 것이 다 포함되어 있습니다. 예수님이 불쌍히 여기시기만 하면 역사가 일어납니다. 예수님의 발걸음을 멈추어 세우는 한마디, 스플랑크니조마이. 우리도 이렇게 기도합시다.

바리새인 시몬의 식사 초대 (36-50)

누가복음에는 바리새인이 예수님을 식사에 초대한 것을 3번 기록하고 있습니다. 이곳과 11장과 14장에 나옵니다. 예수님을 가장 많이 괴롭힌 사람들이 바리새인인데 그런 사람들 중에서 이렇게 식사에 초대한 사람도 있었습니다. 예수님은 이런 사람들을 꺼리지 않고 그들의 초대에 응하셨습니다. 예수님이 그 집에 갔을 때 집주인이 주인공 옆에 있는 조연이었는데, 식사 도중에 갑자기 끼어든 한 여인으로 인해서 조연의 역할이 이 여자로 바뀌었습니다.

이 여인은 예수님께 한마디도 하지 않았습니다. 그저 울었습니다. 식사 자리에서 찔찔 울고 있으니 얼마나 청승맞습니까? 그러나 예수님은 그렇게 보지 않았습니다. 왜냐하면 그렇게 행동하는 이유를 다 아셨기 때문입니다. 그리고 '네 믿음이 너를 구원하였으니 평안히 가라!' 하셨습니다(50). 예수님 앞에서 울었다가 복 받은 여인입니다.

아무도 이 여인에게 믿음이 있는 줄 몰랐습니다. 죄인에게 무슨 믿음이 있겠느냐고 생각했습니다. 그러나 예수님은 감추어져 있는 믿음을 보셨습니다. 드러나지 않는 믿음을 말씀하셨습니다. 한마디도 한 말이 없었지만, 말을 안 해도 다 아셨습니다. 그저 울기만 해도 다 아셨습니다. 죄가 많았던 것도 아셨고 이제는 그 죄가 다 없어진 것도 아셨습니다. 그래서 이렇게 말씀하셨습니다. '네 믿음이 너를 구원하였으니 평안히 가라'. 이 여인은 이후로 그러한 믿음을 가지고 평안한 삶을 살았을 것입니다.

52강
너희 믿음이 어디 있느냐? (눅 8)

앞 장에 이어 믿음에 대한 강조가 계속됩니다. 야이로는 딸이 죽었다는 전갈을 받고 예수님의 '두려워 말고 믿기만 하라'는 말씀에 따랐더니 죽은 딸이 살아났습니다. 12년을 혈루병으로 고생하던 여인은 뒤로 와서 예수님의 옷에 손을 댔습니다. 그 순간 병이 떠나갔습니다. 무슨 수를 쓰도 안 되던 병이 어떻게 된 걸까요? 이유는 단 한 가지. 그 여인의 마음속에 믿음이 있었기 때문입니다. 제자들이 예수님과 함께 배를 타고 가는데 풍랑을 만났습니다. 제자들은 갑자기 닥친 위험 앞에 우왕좌왕, 이리 뛰고 저리 뛰고 난리를 쳤습니다. 예수님은 풍랑을 잠잠하게 한 뒤에 제자들을 나무랐습니다. '너희 믿음이 어디 있느냐?' 제자들에게 믿음이 없음을 나무라셨습니다.

거라사 광인을 온전케 하신 것은 앞 장의 나인성 과부의 아들을 살리신 것과 같은 성격입니다. 예수님께 죽은 아들을 살려 달라고 요청한 이는 아무도 없었습니다. 과부도 울기에 바빠서 예수님이 계신 줄도 몰랐습니다. 예수님은 스스로 장례 행렬을 발견하고 불쌍히 여기는 마음으로 명령했습니다.

이와 마찬가지입니다. 아무도 이 사람을 고쳐 달라고 하지 않았습니다. 제자들은 이 광인이 그곳에 있는 줄도 몰랐습니다. 예수님은 이 사람을 만나기 위해서 특별히 시간을 내셨고, 풍랑을 헤치고 찾아갔습니다. 예수님은 귀신에게 그 사람에게서 나오라고 명령하셨고, 그 사람은 그 순간에 온전한 사람이 되었습니다. 이 사람은 귀신이 들려서 정신없는 행동을 하고 있었을 뿐, 그에게는 믿음도 없었습니다. 그런데도 예수님이 특별 은혜를 베푸신 것은 예수님이 이런 은혜를, 이렇게 베푸시는 분임을 알게 합니다. 가만히 있어도 이렇게 찾아오시는 분인데, 만약 우리가 믿음을 가진다면 어떻게 하시겠습니까? 우리가 믿음을 가지고 기도한다면 과연 어떤 일이 일어나겠습니까?

'자기들의 소유로 저희를 섬기더라!' (1-3)

예수님에게 12명의 제자가 채워졌습니다. 누가복음에 처음으로 나오는 소개입니다. 예수님 주변에는 제자들 뿐만 아니라 따르는 사람들이 많아서 예수님은 대가족을 거느렸습니다. 그러면 당연히 '먹는 문제는 어떻게 해결했을까?' 하는 의문이 생깁니다. 예수님이 능력으로 먹는 문제를 해결하신 것은 단지 두 번밖에 없었습니다. 그 외에는 평소에 하던 대로 음식을 준비해야 했고, 준비하는 사람과 필요 경비가 있어야 했습니다. 이런 의문을 누가가 해결해 주었습니다. 은혜를 입은 여러 여인들이 '자기들의 소유로 저희를 섬기더라'(3)라고 했습니다. 이렇게 봉사하는 고마운 사람들이 있었기에 대가족의 먹는 문제가 해결되었습니다. 그중에는 막달라 마리아도 있었는데 전에 일곱 귀신이 들었던 여인입니다. 예수님이 귀신을 쫓아내 주셨습니다. 그 후로 그 여인은 예수님 곁에서 섬기는 일을 했습니다. 다른 여인들도 병 고침을 받았다고 했습니다. 은혜를 받으면 이렇게 자기 것을 드려서 섬기게 됩니다.

우리나라의 선교 초기에도 병 나은 사람들이 선교사의 조력자가 되었던 경우가 많습니다. 병은 내가 고치는 것이 아니라 예수님이 하십니다. 나는 기도만 하면 됩니다. 그렇기 때문에 우리 주변에 아픈 사람들을 유의해서 살펴봐야 되겠습니다. 그 사람들이 나의 조력자가 될 수 있기 때문입니다.

이적과 비유

누가복음은 10장을 기준으로 앞부분에는 주로 이적이 나오고, 뒷부분에는 주로 비유가 있습니다. 이것을 간단하게 줄이면 '10장 이비야!' 입니다. 우리가 어릴 때 부모님이 '이비야! 손대지 마라'는 말을 많이 들었습니다. 일본 놈들이 조선 사람의 코와 귀를 베어 갔었는데 그 사건을 연상했습니다. 이런 아픈 역사를 기억하려는 것이 아니라 성경을 쉽게 기억하기 위해서 이렇게 했습니다. 10장 앞에는 이적이 많이 있습니다. 그래서 '이' 입니다. 10장 뒤에는 비유가 많이 나옵니다. 그래서 '비' 입니다. 합쳐서 '10장 이비야'입니다.

항상 그런 것처럼 예외가 있습니다. 이적이 많이 기록된 곳에 비유가 나오는데 오늘 살펴보는 8장에 2가지 비유가 바로 그것입니다. 반대의 경우도 마찬가집니다. 비유가 주로 기록된 곳에 기적이 있습니다. 2가지 비유는 씨뿌리는 비유와 등불 비유입니다. 씨뿌리는 비유는 말씀이 전해질 때 반응하는 마음의 상태를 말하고, 등불 비유는 말씀을 받은 사람의 자세를 알게 합니다. 복음을 받은 자는 그 마음에 등불이 켜진 것이나 같습니다. 그렇다면 그 사람은 이제 감추고 살 것이 아니라, 그 빛을 드러내면서 살아야 된다는 말씀입니다.

책망받은 제자들 (22-25)

이 동네는 지형적인 영향으로 지금도 이런 광풍이 일어난다고 합니다. 자연재해는 사람의 힘으로 어떻게 할 수가 없습니다. 비가 와서 홍수가 나고 광풍이 부는 것을 사람이 어떻게 하겠습니까? 제자들은 자연재해로 어쩔 수 없이 당하는 일인데 예수님은 그들의 '믿음'을 지적하셨습니다. 왜 이렇게 하셨을까요? 믿음은 이론이 아니고 실제이기 때문입니다. 알고 있기만 한 것은 믿음이 아닙니다. 믿음은 소장품이 아니고, 장식품도 아니기 때문에 필요할 때는 꺼내서 사용해야 합니다. 제자들은 예수님이 귀신을 쫓아내시는 것을 봤습니다. 그리고 중풍 병자와 나병 환자를 치료하는 것을 목격했습니다. 그렇다면 이런 믿음을 가져야 합니다. '이런 불치의 병을 치료하신 분이 우리와 함께 계시는데 이 풍랑을 잠잠케 못하실까?' '예수님은 5천 명을 먹이신 분인데' 이렇게 하는 것이 바로 믿음을 사용하는 것입니다. 이것이 바로 믿음을 내 삶에 적용하는 겁니다. 제자들은 이렇게 하지 않았습니다. 그래서 예수님이 이것을 꾸중하셨습니다.

우리가 사는 이 세상에는 갑자기 불어닥치는 이런 광풍이 있습니다. 그러나 우리에게는 믿음이 있습니다. 나에게 있는 믿음이 큰 믿음이 아니라는 생각이 듭니까? 이런 문제를 뛰어넘을 믿음이 아니라고 느껴집니까? 사용하는 믿음이 큰 믿음입니다. 내가 당한 문제 앞에서 예수님을 바라보는 것이 큰 믿음입니다. 믿음을 장식품으로 두지 말고 내가 당한 일들 앞에서 사용합시다. 그러면 우리도 큰 믿음의 용사들이 될 것입니다.

53강
예루살렘에서 별세하실 것을 말씀할새 (눅9)

9장은 예수님이 제자들을 전도하도록 보내는 것으로 시작됩니다. 예수님은 보내시기 전에 그들에게 능력과 권세를 주셨습니다. 가야 할 곳에는 귀신이 버티고 있고, 병들이 복음을 가로막고 있기 때문에 능력과 권세를 받지 않고는 전도하러 갈 수도 없고, 할 수도 없고, 해도 결실이 없습니다. 이런 사정을 아시는 예수님이 제자들에게 그들이 가기 전에 권능을 주셨습니다. 제자들이 가서 해야 할 일은 2가지 이었는데, 영적인 면과 육적인 면을 채우는 일이었습니다. 하나님 나라를 전파하는 일은 영적인 만족을 주는 것이고, 앓는 자를 고치는 일은 육적인 문제를 해결하여 만족을 주었습니다. 예수님은 꼭 필요한 것조차 가져가지 말라고 하셨습니다. 그렇게 명령하신 것은 전도의 긴박성 때문이었고, 또 하나님만 전적으로 의지하라고 하셨습니다. 제자들은 나가서 곳곳에 복음을 전하며 병을 고쳤습니다.

제자 파송에 관한 기사는 마태복음에 아주 자세하게 기록되어 있습니다. 그러나 마태복음에는 제자들이 돌아와서 보고했다는 내용은 없습니다. 그것은 누가복음에만 있습니다(10).

오병이어의 기적 (12-17)

예수님은 제자들에게 전도하러 가서 육적 필요를 채워주고, 해결하라고 하셨는데, 이제 그 일을 예수님 자신이 직접 하셨습니다. 무리의 배고픔을 예수님이 해결하셨습니다. 그것이 바로 오병이어의 기적입니다. 제자들은 예수님께 나아와서 통상적인 방법으로 해결할 것을 건의했습니다. 그 방법은 사람들을 흩어 보내서 자기들이 알아서 해결하도록 했습니다. 그곳은 빈 들이라서 먹을 것이 없었고, 사람들은 엄청나게 많았으며, 그 많은 사람이 먹을 것을 어디 가서 구하고 살 수도 없었습니다. 제자들 눈에는 모든 것이 어려움으로 보였기 때문에 자기들로서는 해결할 수 없었습니다. 그래서 그냥 흩어서 보내자고 했습니다. 예수님은 그들을 무리 지어 50명씩 앉도록 했습니다. 마가는 100명 단위를 더 말했는데, 누가보다는 마가가 더 정확했다고 할 수 있습니다.

기적은 예수님이 떡과 물고기를 떼어서 나누어 줄 때 일어났습니다. 마가복음과 같이 누가복음에도 '주다'는 단어가 미완료로 사용되어 계속적인 행동을 의미하고 있습니다.

예수님의 기도 생활 (18)

예수님은 이제까지 한적한 곳에 가셔서 새벽기도를 하셨고(5장), 그리고 밤이 맞도록 철야기도(6장)도 하셨습니다. 18절에도 예수님의 기도 생활이 소개되어 있는데, 이곳에서는 '따로' 기도하셨다고 했습니다. 예수님은 중요한 일을 앞두고 기도하셨습니다. 이번에는 무슨 일이 있었을까요? 그것은 제자들의 신앙 고백을 앞두고 예수님은 이렇게 기도하셨습니다.

이 장에는 예수님의 기도 생활이 한 번 더 나옵니다. 예수님이 제자들을 데리고 산에 가셔서 변화된 모습을 보여주셨습니다. 그럴 때 누가는 예수님이 기도하러 산에 가셨다고 했으며, 기도하실 때 용모가 변화되었다고 했습니다(28). 예수님의 기도 생활을 소상하게 소개하고 있는 누가만 이렇게 표현했습니다.

변화하신 예수님 (28-36)

예수님은 세 명의 제자만 따로 데리고 가셨습니다. 그들은 이제까지 한 번도 본 적이 없는 예수님의 모습을 보았습니다. 아주 놀라운 모습이었습니다. 모세와 엘리야 두 사람이 나타나서 예수님이 예루살렘에서 별세하실 것에 대해서 대화를 나누었습니다. 영이 나타나서 살짝 보여 주고 그냥 지나가는 것이 아니라 주제가 분명한 대화를 주고받았습니다. 십자가는 구원 여정의 절정이므로 구약의 인물인 두 사람에게도 중요한 이슈가 아닐 수 없었습니다.

이들이 이렇게 나타난 의미는 무엇일까요? 베드로가 수난을 말씀하신 예수님을 붙들고 동생 나무라듯이 꾸짖었습니다. 정치적인 메시야 관점으로는 고난당하는 그리스도를 이해할 수 없었기 때문입니다. 이렇게 지상 성도(제자들)가 예수님의 죽으심을 이해하지 못했기 때문에, 천상의 성도가 나타나서 알게 한 것입니다. 그러나 그 당시에는 제자들이 이런 의미조차 알지 못했습니다. 베드로는 '여기가 좋사오니' 하면서 초막 셋을 짓겠다고 했는데 이 말은 베드로 자신도 무슨 말을 하는지 알지 못했기 때문입니다(33). 이런 지적은 누가복음에만 나옵니다.

예수님이 변화되신 사건은 영화의 한 장면처럼 빨리 지나가 버린 것이 아니라 오래 지속된 듯합니다. 그리고 3명의 대화도 잠시 만에 끝난 대화가 아닙니다. 왜냐하면 예수님과 3명의 제자가 산에서 내려온 시간이 '이튿날' 이었기 때문입니다(37). 그러니까 그들은 하룻밤을 그곳에서 지냈습니다. 변화되는 것과 대화가 잠시만에 끝났다면 산에서 바로 내려오지, 그곳에서 밤을 지낼 이유가 없습니다. 이러한 사실도 누가만 알려주고 있습니다.

제자들의 언행 (49, 54)

요한이 예수님께 이렇게 보고했습니다. '어떤 사람이 주의 이름으로 귀신을 쫓아내는 것을 보고 우리와 함께 따르지 아니하므로 금했습니다'(49). 제자들의 입장에서 보면 이들은 아주 불쾌하고 자존심을 상하게 하는 사람들이었습니다. 왜냐하면 자기들은 변화 산 아래에서 아무리 해도 안 되었는데, 제자도 아니면서 주님의 이름으로 귀신을 쫓아냈으니 말입니다.

또 한 가지 사건에서 요한의 이름이 나옵니다. 예수님이 사마리아를 지나서 예루살렘으로 가려고 했습니다. 사마리아라는 곳은 유대인들이 절대로 안 가는 곳입니다. 이렇게 멸시를 받은 사마리아 사람들이 예수님의 일행을 받아들이지 않았습니다. 그럴 때 요한과 야고보가 엘리사 시대의 일들을 기억하고 '하늘에서 불을 내려서' 그들을 로스구이를 만들어 버리자고 제안했습니다(54). 예수님이 별명을 지어 준 대로 우레의 아들이요, 정말 성질이 불과 같습니다.

이러했던 사람이 은혜받고, 성령으로 변화되어 사랑의 사도가 되었습니다. 사도 요한은 이제 입만 열었다고 하면 사랑을 말하는 사람이 되었습니다. 얼마나 놀라운 일입니까? 사랑을 깨달으면 이렇게 됩니다. 예수님이 참으면서 기다린 것은 이렇게 변화될 것을 아셨기 때문입니다. 그에게서 사랑이라는 꽃이 피도록 기다리셨습니다. 우리도 이렇게 변화되어 사랑의 꽃을 피워봅시다.

54강
어린 양을 이리 가운데 보냄과 같다! (눅 10)

누가복음 10장에는 3가지 사건이 기록되어 있습니다. 70인 제자의 파송과 보고, 선한 사마리아인의 비유 그리고 마르다와 마리아에 관한 사건입니다. 70인 제자의 파송에 대한 기록은 누가복음에만 있습니다. 누가는 12 제자의 파송보다는 70인 제자의 파송을 더 자세하게 적었습니다. 마태는 12제자를 보낼 때 '양을 이리 가운데로 보냄과 같다'라고 했는데(10:16), 누가는 그 양을 어린 양이라고 했습니다.

양이 무리 지어 있는 곳에 이리 한 마리가 들어와도 난리가 나는데, 이리 떼 가운데 양이 들어가면 어떻게 되겠습니까? 양은 방어기제가 없는 동물입니다. 뿔이나 이빨이 있는 것도 아니고, 빨리 달리는 긴 다리를 가진 것도 아닙니다. 양은 또 지독한 근시이기 때문에 목자가 인도해 주지 않으면 길을 잘 잃어버리는 짐승입니다. 이런 양을, 그중에서도 어린 양을 이리 떼 가운데로 보낸다는 것은 실로 어리석기 짝이 없고, 무모한 짓입니다. 그런데 예수님이 왜 이런 말씀을 하셨을까요? 이런 것을 아신다면 명령을 취소하던지, 다른 곳으로 보내야 하지 않겠습니까? 결과가 뻔한 일인데 왜 제자들을 그런 곳으로 가라고 하셨을까요?

예수님은 12제자를 파송하실 때 보내기 전에 먼저 '권능'을 주셨습니다. 9장 1절에 '주시고' 그리고 2절에 '보내시며'가 기록되어 있습니다. 이것은 예수님이 파송 전에 반드시 하시는 일의 공식입니다. '반드시 먼저 주시고, 그 후에 보내시는 것'입니다. 이렇게 하지 않으면 어린 양이 이리에게 다 잡혀서 먹히고 말 것입니다. 그러나 권능을 받아서 가면 괜찮습니다. 겁이 나기는 하겠지만 이리가 절대로 함부로 하지 못합니다. 어린 양은 이리 가운데서 예수님이 주신 권능을 나타내게 됩니다. 그리고 그러한 권능이 얼마나 크고 놀라운지를 경험하게 됩니다. 어린 양이 권능을 받으면 더 이상 양이 아니고 호랑이가 됩니다. 이리가 호랑이를 이길 수 있겠습니까? '어린 양과 이리'보다 더 큰 차이가 납니다. 권능을 받아서 가면 아무 문제가 없고, 문제가 있어도 능히 헤쳐나갈 수 있습니다.

70인 제자 파송 (1-16)

이때 쯤에는 12제자 외에 70인의 제자가 있었고, 이들을 파송하여 전도 훈련을 보낼 만큼 일꾼들이 많아졌습니다. 전도자의 유의 사항은 12제자를 파송할 때와 비슷합니다. 아무것도 가지고 가지 말라고 하셨습니다. 전도에 집중하라는 말씀이고, 그곳에 다 있기 때문에 가져갈 필요가 없었습니다. '길에서 아무에게도 문안하지 말며'(4) 라는 말씀이 추가되었습니다. 만나는 사람에게 아는 체도 하지 말라는 말씀인가요? 아닙니다. 인사는 하되 길게 하지 말라는 말씀입니다. 이 동네는 길에서 만난 사람과 인사만 하는 것이 아니라 온 식구의 안부를 다 묻고 근황을 말하기 때문에 아는 사람을 세 사람을 만나면 한나절이 다 가게 됩니다. 그래서야 어떻게 전도를 하겠습니까?

제자들의 보고 (17-20)

70인 제자들이 흥분된 얼굴로 돌아왔습니다. 그리고 예수님께 떨리는 음성으로 보고했습니다. 이들은 예수님의 이름 앞에 귀신들이 신기할 정도로 굴복하고 병든 자에게 손을 얹어 기도하니 병이 떠나가는 것을 경험했습니다. 주시는 권능을 받아서 갔더니 정말 놀라운 일들이 일어났습니다.

말로만 듣던 일들이 자기들 앞에서 일어나는 것을 보고 흥분을 감출 수가 없었습니다. 그래서 첫마디가 '주의 이름으로 귀신도 우리에게 굴복합디다'였습니다(17). 예수님은 '그것이 바로 내가 너희들에게 준 권능의 힘이다'하고 말씀하셨습니다. 70인 제자들에게는 권능을 주셨다는 말씀이 없는데, 귀환하여 보고할 때 예수님의 이 말씀에 따라서 그들에게 권능이 주어졌고, 그들이 받은 권능을 능력 있게 사용했음을 알 수 있습니다.

예수님은 '귀신이 너희에게 항복하는 것으로 기뻐하지 말고'(20)라고 하셨는데, 밖으로 보이는 것으로 기뻐하지 말라는 말씀입니다. 눈으론 볼 수는 없지만 이미 이루어진 일, 곧 생명책에 이름이 기록된 것으로 기뻐하라고 하셨습니다. 그것이 훨씬 더 가치 있고, 훨씬 더 기뻐해야 될 일이라 하셨습니다. 받은 권능 앞에 귀신이 항복하고 도망가는 것은 당연한 일이기 때문입니다. 이때의 제자들 뿐 아니라 사람은 누구나 눈에 드러난 일을 크게 보는 경향이 있습니다. 그렇기 때문에 예수님의 이 말씀은 책망이라기보다는 권고라고 보아야 하겠습니다.

전도해 보면 예수님의 이 말씀을 실감할 수 있습니다. 진리를 아무리 설명해도 받아들이지를 않습니다. 아무리 공을 들여도 예수가 그리스도인 것을 믿지 않습니다. 그런데 이렇게 믿기 어렵고 받아들이기 힘든 것을 나는 어떻게 믿게 되었을까요? 나는 어떻게 받아들였을까요? 신기하고 놀라운 일이 아닙니까? 저렇게 못 믿는 것을, 저렇게 안 믿어지는 것을 나는 추호의 의심 없이 믿고 받아들였으니 말입니다. 전도하면서 느끼는 복입니다.

'너도 이와같이 하라!' (25-37)

어떤 바리새인 율법사가 예수님께 와서 질문을 했습니다. 이 사람은 질문도 잘했고, 대답도 잘했으며 이어서 하는 질문도 조리 있게 잘했습니다. 그런데 문제는 이 모든 것을 '시험하기 위해서' 했다는 것에 있습니다(25). 부자 청년이 영생에 관심을 가지고 예수님께 와서 물었는데, 이 사람도 영생에 관심을 가지고 같은 질문을 했습니다. 예수님은 그 사람에게 '율법에 무엇이라고 기록되었으며 너는 어떻게 읽느냐?' 하고 물었습니다. 그는 율법을 요약하여 하나님 사랑과 이웃 사랑이라 했습니다. 이 사람은 이어서 '그렇다면 내 이웃이 누구입니까?' 하고 질문했습니다. 우리가 보통 생각하는 '내 이웃'은 나에게 잘 해주는 사람입니다. 그러나 예수님은 정반대로 말씀하셨습니다. 내가 도와주어야 할 사람, 나의 도움이 필요한 사람이 내 이웃이라는 겁니다. 그것이 바로 선한 사마리아인의 비유입니다. 비유가 끝난 뒤에 예수님은 그 사람에게 '너도 이와 같이 하라'고 하셨습니다. 선한 사마리아 사람같이 하라는 말씀입니다.

사마리아인이 제사장과 레위인과 달랐던 것은 딱 한 가집니다. 그에게는 '불쌍히 여기는' 마음이 있었습니다. '스플랑크니조마이'가 있었습니다. 이것이 있어야 불쌍하게 여기게 되고, 불쌍하게 여기는 마음이 있어야 다가갈 수 있습니다. 이 마음이 있으면 자기의 시간과 기름과 돈을 쓰고도 아까운 줄을 모릅니다. 강도 만난 사람을 태우기 위해서 자기는 걸어가도 피곤함을 느끼지 않습니다. 이것은 곧 예수님의 마음입니다. 예수같이 되는 것입니다. 예수님은 강도 만난 나를 죽음에서 구하기 위해서 이 땅에 오신 나의 진정한 이웃입니다. 내가 예수님 같이 되어야 하는 이유가 바로 여기에 있습니다.

55강
구하는 자에게 주시는 성령 (눅 11)

누가복음 11장에도 3가지 사건이 기록되어 있습니다. 예수님은 기도에 대한 교훈, 2가지 비방에 대한 반론, 그리고 6가지 화를 말씀하셨습니다. 밤중에 찾아온 친구의 비유는 누가복음에만 나오는데, 이 비유의 주제는 기도입니다. 누가는 예수님의 기도 생활에 대해서 여러 번 언급했습니다.

오늘 이 장에도 나옵니다. 예수님이 한 곳에서 기도하셨는데 기도를 마치자 제자들이 나아와서 기도를 가르쳐 달라고 했습니다. 이런 제자들의 요청에 따라서 우리가 친숙하게 부르는 '주기도문'이 주어졌습니다. 예수님이 기도하신 후에 기도를 가르쳐 달라는 제자들의 요청을 받고 기도문을 주셨다는 것이 얼마나 적당하고 잘 어울립니까? 예수님은 바쁜 일정 가운데에서도 기도하기를 쉬지 않았습니다. 기도가 하나님의 아들에게도 능력의 원천이었습니다. 그래서 예수님은 기도에 게으르지 않았습니다.

예수님은 구하면 받게 되고, 찾으면 찾게 되고, 문을 두드리면 두드리는 그 사람에게 문이 열릴 것이라고 말씀하셨습니다. 응답을 분명하게 약속하신 것입니다. 그리고 마지막에 '하물며'라는 놀라운 말씀을 하셨습니다. 땅에 있는 아버지도 구하는 아들에게 다른 것으로 바꾸어 주거나 속여서 주지 않는데 '하물며' 하늘에 계신 아버지가 구하는 자에게 '성령'을 주시지 않겠느냐고 하셨습니다(13). 마태는 '좋은 것'이라고 했는데, 누가는 그 좋은 것이 '성령'이라고 했습니다. 성령보다 더 좋은 것이 있을 수 없습니다. 구하는 자에게 최고의 선물을 주신다는데 우리가 구하지 않을 이유가 있겠습니까?

주님이 가르쳐 주신 기도 (1-4)

주님이 가르쳐 주신 기도는 마태복음 6장에도 나오는데, 마태의 기도문이 훨씬 더 자세합니다. 기도를 들으시는 대상을 마태는 '하늘에 계신 우리 아버지'라고 했는데, 누가는 그냥 '아버지'라고 했습니다. 그리고 하나님께 관한 3개의 기도문 중에 마지막 기도문인 '뜻이 하늘에서 이룬 것 같이'는 누가복음에 없습니다. 또 누가복음에는 '일용할 양식'을 구하는 부분에서 '오늘'은 빠지고 '날마다'가 더해졌습니다. 용서하는 부분에서도 누가는 '우리에게 죄지은 모든 사람을'하고 '모든'을 덧붙였습니다. 누가복음에는 '우리를 시험에 들게 하지 마옵소서'로 끝나는데, '다만 악에서 구하옵소서'와 '나라와 권세와 영광이 아버지께'가 빠졌습니다. 지금 우리들이 암송하는 주기도문은 마태복음에 기록된 것임을 알 수 있습니다.

시험에 들게 하지 마옵소서! (4)

시험에는 2가지가 있습니다. 유혹해서 넘어뜨리려고 하는 시험이 있고, 단련하기 위한 훈련이 있습니다. 영어로는 'temptation'과 'test'로 구분됩니다. 헬라어도 'πειραζω(페이라조)'와 'δοκιμαζω(도키마조)'로 분명히 구분됩니다. 이곳에 나오는 '시험'은 'πειραζω(temptation)'로서 악의에 찬 시험을 말합니다. 이런 시험은 죄의 유혹으로 시작되고 그 뒤에는 마귀가 있습니다. 주기도문의 이 부분은 이런 유혹에서 우리를 구해 달라는 기도입니다. 마귀가 우리를 넘어지게 하려고 휴일도 없이 열심히 일하고 있기 때문에 우리는 이런 기도를 안 할 수가 없습니다.

밤에 찾아온 친구 (5-8)

이 비유는 기도에 교훈을 더하시려고 주신 비유입니다. 그래서 예수님이 주기도문을 말씀하신 뒤에 '또 이르시되'라는 말씀으로 이러한 비유를 주셨습니다. 그러니까 제자들이 기도를 가르쳐 달라고 했는데, 그 요청에 따라서 주기도문을 주셨고, 이어서 이 비유를 주셨습니다. 이 비유는 성경에 유일하게 누가복음에만 있는데, 이 비유 안에는 성경에서 단지 한 번 사용된 단어가 있습니다. 그것은 '강청하다'는 단어입니다. 더 좋게 번역한다고 작업한 개역개정에는 '간청'이라는 단어로 그 의미를 한 단계 격하시켰습니다. 그런데 원어는 '간청'이나 '강청'으로도 그 뜻을 다 담을 수 없는 독특한 의미를 가지고 있습니다. 원어의 의미는 '때나 장소 사람을 가리지 않고 성가시게 구는 것' '뻔뻔하게' "건방지게'의 뜻입니다.

비유에 나오는 밤에 찾아온 친구가 그랬습니다. 단지 친구라는 이유로 성가시게 굴고 뻔뻔하게 구했습니다. 예수님은 뻔뻔하게 구하는 것 그것 때문에 그 소용대로 얻었다고 했습니다. 뻔뻔한 사람들은 또 있습니다. 중풍 병자를 메고 온 친구들을 보십시오. 철저한 자기중심주의이며 극단적인 이기주의요 새치기의 명수들입니다. 남의 집을 부수기까지 한 몰염치한 사람들입니다. 그런데 예수님은 어떻게 하셨습니까? 그 친구들의 믿음을 보시고 중풍 병자를 고쳐주셨습니다. 그들의 뻔뻔함이 목적을 이루었습니다.

뻔뻔한 기도의 결정판은 십자가상의 강도입니다. 강도질하다가 십자가에 매달린 사람이 어떻게 예수님에게 구할 염치가 있었겠습니까? 조금 전까지 예수님을 욕해 놓고서 말입니다. 그런데도 그는 예수님께 뻔뻔하게 구했습니다. 놀랍게도 예수님은 이 사람의 이런 뻔뻔한 기도를 물리치지 않고 바로 응답하셨습니다. "오늘 네가 나와 함께 낙원에 있으리라!"(23:43). 이 강도는 이 뻔뻔한 기도 덕분에 제1호로 낙원에 들어가는 은혜를 받았습니다.

성경에 단 한 번밖에 나오지 않는 이런 단어를 사용하신 예수님의 의도는 무엇일까요? 그것은 '이렇게 기도하라'는 겁니다. 밤에 찾아와서 계속 문을 두드리는 친구같이, 중풍 병자를 메고 온 친구같이, 십자가상의 강도같이 뻔뻔하게 기도해 보라는 권유입니다. 그렇게 기도해도 내가 응답해 주겠다고 하셨습니다. 어떤 문제는 너무 커서, 어떤 것은 너무 작아서 우리의 기도 제목에서 제외되는 경우가 있습니다. 우리는 이런저런 핑계로 기도 안 하려고 합니다. 예수님의 당부는 그렇게 하지 말고 뻔뻔하게라도 기도하라는 말씀입니다.

2가지 비방과 반론 (14-32)

누가는 특이하게도 2가지 비방을 한꺼번에 묶어서 말했습니다. 하나는 '귀신의 왕 바알세불을 힘입어 귀신을 쫓아낸다'는 것과 '하늘로서 오는 표적을 구하는 것'이었습니다(15-16). 누가는 2가지 비방은 묶어서 간단하게 처리했지만, 예수님의 답변은 자세하게 그리고 길게 적었습니다. 그래서 이것을 하나로 묶지 않고 두 부분으로 나누어서 말씀하셨습니다. 29절의 '무리가 모였을 때에 예수께서 말씀하시되' 하는 이 부분에서 예수님은 자기를 시험하기 위해서 표적을 구하는 사람들에게 반론으로 말씀하셨습니다.

마태는 23장에서 7가지 화를 한꺼번에 적었는데, 누가는 6가지 화를 두 부분으로 나누어서 기록했습니다. 3가지 복을 먼저 말씀하셨습니다. 그리고 어떤 바리새인이 예수님을 식사 자리에 초청했는데, 그곳에서 예수님은 바리새인들에게 3가지 화를 말씀하셨습니다(37-44). 이 말씀을 들은 어떤 율법사가 '이렇게 말씀하시는 것은 우리까지 모욕하시는 것입니다' 하고 언짢은 감정을 드러냈습니다. 그럴 때 예수님은 그 율법사를 향하여 '화 있을진저 너희 율법사여!' 하고 3가지 화를 말씀하셨습니다. 이 말씀의 결과로 서기관과 바리새인들이 예수님께 맹렬히 달라붙었고, '그 입에서 나오는 것을 잡고자 하여 목을 지키더라' 라고 했습니다(53).

56강
내 친구 너희에게 말하노니... (눅 12)

친구는 공통점이 많아야 친구가 됩니다. 같은 연령이라든지, 같은 학교라든지, 한 동네 이웃이라든지. 이렇게 엮여야 친구가 됩니다. 그렇지 않고서는 그냥 아는 사람일 뿐입니다. 지위가 높은 사람과 낮은 사람이 이런 관계없이 친구가 될 수 없습니다. 그런데도 친구가 되는 경우가 있는데, 그것은 높은 분이 낮은 자를 친구로 삼아주면 됩니다.

예수님이 그렇게 하셨습니다. 하나님의 아들이 죄인인 우리들을 친구라고 불렀습니다. 친구가 아니고, 친구가 될 수도 없는데, 예수님이 친구로 삼아주시니 친구가 되었습니다. '내가 내 친구 너희에게 말하노니'(4). 예수님은 나사로를 친구라고 불렀습니다. 그리고 그 친구를 죽은 가운데서 살려주셨습니다. 그 뒤에 예수님은 '너희가 나의 명하는 대로 행하면 나의 친구라' 하셨고 '사람이 친구를 위해서 자기 목숨을 버리면 이에서 더 큰 사랑이 없나니'(요15:13-14)라고 하셨습니다. 나사로는 예수님에게서 친구로 불렸고, 친구이기 때문에 살아났습니다. 친구를 위해서 예수님이 목숨을 버리는 놀라운 은혜를 받았습니다. 친구라면 이런 은혜를 받을 수 있습니다.

찬송가에도 '친구 예수'를 노래한 가사가 많습니다. '죄 짐 맡은 우리 구주 어찌 좋은 친군지', '주님 나와 동행을 하면서 나를 친구 삼으셨네', '귀하신 친구 내게 계시니', '위에 계신 나의 친구' 등 50편이 넘습니다. 나를 친구 삼아주셔서 친구가 되게 하신 나의 친구 예수님. 친구를 위해 목숨까지 버려 최고의 사랑을 나타내 보이신 나의 친구 예수님. 나는 이 좋은 친구를 위해 무엇을 해야 하나요?

'머리털까지도 다 세신 바 되었나니...' (7)

사람은 자기의 머리털이라고 해도 그것을 다 셀 수가 없습니다. 너무 많아서가 아닙니다. 하루에도 몇십 개씩, 매일 빠지고 생겨나기를 반복하기 때문입니다. 만약 세었다고 해도 다음 날 되면 숫자가 틀려집니다. 그래서 사람은 할 수 없지만 하나님은 하십니다. 날마다 숫자가 달라지지만 다 파악하십니다. 이렇게 할 수 있는 분은 하나님 한 분뿐이니 그러니 두려워 말라고 하셨습니다.

참새 다섯 마리가 두 앗사리온에 팔리는 것은 한 마리는 그저 덤으로 얹어주기 때문입니다. 덤으로 주어지는 이 참새는 존재 가치가 없습니다. 잡혀서 죽은 것도 억울한데 이렇게 '째아 주는 것'(덤으로 주는 것)에 쓰이니까 말입니다. '그러나 하나님 앞에는 그 한 마리라도 잊어버리는 바가 되지 않는다'고 했습니다(6). 하나님 앞에 쓸모없는 사람은 하나도 없습니다. 하물며 일꾼으로 부름 받은 우리들은 더 말할 나위가 없습니다. 몸이 아프다고 걱정하지 말고, 사역에 진척이 없다고 염려하지 말고, 열매가 보이지 않는다고 탄식을 말 것입니다. 아파도 내 새끼요, 못나도 내 새끼입니다. 지금 좀 잘하지 못해도 부모는 기대를 버리지 않습니다.

어리석은 부자의 비유 (13-21)

제목을 이렇게 달았지만, 사실 이 사람은 전혀 어리석지 않습니다. 지혜가 있었고 재리에 밝았으며 적소에 투자하고 적기에 증설하고 계획에 철저했습니다. 이 사람은 불법으로 돈을 벌려고 하지 않았으며, 부동산 투기도 하지 않았습니다. 머리 회전이 빠르고 민첩했습니다. 그렇기 때문에 어리석은 사람이 전혀 아닙니다. 그런데 왜 예수님은 이 사람을 어리석다고 했을까요?

첫째 이유는 육체를 위해서 준비한 후 영혼에게 말하고 있기 때문입니다. 육체와 영혼을 구분하지 못했습니다. 풍족한 것이 영혼까지 만족하게 해 줄 방법을 알았습니다. 영혼은 이런 물질적 풍족으로 만족하지 못합니다. 미국의 많은 자살자들을 살펴보면 거지들은 한 사람도 없습니다. 그들은 악착같이 삽니다. 그런데 부자들은 있는 돈으로 온갖 것을 다 해 보고도 만족을 얻지 못하니까 그만 자살로 인생을 마감했습니다. 비유의 부자가 꼭 이런 사람들의 뒤를 따라가고 있습니다. 그 민첩한 머리로 영혼에 대해서 한 번도 생각해 보지를 않았습니다. 이렇게 온갖 것을 다 해봐도 왜 영혼의 만족을 얻지 못할까를 생각해 보지 않았습니다. 그래서 어리석은 사람입니다.

두 번째는 희락을 인생의 최대 행복으로 생각했습니다. 쌓아놓은 재물로 인생을 즐겁게 살 수 있습니다. 그러나 그것이 전부가 아닙니다. 영혼의 만족이 최고 행복입니다. 영혼이 만족하면 물질적 부족은 아무 문제가 되지 않습니다. 영혼의 만족은 길 잃은 영혼이 길을 찾는 것이고, 집 나간 영혼이 집을 찾아 들어가는 것이고, 하나님을 떠난 영혼이 그 영혼을 만든 분을 만나는 것입니다. 이렇게 되면 물질적인 것으로 맛보지 못한 진정한 만족을 누리게 되고, 진정한 희락을 경험하게 됩니다. 이것을 모르니 어리석지요.

세 번째는 제 인생의 마지막을 몰랐기 때문입니다. '오늘 밤에 네 영혼을 도로 찾으리니'(20) 자신에게 남아 있는 수명이 하루밤 밖에 없다는 것을 몰랐습니다. 천년만년 살 것 같이 계획하고, 투자하고, 사업을 확장했지만 그 모든 것은 그만 남의 것이 되고 말 것입니다. 그러니 얼마나 어리석습니까? 우리는 가진 것은 없지만 이 모든 것을 아는 지혜로운 사람이 됩시다.

지혜롭고 진실한 청지기 (42-48)

청지기는 우리가 생각하는 이상으로 대단한 사람입니다. 종이 아니라 고용된 사람입니다. 그렇기 때문에 아무나 세우지 않을뿐더러 아무에게나 이 일을 맡기지도 않습니다. 작은 집에는 청지기가 필요 없지만, 식구가 많고 종들이 많은 큰 집의 살림을 맡아서 관리하는 사람이 청지기입니다. 청지기는 그 집의 모든 재산을 관리하고 수많은 종들을 지휘합니다. 그날 먹을 음식을 정하고 필요한 식자재를 창고에서 내어 줍니다. 그러니까 주인 다음으로 막강한 권세를 가지고 있습니다.

이런 청지기라는 단어를 누가가 가장 많이 사용했습니다. 마태복음에는 단 1회 사용되었는데, 누가는 6번 사용했습니다. 베드로가 1번, 바울이 바울서신 전체에서 2번 사용한 것과 비교하면 누가는 이 단어를 엄청나게 많이 사용했다는 것을 알 수 있습니다.

우리는 이 세상을 청지기로 살아갑니다. 주인은 우리에게 엄청나게 많은 것을 맡겼습니다. 우리는 우리의 인생을, 시간을, 가정을, 자녀들을 맡았습니다. 엄청난 권세도 주셨습니다. 우리가 꼭 기억해야 할 것은 이 모든 것이 내 것이 아니라는 겁니다. 죽을 때 모두 내려놓고 빈손으로 가는 것이 증거입니다. 청지기는 어떻게 하는 것이 잘하는 것일까요? 그것은 업무 처리의 민첩함, 계획의 철저함, 막대한 이익의 창출. 이런 것도 중요하지만 무엇보다도 중요한 것은 청지기는 주인의 뜻을 잘 받들어 행해야 합니다. 주인의 마음을 기쁘게 해 드리는 청지기가 최고의 청지기입니다. 이런 바른 관점을 가지고 청지기 사무를 잘 감당해야 되겠습니다.

57강
내가 두루 파고 거름을 주리니... (눅 13)

누가복음 13장은 두 가지 사건으로 시작됩니다. 한가지 사건은 우발적으로 일어난 사건이었고, 다른 한 가지는 부실 공사였습니다. 2천 년 전에도 부실 공사가 있었는데 18명이 죽었으니 대형 참사라고 할 수 있습니다. 그 당시 사람들은 이런 일이 일어나면 죄에서 그 원인을 찾았습니다. 그 사람들이 그런 일을 당한 것은 그만한 죄가 있었고, 자기들보다 죄가 더 많았기 때문이라고 했습니다.

이들이 말하는 것을 죄가 없는 예수님이 들었을 때는 이것은 아주 심각한 문제가 아닐 수 없었습니다. 왜냐하면 자기들에게는 죄가 없는 것처럼, 또는 자기들은 해당되지 않는 것으로 인식하고 있었기 때문입니다. 그래서 예수님이 '너희도 만일 회개하지 아니하면 다 이와 이 망하리라'(3)라는 교훈을 주셨습니다. 예수님의 강조점은 '회개'에 있었습니다. 회개하면 망하지 않는다고 하셨습니다. 그러나 강조점을 '망하리라'에 두면 갈릴리 사람처럼 혹은 실로암 망대에 치어 죽은 사람처럼 된다는 이상한 해석이 됩니다. 그래서 예수님이 '이에 비유로 말씀하시되'(6) 하는 이어지는 말씀으로 설명을 조금 더 붙였습니다.

한 사람이 특별하게 포도원에 무화과나무를 심었습니다. 신맛이 나는 포도를 먹다가 무화과의 단맛으로 맛의 조화를 이루고 싶었습니다. 그러면 훨씬 더 맛있으니까요. 그런데 3년을 와서 살펴봐도 열매가 없었습니다. 주인은 과원 지기에게 그 나무를 찍어버리라고 했습니다. 그런데 과원 지기는 1년간의 유예 기간을 탄원했습니다. 무화과나무가 찍혀지지 않은 것은 순전히 과원 지기의 탄원 덕분이었습니다. 예수님은 말 안 듣는 바리새인의 죽음을 원하는 것도 아니었고, 예루살렘의 멸망을 바라는 것도 아니었습니다. 오히려 과원 지기처럼 심판의 유예를 탄원하는 분이었습니다. 이곳에 나오는 두 가지 사건과 한가지 비유는 누가복음에만 있습니다.

'18년 동안 귀신들려 앓으며 꼬부라져서...' (10-17)

예수님은 비유에서 말씀하신 바대로 '두루 파고 거름을 주는'(8) 일을 하셨습니다. 그것이 바로 18년 동안 꼬부라져서 조금도 펴지 못하는 여자를 고쳐주셨습니다. 귀신이 그 여자를 장악하여 괴롭히고 있었습니다. 귀신을 추방하고 낫게 해서 이제는 하늘을 바라보고 살도록 해 주었습니다. 이 여인은 포도원에 심겨진 무화과나무로서 열매 없는 삶을 살다가 이제부터는 열매를 맺게 될 것입니다. 그런데 회당장이라는 사람이 안식일 규정을 들어서 화를 내며 예수님을 질책했습니다. 예수님이 하는 과원 지기로서의 사역을 거절했습니다. 이 사람은 열매 있는 듯이 보이는 잎만 무성한 사람입니다.

누가는 희망을 암시하기 위해 이 사건의 끝에 이렇게 적어 놓았습니다. '예수께서 이 말씀을 하시매 모든 반대하는 자들은 부끄러워하고 온 무리는 그 하시는 모든 영광스러운 일을 기뻐하니라'(17). 18년 동안 앓았던 여인에 관한 사건은 이곳에만 기록되어 있습니다. 누가는 의사의 눈으로 이 여인을 바라보았고, 아무도 기록하지 않은 환자의 치료를 말하고 있습니다.

좁은 문으로 들어가기를 힘쓰라! (22-24)

마태복음과 누가복음에만 좁은 문에 관한 말씀이 나옵니다. 그런데 마태복음과 달리 누가복음에는 '힘쓰라'라는 말씀이 첨가되어 있습니다. '아고니제스데'(αγωνιζεσθε)는 운동 경기에 사용되는 전문 용어입니다. '맹렬한 투쟁' '진지하게 겨루다'의 뜻을 가졌습니다. 온 힘을 다해서 전력 질주하듯이, 그리고 싸움터에서 생명을 걸고 싸우듯이 하라는 뜻입니다. 그래야만 좁은 문을 통과할 수 있습니다. 또 이 단어는 현재형으로 사용되어 이렇게 힘쓰는 것을 지금 이 시점에서 하라는 말입니다. 마가복음과 요한복음에는 좁은 문이 없습니다. 그리고 마태는 좁은 문뿐만 아니라 좁은 길이 있다고 했습니다.

닫히는 문 (42-48)

예수님은 좁은 문만 말씀하신 것이 아니라, 닫히는 문도 말씀하셨는데, 이어서 나옵니다. 25절에 '집주인이 일어나 문을 한 번 닫은 후에...' 문은 항상 열려 있는 것이 아니라 닫히는 때가 있습니다. 그리고 닫힌 문은 절대로 다시 열리지 않습니다. 노아 방주의 문과 같습니다. 만약 방주의 문을 노아가 관리했다면 노아는 엄청난 고통을 당했을 것입니다. 친척들이 찾아와서 문을 두드리고, 친구가 문 앞에서 사정을 하는데 열어주고 싶지 않겠습니까? 그러나 그 문은 하나님이 관리하셨습니다. '여호와께서 그를 닫아 넣으시니라'(창7:16). 그래서 한 번 닫힌 문은 다시 열리지 않았습니다.

26절에서 문밖에 있는 사람들은 주인에게서 들은 교훈을 말한 것이 아니라 주인과 함께 먹고 마신 것을 말했습니다. 기억나는 것과 내세울 것은 그것밖에 없었기 때문입니다. 이 말을 들은 주인은 매정하기 짝이 없습니다. '나는 너희가 어디로서 왔는지 알지 못하노라. 행악하는 모든 자들아 나를 떠나가라'. 이렇게 매정하지 않고서야 어떻게 심판을 행하시겠습니까?

예수님은 행악하는 자를 향해 떠나가라고 했는데 어떤 바리새인들은 예수님을 떠나가라고 했습니다. 헤롯이 예수님을 죽이려고 했기 때문에 헤롯의 관할지인 현재의 위치를 벗어나는 것이 좋겠다는 말입니다. 이들은 이런 이유로 예수님의 두루 파고 거름을 주는 사역을 중단시켰습니다. 이들은 과원 지기의 탄원 때문에 무화과나무가 생존해 있다는 것을 전혀 알지 못했습니다. 특권을 누리고 있는 무화과나무가 곧 찍혀질 것인데, 어찌하오리까?

58강
강권하여 데려다가 내 집을 채우라! (눅 14)

누가복음 10장을 기준으로 앞에는 이적, 뒷부분에는 비유가 많이 나온다고 했습니다. 이전 장(13장)에는 2가지 비유가 있었고, 본 장에는 3가지가 있습니다. 앞 장에 나오는 비유는 다른 복음서에도 있는 겨자씨와 누룩의 비유입니다. 그런데 본 장에 나오는 3가지 비유는 누가복음에만 있습니다. '사람을 강권하여 데려다가 내 집을 채우라'는 잔칫집 비유와 망대 비유, 그리고 전쟁 비유입니다. 예수님은 주로 사람들과 대화하면서 비유를 말씀하셨는데, '비유가 아니면 말씀하지 아니하시고'(막4:34)라는 구절을 실감나게 합니다. 잔칫집 비유는 오기로 약속한 사람들이 이런저런 핑계를 대면서 오지 않자 잔치에 어울리지 않는 사람을 데려와서 잔치 자리를 가득 채우게 된다는 내용입니다.

이 비유는 앞 장의 마지막 부분에 있는 말씀의 연장입니다. '너희가 아브라함과 이삭과 야곱과 모든 선지자는 하나님 나라에 있고 오직 너희는 밖에 쫓겨난 것을 볼 때에 거기서 슬피 울며 이를 갊이 있으리라'(13:28). 유대인들은 잔치 자리에 누구보다 먼저 초청을 받았고, 오기로 약속까지 했지만 거절했기 때문에 이방인들이 잔치에 초청받아서 그 자리에 앉게 되었다는 내용입니다. 이 사람들의 이런 행동 때문에 그 복이 이방인인 우리에게 전해졌으며, 우리를 통해서 또 다른 사람에게 흘러가고 있습니다.

고창병 든 사람 (1-6)

의사로서의 특징이 이곳에 있습니다. 앞 장에 나오는 18년 동안을 꼬부라져서 살았던 여인도 누가복음에만 나옵니다. 누가는 이곳에서 성경 어디에도 기록된 적이 없는 '고창병(dropsy)'이라는 병을 말하고 있습니다. 우리는 이름조차 생소한데 누가는 직업 정신을 발휘하여 병의 상태를 정확하게 진단했습니다. 고창병은 수종병(edema)이라고도 하는데 심장이나 신장의 이상으로 부어오르는 병입니다.

고창병 환자가 왜 바리새인의 집에 있었을까요? 이 바리새인은 바리새인 중에서도 상당히 높은 지위에 있었습니다. 그런 사람의 집에 아픈 환자가 어떻게 있게 되었을까요? 이날은 안식일이었습니다. 예수님이 안식일에 병든 자를 고치는지 어떤지를 알기 위해서 계획적으로 이 병든 사람을 데리고 왔습니다. 그것은 '저희가 엿보고 있더라'는 말에서 짐작할 수 있습니다(1). 그래서 그 사람들은 병든 자를 예수님 앞에 내세웠습니다(2). 식사 자리도 이렇게 하기 위해서 마련된 자리이었습니다. 그렇지만 예수님은 그 초청에 응했고 그 집에 가셨습니다. 그들의 모든 계획을 알고 계신 예수님이 바로 그들에게 물었습니다. '안식일에 병 고치는 것이 합당하냐 아니하냐?'(3). 그들은 갑자기 급소를 찔려서 어찌해야 할지 모르고 있을 때에 '안식일이라도 아들이나 소가 우물에 빠졌다면 끌어내지 않느냐?'(5) 하고 말씀하셨습니다. 그들은 아무런 대답도 하지 못했습니다.

두 번 기록된 말씀 (11)

'무릇 자기를 높이는 자는 낮아지고 자기를 낮추는 자는 높아지리라'(11). 이 말씀은 18장 14절에도 기록되어 있어서 누가복음에 두 번 나옵니다. 마태복음에도 한 번 기록되어 있기 때문에 신약성경에 총 3번 있습니다. 중요한 것은 자꾸 반복하게 됩니다.

예수님이 이 말씀을 하게 된 배경을 누가는 잘 밝혀주고 있습니다. 바리새인의 집에서 청함을 받은 사람들끼리 자리다툼이 일어났습니다. 이들에게는 자리가 상당히 중요했습니다. 자리가 자기 위치를 나타내 주기 때문에 어느 자리에 앉느냐 하는 것은 절대로 양보할 수 없는 자존심이 걸려 있는 문제였습니다. 자리다툼은 지금도 계속되고 있습니다. 어떻게 해야 이런 다툼이 없어지게 될까요?

제자들에게서 답을 찾을 수 있습니다. 제자들은 예루살렘에서 예수님이 십자가를 지기 직전까지 이런 문제를 두고 다투었습니다. 그런데 사도행전에 가면 한 번도 자리 때문에 싸운 경우를 찾아볼 수 없습니다. 성령 충만이 답입니다. 성령으로 충만하면 자리에 대한 생각이 없어져 버립니다. 다 성령 충만하면 문제는 간단하게 해결될 것이지만, 그렇지 못하다고 해도 성령 충만한 그 사람은 자리에 대한 관심이 없어집니다. 그러니까 남을 걱정하지 말고 내가 성령으로 충만하면 해결됩니다.

강권하여 내 집을 채우라! (16-24)

같은 장소 곧 어떤 바리새인 지도자의 집에서 주신 비유입니다. 자리다툼하는 사람들에게 주신 말씀까지 듣고, 어떤 사람이 '하나님의 나라에서 떡을 먹는 자는 복되도다' 하고 말했습니다(15). 예수님이 이 말을 받아서 잔치의 비유를 주셨는데, 이렇게 말하는 사람이 바리새인이라면 깜짝 놀랄 말씀이었습니다. 왜냐하면 떡은 고사하고 잔치 자리에 참석조차 하지 못하게 된다는 말씀이기 때문입니다. 왜 그렇습니까? 그들이 거절했기 때문입니다. 초청에 응해 놓고는 당일에 말도 안 되는 핑계를 대면서 한 사람도 참석하지 않았습니다. 그래서 그 준비한 모든 것이 대상에서 제외되었던 사람들에게로 넘어갔습니다. 그 사람들이 잔치에 가득 차게 되는 것은 종들의 강권하는 열심으로 이루어진다고 했습니다. 우리는 지금 이런 열심으로 잔치 자리를 부지런히 채워가고 있습니다.

이어지는 두 가지 비유 (25-35)

초청을 거절하는 잔치 비유에 이어 예수님은 두 가지 비유를 더 주셨습니다. 두 가지 비유의 핵심은 '제자가 안 되는 비결'입니다. 제자 되지 않으려면 어떻게 하면 되는가를 말씀하셨습니다. 그래서 이 부분에는 '나의 제자가 되지 못하고' 하는 말씀이 3번 나옵니다(26,27,33). 예수님이 말씀하신 이대로만 하면 틀림없이 제자가 되지 못합니다.

그 첫째 비결은 망대를 세울 때 계산 없이 그냥 하면 됩니다. 두 번째 비결은 전쟁할 때도 죽으면 죽으리라고 생각하고 그냥 막 하면 됩니다. 그러나 이렇게 하는 사람은 아무도 없습니다. 작은 나무 상자를 하나 만들어도 생각 없이 그냥 하지 않습니다. 예수님의 제자가 되려면 미리 생각해야 하고, 각오하고 따라야 된다는 말씀입니다.

전쟁 비유는 좀 이상합니다. 전쟁을 시작하는 임금이 적의 숫자도 제대로 파악하지 않고 전쟁을 시작했습니다. 적군의 숫자가 배나 더 많다는 것을 알고, 그제서야 화친을 청했습니다. 세상에! 전쟁을 하려는 왕이 가장 기본적인 것도 파악하지 않고 전쟁을 합니까? 사람이 죽고 사는 문제가 달렸는데 멍청한 임금 때문에 아무것도 모르는 군사들만 다 죽게 생겼습니다.

이것이 말이 안 되듯이 예수님의 제자가 되려는 사람도 말도 안 되는 행동을 하면 안 된다는 말씀입니다. 그것은 무턱대고 따르는 것, 그냥 믿어 보는 것을 말합니다. 제자는 이렇게 해서는 안 됩니다. 그렇지 않으면 중도에 포기하거나, 쟁기를 잡고 자꾸 뒤를 돌아보는 자가 될 것입니다(9:62).

59강
저를 보고 측은히 여겨 달려가... (눅 15)

15장에는 3가지 비유가 있습니다. 누가복음 10장 이후에는 비유가 많이 나온다고 했는데, 14장에 3가지, 그리고 15장에 3가지, 16장에 2가지 비유가 나옵니다. 이것만 해도 세 장에 8가지 비유입니다. 이들 비유는 대부분 누가복음에만 있기 때문에 다른 곳에서는 찾아볼 수가 없습니다. 비유는 17장 이후로도 계속됩니다.

오늘 15장에는 3가지 비유만 있기 때문에 '누가복음의 비유 장'이라 해도 되겠습니다. 3가지 비유는 잃어버린 양, 잃어버린 드라크마(drachma), 그리고 잃어버린 아들의 비유입니다. 잃어버린 양의 비유는 마태복음 18장 12절에도 나옵니다만, 누가복음이 조금 더 깁니다.

혹자는 3가지 비유가 삼위 하나님의 특성을 나타낸다고 말합니다. 잃어버린 양을 찾는 목자는 예수님을, 잃어버린 드라크마는 성령님을, 탕자를 기다리는 아버지는 아버지 하나님을 나타낸다고 합니다. 양은 동물이고, 드라크마는 무생물이고, 탕자는 사람입니다. 양은 길을 잃었고, 사람은 자기 스스로 집을 나갔습니다. 양과 드라크마는 관리하는 사람이 찾도록 찾았고, 탕자는 아버지가 기다리고 기다렸습니다.

3가지 비유는 잃어버린 낭패가 있었지만, 찾은 기쁨이 더 컸다고 했습니다. 3가지 비유에는 말할 수 없는 기쁨이 나타나 있습니다. 이것이 3가지 비유가 담고 있는 내용이고, 핵심 교훈입니다. 그런데 이것이 다가 아닙니다. 왜냐하면 성경이 한 가지를 더 말하고 있기 때문입니다. 양과 드라크마 비유가 끝나고 난 뒤에 거의 같은 구절이 나오는데, '이와 같이 죄인 하나가 회개하면...' (7,10) 하는 구절입니다. 누가가 3가지 비유를 통해서 말하려는 것은 '회개'입니다. 회개했을 때 하늘에서는 엄청나게 기뻐한다는 것을 나타내려고 했습니다. 이렇게 알아야 3가지 비유를 바로 아는 것입니다.

잃은 양의 비유 (3-7)

누가가 말한 잃은 양을 찾는 목자의 특징은 '찾도록 찾는다'는 말에 있습니다(4). 마태복음에는 없는 구절입니다. 목자는 양을 잘 압니다. 그냥 두면 틀림없이 짐승의 밥이 될 것입니다. 그냥 두면 절대로 스스로 찾아오지 못합니다. 그리고 목자에게 잃어버린 양에 대해 사랑하는 마음이 있었기 때문에 99마리를 남겨 두고서라도 찾으러 가야 했습니다. '그러면 이 양들은 어떻게 될 것인가?' 하는 염려는 뒷전이었습니다. 우직하고 바보스럽습니다. 이렇게 바보스러운 목자가 바로 예수님입니다. 자기 땅에 오매 자기 백성이 영접조차 하지 않았는데, 이런 것을 다 알면서도 그 백성들을 찾으러 오셨습니다.

길을 잃어버린 양의 입장에서는 99마리를 남겨 두고 찾아 나서는 목자가 너무 고맙습니다. 왜냐하면 잃어버린 자기를 찾기 위해서 그런 일을 하셨으니까요. 찾아주지 않았다면 죽을 건데 찾도록 찾아주시니 얼마나 고맙습니까? 눈물이 나도록 감사합니다. 목자는 이 심정을 알았기 때문에 그래서 찾으러 나섰습니다.

드라크마 비유 (8-10)

드라크마(drachma)는 로마의 화폐 단위입니다. 약혼할 때 신랑이 10개의 동전을 주는데, 신부는 그 동전으로 목걸이를 해서 간직한답니다. 그런데 그중에 하나를 잃어버렸으니 낭패를 당했습니다. 그러나 집 안에서 잃어버렸기 때문에 누가 주워갈 위험이 없으므로 다음 날에 날이 밝으면 찾아도 됩니다. 신부는 날이 밝도록 기다릴 수가 없었습니다. 밤을 새워서라도, 그리고 온 집을 다 뒤져서라도 잃어버린 사랑의 징표를 찾아야 했습니다. 그래서 모든 도구를 동원해서 결국은 찾고야 만다는 내용입니다. 신랑을 향한 신부의 사랑이 아주 강하게 나타나 있습니다.

집을 나간 아들 (11-32)

작은아들은 아버지의 간섭을 피해 자유롭게 살고 싶어서 자기에게 주어질 재산을 미리 달라고 했습니다. 그리고는 먼 나라가 갔습니다. 작은아들의 행동을 사자성어로 표현할 수 있습니다. '사전계획' 입니다. 철저하게 준비하고 계획했습니다. '허랑방탕(虛浪放蕩)' 받은 재산은 사업하다가 실패한 것이 아니라 이런 생활로 다 날렸습니다. '설상가상(雪上加霜)' 돈을 다 쓰고 빈털터리가 되었는데 흉년이 찾아왔습니다.

일은 항상 이렇게 됩니다. 지금의 상태도 안 좋은데 더 안 좋은 일이 찾아와서 엎친 데 덮친 격이 됩니다. 하나님은 왜 이렇게 하실까요? 이렇게 해야 회개하고 돌아오기 때문입니다. '단장지애(斷腸之哀)' 창자가 끊어지듯이 운다는 뜻입니다. 탕자는 배고파서 이렇게 회개했습니다. '환골탈태(換骨奪胎)' 아들은 뼈를 바꾸듯이 인생을 사는 태도를 바꾸었습니다. '개과천선(改過遷善)' 아들은 완전히 바꾸어 진 사람으로 아버지께로 돌아오게 됩니다. '학수고대(鶴首苦待)'

아버지는 학의 목이 되도록 아들을 기다렸습니다. '도극영지(倒屐迎之)' 신발을 꺼꾸로 신고 맞이한다는 뜻입니다. 너무너무 반가워서 신발을 바로 신을 시간도 없었습니다. 비유의 아버지는 신발 신을 정신조차 없어서 맨발로 달려갔을 것입니다. '용모일신(容貌一身)' 아버지는 아들의 지위를 다 회복해 주었습니다. 그랬더니 거지 행색이 일순간에 아들의 모습으로 돌아왔습니다.

가장 극적인 장면은 '아직도 상거가 먼데(a long way off), 아버지가 저를 보고 측은히 여겨 달려가 목을 안고 입을 맞추니'(20) 하는 구절입니다. 여기에 '스플랑크니조마이'가 나옵니다. 아버지가 그렇게 맞이해 주는 이유가 이 단어에 있습니다. 하나님의 마음, 예수님의 마음을 가장 잘 나타내 주는 단어입니다.

지금도 이 사랑은 계속되고 있습니다. 지금도 돌아오면 지금도 이렇게 맞이해 주십니다. 하늘에서는 잔치가 벌어집니다. 아버지께 이런 기쁨을 안겨 드리려고 우리는 지금도 탕자의 손을 붙잡고 아버지께로 인도하는 일을 계속하고 있습니다. 왜냐하면 우리를 그런 기쁨으로 구해주셨고, 맞이해 주셨기 때문입니다. 우리가 그 사랑을 받았기 때문입니다.

60강
지극히 작은 것에 충성된 자는 큰 것에도 충성되고... (눅 16)

'지극히 작은 것에 충성된 자는 큰 것에도 충성되고 지극히 작은 것에 불의한 자는 큰 것에도 불의하니라'(10) 이 말씀은 우리가 잘 알고 있는 말씀이요, 애송 구절 중 하나이며, 성도들이 자주 인용하는 말씀입니다. 그런데 이 말씀이 성경에 단 한 번 밖에 나오지 않고, 누가만 기록했다는 사실이 놀랍습니다. 여기에만 있습니다.

누가복음 16장에는 두 가지 비유가 나오는데, 불의한 청지기의 비유와 부자와 나사로의 비유입니다. 누가복음에만 있는 비유입니다. 누가는 이렇게 자신만이 가진 자료와 자신만의 언어로 누가복음을 기록했습니다. 어휘력도 누가가 가장 풍부하여 누가복음에만 있는 단어들이 많이 있습니다. 그가 기록한 사도행전은 더 합니다. 이런 사람이 하던 일을 접어 두고 바울 선교팀에 헌신했다는 것은 바울에게도 무한한 복이었고, 그의 글을 읽는 우리에게도 한없는 은혜이며 감사입니다. 지금 우리가 하는 일들이 세월이 지난 뒤에 이렇게 보석과 같이 빛나고, 이렇게 값진 것으로 남기를 소원합니다.

불의한 청지기 비유 (1-13)

청지기의 헬라어 '오이코노모스(oikonoms)'는 '오이코스'(집)와 '네모'(관리하다)의 합성어입니다. 종이 아니라 자유인 중에 집의 모든 것을 관리하도록 주인과 계약을 맺고 세워지는 사람입니다. 청지기는 엄청난 권세를 가지고 있습니다. 이로 보건데 구약의 요셉이 보디발의 '가정 총무'가 되었다는 것은 하나님의 놀라운 은혜가 아닐 수 없습니다. 왜냐하면 그는 타국인이었고, 노예었으며, 팔려 온 사람으로 자격 미달자였기 때문입니다.

그런데 이 청지기가 주인의 소유를 허비한다는 말이 주인에게 들렸습니다. 주인은 '네 보던 일을 셈하라 청지기 사무를 계속하지 못하리라'는 말로 해고를 통지했습니다(2). 청지기는 낭패한 일을 만났습니다. '땅을 파자니 힘이 없고, 빌어먹자니 부끄럽다'고 한 말은 솔직한 고백입니다. 그리고는 금방 어떻게 해야 할지 그 방안을 생각해 냈습니다. 그것은 빚진 자를 불러서 빚을 탕감해 주는 방법이었습니다. 그렇게 하면 은혜 입은 그들이 잘 대해 줄 것이 아니겠습니까? 머릿속의 구상은 바로 실행에 옮겨졌습니다.

주인은 이 사람의 행동이 옳지 않았지만 칭찬했습니다. 일을 지혜 있게 했기 때문입니다(8). 이어서 예수님은 3가지 충성에 대해서 말씀하셨습니다. 지극히 작은 것에 충성(10), 불의한 재물에 충성(11), 남의 것에 충성(12) 입니다. 그리고 또 이어서 충성에 대한 주의 사항을 말씀하셨습니다. 그것은 재물을 주인같이 섬기면 안 되고 그것에 충성하지 말라는 당부입니다(13).

부자와 나사로 (19-31)

부자와 거지가 한집에 살았습니다. 다만 부자는 집 안에 거주했고, 거지는 부자의 대문간인 집 밖에 살았습니다. 그 두 사람의 생활은 '천양지차'였습니다. 거주하는 곳뿐 아니라 입는 옷, 그리고 먹는 것도 비교가 불가했습니다. 거지 나사로는 부자의 상에서 떨어지는 것, 곧 음식 쓰레기를 먹고 살았는데 몸에는 악성 피부병까지 있었습니다. 개조차도 친구가 되지 못하고 나사로를 괴롭혔습니다. 개보다도 못한 신세였습니다. 사는 것이 사는 게 아니었으며, 못 죽어서 사는 삶이었습니다. 이런 엄청난 차이 가운데 한 가지 공통된 일이 이들에게 찾아왔습니다. 죽음. 그것은 부자와 거지를 공평하게 해 주었습니다.

그런데 죽음 직후 일어난 일들은 지상 생활의 차이는 차이도 아닐 만큼 놀라운 격차가 있었습니다. 나사로는 천사들에게 받들려 아브라함의 품에 들어갔습니다. '아브라함의 품'은 유대인들이 즐겨 말하는 낙원의 또 다른 이름입니다. 그리고 부자는 고통당하는 음부에 갔습니다. 놀랍게도 부자가 있는 음부에서 낙원이 바라보였습니다. 서로 비교가 되면 더 고통스러운 법입니다. 부자는 아브라함의 품 안에서 말로 다할 수 없는 안식을 누리고 있는 거지 나사로를 보았습니다. '세상에! 어찌 저놈이 저곳에 있나?'

부자는 아버지 아브라함에게 2가지를 부탁했습니다. 첫 번째 부탁은 물 한 방울의 자비를 베풀어 달라는 것입니다. 얼마나 고통스러웠는지 손가락 끝에서 떨어지는 물 한 방울이라도 혀가 시원함을 느끼겠다고 했습니다. 또 한 가지 부탁은 지상의 남은 형제들을 위해서 나사로를 보내달라고 했습니다. 두 가지 모두 나사로를 심부름시키는 것입니다. 시키는 습성은 음부에 가도 못 버리는 모양입니다. 두 가지 부탁이 다 거절되었습니다. 낙원과 음부 사이에 '큰 구렁'이 있어서 오지도 가지도 못한다고 했습니다. 또 지상에는 모세와 선지자들이 있으니 그들에게 들으면 된다고 했습니다. 그래서 안 된다고 했습니다.

음부는 이와 같이 아주 시끄럽습니다. 이곳에서는 이렇게 할 말도 많고 부탁도 많습니다. 그런데 낙원에 있는 나사로는 아무 말이 없었습니다. 말이 필요없는 곳이고, 말로 설명이 안 되는 안식을 누리고 있기 때문입니다.

나사로가 그곳에 간 이유는?

나사로가 천사들의 손에 받들려 낙원에 간 이유가 무엇일까요? 가난하게 살았고, 고생했기 때문입니까? 나사로가 고난을 받았다는 말씀이 있기는 하지만, 그것이 낙원에 가는 자격이 되지 못합니다. 반대로 부자는 왜 음부에 떨어졌을까요? 부자로 살았기 때문입니까? 부자로 살았을 때 좋은 것을 받았다는 말씀이 나오기는 하지만, 이것도 역시 그가 그곳으로 간 이유가 되지 못합니다. 그렇게 된다면 부자는 다 음부로, 거지는 다 낙원으로 가게 됩니까? 부자가 살았을 때 가난한 자를 돌아보지 아니했으며, 선을 베풀지 아니했기 때문이라고 말하는 사람도 있는데 역시 원인으로 삼기에는 부족합니다.

그런데 본문을 살펴보며 답이 있습니다. 부자가 지상에 남아 있는 형제들을 위해서 나사로를 보내달라고 부탁하면서 '저희에게 가는 자가 있으면 회개하리이다'(30)라고 했습니다. 그렇다면 자기는 회개하지 않았기 때문에 지금 음부에 있는 것이고, 나사로는 회개했기 때문에 자기와 다른 곳에 있다고 했습니다. 회개. 답은 바로 이것입니다. 회개하면 용서받고 용서받은 자가 가는 곳에 가게 됩니다. 그러나 회개하라는 말을 듣고도 회개하지 않으면 회개하지 않은 자가 가는 곳에 가게 됩니다. 회개는 신앙의 출발점입니다. 그래서 예수님도 세례요한도 첫 설교가 '회개하라'였습니다. 하나님을 향하여 회개하는 것은 예수님을 받아들이는 겁니다. 예수님을 믿으면 하나님의 자녀가 되고 자녀가 되면 아버지가 계시는 곳에 가게 됩니다.

이것은 수천 년이 지난 지금도 변함없는 진리입니다. 부자는 안타깝게도 그곳에 가고 난 뒤에야 이것을 깨달았습니다. 그곳에서는 아무리 회개해도 소용이 없습니다. 우리의 사역은 회개하도록 돕는 사역이고, 회개해서 천국 가는 열차의 마지막 칸에라도 태워 보내는 것이 우리의 임무입니다. 안 가려고 아등바등하던 사람도 천국 가서 만나면 우리 손을 잡고 감사하다고 인사할 것입니다. 그때까지 '천국 기차의 차장' 노릇을 잘 감당합시다.

61강
그 아홉은 어디 있느냐? (눅 17)

17장에도 누가복음에만 있는 사건이나 구절이 여럿 있습니다. 10명의 나병 환자를 고친 것은 다른 복음서에는 없고, '하나님 나라는 너희 안에 있다'라는 말씀은 여기에만 있습니다. 예수님이 마지막 날의 상황을 말씀하시는 부분에서 마태는 '노아의 때'만을 인용했는데, 누가는 그곳에다가 '롯의 때'를 덧붙였습니다. 그리고 '롯의 처를 생각하라!'는 말씀은 누가복음에만 나옵니다. 용서에 대해서도 마태는 일곱 번씩 일흔 번이라도 용서하라고 했는데, 누가는 일곱 번이라도 용서하라고 하면서 '하루에'라는 단서를 달았습니다. 그리고 '내가 회개하노라'라는 말을 할 때 용서하라고 했는데 이 구절은 누가복음에만 있습니다. 우리는 이렇게 각 복음서에서 더해지고 빠지는 것을 통해서 전체의 윤곽을 잡게 됩니다.

실족하게 하는 자 (1-4)

'실족'은 스칸달리조(scandalízo)인데 '장애물' '방해물' 이라는 뜻입니다. 방해물을 두어서 넘어지게 하는 것을 말합니다. 그런 사람은 연자 맷돌을 목에 매고 바다에 던져지는 것이 낫다고 했습니다. 인자하신 예수님이 이렇게 말씀하셨습니다. 연자 맷돌은 짐승이 돌리는 아주 큰 맷돌입니다. 주먹만한 돌이라도 그냥 가라앉고 말 것인데 그것보다 몇백 배나 큰 연자 맷돌이면 어떻게 되겠습니까? 예수님이 어떻게 이런 무시무시한 말씀을 하셨을까요? 그것은 이런 일은 마귀가 하는 행동입니다. 그리고 한 생명이 천하보다 귀한데, 작은 자를 넘어지게 해서 생명을 잃게 한다면 이런 벌을 받아 마땅하다는 겁니다. 그들이 나중에 받을 지옥 형벌과 같습니다.

그리고 예수님은 조심하면서 해야 할 일로서 2가지를 말씀하셨습니다. 형제가 죄를 범하면 먼저는 경계하고, 두 번째로 용서하라고 했습니다. '경계하라'의 뜻은 멀리하라는 말씀이 아닙니다. 개역개정에는 '경고하라'는 말로 번역되었습니다. 이것은 잘된 번역입니다. 그 형제가 죄를 더 범하지 못하게 경고해야 합니다. 그리고 그 사람이 깨닫고 '내가 회개하노라' 하면 하루에 일곱 번이라도 용서하라고 하셨습니다.

'우리에게 믿음을 더하소서!' (5)

이 말씀을 들은 제자들의 말입니다. 제자들에게는 예수님의 말씀이 실현 불가능한 말씀으로 들렸습니다. 랍비들은 하루에 3번 용서하는 것을 최상이라고 가르쳤는데, 예수님은 일곱 번이라도 용서하라고 했으니 그 말씀을 어떻게 따를 수가 있겠습니까? 그런데 제자들은 '예수님! 그것은 불가능합니다' 하고 말하지 않고 '우리에게 믿음이 더해지면 가능하겠습니다' 하고 둘러서 대답했습니다. 예수님은 이렇게 대답하는 제자들에게 '겨자씨 한 알만한 믿음' 에 대해서 말씀하셨습니다. 그런 작은 믿음이라도 뽕나무가 뽑혀서 바다에 빠뜨려지는 일이 일어나게 된다고 하셨습니다. 겨자씨 한 알은 작아 보이지만 생명력을 가진 믿음이라면 이렇게 된다고 하셨습니다. 생명을 가진 겨자씨는 자라고 자라서 새가 깃들이게 된다고 했습니다. 살아 있는 믿음이 역사하면 마태가 말한 것처럼 산이 옮겨지는 일도 일어난다고 했습니다(17:20).

열 명의 나환자 (11-19)

열 명의 나병 환자는 사마리아와 갈릴리의 경계 지점의 어느 한 동네에 살았습니다. 유대인들은 사마리아에 오지 않고, 사마리아인들과 상종도 하지 않습니다(요4:9). 그런데 경계 지점에 있으니 이쪽 유대인 중의 나병 환자가 가기도 하고, 저쪽 사마리아에서 오기도 했습니다. 이 둘은 하늘이 두 쪽이 나도 같이 살지 않습니다. 그런데 나병이 드니까 이것저것 가리지 않고 함께 모여 공동생활을 했습니다. 나병이 그들을 합쳐 주었습니다.

그들은 멀리 서서 예수님을 불렀는데, 아마도 병이 심했기 때문입니다. '예수 선생님이여! 우리를 긍휼히 여기소서'(13). 얼마나 큰소리로 애절하게 예수님을 불렀겠습니까? 예수님이 발걸음을 멈추었습니다. 다른 나병 환자들에게는 예수님이 그 몸에 손을 댔습니다. 그런데 이들은 멀리 있었기 때문에 그렇게 할 수가 없었습니다. 다만 '제사장에게 가서 너희 몸을 보이라' 라고 하셨습니다. 이 말씀이 떨어지는 순간에 기적이 일어나지 않은 것이 분명합니다. 왜냐하면 그들이 제사장에게 가다가 나았기 때문입니다. 몇 걸음을 갔는지, 1㎞를 갔는지 알 수 없습니다. 그러나 또 한 가지 분명한 것은 몇 걸음을 가더라도 믿음이 필요합니다. '제사장에게 갔는데 안 나았다면 어떻게 할 건데' '낫지도 않았는데 가면 뭐하나?' 이런 생각이 들면 한 발자국도 못 뗍니다. 그런데 그들은 믿음을 가지고 말씀에 따라갔습니다. 그랬더니 지금도 불치병인 나병이 나았습니다.

그때 예수님께로 돌아왔던 그 사람이 큰소리로 외쳤습니다(15). '이게 무슨 일인가? 세상에! 나병이 사라지다니! 어떻게 이런 일이' 하면서 하나님께 영광을 돌렸습니다. 이렇게 말할 때 주변에 있던 다른 나병 환자들이 자기 몸을 살펴보았습니다. 나병은 간 곳이 없었고 어린아이 살과 같이 매끈해졌습니다. 그런데 그 사람들은 예수님께 와서 감사하지 않았습니다. 제사장에게 가서 검사받는 일이 급했기 때문입니다. 검사 후에 합격 판정을 받아야 어디든지 자유롭게 다닐 수 있습니다. 이 사람들은 얼마나 가고 싶은 곳이 많고, 만나고 싶은 사람이 많으며, 하고 싶은 일이 많았겠습니까? 그래서 빨리 제사장에게로 갔습니다.

현장에서 소리를 지른 사람은 그것만으로 만족할 수 없었고, 그들을 따라갈 수 없었습니다. 그는 예수님께로 와서 직접 감사한 마음을 전했습니다. 예수님은 물었습니다. "열 사람이 다 깨끗함을 받지 않았느냐? 그 아홉은 어디 있느냐?"(17). 돌아온 사람은 사마리아인이었습니다. 이것은 비유가 아니고 실제 사건입니다. 사마리아인을 천시하던 사람들은 오지 않았고, 천시받는 사람은 돌아와서 감사했습니다. 예수님은 돌아온 그 사람에게 '일어나 가라! 네 믿음이 너를 구원하였느니라'(19) 하셨습니다. 돌아왔기 때문에 들을 수 있는 복음이었습니다. 이 사람은 새사람으로 살아가면서 평생 이 믿음을 간직하고 살았을 것입니다.

현장에서 감사하는 것을 잊지 말아야 하지만, 예수님 앞으로 돌아오는 것도 안 하면 안 됩니다. 아무리 바빠도, 그리고 아무리 급하다고 해도 감사하는 것을 잊어버리면 안 되겠습니다. 말로 감사하고, 그리고 마음을 담아서 헌금으로 감사해야 합니다. 예수님은 '내가 너를 고쳤으니 네 눈을 나에게 달라' 하지 않습니다. 그러니 헌금으로 마음을 담는 것이 가장 쉽고, 간단하고, 좋은 방법입니다. 주님은 감사하는 그 사람에게는 감사할 일들이 더욱 많게 하십니다.

62강
속히 그 원한을 풀어주시리라! (눅 18)

다른 성경에 비해서 누가복음에는 비유가 많습니다. 18장부터 21장까지 그러니까 예수님이 잡히시기 직전까지 한 장에 한 가지씩 비유가 기록되어 있습니다. 4가지 비유 중에 2가지는 누가복음에만 있는 비유입니다. 본 장에 나오는 불의의 재판장을 끈질기게 찾아가는 과부의 비유는 기도에 관한 비유입니다. 누가는 비유를 소개하는 글에서 그것을 분명히 밝혔습니다.

'항상 기도하고 낙망하지 말아야 할 것을 비유로 하여 가라사대'(1). 기도에 있어서 낙망은 기도의 암초입니다. 잘 나가다가도 부딪히면 그만 좌초하게 됩니다. 기도하다가 낙망하면 아예 기도를 하지 않으려고 합니다. 기도의 뿌리를 뽑아 버리는 겁니다. 뿌리가 남아 있어야 다시 줄기를 내고 꽃을 피우지 않겠습니까? 그래서 예수님이 이런 비유를 주셨고, 누가가 이런 해설을 붙였습니다. 예수님은 무엇이든지 기도하라고 했고, 기도하면 응답하리라 약속하셨습니다(11:10).

기도하면 산을 옮기는 능력이 나타납니다. 지금 나에게 없어야 할 것이 있다고 걱정할 것이 없고, 나에게 있어야 할 것이 없다고 염려할 것이 없습니다. 왜냐하면 주시겠다고 약속하셨으니까 기도하면 됩니다. 그런데 때로는 응답이 좀 늦어질 수 있습니다. 주님이 정하신 가장 좋은 날에 주시기 위해서 그렇습니다. 이럴 때 응답이 안 되는 줄 알고 낙망하게 됩니다. 우리는 기도에 낙망이라는 이런 복병이 있다는 것을 알고 기도해야 하겠습니다.

원한 맺힌 여자의 비유 (1-8)

재판관을 열심히 찾아갔던 여자는 과부였습니다. 과부가 모두 그런 것은 아니지만, 돈 없고, 힘없고, 빽 없는 여자의 대명사입니다. 재판관은 이런 여자들에게는 눈 하나 깜빡하지 않습니다. 불의한 자였기 때문에 정당한 일도 정당한 절차를 거쳐서 정당하게 처리하지 않았습니다. 그러니 끈질기게 찾아가서 호소하는 것 외에는 다른 방법이 없었습니다. 재판관에게는 그저 처리해야 할 한 가지 사건에 불과했지만, 이 여자에게 이 일은 '원한'이 맺힌 일이었습니다. 원한이 맺히면 잠도 안 오고, 밥을 먹어도 모래를 씹는 것 같고, 일이 해결되기 전에는 다른 아무것도 할 수가 없습니다. 밤이나 낮이나 오직 이 일을 생각하고 궁리합니다. 이 여인의 머릿속에는 이러한 일밖에 없었습니다. 원한이 맺히면 이렇게 됩니다. 재판관이 가만히 생각해 보니 이 여자가 나중에는 화장실까지 따라올 기세거든요. '아이고, 안 되겠다. 나를 위해서라도 빨리 처리해 주어야 되겠다.' 이렇게 생각하고 그 원한을 풀어준다고 했습니다.

예수님은 비유를 말씀하신 후에 '하물며 하나님께서 그 밤낮 부르짖는 택하신 자들의 원한을 풀어주지 아니하겠느냐 저희에게 오래 참으시겠느냐?' 하셨습니다(7). 하늘 아버지와 비교하여 말할 때마다 등장하는 '하물며'가 이곳에도 있습니다. 이곳에서는 '원한'이 4번 나옵니다. 과부가 1번, 재판관이 1번, 예수님이 2번 말씀하셨습니다.

우리가 응답받지 못하는 이유가 뭡니까? 우리가 기도하다가 낙망하는 원인이 어디에 있습니까? 그것은 우리에게 '원한'이 없기 때문입니다. 원한 맺힌 듯이 기도하지 않기 때문입니다. 원한이 없으니 밤낮으로 기도하지 않고, 원한이 없으니 부르짖지도 않습니다. 그러면 그 결과는 낙망입니다. 낙망하면 그 시간으로 기도는 중단됩니다. 낙망하지 말고 조금만 더 기다리면 속히 들어주신답니다(8). 낙망의 복병을 이기려면 우리에게 원한이 필요합니다. '기도에 있어서 원한'을 가지고, 약속을 믿고, 기도의 끈을 다시 움켜쥐어 봅시다.

바리새인과 세리의 기도 (9-14)

예수님은 이어서 기도에 관한 비유를 한 가지 더 말씀하셨습니다. 그것은 기도에 대한 자세입니다. 하나님 앞에 어떤 자세가 합당한 자세일까요? 어떤 자세로 기도해야 응답받을 수 있을까요? 그리고 응답받은 뒤에 하나님께 좀 덜 미안한 자세는 어떤 자세일까요? 그것은 바리새인같이 하지 않는 겁니다. 세리같이 하면 된답니다. 바리새인은 기도한다고 하면서 자기 자랑만 실컷 늘어놓았습니다. 이것은 기도가 아닙니다. 반면에 세리는 자기가 바라는 사항을 말한 것은 하나도 없습니다. 오직 회개만 했습니다. 이것도 기도가 아닙니다. 그러나 둘 중에 의롭다 함을 받은 사람은 의를 자랑하듯 내세운 바리새인이 아니라, 하나도 의가 없다고 하면서 고개조차 들지 못했던 세리라고 하셨습니다. 기도의 자세가 이러해야 된답니다. 이런 자세를 가지면, 다시 말해서 자기가 죄인임을 철저히 알고 회개하는 사람이면 기도하면서 낙망하지 않는답니다. 낙망하는 이유는 기도에 '나'라는 요소가 들어가 있기 때문입니다.

영생에 관심을 가진 부자 청년 (18-27)

어떤 청년이 예수님께 와서 어떻게 하면 영생을 얻는지 질문을 했습니다. 영생에 관한 질문은 누가복음에만 두 번 나옵니다. 앞서 나오는 경우는 어떤 율법사가 한 질문입니다. 예수님은 이 질문에 대답하신 후에 선한 사마리아인의 비유를 주셨습니다. 10장에 나오는 내용입니다. 본 장에서는 청년이 나아와서 같은 질문을 했습니다. 그 청년을 '관원'이라고 했는데 그 사람의 지위를 밝힌 것은 누가뿐입니다. 이 청년에게는 모든 것이 다 있었고, 모든 것을 다 갖춘 사람이었습니다. 젊음, 재물, 학식, 지위, 명예, 계명 준수, 건강, 영생에 대한 관심, 그리고 진지한 자세까지 가지고 있었습니다. 젊은 나이에 이런 모든 것을 가진다는 것은 쉬운 일이 아닙니다. 자기의 노력으로 얻은 것도 있겠지만, 대부분 부모로부터 물려받은 것이겠지요. 하나도 부족한 것이 없어 보이는 이 청년에게 예수님은 '한 가지' 부족을 말씀하셨습니다. '네가 오히려 한 가지 부족한 것이 있으니'(22). 그 청년이 계명을 다 지켰다고 했는데, 그것은 율법을 지킨 것이지 그 정신을 이행한 것은 아니었기 때문입니다. 계명의 정신은 '사랑'입니다. 그래서 예수님은 그 청년에게 사랑을 실천하고 오라고 했습니다.

예수님이 그 청년에게 계명을 말씀하실 때 사람에게 관계된 두 번째 돌판의 내용을 말씀하셨는데, 그런데 예수님이 순서를 바꾸어서 말씀하셨습니다. 부모 공경의 계명이 제일 앞에 있어야 하는데, 맨 마지막에 있습니다. 예수님이 맨 마지막으로 이 계명을 말씀하셨습니다. 왜 이렇게 하셨을까요? 밝혀지지는 않았지만, 아마도 이 청년에게는 이 계명에 문제가 있은듯합니다. 부모에게서 많은 것을 물려받아서 누리고 있으면서도 부모를 제대로 공경하지 않은 듯합니다. 그래서 예수님은 일부러 맨 마지막에 말씀하셨습니다. 청년은 뜨끔했을 것입니다. 그런데도 '이것은 내가 어려서부터 다 지키었나이다' 하고 말했습니다 (21). 이것까지 넣는다면 이 청년에게 부족한 것은 두 가지였습니다. 마지막으로 그 청년이 슬픈 얼굴로 돌아갔으니 따지고 보면 부족한 것이 세 가지네요.

63강
내가 오늘 네 집에 유하여야 하겠다. (눅 19)

누가복음 19장에는 3가지 사건과 한 가지 비유가 있습니다. 이 4가지 중에서 한 가지 사건과 비유는 누가복음에만 있습니다. 누가복음에만 있는 한 가지는 예수님이 여리고에서 삭게오를 만난 사건입니다. 누가는 예수님이 소외된 자를 만난 것을 유의하여 들었고, 그런 사건을 누가복음에 자세하게 기록했습니다.

예수님은 식사 자리에 울면서 나아온 죄인인 어떤 여자를 물리치지 않고 만나주셨습니다(7장). 나인 성에서 외아들의 죽음 앞에 통곡하는 과부에게 울지 말라 하시고 울음의 원인을 제거하셨습니다(7장). 18년 동안 귀신 들려 꼬부라져서 조금도 펴지 못하는 여자를 고쳐주셨습니다(13장). 예수님은 고창 병이라는 처음 듣는 병에 걸린 사람을 낫게 하셨습니다(14장). 10명의 나병 환자가 집단적으로 예수님을 불렀습니다. 예수님은 그들을 다 성하게 했습니다(17장). 부자였지만 소외된 자로 살아가는 삭게오의 집에 가서 머물렀습니다(19장). 예수님이 십자가의 고통 중에 강도의 요청을 듣고 은혜 베푸실 것을 약속하셨습니다(23장). 엠마오로 가는 두 제자는 슬픔으로 그 길을 가고 있었는데 예수님이 이들과 동행하면서 부활을 알게 하셨습니다(24장).

위에 열거한 8가지 사건은 다 소외된 사람, 아픈 사람, 문제 있는 사람이었습니다. 예수님은 이들을 만나주셨고 문제를 해결해 주셨습니다. 이 8가지 사건은 누가복음에만 있습니다. 누가는 왜 다른 성경에 없는 이런 사건들을 8가지나 기록했을까요? 그것은 그가 이방인이라 소외된 사람의 심정을 잘 알고 있었기 때문입니다.

삭게오에게 있었던 일 (1-7)

삭게오는 세리 중에서도 그 지역의 우두머리였습니다(2). 세리의 일을 오래 했다는 말이지요. 세리는 같이 사는 이웃에게조차 인간 대접을 받지 못했습니다. 사람들은 세리를 창녀와 같이 죄인으로 취급했습니다. 삭게오가 자선을 베푼다고 해도 그 돈이 더럽다고 아무도 그것을 받으려고 하지 않았고, 자기 집으로 초청해도 그 집으로 올 사람이 한 사람도 없었습니다. 돈은 있어서 삶이 궁핍하지는 않았지만, 삭게오는 외로웠습니다.

이런 삭게오가 자기가 살고 있는 여리고로 예수님이 오신다는 소식을 들은 겁니다. 그는 예수님이 계신 곳으로 급히 갔지만 이미 먼저 온 사람들로 빈틈

이 없었습니다. 한 사람을 끼워주는 것은 어려운 일이 아닌데, 아무도 삭게오를 끼워주지 않았습니다. 돌아가는 것밖에 다른 도리가 없었습니다. 그러나 예수님을 보고자 하는 열망 때문에 그냥 갈 수가 없었습니다. 그래서 돌무화과나무에 올라갔습니다. 늦게 온 사람, 예수님을 볼 수 없었던 사람이 삭게오 뿐이겠습니까? 그러나 예수님을 보기 위해 나무에 올라간 사람은 삭게오 뿐이었습니다. 삭게오는 지나가는 예수님을 그냥 보고자 했을 뿐입니다. 그런데 예수님이 나무 밑에서 삭게오를 불렀습니다. '어? 내 이름을 어떻게 아시지?' 더 놀라운 일은 계속해서 일어났습니다. '내가 오늘 네 집에 유하여야 하겠다' 하셨습니다. 유한다는 것은 잠시 머무르는 것이 아니라 좀 오랜 시간 있는다는 뜻입니다. 삭게오가 예수님에게 요청하지도 않았는데 예수님이 먼저 말씀하셨습니다.

삭게오는 예수님의 말씀을 듣고 그 자리에서 울뻔했습니다. 왜냐하면 우리 번역에는 빠져 있는데 예수님은 이렇게 말씀하실 때 '데이'(δει)라는 단어를 사용하셨습니다. 이것은 '반드시, 꼭'이라는 뜻입니다. '내가 오늘 네 집에 반드시 갈거야. 반드시 유할거야'라는 뜻입니다. 다른 사람들은 초청해도 안 오려고 하는데, 예수님은 초청하지 않았는데도 '반드시'라는 단어를 사용해서 오시겠다고 하니 감격스러웠지 않았겠습니까? 삭게오가 더욱 감격스러운 것은 자기의 이런 소외된 사정을 아시고 예수님이 '데이'라는 단어를 사용하셨습니다. '다른 사람은 몰라도 나는 꼭 간다.' '나는 틀림없이 갈거야!' 이런 뜻이 담겨 있습니다. 심정을 알아주시는 예수님. 그 심정을 알아서 안 넣어도 되는 특별한 단어를 특별하게 사용하신 예수님. 이런 것을 알고서도 감격하지 않는다면 그건 사람이 아닙니다. '삭게오가 너무 놀라서 나무에서 떨어지지 않은 것이 기적이다' 이 말은 이 글을 적고 있는 사람이 한 말입니다. 아무리 생각해도 좋은 말입니다.

삭게오의 선언 (8-10)

삭게오가 예수님을 집으로 모셨습니다. 집에서 예수님이 무슨 말씀을 하셨는지는 누가는 한마디도 하지 않았습니다. 두 사람이 입 닫고 가만있었을 리는 없습니다. 두 사람이 오는 도중에 싸우지 않았다면 그럴 가능성은 전혀 없습니다. 예수님은 말씀하셨고, 삭게오는 경청했습니다. 예수님은 삭게오에게 꼭 필요한 말씀을 하셨습니다. 삭게오는 개인 교습, 쪽집게 과외를 받았습니다. 말씀의 능력이 나타났습니다. 말씀을 들으면 이렇게 됩니다. 삭게오의 가슴이 뜨거워졌습니다. 삭게오가 벌떡 일어났습니다. 그리고는 아내와 의논도 없이 외쳤습니다. '소유의 절반은 가난한 자에게, 토색한 것은 4배로 갚겠습니다'. 반 나누어 주고 남은 것 중에서 4배로 갚는다면 삭게오의 재산은 거의 다 날아가게 됩니다. 왜냐하면 거의 대부분이 토색해서 모은 재산이기 때문입니다. 그런데도 불구하고 삭게오는 이렇게 외쳤습니다. 두 사람의 대화가 기록되지 않은 것처럼 이 말을 들은 예수님의 행동도 적혀 있지 않습니다. 그러나 예수님이 다리 꼬고 앉아서 고개만 끄뜩였을까요? 저는 그렇지 않다고 봅니다. 예수님은 삭게오와 마찬가지로 벌떡 일어나서 삭게오와 얼굴을 맞대고, 눈을 빤히 바라보시면서 큰소리로 외쳤습니다.

'오늘 구원이 이 집에 이르렀으니 이 사람도 아브라함의 자손임이로다'(9). 삭게오는 집안에서 또 한 번 울뻔했습니다. 그토록 듣고 싶었던 말 '아브라함의 자손'을 예수님이 말씀해 주셨으니까요. '이 말을 들은 삭게오가 까무러치지 않은 것이 기적이다' 이상동문입니다. 이 부분의 말씀은 읽으면 읽을수록 감동이 됩니다. 죄인의 친구가 되신 예수님. 그 심정을 알아주신 예수님. 이렇게 선언하신 예수님. 지금도 동일하신 예수님(히13:8).

성을 보고 우시며 (41)

예수님은 나귀 타고 입성하신 후에 예루살렘 성을 보시고 우셨습니다. 당할 일이 눈에 선한데 말을 해도 알아듣지를 못하고 범죄의 자리에 그대로 있으니 안타까워서 우셨습니다. 원어로 보면 예수님이 우신 것은 그냥 눈물만을 흘린 울음이 아니었습니다. 도르가가 죽었을 때 은혜를 입은 과부들이 울었는데 이 단어가 사용되었습니다(행9:39). 어깨를 들썩들썩하면서 우는 것을 말합니다. 예수님은 나사로의 무덤 앞에서도 이렇게 우셨습니다(요11:35).

눈물이 만 마디의 말을 대변한다고 합니다. 눈물 안에 다 들어있습니다. 예수님은 진심으로 슬퍼하며 우셨습니다. 당할 일을 미리 아셨으니까 안타까워서 우셨습니다. 말해도 알아듣지를 못하고 행동의 변화가 없으니 우셨습니다. 우리의 눈물을 닦아 주실 분을 슬프게 해서는 안 되겠습니다. 삭게오의 기쁨을 가집시다. 삭게오의 감격을 가집시다. 그러면 우리를 두고 예수님도 함께 감격하실 것입니다.

64강
하나님에게는 모든 사람이 살았느니라. (눅 20)

누가복음은 시간과 장소의 구분이 마가복음만큼 자세하지 않습니다. 오늘 살펴볼 20장의 사건은 화요일에 있었던 사건인데 누가는 명확한 언급 없이 '하루는' 하고 시작합니다(1). 누가는 월요일에 있었던 무화과나무의 저주와 화요일 아침에 무화과나무에 관한 교훈은 기록하지 않았습니다. 화요일에는 여러 가지 일이 많았습니다. 여러 부류의 적대자들과 논쟁을 한 것도 모두 이날에 있었습니다. 적대자들이 대답하기 곤란한 문제를 가지고 와서 질문했던 것도, 그들에게 예수님이 질문하셨던 것도 다 이날에 일어났습니다. 그리고 수요일에는 복음서가 침묵합니다. 예수님이 무슨 일을 하셨는지, 어떤 일이 있었는지 아무도 말하지 않았습니다. 그래서 수요일을 '침묵의 날'이라 부릅니다.

적대자들의 질문은 3가지였습니다. 그런데 누가는 이 중에서 한 가지를 뺐습니다. 그래서 누가복음에는 가장 큰 계명이 무엇인지 묻는 질문은 없습니다. 다만 질문했던 서기관이 예수님의 답변을 듣고 '선생이여! 말씀이 옳습니다' 하는 대답만 기록했습니다(39). 대신에 예수님이 부활에 관해 대답하신 것은 어느 성경보다도 자세하게 적혀 있습니다. 적대자들이 심사숙고하여 만든 질문들은 사람으로서는 대답할 수 없는 교묘한 것이었습니다. 이렇게 대답해도 걸리고 저렇게 대답해도 걸리도록 만들었습니다. 그리고 반대되는 의견을 가진 두 부류의 사람들이 예수님 앞에 있었습니다(마22:16).

그러나 예수님은 어떤 질문이든지 사람이 예상할 수 없었던 대답을 하셨습니다. 질문을 피해 가는 대답이 아니라, 정답을 제시하고 진리를 말씀하셨습니다. 그들은 '예수께서 잘 대답하신 줄'을 알았고(막12:28), '아무것도 감히 더 물을 수 없었지만'(40), 그 말씀에 굴복하지는 않았습니다. 말씀을 들으려고 온 것이 아니라, 말에 올무를 걸려고 왔기 때문입니다.

'건축자들의 버린 돌이...' (17)

다른 곳에는 적대자들이 했던 3가지 질문과 예수님이 이들에게 물었던 한 가지 질문이 있는데, 누가는 2가지 질문을 적었습니다. 다른 복음서에 나오지 않는 1가지 질문은 이렇습니다. 예수님이 포도원 비유를 말씀하셨을 때 그 말씀을 들은 백성들이 걱정스런 얼굴로 '그렇게 되지 말아야 합니다' 하고 대답했습니다(16). 예수님은 이 말을 받아서 '그러면 기록된 바 건축자의 버린 돌이 모퉁이의 머릿돌이 되었느니라 함이 어찜이뇨?'(17) 하고 그들에게 물었습니다.

예수님은 건축자의 버린 돌이었습니다. 그런데 하나님이 모퉁이의 머릿돌이 되게 하셨습니다. 시편 118편 22절의 인용입니다. 그곳에는 '이는 여호와의 행하신 것이요 우리 눈에 기이한 바로다' 했습니다. 예수님이 메시야로 자기 백성들에게 왔는데 그렇게 기다리고 기다리던 사람들이 그분을 영접하지 않은 것이 기이합니다. 뿐만 아니라. 그분이 십자가에 매달리신 것은 더 기이합니다. 아버지 하나님은 이런 예수님을 머릿돌로 삼기 위해서 다시 살아나게 하셨습니다. 하나님의 하신 모든 일이 기이하고 기이함의 연속입니다. 머릿돌에 관한 말씀은 누가만 인용하여 사용했습니다. 그는 사도행전에서 이 표현을 한 번 더 언급했습니다(4:11).

이 돌은 머릿돌로서 고마운 돌이지만, 심판의 돌이 되기도 합니다. 왜냐하면 돌이 머리 위에 떨어져도 그렇고, 사람이 돌 위에 떨어져도 '가루로 만들어 흩어지게' 하기 때문입니다(18).

부활에 관한 질문 (27-40)

한 여자를 7형제가 아내로 취했는데, 부활 후에는 누구의 아내가 되느냐는 질문은 사람으로서는 대답하기 어렵지만, 부활을 알고 그 후 세계를 아는 분으로서는 간단하게 대답할 수 있었습니다. '저 세상과 및 죽은 자 가운데서 부활함을 얻기에 합당히 여김을 입은 자들은 장가가고 시집가는 일이 없으며'(35). 그러니까 전혀 문제가 되지 않는다고 아주 명쾌하게 답변하셨습니다. 더하여 예수님은 부활한 생명체는 '다시 죽을 수도 없다'고 하셨습니다. 왜냐하면 천사와 동등하고 부활의 자녀로서 하나님의 자녀이기 때문입니다(36). 그리고 '하나님에게는 모든 사람이 살았느니라' 하셨습니다(38). 이런 설명은 누가복음에만 나옵니다.

'과부의 가산을 삼키며...' (45-47)

본 장에서 예수님은 적대자들의 질문에 답하면서 '저희에게', 혹은 '백성에게' 말씀하셨습니다. 그런데 45절에서 3개 절은 제자들에게 말씀하셨습니다. 예수님은 저들의 4가지 잘못된 행동을 지적하셨습니다. 긴 옷을 입고 다니는 것, 시장에서 문안받기를 좋아하는 것, 회당의 상석을 좋아하는 것, 잔치의 상석을 좋아하는 것입니다. 이 모든 것은 이들이 눈에 드러나는 것을 좋아하고 그렇게 행하고 있는 것을 지적하셨습니다. 이어서 예수님은 이런 잘못에 더하여 받는 판결이 더 중하게 될 2가지를 말씀하셨습니다. 그것은 첫째로 과부의 가산을 삼키는 일입니다(47). 남편이 죽은 후에 아내가 자기 재산을 이들에게 믿고 맡겼는데, 이들은 그것이 마치 자기 돈인 양 마음대로 사용했습니다. 예수님은 이들의 이런 행동을 '삼켰다'라고 표현했습니다. 뱀이 먹이를 통째로 삼키듯이 그 불쌍한 과부의 재산을 삼켜버렸습니다. 둘째로 이들은 행동은 이렇게 하면서도 길게 기도하는 모습을 보여 주었습니다. 사람은 다 모를지라도 다 아시는 분이 보실 때는 매 맞을 것을 보충하는 것밖에 안 되는 것입니다. 예수님이 이것을 제자들에게 말씀하신 것은 제자들은 이렇게 해서는 안 된다는 뜻입니다.

'육체는 안 죽을 육체가 없고, 영혼은 죽을 영혼이 없다'라는 말이 있습니다. 육체는 반드시 죽지만 영혼은 절대로 죽지 않습니다. 없어지지도 않습니다. 하나님이 영원히 사시는 것처럼 우리의 영혼도 영원히 살게 됩니다. 영혼이 영원히 살지 않는다면 지옥이나 천국이 무슨 소용이 있겠습니까? 지옥 가서 벌 받다가 죽으면 끝나는데 그것을 두고 '영벌'이라고 할 수 있겠습니까? 천국 가서 좋은 것을 느낄 때쯤에 죽는다면 그곳이 천국이 될 수 없습니다. 그래서 절대로 그렇게 하시지 않습니다. 하나님이 만드실 때 그렇게 만드셨습니다. 그래서 '하나님께는 모든 사람이 살았느니라'(38) 하셨습니다. 육체가 살아 있는 동안에 영혼의 미래가 결정됩니다. 그래서 예수님을 믿어야 하고 예수님을 전해야 하는 겁니다.

65강
변명할 것을 미리 연구치 않기로... (눅21)

누가는 날짜와 시간의 변경을 자세하게 기록하지 않았습니다. 그런데 오늘 우리가 살펴보려는 21장 마지막 부분에 날짜의 변경을 암시하는 글이 나옵니다. '예수께서 낮에는 성전에서 가르치시고 밤이면 나가 감람원이라는 산에서 쉬시니'(37). 본 장의 끝에서 날짜가 바뀌니까, 본 장의 내용 전체가 성전에서 가르치신 내용이고, 성전에서 있었던 일입니다. 그리고 마지막 한 주간의 화요일에 있었던 일입니다. 다음 장인 22장 1절에 '유월절이라 하는 무교절이 가까우매' 라고 했고 7절에는 '유월절 양을 잡을 무교절 일이 이른지라' 했습니다. ' 무교절이 이르렀다' 라는 말은 목요일이 되었다는 뜻입니다. 그러니까 그전까지는 화요일에 있었던 일입니다. 수요일은 침묵의 날이니까 그렇게 생각하는 것이 맞습니다. 다시 정리하면 22장 7절 전까지는 화요일에 있었던 일이고, 22장 7절부터는 목요일로 넘어가게 됩니다.

예수님은 이제까지 성전에서 물러나면 베다니로 가셨습니다(막11:11). 베다니에 있는 나사로의 집에서 숙식을 해결하신 듯합니다. 그런데 이제는 마지막 한 주간, 그중에서도 화요일에 이르렀기 때문에 쉬는 장소가 감람산으로 바뀌었습니다. 성전에서 물러나면 이제는 베다니로 가신 것이 아니라 맞은 편에 있는 감람산으로 가셨습니다. 정확한 장소를 말한 사람은 누가뿐입니다(37). 이제까지 누가는 장소와 날짜에 대해서 잘 말하지 않았는데 여기에서 아주 귀중한 자료를 우리에게 제시해 주고 있습니다.

과부의 헌금 (1-4)

21장의 첫머리에 기록된 사건은 과부의 헌금입니다. 렙돈(lepton)은 그 당시 사용하던 돈 중에서 가장 낮은 단위입니다. 탈무드에는 렙돈 한 개로 헌금을 하지 못하도록 규정하고 있답니다. 그러니까 두 렙돈은 금지 규정을 벗어난 최소의 헌금이라 할 수 있습니다.

이 과부는 앞 장에 언급된 바리새인과 서기관과 좋은 대조를 이룹니다. 그들은 과부의 가산을 삼키는 자들이었는데, 이 과부는 자신의 가산 전부를 드렸습니다. 거짓 경건과 참된 경건이 무엇인지를 우리에게 보여 주고 있습니다. 가난한 과부가 들고 있는 두 렙돈과 웅장한 성전 건물도 서로 대조가 됩니다. 누가 이 초라한 형색의 과부에게 관심을 가지겠습니까? 그런데 예수님은 이 여인을 알아주었고, 크게 칭찬해 주셨습니다.

마지막에 될 일들 (5-28)

예수님은 두 가지 사건을 섞어서 말씀하셨습니다. 한 가지는 곧 있을 예루살렘 멸망이고, 다른 한 가지는 뒤에 있을 세상의 종말입니다. 두 가지 사건을 함께 말씀하신 이유는 예루살렘에서 이루어지는 말씀의 성취를 보고 뒤에 있을 사건도 그대로 될 것을 알라는 뜻입니다. 그 뒤에 예루살렘 멸망은 예수님이 말씀하신 그대로 이루어졌습니다. 종말 사건은 아직 남아 있는 일이지만 우리는 그대로 될 줄 믿습니다. 그렇기 때문에 우리는 예수님이 말씀하신 무엇을 하지 말아야 하는지, 무엇을 해야 하는지를 기억해야 하겠습니다.

마지막 날의 징조로 곳곳에 큰 지진과 기근이 있을 것이라고 했는데, 누가는 의사답게 그럴 때 전염병이 창궐하게 될 것을 추가했습니다(11). 우리는 근래에 사스와 메르스, 그리고 코로나19를 통해서 전염병이 얼마나 무서운지를 경험했습니다. 이런 병들이 사람과 사람을 격리시켰고, 대면하지 못하게 만들었으며, 서로를 의심하게 했습니다. 나도 모르는 사이에 내가 병을 옮기는 사람이 되었고, 나도 모르는 사이에 내가 병에 걸리기도 했습니다. 원자폭탄만 무서운 것이 아니라 이런 병도 그에 못지않은 두려움을 우리에게 주었습니다. 마지막 때에는 이런 전염병이 전쟁처럼 곳곳에서 일어나게 된답니다.

겸하여 주어지는 핍박

지진과 기근과 전쟁과 전염병만 해도 무서운데, 이런 것만 있는 것이 아닙니다. 그때에는 믿는 자들을 핍박하는 일들이 동시에 일어나게 됩니다. 성도들은 나라를 전복한다든지, 전쟁을 일으킨다든지, 폭동을 일으키는 그런 일들을 하지 않습니다. 착한 사람들 아닙니까? 그런데 이상하게도 혼란의 시기에는 성도들이 대표적인 표적이 되어서 학살당하게 됩니다. 역사의 현장에서 여러 번 이런 일들이 있었습니다. 네로 황제 시대에 로마의 화제로 성난 시민들이 성도들을 마구잡이로 죽였습니다. 우리나라에 있었던 전쟁에서도 성도들을 죽이는 일들이 곳곳에서 자행되었습니다.

잡혀갈 때 무슨 말을 할 것인지 변명할 것을 미리 연구하지 않도록 결심하라고 했습니다(14). 누가는 '연구하지 말라'는 말과 함께 '결심하라'는 단어를 사용했습니다. 다른 곳에서는 사용되지 않은 단어들입니다. '너희의 모든 대적이 능히 대항하거나 변박할 수 없는 구변과 지혜를 너희에게 주리라'(15) 했습니다. 이 말씀은 사도행전에서 그대로 증명되었습니다. 그들은 성령으로 충만한 제자들을 당해 낼 수가 없었습니다. '그들을 본래 학문없는 범인으로 알았다가 이상하게 여기며' (행4:13) 라고 했습니다. 왜 이렇습니까? '말하는 이는 너희가 아니라 너희 속에서 말씀하시는 이 곧 너희 아버지의 성령' (마10:20) 이기 때문입니다. 지금도 역시 그러합니다.

'일어나 머리를 들라!' (28)

이 말씀은 춘향전을 연상케 합니다. 춘향이 옥에 갇혀 있을 때, 이 도령이 암행어사 출두를 외쳤습니다. 춘향이 옥에서 이끌려 나왔으나 아직도 나무 수갑을 목에 걸고 있습니다. 이 어사는 일부러 부채로 얼굴을 가린 채 말을 합니다. '고개를 들라!' 어디서 많이 듣던 음성이지만, 사랑하는 낭군님이라고는 짐작도 하지 못했습니다. 천천히 고개를 들고 보니 조금 전까지만 해도 거지 형색이었던 낭군님이 그곳에 계시는 것이 아니겠습니까? 세상에! 어떻게 이런 일이 다 있을까요? 꿈과 같은 일입니다. 그렇습니다. 이것은 꾸며낸 이야기입니다.

그러나 우리에게는 아닙니다. 우리에게도 '머리를 들라' (28) 는 말씀이 들릴 때가 있을 것입니다. 그때 우리는 그곳에서 사랑하는 주님을 발견하게 될 것입니다. 이것은 꿈이 아니며, 꾸며낸 이야기도 아닙니다. 장래에 실제로 우리가 겪을 일입니다. 우리는 그때 '인자가 구름을 타고 능력과 큰 영광으로 오는 것을 보게 될 것' 입니다 (27). 이런 감격의 순간을 그리며 조금만 더 참아봅시다. 조금만 더 견디어 봅시다.

66강
돌이켜 베드로를 보시니... (눅22)

22장에는 비유나 논쟁이 더이상 나오지 않습니다. 이전 장으로 다 끝났습니다. 이곳에서는 제자들과 나눈 대화와 급박하게 진행되는 사건의 기록만 있습니다. 예수님은 이 장에서 체포되고 다음 장에서 십자가에 달리게 됩니다.

유월절은 하루이고, 무교절은 유월절에 이어서 7일 동안 지킵니다. 그런데 우리는 무교절은 잊어버리고 유월절만을 기억합니다. 왜냐하면 이 두 절기를 합하여 유월절이라 부르기 때문입니다(1,7). 유월절은 오래전 애굽에서 어린양의 피를 문에 발라서 장자의 죽음을 면했던 사건을 기억하고 추억하기 위해서 지키는 명절입니다. 이때 죽임을 당했던 어린양은 예수님이셨습니다. 말로만 듣던 어린양이 피를 흘리기 위해서 실제로 오셨습니다. 양을 잡던 날에 채찍에 맞아서 피를 흘리고, 십자가에 달려서 또 피를 흘렸습니다. 이렇게 해서 구약의 유월절과 같이 죽음을 당하지 않게 하는 구원의 길을 여셨습니다.

연구하는 사람들 (2)

예수님은 전 장에서 제자들에게 말씀하시기를 잡혀갔을 때 변명할 것을 '미리 연구하지 않기로 결심하라'라고 하셨습니다. 걱정하면 잠이 안 오니까 걱정하지 말고 자라는 말씀입니다. 베드로는 이 말씀을 잘 실천했습니다. 잡혀서 감옥에 갇혔는데 얼마나 깊이 잤던지, 천사가 옆구리를 차서 깨우지 않으면 안 될 정도였습니다(행12:7). 베드로뿐 아니라 다른 제자들도 연구하지 않았습니다. 그렇지만 그 누구도 그들을 당할 수가 없었습니다.

제자들은 연구하지 않았는데, 연구한 사람들은 따로 있습니다. 그들은 예수님을 잡아 죽이기 위해서 연구했습니다(2). 마귀는 이렇게 쉴새 없이 연구합니다. 그리고 우리의 약점을 공격합니다. 우리의 공격자들이 이렇게 하는데 우리는 연구하지 않습니다. 성령님이 함께 하시기 때문입니다.

유다에게 사단이 들어가니... (3)

저들이 연구할 그럴 때 그들에게 도울 사람이 나타났습니다. 제자 중에 한 사람이 제 발로 찾아와서 예수님을 넘겨주겠다고 말했습니다. 이렇게 좋은 일이 또 어디에 있겠습니까? 그들은 천군만마를 얻은 것 같았습니다. 가룟 유다가 이렇게 하게 된 것은 그에게 사단이 들어갔기 때문입니다(3). 사단은 공생에 초기에 광야에서 예수님을 시험하고는 '얼마 동안 떠나니라' 했는데(4:13), 누가는 특이하게도 이런 표현을 썼습니다. 왜 이렇게 말했을까요? 그것은 마귀가 다시 돌아와 유다에게 들어가서 본격적인 사역을 할 것이기 때문에 여운을 남겨 놓았습니다. 그렇습니다. 마귀는 간다고 영원히 가는 것이 아니며, 떠난다고 다시 오지 않는 것이 아닙니다. 무저갱에 갇히기 전에는 그의 활동이 계속될 것입니다.

성만찬을 제정하심 (14-20)

예수님은 제자들에게 떡을 떼어주시고, 잔에 포도주를 부어 주시면서 '이것은 너희를 위하여 주는 내 몸이고, 너희를 위하여 흘리는 내 피' 라고 하셨습니다(19). 출애굽 할 때는 그 피를 문에 바르고 뿌렸는데, 이제는 마셔야 합니다. '내 살을 먹고 내 피를 마시는 자는 영원히 살리라'(요6:54,58)라는 말씀을 이루기 위해서입니다.

예수님은 '너희가 이를 행하여 나를 기념하라'(19) 하셨는데, 우리는 이 명령에 따라서 지금도 처음과 꼭 같이 성만찬을 행하고 있습니다. 기념하라고 말한 사람은 누가뿐입니다.

겟세마네 동산에서- 1가지 기적 (39-53)

예수님은 늘 하시던 대로 늘 가시던 곳으로 갔습니다. 그곳은 골고다의 건너편에 있는 감람산의 겟세마네 동산입니다. 그때는 밤이기 때문에 장소를 옮겨서 숨어버리면 가룟 유다가 예수님을 잡을 사람들을 인도하기가 쉽지 않습니다. 그러나 예수님은 그렇게 하지 않았습니다.

이 장에는 예수님이 공생애 마지막으로 행하신 기적이 있고, 5가지 사건이 있었습니다. 마지막 기적은 베드로가 쳐서 떨어뜨린 말고의 귀를 예수님이 만져서 원상대로 회복해 주신 일입니다(51). 의사만 이것을 기록했습니다. 요한은 그 종의 이름이 '말고'라는 것은 말했지만, 예수님이 회복시키셨다는 것은 기록하지 않았습니다(18:10).

겟세마네 동산에서- 5가지 일 (39-53)

기적과 같은 다섯 가지 일들이 연속해서 일어났습니다. 예수님이 겟세마네 동산에서 기도하실 때 땀이 핏방울같이 떨어졌다고 했는데, 의사가 이것을 적었습니다. 이것은 현대 의학으로 증명이 된답니다. 제자들은 기도하는 예수님의 이마에서 피가 땀방울같이 떨어지는 것을 보았습니다. 그런데도 그만 자고 말았습니다(44). 이것도 기적 같은 일입니다.

가룟 유다가 체포조의 앞에 서서 길을 인도했습니다(47). 예수님이 어디에 있는지 가장 잘 아는 사람이었으니까요. 그는 자기가 입 맞추는 자를 잡으면 된다고 서로 약속하고 예수님께로 와서 열렬하게 입을 맞추었습니다(48). 사람은 숨겨진 마음을 알 수 없기 때문에 속지만, 예수님은 다 알고 계셨으면서도 그 가증한 입맞춤을 받아 주셨습니다.

베드로가 두 번 부인하고 난 뒤에 한 시간이 흐른 뒤에 세 번째로 부인했다고 누가가 말했습니다(59). 베드로는 한 시간을 기도할 수 없었는데(마26:40), 이때에도 정신 차릴 수 있는 한 시간을 넘기고 그만 완전히 부인하는 자리로 나아가고 말았습니다(59).

마지막으로 기적 같은 사건은 제자들이 도망갔다는 기록입니다. 누가는 이것을 적지 않았습니다. 마가복음에는 '제자들이 다 예수를 버리고 도망하니라'(14:50)라고 했는데, 누가복음에는 없습니다. 도망간 당사자인 마태와 요한이 자기들이 도망간 것을 기록하지 않은 것과 같이 누가도 기록하지 않았습니다.

주께서 돌이켜 베드로를 보시니... (61)

예수님이 베드로를 보신 시점은 닭이 울고 난 직후였습니다. 그때 돌이켜서 베드로를 보신 예수님의 얼굴은 어떤 모습이었을까요? 화가 난 얼굴이었을까요? 한심한 듯이 바라보셨을까요? 뒤 꼭대기에 대 놓고 부인하는 제자를 노려보았을까요? 예수님의 모습이 어떠했든지 간에 베드로는 마음이 뜨끔하고 가슴이 철렁했을 것입니다. 닭 우는 소리를 듣는 순간, 그리고 예수님과 눈이 마주치는 순간 예수님의 말씀이 생각났기 때문입니다.

예수님은 절대로 화난 얼굴이 아니었습니다. 왜냐하면 베드로가 좀 있으면 놀라운 일꾼으로 변할 것을 아셨기 때문입니다. 그러니까 예수님의 돌아보심은 베드로의 회개를 도우기 위함이었습니다. 눈길이 마주치면 회개하게 됩니다. 우리는 늘 주님과 눈길이 마주치는 사역자가 됩시다. 가슴이 철렁하고 내려앉는 일꾼이 됩시다.

67강
내 영혼을 아버지 손에 부탁하나이다! (눅 23)

23장에서 예수님은 결국 십자가에 못 박히십니다. 십자가는 구원 여정의 절정이고, 예수님은 이 일을 위해서 오셨고, 이렇게 고난당 할 것을 여러 차례 말씀하셨습니다. 그렇다고 해서 두려움이 없는 것은 아니고, 고통이 없는 것도 아닙니다.

본 장에서는 사건이 아주 급박하게 진행됩니다. 예수님을 십자가에 못 박으려고 하는 사람들은 전광석화와 같이 일을 처리하지 않으면 안 된다고 생각했습니다. 그래서 불법이 마구 자행되었으며, 부당한 일이 버젓이 행해졌습니다. 예수님은 대답해야 할 경우에는 분명하게 대답하셨지만, 그렇지 않은 경우에는 아무 말도 하지 않았습니다. 그들은 거짓으로 고소하고 모함하고 조롱하였으며 인격 모독을 서슴없이 행했지만 예수님은 아무 말씀도 하지 않았습니다. 그래야 십자가형이 집행되기 때문입니다.

빌라도가 예수님을 헤롯에게 넘긴 것은 골치 아픈 사건을 떠넘기려는 심산이었습니다. 그러나 헤롯도 입장이 빌라도와 다르지 않았습니다. 이런 복잡한 일에 끼어들고 싶지 않았습니다. 그래서 예수님은 한밤중에 이곳저곳으로 끌려다녀야 했습니다. 예수님이 헤롯에게 넘겨졌다는 것은 누가복음에만 나옵니다. 십자가에 매달린 강도 중의 한 명이 구원을 약속받았습니다. 이런 내용도 다른 복음서에는 없습니다.

빌라도의 재판 (1-25)

이전 장에서 진행된 종교 재판에서 예수님의 죄는 신성모독이었습니다. 그런데 이 죄로는 예수님을 십자가에 못 박을 수 없었습니다. 그들이 예수님을 빌라도 앞에 끌고 왔을 때는 죄목이 '모반자'로 바뀌어졌습니다. 빌라도는 여러 가지로 심문했지만, 그런 죄를 찾지 못했습니다. 십자가형은 아무나 처형하는 사형 방법이 아닙니다. 강도처럼 분명한 이유가 있어야 하는데 예수님에게서는 그런 이유를 찾을 수 없었습니다. 빌라도는 예수님의 무죄를 3번 주장했고 (22), 4번이나 놓으려고 시도했습니다. 특사로 놓을 것을 제안했지만, 무리들은 바라바를 요구하여 그것도 실패했습니다. 때려서 놓겠다고 두 번이나 말했지만 (16,22) 그것도 이루지 못했습니다. 그래서 결국은 폭동을 일으킬 것 같았던 무리의 '소리'에 지고 말았으며 (23), 저희의 구하는 대로 바라바는 놓아주고 예수님은 넘겨주어서 저희 뜻대로 하게 했습니다(25). 이것이 바로 빌라도의 사형 확정이었습니다.

'이적 행하심을 볼까 하고...' (3)

여기에 간 큰 사람이 또 한 사람 있습니다. 헤롯은 예수님을 그저 마술을 행하는 사람쯤으로 이해했습니다. 예수님이 많은 병자들을 고쳤다는 소문을 들었으므로, 이적 행하는 것을 보면서 즐기려고 했습니다. 그러나 예수님이 아무것도 하지 않았습니다. '내가 아버지께 구하여 지금 12군단 더 되는 천사를 보내시게 할 수 없는 줄로 아느냐'(마26:53). 만약 예수님이 이런 이적을 행하셨다면 헤롯은 어떻게 되었겠습니까? 헤롯왕을 제거하는 데는 천사가 아니라 벌레 한 마리만으로 충분했습니다(행12:20-). 능히 그렇게 하실 수 있는 예수님이지만 그렇게 하면 우리를 구원하는 일을 하지 못하게 됩니다. 그러니까 그렇게 하지 않은 것도 결국은 우리를 위해서 참은 것임을 알 수 있습니다. 무식하면 용감하지만 너무 무식하면 주변 사람을 피곤하게 합니다. 헤롯의 이런 행동에도 예수님은 아무 말씀을 하지 않았습니다.

가상 7언 중에... (34)

누가복음에는 예수님이 십자가상에서 말씀하신 7가지 말씀 중에서 3가지가 나옵니다. 마태와 마가복음에는 '엘리 엘리' 하는 제4언만 있고, 요한복음에는 누가복음에 없는 3가지가 있습니다. 누가복음에 나오는 3가지 말씀은 십자가에서 처음으로 하신 말씀 '아버지여! 저희를 사하여 주옵소서 자기의 하는 것을 알지 못함이니이다'(34). 이어서 강도에게 약속하신 말씀이 나오는데 이것은 십자가에서 두 번째로 하신 말씀입니다(43). 그리고 예수님은 운명하기 직전에 '아버지여! 내 영혼을 아버지 손에 부탁하나이다'하고 했습니다(46). 이것이 십자가의 마지막 말씀입니다. 가상칠언에서 예수님은 하나님을 '아버지'라고 두 번 불렀는데 그것이 다 누가복음에 있습니다.

마지막 5부류의 사람들

예수님이 마지막으로 만난 사람들이 있습니다. 예수님이 십자가를 지고 갈 때 예수님의 십자가를 대신 져준 사람 구레네 시몬은 군병의 강압에 의해서 억지로 그 일을 했습니다(26). 그 사람은 그 일로 인하여 아내와 아들들이 복을 받았습니다. 그 십자가를 억지로 지기는 했지만, 이 사건이 그에게는 크나큰 은혜였습니다. 또 한 사람은 십자가의 강도입니다(39-). 이 사람은 구원받을 자였습니다. 구원받을 자는 어떠한 경우에서도 구해진다는 것을 우리에게 보여줍니다. 세 번째 사람은 예수님이 십자가에서 운명할 당시에 그 아래에 있었던 백부장입니다(47). 이 사람은 이방인이요 군인이었는데 그렇게 비참하게 죽는 모습을 보고도 예수님이 '의인' 이었음을 고백했습니다. 이 사람은 고백자로 남겨졌습니다. 네 번째 사람은 예수님이 운명하신 후에 나타난 아리마대 요셉입니다(50-). 이때는 제자들은 모두 도망가고 없었습니다. 하지만 숨겨진 제자가 나타났습니다. 이 사람은 숨겨진 제자의 대표였습니다. 마지막으로 여자들이 있었습니다(55). 갈릴리에서 예수님을 따라온 여자들입니다. 그들은 멀리 서서 예수님이 십자가에 매달리시는 것을 지켜보았습니다.

여자들은 그 뒤에도 그 현장을 떠나지 않았습니다. 아리마대 요셉이 예수님의 시신을 내리는 것과 바위에 판 무덤에 시신을 안치하는 것까지 지켜보았습니다. 이렇게 해서 이들 중에 막달라 마리아가 부활하신 예수님을 가장 먼저 보는 영광을 얻게 되었습니다. 떠나지 않으면 이런 은혜를 받게 됩니다. 은혜를 받으면 떠나지 않게 됩니다. 우리도 떠나지 않고 주님 곁에 있는 자들이 됩시다.

68강
위로부터 능력을 입히울 때까지... (눅 24)

누가복음의 마지막 장입니다. 이 장에는 예수님의 부활과 승천이 기록되어 있습니다. 예수님의 승천을 기록한 성경은 마가복음과 누가복음뿐입니다. 예수님은 언제나 자신의 수난을 말하면서 이어서 부활하실 것을 말씀하셨습니다. 그러나 부활은 너무 놀라운 사실이라 그 말을 기억하고 있었던 제자는 하나도 없었습니다. 누가복음도 마가복음과 마찬가지로 제자들이 예수님의 부활을 믿지 못했다는 것을 말했습니다. 제자들은 '그 보는 것을 영으로 생각'했으며(37), '너무 기쁘므로 오히려 믿지'(41) 못했습니다. 그래서 예수님이 이들에게 두 가지 일을 하셨습니다. 한 가지는 그들의 마음을 열었고, 또 한 가지는 성경을 가르쳤습니다. 예수님은 못 자국과 창 자국을 보여 주지 않았습니다. 그것이 훨씬 빠른 방법인 것 같은데 그렇게 하지 않고, 훨씬 시간이 더 걸릴 것 같은 말씀을 가르치는 방법으로 하셨습니다. 말씀은 능력이기 때문입니다. 이들은 앞으로 말씀과 함께 살아야 하고 말씀으로 움직여야 하기 때문입니다. 그래서 '이에 저희 마음을 열어 성경을 깨닫게 하시고'(45) 하는 특이한 구절이 나오는데 이것은 누가복음에만 있습니다.

여자들이 발견한 것- 3가지 (1-10)

안식 후 첫날 새벽에 무덤으로 달려갔던 여자는 막달라 마리아와 요안나, 그리고 야고보의 모친 마리아였습니다(10). 그들은 돌무덤에서 3가지를 발견했습니다. 첫째는 무덤의 문이 옮겨진 것입니다. 이 돌은 무덤의 문 역할을 하는데, 작은 통로를 통해서 아래로 굴리면 열리고, 위로 굴리면 닫히게 됩니다. 이 돌은 엄청나게 커서 남자라도 여러 명이 달라붙어야 굴릴 수 있습니다. 그런데 어찌 된 영문인지 그 무거운 돌문이 '굴려져서 옮겨진' 것을 보았습니다(2). 요한복음을 원어로 보면 그 돌이 통로를 벗어나서 있었습니다(20:1). 천사들이 그 돌을 집어서 던져버렸습니다. 두 번째 이들이 발견한 것은 예수님의 시신이 없어진 것입니다. 부활하신 것을 몰랐으니까 그들에게는 의아하게 생각될 수밖에 없었습니다. 시신에 향품을 발라서 무덤에 안치해야 장례가 끝나는데 시신이 없어졌으니 보통 문제가 아니었습니다. 그들은 그 순간 '근심'했다고 했습니다(4). 세 번째 이들이 발견한 것은 찬란한 옷을 입은 사람 모양의 천사였습니다. 천사는 '두 사람'이었는데, 이것을 말한 사람은 누가가 유일합니다(4).

그들은 몇 마디 말로 여자들의 근심을 해결해 주었습니다. 천사는 3가지를 말했습니다. 산자를 죽은 자 가운데서 찾는다고 책망했고, 갈릴리에서 하신 말씀을 기억하라고 했으며, 예수님이 여러 차례에 걸쳐서 미리 말씀하신 부활을 상기시켰습니다(5).

무덤으로 달려간 베드로 (12)

여자들은 무덤에서 돌아가 사도들에게 이 사실을 알렸습니다. 여자들은 사도들에게 두 번이나 말했다고 했습니다(9,10). 두 번을 강조한 이유는 이들이 믿지 않은 것을 드러내기 위해서입니다. 두 번이나 말했지만 '사도들은 저희 말이 허탄한 듯이 보여 믿지 아니하니라'(11) 했습니다. 그런데 그중에 베드로는 일어나서 무덤으로 달려갔습니다(12). 부활한다는 예수님의 말씀을 기억하고 갔으면 참으로 좋았겠지만, 도망가고, 부인한 일이 생각나서 미안한 마음에 그랬을 겁니다. 베드로는 무덤에 가서 시신이 없다는 것을 확인한 후에 '여자들의 말이 맞네! 이걸 우짜지?' 했습니다. 그럴 때에도 예수님이 부활하셨다는 것은 조금도 생각하지 못했습니다. 베드로는 무덤 안에 있는 세마포를 보았습니다. 아리마대 요셉이 예수님의 시신을 쌌던 천입니다(12). 시신은 없고 세마포만 있는 것이 이상하게 여겨졌지만, 그 순간에 무엇을 하겠습니까? 부활을 확신하지 못하면 아무것도 할 일이 없습니다. 그래서 베드로는 집으로 돌아갔습니다.

제자들의 반응

다른 사람들은 어땠을까요? 예수님이 부활하셨다는 것을 믿지 못하는 것은 베드로와 다르지 않았습니다. 예수님은 엠마오로 가는 두 제자에게 '미련한 자' '더디 믿는 자들'이라고 하셨는데 다른 제자들도 이런 책망을 듣기에 합당했습니다. 엠마오 두 제자가 예루살렘으로 돌아가서 자기들에게 나타나신 예수님에 대해서 말했지만 그 말을 믿지 못했습니다. 이것은 마가복음에만 나옵니다(16:13).

그 뒤에 예수님이 11명의 제자에게 나타나셔서 부활하신 몸을 보여 주셨습니다. 그들이 믿지 않았기 때문에, '나를 만져보라'는 말씀을 하셨고, 그들이 보는 앞에서 구운 생선을 한 토막 먹기도 했습니다. 그래도 그들은 '너무 기쁘므로 오히려 믿지 못하고 기이히 여겼다'고 했습니다(41). 이래도 안 믿고 저래도 못 믿었습니다. 철저하게 믿지 못했습니다. 제자들이 이랬으니 다른 사람은 어떻겠습니까? 이것이 부활하신 당일에 제자들의 모습이었습니다.

엠마오로 가는 두 제자 (13-35)

이 사건은 누가복음에만 기록되어 있는데 상당히 자세하게 적혀 있습니다. 이들은 부활에 관계된 모든 사실을 다 알고 있었습니다. 여자들이 새벽에 무덤에 가서 시신이 없어진 것을 보았다는 것, 베드로와 요한이 무덤에 달려가서 확인했다는 것, 그 여자들은 '그가 살아나셨다' 하는 천사의 말을 들었다는 것 등입니다. 알기는 다 아는데 믿지를 못했습니다. 그러니까 슬픔에 잠겨 있을 수밖에 없었습니다(17).

예수님은 이들에게도 못 자국난 손을 보여주지 않고 '모든 성경에 쓴바 자기에 관한 것을 자세히 설명' 하셨습니다(27). 나중에 이들은 서로 이렇게 말했습니다. '길에서 우리에게 말씀하시고 우리에게 성경을 풀어주실 때에 우리 속에서 마음이 뜨겁지 아니하더냐?'(32). 말씀은 불방망이입니다(렘23:29). 능력입니다. 말씀의 위력이 이러합니다. 오고 가고 50리 길을 단숨에 달려가게 합니다. 가슴이 불이 있으면 이렇게 됩니다. 예수님은 이것을 잘 아셨기 때문에 다른 것을 일체하지 않았고, 말씀으로 가슴에 불을 집어넣는 일만 하셨습니다.

이 성은 예루살렘인데, 제자들에게는 더 머무르고 싶지 않은 살육의 성입니다. 선생님을 죽였는데 제자들을 가만두겠습니까? 빨리 갈릴리로 가고 싶은데 예수님은 이 성에 있으라고 했습니다. 예수님이 약속하신 성령을 보내실 때까지 제자들은 그곳에 있어야 했습니다. 그리고 능력을 입히울 때까지 떠나지 말고 기다리라고 하셨습니다. 그 뒤에 어떻게 되었는지는 누가의 두 번째 글인 사도행전에 자세히 설명되어 있습니다. 제자들은 순종했고, 그들에게 성령이 임했고, 그들이 능력을 받았고, 성령으로 충만해졌습니다. 그 뒤에 기록된 사도행전의 모든 일들은 이 일의 결과였습니다.

요한복음

69강 ~ 89강

69강
당신은 이스라엘의 임금이로소이다! (요 1)

이제 요한복음을 시작합니다. 요한은 세베대와 살로메의 아들이고, 야고보의 동생입니다. 요한복음은 공관복음이 완성된 후에 기록되었습니다. 기록 목적이 밝혀진 성경이 많지 않은데, 요한은 그 목적을 분명히 밝혔습니다(20:31). 그것은 두 개의 '게' 때문인데 '믿게'와 '얻게'입니다. 예수님이 하나님의 아들 그리스도임을 믿게 되는 것과 믿어서 생명을 얻게 되는 것입니다. 문체는 단순명료하고 간결한 문장으로 되어 있습니다. 그래서 초보자가 헬라어를 공부하기 좋으나 신학적 사상은 심오하기 때문에 수준 높은 신학자들이 연구하는 성경이기도 합니다. 그래서 '요한복음은 웃으면서 들어갔다가 울면서 나온다'는 말이 있습니다.

요한복음의 내용적 특징은 3가지입니다. 첫째는 공관복음과 달리 비유가 많지 않습니다. 단지 2개. 10장의 양에 관계된 것과 15장의 포도나무 비유가 다입니다. 그것도 요한복음에는 '비유' 라는 언급이 없습니다. 둘째 성령에 대한 소개가 자세합니다. '보혜사' 라는 이름은 요한만이 사용했습니다. 셋째 요한복음은 공관복음과 반대로 예수님의 유대 사역을 많이 강조했습니다. 예수님이 사역하신 대부분의 배경이 유대와 예루살렘입니다.

사도 요한은 신약성경에 5권의 성경을 남겼습니다. 요한복음과 요한1, 2, 3서 그리고 계시록입니다. 이제 요한복음으로 들어가 볼까요? 울면서 나오지 않기 위해서 웃지 말고 시작합시다.

태초에 말씀이 계시니라! (1)

요한복음의 시작은 성경의 처음 시작인 창세기 1장 1절을 연상케 합니다. 창세기는 '태초에 하나님이 천지를 창조하시니라' 로 시작됩니다. 요한은 '태초에 말씀이 계시니라' 로 요한복음을 시작했습니다. 말씀이 태초에 계셨는데 그 말씀이 곧 하나님이십니다. 여기에서 사용된 '태초'(엔 아르케)는 시간의 시작을 말하는 것이 아니라 초시간적인 영원의 개념입니다. '엔'(εν)은 어떤 것이 계속 존재해 왔음을 의미합니다. 시작부터 이러하니 요한복음이 심오할 수밖에요. 머리가 설설 아파지기 시작합니까?

세례요한의 출현

누가복음은 세례요한의 출생의 비밀을 자세하게 밝혔지만, 요한복음에는 그런 내용이 없습니다. 마태와 마가가 세례요한에 대해서 기록한 내용은 요한복음에는 생략되었습니다. 그의 사역지가 광야였다는 것과 약대 털옷을 입고, 허리에 가죽 띠를 띠고, 메뚜기와 석청을 음식으로 삼았다는 이런 내용이 생략되었습니다. 요한은 그의 사역을 바로 설명했습니다. 그의 사역을 한마디로 요약하면 '모든 사람으로 자기를 인하여 믿게 하려 함이라'(7)라 했습니다. 세례요한은 이 사역에 충실했고, 이 사역을 마칠 때쯤에는 아침 이슬과 같이 사라졌습니다.

세례요한이 사람들의 질문에 답할 때 그의 말의 요점은 '나는 아니다'였습니다. 그는 그리스도를 기다리고 있는 사람들에게 숨기지 아니하고 자기는 그리스도가 아니라고 3번이나 연거푸 그리고 분명히 말했습니다(20,21).

그는 예수님을 만나자 그가 누구인지를 바로 말했는데, '하나님의 어린 양'이라는 말을 두 번이나 했습니다(29,36). 요단강 건너편에서 세례요한과 예수님의 처음이자 마지막 만남이 이루어졌습니다(28-). 처음 만났는데, 서로 대화도 나눈 적이 없는데, 누구의 소개를 받은 것도 아닌데 세례요한은 예수님을 어떻게 알았을까요? '나도 그를 알지 못하였으나 나를 보내어 물로 세례를 주라 하신 그이가 나에게 말씀하시되 성령이 내려서 누구 위에 머무는 것을 보거든 그가 곧 성령으로 세례를 주는 이인 줄로 알아라 하셨기에 내가 보고 그가 하나님의 아들이심을 증거하였노라'(33) 했습니다. 성령님이 가르쳐 주셔서 알았습니다.

율법 그리고 은혜와 진리

유대인들은 하나님이 모세를 통해서 율법을 주신 줄로 알고 있습니다. 그러나 아직은 은혜도 모르고 진리도 모릅니다. 왜냐하면 예수님을 모르기 때문입니다. 율법을 주신 하나님께서 그 아들을 이 땅에 보내셨습니다. 은혜를 주시고 진리를 알게 하기 위해서입니다. 하나님이 이들에게 율법을 주신 목적은 죄가 무엇인지를 알게 하고(롬7:7), 죄를 드러내기 위해서였습니다(롬7:13). 율법은 죄인을 구원할 수 없습니다. 그것으로 안 되기 때문에 은혜와 진리를 보내셨습니다. 그분이 예수님입니다. '우리가 그 영광을 보니 아버지의 독생자의 영광이요 은혜와 진리가 충만하더라'(14). '우리가 다 그의 충만한데서 받으니 은혜 위에 은혜러라'(16). '율법은 모세로 말미암아 주신 것이요 은혜와 진리는 예수 그리스도로 말미암아 온 것이라'(17).

최초의 제자들

요한복음에 기록된 대로는 최초의 제자가 안드레입니다. 그는 세례요한의 제자였으나 선생님의 소개로 예수님을 따르게 되었습니다. 그는 그날 예수님과 많은 시간 대화를 나누었고(39), 그리고 동생 베드로를 찾아서 '우리가 메시야를 만났다' 하고 그를 예수님께로 데리고 왔습니다(41). 베드로는 그 후 누가복음 5장의 물고기가 엄청나게 잡히는 기적을 통해서 예수님의 제자가 되었습니다.

이튿날 예수님이 빌립을 만나 '나를 좇으라' 하셨고, 빌립이 나다나엘을 찾아서 예수님을 소개했습니다. 빌립이 '나사렛 예수' 라고 말했더니 '나사렛에서 무슨 선한 것이 날 수 있느냐' 라고 반문했습니다(46). 나다나엘은 그가 가지고 있는 편견을 말했는데, 이것은 그 당시 일반적인 생각이었습니다. 갈릴리를 '이방' 이라고 했기 때문에(마4:15), 그 지역의 자그마한 동네 나사렛은 그렇게 취급될 수밖에 없었습니다. 나다나엘은 '내가 너를 안다' 는 예수님의 한마디 말씀에 굴복하고 제자가 되었습니다(48). 이렇게 해서 4명의 제자가 확보되었습니다.

그런데 이상하게도 이 복음서를 기록한 요한이 부름을 받은 내용은 소개되지 않았습니다. 마태와 마가복음에는 베드로와 안드레가 부름을 받은 다음에 요한의 형제가 예수님을 따르는 내용이 있습니다. 누가복음에는 물고기 기적으로 베드로가 제자가 될 때 함께 있었던 요한의 형제들이 따르는 자가 되었다고 했습니다. 그런데 요한복음에는 이런 간단한 언급조차 없습니다. 자기의 저술에서 자기를 감추는 것은 요한복음에 계속해서 나타나는 현상입니다. 요한은 '예수의 제자 중에서 하나 곧 그가 사랑하시는 자' 라고 자기를 감추어서 소개했습니다(요13:23). 이렇게 자기를 나타내지 않는 것은 모든 복음서에 나타나는 저자의 겸양입니다.

70강
무슨 말씀을 하시든지 그대로 하라! (요 2)

요한복음 2장에는 2가지 사건과 1가지 설명이 있습니다. 물이 최상급 포도주로 변하는 일이 있었고, 예수님이 성전을 깨끗하게 하셨습니다. 물이 포도주가 되는 사건은 예수님의 인간적인 모습을 보여 주고, 성전을 정화하신 사건은 예수님의 신적인 모습을 알게 합니다. 사랑의 모습과 심판의 모습이 2장에 동시에 나옵니다. 예수님은 가정을 일군 적은 없었지만, 결혼과 가정을 중요하게 여겼습니다. 예수님은 자기 몸을 사람들에게 의탁하지 않았는데, 그것은 모든 것을 아시기 때문에 사람에게서 아무 증거도 받을 필요가 없었다고 했습니다.

물이 포도주가 되는 기적은 예수님이 행하신 처음 표적입니다. '내 때가 아직 이르지 못하였다'(4)라고 하신 뒤에 이러한 기적을 행하셨기 때문입니다. 그래서 요한은 이 사건을 '처음 표적'이라는 설명을 붙였습니다(11). 이 사건은 공관복음에는 없고 요한복음에만 있습니다. 그리고 요한복음에 나오는 7가지 표적 중에 첫 번째 표적입니다.

'포도주가 모자란지라...' (3)

잔치집에서 포도주가 모자라는 것은 '그런가?' 하고 넘어갈 문제가 아닙니다. 그 당시 사람들은 이런 일을 수치로 여겼습니다. 포도주는 오랜 시간이 걸려서 만들어지기 때문에 모자란다고 금방 마련할 수가 없었습니다. 어디 가서 살 수도 없었고, 옆집에서 빌려 올 수도 없었기 때문에 낭패가 아닐 수 없었습니다. 잔치에 올 손님의 숫자를 예상하고 포도주를 미리 담는데 아마도 예상한 숫자 이상으로 손님이 온 것 같습니다.

잔치를 시종 드는 사람들의 당황하는 모습을 보고 마리아가 예수님에게 이 사실을 알렸습니다. 예수님은 아직 자기 때가 이르지 않았기 때문에 이 일에 관여하지 않으려고 했습니다. 그래서 '나와 무슨 상관이 있나이까?' 했습니다. 그러나 예수님은 자기 때와 관계없이 이적을 행하심으로 잔치집의 흥겨움이 망가지지 않게 하셨습니다.

'여자여! (4)

이제까지 육신의 부모를 잘 받들어 모셨던 예수님이 어머니를 갑자기 '여자여!' 하고 불렀습니다. 우리 정서로는 도무지 맞지 않는 호칭입니다. 예수님은 왜 이렇게 하셨을까요? '여자여' 하는 호칭 '구나이' 는 낮추어 부르는 말이 아니고 높여 부르는 말이라고 합니다.

그리고 예수님은 이런 기적으로 공생애가 시작되는 출발점에서 사람으로서의 어머니를 배제하고자 하는 의도가 있었다고 말합니다. 기적에 연계되어 그 사람이 높아지게 된다면 그에게 그것이 불행이 되기 때문입니다. 그러니까 어머니를 배려한 행동이라 할 수 있습니다. 예수님이 이렇게 '여자여' 하고 불렀는데도 천주교에서는 마리아를 '성모' 로 받들어 모시고 있습니다. 마리아에게 기도하면 이 사건에서처럼 마리아가 예수님에게 고해서 이루어지게 한다고 했습니다. 순전히 인간적인 발상입니다. 이렇게 하지 말라고 어머니라고 부르지 않고 다른 호칭을 사용했는데, 이렇게 하고 있으니 우째야 좋겠습니까?

물이 포도주가 되다니...

포도주를 만들려고 하면 우선 재료가 있어야 합니다. 그리고 동시에 시간이 필요합니다. 오랜 세월 묵혀 두어야 좋은 포도주가 됩니다. 바로 마시는 것은 포도주가 아니고 포도즙입니다. 예수님은 항아리에 물을 채우라고 하셨고, 그리고 이어서 그 물을 떠서 연회를 맡은 책임자에게 갖다 주라고 했습니다. 종들은 마리아가 '너희에게 무슨 말씀을 하시든지 그대로 하라' 는 부탁대로 순종했습니다. 그랬더니 최상급의 포도주가 만들어졌습니다.

포도주는 항아리 안에서 변화되기 때문에 밖에서는 볼 수 없습니다. 예수님이 만드신 포도주는 시간과 공간을 초월했습니다. 어떤 재료도 넣지 않았습니다. 이렇게 하면 포도주가 만들어질 리가 없습니다. 그냥 맹물일 뿐입니다. 걸린 시간은 물을 항아리에 붓고 떠서 갖다 주는 것이 전부입니다. 순식간에 일어난 일입니다. 그런데도 좋은 재료를 넣어서 오랜 세월을 숙성시킨 양질의 포도주가 만들어졌습니다.

성령의 역사로 사람이 바뀌면 이렇게 됩니다. 항아리 안의 변화이기 때문에 밖에서는 보이지 않습니다. 그러나 안에서는 놀라운 역사가 일어납니다. 아무런 재료를 사용하지 않았는데도 그렇습니다. 아무짝에도 소용이 없던 인간이 최상품으로 바뀌어 집니다. 군대 귀신 들었던 사람과 사마리아 우물가의 여인을 보십시오. 그것이 바로 포도주 변화입니다. 물이 포도주가 되는 변화보다 더 놀라운 변화는 사람의 변화입니다. 예수님은 사람을 이렇게 만들어 놓습니다. 물이 포도주로 변하는 사건은 앞으로 예수님이 이루어 가실 '인간 변화' 를 예고해 줍니다.

표적이라는 말

표적은 '세메이온' 인데 공관복음서에는 '이적' 과 '징조' 로 번역되었습니다. 요한복음에는 표적이라는 단어가 많이 나오는데, 이것은 금방 살펴본 대로 그런 단어가 따로 있는 것이 아니라, 요한복음에서만 같은 단어를 주로 '표적' 으로 번역했다는 말입니다.

표적은 무엇을 가르쳐 주는 표지판 역할을 합니다. 무엇인가를 알려주려는 목적으로 길옆에 표지판을 세우는 것과 같습니다. 예수님은 행하신 표적으로 무엇을 알리려고 했을까요? 그것은 예수님이 우리와 같은 사람의 모양이지만 우리와 같지 않다는 것을 알게 하셨습니다. 그리고 하나님의 나라가 이미 임했음을 알게 했습니다. '내가 성령을 힘입어 귀신을 쫓아내는 것이면 하나님의 나라가 이미 너희에게 임하였느니라' (마12:28). 표지판만을 바라보고 있으면 목적지에 도달할 수 없습니다. 표지판이 가리키는 것을 보고 그곳으로 나아가야 합니다. 표지판의 종국적인 목적은 예수가 그리스도입니다.

성전을 정화하심 (13-22)

예수님의 성전 정화는 두 번 있었습니다. 공생애가 시작되는 사역 초기에 한 번, 그리고 사역의 말기에, 그러니까 마지막 한 주간의 화요일에 또 한 번 성전을 정화하셨습니다. 사역의 초기와 말기에 하신 성전 정화의 기록이 거의 비슷합니다. 그래서 어떤 사람은 요한이 뒤에 있었던 사건을 앞으로 당겨서 기록했다고 말합니다. 그러나 그렇지 않습니다. 이것은 공생에 초기에 성전을 청소했지만, 3년이 지나도록 하나도 변화되지 않았다는 것을 말해줍니다.

돈을 바꾸거나 짐승을 파는 행위는 처음에 예배자들의 편의를 위해서 그렇게 했습니다. 그런데 그곳에 이권이 개입되고, 부정한 세력이 끼어들어서 그만 시장바닥이 되고 말았습니다. 예수님의 성전 정화는 성전을 처음 목적으로 돌리려는 것입니다. 예수님이 앞으로 이루어 가실 사역도 사람을 처음의 모습으로 돌려놓는 일입니다. 이 일은 십자가를 통해서만 가능합니다.

바울은 우리가 하나님이 거하시는 거룩한 성전이라고 했습니다(고전3:16). 하나님의 성전인 우리 몸을 잘 관리합시다. 우리 속에서 포도주 변화가 일어나게 말씀에 순종합시다.

71강
어찌 이러한 일이 있을 수 있나이까? (요 3)

요한복음의 구조는 2장에 물이 포도주가 되는 기적, 3장에 니고데모와의 대화, 4장에 사마리아 여인과의 만남으로 이루어집니다. 그중에 3장의 니고데모와의 대화가 중심이 되고, 대화 중에서도 오늘의 제목 '어찌 이러한 일이 있을 수 있나이까'가 기준이 됩니다.

니고데모는 바리새인이고 유대인의 관원이며 선생이었습니다. 많이 배운 사람이고 많이 아는 사람입니다. 이 사람이 밤에 예수님께 찾아와서 대화했습니다. 예수님은 니고데모에게 거듭남에 대해서 말씀하셨습니다. 그런데 이 사람이 이러한 말씀의 뜻을 이해하지 못했습니다. '사람이 이미 태어났는데 어떻게 모태로 들어갔다가 다시 태어날 수 있습니까?'(4).

거듭남은 대단히 중요한 문제입니다. 거듭나지 아니하면 하나님의 나라를 볼 수도, 들어갈 수도 없습니다. 이렇게 중요한 문제를 이스라엘의 선생인 니고데모가 알지 못한다면 누가 알겠습니까? 요한복음을 기록한 사도 요한은 위기감을 느꼈습니다. 그래서 앞에 물이 포도주가 되는 기적을, 뒤에는 사마리아 여인을 배치해서 설명하려고 했습니다.

요한의 의도는 이렇습니다. 거듭남이란 물이 포도주가 되는 기적과 같다는 것입니다. 항아리 안의 변화라서 보이지 않지만 놀라운 변화가 순간적으로 일어났습니다. 아무 재료가 들어가지 않았는데도 최고의 품질이 만들어졌습니다. 시간이 오래 걸리지 않았습니다. 이것이 바로 거듭남입니다. 그런데 이것만으로는 설명이 부족합니다. 이해하지 못하는 것은 마찬가지입니다. 그래서 요한은 증인으로 예수님이 우물가에서 만난 사마리아 여인을 내세웠습니다. 이 여인은 남편이 여섯이었는데 파란만장한 삶을 살고 있는 사람입니다. 이 여인에게는 마음 붙이고 살만한 것이 아무것도 없었습니다. 자식이 있나?, 재산이 있나?, 남편이 있나?, 친구가 있나?, 일거리가 있나?. 어느 것 하나라도 있으면 그것으로 마음 붙이고 살련만 속 사정을 털어놓고 말할 이웃도 없었습니다. 이 여자에게는 인생을 사는 아무런 재미가 없었습니다. 그런데 이런 여인이 예수님을 만나고 난 뒤에 그 짧은 시간에 완전히 다른 사람이 되었습니다. 행동을 보면 얼마나 바뀌어졌는지 짐작할 수 있습니다. '꼬라지' 보기 싫어서 낮 12시에 물길으러 갔었는데, 그녀는 그 사람들에게로 달려갔습니다. 얼마나 기뻤으면 이렇게 했을까요? 얼마나 바뀌어졌길래 이런 행동이 나왔을까요? 이것이 거듭남입니다. 이 여인이 증인입니다. 거듭나면 이렇게 된다는 것입니다.

니고데모 (3)

니고데모는 예수님께로 나아와서 그 누구도 듣지 못했던 귀한 말씀을 들었습니다. 예수님은 제자들에게도 하지 않은 말씀을 이 사람에게 하셨습니다. 이것뿐만이 아닙니다. 성경을 압축하여 한 구절로 말하라고 하면 누구나 요한복음 3장 16절을 말합니다. 그만큼 중요합니다. 이 말씀도 예수님이 니고데모에게 하신 말씀입니다. 빨리 이해하지 못하니까 이런 귀한 말씀까지 듣게 되었습니다. 부활하신 예수님을 빨리 알아채지 못했던 엠마오로 가는 제자들과 마찬가지입니다. 이들은 부활하신 예수님과 가장 오랜 시간 동안 함께 했습니다. 2십5리 길을 걷는 동안 함께 했으니까요. 멍청하면 이렇게 오랜 시간 만나게 됩니다.

니고데모는 그 뒤 어떻게 되었을까요? 거듭난 자가 되었을까요? 거듭난 자로 살았을까요? 예수님의 공생애 초기에 만났는데 예수님의 살아 생전에는 더 이상의 만남이 이루어지지 않았습니다. 이 사람은 예수님이 십자가에 매달리신 후에 몰약과 침향 섞은 것을 가지고 찾아왔습니다. 그는 예수님의 장례를 위해서 그 귀한 것을 100근이나 가지고 왔습니다(19:39). 이것은 왕의 장례에 쓸 수 있는 양이랍니다. 마지막에 나타나서 이렇게 행동한 것을 보니 그는 거듭난 자가 맞네요. 니고데모는 참 오래오래 묵은 포도주였습니다.

놋뱀 사건 (14)

예수님은 광야에서 백성들이 불 뱀에 물려 죽을 갈 때 놋뱀을 장대에 달았던 사건을 말씀하셨습니다. 그리고 '모세가 광야에서 뱀을 든 것같이 인자도 들려야 하리니' 했습니다(14). 민수기 21장에 나오는 사건입니다. 우리는 이곳에서 한 가지 의문을 가지게 됩니다. 불뱀에 물려 죽어갈 때 하나님은 왜 놋뱀을 장대에 달라고 하셨을까? 오실 메시야를 바라보면 살게 된다는 것을 상징한다면 십자가를 만들어서 그것을 바라보라고 해야 할 것 같은데, 왜 뱀을 달아서 그것을 바라보라고 하셨을까? 실제로 '뱀에게 물린 자마다 쳐다본 적 살더라'(민 21:9) 하여, 장대의 뱀을 본 사람들은 다 살았다고 했습니다. '뱀에 물렸는데 어떻게 뱀을 쳐다보고 살았는가?' 하는 문제입니다.

놋뱀을 장대에 달라는 것은 뱀의 심판을 의미합니다. 백성들을 죽게 만드는 불 뱀이 심판을 받아서 죽었다는 뜻입니다. 뱀을 상징하는 사단이 어떻게 심판을 받습니까? 예수님이 십자가에 달릴 때 뱀은 패배하게 됩니다. 그러니까 장대의 뱀은 예수님의 십자가를 상징하는 것이 아니라 뱀의 패배를 상징합니다. 십자가는 그 의미 안에 감추어져 있습니다.

세례요한의 예수님 소개

세례요한은 이곳에서 다시 한번 예수님을 소개했습니다. 이것은 자기를 따르는 제자들에게 한 소개입니다. 그리고 이것이 그의 마지막 소개요, 사역이었습니다. 그는 예수님을 7가지로 소개했습니다. 첫째 하늘에서 오신 분(31), 둘째 흥해야 할 분(30), 셋째 만물 위에 계신 분, 넷째 보고 들은 것을 증거하시는 분(32), 다섯째 성령을 한없이 받는 분(34), 여섯째 만물을 손에 쥐고 계신 분(35), 마지막으로 믿는 자에게 영생을 주시는 분(36) 입니다.

제자들은 예수님과 3년을 따라다니면서 같이 생활했는데도 예수님을 잘 몰랐습니다. 이에 비하면 세례요한은 세례를 베풀 때 잠시 만난 것이 다인데도 예수님을 정확하게 알았고, 예수님을 여러 가지 모습으로 소개했습니다. 성령이 알게 하시면 이렇게 됩니다. 우리도 거듭난 자로서 감추어 살 것이 아니라 드러내어 살고, 예수님을 자세하게 소개하는 세례요한과 같이 이렇게 살아야 되겠습니다.

72강
영생하도록 솟아나는 샘물이 되리라! (요 4)

누가복음과 같이 요한복음도 예수님이 개인을 만나는 사례를 자세하게 기록하고 있습니다. 앞장에서 예수님은 니고데모를 만나 주셨습니다. 그는 남자였고, 예수님을 찾아왔습니다. 자기의 신분이 노출되는 것이 싫어서 밤에 찾아왔기 때문에 밤에 만남이 이루어졌습니다.

이번 장에서는 예수님이 우물가에서 한 사람을 만났습니다. 그는 여자였고, 예수님이 그를 찾아가서 만남이 이루어졌습니다. 그 여인은 동네 여자들을 만나기 싫어서 한낮에 물을 길으러 왔기 때문에 예수님과의 만남은 낮에 이루어졌습니다. 만남의 결과는 니고데모는 감추어졌고, 우물가의 여인은 즉각 나타났습니다. 두 사람 다 거듭남을 설명하기 위해서 사도 요한이 등장시킨 인물입니다. 니고데모는 거듭남에 대해서 질문했고, 사마리아 여인은 거듭남을 행동으로 보여 주었습니다. 이렇게 해서 우리는 거듭남을 좀 더 쉽게 이해할 수 있게 되었습니다.

사마리아 여인과의 만남 (5-38)

예수님은 걸어서 가는 여행길에 피곤했었는데, 더운 날씨에 나무 그늘에서 쉬려고 하지 않고 우물을 찾았습니다. 그것은 그곳에서 한 여인을 만나야 했기 때문입니다. 동네 사람들과의 만남을 피하기 위해서 한낮에 우물에 온 여인에게 예수님이 먼저 말을 걸었습니다. 여인은 물을 좀 달라는 예수님의 요청에 아주 퉁명스럽게 대꾸했습니다. 왜냐하면 유대인들은 사마리아인들을 멸시해서 상종하지 않았기 때문입니다(9). 예수님은 톡 쏘아붙이는 여인의 관심을 끌기 위해서 하나님의 선물인 생수를 말했습니다. 여인은 생수에 관심을 가졌습니다. 예수님은 이 생수가 어떤 것인지 설명했습니다. '이 물을 먹는 자는 다시 목마르려니와 내가 주는 물을 먹는 자는 영원히 목마르지 아니하리니 내가 주는 물은 그 속에서 영생하도록 솟아나는 샘물이 되리라'(13-). 한 번 마셔서 목마르지 않는다면 다시 물길러 오지 않아도 되니까 여인은 그 물을 달라고 요청했습니다. 몇 마디 대화로 입장이 완전히 바뀌었습니다. 처음에는 예수님이 물을 달라고 했는데, 이제는 여인이 그 물을 달라고 요청하고 있습니다.

'네 남편을 불러오라!' (16)

'네 남편'이라는 이 한 단어가 이 여인의 삶을 대변해 줍니다. 무슨 이유인지는 알 수 없지만, 이 여인에게는 남편이 자꾸 바뀌었습니다. 지금 살고 있는 사람도 남편이 아니라니까 혼인하지 않고 동거하는 사람이었습니다. 이 사람을 포함해서 6명입니다. 구약시대에나 신약 초기에나 여자가 헤어지고 합치는 일을 주도하지 않았습니다. 그렇기 때문에 이 여자는 여러 명의 남자에게서 버림받았다는 것을 알 수 있습니다. 참으로 파란만장한 삶입니다. 어느 한 곳에 마음을 붙이고 살만한 것이 없는 재미없는 삶, 피곤한 삶을 살고 있었습니다.

예수님은 이 여인에게 정말 선물을 주고 싶었습니다. 예수님이 주시는 선물을 받으려면 필수 조건이 '회개'입니다. 회개는 손을 깨끗하게 씻고 받을 준비를 하는 것과 같습니다. 이 여인은 남편을 데려오지 않았지만 예수님에게서 선물을 받았습니다. 예수님은 이 여인으로 회개하도록 하려고 남편을 데려오라고 했지, 그 남편을 보려는 것이 목적이 아니었기 때문입니다.

포도주 기적

예수님은 자신이 메시야임을 드러내셨고, 여인이 그 사실을 알았을 때 그 여인의 속에서는 물이 포도주가 되는 기적이 일어났습니다. 항아리 속에서 일어나는 일이라 밖에서는 볼 수 없었던 것과 같이 밖으로 드러난 것은 아무것도 없었지만, 그 여자의 속은 새사람으로 거듭나는 천지개벽의 역사가 일어났습니다. 오래 걸리지 않았습니다. 포도주 기적처럼 순식간에 일어난 일이었습니다. 순간적인 일이 최고의 변화가 되었습니다. 이것이 바로 말씀의 능력입니다. 말씀이 능력으로 임하면 이렇게 됩니다. 그 어떤 것도 이 여인을 만족시킬 수 없었는데, 예수님이 이 여인을 바꾸어 놓았습니다. 조금 전에는 바람 빠진 공과 같았는데, 이제는 공에 바람이 잔뜩 들어갔습니다. 튀어 오릅니다. 솟아오릅니다. 독수리가 날개를 치며 솟아 올라가는 것과 같습니다. '영원하신 하나님 여호와는 피곤한 자에게 능력을 주시며 무능한 자에게는 힘을 더하시나니 소년이라도 피곤하며 곤비하며 장정이라도 넘어지고 자빠지되, 오직 여호와를 앙망하는 자는 새 힘을 얻으리니 독수리의 날개 치며 올라감 같을 것이요 달음박질하여도 피곤하지 아니하겠고 걸어가도 피곤치 아니하리로다'(사40:28-)는 말씀이 이 여인에게 그대로 이루어졌습니다. 막장 인생이 이렇게 바뀌는 것. 이것이 바로 포도주 변화입니다.

변화된 사람의 변화된 행동

여인은 물동이를 버려두고 동네로 달려갔습니다. 그 사람들 보기 싫어서 제일 더운 시간에 물 길으러 왔었는데, 이제는 그 사람들에게 달려가고 있습니다. 얼마나 기쁘면 이렇게 하겠습니까? '와보라!'는 여인의 말에 동네 사람들은 어떻게 반응했을까요? '간밤에 뭘 잘못 먹었길래 저럴까?' 사람의 진심은 눈을 통해서 나타나기 때문에 눈을 보면 압니다. 이 여인의 눈은 확신과 감격과 기쁨으로 가득 차 있었습니다. 이 여인은 예수님이 주는 '그 속에서 영생하도록 솟아나는 샘물'을 마셨습니다. 그 효과는 즉각적으로 나타났으며, 그 변화는 바로 알 수 있었습니다. 그들은 그 여인의 뒤를 따라서 우물이 있는 곳으로 나아왔습니다. 얼마나 따라왔을까요? 한두 사람 따라왔을까요? 아닙니다. 이 여인은 그 동네 사람들을 거의 다 데리고 온 듯합니다. '눈을 들어 밭을 보라! 희어져 추수하게 되었도다'(35). 예수님이 흰옷을 입고 나아오는 사람들을 보고 하신 말씀입니다. 이렇게 변화된 사람은 변화된 행동을 하게 되고 변화된 행동은 다른 사람을 변화시킵니다. 그래서 그들도 변화된 행동을 하게 됩니다.

두 번째 표적 (46-54)

첫 번째 표적은 갈릴리 가나의 혼인 집에서 물로 포도주를 만들었던 사건입니다. 두 번째 표적의 장소도 첫 번째와 같습니다(46). 왕의 신하가 병으로 거의 죽게 된 아들을 고쳐 달라고 예수님께로 왔습니다. 병든 아들을 데리고 올 수 없어서 아버지 혼자 왔습니다. 이 사람은 예수님을 아들이 있는 곳으로 모시고 가기를 원했습니다. 그런데 예수님은 그곳으로 가지 않고 그 사람을 그냥 보냈습니다. '가라! 네 아들이 살았다.' 살았는지 어떤지를 가서 보아야 알 수 있지만, 이 사람은 예수님의 말씀을 믿고 순종했습니다. 기적이 일어났다는 것은 집에 도착하기도 전에 알려졌습니다. 길에서 만난 종들이 그 소식을 전해 주었습니다. 시간을 맞추어 보니 예수님이 말씀하신 그 시간이었습니다.

멀리 떨어져 있어도 포도주 기적은 그대로 일어났습니다. 첫 번째 표적과 두 번째 표적 사이에 니고데모와의 대화가 있고, 증인으로 채택된 사마리아 여인의 변화가 있습니다. 물이 포도주가 되는 사건보다도 놀라운 것이 사람의 변화입니다. 멀리 있는 신하의 아들이 고쳐지는 것보다 더 놀라운 것이 바로 내가 변화되는 것입니다. 기적을 행하신 주님은 그것을 바라십니다.

73강
사망에서 생명으로 옮겼느니라! (요 5)

예수님은 갈릴리에서 예루살렘으로 가셨습니다. 5장부터는 유대 사역이 소개됩니다. 사도 요한은 갈릴리 사역을 주로 다룬 공관복음과 달리 예수님의 유대 사역을 자세하게 설명했습니다. 5장은 '예수께서 예루살렘으로 올라 가시니라'라는 말씀으로 시작됩니다. 예수님은 명절을 지키기 위해서 예루살렘으로 올라가셨습니다.

요한복음에는 예수님이 유월절을 지키기 위해서 3번 예루살렘에 가셨음을 말하고 있습니다(2:23, 6:4, 12:1). 요한복음에는 또 다른 명절이 3가지 더 나옵니다. '유대인의 명절'(5:1)과 초막절(7:2), 그리고 수전절(10:22)입니다. 예수님은 명절에는 항상 예루살렘에 있었습니다.

예수님은 처음 유월절에 예루살렘에 가셔서 성전을 정화하는 일을 하셨습니다. 두 번째 유월절에는 갈릴리에서 오병이어의 기적을 행하신 후 예루살렘에서 간음 중에 잡힌 여자를 용서하셨습니다. 세 번째 유월절은 예수님의 마지막 한 주간이었는데 그곳에서 체포되고 재판받은 후에 십자가에 매달려서 돌아가셨습니다.

베데스다 연못 (2-9)

예루살렘의 양문 곁에 베데스다라는 연못이 있었습니다. 이곳에 천사가 가끔 내려와서 물을 움직이는데 그때 먼저 들어가는 자는 어떤 병에 걸렸던지 낫게 되었다고 합니다. 그래서 그곳에 소경과 발 저는 사람과 혈기 마른 사람들과 그 외 많은 사람들이 누워서 물의 움직임을 기다리고 있었습니다. 언제 천사가 내려오는지 알 수 없었고, 언제 물이 움직이는지 모르기 때문에 항상 긴장하며 기다려야 했습니다. 그곳에 있는 사람들은 다 경쟁자입니다. 왜냐하면 제일 먼저 내려가야 하기 때문입니다. 1등을 한 사람에게만 그런 혜택이 주어졌습니다. 2등과 3등에게는 상이 없었습니다. 요한이 소개한 병자들을 보니 1등하고는 거리가 먼 사람들입니다. 소경은 지팡이 찾다가 시간 다 보낼 것이고, 저는 사람은 절뚝거리며 내려가는 중에 다른 사람들이 앞질러 갈 것입니다. 38년 된 병자도 형편은 마찬가집니다. 오랫동안 누워 있었던 사람이 무슨 수로 1등을 할 수 있겠습니까? 이들은 아무리 기다려 보았자 소용이 없었지만 그렇다고 딱히 할 일이 있는 것도 아니기 때문에 실낱같은 희망을 걸고 그냥 이곳에 있었습니다.

이것은 이 세상 풍경과 너무나 비슷합니다. 이 세상에는 어떤 곳에서든지 1등을 가립니다. 모든 사람들에게 상을 다 줄 수 없으니까 무엇을 하든지 1등을 가리지 않을 수 없습니다. 운동회를 해서 1등에게 상을 주는 것은 그래도 이해할 만한데, 아픈 사람들을 모아놓고 1등에게 치유의 은혜를 베푼다는 것은 너무 가혹하지 않습니까?

38년 된 병자

이런 가혹한 현장에 예수님이 오셔서 38년 된 병자를 보셨습니다. 이 사람은 더 이상 치료도 안 되고, 치료해 줄 곳도 없었기 때문에 늘 이곳으로 출근했습니다. 예수님은 그 사람에게 '네가 낫고자 하느냐?' 하고 물었습니다. 아픈 사람에게 왜 이런 질문을 하셨을까요? 병든 사람의 소원이 낫는 것인데, 물을 것도 없이 고쳐주시면 될 텐데 말입니다. 어떤 병이라도 38년 되었다면 고치기 힘든 병이 됩니다. 고치기 힘들 뿐 아니라 낫는 것을 기대하기도 어렵습니다. 그래서 이 사람은 병이 낫는 것을 별로 기대하지 않았고, 모든 것을 운명으로 받아들이고 살았습니다. '아이가! 안 될낀데' 이것이 이 사람의 마음이었습니다. 사람의 마음을 아시는 예수님이 이 사람의 마음을 아시고 먼저 생각부터 고치도록 하셨습니다. 그 사람은 '예!' 하고 대답하지 않고, 이제까지 해도 해도 안 되었던 사정을 말했습니다. '내가 가는 동안에 다른 사람이 먼저 내려가나이다'(7). 이곳은 양보가 없는 곳입니다. 2등 하려고 기다리는 사람은 아무도 없었기 때문입니다.

예수님은 변화 산 아래의 귀신 들린 자의 아버지에게 하신 것처럼 이 사람을 꾸짖지는 않았습니다. 오히려 한마디 말씀으로 그 자리를 건강한 모습으로 벗어날 수 있게 하셨습니다. '일어나 네 자리를 들고 걸어가라!'(8). 예수님에게는 1등이 아니어도 됩니다. 예수님은 절대로 1등을 가리지 않습니다. 그렇지만 그곳에 있는 모든 사람을 다 고치신 것은 아닙니다. 그렇게 하면 그것은 은혜가 아니기 때문입니다. 그래서 예수님은 이 사람에게만 은혜를 베푸시고 그 자리를 떠났습니다.

'이 날은 안식일이니...' (9)

공관복음에는 회당에서 한쪽 손 마른 사람을 고친 일로 그 사람들이 예수님을 죽이려고 했습니다(마12:9-,막3:1-,눅6:6-). 그날이 안식일이었기 때문입니다. 안식일 논쟁은 제자들이 밀밭으로 지나가면서 밀 이삭을 비벼 먹은 일로 시작되었습니다. 이 사람을 고친 뒤에는 논쟁이 격해진 것을 넘어 예수님을 죽이려는 모의를 시작했습니다.

그런데 요한복음은 좀 다릅니다. 한쪽 손 마른 사람이 아니라, 38년 된 병자를 치료한 뒤에 안식일 논쟁이 시작되었고(16), 이러한 일이 일어난 후에 이 사람들도 예수님을 죽이려고 했습니다(18).

'듣는 자는 살아나리라!' (25)

'내 말을 듣고 또 나 보내신 자를 믿는 자는 영생을 얻었고 심판에 이르지 아니하나니 사망에서 생명으로 옮겼느니라'(24). 이어서 예수님은 '죽은 자들이 하나님의 아들의 음성을 들을 때가 오나니 곧 이때라 듣는 자는 살아나리라' (25) 하셨습니다.

원어로 살펴보면 영생을 '얻었고'는 현재로 쓰였고, 생명으로 '옮겼느니라'는 완료시제입니다. 영생은 그것을 얻는 일이 계속되고 있고, 생명으로 옮겨지는 일은 이미 끝난 일입니다. 그러니까 죽은 자들이 아들의 음성을 듣고 살아났다는 겁니다. 죽은 것은 영혼이 죽은 것을 말합니다. 영혼은 죽지 않는데 예수님은 왜 '죽은 자들이' 하고 말씀하셨을까요? 범죄와 타락으로 하나님을 떠난 자들이 하나님께로 돌아오지 않았으면 죽은 상태에 있습니다.

예수님의 음성은 죽은 육체도 살립니다. 죽은 나사로는 예수님의 음성을 듣고 그 육체가 살아났습니다. 이미 죽었는데 영혼이 돌아와서 산 사람이 되었습니다. 앞장에서 왕의 신하의 아들도 죽음 직전에 있었습니다. 그 아들은 멀리 있었지만, 예수님은 '가라! 네 아들이 살았다'고 말씀하셨습니다. 그 아들은 그때 살아났습니다. 예수님은 '나는 부활이요 생명이니'라고 하셨습니다(11:25). 생명이신 분이 말씀하니까 살아나게 됩니다. 부활이신 분이 명령하니까 살아나게 되는 겁니다. 누가 죽음의 문제를 해결할 수 있습니까? 자기의 문제도 해결하지 못해 죽었는데, 어떻게 남의 문제를, 어떻게 죽음의 문제를 해결할 수 있겠습니까? 듣는 자는 살아납니다. 믿으면 영원한 생명으로 살게 됩니다. 예수님은 이 귀한 선물을 1등에게만 주시지 않고, 2등, 3등, 꼴등에게도 그리고 모든 사람에게 주기를 원하십니다(딤전2:4).

74강
살리는 것이 영이니 육은 무익하니라! (요 6)

예수님은 제자들과 함께 다니시면서 늘 '현장 교육'을 하셨고, 눈에 보이는 것을 소재로 '실물교육'을 자주 하셨습니다. 씨뿌리는 비유를 말씀하실 때는 농부가 주변에서 씨를 뿌리고 있었을 것입니다. 공중의 새와 들의 백합화 등은 모두 눈에 보이는 시청각 자료들이었습니다. 무화과나무, 포도나무는 주변에서 얼마든지 볼 수 있는 것이었고, 양과 목자도 말씀을 듣는 그 사람들에게는 익숙한 사물이었습니다.

예수님은 오병이어로 기적의 떡을 먹게 하신 후에 '나는 생명의 떡이다' 하고 말씀하셨습니다. 이렇게 하심으로 '생명의 떡'이 생생하게 전달되게 하셨습니다. '나는 세상의 빛'이라는 선포 후에 예수님은 소경의 눈을 뜨게 하셨습니다. 예수님은 자기를 '부활이요 생명이라' 하셨는데 그 말씀의 확실함을 위해서 죽은 나사로를 살리셨습니다.

요한복음에는 7가지가 여러 번 나옵니다. 예수님의 자기소개인 '에고 에이미'가 7번 있습니다. 예수님은 자신을 떡, 빛, 문, 목자, 부활/생명, 길/진리/생명, 포도나무라고 하셨습니다. 요한복음에는 기적이 8가지가 소개되어 있는데, 그 중 7가지는 십자가에서 죽기 전에 행하신 것입니다. 또 그중에 5가지는 요한복음에만 있는 기적입니다. 요한복음은 예수님의 유대 사역을 주로 다루면서 갈릴리 사역은 7가지로 요약했습니다. 부활하신 예수님이 자신을 나타내신 것은 개인과 여러명의 제자들을 포함해서 7번입니다.

7가지 갈릴리 사역

사도 요한은 예수님의 유대 사역을 강조하기 위해서 갈릴리 사역은 적당하게 줄여서 기록했습니다. 그렇지만 예수님이 공생애 3년 동안 주로 활동하셨던 곳이 갈릴리였기 때문에 언급하지 않을 수는 없습니다. 요한은 예수님의 갈릴리 사역을 특색있게 잘 정리했습니다. 빌립과 나다나엘을 부르심(1장), 가나의 혼인 잔치(2장), 왕의 신하를 고치심(4장), 오병이어의 기적(6장), 물 위로 걸으심(6장), '영생의 말씀이 계시매 우리가 뉘게로 가리이까' 하는 베드로의 고백(6장), 베드로에게 '네가 나를 사랑하느냐' 물으심(21장). 이 7가지입니다. 보아서 알 수 있는 것 같이 마지막 한 장을 제외하면 전부 앞부분에 기록되어 있습니다. 초기 사역이기 때문에 그렇기도 하고, 이렇게 정리하고 유대 사역에 집중하기 위해서 였습니다.

오병이어의 기적 (1-15)

4복음서에 기록되어 있는 유일한 기적입니다. 그만큼 중요하기 때문입니다. 빌립도 안드레도 모두 부정적으로 대답했습니다. 그들에게는 불가능한 일로 보였기 때문입니다. 자기들로서는 해결할 수 없는 일이었습니다. 자기들이 못한다고 예수님도 못 할 것이라고 믿는 것이 불신앙입니다. 안드레는 보리떡 5개와 물고기 2마리를 가진 아이를 예수님께로 데리고 왔습니다(9). 이런 설명은 요한복음에만 있습니다. 아이는 자기의 먹을 것을 예수님께 드렸습니다. 아이들은 보통 자기 것을 남에게 잘 주지 않는데, 이 아이는 그렇지 않았습니다. 이것이 기적의 마중물이 되었습니다. 수많은 사람들이 먹고 남은 것이 처음 것보다 더 많았습니다.

마가복음에는 사람들이 앉았던 잔디가 '푸른 잔디'(6:39)라고 했는데, 요한은 그곳에 잔디가 많았다고 했습니다(10). 현장에서 직접 보지 않고서는 이런 세밀한 것까지 모두 적을 수가 없습니다. 요한은 여자와 아이를 숫자에서 제외하는 유대인의 일반 규정을 따르지 않고 그냥 5천명 쯤 되었다고 했습니다. '남은 조각을 거두고 버리는 것이 없게 하라'는 예수님의 말씀도 요한만 기록했습니다.

물 위로 걸으심 (16-21)

요한은 당시 사정을 자세하게 적지 않고, 사건만 기록하는 방법을 택했습니다. 그래서 제자들이 두려워했다는 것은 있지만, 예수님을 유령이라고 했다는 말은 없습니다. 요한은 오히려 제자들이 '내니 두려워 말라'는 예수님의 말씀을 듣고 '기뻐했다'고 했습니다(20). 이것은 제자들이 두려워하고, 예수님에게서 믿음이 적다는 책망을 듣는 이런 일련의 일들이 다 지난 뒤의 제자들의 모습입니다.

그런데 특이하게도 그 배 안에서 풍랑이 잠잠해지는 것을 직접 경험한 사람의 증언인데, 요한복음에는 풍랑이 그쳤다는 말이 없습니다. 당연히 바람을 향하여 명하시는 예수님의 말씀도 없습니다.

하나님의 일 (29)

예수님께 나아온 사람들이 예수님께 물었습니다. '우리가 어떻게 하여야 하나님의 일을 하오리이까?' 예수님은 '하나님의 보내신 이를 믿는 것이 하나님의 일이니라' 하고 대답하셨습니다. 질문했던 사람들의 기대에 맞지 않는 대답이었지만, 이것이 정답입니다. 그들은 '무엇을 하라' 든지, '무엇을 하지 말라' 든지 어떤 행동을 대답으로 생각했습니다. 하나님의 일은 아들을 이 땅에 보내서 죄인들을 구원하는 것입니다. 그렇다면 하나님의 일이 무엇이겠습니까? 아버지가 보내신 아들을 믿는 것이 아니고 무엇이겠습니까? 최우선적으로 이렇게 하고 난 뒤에, 그리고 이렇게 된 뒤에 무슨 일이든지 하면 그 일이 하나님의 일이 됩니다.

그들은 '그렇다면 당신을 하나님이 보낸 분으로 믿을 수 있게 표적을 보여달라' 라고 했습니다. 조상들이 광야에서 만나를 먹었던 것과 같은 그런 기적을 보여달라고 했습니다. 예수님은 조상들이 먹었던 만나도 아니고, 조금 전에 이들이 먹었던 오병이어의 기적의 떡도 아니고 '생영의 떡' 인 자기를 먹으라고 하셨습니다. '먹는다' 는 것은 '믿는다' 의 다른 표현입니다. 이러한 말씀은 제자들도 다 이해하지 못했습니다. 그래서 제자들 중에서도 많은 사람들이 떠나갔습니다 (66).

'영생의 말씀이 계시매…' (66-71)

'너희도 가려느냐?' 는 예수님의 질문에 베드로가 대답했습니다. 이때도 베드로는 제자들을 대표해서 아주 적절하게 대답했습니다. 베드로는 가지 않는 이유, 떠나가는 자들과 함께 하지 않는 이유를 분명하게 밝혔습니다. 그것은 인정에 매여서도 아니고, '이제 어쩌겠습니까?' 하는 포기하며 하는 말도 아니었습니다. 영생의 말씀이 주님께 있기 때문에 다른 곳으로 갈 필요도, 갈 이유도 없다고 했습니다. 이 말에 덧붙여서 베드로는 '우리가 주는 하나님의 거룩하신 자신 줄 믿고 알았나이다' 라고 말했습니다 (69).

베드로는 여기에서 또 한 번 그의 신앙을 고백했습니다. 신앙 고백은 자꾸 해도 괜찮습니다. 할 때마다 내 신앙을 점검하는 것이기 때문에 주님도 기뻐하십니다. 신앙 고백은 사랑 고백입니다. 사랑 고백은 할수록 좋습니다. 나의 신앙 고백은 무엇입니까? 병 나음입니까? 은사입니까? 말씀입니까? 능력입니까? 나에게 있는 내 신앙을 자꾸 고백해 봅시다.

75강
누구든지 목마르거든 내게로 와서 마시라! (요 7)

요한복음 7장은 '이후에'라는 말로 시작됩니다. 이 한 단어 속에 6개월이라는 기간이 숨겨져 있습니다. 요한은 이 기간 동안에 예수님의 행적을 말하지 않았습니다. 요한은 이어서 초막절(Sukkot)을 말하고 있습니다. 복음서 중에서 초막절을 언급한 성경은 요한이 유일합니다. 초막절은 이스라엘의 3대 절기(유월절, 맥추절, 초막절) 중에서 가장 성대하게 지키는 명절입니다.

이 절기는 추수가 완전히 끝난 가을에 지켰습니다. 유대인들은 이 절기를 지키면서 그들의 조상들이 출애굽과 광야 생활을 할 때 하나님이 베푸신 은혜를 기억했습니다. 이 절기가 가장 성대했던 이유는 추수가 끝나고 모든 것이 풍족한 때이기도 했고, 어느 절기보다도 많은 희생 제물이 드려졌기 때문입니다. 이 때는 실로암 못에서 물을 떠 와서 제단에 부었습니다. 1년에 한 번 있는 대속죄일과 대제사장이 지성소에 들어갔다가 나온 뒤에 이어지는 절기였습니다. 그래서 역사가 요세푸스는 '유대인에게 있어서 이 절기는 가장 거룩하고 큰 절기'라고 했습니다. 이 절기는 예수님의 재림을 상징합니다.

예수님은 초막절이 '가까이 왔을 때'(2) 자신을 감추고 예루살렘으로 가셨습니다. 그러나 '명절의 중간'(14)에는 자신을 드러내셔서 성전에서 가르쳤습니다. 이어서 '명절의 끝날'(37)에는 '누구든지 목마르거든 내게로 와서 마시라' 하고 목마른 자들을 초청하셨습니다. 예수님은 마태복음에서 무거운 짐 진자들을 초청하셨으며 오는 자들을 쉬게 하겠다고 했습니다. 이곳에서는 목마른 자들을 오라고 하셨는데, 그 배에서 생수의 강이 흘러서 영원히 목마르지 않게 하신다고 했습니다. 4장에서 사마리아 여인에게는 '샘물'을 말씀하셨는데, 이곳에서는 많은 물이 흘러가는 '강'을 말씀하셨습니다.

사람들의 반응

이제부터는 예수님의 갈릴리 사역이 끝나고 유대 사역으로 연결됩니다. 이럴 때 사람들의 반응은 어떠했을까요? 사람들은 예수님을 어떻게 이해했을까요?

요한복음에는 베드로의 신앙 고백이 없습니다. 당연히 예수님이 가이사랴 빌립보에 가신 것도 기록이 없습니다. 많은 사람들이 예수님의 말씀이 '어렵다' 하고 떠나갈 때 예수님은 제자들에게 '너희도 가려느냐?' 하고 물었습니다. 그럴 때 베드로가 제자들을 대표해서 '영생의 말씀이 계시매 우리가 뉘게로 가리이까?'(6:68) 하고 대답했습니다. 이것을 요한복음에 있는 베드로의 신앙 고백이라 할 수 있습니다. 왜냐하면 이어서 베드로는 '우리가 주는 하나님의 거룩하신 자인 줄 믿고 알았습니다'(69) 하고 고백했기 때문입니다. 앞 장에 나오는 내용입니다.

많은 사람들이 예수님이 누구인지에 대해서 수군거렸다고 했습니다(12). 어떤 사람은 좋은 사람이라고 하고, 어떤 사람은 무리를 미혹한다고 했습니다. 아직 확실히 모른다는 말입니다. 예루살렘 사람들은 자기들의 견해를 말했습니다. '그리스도가 오시면 어디서 오는지 모른다'라고 했는데, 우리는 '이 사람이 어디에서 왔는지 안다'고 하면서 예수님이 그리스도가 아니라고 했습니다(27). 그들이 아는 것은 나사렛인데, 좀 더 자세히 안다고 해서 베들레헴이라 한들 그것이 예수님을 다 아는 것이 아니지 않습니까? 이런 사람들 중에도 많은 사람이 '그리스도께서 오실지라도 그 행하실 표적이 이 사람이 행한 것보다 더 많으랴?' 하고 예수님을 믿었다고 했습니다(31). 예수님이 말씀하시기를 '그렇지 못하겠거든 행하는 그 일로 말미암아 나를 믿으라'(14:11)라고 말씀하셨습니다. 이 사람들은 예수님이 누구신지 아직 잘 몰랐지만, 하시는 일을 보고 이렇게 알았다고 했습니다. 그리고 그런 사람들이 많았다고 했습니다.

'명절 끝날 곧 큰 날에…' (37-)

명절이 끝날 때쯤에 예수님이 아주 귀한 말씀을 하셨습니다. 그러니까 일찍 돌아간 사람들은 이 말씀을 듣지 못했습니다. 은혜를 받으려면 명절이 끝나도록 자리를 지키고 있어야 합니다. 배에 복수가 차면 빨리 병원에 가서 치료해야 합니다. 심각한 병의 징조이기 때문입니다. 그런데 물이 차는 정도가 아니라 배에서 강이 흐른다면 어떻게 되겠습니까? 예수님의 말씀으로는 이렇게 되어야 정상적인 그리스도인이랍니다. 누구든지 예수님께로 와서 마시면 이렇게 된답니다. 사마리아 여인은 이런 샘물이 흘러 어떻게 되었는지를 보여 준 사람입니다. 샘물을 마시면 그 순간에 미운 감정이 그만 없어져 버립니다. 그래서 꼴도 보기 싫었던 그 사람들에게 달려가서 그들을 예수님께로 데리고 왔습니다. 샘물이 흘러 이러한데, 강물이 흐르면 어떻게 되겠습니까? 예수님은 그것을 주겠다고 오라고 하셨습니다.

'성경에 이름과 같이…' (38)

예수님은 이런 사건이 성경에 이미 언급되어 있다고 하셨습니다. 이때의 성경은 구약성경입니다. 구약성경에 물과 관계된 부분이 몇 군데 있지만, 가장 적합한 말씀은 에스겔 47장입니다. 성전 문지방에서 흘러내리는 물입니다. 흐르고 흘러서 점점 많아져서 나중에는 헤엄치지 않으면 안 될 물이 되었습니다. 이 강물이 놀라운 것은 그다음에 기록된 말씀 때문입니다. 이 강물이 사해로 흘러서 가는 곳마다 살아나는 일들을 일으켰습니다.

염해는 높은 소금 농도로 인하여 죽은 바다입니다. 아무것도 살지 못합니다. 그런데 그 죽음의 바다에 각종 물고기들이 살게 되고, 물고기들이 있으니까 어부들이 그물질을 하고, 사람들이 모여서 벅적거리게 됩니다. 동네가 살아나고, 사람이 살고, 경제가 살아나게 됩니다. 물은 계속해서 흘러가는데, 강 주변의 식물까지도 다 살아나게 됩니다. 그 식물은 귀한 약재료가 되고, 매달 새로운 과실을 맺는다고 했습니다. 소금의 바다가, 죽음의 바다가 어떻게 이렇게 되겠습니까? 지금 간척지에 바다를 메워 농지를 조성한 곳에는 몇 년에 걸쳐서 소금기를 빼야 농사를 지을 수 있답니다. 그런 곳에 이런 일들이 일어났으니 놀랍지 않습니까? 이것이 바로 성령의 역사입니다.

성령이 임하시면 이렇게 됩니다. 죽은 영혼이 살아납니다. 힘을 잃은 영혼이 새 힘을 얻게 됩니다. 모든 것이 살아나고 모든 것이 새로워집니다. 전에는 아무것도 쓸모가 없었는데, 성령이 임하면 아무것도 버릴 것이 없습니다. 잎사귀도 약재료가 된다고 했습니다. 지난날의 허물은 간증이 됩니다. 이런 것을 주시겠다고 우리를 부르시니 얼마나 감사합니까? 이런 인생을 살게 하시겠다고, 이런 사람이 되게 하시겠다고 오라 하시니 얼마나 고맙습니까?

누구든지 예수님의 이 초청에 따르면 됩니다. 값없이 주십니다. 값으로 매긴다면 아무도 살 수 있는 사람이 없기 때문에, 그래서 공짜로 주신다고 했습니다. 그리고 이미 마신 사람은 또 마시면 됩니다. 자꾸 마셔야 됩니다. 또 마신 사람은 계속 마셔야 합니다. 이렇게 해서 은혜의 강에 푹 빠져서 삽시다.

76강
현장에서 붙들렸기 때문에 복된 여인 (요 8)

'진리'란 예수님 자신을 두고 하신 말씀입니다. 예수님은 '내가 곧 길이요 진리요 생명이니'라고 하셨습니다(14:6). 예수님은 하나님이기 때문에, 아버지와 하나이기 때문에(10:30), 근본이 하나님의 본체이기 때문에(빌2:6), 창조의 근본이기 때문에(계3:14), 그의 근본이 상고에 영원에 있기 때문에(미5:2) 진리가 되십니다.

진리를 알면 그 진리가 자유케 한다고 했습니다. 진리를 알지 못하는 사람들은 이사를 하려고 해도 물어서 합니다. 결혼, 사업, 이장 등 아무것에도 자유롭지 못합니다. 귀신에게 물어보고 하지 말라고 하면 절대로 하지 않고, 하라고 하면 어떻게 해서든지 합니다. 우리가 말씀을 지키는 것보다 더 열심입니다. 매여 있습니다. 그런데도 그들은 그것이 자유라고 생각합니다.

어떤 사람이 점쟁이에게 물어보고서 북쪽으로 이사를 했습니다. 그래도 일이 잘 풀리지 않아서 다시 찾아 가서 항의를 했더니, '정확하게 북쪽으로 가야지 비스듬하게 가니까 그렇지!' 그래서 그 사람은 귀신이 시키는 대로 다시 이사해야 했습니다.

예수님을 믿는 사람들은 이런 일에서 자유롭습니다. 날짜를 뽑을 것도 없고, 방향을 물을 것도 없습니다. 그냥 이사해도 아무 탈이 없습니다. 예수님은 그를 믿는 자에게 이렇게 자유를 주십니다. 죄에서 자유, 죄의 정죄에서 자유, 율법에서 자유, 심지어는 죽음에서도 우리를 자유케 합니다. 그래서 예수님이 말씀하신 대로 '참' 자유를 누리게 됩니다. 죄에서 자유를 경험한 사람들이 이렇게 증언했습니다. '등에 냉장고를 지고 있다가 내려놓은 기분입니다. 날아가는 것 같습니다'. 이런 자유는 2천 년 전과 하나도 다를 바 없이, 지금도 그대로 주어지는 자유입니다. 그리고 우리는 이 자유를 먼저 경험한 사람으로서 자유의 전파자요, 전달자입니다.

간음 중에 잡힌 여인 (1-11)

어떤 여인이 간음 중에 붙들려 왔습니다. '들키지 않도록 좀 잘하지!' 도둑질하다가 붙잡혀도 부끄러운데 얼마나 수치스럽겠습니까? 서기관과 바리새인들이 이 여인의 인권은 전혀 고려하지 않고 예수님이 어떻게 판결하나 보자 하고 예수님께로 끌고 왔습니다. 이 여인의 허물을 두고 '고소하기 위한 조건을 얻고

자' 한 것입니다(6). 예수님은 한마디 대꾸도 없이 몸을 굽혀 손가락으로 땅에 글을 쓰기 시작했습니다. 어떤 사람은 고소하는 사람의 이름을 적었다고 하고, 또 다른 사람은 그들의 죄의 목록을 기록했다고도 하지만 알 수 없습니다. 그리고 일어나서 '너희 중에 죄 없는 자가 먼저 돌로 치라' 하셨습니다(7). 그들 중에 죄 없는 사람이 한 사람도 없었기 때문에, 먼저든 나중이든 돌을 들어 칠 수 있는 사람은 아무도 없었습니다.

어른으로 시작하여 젊은이까지 (9)

그들은 '이 말씀을 듣고 양심의 가책을 받아'(9) 어른으로 시작하여 젊은이까지 하나씩 떠나갔습니다. 우리 성경에는' 어른에서 젊은이' 로 나이를 말하고 있지만, 원어는 그렇지 않습니다. '어른' 은 '장로' 를 잘못 번역한 것이고, '젊은이' 는 '맨 끝의, 가치 없는' 뜻입니다. 원어는 그들이 어떤 자인지 상태를 설명하는데 우리 성경은 나이를 짐작하도록 번역되어 있습니다. 이런 뜻을 살려서 이 부분을 다시 적으면 '지체 높은 분들로부터 잔챙이에 이르기까지' 라는 뜻이 됩니다. 그들은 그 순간에 자기들을 돌아보았고, 그리고 예수님의 권위에 굴복했습니다. 이런 모든 것은 그 여인에게 복으로 돌아갔습니다. 성난 군중이 돌을 내려놓고 조용히 그 자리를 떠났으니까요.

현장에서 붙잡혀 복된 여인

이 여인은 말로 다 할 수 없는 조롱과 수치를 당했습니다. 그러나 현장에서 잡혔기 때문에 오히려 그것이 그 여인에게 복이 되었습니다. 만약 '잘해서' 현장에서 잡히지 않았다고 한다면, 이 여인의 이런 행각은 은밀하게 계속되었을 것이 분명합니다. 누구나 현장에서 잡히지 않았다면 둘러대고 변명하고 모든 거짓말을 다 동원하여 그 자리를 벗어나려고 합니다. 그러나 현장에서 붙잡혔기 때문에 꼼짝 못하는 처지가 되었습니다. 변명도 통하지 않았고 거짓말도 전혀 먹혀들어 가지 않았습니다. 그래서 온갖 조롱과 수치를 다 당했습니다.

사람은 현장에서 잡히지 않으면 변명하고 둘러대고 자기 좋은 대로 말합니다. 현장에서 잡히지 않으면 죄가 없는 것처럼, 죄를 짓지 않은 것처럼 말합니다. 그렇기 때문에 우리는 현장에서 잡힌 사람이 되어야 합니다. 그렇게 해서 변명할 수 없어야, 둘러대지 못해야 회개하는 사람이 되기 때문입니다. 그래야 예수님 앞으로 끌려 나오기 때문입니다. 사람들은 현장에서 잡히지 않으려고 이리저리 피합니다. 그러나 현장에서 잡히면 복된 사람이 됩니다. 정말 복이 되려면 예수님 앞으로 끌려 나와야 합니다. 그 앞에서 회개하고 그 앞에서 용서

받으면 그것이 가장 큰 복입니다. 그러면 조금 전의 수치는 다 사라지고 말할 수 없는 평안을 누리게 됩니다. 매일매일 기도할 때마다 현장에서 붙잡힌 사람이 됩시다.

'보고 기뻐하였느니라!' (56)

2천 년 전의 사람 아브라함이 예수님을 보았답니다. '너희 조상 아브라함은 나의 때 볼 것을 즐거워하다가 보고 기뻐하였느니라'(56). 아브라함은 어떻게 '예수님의 때'를 보았을까요? 아브라함은 하나님의 음성을 듣기도 했고, 이상을 보기도 했으며, 하나님의 사람을 만나기도 했습니다. 그중에 2위 하나님이신 아들 하나님을 만났고 대화를 나누었습니다. 모리아 산에서 이삭을 돌려받는 사건을 통해서 그는 메시야의 부활을 경험하기도 했습니다. 그때는 그렇게 할 수밖에 없었는데, 아브라함은 이런 것을 다 경험했습니다. 그렇기 때문에 예수님이 이 땅에 사람의 몸을 입고 오시기 전이었지만 그를 '보았다'라고 말할 수 있었습니다. 이렇게 보고도 아브라함은 기뻐했다고 했습니다. 그렇다면 우리는 얼마나 기뻐해야 될까요?

'진실로 진실로'

'진실로'는 헬라어 '아멘'을 번역한 것인데, '진실로 진실로'는 아멘을 두 번 말했다는 것을 뜻합니다. '진실로'는 4복음서의 저자들이 자주 기록했습니다. 그만큼 예수님이 많이 말씀하셨다는 증거입니다. 그러나 '진실로 진실로'는 사도 요한만 적었습니다. 요한복음에만 나옵니다. 무려 25회나 사용되었습니다. 예수님은 이렇게 '아멘'을 곱빼기로 말씀하시는 것을 즐겨하셨습니다. 곁에서 들은 제자의 증언입니다.

우리는 복된 사람이 되어야 할까요? 아니면 복 받지 못하는 사람이 되어야 할까요? 복 받는 사람이 되려면 우리는 현장에서 붙잡혀야 합니다. 예수님 앞으로 끌려 나와야 합니다. 예수님 앞에서 꼼짝 못하는 사람이 되어야 합니다. 그러면 우리는 말로 다 할 수 없는 평안을 누리는 복된 사람이 될 것입니다.

77강
이에 가서 씻고 밝은 눈으로 왔더라. (요 9)

예수님은 여러 명의 소경들을 치료하셨습니다. '너희가 가서 듣고 보는 것을 요한에게 고하되 소경이 보며 앉은뱅이가 걸으며 문둥이가 깨끗함을 받으며...' (마11:5). 예수님은 세례요한의 제자들에게 지금 듣고 보는 것을 말하라고 하셨습니다. 이것은 메시야가 오시면 이런 일들을 할 것이라는 이사야의 예언을 인용한 것입니다. 예수님은 여러 가지 항목 중에 '소경이 보게 되는 것'을 제일 먼저 예로 들었습니다.

예수님은 4명 혹은 4종류의 소경을 고쳐서 보게 하셨습니다. 먼저는 소경 거지 바디메오(막10장) 입니다. 마태복음에는 이름이 밝혀지지 않고 두 명의 소경으로 나옵니다(9장). 누가복음에는 바디매오가 살았던 곳을 '여리고' 라고 했습니다(18장). 마가복음에는 예수님이 특별한 방법으로 소경을 고치신 내용이 있습니다. 이름하여 '벳세다 소경' 입니다(8장). 마태는 눈멀고 벙어리 된 자를 예수님이 치료하신 사례를 기록했습니다(12장). 그리고 우리가 살펴보고 있는 요한복음 9장의 소경입니다. 이 사람은 날 때부터 소경되었다고 했으니 엄마 뱃속부터 소경이었던 사람입니다.

그리고 자세한 내용 설명 없이 여러 병자를 치료하고 낫게 하신 예수님의 사역을 소개할 때 항상 소경이 등장합니다(마15:30). 마태복음 21장 14절에는 예수님이 성전을 정화하시고 난 뒤에 '소경과 저는 자들이 성전에서 예수께 나아오매 고쳐 주시니...' 하는 말씀이 나옵니다. 이렇게 자세한 사건 설명과 이름이 없는 경우를 모두 따진다면 예수님의 소경 치료는 많다는 것을 알 수 있습니다.

예수님이 소경을 치유하신 이유는 '내가 심판하려 이 세상에 왔으니 보지 못하는 자들은 보게 하고 보는 자들은 소경 되게 하려 함이라' (39) 는 말씀을 이루기 위함이었습니다.

'누구의 죄 때문인가요?' (1-11)

유대인들은 재난의 원인을 죄에서 찾았는데 이들의 분석 방법이 맞습니다. 에덴동산에서 아담과 하와가 범죄하기 전에는 병도 없었고, 죽음도 없었기 때문입니다. 지금 우리가 겪고 있는 모든 일들은 범죄 후에 있게 되었습니다. 그러니까 그렇게 말하는 것은 상당히 성경적이라 할만합니다. 이들에게 예외 규정은 없었습니다. 다 끼워 맞추려고 하니 그곳에서 문제가 발생했습니다. 이들의 시선으로 볼 때, 태어날 때부터 소경된 사람은 흥미의 대상이었습니다. 누구의 죄 때문에 소경이 되었을까요? 자기의 죄라고 하려고 하니 뱃속에서 갓 잉태된 생명이 무슨 죄를 범한 것 같지를 않습니다. 죄가 무엇인지도 모르는 생명이 무슨 죄를 범하겠습니까? 그렇다면 엄마가 죄를 범한 것인가요? 아버지가 죄를 범한 것인가요? 궁금하지 않습니까? 잘 모르겠으니까 더 궁금합니다. 그래서 제자들이 예수님께 물었습니다. '누구의 죄 때문입니까?'

관점의 차이 (3)

제자들은 나타난 현상의 원인을 찾고 그 이유를 밝히려고 했습니다. 그러나 예수님은 하나님이 그에게서 나타내고자 하는 하나님의 일을 생각했습니다. 천양지차. 하늘과 땅만큼의 차이가 납니다. 그 이유를 알고 원인을 밝힌들 무엇하겠습니까? 아주 부정적이고 비생산적이고 파괴적입니다. 당사자든 부모든 그 사람들을 더 괴롭게 하는 일입니다. 대신에 예수님의 방법은 아주 긍정적이고 생산적이고 건설적입니다. 당사자나 그 부모를 그 자리에서 일으켜 세웁니다. 만약 소경이 예수님의 말씀을 받아들인다면 원망하고 좌절하고 불평하는 삶에서 일어서게 됩니다. 그 삶에서 벗어나게 됩니다. 그리고 주변에서 자기가 할 수 있는 일을 찾게 될 것입니다. 자기가 하는 일에서 하나님의 영광을 위한 일을 생각하게 될 것입니다. 그러면 결국 하나님의 영광을 추구하게 됩니다. 이를 통해서 하나님의 영광이 나타나게 됩니다.

우리는 우리 주변에서 이렇게 장애를 극복하고 하나님께 영광을 돌리는 사람을 여럿 만날 수 있습니다. 우리 주변에서 장애인들을 만나게 된다면 우리는 예수님의 이런 시각으로 그들을 바라보고 그들에게 희망을 주어야 하겠습니다.

'실로암 못에 가서 씻으라!' (7)

실로암 못이 설령 가까운 곳에 있다고 해도 소경이 찾아간다는 것은 쉬운 일이 아닙니다. 가서 씻으면 보게 되리라는 믿음이 없으면 절대로 갈 수 없습니다. 이 사람이 갔다는 것은 그에게 믿음이 있었다는 것이고, '네 믿음대로 될지어다'라는 말씀이 그대로 이루어진 것입니다. '이에 가서 씻고 밝은 눈으로 왔더라'. 갈 때와 다른 모습으로 돌아왔습니다. 세상이 다르게 보였습니다. 믿음을 가지고 순종했더니 이렇게 되었습니다.

이 사람은 사람들이 묻는 말에 '하라 하기에 했더니' 이렇게 되었다고 대답했습니다(11). 기적을 체험한 사람들은 아주 단순합니다. '하라고 한 것을 한 것'

뿐입니다. 우리도 이렇게 하면 됩니다. 말씀하신 분은 지금도 살아계시니 그대로 될 것입니다. 찾아가야 할 실로암 못이 멀면 멀수록 간증 거리가 많아지게 됩니다. 가면서 당하는 일들이 많을 것이라고 봅니다.

'한 가지 아는 것은...' (25)

바리새인들은 어떻게 해서든지 예수님이 하신 일이 아닌 것으로 결론을 내려고 했습니다. 그래서 부모에게 묻기도 하고, 동일한 질문을 이 사람에게 반복해서 물었습니다. 이 사람은 단 한 가지로 대답했습니다. '나는 다른 것은 모른다. 내가 아는 것은 한 가지다. 나는 전에 소경이었다. 그런데 지금은 소경이 아니다. 이것뿐이다'(25).

이 사람이 말하는 것을 들어보니 바리새인들보다 더 논리정연했고, 결론이 명백했습니다. '하나님은 죄인을 듣지 아니 하신다'(31). '이 사람은 하나님께로서 온 사람이다'(33). '창세 이후로 소경으로 난 자의 눈을 뜨게 하였다 함을 들어보지 못했다'(31). 이 사람이 한 말입니다. 이 사람은 배운 것이 없었지만, 유식했습니다. 예수님은 소경을 통해서 이들의 입을 막았습니다. 이 사람은 한 가지만 안다고 했는데, 말하는 것을 보니 2가지 또는 3가지 이상을 아는 사람이었습니다.

예수님은 이 사람이 괴로움을 당하는 것을 아셨습니다. 그래서 일부러 이 사람을 찾아서 만났습니다. 그리고 그 사람에게 자신을 나타내셨습니다. '네가 그를 보았거니와 지금 너와 말하는 자가 그이니라'(37). 예수님이 이렇게 자신을 나타내신 것은 우물가에서 사마리아 여인에게 하신 뒤에 처음입니다. 이 사람은 눈이 뜨여지고 예수님도 알게 되었습니다. 눈이 뜨여진 것을 육적인 은혜라면, 예수님을 알게 된 것은 영적인 은혜입니다. 이 사람은 영육 간의 은혜를 모두 받았습니다. 예수님은 아낌없이 다 주시는 분입니다.

78강
더 풍성히 얻게 하려는 것이라. (요 10)

목자와 양은 아주 친밀한 관계입니다. 목자가 양을 알고 있을뿐 아니라 양도 목자를 알고, 목자의 음성을 구별합니다. 그래서 음성이 다르면 절대로 따라가지 않습니다.

어느 날 TV에서 이에 대한 것을 방영하는 것을 본 적이 있습니다. 목자와 꼭 같은 옷을 입고, 목자와 비슷한 몸매에, 비슷한 음성으로 양들을 불렀습니다. 양들은 작은 산 너머에 있었습니다. 아무리 불러도 양들은 움직이지 않았습니다. 반대로 그 양들의 목자가 옷을 다르게 입고, 한 번도 본 적이 없는 모자를 쓴 뒤에 양들을 불렀습니다. 그런데도 양들은 목자의 음성을 알아듣고 작은 산을 넘어 목자에게로 왔습니다. '양들이 그의 음성을 아는 고로 따라오되'(4) 하는 말씀이 증명되었습니다.

양은 어디로 가야 할지를 모르는 짐승입니다. 신기하게도 개나 소는 멀리 떨어져 있는 집을 찾아옵니다. 그러나 양은 목자가 인도해 주지 않으면 풀과 물이 있는 곳도 찾지를 못합니다. 목자는 양의 이런 특성을 잘 알기 때문에 찾아 나섰습니다. 목자는 양의 이름을 지어서 불러준답니다. 모두 비슷비슷한 양들이라 구별하기가 쉽지 않은데 목자는 정확하게 구분합니다. 목자는 양 떼를 뒤에서 몰아가지 않습니다. 앞에 서서 가면서, 이름을 부르면서 인도합니다.

예수님이 목자와 양에 대해서 이렇게 자세하게 설명한 것은 자신이 하는 모든 일들이 이와 같기 때문입니다. 목자였던 다윗도 '여호와는 나의 목자시니 내게 부족함이 없으리로다' 하고 말했습니다. 다윗은 자기가 한 번 양의 입장이 되어 인도하시는 목자를 생각해 보았습니다.

선한 목자 (1-11)

양들 주변에는 여러 부류의 사람들이 있습니다. 목자라고 모두 같은 목자가 아닙니다. 양들에게 위험이 닥치면 생명을 걸고 그 양을 구해내는 목자가 있는가 하면 제 목숨을 위해서 도망가는 목자도 있습니다. 예수님은 이런 목자를 '삯꾼'이라고 불렀습니다. 삯꾼 목자는 양들의 상태를 다 알지 못합니다. 이름도 지어주지 않고, 부르지도 않습니다. 한 마디로 사랑이 없었습니다. 그래서 양보다는 자기 목숨을 먼저 챙길 수밖에 없었습니다.

또 강도와 절도범이 있습니다. 양을 훔쳐 가려는 사람들입니다. 이들은 문을 통하여 들어가지 않고 양 우리를 뛰어넘습니다. 도둑은 양을 훔쳐 갈 수 있는 물건으로 생각합니다. 그런데 선한 목자는 이렇게 하지 않습니다. 양들을 사랑하기 때문에 어떻게 해서든지 그 위험에서 구해내려고 합니다. 만약 목자가 양을 구하려다 목숨을 잃는다면 그 목자는 자기가 죽는 줄을 뻔히 알면서도 절대로 그렇게 하지 않습니다. 사람 목숨이 짐승보다 귀하기 때문입니다. 위험하면 누구나 뒤로 물러서게 됩니다. 우발적인 사고로 목숨을 잃은 것이 아니라 죽는 줄 알면서 생명을 내어놓는 목자가 과연 있을까요? 예수님이 바로 그런 목자입니다. 그래서 예수님은 자신을 두고 양들을 위해서 목숨을 버리는 '선한 목자' 라고 하셨습니다(11).

다시 일어난 분쟁 (19-21)

유대인 중에 다시 분쟁이 일어났습니다. 다시 분쟁이 일어났다는 것은 여기에서 일어난 분쟁 전에 또 다른 분쟁이 있었던 것을 말합니다. 7장에 나오는 사건입니다. 그때는 예수님을 두고 '그리스도' 인가 아닌가에 대한 분쟁이었습니다. 그래도 좀 안다는 사람이 '그리스도는 베들레헴에서 나온다고 하지 않았느냐?' 하며 나사렛 예수는 그리스도가 될 수 없다고 말했습니다. 하나는 알았는데 그 뒤는 몰랐던 사람입니다. 자기가 잘 못 알고 있는 그 하나가 결국은 자기의 운명을 결정했습니다.

이 장에서의 분쟁은 예수님을 귀신 들려서 미쳤다고 했습니다. 다른 사람은 '귀신이 어떻게 소경의 눈을 뜨게 할 수 있느냐' 하고 의문을 제기했습니다. 기적은 발생했고, 소경의 눈은 뜨여졌습니다. 이 거부할 수 없는 사실을 인정하고 받아들이면 되는데, 그렇게 하지 않으려고 발버둥을 치다 보니 이런 분쟁이 일어났습니다.

다시 돌로 치려하다 (31)

이 사람들은 신성모독에 관한 말을 들으면 가만있지를 못했습니다. 3계명인 '여호와의 이름을 망령되게 부르지 말라' 는 말씀을 이렇게 지켰습니다. 생명을 걸고서 계명을 지키려 한 것은 잘한 일이라 할 수 있습니다. 그러나 예수님이 누구신지 알지 못했기 때문에 예수님을 돌로 치려 한 것은 치명적인 실수였습니다.

이들이 예수님에게 이렇게 한 것이 그 전에 또 있었습니다. 8장에 '아브라함이 나기 전부터 내가 있으니라' 하신 말씀을 듣고 돌로 치려 했습니다. 이 장에서는 '나와 아버지는 하나이니라' (30) 라는 말씀을 듣고 그렇게 했습니다. 예수님의 말씀은 다 사실입니다. 항상 존재했던 것을 말했는데, 그리고 아버지와 하나이기 때문에 그렇게 말했는데 예수님이 누군지 모르니까 돌로 쳐서 그 법만을 지키려고 했습니다. 돌을 들어서 치려 했다는 이들의 이런 행동은 요한복음에만 기록되어 있습니다.

'아무도 빼앗을 수 없느니라!' (29)

예수님은 두 가지 손을 말씀하셨습니다. 하나는 자기의 손입니다. 보이는 손입니다. 다른 하나는 아버지 하나님의 손입니다. 보이지 않는 손입니다. 예수님이 자기 양을 잡고 계시면 그 누구도 그 손에서 빼앗아 갈 수 없습니다. 왜 그렇습니까? 그 어떤 것보다 강하기 때문입니다.

하나님이 자기 백성을 보이지 않는 손으로 잡고 보호하시면 그 무엇이라도 빼앗아 가지 못합니다. 이것을 깨달은 바울은 '누가 우리를 그리스도의 사랑에서 끊으리요 환란이나 곤고나 핍박이나 기근이나 적신이나 위험이나 칼이랴?' (롬8:35). 그리고 이어서 '내가 확신하노니 사망이나 생명이나 천사들이나 권세자들이나 현재 일이나 장래 일이나 능력이나 높음이나 깊음이나 다른 아무 피조물이라도 우리 주 그리스도 예수 안에 있는 하나님의 사랑에서 끊을 수 없으리라' (38-). 이렇게 외쳤습니다.

그렇습니다. 환란이나 핍박이 끊을 수 없습니다. 권세자들이 권세를 휘두르면 고난을 당하는 그 당시에는 그것으로 인하여 고통을 당하지만, 그래도 그 사랑을 끊을 수 없습니다. 이럴 때는 '위대하고 강하신 주님 우리 주 하나님' 하고 찬양하면서 조금만 기다리면 됩니다. 그분은 위대하고 강하시기 때문에 그 누구도, 그 어떤 것도 우리를 빼앗아 가지 못합니다. '니는 내끼다' 하고 이미 선언하셨고, 우리를 꽉 붙들고 계시기 때문입니다(계2:1).

79강
나는 부활이요 생명이니... (요 11)

이 세상에 태어났던 여러 성현들은 좋은 말씀을 많이 했습니다. 그러나 그 말씀 중에는 검증이 필요한 것이 있습니다. 예를 들면, 예수님이 '나는 부활이요 생명이다' 하셨는데, 이 말씀이 검정되지 않으면 그냥 하신 좋은 말씀일 뿐입니다. '내가 부활' 이라면 부활에 관계된 어떤 일로서 그 부활을 증명할 때 그 말씀은 공허한 말씀이 아니라 진짜 말씀이 됩니다. 예수님은 초상집에서 이 말씀을 하신 뒤에 나사로를 살렸습니다. 그렇게 하심으로 자신이 부활이심을 증명하셨습니다. 그리고 이 사건은 예수님 자신이 부활할 것을 미리 보여 주는 예표이기도 합니다.

'죽은 자들이 하나님의 아들의 음성을 들을 때가 오나니 곧 이때라 듣는 자는 살아나리라' (5:25) 하셨는데 이 말씀도 나사로의 다시 살아남으로 증명되었습니다. 나사로는 죽은 지 나흘이 지나서 이미 영혼은 떠났고, 썩어서 냄새가 나는 상태였습니다. 그러나 말씀 앞에서는 이런 것들이 문제가 되지 않았습니다. 명령은 모든 상태를 초월하여 집행되었습니다. 이렇게 하신 분은 예수님뿐입니다. 그래서 예수님을 4대 성현 중에 한 분이라고 말하는 것은 안 될 말입니다. 다른 사람들은 자기들이 한 말들 중에서 검정된 것이 없고, 예수님은 자신이 하신 말씀 중에 검정되지 않은 말씀이 없습니다. 그러니까 비교 불가능입니다.

사랑하시는 자 (3, 5)

예수님은 예루살렘으로 갈 때마다 나사로의 집에서 거처하신 듯합니다. 예수님이 사랑하신 사람은 나사로뿐만이 아닙니다. 마르다는 음식을 준비해서 대접하는 일로 예수님을 기쁘게 해 드렸고, 마리아는 예수님의 말씀을 경청하는 것으로 주님의 사랑을 받았습니다.

이렇게 사랑받는 집에 우환이 생겼습니다. 나사로가 죽을 병에 걸려서 그 생명이 점점 꺼져가고 있었습니다. 누이들이 예수님께 '사랑하는 자가 병들었나이다' 하고 연락했습니다. 이 부분에 '사랑' 이 두 번 나오는데, 한 번은 그 누이들이 사용했고(3), 한 번은 예수님이 그들을 사랑하셨다는 설명입니다. 누이들이 말한 '사랑하는 자' 는 '필레오' 이고, 예수님이 이들을 사랑하신 것은 '아가페' 였습니다. 우리는 필레오는 사람 간의 사랑, 친구 사이의 사랑이라 하고, 아가페는 하나님의 무조건적인 사랑이라고 구분합니다. 그럴듯해 보이지만 성경에서 사용된 용례는 딱히 이렇게 말할 수 없도록 섞여서 사용되었습니다. 그러니까 그럴듯하다는 이유로 자꾸 주장할 수 없다는 것을 알아야 되겠습니다.

지체하신 이유 (15)

예수님은 나사로가 죽어가고 있다는 연락을 받고도 이틀을 더 지체하셨습니다. 사랑하셨는데 왜 이렇게 하셨을까요? 15절에 밝히신 바로는 제자들을 믿게 하기 위함이라고 했습니다. 제자들이 아픈 나사로를 낫게 하는 것보다는 죽은 자를 살리시는 것을 보면 그들의 믿음이 더 굳건해지지 않겠습니까? 그러나 예수님이 죽은 자를 살리신 것이 이번이 처음이 아닙니다. 오히려 나사로를 살리신 것은 3명 중에 마지막이었습니다. 이제까지 두 번이나 보았는데, 또다시 보아야 그들의 믿음이 굳건해 지겠습니까? 예수님은 한 가지만 말씀하셨지만, 그 외에도 여러 가지 효과가 있었음이 분명합니다.

이 사건은 나사로 자신에게나 주변 사람들에게도 엄청난 사건이었습니다. 두 누이도 마찬가지입니다. 어쩔 수 없는 죽음 앞에서 울며 안타까워하고 있었는데, 생각지도 못한 부활이라는 선물을 받았을 때 그들의 기쁨은 형언하기 어려웠을 것입니다. 예수님의 지체는 더 큰 은혜를 주기 위함이었으며, 더 놀라운 것을 경험하게 하기 위함이었습니다. 그래서 예수님은 풍랑으로 제자들이 고생하고 있을 때도 오래 지체하다가 거의 새벽이 다 되어서 그들에게 가셨습니다(막6장).

마르다의 신앙

예수님은 초상집에서 먼저 마르다와 만났습니다. 마르다는 '주께서 여기 계셨더라면 내 오라비가 죽지 아니하였겠나이다' 라고 했습니다(2). 이 말은 이제는 생명이 끊어져서 소망이 없다는 말입니다. 마르다는 생명이 실오라기만큼이라도 붙어 있어야 예수님이 역사하실 수 있다는 생각이었습니다. 그 실오라기조차 끊어져 버렸으니까 이제는 안 된다는 말입니다. 이 말은 마르다만 한 것이 아니라 마리아도 동일한 생각으로 동일한 말을 했습니다(32).

예수님은 마르다에게 '네 오라비가 다시 살리라'(23) 하셨습니다. 죽은 오라비를 살려주겠다는데 뛸 듯이 기뻐해야 하지 않겠습니까? 그러나 마르다는 예수님이 죽은 자를 정말 살리실 것으로 생각하지 못했습니다. 그래서 '마지막 날 부활에는 다시 살 줄을 내가 아나이다' 라고 원론적인 반응을 했습니다. 다시 예수님은 '나는 부활이요 생명이니 나를 믿는 자는 죽어도 살겠고 무릇 살아서 나를 믿는 자는 영원히 죽지 아니하리니 이것을 네가 믿느냐' 했습니다. 예수님은 마르다에게 '부활'을 믿느냐고 물었는데, 그러나 마르다는 '주는 그리스도요, 하나님의 아들이신 것을 믿습니다' 하고 엉뚱한 대답을 했습니다(27). 안 믿어고 지고 못 믿는 마음이 이렇게 말로 표현되었습니다. 마르다는 마리아에게 가는 것으로 자리를 피했습니다. 이것이 마르다의 신앙이었습니다.

나사로가 살아난 일의 결과

결과는 두 가지로 나타났습니다. '마리아에게 와서 예수의 하신 일을 본 많은 유대인들이 저를 믿었다'(45) 했습니다. 또 하나의 결과는 대제사장과 바리새인들이 그 결과로 새로운 명령을 내렸습니다. 그것은 예수님을 잡으라는 체포 명령이었습니다(57). '누구든지 예수 있는 곳을 알거든 고하여 잡게 하라'(57). 나타난 기적은 없게 할 수 없었고, 따르는 수많은 사람들을 막을 수 없었기 때문에 이제는 예수님을 체포하라고 명령했습니다. 이런 명령은 마지막 한 주간이 시작되기 직전에 내려졌습니다. 다음 장(12장)에서 마지막 한 주간이 시작되기 때문입니다.

나사로는 다시 살아났다가 다시 죽었습니다. 그러나 예수님은 다시 살아나서 지금도 살아계십니다. 그 예수님이 우리를 살리십니다. 그렇게 해서 우리로 영원히 살게 하십니다. '한 번 태어난 자는 두 번 죽게 되고, 두 번 태어난 자는 한 번 죽는다'는 말을 기억하여 한 번 더 태어나서 영원히 사는 자가 됩시다.

80강
내가 이를 위하여 이때에 왔나이다. (요 12)

예수님의 마지막 한 주간이 시작되었습니다. 요한복음은 4복음서 중에서 마지막 한 주간을 가장 비중 있게 다루고 있습니다. 요한복음 전체에서 절반의 분량을 할애하고 있습니다. 예수님이 베다니 나사로의 집에 오신 것은 '유월절 엿세 전'인 금요일이었고 (1), 토요일에 마리아가 향유를 부었습니다 (3-).

마지막 한 주간을 정리하면 다음과 같습니다. 일요일에 승리의 입성, 월요일에 무화과나무 저주, 그리고 성전 정화, 화요일에 과부의 헌금, 4가지 질문, 감람산 강화를 하셨습니다. 수요일은 침묵의 날이었고, 목요일은 최후의 만찬, 세족식, 가룟 유다의 배반 예고, 베드로의 부인 예고, 겟세마네 동산 기도, 그리고 체포되셨습니다. 금요일은 산헤드린 심문, 베드로의 부인과 회개, 빌라도의 심문, 헤롯의 심문, 빌라도 법정, 빌라도의 판결, 가룟 유다의 자살, 십자가에 매달리심, 운명, 무덤에 장사 되심으로 마무리되고 부활을 준비하게 됩니다.

향유를 부은 여인 (3-8)

향유를 부은 여인은 나사로의 동생 마리아였습니다. 나사로를 살려주심에 감사해서 잔치가 열렸습니다. 마리아는 오빠를 살려주신 예수님께 감사하는 마음을 표현하고자 값비싼 향유를 부어드렸습니다. 마리아는 감사해서 이렇게 했지만, 이 일은 결국 예수님의 장례를 미리 준비하는 일이 되고 말았습니다. 예수님이 이것을 말씀하셨습니다 (7). 사랑하는 마음으로 하면 이렇게 생각지도 못한 결과를 낳게 됩니다.

복음서에는 향유를 부은 사건이 여러 번 나옵니다. 같은 사건을 다르게 표현했습니다. 마태는 향유를 '한 여자'가 부었다고 했는데 (26:7), 요한은 이 여자가 '마리아'라고 했습니다 (3). 향유를 부은 사건을 정리하면 두 번이며, 당사자는 마리아와 죄인인 여자 (눅7장) 입니다.

마리아를 질책한 사람은 가룟 유다였습니다. 그는 마리아의 행위를 허비하는 것으로 보았습니다. 그 마음에 사랑이 없었기 때문입니다. 그는 예수님 팀의 재정 책임자였는데, 같이 있었던 요한의 증언에 의하면 가룟 유다는 맡은 돈을 훔쳐 가는 도적이라고 했습니다 (6). 이런 표현은 요한복음에만 나옵니다.

'나사로까지 죽이려고 모의하니...' (10)

대제사장들은 예수님을 잡도록 명령했는데(11:57), 이제는 나사로까지 죽이려고 했습니다. 왜 이렇게 하려고 했을까요? 나사로 때문에 큰 무리가 모여들었기 때문입니다. 죽은 사람이 살아났다는 것이 보통 일이 아니기 때문에, 사람들이 관심을 가질 수밖에 없었습니다. 그러나 적대자들이 볼 때는 이 일은 심각한 일이었습니다. 사람들은 나사로에게 모이고, 증거는 없앨 수 없었으니, 나사로를 죽이는 것 외에는 다른 방법이 없었습니다. 이 사람들은 사람의 생명을 파리 목숨같이 여겼습니다. 예수님은 죽은 사람을 살렸는데, 이 사람들은 살아난 사람을 죽이려고 하고 있습니다.

호산나 찬송하리로다! (12-15)

예수님은 나귀를 타고 예루살렘 성에 승리의 입성을 하셨습니다. 요한복음에는 나귀를 준비하는 과정이 생략되었습니다. 대신에 요한은 마태와 같이 구약성경 스가랴 9장 9절을 인용했습니다. 예수님의 하신 일은 그냥 하신 일이 아니라 예언의 성취였습니다.

예수님은 이제까지는 자신이 메시야인 것을 드러내지 않았는데, 이제는 완전히 그리고 분명하게 드러내셨습니다. 마지막 한 주간이 시작되었기 때문입니다. 명절에 예루살렘에 왔던 큰 무리가 예수님을 환영했습니다. '호산나! 찬송하리로다. 주의 이름으로 오시는 이, 곧 이스라엘의 왕이시여!' 하고 외쳤습니다. 이것은 구약성경에 예언된 말씀이 아닙니다. 이 사람들은 성령의 말하게 하심을 따라서 나귀 타고 오시는 분이 누구신지 정확하게 말했습니다.

마지막 면회 (20-26)

이렇게 환영하는 무리 중에 어떤 사람들이 예수님께 면회를 요청했습니다. 그들은 헬라인이었으며 빌립과 안드레의 인도를 받아서 예수님 앞으로 왔습니다. 이 만남은 예수님이 공식적으로 사람을 만난 마지막 면회가 되었습니다.

예수님은 이들에게 '한 알의 밀이 땅에 떨어져 죽지 아니하면 한 알 그대로 있고 죽으면 많은 열매를 맺느니라'(24)는 말씀을 하셨습니다. 요한복음에만 있는 말씀입니다. 한 알의 밀은 예수님 자신을 두고 하는 말이고, 죽는다는 것은 십자가의 죽음을 의미합니다. 그렇게 해서 많은 열매를 맺게 될 것이라고 하셨습니다. 승리의 입성으로 자신이 메시야임을 밝힌 후에 이제는 자신의 죽음을 말씀하셨습니다.

이 말씀은 예수님과 대면해서 그 말씀을 듣는 사람들도 실천해야 되는 말씀입니다. 죽지 않으면 그대로 있지만, 죽으면 많은 열매를 맺게 됩니다. 예수님은 이어서 말씀하셨습니다. '자기 생명을 사랑하는 자는 잃어버릴 것이요, 이 세상에서 자기 생명을 미워하는 자는 영생하도록 보존하리라'(25).

하늘에서 들린 음성 (28)

이런 말씀을 하신 후에 예수님은 십자가를 지기 전의 자기 심정이 어떠한지를 밝히면서 '이때를 면하게 해 달라'라고 구했습니다. 이어서 '그러나 내가 이를 위하여 이때에 왔나이다'했습니다. 자기주장과 순종 앞에 고뇌하는 인간적인 너무나 인간적인 모습입니다. 그렇지만 자기주장을 버리고 바로 '아버지의 이름을 영광스럽게 하옵소서'하고 기도했습니다(25). 그랬더니 하늘에서 음성이 들렸습니다. '내가 이미 영광스럽게 하였고 또다시 영광스럽게 하리라'. 모든 것을 인정하시는 아버지 하나님의 음성이었습니다. 이럴 때 아버지 하나님이 음성으로 말씀하셨다는 기록은 여기 밖에 없습니다.

하늘에서 음성이 들린 적은 예수님이 세례를 받고 올라올 때(공관복음), 변화 산에서(공관복음), 그리고 이곳에만(요한복음) 있습니다. 곁에 있었던 사람들은 우뢰 소리로, 혹은 천사의 말로 들었다고 했습니다. 하나님의 음성은 분명히 예수님이 기도하신 후에 예수님에게 주신 말씀이었는데, 예수님은 그것을 '나를 위한 것이 아니요, 너희를 위한 것이니라'라고 하셨습니다(30). 이 말씀의 의미를 바로 깨닫고 믿음에 굳건히 서 있으라는 뜻입니다.

81강
서로 발을 씻기는 것이 옳으니라! (요 13)

요한복음에는 특이하게도 성찬식에 대한 기사가 없습니다. 그때 그 자리에 있었던 요한인데도 기록하지 않았습니다. 대신에 그는 아무도 언급하지 않은 세족식을 적었습니다. 요한은 예수님이 행하신 맨 처음의 성찬식을 '저녁 먹는 중'(3) 이라는 한 마디로 넘어갔습니다.

'믿는 도끼에 발등 찍힌다'라는 격언의 히브리식 표현은 '내 떡을 먹는 자가 내게 발꿈치를 들었다'(18) 입니다. 이 장에는 이런 사례가 2가지 있습니다. 두 가지 모두 3년을 따라다닌 제자가 저지른 일입니다. 가룟 유다가 먼저 소개되었습니다. '마귀가 벌써 가룟 유다의 마음에 예수를 팔려는 생각을 넣었다'(2). '벌써'가 언제일까요? 성만찬이 있기 직전입니다. 이것은 누가가 22장 3절에 있습니다. 누가는 '유다에게 사단이 들어갔다'라고 했습니다. 그때 마귀는 예수를 팔려는 마음을 유다에게 넣었습니다. 마귀의 이런 행위를 거부하면 되는데 유다는 그렇게 하지 않고 받아들였습니다. 그래서 그는 선생님을 팔아넘기는 사람이 되었습니다.

또 한 사람은 베드로입니다. 예수님은 베드로에게도 가룟 유다에게 하신 것처럼 경고하고 알게 하셨습니다. '닭 울기 전에 네가 세 번 나를 부인하리라'(38). 그럴 때 베드로는 '내가 주를 위해 목숨을 버리겠나이다'(37). '내가 주와 함께 죽을지언정 주를 부인하지 않겠나이다'(막14:31) 했습니다. 그러나 결국은 예수님이 말씀하신 대로 되었습니다. 두 사람 다 발꿈치를 들었습니다. 가룟 유다는 경고를 받고서도 그대로 하여 발꿈치를 들었고, 베드로는 장담했는데도 그렇게 들고 말았습니다. 다른 사람이 아닌 제자들이 이렇게 했다는 것은 참으로 애석한 일이 아닐 수 없습니다.

회개할 기회

예수님은 가룟 유다에게 이 장에서 보아도 회개할 기회를 여러 번 제공했습니다. 먼저는 세족식 할 때입니다. 예수님은 가룟 유다의 발도 씻어 주셨습니다. 예수님은 유다가 자신을 팔려는 계획을 알고 계셨습니다. 그런데도 그렇게 하셨습니다. 이럴 때 유다는 어떤 마음이었을까요? 양심에 찔리는 바가 있었다면 그 계획을 그만 두었겠지요?

두 번째는 '발꿈치를 들었다'라는 말씀을 하실 때입니다(18). 가룟 유다를 두고 하신 말씀입니다. 당사자는 듣고 뜨끔 했겠지요? 그런데도 그 생각을 버리지 않았습니다. 세 번째는 예수님이 유다에게 '떡 한 조각을 찍어서 줄 때' 입니다(26). 특별한 사람에게 이렇게 준답니다. 예수님은 이렇게 하심으로 유다에게 사랑을 나타내셨고, 또 누가 자기를 팔 것인지 요한에게 알려주기도 했습니다. 유다는 예수님이 자신을 특별한 사람으로 취급하셨는데도 그 생각을 바꾸지 않았습니다. 네 번째는 '네가 하는 일을 속히 하라'는 말씀을 하실 때였습니다(27). 다른 제자들은 예수님의 이 말씀이 무슨 뜻인지를 몰랐습니다. 그러나 가룟 유다는 알고 있었습니다. 그렇다면 '아! 탄로 났구나. 실행하기 글렀다. 포기해야 되겠다'. 이렇게 하는 것이 보통 사람들이 하는 행동입니다. 그런데 가룟 유다는 그렇게 하지 않았습니다. 이 장에서만 예수님은 가룟 유다에게 회개 할 수 있는 기회를 4번이나 주셨습니다. 그러나 유다는 그렇게 하지 않고, 마음에 작정한 대로 진행했습니다. 마귀가 그 마음을 주장하고 있었기 때문입니다.

세족식 (3-15)

특별한 손님에게 베푸는 또 한 가지 사랑이 여기에 있습니다. 주인이 자기 집을 방문한 손님의 발을 씻어 준다는 것은 최고의 사랑 표현이랍니다. 예수님이 제자들의 발을 씻어 주신 이유는 3가지인데 겸손, 희생, 사랑의 실천이었습니다. 그러면서 '너희도 서로 발을 씻기는 것이 옳으니라' 하셨습니다(14). '옳으니라'는 단어는 '맞다, 바르다'는 뜻 보다는 '해야 한다'로 번역하는 것이 좋습니다. 이렇게 본다면 이것은 '권유'가 아니라 '명령'이 됩니다. 그렇다면 교회에서 성찬식처럼 세족식을 해야 할까요? 성찬식처럼 하지 않는다고 할지라도 낮아진 자세로 발을 씻기는 것처럼 겸손, 희생, 사랑을 실천하라는 말씀입니다. 그래서 서로 발을 씻어 주라고 하셨습니다.

'이제는 알지 못하나...' (7)

베드로는 제자들의 발을 씻기는 예수님 앞에 발을 내밀어야 할지 말아야 할지 난감했습니다. 제자가 선생님의 발을 씻겨드려야지 반대로 하는 것은 이치에 맞지 않다고 생각했기 때문입니다. 그래서 '내 발은 절대로 씻기지 못하십니다' 하고 말했습니다(8). 베드로가 왜 이렇게 말했을까요? 그는 예수님이 행하시는 세족식의 깊은 의미를 모르고 있었기 때문입니다.

'이제는 알지 못하나 이후에는 알리라'(7)에서 '알다'가 2번 나오는데 헬라어에는 다른 단어로 사용되었습니다. '지금 알지 못하는 것'은 완전하게 아는 것을 말하고, '나중에 알게 되는 것'은 체험적으로 아는 것을 뜻합니다. 그러니까 예수님은 베드로에게 '지금은 네가 완전하게 알지 못하지만 나중에는 체험적으로 알게 될 것'을 말씀하셨습니다.

베드로는 '후에는 알게 될 것'이고(7), '후에는 따라오게'도 될 것입니다(36). 베드로는 '내가 지금은 어찌하여 따를 수 없나이까?'(37) 했지만, 이 말도 자기가 무슨 말을 하는지 모르고 한 말입니다. 부인하고 도망갈 사람이 어떻게 따를 수 있겠습니까? 그런데 성령에 충만한 베드로는 예수님을 따랐습니다. 그는 후에 십자가에 달리기 전에 이렇게 말했다고 합니다. '내가 어떻게 예수님과 같은 모습으로 십자가에 달리리요? 나를 거꾸로 매달아주시오'. 베드로의 소원대로 그는 십자가에 거꾸로 달렸다고 합니다. 전해 내려오는 이야기입니다. '후에는 따라오리라'는 예수님의 말씀이 그대로 이루어졌습니다.

82강
나의 평안을 너희에게 주노라! (요 14)

요한복음 14장에서 16장까지 3장은 예수님이 이 땅에서 마지막 밤에 말씀하신 고별 설교입니다. 이것을 두고 '다락방 강화'라고 부르기도 합니다. 가룟 유다가 예수님을 팔기 위해 나가고 난 뒤에, 그리고 최후의 만찬 자리에서 세족식을 한 후에 이 말씀을 하셨습니다. 이 부분의 주된 메시지는 '위로'입니다. 이곳에는 성령에 대한 소개가 나오는데, 이 3장을 '성령 소개서'라 일컫습니다. 성령에 대해서 이만큼 자세하게 설명한 곳이 없습니다. 성령님은 위로하시는 분입니다. 예수님이 '나는 가지만, 위로의 성령이 너희 곁에 계신다'는 말씀보다 더 위로가 되는 말씀이 있을 수 없습니다.

이 장에는 3명의 제자들의 3가지 질문이 나옵니다. 앞 장과 연결하면 4명의 제자의 4가지 질문입니다. 하나같이 뜬금없는 질문입니다. 질문하는 말을 들어보면 그 사람의 수준을 알 수 있습니다. 제자들의 질문은 예수님을 3년이나 따라다닌 사람들이 하는 질문이 맞는지 의심할 정도입니다. 그런데도 예수님은 이들의 질문에 대답해 주셨습니다.

너희는 마음에 근심하지 말라! (1-4)

제자들 중에서 한명이 예수님을 판다고 하지요, 베드로는 부인한다고 하지요, 예수님이 제자들을 떠나서 가시는데 제자들이 따라올 수도 없다고 하지요, 이러한데 어느 제자인들 염려하지 않겠습니까? 최후의 만찬 자리는 이런 제자들의 염려로 가득 찼습니다. 이럴 때 예수님이 이 말씀을 하셨습니다. 예수님은 3가지를 말씀하셨습니다. '내가 다시 올 것이다'. 그리고 '기도하면 내가 응답할 것이니까 기도하면 된다'. 마지막으로 '보혜사 성령을 보내서 너희와 함께 있게 하겠다'. 그래서 근심하지 말라고 하셨습니다.

예수님이 근심하지 말아야 할 이유로 한 가지 더 말씀하셨는데, '내 아버지 집에 거할 곳이 많다'입니다. 이 말씀은 지금 근심에 빠져 있는 제자들에게 아무 관계 없는 처방 약 같습니다. 그러나 나중에 우리가 직접 그곳에 가서 본다면 왜 예수님이 근심하지 말라고 하셨는지를 확실히 알게 될 것입니다. 이 땅에 사는 동안에도 이 말씀을 기억하면 근심이 떠나가게 된다는 말씀입니다.

우문현답(愚問賢答)

질문은 바보 같았는데 대답이 현명하다는 뜻입니다. 제자들의 질문이 그러했고, 예수님의 대답 역시 그러했습니다. 4명이 질문했는데 어떻게 그렇게 똑같이 우문이었을까요? 먼저 베드로가 '주여! 어디로 가시나이까?' 하고 질문했습니다(13:36). 예수님이 가시는 곳이라면 목숨을 바쳐서라도 따라가겠다고 했습니다. 예수님은 베드로가 따라오는 것은 고사하고 좀 있으면 부인하고 도망가게 될 것을 미리 일러주셨습니다.

두 번째 질문자는 도마인데 베드로의 질문에 이어지는 질문입니다. '주여! 어디로 가시는지 우리가 알지 못하는데 그 길을 어찌 알겠습니까?'(5). 도마의 이런 우문에 예수님의 현답이 이어집니다. '나는 길이요, 진리요, 생명이니 나로 말미암지 않고는 아버지께로 올 자가 없느니라'(6). 이런 우문이 있었기 때문에 이런 현답이 있었습니다. 그렇기 때문에 우리는 이런 제자들의 어리석음을 감사해야 되겠습니다.

세 번째는 빌립입니다. '주여! 아버지를 우리에게 보여 주소서! 그러면 족하겠나이다' 했습니다(8). 예수님은 그에게 '기도와 성령'에 대해서 말씀하셨습니다. 기도하면 응답할 것이고, 성령은 곁에서 도와줄 것입니다.

마지막 질문자는 가룟인 아닌 유다입니다. '주여! 어찌하여 자기를 우리에게는 나타내시고 세상에게는 아니하려 하시나이까?'(22). 이런 질문은 7장에서 예수님의 동생들이 이미 한 번 했던 질문입니다. 동생들이나 제자들이나 예수님을 모르니까 질문이 같을 수밖에 없습니다. 예수님은 유다에게 '평안'을 말씀하셨습니다. '평안을 너희에게 끼치노니 곧 나의 평안을 너희에게 주노라 내가 너희에게 주는 것은 세상이 주는 것과 같지 아니하니라 너희는 마음에 근심하지도 말고 두려워하지도 말라'(27). 유다의 이런 우문이 없었다면 예수님의 이런 귀한 대답을 우리는 들을 수 없었을 것입니다.

'나의 평안을 너희에게 주노라!' (27)

예수님이 평안에 대해서 말씀하신 것은 4가지로 구분할 수 있습니다. 첫째 '끼친다'는 것, 둘째 '나의' 평안이라는 것, 셋째 세상 것과 다르다는 것, 넷째 그래서 근심하지 말라고 하셨습니다.

'끼친다'의 원어는 '남겨 두다'입니다. 예수님은 이 땅에 계실 때 평안을 누렸습니다. 죽이려고 달려드는 적대자들 앞에서도 신경쇠약, 소화불량에 걸리지 않고 평안을 유지하셨습니다. 풍랑 일어난 배 안에서 주무시는 모습은 예수님이 누린 평안이 말뿐이 아니라는 것을 잘 보여 줍니다. 그런 평안을 제자들에게 남겨 두고 가시겠다고 했습니다.

예수님이 주시는 평안은 세상에 있는 것과 다른 '예수님의 것'이라 하셨습니다. 이 세상에도 평안이 있지만, 예수님이 주시는 것은 '하늘 위에서 내려오는 평안'입니다. 가령 새 차를 구입했다고 합시다. 새 차를 운전하면 기분이 아주 상쾌하고 좋습니다. 그런데 가다가 그만 사고가 났습니다. 그 순간 방금 전에 좋았던 기분과 평안은 한순간 사라져 버리고 맙니다. 사고가 크면 클수록 더 그렇습니다.

그러나 예수님이 주시는 평안은 이럴 때에도 사라지지 않습니다. 오히려 문제가 있으면 더 깊이 느끼게 됩니다. 이런 평안을 주신다고 했습니다. 이런 평안을 받으면 근심이 사라지고 두려움이 없어집니다. 근심의 자리에 평안이 들어서기 때문입니다. '남자에게 좋은데 말로 다 설명할 수가 없네'하는 광고처럼 이 놀라운 것을 말로 다 설명할 수가 없습니다.

다른 보혜사 (16)

예수님은 성령님을 '다른 보혜사'라고 소개했습니다. 그러면 보혜사가 또 있다는 말인데, 그 보혜사는 누구일까요? 예수님 자신입니다. 예수님은 자신을 두고 보혜사라고 하셨습니다. 왜냐하면 예수님도 도우는 일을 하셨기 때문입니다. '보혜사(保惠師: 파라클레토스, παράκλητος)'는 요한이 사용한 특별 용어입니다. '곁에 있으면서 도와주시는 분'이라는 뜻입니다.

이 장에서 요한이 소개한 성령님의 속성과 사역은 8가지입니다. 첫째, 영원토록 함께 계십니다. 구약성경에는 성령의 사역이 끝나면 떠나가셨지만 이제는 그런 일이 없습니다. 둘째, 진리의 영이기 때문에 진리를 알게 하고 진리 가운데로 인도하십니다. 셋째, 세상은 성령님을 받지도, 보지도, 알지도 못한다고 했습니다. 넷째, 함께 거하신다고 했습니다. 다섯째, 우리 속에 계십니다. 다른 말로 하면 성령의 내주입니다. 여기까지는 16절과 17절에 소개된 말씀입니다. 여섯째, 모든 것을 가르칩니다. 일곱째, 예수님이 하신 모든 말씀을 생각나게 하십니다. 여덟째, 세상 것과 같지 않은 평안을 주십니다. 이것은 26절과 27절에 있는 말씀입니다.

83강
나를 떠나서는 너희가 아무것도 할 수 없느니라! (요 15)

이 장에서는 예수님이 이 땅에서 마지막 밤에 말씀하신 고별 설교가 계속됩니다. 앞 장에서는 '위로'를, 이 장에서는 '연합'을 주제로 말씀하셨습니다. 그래서 앞 장에서는 위로하시는 성령을 소개했고, 이 장에서는 포도나무 비유로 연합을 설명하셨습니다. 이보다 이해하기 쉬운 설명은 없습니다. 포도나무는 주변에서 얼마든지 볼 수 있었고, 가지치기를 하며 포도나무를 손질하는 것도 이들이 쉽게 접할 수 있는 광경이었습니다. 가지치기에서 잘린 가지는 더이상 포도나무에 붙어 있지 못합니다. 연합이 깨졌습니다. 그 가지의 운명은 그때로부터 버려지고, 말라서 불살라지게 됩니다. 이렇게 되지 않도록 포도나무에 꼭 붙어 있으라는 당부입니다. 그렇게 붙어 있으면 저절로 과실이 맺히고 기쁨이 충만하게 됩니다.

이어서 예수님은 자신과 제자들과의 관계를 포도나무와 가지에서 격상시켜서 '친구'라고 하셨습니다(14). 한심한 질문이나 하고, 부인하고, 도망갈 제자들인데도 예수님은 그들을 친구라고 하셨습니다. 세상은 예수님과 우리의 관계를 미워해서 그 관계를 끊으려고 핍박을 가하게 될 것입니다. 이 부분에서는 '미워하다'라는 단어가 5번 나옵니다(18-25). 미워하면 미워할수록 함께 하시는 성령님이 더 큰 위로를 주실 것입니다. 세상이 미워할 때에도 떨어져 나가지 않으면 주님과의 연합이 계속되기 때문입니다.

'내가 참 포도나무요' (1-11)

예수님은 자신을 일컬어 참 포도나무라고 했습니다(1). 에고 에이미의 마지막 7번째 선언입니다. 성경에는 이스라엘을 포도나무로 표현하고 있습니다. 특별한 사랑을 받고 심겨진 포도나무가 열매를 맺지 않거나 들판의 포도나무가 되어 먹지 못하는 열매를 맺었습니다. 이런 포도나무는 불을 피울 때 쓰는 화목 외에는 아무짝에도 쓸모가 없습니다. 이런 나무와 달리 예수님은 하나님을 기쁘게 해드리는 참 포도나무 되었으며, 순종과 부활이라는 열매를 맺었습니다.

'나를 떠나서는 너희가 아무것도 할 수 없느니라!' (5)

'떠난다'는 것은 가지가 포도나무에서 잘려지는 것을 말합니다. 그렇게 되면 버려지고, 말라져서 아궁이에 던져지게 될 것입니다. 가지는 잘려지지만 사람은 스스로 떠나갑니다. 붙어 있어야 할 사람이 떠나가면 가서 하는 그 일을 주님이 안 되게 하십니다. 그래야 빨리 깨닫고 돌아올 것이기 때문입니다. 나중에 알고 보면 안 되게 하신 것이 얼마나 큰 은혜인지 모릅니다. 계속 잘 되었다고 한다면 잘 되는 그 일 하노라고 돌아올 시간이 없습니다. 안 되게 하시는 것은 그 자리에 멈추어서 한번 생각해 보라는 신호입니다.

베드로를 위시한 7명의 제자가 이런 경험을 했습니다. 그들은 부활하신 예수님을 만나고서도 당장 무엇을 해야 될지를 몰라서 밤에 고기를 잡으러 갔습니다. 밤새 그물을 던졌지만, 한 마리도 잡을 수 없었습니다. 베드로는 3년 전에 예수님을 만났던 그 밤이 생각났습니다. 그때도 한 마리도 잡을 수 없었습니다. 그런데도 베드로는 호숫가에 서 계신 분이 예수님인 줄 몰랐습니다. 사도 요한이 말해 주었을 때 비로소 알아차렸습니다(21:7). 예수님이 '너희에게 고기가 있느냐?'하고 물은 것은 '봐라! 나를 떠나니까 안 되지? 내가 말했잖아! 나를 떠나서는 아무것도 할 수 없다고' 이렇게 말씀하시는 것과 마찬가지입니다. 그 뒤에는 이렇게 단체로 떠나는 일이 없었습니다. 쓰라린 경험은 항상 약이 됩니다.

사랑의 단계 (9-14)

사람은 사랑을 받아야 사랑이 무엇인지를 알게 되고 사랑을 배워서 사랑하는 자가 됩니다. 사랑을 받지 못하고 살았던 사랑은 사랑할 수가 없습니다. 사랑이 무엇인지를 모를 뿐 아니라 어떻게 사랑해야 되는지를 경험해 보지 않았기 때문입니다.

그래서 예수님은 제자들을 먼저 사랑하셨습니다. 사랑을 배우게 하셨고, 사랑을 깨닫게 하셨습니다. 이 사랑은 아버지에게서 온 사랑이었습니다. '아버지께서 나를 사랑하신 것같이 나도 너희를 사랑하였으니 나의 사랑 안에 거하라'(9). 아버지 하나님은 수시로 아들을 사랑하신다고 그 사랑을 확인해 주셨습니다. '이는 내 사랑하는 아들이요 내 기뻐하는 자라'(마3:17). 변화 산에서도 아버지는 동일한 내용으로 아들을 사랑한다고 하셨습니다(마17:5). 예수님은 늘 이러한 사랑에 힘입어 살았습니다. 아버지가 아들을 사랑하셨고, 아들은 그의 제자들을 사랑하셨습니다. 그리고 이제는 제자들끼리 서로 사랑하라고 당부하셨습니다(12). '내가 너희를 사랑한 것같이 너희도 서로 사랑하라'. 이것이 '내 계명'(12)이라 하셨고, '새 계명'(13:34)이라고도 하셨습니다. 우리는 사랑을 받았고 이러한 사랑을 경험했으니 이제는 그 사랑을 실천하는 사람이 되어야 되겠습니다.

종과 친구 (둘로스와 필로스)

종은 '둘로스' (δουλος) 이고, 친구는 '필로스' (φιλος) 입니다. 둘로스와 필로스. 글자로 볼 때는 한 글자 밖에 차이가 나지 않지만, 신분의 차이는 엄청납니다. 예수님이 제자들을 '친구' 라고 부른 이유는 하늘의 비밀을 들은 자요, 하늘의 비밀을 아는 자가 되었기 때문입니다 (15). 우리는 이제 묵묵히 일만 하는 둘로스가 아닙니다. 주님을 기쁘게 해 드리는 필로스입니다. 우리가 자격이 있어서 이렇게 된 것이 아닙니다. 자격은커녕 죄 가운데 있었지만, 친구로 택해 주시고, 세워주신 분에 의해서 친구가 되었습니다. 우리를 친구로 세우신 것은 '과실을 맺게 하고 너희 과실이 항상 있게 하여' '내 이름으로 무엇을 구하든지 다 받게 하려 함이라' 고 하셨습니다 (16).

예수님은 우리들에게 기도의 약속까지 주셨습니다. '둘로스'는 주인에게 보고해야 되는 의무를 가지지만, '필로스'는 주님에게 기도할 수 있습니다. 무엇이든지 기도할 수 있고, 무엇이든지 받을 수 있습니다. 이 얼마나 놀라운 자격입니까? 우리를 이렇게 둘로스에서 필로스로 세워주셨습니다. 마지막 밤에 하신 말씀입니다. 잊지 말아야 할 은혜입니다.

84강
세상에서는 너희가 환란을 당하나 담대하라! (요16)

마지막 밤의 마지막 만찬 자리에서 예수님의 마지막 말씀입니다. 14장에서는 '위로'를, 15장에서는 '연합'을, 16장에서는 '담대함'을 강조하셨습니다. 이 3장은 성령에 대한 자세한 언급이 있기 때문에 '성령 소개서'라고 일컬어집니다. 이곳에는 제자들의 엉뚱한 질문이 나오고, 예수님의 현명한 대답이 기록되어 있습니다. 예수님은 마지막으로, 이제까지와는 다른 방법으로 자신의 죽음과 부활을 두 번이나 말씀하셨습니다(17-,32). 제자들은 예수님의 말씀을 듣고 '이제는 우리가 알겠습니다'(30) 말했지만, 그것은 진짜 알고 하는 말이 아니었습니다. 왜냐하면 이어서 이들이 다 각각 제 곳으로 흩어질 것을 말씀하셨기 때문입니다(32). 정말 알았다면 도망가지도, 부인하지도 않았을 것인데 이들이 한 행동은 그렇지 않다는 것을 말해 줍니다.

다음 장(17장)에는 예수님의 대제사장적 기도가 나옵니다. 이 기도가 끝나면 예수님은 체포되어 끌려가게 되고 십자가에 달리게 됩니다. 그래서 마지막 밤이라고, 그래서 마지막 말씀이라고 하는 겁니다.

'내가 떠나가는 것이 너희에게 유익이라!' (7)

예수님이 죽임을 당한다는 말씀과 떠나간다는 말씀 때문에 제자들이 염려가 가득한데, 예수님은 자기가 떠나가는 것이 제자들에게 오히려 유익이라 하셨습니다. 그 이유는 예수님이 떠나가지 않으면 보혜사가 오지 않기 때문입니다. 예수님이 지상 사역을 마치고 가셔서 성령을 보내실 것입니다. 가야 오시고, 보내야 오시기 때문입니다.

예수님은 이 땅에 계실 때에 어떤 모습으로 계셔도 하나님이셨습니다. 갓난아기 때도 하나님이셨고, 십자가에서 무력하게 죽어갈 때도 하나님이셨습니다. 그럴 때는 신성이 사라졌다가 그 후 다시 돌아온 것이 아닙니다. 예수님은 처음부터 언제나 하나님이셨습니다.

그런데 예수님은 동시에 인성을 가지고 계셨기 때문에 시간과 장소의 제약을 받았습니다. 예수님이 예루살렘에 계시면 분명히 갈릴리에는 안 계십니다. 예수님이 변화 산에서 변화되실 때는 그곳에서만 예수님을 볼 수 있었습니다. 예수님께로 나아온 그 사람만 예수님을 만날 수 있었고, 간청했던 그 사람만 은혜를 받았습니다. 그러나 성령님은 다릅니다. 그분은 시간과 공간을 초월해서 계십니다. 어디에나 계시고, 언제든지 오십니다. 예루살렘과 갈릴리에 동시에 계시고, 미국과 한국에 동시에 역사하십니다. 그러니까 성령님이 오시는 것이 훨씬 좋습니다. 그래서 예수님이 제자들에게 '너희에게 유익이라'고 하셨습니다.

성령이 하시는 일 (8-24)

예수님은 성령이 오셔서 하실 일을 다시 설명하셨습니다. 왜 이렇게 비슷한 설명이 계속되는가 하면 성령님에 대해서 제자들이 잘 모르기 때문입니다. 그리고 좀 있으면 성령의 시대가 시작되기 때문입니다. 그분이 누구신지를 알아야 동역하고, 쓰임을 받을 것이 아니겠습니까?

성령의 사역은 세상에 대해서, 제자들에 대해서, 삼위 하나님에 대해서 3가지 사역으로 나눌 수 있습니다. 성령님은 죄와 의에 대해서 그리고 심판에 대해서 세상을 책망하실 것입니다(8). 이 말씀은 예수님을 믿으면 죄 사함을 받고 구원을 얻는다고 해도 사람들이 믿지를 않았습니다. 예수님이 구원하기 위해서 이 세상에 왔다고 해도 받아들이지 않았습니다. 자기 백성들조차 거부했습니다. 이것보다 더 큰 죄가 어디 있겠습니까? 예수님은 죄를 밝히시고, 의를 말씀하시고, 심판을 피할 수 있는 방법을 가르쳐 주셨습니다.

제자들을 위한 성령의 사역은 진리 가운데로 인도하는 일입니다. 그분은 진리의 영입니다. 그리고 장래 일을 알게 하시는 것도 성령이 하시는 일입니다(13). 성령님이 '진리의 영'이라는 것은 14, 15, 16장에 모두 한 번씩 언급되어 있습니다(14:17,15:26). 이렇게 3번이나 나오는 이유는 '진리의 성령'이 그분의 대표 이름이기 때문입니다.

삼위 하나님에 관한 사역은 성령님이 예수님의 영광을 나타내는 일을 하십니다(14). 아버지께 있는 것은 모두 예수님의 것이고, 성령님은 예수님의 것으로 그를 알리는 일을 하십니다. 성령님은 자신을 드러내지 않습니다. 그래서 성령 충만한 사람을 보면 어김없이 예수로 충만합니다. 그 사람의 입에서는 예수만 나옵니다. 성령으로 가득 차 있는데도 성령을 말하지 않습니다. 그런데 자꾸 성령을 말하고 성령의 은사를 자랑하는 것은 아직 덜 충만하거나, 엉터리 충만입니다.

3번 언급된 기도

'진리의 성령'이 세 장에 모두 나오는 것처럼 '기도'에 관해서도 각 장에 한 번씩 언급되어 있습니다. 반복되는 것은 그만큼 중요하기 때문입니다. 14장에서는 '내 이름으로 무엇이든지 구하면 내가 시행하리라'(14)라고 하셨습니다.

예수님의 이름으로 무엇이든지 구할 수 있고, 구하면 하늘에서 시행하겠다 하셨습니다. 놀라운 약속입니다. 15장에는 '무엇이든지 원하는 대로 구하라 그리하면 이루리라'(7), '내 이름으로 아버지께 무엇을 구하든지 다 받게 하려 함이니라'(16) 하셨습니다. 놀라운 약속이 연속됩니다. 16장에는 '너희가 무엇이든지 아버지께 구하는 것을 내 이름으로 주시리라'(23), '지금까지는 너희가 내 이름으로 아무것도 구하지 아니하였으나 구하라, 그리하면 받으리니 너희 기쁨이 충만하리라'(24) 하셨습니다.

예수님이 기도를 자꾸 말씀하신 이유는 좀 있으면 자신이 제자들에게 더 이상 보이지 않겠지만, 기도하면 만나게 되기 때문입니다. 제자들이 기도하면 예수님은 응답하실 것입니다. 그러면 기도 안에서 서로 만나게 됩니다. 연락이 단절된 것이 아니며 떠나간다고 끝나는 것이 아닙니다. 그래서 기도를 강조하셨고, 실제로 제자들은 기도로 이런 모든 일들을 경험하여 담대한 사람들이 되었습니다.

지금 예수님에게 되어 가고 있는 일은 세상을 이기는 것이 아니라 세상에 지는 것 같습니다. 세상을 이기었노라 하면서 어떻게 십자가에 달립니까? 3년이나 따라다닌 제자들이 배반하고, 부인하고 도망갔으니 제자들에게조차 진 것 같습니다. 세상을 이기었노라 하면서 어떻게 그렇게 비참하게 죽습니까? 그러나 이것이 바로 세상을 이기는 길이요, 방법입니다. 이렇게 해야만 세상을 이길 수 있습니다. 이렇게 해야만 죄 문제를 해결할 수 있습니다. 다른 방법이 없었습니다. 그래서 예수님은 십자가를 지셨습니다. 그리고 세상을 이겼습니다. 그렇기 때문에 우리는 담대해야 합니다.

85강
창세 전에 내가 아버지와 함께 가졌던 영화로써(요17)

예수님의 고별 설교 후에 최후의 기도가 나옵니다. 이 기도는 성경에 나오는 예수님의 기도 중에서 가장 길고 자세합니다. 한 장 전체가 기도문입니다. 예수님의 다른 기도를 살펴보면 요한복음에는 '아버지여! 아버지의 이름을 영광스럽게 하옵소서!' 하는 간단하지만 특이한 기도가 있습니다(12:28). 예수님은 빌립과 안드레의 인도로 나아온 헬라인을 만난 자리에서 이렇게 기도하셨습니다. 다른 복음서에는 헬라인을 만났다는 것조차 언급이 없습니다. 그래서 특이하다고 하는 겁니다. 마태복음 11장과 누가복음 10장에는 '천지의 주재이신 아버지여!' 하고 3절에 걸쳐서 기도한 내용이 나옵니다. 본 장을 빼면 가장 긴 기도라고 할 수 있겠습니다. 그리고 예수님은 겟세마네 동산에서 '아버지여! 만일 할 만하시거든 이 잔을 내게서 지나가게 하옵소서'(마26:39) 하고 기도하셨습니다. 마지막으로 예수님은 십자가 위에서 '아버지여 내 영혼을 아버지 손에 부탁하나이다'(눅23:46) 하고 기도하셨습니다.

복음서의 저자들은 예수님의 기도를 길게 적지 않았습니다. 그것은 예수님이 그 당시에 짧게 기도했기 때문입니다. 저자들은 예수님이 기도하셨다는 사실만을 말하고 있습니다. 그런데 오늘 본 장에는 이에 비하면 비교가 안 될 정도로 아주 긴 기도문이 있습니다. 예수님이 평소에 기도하실 때 무엇을 어떻게 기도하셨는지 엿볼 수 있습니다. 본 장의 긴 기도와 다른 성경의 간단한 기도에 공통으로 나오는 특징이 있습니다. 그것은 하나님을 '아버지'로 부르며 기도하셨니다. 하나도 예외가 없이 모두 그렇게 했습니다.

본 장의 이 기도문을 두고 예수님의 '대제사장적 기도'라고 부릅니다. 이 기도문은 전체 7가지 기도문으로 구성되어 있습니다. 예수님은 자신을 위해서 2가지, 제자들을 위해서 3가지, 모든 성도들을 위해서 2가지를 구했습니다.

자신을 위한 기도 (1-5)

예수님은 자신을 위해 기도할 때 '영화롭게 해 달라'고 했습니다. 5절 안에 '영화' 혹은 '영화롭게'라는 단어가 5번 나옵니다. 예수님은 창세 전에 아버지와 함께 가졌던 영화를 추억하기는 했지만, 아쉬워서 이렇게 구한 것은 아닙니다. 예수님이 '영화'를 구한 목적은 '아들로 아버지를 영화롭게 하는 것'에 있었습니다(1). 그리고 '아버지와 함께 영화롭게 되는 것'이 간절한 바램이었습니다(5).

'때가 이르렀사오니...' (1)

예수님은 '때가 이르렀다'는 말씀으로 그의 기도를 시작했습니다. 예수님은 이제까지 여러 번 '때'를 말씀하셨습니다. 사역 초기에 가나의 혼인 집에서 마리아에게 '내 때가 아직 이르지 못하였나이다'했습니다(2:4). 형제들이 자기를 나타내라고 말했을 때도 ''내 때는 아직 이르지 아니하였거니와'(7:6) 또 '내 때가 아직 차지 못하였으니'(8) 하셨습니다. 이렇게 말씀하신 예수님이 이제 '때가 이르렀다'하고 말했습니다. 그렇다면 예수님이 말씀하신 '때'는 언제를 말하는 것일까요? 예수님이 이 땅에 오신 목적을 이룰 때가 바로 그때입니다. 이 기도가 끝나면 예수님은 잡혀서 끌려다니며 재판을 받게 될 것입니다. 그리고 십자가를 지게 될 것입니다. 이 일을 위해 사람의 몸을 입고 이 땅에 오셨는데 이제 그 일이 눈앞에 있습니다. 그래서 예수님이 이렇게 말씀하셨습니다.

제자들을 위한 기도 (6-19)

제자들을 위한 기도에는 3가지 간구가 있습니다. 첫째는 '우리와 같이 저희도 하나가 되게 하옵소서'(11). 둘째는 '오직 악에 빠지지 않게 보전하옵소서! (15). 셋째는 '저희를 진리로 거룩하게 하옵소서!'(17)입니다. 예수님이 우리를 위해서 기도하신 3가지 기도 제목은 이제 우리가 이어받아서 해야 할 기도 제목입니다. 아주 요약적이고 중요한 제목이라고 할 수 있습니다.

'영생은 곧...' (3)

예수님은 '영생은 곧 유일하신 참 하나님과 그의 보내신 자 예수 그리스도를 아는 것입니다'하고 영생의 정의를 내렸습니다. 우리가 '영원한 생명' 이라 생각하는 것과 같지 않습니다. 영혼은 죽지 않고 영원히 살기 때문에 하나님을 모르고, 그리고 예수님을 알지 못하고는 같이 살 수가 없습니다. 여기에서 '알다'(기노스코, ginosko)는 구체적으로 그리고 체험적으로 아는 것을 말합니다. 알지 못하는 분과 영원히 같이 있는다는 것은 고통입니다. 아는 것을 통해서 예수님을 구주로 영접할 때 우리는 죄 사함을 받고 하나님의 자녀가 됩니다. 이렇게 해서 영생의 첫걸음을 내딛게 됩니다. 이런 과정을 거친 뒤에 함께 있으면 그것은 복이 됩니다.

성경이 하나님의 품성과 사역을 알게 하지만, 성경에 기록된 그것이 모두가 아닙니다. 예수님도 마찬가집니다. 우리는 영화로운 하나님을 천국에서 직접 보면서 새롭게 배우고 알게 되는 것이 땅에서 알았던 것보다 더 많을 것입니다. 영생은 이렇게 알아가는 것입니다.

예수님은 아직 십자가를 지기 전이었고, 부활과 승천은 더 뒤에 일어날 일입니다. 그런데 예수님은 '아버지께서 내게 하라고 주신 일을 내가 이루어 아버지를 영화롭게 하였사오니' 하고 이미 그 모든 일을 다 하신 것처럼 말씀하셨습니다. 마치 모든 일이 다 이루어진 것같이 말씀하셨습니다. 그것은 예수님이 남겨진 모든 일들을 온전하게 이루실 확고한 의지가 있었기 때문입니다. 이제까지 그렇게 말해 놓고 끝에 가서 번복할 일은 절대 없다는 뜻입니다. 그래서 미래의 일을 과거의 일처럼 말씀하셨습니다. 아직 남겨진 일을 이미 다 이루신 것처럼 말씀하셨습니다. 이런 모든 것을 통해 우리는 공권력이 예수님을 십자가에 못 박도록 한 것이 아니라, 예수님이 스스로 생명을 내어주셨다는 것을 알게 됩니다.

86강
주신 잔을 내가 마시지 않겠느냐? (요 18)

예수님은 숨지도 않고 피하지도 않았습니다. 제자들과 가끔 모이는 곳이요 가룟 유다가 잘 알고 있는 곳인 겟세마네 동산으로 가셨습니다(2). 예수님이 만약 혼자 숨어버렸다면 그 밤에 예수님을 찾아내기란 불가능했습니다. 그렇게 했다면 가룟 유다의 인도하는 역할이 헛걸음이 되었을 것이고, 가룟 유다는 같이 온 사람들에게 비난을 받았을 것입니다. 돈까지 받았는데 책임이 따르지 않습니까? 가룟 유다는 아마도 예수님이 있는 곳으로 인도하지 못한 이 일 때문에 목을 매달아 죽었을지도 모릅니다. 예수님은 가룟 유다에게 '네 하는 일을 속히 하라'(13:27) 하셨는데, 말씀하신 그대로 피하지 않고 자신의 몸을 내어주실 준비를 하셨습니다.

예수님은 자신이 당하실 고난을 여러 차례 말씀하셨습니다. 그렇게 말씀하신 모든 것이 이제는 실제로 이루어지는 내용이 이 장에서부터 기록되어 있습니다. 체포와 종교 재판에서 다른 복음서에 없는 내용들이 이곳에 있습니다. 예수님을 체포한 군병들은 예수님을 대제사장인 가야바에게 가기 전에 그의 장인 안나스에게 먼저 끌고 갔습니다. 이런 기록은 요한복음에만 있습니다. 빌라도가 예수님을 헤롯에게 넘겼기 때문에 예수님은 헤롯에게로 끌려가기도 했는데, 이것은 누가만 기록했습니다.

복음서 전체를 통해서 예수님의 체포되심과 재판 과정을 정리하면 겟세마네 동산에서 안나스, 그리고 가야바, 그 후에 빌리도, 빌라도가 헤롯에게 넘겨서 헤롯에게, 다시 빌라도에게, 그리고 빌라도에게서 최종 사형 확정을 받고 골고다로 끌려가서 십자가에 매달리게 됩니다. 예수님은 하루 밤 사이에 이렇게 여러 곳으로 끌려다녀야 했습니다. 예수님이 십자가를 지고 골고다로 갈 때, 여러 번 넘어진 것은 이렇게 끌려다닐 때 체력을 다 소진했기 때문입니다.

'저희가 물러가서 땅에 엎드러지는지라' (6)

예수님은 두 번 '누구를 찾느냐?' 하고 물었습니다. 그 사람들이 하려고 하는 일을 그 사람들의 입으로 확인시켰습니다. 이렇게 말씀하시는 사이에 이들이 물러가서 엎드러지는 일이 있었습니다. 이들은 예수님을 범죄자로 취급하여 체포하러 왔기 때문에 그 앞에서 느닷없이 경배할 이유가 없습니다. 그런데 왜 이들이 갑자기 이런 행동을 했을까요? 한두 사람이 넘어졌다면 밤길에 일어난 사고라고 하겠지만, 잡으러 온 사람 전부가 동시에 넘어졌으니 불가사의한 일이 아닐 수 없습니다. 이것은 이들이 무장하고 예수님을 체포하러 왔지만, 그 무력 때문에 잡히는 것이 아니라는 것을 알게 합니다. 예수님은 스스로 자기 몸을 내어주셨습니다. 이 사람들은 이런 절대적인 힘에 의해서 자기의 의사와 상관없이 엎드러졌고, 예수님께 경배하는 자세를 취했습니다. 예수님은 그런 뒤에 다시 물었었습니다. 그리고 두 번째 '나사렛 예수가 바로 나다' 하고 자신을 드러내셨고 자신을 잡아가라고 하셨습니다.

'내로라' 하는 말씀은 예수님의 자기소개 방법입니다. 예수님은 자기를 소개할 때 '에고 에이미' 로 하셨습니다. 8장에 3번 나옵니다(24,28,58). 예수님은 사마리아 우물가에서 그 여인에게 '에고 에이미' 로 자신을 나타내셨고, 소경의 눈을 뜨게 하신 뒤에 그에게도 자신이 바로 '인자' 요 '주님' 인 것을 말씀하셨습니다(9:37). 구약성경에도 하나님의 자기소개 방법은 동일합니다. '나는 스스로 있는 자'의 신약적 표현이 '에고 에이미' 입니다. 겟세마네 동산에서 예수님은 나사렛 예수를 찾는 사람들에게 '에고 에이미' 로 답하셨는데, 그것은 자신이 하나님이신 것을 말씀하신 것입니다. 그러나 그들이 예수님을 모르니까 엎어지고 넘어지면서도 예수님을 체포했고, 자신이 하나님인 것을 말했는데도 범죄자로 끌고 갔습니다.

'베드로가 칼을 가졌는데...' (10)

군병들이 예수님을 체포하려고 할 때 베드로가 칼을 빼서 그들 중의 한 사람을 쳤습니다. 베드로는 귀를 베려고 의도했던 것이 아닙니다. 머리를 공격했는데 그 사람이 피하는 바람에 귀가 베인 것입니다. 예수님이 그 사람의 귀를 만져서 원상회복하셨다는 것을 기록한 사람은 의사인 누가가 유일하고, 그 사람의 이름이 말고라는 것을 말한 사람은 요한뿐입니다. 예수님은 베드로에게 '검을 집에 꽂으라' 하셨습니다(11). 이 말씀은 이곳에만 있습니다. 누가는 '이것까지 참으라'(22:51) 했고, 마가복음에는 아무 언급이 없습니다. 마태복음에는 '검을 가지는 자는 다 검으로 망하느니라' 했습니다(26:52).

'불을 쬐드라' (18, 25)

베드로는 도망갔다가 돌아와서 예수님의 뒤를 '멀찍이' 쫓아서 대제사장의 집으로 갔습니다. 베드로가 '멀찍이' 쫓았다는 것은 요한복음에만 없습니다. 그때는 추운 때였고, 밤이었기 때문에 불을 피워야 했습니다. 베드로는 예수님의 제자가 아닌 척하면서 그들과 어울려서 불을 쬐고 있었습니다. 그 사람들이 예수님에 대해서 말하는 것을 그저 듣기만 했습니다. 그 불을 쬐면서 자신의 마음이 그만 스르르 녹고 말았다는 것을 베드로는 몰랐습니다. 요한은 두 군데에 모두 불이 있었다고 말했습니다. 안나스의 집에서도 사람들이 불을 피웠고(18), 가야바의 집에도 불이 있었습니다(25). 요한은 베드로가 '서서' 불을 쬐었다고 말했는데, 마가는 앉아서 불을 쬐었다고 했습니다(14:54). 요한은 그 현장에 있었던 사람이고, 직접 목격한 사람입니다. 그렇다면 마가의 진술이 틀린 걸까요? 아닙니다. 이렇게 불 앞에 있을 때는 서 있다가 앉아서 불을 쬐기도 합니다. 결국은 베드로가 잠시 불 앞에 있었던 것이 아니라, 앉고 일어서는 행동을 할 만큼의 시간을 그곳에서 보냈다는 것을 말해 줍니다.

베드로의 부인

요한은 베드로의 부인(否認)을 아주 자세하게 다루었습니다. 베드로가 대제사장의 집 뜰에 들어가게 된 것은 요한이 문 지키는 여자를 시켜서 베드로를 데리고 왔다는 것을 요한만 말하고 있습니다. 베드로로 하여금 세 번째 부인하게 만든 사람은 말고의 친척이었습니다. 그 사람은 베드로가 말고의 귀를 베는 현장에서 그것을 직접 보았다고 말했습니다. 거짓말이 완전히 탄로 나는 순간입니다. 그래도 베드로가 부인했더니 닭이 두 번째 울더라고 했습니다. 닭 울음소리를 듣고 베드로가 밖에 나가서 통곡했다는 기록은 공관복음에는 있지만, 요한복음에는 없습니다.

예수님은 몇 시간 전에 이 '잔'을 지나가게 해 달라고 기도했습니다. 요한복음에는 겟세마네의 기도가 없는 대신에 '아버지께서 주신 잔을 내가 마시지 아니하겠느냐?'는 말씀이 있습니다. 당하는 고난이 견디기 쉽지 않겠지만, 아버지께 영광이 되는 구원 사역을 위한 것이라면 마다하지 않겠다는 뜻입니다. 우리에게도 우리 앞에 놓인 잔이 있습니다. 그것을 마다하지 않는 용기가 우리를 복되게 할 것입니다. 피할 수 없는 것이라면 당하면서 즐깁시다.

87강

가이사 외에는 우리에게 왕이 없나이다. (요19)

예수님은 십자가 위에서 7마디 말씀을 하셨습니다. 이것을 두고 우리는 '가상칠언'이라고 부릅니다. 유대인들은 빌라도의 법정에서 예수님을 고소하면서 8가지를 말했습니다. '법정팔언'입니다. 가상칠언 보다 한 마디가 더 많습니다. 법정팔언을 살펴볼까요?

1언은 가야바의 집에서 빌라도의 '관정(官廷, praetorium)'으로 온 뒤에 빌라도가 '무슨 일로 이 사람을 고소하느냐'하고 물었습니다. '이 사람이 행악자가 아니었다면 우리가 당신에게 넘기지 아니하였을 것입니다"(18:30).

2언은 빌라도가 예수님을 데려다가 너희 법대로 재판하라고 했습니다. 그들은 '우리에게는 사람을 죽이는 권한이 없나이다' 하고 대답했습니다(18:31).

3언은 빌라도가 예수님을 심문했을 때 예수님에게서 죽일만한 죄를 찾지 못했습니다. 유월절에 한 사람을 놓아주는 특별사면이 있었는데, 이 사면 대상으로 예수를 놓아주기를 원하느냐 하고 유대인들에게 물었습니다. 그들은 '이 사람이 아니라 바라바라' 하고 소리를 질렀습니다(18:40). 바라바는 강도이며 흉악범이었습니다. 이들은 생명의 주는 십자가에 못 박고, 흉악범은 살려주도록 요구했습니다.

4언은 빌라도가 예수님을 채찍질한 후에 피범벅이 된 예수님을 이들에게 보이면서 '이제 이만하면 됐지?' 하고 물었습니다. 그들은 일제히 '십자가에 못 박으소서! 십자가에 못 박으소서!' 하고 소리 질렀습니다(6).

5언은 '너희가 친히 데려다가 십자가에 못 박으라. 나는 그에게서 죄를 찾지 못하노라' 하고 말하는 빌라도에게 '우리에게 있는 법대로 하면 그가 당연히 죽을 것이 저가 자기를 하나님의 아들이라고 하기 때문입니다' 했습니다(7).

6언은 빌라도가 하나님의 아들이라는 말에 겁을 먹고 다시 예수님에게로 들어가서 심문하고 유대인들에게 나와서 그래도 십자가에 죽일만한 죄가 없음을 말했습니다. 그럴 때 그들은 '이 사람을 놓으면 가이사의 충신이 아닙니다. 자기를 왕이라 하는 자는 가이사를 반역하는 것입니다' 하고 말했습니다(12).

7언은 빌라도가 재판석에 앉은 후에 채찍에 맞아 피투성이가 된 예수님을 끌고 나와서 '보라! 너희 왕이다!' 하고 세 번째로 말했습니다. 그럴 때 그들은 '없이 하소서! 없이 하소서! 저를 십자가에 못 박으소서!' 했습니다(15).

마지막 8언은 빌라도가 이 사람들에게 다시 한번 물었습니다. '내가 너희 왕을 십자가에 못 박으랴?' 그럴 때 그들을 대표해서 대제사장들이 말했습니다. '가이사 외에는 우리에게 왕이 없나이다'(15). 왕이신 예수님을 이렇게 정식으로 거절했습니다. 재판 과정을 이만큼 자세하게 기록한 사람은 요한밖에 없습니다.

'그에게서 아무 죄도 찾지 못하노라!' (4,6)

빌라도의 판결의 요지는 이것입니다. 그는 3번이나 '나는 그에게서 아무 죄도 찾지 못하노라'고 했습니다. 18장에 1번(38), 19장에 2번(4,6)입니다. 이들이 요구하는 십자가형은 이들이 말한 대로 '행악자'에게 행하는 사형 제도입니다. 유대인들은 빌라도에게 십자가형을 요구했습니다. 그래서 빌라도는 예수님이 그런 죄를 저질렀는지 심문했습니다. 아무리 살펴보고 따져봐도 그럴만한 죄가 없었습니다.

빌라도가 말한 대로 '아무 죄도 찾지' 못했습니다(18:38). 그런데 왜 빌라도는 사형을 확정하고 그들에게 예수님을 넘겼을까요? 빌라도는 유대인들을 통치하는 최고 책임자이지만, 유대인이 아니기 때문에 그들의 관습을 완전히 알 수 없었습니다. 그들의 고소 내용은 예수님이 '하나님의 아들'(7)이라 했다는 종교적인 문제였습니다. 유대인 자기들에게 있는 법으로 하면, 예수는 당연히 죽을 것이라 말했습니다. 그래서 빌라도는 자기는 잘 알지 못하는데, 그들의 요구가 강했기 때문에 그들의 법에 예수님을 넘겼습니다. 그리고 무엇보다도 중요한 이유는 이들이 광분한 상태로 소리를 질러서 조금만 더 나아가면 폭동이 일어날 것 같았습니다. 그래서 그들의 요구를 들어줌으로 이 소요를 잠재우기 위해서 그렇게 했습니다.

십자가 아래의 사람들

십자가 아래에는 군병들이 있었습니다. 이들은 사형을 집행하는 사람들이니까 당연히 있어야 할 사람들입니다. 그들은 예수님의 옷을 두고 제비뽑기를 했습니다. 다윗은 먼 미래에 될 일을 자기 눈앞에서 일어나고 있는 일처럼 예언했습니다(시22:18). 군병들은 이런 사실을 전혀 모르고 자기들 좋은 대로 제비뽑기를 했는데, 그것이 결국은 예언을 이루는 역할을 했습니다.

십자가 아래에는 여자들도 있었습니다. 요한은 그들이 누구였는지 정확하게 4명의 이름을 기록했습니다. 두 사람은 어머니와 이모였고, 두 사람은 은혜받은 사람이었습니다(25). 제자들은 다 도망가고 없었는데, 사도 요한은 십자가 아래에 있었습니다. 이 사람도 베드로처럼 도망갔다가 돌아온 듯합니다. 베드로는 돌아와서 제사장의 뜰까지 예수님을 뒤따라갔다가 부인하고 말았습니다. 그 뒤 다시 베드로는 사라져서 얼굴이 보이지 않았습니다. 요한은 돌아와서 십자가 아래에 있었다가 예수님의 부탁을 받게 됩니다. 예수님은 어머니를 거둘 동생이 있었지만, 요한에게 마리아를 부탁했습니다.

십자가 아래에 있었던 제자는 이 복음서의 저자인 요한뿐이었습니다. 요한이 십자가 아래에 있었던 사람들의 이름을 밝힌 것은 베드로를 위시한 다른 제자들은 다 도망가고 없었다는 것을 은근히 나타내기 위해서 그랬습니다.

예언 성취- 4가지

십자가 아래에서 옷을 나눈 것은 시편 22:18 의 성취입니다. '내가 목마르다' 하신 것은 시편 69:21 을 이루기 위함이었습니다. 군병이 강도의 뼈는 꺾었지만, 예수님은 그렇게 하지 않았습니다. 그것은 시34:20 의 성취였습니다. 창으로 예수님의 옆구리를 찌른 것도 예언의 성취였는데, 스가랴12:10 절입니다. 3번은 시편, 한번은 소선지서입니다.

그 후에 온 두 사람

아리마대 요셉과 니고데모입니다. 이들은 둘 다 바리새인이며, 공회원이었습니다. 예수님은 바리새인에 의해서 십자가를 지셨지만, 십자가에서 예수님의 시신을 내려서 장사지낸 사람들이 또 바리새인이었습니다. 이들은 제자들이 도망간 후에 나타난 감추어진 제자들이었습니다.

요한복음의 가상 3언

요한복음에는 누가복음과 같이 가상칠언 중에 3가지 말씀이 나옵니다. '여자여 보소서! 아들입니다' (26). 그리고 '목마르다!' (28) 와 '다 이루었다!' (30) 입니다. '다 이루었다' 는 십자가에서 하신 요한복음의 마지막 말씀입니다. 진짜 마지막 말씀은 '아버지여! 내 영혼을 아버지 손에 부탁하나이다' (눅23:46) 입니다.

예수님은 십자가 위에서 저주하는 말을 하지 않았고, 신세를 한탄하지도 않았으며, 고통을 호소하지도 않았습니다. 그런데 이상하게도 하나님께는 '어찌하여 나를 버리십니까?' 하고 항의성 발언을 했습니다. 이것은 예언되어 있는 말씀인데 예언을 이루기 위해서 그렇게 하셨습니다. '엘리엘리 라마사박다니' 는 마태와 마가복음에만 나옵니다.

88강
나의 주시며 나의 하나님입니다! (요 20)

예수님은 성경대로 죽었고, 성경대로 살아났습니다(고전15:3). 분명히 죽었는데, 분명히 다시 살아나셨습니다. 죽은 자가 살아나는 것은 희귀한 일이 아니라, 있을 수 없는 일입니다. 예수님은 죽은 자를 3명이나 살리셨는데, 그 사람들은 그 뒤에 다 죽었습니다. 그들은 죽은 뒤에 다시 살아나는 놀라운 일을 경험했지만, 죽음의 고통을 두 번이나 겪어야 했습니다. 다시 살아난 뒤에 지금까지 살아 계시는 분은 예수님뿐입니다.

요한복음은 4복음서 중에서 부활 사건을 가장 길게 적었습니다. 누가복음에는 엠마오 제자에게 찾아오신 예수님을 자세하게 기록했고, 요한복음에는 디베랴 바다에서 7 제자가 예수님을 만난 것을 상세하게 적고 있습니다. 두 사건의 상세 기록은 그 성경에만 있습니다.

예수님은 부활하신 모습을 몇 명의 사람들에게만 보여 주셨습니다. 대제사장들과 바리새인들 앞에 나타나서 그들을 꾸짖고 책망하는 그런 일은 없었습니다. 부활하신 예수님이 개인적으로 만나 주신 사람들은 막달라 마리아(16), 엠마오 두 제자(눅24:13-), 베드로(눅24:34,고전15:5), 야고보(:7), 그리고 바울(:8) 등 6명이 다입니다. 요한은 예수님의 품에 안긴 '사랑하시는 제자'였지만, 예수님과 개인적인 만남은 이루어지지 않았습니다.

도마는 제자 중의 한 명이었지만, 직접 자기 손으로 만져보아야 믿을 수 있겠다고 했습니다. 예수님은 도마를 위해서 다시 제자들을 찾아주셨습니다. 그리고 도마에게 '믿음 없는 자가 되지 말고 믿는 자가 되라'고 하셨고, '보지 못하고 믿는 자들은 복되다'라고 하셨습니다. 우리가 여기에 해당됩니다. 우리는 부활하신 예수님을 직접 만난 일이 없고, 그 음성을 직접 들은 적이 없지만 부활을 믿습니다. 부활하신 예수님을 직접 본 것보다 더 확실하게 믿습니다. 복음서에 부활의 모든 사실이 종합적으로, 그리고 자세하게 기록되어 있으니까요. 우리는 성경을 통해서 현장에 있었던 제자들보다 더 자세하고 종합적으로, 그리고 더 깊이 알 수 있습니다.

보면서도 알지 못한 막달라 마리아

요한은 빈 무덤에 달려간 사람이 막달라 마리아 혼자인 것처럼 기록했지만, 한 개의 단어가 그것이 아님을 알게 됩니다. 막달라 마리아는 베드로와 요한에게 달려가서 예수님의 시신을 어디에 두었는지 '우리'가 알지 못한다고 했습니다(2). 이 단어 속에 다른 여자들이 포함되어 있습니다. 막달라 마리아는 베드로와 요한이 빈 무덤을 확인하고 간 뒤에도 무덤 앞에서 계속 울고 있었습니다. 이럴 때는 다른 여인들도 돌아가고 없었습니다. 예수님은 이런 막달라 마리아에게 나타나서 부활하신 모습을 보여 주셨는데, 그런데 막달라 마리아는 예수님을 알아보지를 못했습니다. 막달라 마리아는 예수님을 동산지기로 알았습니다. 예수님이 평소에 늘 부르던 이름으로 마리아를 불렀을 때 그녀는 그 음성을 듣고서야 예수님이신 줄 알아차렸습니다. 그래서 막달라 마리아도 예수님을 늘 그렇게 불렀던 '랍오니'로 대답했습니다. 막달라 마리아는 아마도 심장이 멈추는 듯했을 겁니다. 죽어서 끝난 줄 알았는데, 그 주님이 살아계시다니 이것이 꿈인지 생시인지 믿을 수가 없었습니다.

제자들은 그들 가운데 찾아오신 예수님을 보고서도 믿지 못했습니다. 누가는 그것에 대해 '저희가 너무 기쁘므로 믿지 못하고'(눅2441)라고 설명했는데, 가장 적절한 표현입니다. 이들은 꿈과 현실 사이를 왔다 갔다 했습니다. 이들은 의심과 기쁨을 동시에 느꼈습니다. 예수님을 보니 안 믿을 수는 없었지만, 현실을 사실로 받아들이기에는 그들은 아직 준비가 되어 있지 않았습니다. 막달라 마리아 역시 그러했습니다.

무덤에 있었던 것 (7)

무덤 안에는 세마포와 머리를 쌌던 수건이 놓여 있었습니다. 그런데 머릿수건은 세마포와 함께 있지 않고 딴 곳에 개켜 있더라고 했습니다. 새 번역에는 '딴 곳에 쌌던 대로 놓여 있더라'(7)고 했는데, 아주 잘 된 번역입니다. '개켜 있다'(엔테튤리그메논)은 모양으로 말하면 납작한 것이 아니고 둥그런 것을 말합니다. 수건처럼 네모반듯하게 착착 개어 놓은 것이 아니라, 머리를 쌌던 모양 그대로 둥그런 형태를 유지하고 있었다는 말입니다.

적대자들은 예수님의 시신을 제자들이 훔쳐 갔다고 말합니다. 제자들은 두려워서 다 도망가서 숨어 있는데 무슨 용기가 나서 시신을 훔쳐 가겠습니까? 그리고 부활을 믿지 못하는데 시신을 훔쳐 가서 뭘 하겠습니까? 만약 훔쳐 간다고 해도 머릿수건을 개어 놓고 갈 정신은 없었습니다. 예수님은 부활하신 후에 그 몸이 그대로 빠져나왔기 때문에 머릿수건이 그 형태를 그대로 유지하게 되었습니다. 이것은 빈 무덤과 함께 부활의 강력한 증거가 됩니다.

'나를 만지지 말라!' (17)

새 번역에는 '나를 붙들지 말라'고 했는데, 이 역시 잘 된 번역입니다. 헬라어 '하프토'는 손으로 만지는 것이 아니라, 움켜쥐는 것을 말합니다. 막달라 마리아는 너무 반가운 나머지 예수님의 손을 꽉 움켜쥐고 반가움을 그렇게 표현하려고 했습니다.

예수님이 이런 마리아의 행동에 제동을 거신 것은 이제는 예수님이 부활하셨기 때문에 교제의 방법이 이전과 달라야 함을 알게 하기 위해서입니다. 예수님이 이전에 육신의 몸으로 계실 때는 그렇게 해도 되지만, 이제는 부활하셨기 때문에 교제의 방법이 달라야 합니다. 그래서 그렇게 하셨습니다.

'너희에게 평강이 있을지어다!' (19,21,26)

이것은 일상적인 인사이지만, 부활하신 예수님이 말씀하시는 평강은 의미가 다릅니다. 예수님은 십자가에서 죄 문제를 해결하셨고, 부활하심으로 그 모든 것이 사실 임을 입증하셨습니다. 예수님은 십자가를 지기 전에 제자들에게 '나의 평안을 너희에게 준다'라고 약속하셨습니다(14:27). 그 약속의 성취입니다. 인사치레의 평강이 아니라, 정말 평강을 이들에게 주셨습니다. 예수님은 제자들을 만날 때마다 이렇게 하셨습니다. 그래서 이 장에는 '평강'이 3번 나옵니다(19,21,26).

3가지 주신 것

예수님은 제자들에게 3가지를 주셨는데, 첫째 '평안'입니다(19). 둘째는 '나도 너희를 보내노라'하시면서 이들에게 사명을 주셨습니다(21). 이어서 예수님은 이들에게 '사죄의 권세'를 주셨습니다(23). 죄를 사하는 것은 하나님만이 하실 수 있습니다. 이 고유의 권세를 예수님이 제자들에게 양도하셨다는 것이 아닙니다. 전도자는 예수님을 믿으면 죄용서 받는다는 것을 선언합니다. 그렇게 선언하고 나면 후속 처리는 주님이 하십니다. 이런 권세를 주신다고 하셨습니다.

철저하게 믿지 못했던 도마가 부활하신 예수님 앞에서는 못 자국에 손가락을 넣어보지도 않고 외쳤습니다. '나의 주이시며, 나의 하나님이십니다'(26). 가장 강하게 의심했던 사람이 가장 강하게 고백했습니다. 부활하신 예수님을 '하나님'이라고 고백한 사람은 도마가 유일합니다.

89강

이 사람들보다 나를 더 사랑하느냐? (요21)

예수님이 부활하신 후에 자기를 보이신 것을 정리해 봅시다. 예수님은 ① 제일 먼저 막달라 마리아에게 보이셨습니다(20:11-). ② 막달라 마리아와 함께 갔던 여자들도 예수님을 보았습니다(마28:9). ③ 베드로입니다. 베드로가 부활하신 예수님을 만났는데 언제, 어디에서, 어떻게 만났는지, 그리고 예수님이 그에게 무슨 말씀을 하셨는지 전혀 언급이 없습니다. 베드로의 비서인 마가가 기록한 마가복음에도 없고, 베드로 자신이 적은 베드로전서와 후서에도 신기할 정도로 언급이 없습니다. 예수님이 베드로에게 부활하신 몸을 보이셨다는 것은 누가와 바울이 말했습니다(눅24:34,고전15:5). ④ 엠마오로 내려가는 두 제자입니다(눅24:15-). 이 사건은 누가만 기록했습니다. ⑤ 도마를 제외한 10명의 제자들입니다(요20:19-). 이 사건은 요한복음에만 있습니다. ⑥ 도마를 포함한 11 제자입니다(20:26-). 이 사건도 요한만 기록했습니다. ⑦ 디베랴 바다의 7 제자들입니다(본 장). ⑧ 갈릴리의 어느 산에서 11 사도가 예수님을 보았습니다(마28:16-). 이 사실은 마태복음에만 나옵니다. ⑨ 야고보에게 보이셨습니다(고전15:7). 베드로와 마찬가지로 때와 장소를 알 수 없습니다. ⑩ 예수님이 승천하실 때 11 사도가 보았습니다(행1:2-). ⑪ 5백여 형제들이 일시에 주님을 보았습니다(고전15:6). ⑫ 바울이 다메섹으로 가는 길에서 찾아오신 예수님을 만났습니다(행9:1-,고전15:8).

이렇게 예수님은 자신의 부활하신 모습을 12번 보이셨는데, 주로 제자들이 보았습니다. 횟수의 절반이 부활하신 날과 일주일 후이며, 장소는 예루살렘입니다. 개인이 예수님을 만난 것은 5번입니다. 제자들은 갈릴리로 도망가지 않았기 때문에 부활하신 예수님을 예루살렘에서 만날 수 있었습니다.

'나는 물고기 잡으러 가노라!' (3)

베드로의 이 말 한마디에 6명이 따라나섰습니다. 그래서 그들은 밤낚시를 하러 갔습니다. 어떤 이들은 이것을 두고 베드로와 제자들이 옛날로 돌아갔다고 말합니다. 부활하신 예수님을 만난 사람들이 정말로 옛날로 돌아갔을까요? 베드로는 이제까지 부활하신 예수님을 3번 보았습니다. 그런데도 옛날 직업으로 돌아가 버렸을까요? 나는 그렇지 않다고 봅니다. 이들은 부활하신 예수님을 보기는 했지만, 지금 당장 무엇을 해야 할지 모르는 상태에 있었습니다. 아직 성령이 이들에게 임하시기 전이었으므로 기도나 전도나 부활 증거에 팔 걷어붙이고 나설 상태가 아니었습니다. 그래서 이 사람들은 그 어정쩡한 시간을 때우기 위해서 낚시하러 갔습니다. 잠시 있다가 성령으로 충만할 것이기 때문에 크게 나쁘게 볼 이유가 없습니다.

'너희에게 고기가 있느냐?' (5)

예수님이 바닷가에 서 있었지만, 이들은 알아차리지 못했습니다(4). 그래서 예수님이 먼저 말을 걸었습니다. '너희에게 고기가 있느냐?' 예수님이 물고기에게 명령을 하셨는데 잡힐 리가 있겠습니까? 그물을 어디에 던져도 물고기가 싹싹 피해서 한 마리도 잡을 수 없었습니다. 3년 전에 베드로가 예수님을 만나던 날과 동일합니다. '우리들이 밤이 새도록 수고하였으되 잡은 것이 없지마는'(눅5:5). 빨리 깨달으면 덜 고생합니다. 그러나 베드로는 그때를 떠올리지 못했습니다. 그래서 헛 그물질을 계속했습니다.

예수님이 '나를 떠나서는 너희가 아무것도 할 수 없느니라'(요15:5) 하고 말씀하셨는데, 그대로 되었습니다. 예수님은 '그물을 배 오른편에 던져라' 하셨습니다. 그렇게 잡히지 않던 물고기가 그곳에 다 있었습니다. 베드로는 어떻게 이때에도 눈치를 채지 못했을까요? 요한이 먼저 알아차리고 베드로에게 말했습니다. 그때에야 베드로는 그분이 예수님이신 줄 알았습니다.

별로 유쾌하지 않은 베드로의 이런 모습을 자세하게 전하는 이유가 무엇일까요? 당시 제자들의 모습이 이러했고, 부활하신 예수님을 만나고서도 이런 모습이었다는 겁니다. 그런데 이런 제자들이 바뀌었습니다. 간이 배 밖에 나온 이들의 모습은 사도행전에 자세하게 나옵니다.

'지금 잡은 생선을 좀 가져오라!' (10)

예수님은 밤새 그물질을 한 제자들을 위해서 음식을 준비해 두었습니다. 숯불에 생선과 떡을 굽고 있었다고 했는데, 구수한 냄새가 이들의 식욕을 자극했습니다. 예수님은 이렇게 친절하십니다. 제자들의 출출함을 아시고 이렇게 직접 음식을 준비하셨습니다. 생선을 굽고 있었는데 왜 예수님은 지금 잡은 생선을 가져오라고 하셨을까요? 인원수 파악을 잘못하신 걸까요? 숫자가 예상을 벗어나서 생선이 모자랄 것 같았기 때문에 그렇게 하신 걸까요? 그것은 예수님이 준비하신 생선이 기적으로 만든 것이 아니라는 것을 보이기 위해서입니다. 예수님은 오병이어의 기적을 행하실 때처럼 능히 그렇게 하실 수 있지만, 그렇게 하지 않았습니다. 제자들은 자기들이 잡은 물고기와 예수님이 준비하신 생선을 같이 먹으면서 '꼭 같네!' 하고 말했을 겁니다. 제자들의 발을 씻기신 예수님이 이곳에서는 제자들의 조찬을 준비해서 섬기는 모습을 보여 주고 있습니다. 부활하신 예수님이 말입니다.

'이 사람들 보다 나를 더 사랑하느냐?' (15)

예수님이 베드로에게 3번 물었습니다. 비슷한 질문, 같은 대답, 같은 내용이 되풀이되고 있습니다. 왜 이렇게 하셨을까요? 그것은 베드로의 3번 부인을 상쇄하기 위해서입니다. '자! 베드로야! 내가 너에게 3번 물었제? 네가 3번 대답했제? 한 번에 한 개씩 없어졌다. 아직도 뭐가 남아 있나? 이젠 없지?' 그리고 예수님은 동시에 그에게 사명을 맡겼습니다. 부인한 자에서 사명 자로 회복시켰습니다. 그래서 3번 물었습니다. 그래서 같은 물음이 반복되었습니다. 베드로는 이런 예수님의 사랑 앞에 지사충성(至死忠誠)으로 보답할 수밖에 없었습니다.

예수님의 사랑은 변함이 없습니다. 지금도 이 사랑으로 우리를 사랑하십니다. 예수님이 우리에게 이렇게 물으신다면 우리는 무엇이라고 대답하겠습니까?

사도행전

90강 ~ 117강

90강
오직 성령이 너희에게 임하시면... (행 1)

사도행전을 시작합니다. 사도행전은 누가복음에 이어지는 성경입니다. 누가는 서문에서 '내가 먼저 쓴 글에는' 하고 말했습니다. 먼저 쓴 글은 누가복음을 일컫는데 예수님의 탄생과 공생애와 승천하시기까지 일들을 기록하고 있습니다. 사도행전은 그 뒤에 일어난 일들을 기록했는데, 성령 강림 이후 탄생 된 교회가 어떻게 성장하고 자랐는가를 알게 합니다. 예수님은 땅끝까지 이르러 증인이 되라고 하셨습니다. 그 말씀에 따라 사도행전은 복음이 어떻게 번져나가고 전해졌는지를 밝히고 있습니다.

사도행전은 복음서와 서신서를 잇는 가교역할을 합니다. 이 성경이 없었다면 우리는 서신서를 제대로 이해하지 못할 것입니다. 사도행전은 30여 년의 초대교회 역사를 담고 있습니다. 이 성경은 성령 강림과 성령의 놀라운 역사를 많이 기록하고 있기 때문에 '성령행전'으로 불립니다. 제목은 사도들의 행전이지만 모든 사도의 행적을 다 기록한 것은 아닙니다. 누가는 두 사람의 사도에 초점을 맞추었습니다. 앞부분은 베드로가 주인공이고, 뒷부분은 바울의 사역을 소개하고 있습니다. 다른 사도들은 이름만 나올 뿐 행적은 기록된 것이 없는데, 오히려 집사 스데반과 빌립은 그 행적이 자세하게 적혀 있습니다.

누가는 바울의 2차 전도 여행부터 그 팀에 합류하여 동행했습니다. 누가는 의학적 지식으로 동행하는 사람들의 건강을 담당했고, 갈고 닦은 학문적 지식으로 성경을 기록하였으니 참으로 귀한 일꾼이라 하지 않을 수 없습니다. 누가복음과 사도행전은 분량이 많아서 신약성경의 4분의 1일을 차지합니다. 이제 서신서를 연결해 주는 사도행전이라는 다리를 한 번 건너봅시다.

'40일 동안 저희에게 보이시며...' (3)

예수님이 부활하신 후에 40일을 계셨다는 것은 이곳에만 있습니다. 이곳이 아니었으면 우리는 예수님이 부활 후에 이 땅에 얼마나 계셨는지 알 수가 없습니다. 누가는 예수님이 40일을 계셨을 뿐만 아니라, 무엇을 하셨는지도 밝혔는데, 예수님은 하나님의 나라의 일을 말씀하셨습니다(3). 누가는 그의 첫 번째 글을 통해서 예수님이 공생애 기간에 하나님 나라에 대해서 말씀하고, 가르치고, 일하셨다고 했습니다. 그 연장선상에서 예수님은 같은 일을 계속하셨습니다.

'예루살렘을 떠나지 말고 내게 들은바 아버지의 약속하신 것을 기다리라'(4)는 말씀은 다른 곳에는 없는 누가만의 표현입니다.(눅24:49) 누가는 첫 번째 글 마지막 부분에서 '기다리라'했고, 이곳에서는 '몇 날이 못 되어 성령으로 세례를 받으리라'했습니다. 그리고 2장에서 그 약속이 이루어지는 것을 기록했습니다. 이렇게 이어집니다.

'오직 성령이 너희에게 임하시면…' (8)

약속하신 성령이 이 땅에 영원히 계시기 위해서 오시면 제자들은 권능을 받고 권능을 받은 자로 사방으로 나가게 될 것입니다. 예루살렘에서 땅끝까지, 가까운 곳에서 먼 곳까지, 내가 있는 주변에서 멀리 떨어진 곳까지 나아가게 될 것입니다.

이럴 때 주의 사항이 한 가지 있습니다. 그것은 먼저 성령이 임하셔서 권능을 받아야 합니다. 예수님이 제자들을 파송하여 전도 훈련할 때 이미 그렇게 하셨고, 그때 제자들이 한 번 경험했던 일입니다. 그래서 우리도 그렇게 해야 합니다.

문화가 다르고 언어가 다른 곳으로 갈 마음을 먹었다면, 떠나기 전에 '권능을 받았는가?'를 점검해야 합니다. 이것이 없이 몸만 가면 고생하게 됩니다. 다른 준비가 부족하다 할지라도 권능을 받았다면 헤쳐나가게 됩니다. 주님이 주시는 권능이 고생을 당하지 않도록 통과시키는 패스포드가 아닙니다. 그러나 같은 고난을 당해도 이길 힘이 그곳에 있습니다. 그래서 능히 이기게 됩니다. 그런데 안타깝게도 어떤 분들은 다른 것을 준비하기에 바빠서 권능은 제대로 점검하지 않고 가는 경우가 있습니다. 오직 성령이 먼저 임하셔야 합니다. 그리고 권능을 받아야 합니다. 그 뒤에 성령이 인도하시는 대로 어디든지 가면 됩니다. 이것은 예수님이 말씀하신 법칙입니다. 2천 년이 지난 지금도 변함없이 적용되는 법칙입니다.

3대 약속

이 장에는 예수님의 3가지 중요한 약속이 나옵니다. 부활(3)과 성령 강림(5)과 재림(11)의 약속입니다. 부활은 이미 이루어진 일이고, 성령 강림은 다음 장에서 이루어질 것입니다. 이제 남은 것은 오직 한 가지 재림뿐입니다. 하나님은 약속의 하나님이시고 약속하신 것은 꼭 이루시는 분입니다. 예수님이 언제 다시 오실지 알 수 없지만, 분명한 것은 하신 약속이 꼭 이루어진다는 것입니다. 두 가지 약속은 이미 이루어졌습니다. 그렇다면 한 가지 남은 약속도 틀림없이 이루어진다는 것을 우리는 믿어야 되겠습니다. 우리는 소망을 가지고 기다리면 됩니다. '때와 기한'은 아버지가 알아서 하실 것입니다.

승천하시는 예수님 (9-11)

예수님이 승천하는 모습은 참으로 신기합니다. 예수님은 비행 물체가 끄는 것도 아니고, 몸에 추진 장치도 없이 하늘에 올라갔습니다. 이 땅에서는 있을 수 없는 일입니다. 제자들은 시야에서 점점 멀어지는 예수님을 놀라운 눈으로 바라보고 있었습니다. 이들의 이런 멍한 상태를 천사들이 깨워 주었습니다. '하늘에 가심을 본 그대로' 오신다고 했습니다. 승천과 재림이 하늘에서 이루어지기 때문에 두 사건이 모두 구름과 관계가 있습니다. 재림하실 때는 구름 타고 오실 것입니다. 구름 타고 오신다는 것은 예수님이 직접 하신 말씀인데 공관복음에 모두 기록되어 있습니다. 그리고 요한이 그가 쓴 계시록에서 이것을 언급했습니다(계1:7). 그러니까 4복음서 저자가 모두 언급했다는 것을 알 수 있습니다.

다락방에 있었던 사람들 (13)

예수님이 승천하는 모습을 본 제자들은 최후의 만찬을 했던 다락으로 돌아왔습니다. 이들은 이제 무엇을 해야 할지를 분명히 알았기 때문에 밤낚시 같은 엇길로 가는 사람은 한 사람도 없었습니다. 그곳에 120명의 사람들이 모였습니다. 언급된 사람은 11 사도와 여자들, 그리고 모친 마리아와 예수님의 동생들이었습니다. '여자들' 중에는 부활하신 예수님을 만난 사람들이 그곳에 있었을 것이 분명합니다. 그리고 전에는 예수님을 잘 몰랐던 동생들이 은혜받는 그 자리에 있었습니다. 은혜받는 자리에 있으면 은혜를 받습니다. 은혜를 받으면 변화됩니다. 그래서 이들은 나중에 성경을 기록하는 자들이 되었습니다. 야고보서와 유다서는 예수님의 친동생이 기록한 성경입니다. 은혜의 자리에서 성령의 충만함을 받았기 때문입니다.

이름은 없지만 그 자리에 참석했으리라 짐작되는 한 사람이 있습니다. 마가복음을 기록한 마가 요한입니다. 자기 집에서 모이는데 참석하지 않았을 리가 없습니다. 이때 은혜받고 이 사람도 성경을 기록하게 되었습니다. 우리도 은혜의 자리에 있으면 이렇게 됩니다. 우리는 우리의 대상자들을 은혜받는 자리에 있게 해야 합니다. 은혜만 받으면 일은 일어나게 됩니다.

91강
불의 혀같이 갈라지는 것이 각 사람 위에 임하여 있더니 (행 2)

삼위일체의 2위이신 예수님이 지상 사역을 위해 사람의 몸을 입고 이 땅에 오신 것처럼 3위 성령님도 그의 사역을 위해서 공식적으로 이 땅에 오셨습니다. 이날은 오순절이었고, 예수님이 승천하신 뒤 10일이 지난 날이었습니다. 성령 충만은 반복될지라도 영원히 계시기 위해서 성령이 오시는 것은 다시 일어나지 않습니다. 그래서 단회적이라 합니다.

구약시대에도 성령이 계셨고 활동하셨지만, 그때는 특별한 과업을 이루기 위해서 선택된 소수의 사람들에게만 임하셨습니다. 그리고 사역이 끝나면 떠나가셨습니다. 그 소수의 사람들이 바로 사사들, 선지자, 제사장 혹은 왕들이었습니다. 그러나 이제는 떠나가지 않을 뿐 아니라 특별한 사람들에게만 오시지도 않습니다. 선지자 요엘은 그 성령을 '모든 육체에게 부어주리라'라고 예언했습니다. 그 예언이 오순절에 이루어졌습니다. 사도들이 이렇게 오시는 성령으로 충만해졌습니다. 사도들이 성령으로 충만한 뒤에 다른 사람들에게 성령 임하시시기를 기도했습니다. 그랬더니 약속하신 대로 보통 사람들에게도 성령이 임했습니다. 구약시대에는 생각지도 못했던 일들이 일어났습니다. 이들은 구약시대가 더 익숙한 신약시대 그러니까 신구약 중첩 시대를 살고 있지만, 구약과는 완전히 다른 것을 경험하고 있었습니다.

10일 동안 기도한 사람들 (1:14)

사도들과 여러 사람들이 다락에 모였을 때 베드로가 일어나서 말했습니다. 그는 먼저 가룟 유다를 언급하면서 공동의 죄를 회개했습니다. 그리고 가룟 유다 자살로 인해 사도 중에 빠진 자리를 보충했습니다. 그 뒤에 그들은 예수님의 말씀대로 약속을 기다리며 기도했습니다. '전혀 기도에 힘쓰니라'라고 했는데 (1:14), 이 말은 기도를 최우선으로 생각하고 오직 기도에 집중했다는 뜻입니다. 10일 동안 기도한다는 것은 쉬운 일이 아니지만, 이들은 이렇게 해서 성령님 맞을 준비를 했습니다. 얼마나 집중했던지 오순절이 이른 줄도 몰랐습니다. 제자들은 예수님의 말씀대로 했고, 예수님은 약속하신 말씀을 그대로 이루었습니다. 그날이 오순절입니다.

나타난 현상- 3가지

성령님은 눈으로 볼 수 없습니다. 영으로 존재하시기 때문에 오셨는지 가셨는지 알 수가 없습니다. 영원히 계시기 위해서 오시기 때문에 이 땅에 오셨음을 나타내야 사람들이 알게 될 것입니다. 성령님은 자신이 오셨다는 것을 알도록 하기 위해서 3가지 표징을 나타내셨습니다. 하나는 들리는 것, 또 하나는 보이는 것, 마지막 하나는 사도들의 입을 통해서 드러났습니다.

사도들은 기도하는 중에 급하고 강한 바람 같은 소리를 들었습니다(2). 그리고 그들은 각 사람 머리 위에 불덩이가 얹힌 것을 보았습니다. 그런데도 다른 곳으로 불이 번지지 않고 머리카락이 타지 않는 이상한 불이었습니다. 그 순간에 사도들은 성령의 충만함을 받았고, 성령이 말하게 하심을 따라서 다른 방언으로 말하기를 시작했습니다.

그 당시에는 오순절 명절을 지키기 위해서 세계 곳곳에서 사람들이 예루살렘에 몰려와 있었습니다. 누가는 어디에서 어떤 사람들이 왔었는지 자세하게 기록했습니다(9-). 그들은 자기들이 살고 있는 곳의 언어로 사도들이 말하는 것을 들었습니다. 다른 나라의 언어를 습득한다는 것은 쉽지 않을 뿐아니라 시간이 오래 걸립니다. 그런데 그곳에 가 본 적도 없는 사도들이 자기들이 그렇게 어렵게 배운 언어를 자유롭게 구사하는 것을 보고 충격을 받지 않을 수 없었습니다. 바벨탑의 불순종으로 인하여 발생한 언어의 혼잡이 성령 충만한 제자들로 인해서 해결되었습니다. 땅끝까지 나아가야 할 제자들에게 언어가 높은 장벽일지라도 성령의 도우심이면 뛰어넘을 수 있다는 가능성을 보여 주셨습니다. 이런 현상을 보면서 사도들은 약속하신 성령이 자기들에게, 그리고 이 땅에 오셨음을 알게 되었습니다.

'말세에...' (17)

베드로는 요엘 선지자의 예언을 인용했습니다. 성령의 역사하심을 보고 술취했다고 조롱하는 사람들에게 술 취한 것이 아니라 예언이 성취된 것이라고 말했습니다. 요엘은 이 부분의 예언을 '그 후에'라는 말로 시작했는데, 베드로는 이 말을 '말세'로 바꾸었습니다. '말세'는 '세상의 끝'을 말합니다. 그러면 언제가 세상의 끝일까요? 그것은 예수님의 초림 이후 재림에 이르는 모든 기간을 의미합니다. 그러니까 베드로가 이런 말을 할 그때에도 말세였고, 2천년이 지난 지금도 말세입니다. 그래서 어떤 분들은 우리가 살고 있는 지금을 '말세지말'(末世之末) 이라 하기도 합니다. '말세의 말세' 곧 '말세의 끄트머리'라는 뜻입니다. 베드로가 말세를 말한 뒤에 2천년이 지났으니까 우리가 그 지점에 살고 있다는 뜻입니다.
베드로는 '말세'에 '내 영을 모든 육체에 부어주리니' 하고 말했습니다. 이 말씀은 오순절에 1차로 이루어졌습니다. 그때는 성령님이 영원히 계시기 위해서 오셨으니까 당연히 그렇게 될 일이었습니다. 그런데 지금도 말세이기 때문에 이 사건은 지금도 계속 일어날 수 있고, 일어나야만 하고, 일어나고 있습니다. 성령 충만은 우리도 얼마든지 경험할 수 있는 사건이라는 말씀입니다. '구하는 자에게 성령을 선물로 주시지 않겠느냐'(눅11:13) 하고 예수님이 말씀하셨습니다. 이러한 말세지말에 예수님이 약속하신 성령을 선물로 받아야 되겠습니다. 성령이 답입니다. 성령 충만이 내 앞길을 헤쳐나가는 유일한 방법입니다.

베드로의 설교 (14-36)

갈릴리의 어부 출신 베드로가 설교했습니다. 길지 않은 설교였지만, 아주 조직적이고 명쾌했습니다. 성령으로 충만해져서 은혜를 받고 성령이 그때 주시는 것을 말하면 이렇게 됩니다.
베드로 설교의 요지는 성령의 강림과 예수님의 부활과 승천입니다. 베드로는 이 3가지를 구약의 예언을 들어서 설명하고 증명했습니다. 성령 강림은 요엘서를 들어서 그 말씀의 성취임을 말했고, 부활은 다윗의 시편으로 증명했습니다. 다윗은 '저가 음부에 버림이 되지 않고 육신이 썩음을 당하지 아니하시리라' 고 말했습니다(16:10). 베드로는 '다윗은 죽었고 그 묘가 우리 가운데 있다'(29) 라고 하면서, 다윗이 이렇게 말한 것은 자신을 두고 한 말이 아니라고 했습니다. 다윗은 선지자이기 때문에(2:30) 그리스도의 부활을 예언한 것이라 했습니다.
베드로는 예언을 한 가지 더 인용함으로 그의 설교를 마무리 지었습니다. '내가 네 원수로 네 발등상이 되게 하기까지 너는 내 우편에 앉았으라'(시110:1) 라는 다윗의 시편입니다. 베드로는 이 말씀으로 예수님이 승천하셨고, 하나님의 우편에 앉아 계신다는 것을 증거했습니다. 예수님도 이 말씀을 인용하셨는데(눅2:43), 그때 그 말씀을 들었던 베드로가 이렇게 유효적절하게 사용했습니다.

은혜받은 베드로! 참으로 대단합니다. 성령으로 충만하면 이렇게 됩니다. 내 주변에 있는 문제를 보지 말고, 눈을 들어서 위를 봅시다. 성령으로 충만하면 나를 가로막고 있는 난관은 장애물이 아니라 나를 한 단계 더 올라가게 해주는 디딤돌이 될 것입니다.

92강
내게 있는 것으로 네게 주노니... (행 3)

사도행전 3장에 앉은뱅이를 고치는 기적은 오순절 성령 강림에 이어 곧바로 일어난 것이 아님이 분명합니다. 네 것 내 것을 따지지 않고 각 사람의 필요에 따라서 나눠주고 함께 사용하는 유무상통의 생활을 소개하는 부분이 있기 때문입니다(2:42-47). 그렇다고 시간이 많이 지난 것도 아닌 것 같습니다. 그들에게 오순절 사건의 충격이 완전히 사라지지 않은 어느 날 이 사건이 일어났습니다. 앉은뱅이가 일어난 사건은 방언으로 말하는 것보다 주변에 있는 사람들에게 더 큰 충격을 안겨주었습니다. 왜냐하면 이 사람은 매일 성전 미문에서 구걸했기 때문에 그곳을 드나드는 모든 사람들이 아는 사람이었기 때문입니다. 사람들은 이 사람이 나면서부터 한 번도 걸어 본 적이 없는 사람이라는 것도 알고 있었습니다. 아무런 치료 행위가 없이 사도들의 말 한마디에 온전한 사람이 된 것을 보고 그 사람이 있는 곳으로 모여들 수밖에 없었습니다. 그곳에는 베드로와 요한도 함께 있었습니다(11).

베드로는 모여드는 사람들을 보고 좀 전에 일어난 사건의 경위를 설명했습니다. 베드로의 두 번째 설교가 시작되었습니다. 사도행전 1장부터 5장까지 한 장에 한 편의 베드로의 설교가 있습니다. 베드로는 사건의 경위만 설명하려고 하지 않았습니다. 이런 일을 있게 하신 예수 그리스도, 그리고 그 이름의 위력을 선포했습니다. 2장에서와 마찬가지로 이곳에서 베드로는 예수 죽인 죄를 지적했으며, 회개를 촉구했습니다. 회개하면 앉은뱅이가 온전해진 것과 같이 유쾌하게 된다고 했습니다. 베드로의 말씀을 들은 사람들 중에 믿는 자가 많았는데 남자의 수가 5천명이나 되었답니다(4:4). 두 번의 설교로 8천 명이 믿게 되었으니 놀라운 일이 아닐 수 없습니다.

'제 9시 기도 시간에...' (1)

베드로는 요한과 함께 성전에 갔는데 그것은 기도하기 위해서 였습니다. 이 두 사람은 50일 전에 겟세마네 동산에서 예수님이 피땀을 흘리며 기도하실 때 한 시간을 버티지 못하고 잠을 잤던 사람들입니다. 그런데 오순절에 성령 충만을 받고 난 뒤에는 이제 기도하는 사람이 되었습니다. 은혜를 받으면 이렇게 됩니다. 기도하고 싶은 마음이 일어나고 기도에 배고픈 사람이 됩니다. 그래서 기도하는 곳을 찾아서 기도하게 됩니다.

이들은 여러 번 성전을 드나들면서 이 앉은뱅이를 보았습니다. 그 사람은 항상 그곳에 있었기 때문입니다. 전에는 보면서도 그냥 지나쳤는데, 은혜를 받고 능력을 받은 뒤에 그 사람을 보니 하나님의 하실 일이 보였습니다. 은혜를 받으면 은혜받은 그 사람이 달라지기 때문에 주변에 있는 것은 변한 것이 없다고 해도 은혜받은 그 사람에게는 모든 것이 달라져 보입니다. 성령을 받으면 그 사람의 속 사람이 새롭게 되어서 그 주변에 있는 모든 것이 새롭게 됩니다. 이렇게 새로운 피조물에게는 모든 것이 새롭게 보이고, 하나님의 하실 일이 보입니다.

'내게 있는 것으로 네게 주노니...' (6)

베드로는 이제 이렇게 말할 수 있는 사람이 되었습니다. 자기에게 뭔가가 있다는 겁니다. 전에는 이것이 없어서 부인하고 도망갔습니다. 두려워하고 겁을 냈습니다. 그러나 이제는 그렇지 않습니다. 뭔가가 있기 때문입니다. 이후로 베드로는 협박과 채찍질과 투옥을 전혀 겁내지 않는 사람이 되었습니다.

베드로에게 있는 것이 무엇일까요? 베드로는 어떻게 해서 50일 만에 이렇게 간이 배 밖에 나온 사람으로 바뀌어졌을까요? 그 사이에 있었던 일은 부활하신 예수님을 만난 것과 오순절 성령 강림으로 인한 성령 충만밖에 없습니다. 이 두 가지 사건이 베드로의 심령에 예수님이 그리스도인 것을 확실하게 해 주었습니다.

예수님이 누구신지를 아니까 이제 그 이름은 그냥 이름이 아니었습니다. 하나님의 이름이요, 능력을 행하시는 이름이었습니다. 이것이 베드로에게 있는 것이었습니다. 베드로는 자기 주머니에 정말 땡전 한 푼도 없다는 말이 아닙니다. 앉은뱅이 그 사람에게 정말 필요한 것을 주겠다고 했습니다. 그것이 바로 '나사렛 예수 그리스도의 이름'이었습니다. 예수님을 믿고 그 이름을 부르면 누구든지 구원을 얻기 때문입니다(롬10:13).

이 기적이 주는 교훈

예수님은 아무도 요청하지 않았는데 나인 성 과부의 아들을 살려주셨습니다. 거라사의 광인은 예수님이 일부러 시간을 내어 그 사람을 찾아갔었습니다. 베드로와 요한은 이런 예수님을 따라 했습니다. 앉은뱅이는 그저 한 푼 도와달라고 요청했을 뿐입니다. 사도들은 그런 그에게 문제의 근본을 해결해 주었습니다. 예수님은 선한 사마리아인의 비유를 말씀하신 후에 '너도 가서 이와 같이 하라'(눅10:37) 하셨습니다. 선한 사마리아인에게는 앞서 지나간 두 사람에게 없었던 '스플랑크니조마이(splanchnizomai)'가 있었습니다. 그래서 강도 만난 사람 가까이 나아갔고, 그에게 그런 선행을 베풀 수 있었습니다. 베드로와 요한에게도 이런 마음이 있었습니다. 그래서 예수님의 말씀을 그대로 실천했습니다. 예수님은 '믿는 자들에게는 이런 표적이 따르리니 병든 사람에게 손을 얹은즉 나으리라'(막16:18) 하셨는데, 이들은 손을 얹지 않고 그 이름으로 명령했는데도 앉은뱅이의 상태가 회복되었습니다.

예수님은 '내 이름으로 무엇이든지 내게 구하면 내가 시행하리라'(요14:14) 하셨는데, 베드로가 그 말씀을 증명했습니다. 예수님은 '내가 세상 끝날까지 너희와 항상 함께 있으리라' 약속하셨습니다. 사도들은 이 사건을 통해서 정말 그러하다는 것을 나타내 보였습니다. 마가복음 마지막에는 예수님이 승천하셨지만, 그 따르는 표적으로 함께 역사하심을 증거했다고 했습니다(16:20). 이 사건은 그 말씀의 연장이요, 그 역사의 연속입니다. 예수님은 하늘로 올라가셨지만, 이런 표적으로 함께 하신다는 것을 나타내 보였습니다. 예수님은 제자들을 보내실 때 항상 능력과 권능을 주신 뒤에 보내셨습니다. 12제자든지, 70인 제자든지 그냥 보내신 적이 없었습니다. 예수님의 이름으로 앉은뱅이가 일어나는 것을 볼 때 이들에게 강력한 능력이 주어졌다는 것을 알 수 있습니다.

무엇보다 중요한 것은 '내 이름으로'(막16:17), 그리고 '주의 이름으로'(눅10:17) 병이 고쳐지고 귀신이 쫓겨 가는 그 이름의 권세를 사도들이 알았습니다. 이런 권세가 이제 그들에게 있다는 것을 감지했다는 것이 놀라운 일입니다.

이런 능력과 권세를 우리에게도 주셨습니다. 우리에게도 있습니다. 장식용으로 걸어두지 말고 사용해야 됩니다. 예수님의 이름의 권세는 어디에나 동일하게 나타납니다. 우리는 그저 기도할 뿐이고, 담대하게 선포하고, 명령하면 됩니다. 이런 일들이 우리가 있는 곳곳에서 일어나기를 소원합니다.

93강
구원을 얻을 만한 다른 이름을 주신 일이 없음이니라! (행 4)

사도행전 4장에는 1장에서부터 계속되는 베드로의 설교와 사도들의 기도가 있습니다. 제사장들과 성전 맡은 자와 사두개인이 사도들을 잡아서 옥에 가두었습니다. 이튿날에 관원과 장로와 서기관들이 예루살렘에 모였습니다. 그곳에는 대제사장 안나스와 가야바와 요한과 알렉산더와 대제사장의 문중이 다 모였다고 했습니다(5-6). 이곳에 모인 사람들의 면면이 낯선 사람들이 아닙니다. 예수님을 재판했던 그 사람들입니다. 베드로는 멀찍이 예수님을 따라갔다가 계집종의 물음에 예수님을 모른다고 부인했습니다. 지금 베드로는 부인했던 바로 그 장소에 있습니다. 예수님 당시보다도 더 많은 사람들이 모였습니다.

이제는 계집종이 아니라 대제사장이 베드로에게 물었습니다 '무슨 권세로, 그리고 누구의 이름으로 이 일을 행하였느냐?'(7). 권세는 자기들에게 있는데 왜 자기들의 허락도 없이 성전 경내에서 그렇게 했느냐는 말입니다. 이들은 이렇게 말한 뒤에는 베드로를 채찍질하고 감옥에 집어넣을 것입니다. 전에는 이것이 두려워서 예수님을 모른다고 부인했었습니다. 그런데 베드로가 달라졌습니다. 베드로의 당당한 모습을 보십시오. '성령이 충만하니'(8) 아무것도 두려운 것이 없었습니다. 베드로는 예수님을 부인했던 그 자리에서 예수님을 당당히 증거함으로서 자신의 실수를 스스로 만회했습니다. 부인하고 도망갔던 사람이 예수님을 사형 판결했던 그 사람들 앞에서 부활을 증거했으니, 이것보다 더 통쾌한 일이 어디 있겠습니까?

'구원 얻을 만한 다른 이름을...' (12)

베드로는 '다른 이름으로는 구원을 얻을 수 없다'고 딱 잘라서 말했습니다. 왜 그렇습니까? 하나님이 다른 이름을 주신 적이 없기 때문입니다. 하나님은 천하 인간에 구원 얻을 이름을 단지 한 개만 주셨습니다. 그 이름이 바로 예수 그리스도입니다. 예수님도 '나는 길이요 진리요 생명이니 나를 말미암지 않고는 아버지께로 올 자가 없느니라'하셨습니다(요14:6). Only one way! 오직 한 길입니다. Only one name! 오직 한 이름입니다.

이 말씀은 베드로가 구약성경을 인용해서 한 것이 아닙니다. 성경 어디에도 없는 말씀입니다. 베드로가 성령의 말하게 하심을 따라 단 한 번, 단독으로 말했습니다. 성령이 임하면 이렇게 유식해져서 아무도 말한 적이 없는 말을 하게 됩니다.

'학문 없는 범인으로 알았다가...' (13)

베드로가 막힘이 없이 그리고 두려움 없이 말하는 것을 보고 그들은 깜짝 놀랐습니다. 이들은 예루살렘 사람이고 베드로는 갈릴리 사람이지만, 베드로가 정식 교육을 받은 적이 없는 어부 출신인 것을 이들도 다 알고 있었습니다. 그런 베드로가 구약성경을 인용하고, 다른 사람이 한 번도 말한 적이 없는 말을 거침없이 하니까, 이들이 놀랄 수밖에 없었습니다. 증인은 세상의 지식이나 학력을 갖춘 사람이 아닙니다. 성령으로 충만하여 성령의 능력을 가진 사람입니다. 그 능력으로 보고 들은 것을 가감 없이 말하고 예수를 전하면, 그 사람을 두고 '마르투스' 곧 증인이라 합니다. '마르투스'는 순교자를 의미합니다. 순교할 각오를 가져야 증인이 될 수 있고 증거할 수 있습니다. 베드로는 이런 각오를 가진 증인이었습니다. 성령으로 충만하면 죽음조차도 두렵지 않은 증인이 됩니다.

대제사장이 베드로를 심문할 때

베드로와 사도들이 전한 말의 핵심은 예수님의 부활이었습니다. 대제사장과 장로와 서기관이 가장 꺼려하는 말도 부활이었습니다. 그렇다면 이 말이 심문의 중요 이슈가 되어야 합니다.

그런데 대제사장의 입에서 이 말이 한마디도 나오지 않았습니다. 이들은 제자들이 예수님의 시신을 훔쳐 갔다고 말했던 사람입니다. 마태복음에는 파수군이 대제사장에게 예수님의 부활 소식을 보고했을 때 그들에게 돈을 많이 주면서 '제자들이 밤에 와서 그를 도적질하여 갔다'하라 했습니다. 그래서 그 말이 민간에 두루 퍼졌다고 했습니다(28:11-). 그 사이에 대제사장은 바뀌지 않았고, 이전의 그 사람입니다. 그렇다면 자기가 한 거짓말을 입증하기 위해서라도 베드로에게 물어야 하고, 그리고 제자들에게 뒤집어씌워야 하는데 그런 말은 한마디 언급도 없었습니다. '시신 도적질' 이것 가지고는 이 거대한 물결을 막을 수 없다는 판단을 한 것 같습니다.

사도들의 기도 (24-31)

베드로와 요한은 풀려나서 동료들이 있는 곳으로 갔습니다. 그리고 이제까지 된 일을 다 말했습니다. '권능 받은 어린양들'이 안 죽고 살아 돌아와서 승리의 보고를 하고 있습니다. 이어서 그들은 함께 기도했습니다. 특이하게도 기도의 내용이 다 기록되어 있습니다. 그들은 이 문제를, 그리고 이 고난을 치워달라고 기도하지 않았습니다. 이 난관을 이기게 해 달라고 아뢰지도 않았습니다. 오직 그들은 '담대하게 하나님의 말씀을 전하게 해 달라'고 했습니다(29). 그들의 관심은 '복음'과 그 복음을 '증거'하는 것에 있었습니다. 빌기를 다하셨더니 모인 그곳이 진동했습니다. 하나님이 임하실 때에는 이렇게 그곳에 지진과 진동이 있었습니다. 그곳에 모인 모든 사람들이 성령의 충만함을 받았습니다. 그들의 기도가 그 자리에서 응답되었습니다. 그래서 그 후 그들은 더 담대하게 하나님의 말씀을 전했다고 했습니다(31).

다른 이름이 없습니다. 이 이름으로 우리가 구원을 얻었고, 우리가 인도하는 사람을 구원하실 이름입니다. 지금도 살아 계신 이름이요, 오직 하나밖에 없는 이름입니다. 지금도 역사하는 이름이요. 앉은뱅이를 일으킨 이름입니다. '내 이름으로 무엇이든지 구하면 내가 시행하리라'(요14:14). 이렇게 약속하신 대로 우리의 기도를 들으시고 이루어주실 이름입니다. 이런 능력의 이름이 우리에게 있음을 자랑스럽게 생각합시다. 구원의 유일한 이름입니다. 이 이름을 자랑스럽게 선포합시다.

94강
우리는 이 일에 증인이요! (행 5)

사도행전 5장에는 두 번째 투옥과 기적의 탈옥이 나옵니다. 또 한 번의 탈옥은 12장에 있습니다. 그때도 베드로가 주인공이었습니다. 주님은 사도들이 감옥에 갇힐 때마다 이렇게 하신 것은 아닙니다. 우리가 잘 아는 대로 바울은 오랜 기간 감옥에 있었고, 또 상고심을 받기 위해 로마로 압송되어 그곳의 감옥에서도 오랫동안 구금되어 있었습니다. 주님은 바울을 기적으로 꺼내주지 않았습니다. 그렇다면 베드로에게는 왜 이런 은혜를 베푸셨을까요? 기적의 목적은 4가지입니다.

첫째는 베드로를 위시한 사도들에게 함께 하신다는 것을 알게 하신 목적입니다. 사도들은 베드로와 요한이 기적적으로 구출되는 것을 보면서 주님이 자기들과 함께 한다는 것을 절감했습니다. 이것보다 더 확실한 경험은 없습니다. 그래서 사도들은 더욱 힘을 얻어서 '예수는 그리스도라 가르치기와 전도하기를 쉬지 아니했다'라고 했습니다(42).

두 번째 효과는 적대자들에게 그들의 잘못을 지적하는 것입니다. 이들은 지금 예수님을 십자가에 못 박은 죄에 더하여 제자들을 괴롭히고 있습니다. 그들은 모든 공권력을 다 동원해서 제자들을 옥에 가두었지만, 성령을 이길 수는 없었습니다. 속히 깨달아 알아야 하는데 그렇지 못했습니다.

세 번째는 이들이 사도들을 함부로 못 하게 하려는 의도가 있었습니다. 예수님을 십자가에 못 박은 사람들이 무슨 짓인들 못하겠습니까? 예수님은 구원을 이루기 위해서 십자가를 지셨지만, 제자들은 복음을 전해야 했기 때문에 이들을 아무렇게나 취급하도록 내버려 둘 수가 없었습니다. 그 후 그들은 성전에서 생명의 말씀을 전하는 사도들을 즉시 다시 잡아 왔지만, '강제로 못하였다'(26)라고 했습니다. 그래서 그냥 풀어 주었습니다. 효과가 나타났습니다.

네 번째는 백성들에게 미치는 영향입니다. 백성들은 연속되는 3가지 기적의 소식을 들었습니다. 연속되는 기적은 오순절에 제자들이 각 나라의 언어를 방언으로 말했던 것, 성전 미문의 앉은뱅이를 고친 것, 그리고 사도들의 기적적인 탈옥입니다. 한 가지 한 가지가 다 놀라운 일이었습니다. 이런 기적은 소식을 듣는 백성들에게 엄청난 충격을 주었습니다. 그 결과는 '그때에 제자가 더 많아졌다'고 했습니다(6:1). 기적은 한 가지였는데 나타나는 효과는 이렇게 4가지였습니다.

아나니아 삽비라 부부 (1-11)

초대교회의 생활상은 2장과 4장의 마지막 부분에 소개되어 있습니다. 네 것 내 것을 따지지 않는 유무상통(有無相通)의 생활이었습니다. 나의 소용보다는 남의 필요를 먼저 생각했습니다. 자기의 것을 아까워하지 않고 내놓았습니다. 지갑에 있는 돈만 꺼내 놓는 것이 아니라, 돈을 마련하기 위해서 집과 밭을 파는 사람도 있었습니다. '모든 물건을 서로 통용하고 제 물건을 조금이라도 제 것이라고 하는 이가 하나도 없더라'(32).

이런 가운데 아나니아 부부도 이렇게 하기 위해서 자기들의 소유를 팔았습니다. 팔아서 돈을 손에 쥐고 보니 아까운 마음이 들었습니다. 그래서 얼마를 감추고 나머지를 바쳤습니다. 성령님이 이 사실을 베드로에게 알게 하셨습니다. 베드로는 사실을 말했을 뿐입니다. 그런데 성령님이 그 생명을 취하여 갔습니다. 3시간 뒤에 온 삽비라도 속이고, 감추는 것에 있어서는 남편과 한마음이었습니다. 그녀도 한순간에 생명을 잃고 말았습니다.

생명을 감옥에서 구출하는 것도 기적이지만, 한마디 말로 생명이 사라지는 것도 기적입니다. 앞에 기적은 놀라운 기적이고, 뒤의 기적은 두려운 기적입니다. 앞에 나오는 3가지 기적에 이어 한 가지 기적이 더 추가되었습니다.

이 일의 교훈

이 일이 우리에게 교훈하는 바는 무엇일까요? 아나니아와 삽비라는 자기들이 감추어서 하는 행위를 아무도 모를 것이라고 생각했습니다. 베드로가 말한 것처럼 성령을 속인 것이 가장 큰 잘못이었습니다. 안 한다고 누가 뭐라고 하겠습니까? 아까우면 안 하면 됩니다. 베드로가 지적한 것은 바로 이것입니다.

요즘도 간혹 교회에서 재정 사고가 일어나는 것을 봅니다. 그런데 그들은 아나니아처럼 그 자리에서 심판을 받지 않습니다. 그런데 이때는 왜 이렇게 되었을까요? 그때나 지금에나 교훈은 동일합니다. 성령님은 다 아신다는 것이고, 성령을 속일 수는 없다는 겁니다. 당장 내려지지 않는다고 벌이 없는 것이 아닙니다. 그동안에 회개하지 않는다면 나중에 주님 앞에 섰을 때 꾸중을 듣게 될 것이고 부끄러움을 당하게 될 것입니다.

연속으로 나타난 기적들 (17-20)

사도행전의 스물 여덟 개 장 중에서 이 장에 기적이 가장 많이 나옵니다. 기적의 연속입니다.

첫 번째는 아나니아의 삽비라의 죽음인데, 이것은 두려운 기적입니다(1-). 두 번째는 사도들이 그 손으로 민간에 표적과 기사를 많이 행했다고 했습니다(12-). 이것은 치유의 기적입니다. 세 번째는 베드로가 지나갈 때에 그의 그림자라도 덮일까 하고 많은 병자들을 메고 왔다고 했습니다. 놀랍게도 그렇게 나아온 사람들이 하나도 남김없이 다 나음을 입었다고 했습니다(15-). 이것은 희안한 기적입니다. 네 번째는 옥에 갇힌 사도들의 탈옥입니다(17-). 이것은 천사가 동원된 기적입니다. 다섯 번째는 가멜리엘의 변론입니다. 가말리엘은 적절한 때에 나타나서 적절한 변론을 했습니다. 어떻게 이 사람이 이때에 이렇게 나타났을까요? 그는 존경받는 교법사였는데, 사도들이 어려움에 처해 있을 때 바리새인인 이 사람의 도움을 받았습니다. 이것은 때가 맞추어진 기적입니다. 여섯 번째는 제자들의 변화입니다. 제자들은 복음을 담대하게 전했을 뿐 아니라 채찍에 맞고서도 기뻐했습니다. 50일 전에는 부인하고 도망갔던 사람들이 이렇게 변화되었습니다. 가장 놀라운 기적입니다.

성도 중에 한 부부가 죽는 안 좋은 일은 사도들과 초대교회 성도들에게 경건한 두려움을 갖게 했습니다. 좋은 일은 더 좋은 일로 연결되었고, 더 큰 기적을 불러일으켰습니다. 가말리엘의 원칙에 입각한 한 마디가 사도들을 돕는 역할을 했습니다. 성령이 역사하시니 이렇게 되었습니다. 그 성령님의 역사는 지금도 계속되고 있고, 그분은 지금 우리 곁에 계십니다. 지금 안 좋은 일과 어려운 일을 결국 좋게 만들어 주실 성령님을 의지합시다.

95강
하나님의 말씀이 점점 왕성하여... (행 6)

사도행전 5장까지의 내용을 요약하면 이렇습니다. 베드로의 설교가 각 장에 한 번씩 5번 나옵니다. 그리고 5장에 5번의 기적이 있습니다. 3장까지 구약의 인용이 7번 있습니다. 전부 다 베드로가 설교하면서 한 인용입니다. 창세기, 신명기, 시편과 요엘서 등 베드로는 구약성경을 두루 인용했습니다. 갈릴리의 어부가 은혜를 받으니 이렇게 유식해졌습니다.

2장과 4장의 마지막 부분에는 네 것 내 것을 구별하지 않는 유무상통의 초대교회 생활이 소개되어 있습니다. 이러한 특이한 생활 모습은 그 뒤 계속된 것이 아니라 그 당시에만 있었던 현상입니다. 그 후 곳곳에 교회가 세워졌지만 이런 일들은 없었습니다.

'하나님의 말씀이 점점 왕성하여'(7) 하는 동일 의미의 구절은 이곳에서 시작하여 이후 5번 더 반복됩니다. 그리고 맨 마지막 28장에서 '하나님 나라'(31)로 마무리됩니다.

이 장(6장)에는 '7집사'의 임명과 스데반의 사역이 소개되어 있습니다. 우리가 보통 '7 집사'라고 부르지만, 성경에는 집사라는 명칭이 없습니다. 21장 8절에 '집사'라는 단어가 나오지만 원문에는 그런 뜻이 없어서 작은 글자로 표기했습니다. 그런 명칭이 없지만, 이들을 집사라 불러도 손색이 없는 일들을 했습니다. 사도행전에는 사도가 아닌 두 명의 집사의 활동을 말하고 있는데 스데반과 빌립입니다. 그중 스데반이 이 장에 소개되어 있습니다.

사도들의 결정 (1-6)

초대교회에 문제가 발생했습니다. 한 그룹의 성도들이 다른 그룹의 성도들을 원망하고 불평했습니다. 열두 사도는 즉각적으로 모든 제자들을 불러서 대책을 의논했습니다. 그들은 통상하는 대로 하지 않았습니다. 이런 일이 생기면 먼저 사건의 전말을 조사해서 누구의 잘못인지를 가린 뒤에 조치를 취하게 됩니다. 이렇게 하면 몇몇 사람들이 또 상처를 받게 됩니다. 그래서 사도들은 시시비비를 가리지 않고 그 일을 일단 덮었습니다. 그리고 새로운 길을 제시했습니다. '우리가 하나님의 말씀을 제쳐놓고 공궤를 일삼는 것이 마땅치 않다'했고, '우리는 기도하는 것과 말씀 전하는 것을 전무하리라'했습니다(2,4). 그리고 그들은 이 일을 전담할 일꾼을 너희 가운데서 세우라고 했습니다. '너희 가운데'는 원망하고 불평했던 헬라파 유대인들도 포함됩니다. 놀랍게도 뽑혀진 7명을 살펴보니 전부 다 헬라식 이름입니다. 뽑혀진 사람들이 전부 헬라파 그룹에 속했던 사람들이었습니다. 히브리파 유대인들이 자신들의 실수를 인정하고 아름다운 양보를 했음을 알 수 있습니다. 자칫 큰 문제로 번져 갈 수 있었는데, 그 가운데서 나타난 사랑과 양보로 이 일은 보기 좋게 마무리되었습니다.

초대교회는 조직이 앞서가지 않았습니다. 조직하고 난 뒤에 그 조직에 따라서 활동하고 봉사하게 한 것이 아니라 필요에 따라서 조직했습니다. 사도들은 사건을 잘 처리했고, 바른길을 잘 제시했습니다.

이런 조치로 초대교회는 더 힘차게 성장할 수 있었습니다. 그래서 '하나님의 말씀이 점점 왕성하여 예루살렘에 있는 제자의 수가 더 심히 많아지고...' 라는 말씀이 이어지고 있습니다 (7).

집사의 자격

사도들이 제시한 집사의 자격은 두 가지입니다. '충만' 과 '칭찬' 입니다. 충만해야 할 것은 성령과 지혜입니다. 이런 자격에 따라서 7명을 택했는데, 그중에 스데반에 대해서는 좀 더 자세한 설명이 덧붙어 있습니다. 그는 4가지로 충만한 사람이었습니다. '믿음과 성령' 이 충만했고 (5), 그리고 '은혜와 권능' 도 충만했다고 했습니다 (8). 이렇게 충만하니까 그것이 기사와 표적으로 나타났습니다. 우리가 스데반을 생각할 때 말씀을 전하다가 돌이 맞아 죽은 최초의 순교자로 알고 있습니다. 기사와 표적과는 거리가 먼 것으로 생각합니다. 하지만 그는 사도들 못지않은 왕성한 활동을 했습니다. 누가는 스데반이 '기사' 를 행했다는 말 앞에 '큰' 이라는 형용사를 덧붙였습니다. 스데반은 '큰 기사' (8)를 행했습니다. 그는 구제를 위해서 세워진 인물이었지만, 구제의 일을 했다는 설명은 한 줄도 없고 사도와 같이 복음을 전하는 일을 했습니다. 빌립도 마찬가지입니다. 초대교회에는 집사도 이렇게 복음 전파에 열심이었음을 알 수 있습니다.

우리도 세워진 사람으로서 이렇게 '충만' 하게 되고, 우리가 또 이런 '충만' 한 사람들을 세운다면 교회는 아무 문제가 없게 될 것입니다. 그리고 교회는 힘있게 뻗어나가게 될 것입니다. 문제는 이런 사람을 찾기도 힘들고, 만들기도 쉽지 않다는 것에 있습니다.

성령이 하시는 일

예수님이 미리 말씀하셨습니다. '내 이름을 인하여 너희에게 손을 대어 핍박하며 회당과 옥에 넘겨주며 임금들과 관장들 앞에 끌려가려니와...' (눅21:12).

그럴 때 '너희는 변명할 것을 미리 연구치 않기로 결심하라' 하셨습니다(14). 왜냐하면 '너희의 모든 대적이 능히 대항하거나 변박할 수 없는 구제와 지혜를 너희에게 주리라'(15) 하셨기 때문입니다. 아주 단호한 말씀입니다. 왜냐하면 성령님이 분명히 도와주실 것이기 때문입니다. 그 말씀의 확정을 우리는 이곳에서 봅니다. 성령님은 스데반에게 그때에 할 말씀을 주셨습니다. 아무도 이길 수 없는 말씀이었습니다. 그래서 그들은 '스데반이 지혜와 성령으로 말함을 당하지 못하여' 했습니다(10). 눈에 보이지 않는 성령님이 이렇게 도와주셨습니다.

그뿐만 아닙니다. 현장의 분위기는 험악했는데, 스데반의 얼굴이 천사의 얼굴과 같았습니다(15). 이들이 예수님을 처형한 것을 생각한다면 두려워할 수밖에 없는 분위기입니다. 그런데 주변 상황과 관계없이 아주 대조적으로 그의 얼굴이 빛났다고 했습니다. 어떻게 이렇게 되었을까요? 눈에 보이지는 않지만 함께 하시는 성령님이 스데반의 마음에 기쁨을 주셨고, 세상에 없는 평안을 주셨기 때문입니다(요14:27). 이러한 두 가지가 바로 성령이 하시는 일입니다.

내가 추방되면서 경험해 보니 그럴 때 성령님은 내게 담대함을 주셨습니다. 성령님은 쩔쩔매지 말고 당당하게 대처하라고 하셨습니다. 그래서 그들 앞에서 당황하지 않았습니다. 사전에 무슨 연락이나 받은 듯이 차분하게 행동했습니다. 이상한 평안이 내 속에 생겼습니다. 그리고 넘쳤습니다. '나의 평안을 너희에게 주노라' 하신 예수님의 말씀이 그대로 이루어졌습니다. 이런 성령님이 지금 우리와 함께 하시니 우리는 걱정할 것이 없고, 염려할 것이 없습니다. 연구할 것도 없습니다. 연구한 것보다도 더 놀라운 말씀과 담대함을 바로 그때 주시니까요.

96강
예수께서 하나님 우편에 서신 것을 보고... (행 7)

사도행전 7장은 스데반의 설교와 순교하는 내용을 기록하고 있습니다. 신약성경에 기록된 설교 중에서 가장 깁니다. 기독교를 변증하는 첫 번째 설교입니다. 그리고 스데반은 기독교의 첫 번째 순교자였습니다. 또 스데반은 하늘이 열린 것을 본 첫 번째 사람입니다. 하늘은 아무에게나 열리지 않습니다. 신구약성경을 통 털어서 몇 번밖에 없었던 희귀한 사건입니다. 신약성경에서는 예수님이 세례받을 때 이런 현상이 있었습니다. 예수님이 빌립의 손에 이끌려온 나다나엘에게 '하늘이 열리고 하나님의 사자들이 인자 위에 오르락내리락하는 것을 보리라'(요1:51) 하셨습니다. 이렇게 말씀하신 뒤에 어떻게 되었는지는 아무도 알지 못합니다.

사도행전에는 이러한 귀한 일이 두 번이나 일어났습니다. 한번은 스데반이, 또 한번은 베드로가 경험했습니다. 베드로는 환상 중에 보았고(10:11), 스데반은 순교 직전에 직접 보았습니다(56). 스데반은 예수님이 하나님 우편에 일어서서 계신 것을 보았다고 했는데, 이것도 신약성경 최초의 일이고 스데반 혼자 경험한 일입니다. 예수님이 '하나님 우편에 앉으셨다'는 표현은 신약성경 여러 군데에 나옵니다. 복음서에도 나오고, 바울의 편지에도 있고, 베드로도 말했고, 일반서신인 히브리서에는 두 번이나 기록되어 있습니다. 그렇지만 하나님 우편에 서 있다는 것은 이곳의 기록이 유일합니다.

스데반은 모두 3가지를 보았습니다. 하늘이 열린 것과 예수님이 서 계신 것과 나머지 한 가지는 하나님의 영광을 본 것입니다(55). 하나님의 영광을 본 사람도 손가락을 꼽을 정도로 귀합니다. 그리고 이렇게 3가지를 동시에 본 사람은 아무도 없습니다. 엘리야도, 이사야도, 예레미야도 이런 경험을 하지 못했습니다. 순교하는 스데반에게 주신 최고의 영광이었습니다. 스데반은 일어나서 영접하시는 예수님의 인도를 받아 바로 주님 계신 곳에 들어가게 되었습니다. 천국 입성도 예수님 승천 후에는 스데반이 1번이었습니다.

스데반의 설교 요지

스데반은 이스라엘의 역사를 들어 설교했으며, 인물과 사건을 중심으로 선포했습니다. 그의 설교는 3대지로 나눌 수 있습니다. 첫 번째 대지는 족장 시대입니다(2-16). 중심인물은 아브라함과 요셉입니다. 두 번째 대지는 모세 시대이고(17-44), 중심인물은 모세입니다. 세 번째 대지는 왕정 시대이고 중심인물은 다윗입니다(45-50). 이들의 조상들은 역사(歷史) 가운데서 역사(役事)하신 하나님의 섭리를 거부했으며, 그 당시의 인물을 배척하고 받아들이지 않았습니다. 스데반은 조상들의 이런 죄를 지적했습니다. 분량으로 보면 모세 시대가 가장 길고 자세합니다. 조상 아브라함은 부르심을 받았을 때 순종했습니다. 할례의 언약을 세울 때도 순종하여 따랐습니다. 요셉의 형제들이 그를 미워하여 종으로 팔아넘겼는데, 하나님은 요셉을 '애굽의 치리자'로 세웠습니다(10).

모세 시대를 자세하게 언급한 이유는 조상들이 결정적으로 모세를 거부했기 때문인데, 이 내용이 스데반을 죽이려고 하는 이들의 죄와 허물을 지적하는 것과 부합하기 때문이었습니다. 조상들은 애굽에 있을 때 모세에게 이렇게 말했습니다. '누가 너를 관원과 재판장으로 우리 위에 세웠느냐?'(27). 그런 모세를 하나님이 가시떨기 불꽃 가운데서 불러서 '관원과 속량하는 자'로 보내셨습니다(35). 그런데도 '우리 조상들이 모세에게 복종치 아니하고자 하여 거절하며...'(39), 애굽으로 돌아가자고 했고, 송아지를 우상으로 만들어 섬겼습니다(40-). 배반의 역사가 이어지고 있습니다.

스데반이 다윗 시대를 언급한 것은 그의 소원에 따라 솔로몬이 성전을 건축한 것을 말하려고 했기 때문입니다. 성전은 잘 지어졌는데, 그때로부터 지금까지 이들은 너무 성전과 율법을 의지했으며, 생명보다 더 귀하게 여겼습니다. 건물로 지어진 성전을 그림이나 사진이라고 한다면, 예수님은 그 사진이 말하는 실물입니다. 실제 인물이 왔는데도 반대하고, 배척했으니 모세 시대의 조상들과 하나도 다를 바가 없는 행동입니다. 스데반은 이것을 지적하고 말하기 위해서 이렇게 그들의 역사를 나열해서 말했습니다.

영광의 하나님 (2)

아브라함이 하란을 떠날 때의 나이가 75세라고 했습니다(창12:4). 이 장에서는 하나님이 아브라함을 하란에 있기 전에 메소포타미아의 갈대아 우르에 있을 때 부르셨던 것을 말하고 있습니다. 그렇다면 아브라함은 75세 전에 부름을 받았음을 알 수 있습니다. 75세 전이라고 해도 그때나 지금이나 젊은 나이는 아닙니다. 당연히 낯선 곳에 가서 산다는 것은 부담이 될 수밖에 없습니다. 그렇다면 그 나이의 아브라함을 움직인 것은 무엇이었을까요? 하나님의 약속이었을까요?

하나님은 아브라함에게 아주 놀라운 복을 약속을 하셨습니다. 큰 민족을 이루고, 이름을 창대하게 하겠으며, 복의 근원이 되게 하겠다고 하셨습니다(창

12:2). 놀라운 말씀이기는 하지만 어디까지나 약속에 불과합니다. 미래에 있을 일이고, 많은 세월이 지나서 이루어질 약속일뿐입니다. 그렇다면 무엇이 이런 아브라함을 움직여서 남의 나라 낯선 땅으로 영원히 이주할 행동을 하게 했을까요? 창세기에는 약속밖에 없습니다. 그 답은 사도행전에 있는 스데반의 설교에 나옵니다. 스데반은 그럴 때 하나님이 아브라함에게 자기의 '영광'을 보여주셨다고 했습니다. 아브라함은 하나님의 영광을 보았고, 영광스러운 하나님을 대면하여 만났습니다. 이렇게 되면 아무 이유도 따지지 않고 그 하나님을 따를 수 있습니다. 그 영광이 너무 놀랍기 때문입니다. 아브라함은 영광의 하나님을 무조건 따라나섰습니다. 이것을 두고 히브리서 기자는 '갈 바를 알지 못하고 갔고'(11:8) 라고 표현했습니다.

하나님을 영광의 하나님으로 알자!

하나님은 그때나 지금이나 영광의 하나님이십니다. 하늘 문이 아무에게나 열리지 않는 것처럼 이런 영광의 하나님을 보는 것도 아무에게나 주어지는 것이 아닙니다. 성경에는 하나님의 영광을 본 사람이 많지 않습니다. 우리가 볼 수 없는 것도 당연한 사실입니다. 그러나 그 사실을 알 수는 있고, 믿을 수는 있습니다. 믿음으로 알면 됩니다. 그러면 그 사실이 우리의 마음을 뜨겁게 할 것입니다. 모든 것을 다 버리고 따를 마음이 일어나게 할 것입니다.

저가 북경의 어느 교회에서 집회를 인도할 때 만난 어떤 강도사님의 고백입니다. 선교의 원대한 꿈을 안고 선교지에 왔는데, 자기가 해야 할 일은 교회의 방송실에 앉아서 기자재를 작동시키고 테이프를 복사하는 일이었습니다. '내가 지금 뭐 하고 있나?' 회의가 들었습니다. 다 때려치우고 한국으로 돌아갈 마음을 먹었습니다. 그럴 때 저를 통해서 '영광의 하나님'에 대한 말씀을 들었습니다. '아! 하나님은 영광의 하나님이신데 내가 모르고 있었구나!'. 내 앞에 와서 울먹이면서 고백했습니다. '영광의 하나님을 바라보며 다시 시작하겠습니다'.

그렇습니다. 그때나 지금이나 하나님의 영광은 변함이 없습니다. 깨달아 아는 자와 믿음으로 보는 자가 힘을 얻게 됩니다. 영광의 하나님을 만나면 목숨까지도 아까워하지 않습니다. 지금도 여전히 영광스러우신 하나님을 바라봅시다. 그 하나님의 영광스러움을 압시다.

97강
예수를 가르쳐 복음을 전하니... (행 8)

예루살렘 교회에 큰 핍박이 밀어닥쳤습니다. 고난과 핍박이 처음 있는 일이 아니지만, 이제까지 당한 것과 비교할 수 없는 고난이라고 했습니다. 앉은뱅이를 고친 후에 사도들이 감옥에 갇혔습니다(4장). 베드로는 예수님을 모른다고 부인했던 그 자리에서 당당히 예수님의 십자가와 부활을, 그리고 자신이 증인임을 증거했습니다. 관원들은 담대하게 말하는 베드로와 요한을 '어떻게 벌할 도리를 찾지 못하고'(4:21) 그들을 그대로 풀어주었습니다. 사도들은 동료들이 있는 곳으로 가서 경위를 설명하고 함께 기도했습니다. 기도 응답은 즉각적으로 나타났습니다. 성령이 임하셔서 그들을 더욱 충만케 했습니다(4:31). 그 뒤 대제사장과 사두개인의 당파가 사도들을 다시 감옥에 집어넣었습니다. 두 번째 투옥입니다. 그렇지만 주의 사자 곧 천사가 와서 기적적으로 이들을 구출해 주었습니다(5장). 사도들은 '새벽'에 성전에 가서 가르쳤습니다(5:21). 적대자들은 이들을 다시 체포했습니다. 그러나 그들은 성령으로 말하는 베드로를 당할 수가 없었습니다. 그래서 '사도들을 불러들여 채찍질하며 예수의 이름으로 말하는 것을 금하고' 다시 풀어 주었습니다(5:40). 그 뒤에 무리들이 스데반을 돌로 쳐서 죽였습니다. 적대자들은 무리들이 이렇게 행하는 것을 보고 본격적으로 사도들을 체포하기 시작했습니다.

그런데 3가지 놀라운 일이 일어났습니다. 첫째는 핍박을 피해서 믿는 자들이 사방으로 흩어졌는데, 사도들은 예루살렘에 그냥 있었습니다. 이들은 전에 도망쳤던 경험이 있는 사람들입니다. 그러나 이번에는 전에처럼 행하지 않았습니다. 이상하지 않습니까? 상황은 더 악해졌는데 말입니다. 성령으로 충만해졌기 때문입니다. 도망의 부끄러움을 한번 경험해 보았기 때문입니다. 두 번째는 흩어진 사람들이 사마리아로 간 사건입니다. 유대인들은 절대로 안 가는 곳이 사마리아입니다. 체포하려는 핍박이 일어나니까 이곳저곳을 가리지 않고 갔는데, 그곳이 바로 사마리아였습니다. 일어난 핍박이 결국은 '사마리아에도 복음을 전해야 한다'는 예수님의 말씀을 이루게 했습니다. 세 번째는 흩어진 그들은 어느 곳에 가든지 복음을 전했습니다(4). 이것 때문에 핍박이 일어났는데, 이들은 복음을 전하는 일을 그만두지 않았습니다. 이제부터는 누룩과 같이 은밀하게 복음을 전했습니다. 주님은 핍박을 도구로 사용하셨고, 그리고 핍박을 일으킨 그 사람들을 복음 전파의 도구로 사용하셨습니다.

빌립의 사마리아 전도 (4-13)

빌립이 사마리아로 갔습니다. 아무도 가지 않으려고 하는 곳이었습니다. 빌립은 7집사 중에서 한 명이었지만, 그곳에 가서 복음을 전했습니다. 사도들은 예루살렘을 떠나지 않았기 때문입니다. 빌립은 스데반과 마찬가지로 표적을 행하고 귀신을 쫓아냈으며, 많은 중풍병자와 앉은뱅이를 고쳤습니다. 그랬더니 그 성에 기쁨이 넘쳤다고 했습니다(8). 복음을 들어서 기쁘고, 그렇게 멸시하던 유대인이 와서 전해 주었으니 감사하고, 그리고 수많은 병자들이 병에서 해방되었으니 기쁨이 넘치지 않을 수 없었습니다.

빌립은 가장 중요한 일을 빠뜨리지 않았습니다. 치유 사역에 몰두하다 보면 복음을 말할 기회를 잊어버릴 때가 있고, 시간이 없어서 간단하게 말하고 지나가는 경우가 흔합니다. 치유도 중요하고 능력이 나타남도 귀중하지만, 무엇보다 중요한 것은 예수 그리스도요 복음입니다.

복음이 그들의 가슴에 있어야 빌립이 떠나도 그들은 예수님을 모시고 살게 될 것입니다. '빌립이 하나님 나라와 및 예수 그리스도의 이름에 관하여 전도'(12) 했습니다. 그는 하나님의 나라에 대해서 설명했고, 예수 그리스도의 이름의 능력에 대해서도 말했습니다. 그리고 그들이 보는 앞에서 예수 그리스도의 이름으로 병을 물리치고, 귀신을 쫓아냈습니다. 그 이름의 능력이 그 자리에서 바로 나타났습니다. 그들은 복음을 확실하게 받아들였습니다. 빌립은 받은 권능을 복음을 전하는 도구로 아주 효과적으로 사용했습니다.

사도들의 관심 (14-25)

여기에 있는 12개의 절 안에 사도들의 3가지 관심이 있습니다. 첫째는 사마리아에 내려간 두 사도의 관심입니다. 사마리아도 하나님의 말씀을 받았다는 말을 듣고 예루살렘 교회는 베드로와 요한을 파송했습니다. '뭐? 사마리아에 예수 믿는 자가 생겼다고?' 하는 놀라움입니다. 그렇다면 두 사도는 그들이 어떻게 예수를 믿게 되었는지, 믿는다는 것이 진짜인지를 알아보아야 했습니다. 그것 때문에 파송되었으니까요. 그런데 두 사도는 그렇게 하지 않았습니다. 사마리아 성도들에게 묻지도 않고 따지지도 않고 바로 성령 받기를 위해서 기도했습니다(15). 베드로가 경험해 보니 성령을 받는 것이 가장 중요하고, 가장 시급하고, 이것만 있으면 되기 때문입니다. 이것이 바로 사도들의 관심이었습니다. 관심이 없으면 이렇게 하라고 해도 하지 않습니다.

두 번째는 마술사 시몬의 유혹 앞에서 사도가 보였던 태도입니다. 시몬은 사도들이 안수할 때 성령이 임하는 것을 보고 사도들에게 많은 돈을 주었습니다.

뇌물을 고여 청탁했습니다. 사도들은 모른 척하고 그냥 가르쳐 주면 됩니다. 그러나 베드로는 시몬의 뇌물을 거절하고 그의 잘못을 지적했습니다. 이것이 사도들의 관심이었습니다. '내게 있는 것'이 너무 귀하다는 것을 알았기 때문에 '은과 금'은 그들에게 없어도 되는 것이었습니다.

세 번째는 두 사도가 임무를 마치고 예루살렘으로 돌아갈 때 했던 행동을 통해서 그들의 관심을 알 수 있습니다. 그들은 사마리아에서의 사역을 마치고 옛날에 했던 것처럼 그 땅을 빨리 벗어나려고 하지 않았습니다. 옛날이라고 몇백 년 전의 일이 아닙니다. 불과 몇 개월 전에는 그랬습니다. 그런데 이제는 예수님의 말씀에 따라서 사마리아도 복음을 전해야 할 전도 지역이었기 때문에 사마리아의 여러 촌에서 복음을 전하면서 예루살렘으로 갔습니다. 이것이 바로 사도들의 관심이었습니다. 그들의 마음에는 오직 성령과 복음만 있었고, 그것만 생각했습니다.

빌립의 광야 전도 (26-40)

천사가 빌립에게 명령했습니다. 그 명령은 방향과 종점만 담고 있었습니다. 방향은 남쪽입니다. 가야 할 길의 종점은 가사로 내려가는 길입니다. 왜 가야 되는지, 그리고 가서 무슨 일을 해야 하는지는 언급이 없습니다. 우리가 관심을 가지는 것은 '왜'와 '무슨'입니다. 이것을 모르거나 명확하지 않으면 우리는 움직이지 않으려고 합니다. 방향과 종점만 알고서 간다는 것은 쉬운 일이 아닙니다. 그 길은 또 광야 길이었습니다. 걷는 것 자체가 고통스럽습니다. 그러나 빌립은 순종했습니다. 가서 보니 큰 권세를 가진 내시가 예배 후 자기 나라로 돌아가고 있었습니다. 빌립이 마차에 올라 그가 읽고 있는 성경을 해설해 주고 복음을 전했습니다. 예수님을 알면 구약성경을 해석하기가 어렵지 않습니다.

이곳에는 성령이 임하셨다는 표현이 없습니다. 그러나 내시의 행동을 보면 성령이 임하신 것이 틀림없습니다. 그는 아주 기뻐했다고 했습니다(39). 이것이 바로 성령이 임하신 증거입니다. 이 사람은 땅끝에서 왔다가 '돌아가고 있는 땅끝'이었습니다. 예수님은 땅끝까지 나아가서 증인이 되라 하셨는데, '돌아가는 땅끝'을 그냥 보낼 수 있겠습니까?

98강
내 이름을 전하기 위해 택한 그릇이라! (행 9)

예수님은 승천하기 직전에 '오직 성령이 너희에게 임하시면 너희가 권능을 받고 예루살렘과 온 유대와 사마리아와 땅끝까지 이르러 내 증인이 되리라' (1:8) 하셨습니다. 복음이 예루살렘에서 시작되고, 교회가 예루살렘에서 시작될 것이기 때문에 예루살렘을 떠나지 말라고 하셨습니다. 그리고 '아버지의 약속하신 것을 기다리라'고 하셨습니다(4). 사도들은 명령에 순종했고 예수님은 약속을 지켰습니다. 성령이 영원히 계시기 위해서 이 땅에 오셨습니다.

성령이 임하시는 그 장소에 있었던 사람들은 사도뿐만 아니라, 120명이 다 성령의 충만함을 받았습니다. 이들이 권능을 받은 증거는 그 뒤에 바로 나타났습니다. 태어나면서부터 앉은뱅이였던 사람을 베드로가 예수님의 이름으로 정상인이 되게 했습니다. 이렇게 기적이 나타났을 뿐 아니라, 제자들이 채찍질과 투옥을 겁내지 않는 더 놀라운 일이 일어났습니다. 베드로가 설교했더니 하루만에 3천 명, 5천 명이 회개하고 믿는 자가 되었습니다. 예수님이 뿌려놓은 씨앗을 제자들이 거둔 것입니다. 이제 예루살렘 교회는 엄청난 규모로 커졌습니다.

이렇게 예루살렘이 복음으로 가득 채워졌다는 것을 말하고 난 뒤에 '하나님의 말씀이 점점 흥왕하여 예루살렘에 있는 제자의 수가 더 심히 많아지고' (6:7) 하는 구절이 나옵니다. 이런 구절은 그 뒤에도 후렴 구절처럼 반복됩니다. 어느 지역의 복음화를 설명한 뒤에는 이러한 구절이 마무리하는 글로 나타나고 있습니다.

오늘 우리가 살펴보는 9장에는 온 유다와 사마리아까지 복음이 전해졌습니다. 그래서 31절에 '그리하여 온 유대와 갈릴리와 사마리아 교회가 평안하여 든든히 서가고 주를 경외함과 성령의 위로로 진행하여 수가 더 많아지니라' (31) 했습니다. 예수님이 말씀하신 지역 중에 '예루살렘과 온 유대와 사마리아'에 복음이 전해졌고, 교회가 세워졌습니다. 이제 남은 것은 '땅끝'입니다. 땅끝을 향하여 복음이 나아가는 것을 설명하면서 누가는 이런 구절을 2번 더 사용했습니다. 그 당시에 누가가 생각한 땅끝은 제국의 수도 로마였습니다.

사울을 찾아주신 예수님 (1-9)

사울은 마음에 분노가 가득 찼습니다. 왜냐하면 많은 사람들이 사도들의 말을 들었고, 사도가 권하는 예수를 받아들였기 때문입니다. 게다가 더 한심한 것은 '허다한 제사장의 무리도 그 도에 복종' 했기 때문입니다(6:7). '쓸개 빠진 인간들! 무슨 할 짓이 없어서 그런 말에 귀를 기울이나?' 사울은 예수님을 그저 한 사람의 선지자로 알았습니다. 조금 뛰어난 선지자이기는 했지만 죽었으니까 끝났다고 생각했습니다. 그런데 그 제자들이 부활했다고 하니 드디어 그의 감정이 폭발했습니다. 이런 종류의 사교는 그 싹이 어릴 때 발로 문질러버려야 한다고 생각했습니다. 그래서 다메섹에 있는 예수 믿는 자들을 다 잡아서 끌고 올 생각으로 대제사장으로부터 영장을 발부받아서 갔습니다. 다메섹은 예루살렘에서 가까운 곳이 아닙니다. 그런데 가슴에 불이 붙어 있으니 그까짓 거리는 멀게 느껴지지 않았습니다.

다메섹에 가까이 갔을 때 예수님이 빛과 소리로 그를 찾아왔습니다. 사울은 해 보다 더 밝은 빛을 보았고(26:13), 자신의 이름을 부르는 소리를 들었습니다. 죽어서 끝난 줄 알았는데, 그분이 자신을 찾아와서 이름을 불렀으니 얼마나 놀랐겠습니까?

사울은 너무 강렬한 빛으로 인해 아무것도 볼 수 없는 사람이 되고 말았습니다. 당당하게 다메섹으로 향했는데, 이제는 주변 사람들의 도움을 받지 않으면 움직일 수 없는 사람이 되었습니다. 3일간 식음을 전폐하고 기도하며 생각했습니다. '나에게 찾아오신 분이 누구인가? 그분이 예수님이라면 그러면 그분은 살아나셨다는 말인가?' 이런 생각으로 잠을 이루지 못했고, 아무것도 볼 수 없는 처지가 되었으니 앞날이 캄캄했습니다. 사울은 3년 같은 3일을 보내고 있었습니다. 이 3일은 요나가 고기 배 속에서 보낸 3일과 같습니다. 두 사람은 그곳에서 나왔을 때, 새 사람이 되어 있었습니다.

아나니아를 보내심 (10-19)

주님이 심부름을 보내기 위해서 아나니아를 불렀습니다. 그는 여러 가지 걱정거리를 예수님께 말했습니다. 그는 다메섹에 살았지만, 사울에 관해서 모든 소식을 다 알고 있었습니다. 그가 예루살렘에서 성도들을 잡아서 옥에 넣었던 일과 그런 일을 하기 위해서 다메섹으로 영장을 가지고 온다는 내용입니다. 발 없는 소문이 천리를 간다더니 휴대폰도 없던 시절에 정보가 이렇게 빨리 전달되었습니다. 그래서 아나니아는 사울에게 가고 싶은 마음이 없었습니다.

그런데 이상한 것은 예수님이 직접 사울에게 말씀하시면 되는데, 왜 아나니아를 통해서 말씀하셨을까요? 그것은 그에게 상급을 주기 위해서 입니다.

예수님의 말씀에 사울은 2가지 그릇이었습니다. 첫째는 복음 전파의 그릇입니다. '내 이름을 전하기 위하여 택한 나의 그릇'이라 했습니다(15). 또 한 가지는 '고난을 담는 그릇'입니다(16). 사울은 복음을 전하는 일꾼으로 부름받았을 뿐 아니라, 주의 이름을 위해서 얼마만큼 고난 당하게 될지를 보여 주는 그릇으로 준비되었습니다.

예수님은 두 사람에게 환상을 동시에 보여 주셨는데, 아나니아에게 환상으로 말씀하실 때에 사울이 동시에 환상을 보았습니다. 사울이 본 환상의 내용은 아나니아가 자기에게 와서 안수하여 낫게 하는 것이었습니다(12). 사울이 이런 환상을 이미 보았는데, 아나니아가 가지 않으면 어떻게 되겠습니까? 그래서 명령을 받으면 순종해야 됩니다.

즉시로

아나니아는 그 뒤에 순종하여 갔습니다. 그리고 안수하여 기도했더니 사울의 눈에서 비늘 같은 것이 벗어져서 바로 보게 되었습니다(18). 사울은 즉시로 각 회당에서 예수님이 하나님의 아들인 것을 전파했습니다(20). '각 회당'이라고 한 것을 보니 사울이 그곳에 있는 여러 회당을 찾아다녔다는 것을 알게 됩니다. 사울은 잠시도 머뭇거리지 않았습니다. 그들의 반응도 즉시로 나타났습니다. 굴복하여 믿는 사람이 있었습니다. 며칠 사이에 '그의 제자'가 생겼습니다(25). 그렇지만 받아들이지 아니하는 유대인들은 사울을 죽이려고 계획을 세웠습니다. 제자들이 사울을 광주리에 담아 그 성을 탈출하도록 도와주었습니다.

베드로 사역 (32-43)

베드로의 두 가지 사역이 소개되었습니다. 룻다의 애니아는 중풍으로 8년을 누워 있었는데 베드로의 한 마디에 온전하게 되었고, 욥바의 도르가는 이미 죽었는데 베드로의 명령에 생명이 돌아왔습니다(40). 룻다와 욥바는 이방 지역입니다. 애니아와 도르가는 예수님을 믿고 있는 성도와 여제자였습니다. 베드로는 전도하기 갔다가 이들을 고쳐준 것이 아니었지만 이 2가지 사건으로 그 지역에 많은 사람이 믿게 되었습니다(35,42).

이렇게 해서 예루살렘과 모든 유대와 사마리아를 벗어나서 이방 지역 곧 '땅끝'을 향하여 복음이 뻗어나갔습니다. '땅끝'을 향하여 먼저 나아갔던 사람은 베드로이고, 교회의 보냄을 받아 본격적으로 갔던 사람은 사울입니다.

99강
하나님께서 깨끗케 하신 것을 네가 속되다 하지 말라! (행 10)

사도행전의 사람 주인공은 2명입니다. 한 사람은 베드로이고, 또 한 사람은 바울입니다. 사도행전은 사도들의 행적을 기록한 성경이지만, 사도는 이 두 사람만 행적이 기록되어 있을 뿐, 다른 사람들은 어디에서 무엇을 했는지 알 수 없습니다. 사도 요한은 3장에서 앉은뱅이를 일으킬 때 잠시 이름이 나옵니다. 그런데 사도가 아닌 두 사람, 곧 스데반과 빌립의 행한 일은 자세하게 적혀 있습니다.

앞부분은 베드로가 주인공인데 1장에서 5장까지입니다. 중간에 완충 지대가 있습니다. 6-7장은 스데반에 대해서 기록되어 있고, 8장에서 12장까지는 베드로와 바울이 함께 나오는 완충 지역입니다. 13장부터는 바울이 주인공입니다. 베드로 부분에는 바울이 없고, 바울 부분에는 베드로의 이름을 찾아볼 수 없습니다. 그리고 누가는 이 2명의 주인공이 겪은 일들 중에서 비슷한 5가지를 비교하고 대조하면서 설명했습니다.

첫째는 투옥입니다. 베드로는 예루살렘에서 두 번이나 감옥에 갇혔습니다. 바울은 빌립보 감옥에 갇혔습니다. 베드로는 천사가 기적적으로 구출해 주었고, 바울은 밤중에 기도하고 찬송했을 때 옥문과 매인 것이 다 풀어지는 기적이 있었습니다.

두 번째는 병자를 치료하는 일입니다. 베드로는 그의 그림자라도 뉘게 덮일까 하고 병자들이 바랐다고 했는데 (5:15), 바울은 손수건이나 앞치마를 병든 사람에게 얹으면 병이 떠나가고 귀신도 도망갔습니다 (19:12).

세 번째는 앉은뱅이를 고친 일입니다. 베드로는 성전 미문의 앉은뱅이를 고쳤고, 바울은 루스드라에서 앉은뱅이를 일으켰습니다 (14장).

네 번째는 베드로는 죽은 도르가를 살렸는데 (9:36, -), 바울은 창에서 떨어진 유두고를 살렸습니다 (20:9-).

마지막으로 베드로의 사역을 설명하고 난 뒤에 '하나님의 말씀이 점점 왕성하여 예루살렘에 있는 제자의 수가 더 심히 많아지고' (6:7) 라는 설명이 따라오는데, 바울의 경우도 마찬가지입니다. '이와 같이 주의 말씀이 힘이 있어 흥왕하여 세력을 얻으니라' (19:20). 이렇게 비교한 이유는 두 사람이 비슷한 사역을 했고, 자기를 드러내지 않고 예수님을 높였다는 것이며, 초대교회의 성장에 말로 다 설명할 수 없는 지대한 영향을 미쳤습니다.

이방인 고넬료 (1-8)

성령님은 이방인에게 복음의 문을 점점 열어가고 있었습니다. 에디오피아 간다게의 국고를 맡은 내시는 예루살렘에 와서 예배에 참석한 후 돌아가는 중이었습니다. 일컬어 '돌아가는 땅끝' 입니다. 성령님은 이 사람을 빌립에게 맡겨서 예수님을 알도록 했습니다. 고넬료는 로마에서 예루살렘에 '와 있는 땅끝' 입니다. 이 사람은 베드로가 맡았습니다. 고넬료의 회심은 이제까지 유대인 중심의 사역에서 이방인으로 확대되는 획기적인 사건입니다. 땅끝까지 가서 복음을 전하는 것이 지상 사명입니다. 땅끝까지 가야 하는데 '돌아가는 땅끝'을 그냥 보낼 수가 있겠습니까? 그리고 '와 있는 땅끝' 도 놓치지 않았습니다. 최초의 선교사 바울을 파송하기 전에 있었던 일입니다. 성령님은 절대로 이런 사람들을 건너뛰어서 먼 곳으로 가라고 하시지 않았습니다. 와 있는 이방인을 통해서 이방인 전도의 문을 먼저 여셨습니다.

그렇기 때문에 우리도 돌아가는 사람, 와 있는 사람들에게 관심을 가져야 하겠습니다. 이 사람들은 곧 자기가 사는 곳에 돌아갈 사람들입니다. 그곳이 땅끝입니다. 돌아가는 땅끝은 곧 '복음의 민들레 씨앗' 을 자기가 사는 지역에 흩뿌리게 될 것입니다. 실제로 내시는 그런 역할을 했고, 그 한 사람으로 인해서 많은 사람이 믿게 되었습니다. 내 주변의 땅끝을 두드리면 먼 곳의 땅끝이 열리게 됩니다.

두 가지 환상을 동시에... (3,11)

주님은 두 사람에게 동시에 환상을 보여 주셨습니다. 한 사람은 청할 사람이고 한 사람은 갈 사람입니다. 청할 사람이 청하지 않아도 안 되고, 갈 사람이 가려고 하지 않아도 일이 이루어지지 않습니다. 먼저 천사가 고넬료에게 나타나서 베드로를 청하라고 했습니다. 무엇을 할 것인지는 말하지 않았습니다.

천사는 베드로가 머물고 있는 곳을 말해 주었습니다. 베드로는 도르가를 살리고 난 뒤에 욥바의 피혁 장인인 시몬의 집에 있었습니다. 욥바는 가이사랴에서 가면 하루쯤 걸린다고 합니다. 주님은 베드로를 모시러 간 사람들이 도착하기 직전에 그에게 환상을 보여 주셨습니다. 그것은 우리가 잘 알고 있는 '보자기 환상' 입니다. 잡아먹으라는 명령을 베드로는 거절했습니다. 왜냐하면 부정한 짐승이 그곳에 함께 있었기 때문입니다. '하나님께서 깨끗케 하신 것을 네가 속되다 하지 말라' 는 음성이 들렸습니다(15). 이런 일이 세 번 있은 후에 보자기 환상은 사라졌습니다.

타이밍이 기가 막힙니다. 이 환상이 무슨 뜻일까 하고 생각하고 있는데, 그 사람들이 베드로의 이름을 불렀습니다. 그럴 때 성령이 베드로에게 말했습니다. '두 사람이 너를 찾으니 일어나 내려가 의심하지 말고 함께 가라. 내가 저희를 보내었느니라'(20). 이렇게까지 하시는데 베드로가 거절할 수 있겠습니까? 베드로는 이방인인 그들을 불러들여서 자고 다음 날 가이사랴로 떠났습니다. 낮 12시가 지난 시간이라서 자고 아침에 출발하는 것이 좋겠다고 판단했습니다. 성령님의 지시에 따라 바로 출발하지 않았지만, 이방인을 집으로 불러들였다는 것은 놀라운 순종입니다. 이렇게 성령님이 역사하셔서 베드로를 안 가면 안 되도록 설득했습니다. 베드로는 유대인의 관습을 내세우면서 고집하지 않고 순종했습니다. 성령님은 달라진 사람을 통해서 세상을 바꾸는 일들을 이루셨습니다.

고넬료의 준비

고넬료는 베드로가 올 것을 확신했습니다. 천사가 말해 주었으니까요. 그래서 그는 일가와 가까운 친구들을 모아놓고 기다리고 있었습니다(24). '우리는 주께서 당신에게 명하신 모든 것을 듣고자 하여 다 하나님 앞에 있나이다'(33) 하고 말했습니다. 사람도 준비했고, 말씀들을 마음도 준비했습니다. 베드로는 준비된 그들에게 예수님의 십자가와 부활을 증거했습니다.

특이한 현상

이제까지 한 번도 이렇게 된 적이 없었던 현상이 고넬료의 집에서 일어났습니다. 베드로가 말씀을 전하고 있는데 성령이 그 모든 사람에게 내려왔습니다(44). 베드로는 이때 성령이 임하신 것을 '처음 우리에게 하신 것과 같이 했다'고 말했습니다(11:15). 이들은 이방인인데도 불구하고 바로 그 자리에서 방언으로 말하고 하나님을 높이는 찬양을 했습니다(46). 베드로와 같이 갔던 할례받은 사람들이 이들에게 성령이 임하시는 것을 보고 깜짝 놀랐습니다. 왜냐하면 이들이 유대인이 되는 절차를 거치지도 않았는데 이방인에게 성령이 임하셨으니 말입니다. 이방인이라는 구분은 사람이 한 것이지, 성령님은 사람을 구별하지 않습니다.

성령님의 이런 역사와 성령 충만한 자들의 순종으로 이방을 향한 거대한 문이 열리기 시작했습니다. 순종하면 그 뒤의 일은 이렇게 성령님이 하십니다. 이제 우리는 이런 문을 열려고 수고할 필요가 없습니다. 우리 주변의 문만 열면 됩니다. 이미 큰 문이 열렸으므로 작은 문은 쉽게 열릴 것입니다.

100강
우리가 누구관대 하나님을 능히 막겠느냐? (행 11)

사도행전 11장에는 두 가지 사건이 기록되어 있습니다. 한 가지는 베드로가 고넬료의 집에 갔던 것에 대해서 해명하는 내용이고, 또 한 가지는 안디옥에 이방인의 교회가 세워진 사건입니다. 두 가지 다 이방인에 관계된 일입니다. 누가는 어떻게 이방 세계에 전도의 문이 열리게 되었는지를 말하고 있습니다. 그가 이방인이기 때문에 이방인에 대해서 관심을 가지는 것은 당연한 일이라 하겠습니다. 이방인 누가는 이방 세계에 복음이 전해지는 과정을 어떻게 기록하고 있는지 한 번 보십시오. 시작은 8장부터입니다.

8장에는 빌립이 사마리아와 구스 내시에게 전도한 내용을 기록하고 있습니다. 사마리아는 '곁에 있는 땅끝'이고, 구스 내시는 '돌아가는 땅끝'이었습니다. 9장에는 이방인들에게 본격적으로 복음을 전할 일꾼인 바울이 어떻게 준비되었는가를 말하고 있습니다. 그리고 후반부에는 베드로가 이방 지역에서 사역한 것을 기록하고 있습니다. 베드로는 룻다와 욥바에 전도하기 위해서 간 것은 아니지만 그곳에서 행한 놀라운 기적으로 많은 사람들이 믿고 돌아왔다고 했습니다(9:35,42).

10장에는 고넬료가 믿음으로 이방인 최초의 신자가 되었습니다. 11장에는 이방인이 이방인에게 전도해서 안디옥 교회라고 하는 최초의 이방인 교회가 세워졌습니다. 12장에는 감옥에 갇힌 베드로가 기적적으로 구출되었고, 헤롯이 충(蟲,worms)이 먹어 죽게 되는 사건이 있었습니다. 이방인 세계로 나아가기 위한 사전 '정지 작업'이었습니다. 베드로는 주도 세력이었고, 헤롯은 방해 세력이었습니다. 베드로는 없어서는 안 될 인물이었고, 헤롯은 있어서는 안 되는 인물이었습니다.

13장과 14장에는 바울의 1차 전도 여행이 기록되어 있습니다. 15장에는 예루살렘에서 이방인 전도를 위한 중요한 회의가 열렸습니다. '믿게 된 이방인들을 어떻게 할 것인가?' 이 문제를 해결하지 않으면 유대인이 이방 세계로 가서 전도한다는 것은 불가능합니다. 성령님은 보자기 환상 때에는 베드로의 말을 듣는 자들로 '잠잠케' 하시더니(11:18), 이때는 온 무리로 '가만히' 있게 하셨습니다(15:12). 이 회의의 결정으로 이방 세계를 향한 문이 활짝 열렸습니다. 그 후에 16장부터 바울 일행의 2차 전도 여행이 시작되었습니다. 그리고 그 후에 곳곳에 교회가 세워졌습니다.

일어난 논쟁 (1-18)

베드로가 가이사랴에서 고넬료 집에 모인 사람들에게 세례를 주고 예루살렘으로 돌아왔습니다. 할례자들이 베드로가 이방인들과 교제를 나눈 것을 따져 물었습니다. 이들은 할례를 받은 유대인 신자를 말하는데, 복음을 받아들이기는 했지만 여전히 율법의 관습에 매여 있는 사람들이었습니다. '네가 무할례자의 집에 들어가서 함께 먹었다'(3)고 했습니다. 이들의 생각으로는 유대인이 이방인과 교제를 나누는 것은 있을 수 없는 일이었습니다. 베드로는 차분히 그들에게 설명했습니다. 보자기 환상을 본 것부터 고넬료가 보낸 사람이 찾아온 것과 '아무 의심 말고 함께 가라'(12)는 성령님의 명령을 말했습니다. 베드로가 명령에 순종하여 그 집에 가서 말씀을 전했더니 특이하게도 말을 시작할 때에 성령이 저희에게 임했습니다. 그 성령은 그들이 처음 경험했을 때와 같이 강력했습니다. '우리가 예수님을 믿을 때 주신 것과 같은 선물을 저희에게도 주셨다'(17)고 했습니다. 모든 과정을 다 설명했습니다.

베드로는 설명의 마지막을 이렇게 마쳤습니다. '내가 누구관대 하나님을 막겠느냐?'(17). 사람이 감히 막을 수도 없거니와 잘못하면 화를 당하게 될 것입니다. 조용하면서도 아주 강력한 결론이었습니다. 그 사람들이 베드로의 설명을 듣고 '잠잠했다'라고 했습니다(18). 이때가 바로 이방 선교의 문이 열리는 순간입니다. 그들은 '잠잠'한 것으로 이 일에 동참했습니다. 그리고 하나님께 영광을 돌리며 '하나님이 이방인에게도 생명 얻는 회개를 주셨다'라고 말했습니다(18). 이 사람들은 이렇게 쉽게 물러설 사람들이 아닌데, 정말 이때 기적이 일어났습니다.

안디옥에 교회가 세워지다 (19-26)

예루살렘에서 이런 일이 있을 때 안디옥에서는 이방인 전도를 위한 또 한 가지 놀라운 일이 일어났습니다. 스데반의 일로 일어난 환란으로 흩어진 사람들이 이방 지역으로 갔지만, 그곳에 있는 유대인들에게만 복음을 전했습니다. 그 중에 구브로와 구레네 몇 사람이 안디옥에서 헬라인에게 복음을 전했습니다(20). 그랬더니 수다한 사람들이 믿고 주께로 돌아오게 되었습니다(21). 예루살렘 교회가 이 소식을 듣고 바나바를 파송했습니다. 간섭하기 위해서가 아니라 돕기 위해서입니다. 바나바는 그 후 사울을 고향에서 데리고 와서, 그곳에서 이방인 성도들을 가르치는 일로 함께 사역했습니다.

안디옥 교회- 5가지 '최초'

첫 번째로 안디옥 교회는 이방인으로 구성된 최초의 교회였습니다. 복음이 예루살렘과 온 유대와 사마리아를 거쳐 안디옥에 이르렀습니다. 안디옥에 오기 전까지는 유대인들이 대상이었습니다. 그런데 이제는 그 테두리를 뛰어넘었습니다. 최초로 이방인 교회가 세워졌다는 것은 예수님이 하신 말씀이 현실로 나타났습니다.

두 번째는 최초로 '그리스도인'이라는 명칭을 듣게 된 곳입니다. '제자들이 안디옥에서 비로소 그리스도인이라 일컬음을 받게 되었더라'고 했습니다(26). 그리스도의 사람들, 그리스도를 중심으로 사는 사람들, 그리스도 없으면 큰일 나는 사람들, 그리스도가 제일 우선인 사람들. 주변 사람들의 눈에 이렇게 보였습니다. 그래서 붙여진 자랑스러운 이름입니다.

세 번째는 안디옥 교회는 이방인 전도를 위한 전초기지입니다. 이방 지역에서 이방인들로 구성된 교회이기 때문에 이방인 전도가 최우선일 수밖에 없었습니다. 실제로 바울은 3차 전도 여행까지 안디옥에서 출발하고, 안디옥으로 돌아와서 선교 보고를 했습니다. 안디옥을 중심으로 출발과 귀환을 되풀이했습니다. 안디옥 교회는 이렇게 이방인 전도를 위한 전초 기지 역할을 단단히 했습니다.

네 번째는 천하에 기근이 들어서 어려울 때에 안디옥 교회가 예루살렘 교회에 부조를 보내는 결정을 하게 됩니다. 교회가 교회를 돕는 최초의 일입니다. 얼마나 아름답습니까? 이방인 교회가 예루살렘의 모 교회를 위해서 이렇게 했다니 참 놀라운 일입니다.

다섯 번째로 교회 안에서 '장로'라는 명칭이 최초로 언급되었습니다(30). 이후로는 이 명칭이 자주 나옵니다. 안디옥 교회의 장로가 아니라 예루살렘의 장로입니다(30). 이때 예루살렘 교회에는 장로라는 직제가 있었다는 것을 알게 해 줍니다.

성령님은 지금도 사람을 통해서 일하십니다. 저와 여러분들이 이렇게 쓰여지는 일꾼이 되기를 바랍니다. '잠잠'하지 않고 말하는 것도 성령의 하시는 일이고(18:9), '잠잠'한 것도 성령의 역사입니다. 우리는 말할 때 말하고, 입 닫아야 할 때 닫음으로 성령의 하시는 일을 이루어 가는 성도들이 되어야 하겠습니다. 반대로 하면 눈총받는 사람이 됩니다.

101강
교회는 그를 위해 간절히 빌더라! (행 12)

스데반에 이어서 또 한 명의 순교자가 나왔습니다. 요한의 형제 야고보입니다. 그는 사도들 중에 최초의 순교자가 되었습니다. 당시의 헤롯왕은 헤롯 대왕의 아들 헤롯 아그립바 1세를 말합니다. 헤롯 대왕은 베들레헴의 어린 아기들을 죽였고, 그 아들은 야고보를 죽였습니다.

12장에는 3명의 인물이 나옵니다. 헤롯과 야고보와 베드로입니다. 헤롯은 에돔인이었는데 철저한 유대주의자를 자처했습니다. 그는 유대인의 환심을 사기 위해서 야고보는 살해하고 베드로는 감옥에 가두었습니다. 그런데 주의 사자가 베드로를 기적적으로 구출했고, 헤롯은 쳐서 죽게 했습니다. 주의 사자가 헤롯을 죽게 할 때는 많은 군사가 필요 없었고, 단지 한 마리의 벌레만으로 충분했습니다(23). 그는 5일 동안 복통을 앓다가 54세의 나이로 죽었습니다. 헤롯은 자신이 죽는 것도 모르고 이렇게 악행을 저질렀으니, 내일 일을 알지 못하는 것이 인생입니다.

3명의 인물을 보면서 한 가지 의문이 생깁니다. 헤롯은 죽을 죄를 저질렀으니 죽었다고 하지만, 야고보는 사도요 복음을 전하는 전도자인데 왜 하나님은 주의 사자를 통해서 지켜 주지 않았을까요? 베드로는 두 번이나 기적적인 방법으로 감옥에서 건져내어 주셨는데, 야고보는 왜 죽음의 자리에 그냥 두셨을까요? 사람의 머리로는 이해하기 힘듭니다. 분명한 것은 주님은 야고보도 베드로만큼 사랑하셨다는 겁니다. 덜 사랑하셔서 이런 사고가 난 것이 아닙니다. 그곳에는 사람이 이해하지 못하는 하나님의 뜻이 담겨 있습니다.

야고보는 하나님이 정하신 생명의 기한이 그때까지였기 때문에 그때에 갔고, 베드로는 아직 남아 있었기 때문에 남겨졌습니다. 우리는 사람의 죽는 모습을 비교하고, 몇 년 살았는가를 따지는 버릇이 있습니다. 하나님께는 이런 것은 중요하지 않습니다. 생명을 주신 분이 귀하게 여기시는 것은 사명을 다 했는가입니다. 만약 어떤 사람이 사명을 다 했다고 한다면 일찍 죽거나 어떤 모습으로 죽더라도 그것은 하나님 앞에서 귀한 죽음이라 할 수 있습니다. 최근에 제가 만난 어떤 사람은 '사명이 생명보다 귀하다'고 했습니다. 야고보는 생명보다 귀한 사명을 다 하고 갔으니 아쉬울 것이 없습니다.

기적적인 구출 (3-19)

베드로는 두 번째로 투옥되었고, 첫 번째와 마찬가지로 이번에도 기적으로 구출되었습니다. 두 번 다 천사가 동원되었습니다. 적대자들은 실패를 경험한 후 베드로를 아주 철저하게 감시했습니다. 두 명의 군사가 자기 팔에 쇠사슬을 걸고 베드로의 손에도 매었습니다. 양쪽에서 두 사람이 그렇게 했습니다. 그러니까 세 사람이 함께 묶여 있습니다. 한 사람이 화장실에 가려면 두 사람이 따라가야 했습니다. 이것보다 더 철저한 감시는 없습니다. 군사는 이렇게 2명이 밀착 감시를 했고, 문은 3개였습니다.

베드로는 천사가 인도하는 대로 그 뒤를 따라갔는데, 파수꾼 앞을 지나갔는데도 그들이 인식하지 못했습니다. 세 번째 문은 자동문이었습니다. 2천 년 전에 벌써 자동문이 있었습니다. 성으로 통한 쇠문이었는데, 베드로가 그 앞에 섰을 때 문이 저절로 열렸다고 했습니다. 쇠사슬과 철문이 자동으로 열렸습니다. 문을 지키는 군사들은 4명이 4교대 했습니다. 이렇게 2(밀착 군사), 3(문), 4(교대 군사)로 지켜도 하나님이 하시는 일 앞에서는 아무 소용이 없었습니다. 쇠사슬을 제 팔에 채우는 밀착 감시라도 베드로를 붙들지 못했습니다.

베드로는 배포가 얼마나 커졌는지 이런 상황에서도 근심하지 않고 깊은 잠을 자고 있었습니다. 제자들이 이렇게 예수님을 닮아갔습니다. 스데반은 죽을 때 예수님이 하신 말씀을 그대로 따라 했고, 베드로는 예수님이 풍랑 일어난 배 안에서 주무시듯이 감옥에서 잤습니다. 얼마나 깊이 잠들었던지 천사가 옆구리를 차서 깨울 정도였습니다. 베드로는 천사의 뒤를 따라가면서도 이것이 꿈인지 생시인지 분간을 하지 못했습니다. 철문을 지나고 감옥을 벗어나 바깥의 거리에 나와서야 정신을 차렸습니다. '야! 이게 꿈이 아니네!' 하면서 놀라움을 감추지 못하고 마가의 다락방으로 갔습니다.

기도와 응답 (12-19)

베드로가 투옥된 후 교회는 간절하게 기도했습니다. 예수님께 도움을 구했습니다. 예수님은 여러 번 기도하라고 말씀하셨고, 응답을 약속하셨습니다. '내 이름으로 무엇이든지 내게 구하면 내가 시행하리라'(요14:14). 기도하면 시행하리라 하셨으니까 약속하신 그 주님께 도움을 구했습니다. 기도밖에는 방법이 없었지만, 이것은 정말 좋은 방법이었습니다. 그것도 교회가 기도했고, 합심하여 일심으로 기도했습니다. 초대교회의 중요 인물인 베드로가 잡혔으니, 이게 보통 일이 아닙니다. 베드로는 야고보와 같이 죽게 될 것입니다. 지도자 두 명을 동시에 잃게 된다면 풍랑 이는 바다 위에서 노를 잃어버린 것과 같습니다.

그래서 그들은 기도했습니다.

베드로는 처형하려는 전날 밤에 구출되었고 감방은 빈방이 되었습니다. 베드로는 즉시로 동료들이 있는 곳으로 갔는데, 그곳에서도 그들은 기도하고 있었습니다(12). 베드로가 문을 두드리니 로데라는 여자아이가 나왔다가 베드로의 음성을 확인하고 안으로 들어가서 베드로가 대문 밖에 있다고 알렸습니다. 그들은 그 여자아이를 미쳤다고 했습니다. 그렇지요. 베드로는 감옥에 있고 철통같은 감시를 받고 있는데 대문 밖에 있을 리가 없습니다. 그러나 베드로의 음성을 들은 여자아이는 물러서지 않았습니다. 그랬더니 그 사람들이 한발 양보해서 '그러면 그의 천사다' 하고 말했습니다(17). 이렇게 말할 필요가 있습니까? 곧장 뛰어나가서 확인하면 되는데 말입니다. 그러나 믿어지지 않으면 몸도 움직여지지 않습니다.

천만다행으로 이들을 움직이게 만든 것은 베드로가 계속 두드리는 소리였습니다. 그들은 베드로를 보고 놀라서 자빠질 지경이었습니다. 그들은 이렇게 빨리, 이렇게 완전하게, 이렇게 철저하게 자기들이 기도한 대로 응답 될 줄을 몰랐습니다. 이 사람들의 모습은 우리들과 별반 다르지 않습니다. 우리도 기도하면서 바로 하신 응답을 놓친 경우가 있습니다. 우리의 이런 자세 때문에 응답이 늦어지는지도 모릅니다.

계속된 가뭄 때문에 식사 시간에 아버지가 비를 내려 주시도록 간절히 기도했습니다. 학교를 가는데 3학년 동생이 우산을 챙겼습니다. 6학년 형이 "야! 그건 왜?" "아버지가 조금 전에 기도했잖아!" "야! 이 바보야! 비 안 온다. 어제도 안 왔는데 오늘 오겠나?" "기도했잖아!" "기도는 기도이고..."

우리는 동생같이 순진한 믿음을 가져야 되겠습니다. 다 아는 것처럼 행동하지 말고 말씀을 그대로 믿고, 기도했으니 곧 그대로 이루어주실 줄을 믿는 순진한 믿음. 우리에게 필요한 것은 바로 이것입니다.

102강

영생을 주시기로 작정된 자는 믿더라! (행 13)

바울을 가장 많이 괴롭힌 것은 배고픔도, 감옥도, 40에 하나 감한 매를 다섯 번이나 맞았지만 그런 매도 아니었습니다(고후11:24). 그것은 놀랍게도 동족 유대인이었습니다. 이들은 따라다니면서 바울을 괴롭혔습니다. 본토의 유대인이나 다메섹이나 선교지에서 만난 유대인이나 유대인이라면 그 성격이나 하는 행동이 동일했습니다. 어느 곳에서든 바울을 반대했고, 예수를 전하는 바울을 죽이려고 했습니다. 그렇지만 바울은 어느 곳에 가든지 항상 그리고 제일 먼저 '회당'을 찾아갔습니다. 그들 중에 복음을 들을 사람이 있었기 때문에 소망을 버리지 않고 동족에게 먼저 복음을 전했습니다.

바울은 이 장에서 교회의 파송을 받아 전도 여행을 떠나게 됩니다. 그는 가는 곳곳에서 회당을 찾았습니다. 이방을 향한 문이 열렸기 때문에 이방인에게로 가면 되지만 바울은 그렇게 하지 않았습니다. 자기를 괴롭히는 그 사람들에게 복음을 전하는 일을 그치지 않았습니다. 바울은 2번이나 자신을 '이방인의 사도'라고 했고(롬11:13,갈2:8), 디모데에게 보낸 첫 편지에는 자기를 '이방인의 스승'이라고 표현했습니다(딤전2:7). 그렇기 때문에 괴롭히는 유대인들을 멀리하고 이방인에게 집중하면 됩니다.

바울은 예수님에게 처음 부름을 받았을 때 그의 사명이 '이방인 전도'였습니다(행22:21). 오늘 이 장에서도 바울은 '너희가 영생을 얻기에 합당하지 않은 자로 자처하기로 우리가 이방인에게로 향하노라'라고 했습니다(46). 그렇다면 이방인만 바라보고, 그들을 대상자로 삼으면 편하게 복음을 전할 수 있습니다. 유대인에게 괴롭힘을 당하고 난 뒤에 그다음 선교지에서 바울은 또 회당에 가서 유대인에게 복음을 전했습니다. 정말 놀랍습니다. 오직 복음만을 바라보는 이런 자세는 우리가 본받아야 할 모습입니다.

최초의 선교사 파송 (1-3)

안디옥 교회에 5명의 일꾼들이 있었습니다. 성령님이 그들에게 금식하면서 기도하라는 감동을 주셨습니다. 그래서 그들은 순종해서 금식하며 기도했습니다. 성령님이 '내가 불러 시키는 일을 위하여 바나바와 사울을 따로 세우라'(2). 왜 따로 세우라고 하시는지, 따로 세워서 무엇을 할 것인지에 대해서 아무런 언급이 없었습니다. 그런데도 그들은 그 두 명에게 안수하고 보냈습니다. 어떻게 '따로 세우라'는 말씀이 '선교사'로 파송하라는 것인지를 알았는지 참 신기하고 놀랍습니다. 이들은 기도하는 중에 하나님의 뜻을 잘 분별할 수 있었습니다.

두 사람은 안디옥 교회의 기둥이었습니다. '아무리 그렇지만 기둥을 빼 가시면 이 교회는 어떻게 서겠습니까?' '다른 사람은 10명을 데려가도 됩니다. 그렇지만 이 2명만은 안 됩니다' 이렇게 말하는 사람은 한 사람도 없었습니다. 어떻게 한마디의 이의를 제기하는 것도 없이 그렇게 순종할 수 있었을까요? 그 비밀은 그들이 '이에 금식하며 기도하고'에 있습니다(3). 금식하니까 육체적인 욕심을 버리게 되었고, 기도하면서 성령님의 인도를 받았습니다. 그래서 이들은 기둥 같은 두 인물을 '성령이 하시는 말씀'을 따라서 보내드렸습니다. 가는 사람의 순종과 보내는 사람의 순종이 합해져서 최초의 선교사가 탄생하게 되었습니다.

구브로 전도 (4-12)

두 사람이 어떻게 구브로를 첫 선교지로 선택했을까요? 기도하는 중에 성령이 인도하셨겠지만, 구브로는 바나바의 고향입니다. 이들은 마가 요한을 데리고 갔습니다. 그는 예루살렘에서 다락방을 제공했던 그 집의 아들이었고, 바나바의 조카였습니다.

구브로는 섬인데 그곳에서 행한 전도의 특징은 3가지입니다. 첫째는 회당 전도입니다(5). 그곳에도 회당이 있었고 바울은 처음 전도의 첫 번째로 회당을 찾아갔습니다. 두 번째는 그곳의 최고위층인 총독에게 복음을 전해서 믿게 했습니다. 다른 곳에서는 찾아볼 수 없는 특징입니다. 반드시 최고위층을 목표로 할 필요도 없지만, 가난한 사람에게 복음을 전한다고 고위층을 일부러 외면할 필요도 없습니다. 세 번째는 바예수라고 하는 사람을 만났는데 이 사람은 박수요, 거짓 선지자이며, 유대인이라는 특이한 특징을 가지고 있었습니다. 박수란 남자 무당을 부르는 명칭입니다. 선지자이면서 어떻게 박수인지 참 희안한 사람입니다. 이 사람은 총독으로 예수를 믿지 못하게 방해했습니다. 사울이 성령으로 충만하여 그에게 소경이 된다고 말했습니다. 그 말은 즉시 그대로 이루어졌습니다. 이것이 특징인 이유는 다른 곳에서는 이렇게 대놓고 저주하는 일이 없었기 때문입니다.

떠나간 마가 요한 (13)

마가 요한은 마가복음의 저자인 마가를 말합니다. 그는 역사상 맨 처음의 선교 여행에서 처음 지역의 선교를 마친 뒤에 그만 예루살렘으로 귀환하고 말았습니다. 너무 힘들어서 그랬다고 말하는 사람도 있습니다. 또 어떤 분들은 그가 바나바와 친척 관계에서 바울이 갑자기 주도하는 것이 꼴 보기 싫었다는 사람도 있습니다. 힘들지 않고서야 떠나갈 이유가 없는데, 모르긴 해도 심적, 육체적, 정신적으로 힘든 무엇이 있었던 것은 분명합니다.

이 사건은 후에 바울과 바나바가 크게 다투어 팀이 나누어지는 결과를 만들었습니다(15:36). 이런 일이 있었지만 그 뒤에 바울은 마가를 품어 안았습니다. 복음에 필요한 일꾼이었기 때문입니다. '네가 올 때 마가를 데리고 오라 그가 나의 일에 유익하니라'(딤후4:11). 마가 요한이 마가복음을 기록한 것은 그때 바울이 모든 것을 털어버리고 그를 용납했기 때문입니다.

비시디아 안디옥 전도 (14-52)

바울 팀은 구브로 섬에서의 전도를 마치고 배를 타고 맞은 편의 버가에 갔으며 바로 내륙 깊숙한 곳에 있는 비시디아의 안디옥으로 이동했습니다. 안디옥의 전도 특징도 3가지입니다. 첫째는 회당 전도입니다(14). 바울은 이곳에서도 어김없이 회당을 찾아가서 복음을 전했습니다.

두 번째는 설교가 상당히 길게 기록되어 있습니다. 선교 여행 중에 행한 바울의 설교 중 가장 깁니다. 설교를 요약하면 역사와 복음이라 할 수 있습니다. 바울은 스데반처럼 이스라엘의 역사를 간략하게 요약하면서 언약에 따라 이 땅에 오신 예수님이 그리스도임을 말했습니다. 그는 단 7절로 6권의 성경을 요약했습니다. 출애굽기(17), 민수기(18), 여호수아(19), 사사기(20), 사무엘상/하(21-23)입니다. 역사를 요약한 후에는 세례요한을 말하면서 복음을 소개했는데, 항상 빠지지 않는 예수님의 십자가와 부활입니다.

세 번째는 결과가 두 가지로 나타났다는 겁니다. '다음 안식일에도 이 말씀을 해 달라'라고 말하는 이들이 있었고(42), 유대인과 유대교에 입교한 많은 이방인들이 두 사도를 좇았습니다(43). 그러나 반대하는 유대인들은 그 성에 있는 유력한 자들을 선동하여 바울 일행을 그곳에서 쫓아냈습니다.

바울은 '그렇기 때문에 우리는 이방인에게 가노라'(46)하고 그곳을 떠났습니다. 이런 중에 영생을 주시기로 작정된 자는 다 믿더라고 했습니다. 우리 주변에서도 일어나는 일이지만, 그 가운데서 성령이 인도하십니다.

103강
두 사도가 오래 있어 주를 힘입어 담대히 말하니... (행 14)

13장에 이어 1차 전도 여행이 계속됩니다. 바울 일행은 비시디아 안디옥을 거쳐 이고니온에 왔습니다. 이곳에서 그들은 두 가지 상반된 행동을 했습니다. 오래 머물기도 했고, 갑자기 도망가기도 했습니다(3,6). 핍박이 없고 복음이 잘 전해졌기 때문에 오래 머물렀던 것이 아닙니다.

이고니온에서도 유대인들이 이방인들을 선동하여 형제들에게 악한 감정을 품게 했지만, 두 사도는 그런 환경에서도 오래 머물렀습니다. 이런 일은 가는 곳곳에서 다반사로 일어났기 때문에 이미 예상한 일이었습니다. 뒤에 바울은 고린도에서 오래 머물렀습니다. 그것은 환상 가운데서 명령을 받았기 때문입니다(18:10). 이고니온에서는 이런 명령이 없었습니다. 명령이 없었는데 오래 머물렀고, 명령이 없었는데도 갑자기 다른 곳으로 도망쳤습니다. 그렇다면 바울이 머물고 옮기는 기준이 뭘까요? 그것은 그곳의 상황변화를 민감하게 따른 것입니다. 그곳의 사람들이 악한 감정을 품는 정도로는 이동하지 않습니다.

바울은 자기의 몸을 보호하기 위해서나, 두려웠기 때문에 그렇게 한 것이 아닙니다. 이고니온에서 드디어 돌로 치려는 일이 일어났습니다. 그때 바울은 '죽어도 좋다. 나는 이미 드려진 몸이다'하면서 담대히 나아가지 않았습니다. 이렇게 하는 것은 무모한 행동이기 때문에 기어코 그렇게 할 필요가 없었습니다. 그래서 그들은 도망했고 다른 지역으로 옮겨서 복음을 전했습니다(6).

이것은 오래전에 말씀하신 예수님의 명령을 따른 것입니다. '이 동네에서 너희를 핍박하거든 저 동네로 피하라'(마10:23). 예수님이 제자들을 보내어 전도 실습을 할 때 하신 말씀입니다. 그리고 이들은 기도하는 사람들이고 성령은 항상 그들을 인도하셨습니다. 성경에 언급이 있으면 인도하셨고, 없으면 잠잠하신 것이 아닙니다. 이들은 성령의 명령과 인도에 민감하였으므로 이들의 모든 행동은 모두 성령의 인도하심입니다. 성령의 인도하심을 따르면 노아 방주와 같이, 그리고 구름 따라 움직인 광야의 이스라엘 백성들처럼 어디를 가야 할지 걱정할 것이 없습니다. 인도하시는 대로 가면 되니까요. 노아 방주에는 운전대가 없었습니다.

이고니온 전도 (1-5)

두 사도는 이고니온에서도 회당을 찾아가서 그곳에서 복음을 전했습니다. 그 사람들은 이때까지 한 번도 들어 보지 못한 말씀을 듣고 두 쪽으로 나누어졌습니다. 믿고 따르는 허다한 무리가 있었고, 사람들을 선동하여 악한 감정을 품게 하는 사람들도 있었습니다. 이럴 때 주님이 도와주셨습니다. '주께서 저희 손으로 표적과 기사를 행하게 하여 주사 자기 은혜의 말씀을 증거하시니'(3). 마가복음 마지막 장 마지막 절의 연장입니다. 그때는 예수님이 부활 후에 승천하신 직후입니다. '제자들이 나가 두루 전파할새 주께서 함께 역사하사 그 따르는 표적으로 말씀을 확실히 증거하시니라'(막16:20). 예수님은 곁에 계시지 않았지만 약속하신 대로 이렇게 도와주셨습니다. 마가복음의 마지막 말씀이 이고니온에서도 그대로 일어났습니다.

지금도 마찬가집니다. 시대와 환경과 장소는 달라졌지만, 주님은 여전하십니다. '예수 그리스도는 어제나 오늘이나 영원토록 동일하시니라'(히13:8). 이렇게 도와주시지 않고 우리 힘으로 하면 전도가 안 됩니다. 난관에 봉착했을 그럴 때 주님이 표적과 기사로 도와주시면 모든 문제의 물꼬가 트이게 됩니다. 그리고 복음의 물꼬도 그때 트이게 됩니다. 우리는 그저 믿고 전하고, 그저 믿는 대로 행하면 그 뒤의 일은 주님이 알아서 하십니다. 약속하신 말씀에 따라서, 그리고 말씀대로, 약속대로 하십니다.

루스드라 전도 (6-20)

이고니온에서 두 사도가 표적과 기사를 행했지만 어떤 일이 일어났는지 설명이 없으니 알 수 없습니다. 그런데 루스드라에서 일어났던 일은 자세하게 설명되어 있습니다. 이들은 비시디아에서 루가오니아로 '성'을 옮겨 이동했습니다. 이 지역은 전부 '~아'로 끝납니다. 아시아, 무시아, 갈라디아, 비시디아, 루가오니아 등입니다. 아시아는 무시아 옆의 작은 지역의 이름이었는데, 지금은 대륙 전체를 지칭하는 이름이 되었습니다. 아시아는 너무 넓어서 지역을 나누어서 부릅니다. 동서남북 아시아, 그리고 중앙아시아입니다. 우리가 사는 곳은 동아시아 중에서도 끝자락이라 극동아시아라고 합니다.

두 사도는 루스드라에서 태어나면서 앉은뱅이로 한 번도 걸어본 적이 없는 사람을 만나게 됩니다. 바울은 그에게서 '구원 얻을 믿음'(9)을 발견했습니다. 이방인이요 신체에 장애를 가진 사람이 어떻게 예수님을 믿는 믿음을 가지게 되었을까요? 그것은 바울이 복음을 전할 때 전하는 말씀을 그 자리에서 그대로 믿었습니다. 뿌리가 깊은 믿음도 아니고, 큰 믿음도 아닙니다. 믿음의 씨앗이 떨어져서 금방 발아한 믿음입니다. 연약하기 짝이 없습니다. 그런데 바울은 이 사람에게 이 믿음이 있는 것을 보았습니다. 그리고 바로 명령했습니다 '네 발로 바로 일어서라'(10). 믿음의 역사는 그 자리에서 즉시 일어났습니다. 그 사람이 바로 일어나서 뛰었고 걸었다고 했습니다. 베드로가 성전 미문에서 앉은뱅이를 일으킨 것과 동일합니다. 그 사람도 태어나면서 한 번도 걸어 본 적이 없는 사람이었습니다. 예수님은 이고니온에 이어서 루스드라에서도 따르는 표적으로 복음을 전하는 사도들을 도와주셨습니다.

바울- 돌에 맞다 (13)

안 믿을 사람들은 이런 기적을 보고서도 믿지 않습니다. 그러니까 표적과 기사는 복음을 전하는 도구일 뿐입니다. 그것이 사람을 구원하지 못합니다. 육신을 병에서 건져 주지만 영혼은 복음이 아니면 안 됩니다. 그렇기 때문에 우리는 표적과 기사를 기대하지 말고, 복음의 역사를 기대해야 합니다.

반대하는 사람들은 이런 놀라운 기적을 보고서도 무리를 선동하여 바울을 향하여 돌을 던지게 했습니다. 선동한 사람들이 누구일까요? 그들은 이고니온에서 온 유대인이었습니다. 이들은 70㎞ 떨어져 있는 곳으로 달려왔습니다. 이들의 열심에 혀를 내두를만합니다. 돌을 던졌던 사람들은 바울이 죽은 줄 알고 성 밖으로 끌어냈습니다. 천만다행으로 주님의 은혜로 바울이 깨어났습니다.

이런 일을 당하면 사람의 마음은 위축됩니다. 다시 돌을 맞을까 두렵기 때문입니다. 그런데 바울은 전혀 그렇지 않았습니다. 주변 사람들이 바울을 위로한 것이 아니라, 바울이 그 지역의 제자들을 위로하고 격려했습니다. '우리가 하나님 나라에 들어가려면 많은 환란을 겪어야 할 것이니라'(22). 바울의 열심은 돌을 던진 사람들의 열심을 뛰어넘었습니다. 그래서 복음이 우리에게까지 전해졌습니다.

바울은 각 교회에서 장로를 세웁니다(23). 이방 교회에 장로가 세워졌다는 최초의 기록입니다. 이렇게 이 지역에 교회가 세워졌지만, 바울이 전하는 편지가 없어서 우리는 그 뒤의 소식을 알 길이 없습니다. 바울 일행은 1차 전도 지역을 거슬러 가면서 심방하고 안디옥으로 돌아왔습니다. 교회를 모아 하나님이 함께 하신 모든 역사를 보고 하고(27) 그곳에서 1년쯤 쉬었습니다.

104강
주 예수의 은혜로 구원받는 줄을 아노라! (행 15)

15장은 예루살렘에서 아주 중요한 회의가 열렸던 것을 알게 해 줍니다. 사도와 장로들이 모두 모였습니다. 이방인 선교를 공식적으로 확인하는 자리였습니다. 이 회의는 '다툼'에서 비롯되었습니다. 15장에는 2가지의 다툼이 있습니다. 교회에서 다툼이 일어나는 것은 안 좋은 일이지만, 이 2개의 다툼은 좋은 결과를 만들어 냈습니다. 앞에 있는 다툼으로 예루살렘 회의가 모였고, 이방인 전도를 허용하는 공식적인 입장을 냈습니다. 뒤에 있는 다툼으로 선교팀이 2개의 팀으로 일할 수 있게 되었습니다.

어떤 사람들이 유다에서 안디옥으로 와서 '모세의 법대로 할례를 받지 아니하면 능히 구원을 받지 못한다'고 형제들을 가르쳤습니다(1). 어떤 바리새인 성도 중에서는 '그렇게 하는 것이 마땅하다'하고 그들을 응원했습니다(5). 이 사람들과 바울 간에 적지 않은 다툼이 일어났습니다. 양쪽은 조금도 양보하지 않았기 때문에 합일점을 찾을 수가 없었습니다. 그래서 이 문제를 예루살렘 교회에 가지고 가서 사도와 장로들의 의견을 듣기로 했습니다.

할례를 행해야 하는가 말아야 하는가 하는 문제는 유대주의에 그 뿌리를 두고 있습니다. 이들은 신구약의 중첩 시대에 살고 있습니다. 짐승 제사가 그대로 드려지고 있고, 성전에는 제사장이 있었으며, 성전에서 기도를 드리는 성전 중심의 생활을 하고 있었습니다. 예수님을 통해서 율법이 완성되었다는 것을 아직 모르는 시기였기 때문에 모세의 율법을 하루아침에 다 버릴 수 없는 형편이었습니다. 그리고 이방인들의 생활은 율법과 동떨어져서 유대인이라면 절대로 용납할 수 없는 그런 일들이 많았습니다. '이방인이 믿어서 구원을 얻으려고 한다면 적어도 할례는 받아야 하지 않겠는가?' 유대인들은 이렇게 생각했습니다. 그러니 어떻게 합일점을 찾을 수 있겠습니까? 이들이 예루살렘 교회의 입장을 한 번 들어보기로 결정한 것은 정말 잘한 것이라 할 수 있습니다.

이방 세계를 향해 서서히 문을 여신 성령님

유대주의는 모세의 율법에 뿌리를 두고 있는데, 모세가 율법을 받은 지 오래되었던 것처럼 유대주의도 오랜 세월에 걸쳐서 형성되었습니다. 이렇게 깊은 뿌리를 어떻게 단시간에 제거할 수 있겠습니까? 그래서 성령님은 이 거대한 문을 열기 위해서 서서히 준비하셨습니다.

9장의 앞부분에는 이방인 전도의 선봉장인 바울이 부름받은 사건이 있습니다. 주님은 먼저 일꾼을 준비하셨습니다. 뒷부분에는 베드로의 이방 지역 사역이 나옵니다. 베드로가 룻다와 욥바에 갔습니다. 그는 그곳에서 전도한 것이 아니라 그곳에 있는 제자들의 요청으로 병든 자와 죽은 자를 고치고 살렸습니다. 그랬더니 그 주변 사람들이 이 사건을 보고 믿게 되었습니다.

10장에는 베드로가 고넬료 집에 가서 이방인들에게 복음을 전했습니다. 한 걸음 더 나아간 본격적인 사역이었습니다. 그들에게 성령이 부어졌습니다. 그들은 이방인인데도 불구하고, 마가 다락방에서와 마찬가지로 방언하고 하나님을 높이는 일들을 했습니다(10:46). 베드로가 예루살렘에 갔을 때 할례자들이 베드로에게 무할례자의 집에 가서 함께 음식을 먹으며 교제를 나눈 것을 따졌습니다(11:2). 유대주의는 이런 것을 용납할 수 없었기 때문입니다. 베드로는 자기가 경험한 보자기 환상을 자세히 그리고 찬찬히 설명했습니다. 그리고 결론으로 '내가 누구관대 능히 하나님을 막겠느냐?' 하고 말했습니다(11:17). 그들은 베드로의 말을 수긍했기에 입을 닫고 '잠잠' 했다고 했습니다(18). 이 기록에 이어서 안디옥에 이방인 교회가 세워진 것을 말하고 있습니다. 11장 마지막 부분입니다.

12장에는 또 한 번의 핍박이 몰아쳐서 야고보가 순교하고 베드로가 감옥에 갇히는 사건이 있었습니다. 성령님이 이들을 이방 세계로 몰아치는 모습입니다. 13장에는 바울의 1차 전도 여행이 기록되어 있습니다. 바울은 회당을 찾아가서 유대인들에게 복음을 전했지만, 주 대상은 이방인이었습니다. 성령님은 이럴 때도 변함없이 역사하셨습니다. 총독이 믿었고, 거짓 선지자가 소경이 되는 놀라운 일이 있었습니다. 성령님의 역사가 바울이 선포한 말 그대로 즉시 나타났습니다. 여러 명의 믿는 자들 중에서 제자들이 생겼고(13:52), 각 교회에 장로들을 세웠습니다(14:23). 이런 놀라운 복음의 물결을 누가 거절하며, 누가 막을 수 있겠습니까? 성령님은 이렇게 서서히, 알게 모르게 이방 세계를 향한 문을 열었습니다. 왜 이렇게 하셨느냐 하면 갑자기 바꾸면 부작용이 더 크게 일어날 것이기 때문입니다. 그래서 느리지만 서서히 하셨습니다.

예루살렘 회의 (6-29)

누가는 '많은 변론이 있었다' 는 것을 적었지만, 그 내용이 무엇인지는 말하지 않았습니다(7). 그 후에 베드로가 일어나서 말했습니다. 베드로는 이방인에게 복음을 전한 장본인입니다. 베드로는 그 사실을 말했고, 그 가운데 성령이 역사하신 것을 빠뜨리지 않고 말했습니다. 그는 '주 예수를 믿어서 그 은혜로 구원 얻는 일에는 유대인과 이방인의 구별이 없다'(11)는 말을 했으며, 우리와 그들이 '동일하다'는 말로 결론을 맺었습니다. 이어서 바울과 바나바가 자기들의 전도 활동을 통해서 이방 세계에서 있었던 성령의 역사를 말했습니다.

그다음에는 이 회의의 의장 격인 야고보가 말했습니다. 이 야고보는 예수님의 동생이요 야고보서의 저자입니다. 야고보는 아모스의 예언을 들어서 설명했고, 이방인 중에서 주께로 돌아오는 자를 괴롭게 말자고 했습니다(19). 그리고 이방인과 유대인이 각기 한 걸음씩 물러서자며 4가지를 제안했습니다. 우상의 더러운 것과 음행과 목매어 죽인 것과 피를 멀리하라고 했습니다. 유대인은 이런 것 없이 이방인을 받아들일 수가 없었고, 이방인은 그 요구가 너무 어려우면 수용할 수가 없었습니다. 그러나 야고보가 제안한 것은 이방인들 중에서도 혐오하고 꺼리는 것이었기 때문에 능히 수용할 수 있었습니다. 유대인들은 이방인들이 모세의 율법을 존중한다는 것으로 이해했습니다. 서로 한 걸음만 양보하니 그곳에 아름다운 합일점이 만들어졌습니다.

이렇게 해서 이방인을 향한 전도는 공식적으로 허용되고 합법화되었습니다. 이런 과정을 거쳐서 뿌리 깊었던 유대주의가 해결되었습니다. 이제는 누구라도 이방인에게 전도할 수 있었고, 이방인을 주께로 인도할 수 있게 되었습니다. 예루살렘 회의는 이방 세계를 향해서 공식적으로 문을 활짝 여는 계기가 되었습니다. 이때에도 성령님은 보이게, 혹은 보이지 않게 역사하셨습니다. 우리에게까지 복음이 전해지도록 하기 위해서 말입니다.

105강
마게도냐로 건너와 우리를 도우라! (행 16)

'마게도냐로 건너와서 우리를 도우라'. 성령님은 이 환상을 더욱 분명하게 깨닫게 하기 위해서 두 번이나 바울 선교팀의 가는 길을 막았습니다. 이렇게 해서 에게해를 건너서 빌립보에 갔습니다. 그곳에서 바울은 3가지 사건을 경험하는데 모두가 '기도'에 관계됩니다.

첫 번째는 루디아를 만난 사건입니다. 기도처를 찾다가 모여 있는 여자들을 발견했습니다. 그들에게 복음을 전했는데, 주께서 루디아의 마음의 문을 열어서 복음에 집중하게 했습니다(14). 첫 사역은 아주 성공적이었습니다. 루디아가 복음을 받아들이고 자기 집의 사람들이 모두 세례를 받았으며, 그리고 자기 집을 개방하고 바울을 적극적으로 대접했습니다. 이렇게만 된다면 전도는 어려울 것이 없을 것입니다. 익어서 떨어지는 열매를 받기만 하면 되니까 얼마나 신나는 일이겠습니까? 환상을 보고 따랐던 것이 참 잘한 일이었고, 성령님의 인도하심이 맞습니다.

그런데 두 번째 사건은 그렇지 않습니다. 이 사건도 기도하는 곳으로 가다가 귀신 들린 여종을 만났습니다(16). 예수님의 이름으로 귀신을 쫓아냈는데, 그 여종은 완전해져서 좋았지만, 주인은 수입원이 끊어졌으니 가만있을 리가 없었습니다.

세 번째 사건은 이 일로 인하여 바울과 실라는 감옥에 갇히게 되었습니다. 환상을 보고 왔는데 왜 감옥에 가게 되었을까요? '잘못 본 게 아닌가? 잘못 온 게 아닌가?' 그러나 바울과 실라는 한밤중에 기도하고 찬송했습니다. 주님은 이들의 기도와 찬송을 신호로 삼았습니다. 그래서 바로 그때 감옥 터가 움직이는 지진이 일어나게 하셨습니다. 이 지진은 보통 지진과 다릅니다. 보통 지진은 부서지고 무너져서 사람이 죽고 다칩니다. 그런데 이곳에서 일어난 지진은 감옥 터가 심하게 흔들렸지만, 매인 것이 다 풀어지고 옥문이 열렸습니다. 바울과 실라의 매인 것만 풀어진 것이 아닙니다. 같이 있는 죄수들의 매인 것도 다 풀어졌습니다(26). 다른 죄수들은 바울과 실라 덕분에 희안한 일을 경험하게 되었습니다.

디모데를 얻다.

바울 혼자서 선교의 일을 할 수 없다는 것은 성령님이 더 잘 아십니다. 그래서 일꾼을 붙여주셨는데 그 사람이 디모데입니다. 두 명을 잃었는데 두 명을 얻었습니다. 실라는 예루살렘 교회에서 회의의 결정 사항을 알리려 바울과 함께 왔던 사람인데, 바울의 요청으로 2차 전도 여행에 동행했습니다. 디모데는 루스드라에서 만났는데, 루스드라는 바울이 돌에 맞았던 곳입니다. 돌에 맞아 죽을 뻔했던 곳에서 일꾼을 얻다니 주님의 보상이 귀하고, 하시는 일이 놀랍지 않습니까?

바울은 디모데에게 할례를 행하게 합니다. 그렇게 할례를 반대했던 사람이 할례를 행하게 하다니 이건 뭐가 맞지 않은 행동이 아닌가요? 그 당시 보편적인 인식으로는 무할례자를 하나님과 상관없는 이방인으로 알았습니다. 디모데는 아버지가 헬라인이지만, 어머니가 유대인이라 반반입니다. 그는 어머니와 외할머니를 통해서 어릴 때부터 신앙 교육을 잘 받았지만, 할례를 받지 않은 것 때문에 이 모든 것은 그만 빛을 잃게 생겼습니다. 구원을 위해서 할례를 받는 것이라면 바울은 분명히 하라고 하지 않았습니다. 그러나 사역을 위해서 하는 것이기 때문에 디모데로 할례를 받게 해서 팀에 합류시켰습니다. 누가는 이렇게 해서 바울 선교팀에 인원이 보충되었다는 것을 말하고 난 뒤에 되풀이되는 후렴 구절을 적었습니다 '이에 여러 교회가 믿음이 더 굳어지고 수가 날마다 더하니라'(5).

막으시는 성령님 (6-10)

이제까지 문을 열고 인도하신 성령님이 바울의 가는 길을 막았습니다. 그것도 두 번이나 못 가게 했습니다(6,7). 바울은 북쪽에 있는 아시아로 가려고 했는데 성령님이 못 가게 막았습니다. 그래서 바울은 브루기아와 갈라디아를 그냥 지나쳐서 그 위쪽(북쪽)에 있는 비두니아로 가고자 했습니다. 이렇게 하려는 것도 예수의 영이 막았습니다. 왜 이렇게 했을까요? 그것은 가야 할 방향이 따로 있었기 때문입니다. 바울은 서북쪽으로 나아갔습니다. 그곳이 바로 무시아의 드로아입니다. 그곳에서 밤에 환상 중에 '마게도냐로 건너와서 우리를 도우라'(9)고 바울을 청하는 어떤 사람을 보게 됩니다. 마게도냐는 에게해를 넘어 건너편에 있는 땅입니다. 요즘으로 말하면 아시아에서 유럽으로 건너오라는 요청이었습니다. 바울은 환상을 본 후에 그것이 성령의 인도하심인 줄 알고 바로 가기를 힘썼다고 했습니다(10).

이곳에서 우리는 성령님의 인도하시는 특징을 봅니다. 바울이 가는 길을 막지 말고, 바로 그럴 때 환상을 보여 주시면 안 되었을까요? 그러면 일이 훨씬 빠르고 효과적일 텐데, 성령은 그렇게 하지 않았습니다. 그때는 그냥 막기만 했습니다. 막히기만 하면 어디로 가야 할지 모르니까 막막하잖아요? 좀 속 시원하게 인도해 주시면 좋겠는데, 그런데 성령님은 절대로 그렇게 하지 않습니다. 구약성경의 하나님도 절대로 사전에 미리 말씀해 주시는 법이 없습니다. 요셉에게 '야! 걱정하지 마라. 너는 언젠가는 이 나라의 국무총리가 된다. 내가 그렇게 인도할 것이다'. 이렇게 한마디만 해 주시면 요셉이 얼마나 견디기 쉬웠을까요? 그런데 절대로 그렇게 안 하십니다. 다윗에게도 '조금만 참아라. 며칠 뒤에 사울은 죽고 네가 왕이 된다'. 절대로 이런 말씀을 하지 않았습니다.

지금도 마찬가집니다. 우리에게도 절대로 말하지 않습니다. 막기만 하십니다. 못하게만 하십니다. 왜 이렇게 하실까요? 요셉의 경우는 '늘 함께 하시기' 때문이었고, 바울의 경우는 '늘 인도하시기' 때문입니다. 그때만 함께 하시고, 그때만 인도하시는 것이 아니기 때문입니다. 이것을 알면 답답하지 않습니다. 믿고 따라가면 됩니다.

'간수가... 크게 기뻐하니라!' (34)

이곳에서 사용된 '기뻐하다' (아갈리아오)는 모든 행동과 언어를 동원해서 기뻐하는 것을 말합니다. 너무 기뻐서 손을 흔들고 기쁨을 이기지 못하여 펄쩍펄쩍 뛰면서 소리를 지르는 그런 기쁨의 표현을 말합니다. 마음에 가득히 채워진 기쁨을 몸으로 표현하는 것을 말합니다. 너무 기뻐서 까무라칠 정도입니다. 간수가 이렇게 기뻐했습니다. 이것이 바로 성령이 주시는 기쁨입니다. 이 사람은 믿은 지 몇 시간이 되지도 않았는데 성령으로부터 이런 놀라운 선물을 받았습니다.

우리에게도 환란의 밤이 찾아옵니다. 영문도 모른 채 문이 잠기기도 하고, 결박되어 꼼짝 못 하는 신세가 되기도 합니다. 그럴 때 빌립보 감옥의 바울을 생각하면서 우리도 기도하고 찬송합시다. 주님이 우리에게도 기도하는 그때를 신호로 삼고 찬송하는 그때를 역사하시는 순간으로 삼으신다면 우리는 기도하고 찬송하지 않을 수가 없습니다. 성령이 임하시면 귀신이 쫓겨 가고, 감옥 터가 움직이고, 문들이 열리고, 문제가 해결됩니다. 그러면 우리도 간수와 같이 이렇게 기뻐하게 될 것입니다. 천국의 기쁨을 이 땅에서 누리게 됩니다.

106강
간절한 마음으로 말씀을 받고... (행 17)

사도행전 17장은 데살로니가와 베뢰아와 아테네에서 전도하면서 무슨 일이 있었는지를 알게 해 줍니다. 바울의 전도 방식을 동일합니다. 회당을 찾아서 유대인들에게 먼저 복음을 전했습니다. 데살로니가에서(1), 그리고 베뢰아에서도 역시 그러했습니다(10). 다음 장에는 고린도에서도 역시 그렇게 했다는 것을 알 수 있습니다(4). 그런데 아덴에서는 회당과 장터를 복음을 전하는 장소로 삼았습니다. 장소의 다양화입니다. '회당에서는 유대인과 경건한 사람들과 또 저자에서는 날마다 만나는 사람들과 변론하니'(17). 저자는 장터를 말합니다. 바울은 장터 전도에 비중을 더 두었습니다. 왜냐하면 그곳에는 사람들이 많아서 날마다 그들을 만나 변론했기 때문입니다.

이제까지 바울이 전한 내용은 예수님의 죽음과 부활이 주를 이룹니다. 비시디아 안니옥에서 설교가 그것을 잘 나타내 주고 있습니다(13:27-). 13장에는 바울의 설교 내용이 기록되어 있는데, 반 이상을 십자가와 부활에 대해서 말했습니다. 기적이 일어난 곳은 그 기적을 적느라고, 혹은 박해가 일어난 곳은 그 박해를 기술하느라고 복음을 전한 내용이 생략되거나 간략하게 적혀 있습니다. 2차 전도 지역에서도 바울의 설교 내용은 변함이 없었습니다. 데살로니가에서(3) 그리고 고린도에서 역시 그러했습니다(18:5).

그런데 그 중 아테네에서는 그 방법을 조금 달리했습니다. 바울이 부활을 말하지 않은 것은 아니지만(18), 중요 사항으로 설교하지 않았습니다. 설교의 마지막 부분에 지나가는 말로 부활을 언급했습니다. 바울은 설교의 대부분을 이들이 섬기는 헛된 우상과 참 하나님을 대비해서 말했습니다. 바울은 온 성에 우상이 가득한 것을 보고 마음에 분노가 치밀어 올랐습니다. 그래서 아레오바고라는 곳에서 말할 때도 이것이 주제가 되었습니다. '알지 못하는 신에게 하는 단을 보았는데, 내가 그 신이 누구인지 알게 해 주겠다'는 말로 시작했습니다. 시작하는 말이 아주 멋집니다. 서론도 좋았고, 본론도 아주 매끄러웠습니다.

그런데 그렇게 하다가 예수님의 십자가를 말하고 부활을 강조해야 할 시간을 그만 놓치고 말았습니다. 그 결과는 '몇 사람이' 믿는 것에 그쳤습니다(34). 이런 변화로 얻은 결과가 바울의 마음에 부담으로 작용한 것 같습니다. 그래서 그는 후에 '내가 너희 중에서 예수 그리스도와 그의 십자가에 못 박히신 것 외에는 아무것도 알지 아니하기로 작정하였음이라'(고전2:2) 했습니다. 그리고 그 후 그는 정말 그렇게 했습니다.

데살로니가 전도 (1-9)

바울은 거의 한 달을 그곳에 머물면서 회당을 중심으로 예수님이 그리스도이심을 전했습니다. 바울은 구약성경을 들어서 '그리스도가 고난을 당하시고 죽은 자 가운데서 다시 살아나야 할 것을 증명했다' 고 했습니다(3). 구약성경에 대한 해박한 지식이 있었기 때문에 가능했습니다. 옛날에 배웠던 것, 외웠던 말씀을 이렇게 적절하게 써 먹을지 누가 알았겠습니까?

그 결과로 '경건한 헬라인의 큰 무리와 적지 않은 귀부인도 권함을 받아 바울과 실라를 좇으니'(4) 했습니다. 그러나 빛이 있는 곳에는 항상 그림자가 있는 것처럼 복음이 전해지는 곳에 시기와 반대가 있었습니다. 이들은 자기들만 반대하지 않았습니다. 어느 지역에서든지 그러했던 것처럼 이곳 데살로니가에서도 '저자의 괴악한 자들을 데리고 떼를 지어 성을 소동케 하니'(5) 이렇게 했습니다. 이들은 바울에게 모반죄를 뒤집어씌우기 위해서 '다른 임금 곧 예수라는 이가 있다' 하고 말했습니다(7). 모반죄는 그때나 지금이나 가장 엄중하게 다루는 죄입니다. 밤에 형제들이 바울과 실라를 베뢰아로 보냈습니다(10). 누가는 이들을 '형제'라고 했는데, 비시디아 안디옥에서 '제자'라고 한 것과 뚜렷하게 구분이 됩니다(13:52). 아무나 '제자'라고 한 것이 아님이 확실합니다.

베뢰아 전도 (10-15)

'베뢰아 사람은 데살로니가에 있는 사람보다 더 신사적이어서 간절한 마음으로 말씀을 받고 이것이 그러한가 하여 날마다 성경을 상고하므로 그중에 믿는 사람이 많고'(11). 이것은 말씀을 받는 자세를 우리에게 말해 줍니다. 베뢰아 사람들은 아주 모범적인 자세를 보여 주었습니다. 바울은 베뢰아 사람들의 이런 모습을 보고 '더 신사적'이라 했습니다.

데살로니가의 비신사적인 모습은 그 뒤에 더욱 분명하게 나타났습니다. 데살로니가의 유대인들이 80km 떨어진 베뢰아까지 좇아와서 바울의 전도를 방해했습니다(13). 이것은 전에 이고니온의 유대인들이 70km 떨어진 루스드라에까지 좇아온 것과 비슷합니다(14:19). 유대인들의 열심히 참으로 대단합니다. 차가 없던 시절에 도보로 걷는 7-80km는 결코 가까운 거리가 아닙니다. 그리고 자기 동네를 벗어났으면 이제 그냥 두면 되는데, 유대인들은 그렇게 하지 않았습니다. 도시락 싸 들고 끝까지 좇아오는 사람들이 유대인들입니다. 바울은 이런 모습을 보면서 자기의 옛 모습이 떠올랐습니다. 그는 믿는 사람들을 체포하여 끌고 오기 위해서 다메섹까지 갔던 사람입니다. '누구를 탓하리요? 내가 그랬는데 뭐!'

형제들이 바울을 해변으로 피신시켰으며, 바울은 그곳에서 배를 타고 아덴까지 갔습니다. 베뢰아에서 아덴은 많이 떨어져 있습니다. 배를 타고 갔기 때문에 그 중간에 있는 곳은 전도할 수가 없었습니다. 그래서 바로 아덴에서의 전도가 이어집니다.

아덴 전도 (16-34)

아테네는 소크라테스의 고향이며, 철학의 중심지입니다. 그래서 바울은 철학적으로 접근하고, 철학을 가미해서 설교했습니다. 하나님은 그들이 섬기는 '알지 못하는 신'과 같이 사람이 만든 신이 아니고, 가만히 있는 신이 아닙니다. 만유를 지으신 창조주 하나님은 창조하신 모든 것을 관리하고 다스립니다. 그 분은 우리에게 힘을 주시고, 살게 하시고, 움직이게 하십니다(28). 바울은 이렇게 하나님을 자세하게 설명하다가 십자가와 부활을 간단하게 말하고 넘어갔습니다. 바울이 한 설교의 주제는 예수님이 아니라 지금도 살아 역사하시는 하나님이었습니다. 바울의 하나님 중심 설교는 우상이 가득한 아덴에 적합한 설교였지만, 결과는 다른 곳과 비교해서 다르게 나타났습니다.

이것은 우리에게도 좋은 교훈이 됩니다. 다른 것을 얼마든지 말할 수 있지만, 그 중심은 '예수가 그리스도'이어야 합니다. 예수님을 말한다면 십자가와 부활이 빠질 수 없습니다. 우리의 대상자가 예수님이 자기를 위하여 십자가를 지셨음을 믿게 된다면, 우리 할 일은 다 했습니다. 그 뒤에는 성령이 하십니다.

107강
이 성 중에 내 백성이 많음이니라! (행 18)

사도행전 18장은 고린도와 에베소의 전도 상황을 말해 줍니다. 이 장에서 2차 전도 여행이 끝나고 이어서 3차 전도 여행이 시작됩니다. 고린도는 고린도전,후서를 통해서 알려진 대로 문제가 많은 교회였습니다. 그런데 예수님은 환상을 통해서 바울에게 '이 성 중에 내 백성이 많다'라고 하셨습니다.

고린도는 아테네 아래쪽의 큰 섬으로 아가야의 수도입니다. 해안에 인접한 도시로서 무역이 성행하고 경제 활동이 왕성했던 곳입니다. 이렇게 해서 잘살게 되는 도시는 성적으로 문란하고 타락하게 되어 있는데 고린도는 그 정도가 좀 더 심했습니다. 그래서 '고린도 사람'이라고 하면 성적으로 부도덕한 사람을 일컫는 말이 되었습니다.

바울은 철학의 도시 아테네에서 타락한 도시 고린도로 왔습니다. 바울은 이런 사정을 보면서 고린도 지역의 전도에 약간의 두려움을 가졌던 것 같습니다. 사람들은 이곳을 타락한 도시, 문란한 도시로 보지만, 주님은 그렇게 보지 않았습니다. 그곳에 내 백성이 많다고 하셨습니다. 그렇기 때문에 잠잠하지 말고 두려워하지도 말고 말하라고 하셨습니다. 그중에 있는 하나님의 백성을 건져내야 하기 때문입니다. 바울은 이 말씀에 순종하여 무려 1년하고도 6개월을 이곳에 있었습니다. 2차 전도 여행의 절반을 이곳에서 보냈습니다. 주님의 뜻이라면 내 육신이 좀 힘들어도 순종하는 모습이 참으로 아름답습니다.

주님은 하나님이시니까 하늘에서 보시고, 바울은 땅에 발을 붙이고 사는 사람의 관점일 수밖에 없습니다. 이런 현격한 차이를 인정했기 때문에 바울은 항상 순종했고, 주님의 말씀에 전적으로 따랐습니다. 지금은 알 수 없어도 언젠가는 그 뜻이 밝혀질 것이기 때문에 그곳에는 이견이 있을 수 없었습니다. 우리도 역시 마찬가지입니다. '주님이 무조건 옳습니다'하고 따르면 됩니다. 성령의 사람이 되면 이렇게 할 수 있습니다.

고린도에서 만난 3팀

누가는 바울의 고린도 전도를 이제까지와 조금 다른 방법으로 기록했습니다. 다른 곳에서는 그 지역에서 회당을 찾아갔다는 기록이 먼저 나오는데, 고린도에서는 사람을 만난 기록을 먼저 기록했습니다. 바울은 이곳에서는 3부류의 사람을 만났습니다.

첫 번째 만난 사람은 아굴라 부부입니다. 이들은 로마에서 추방당했습니다. 바울은 이제까지 많은 곳에서 쫓겨나고 도망갔었는데, 비슷한 경험을 가진 사람들이었습니다. 바울과 이들은 복음에 대한 뜨거운 열정을 가지고 있었고, 하는 일이 같았으므로 자연스럽게 한 팀이 되었습니다. 이후에 이들은 바울을 힘껏 돕는 조력자가 되었습니다.

두 번째 사람들은 실라와 디모데입니다. 바울은 이들을 베뢰아에 남겨 두었는데(17:13), 빨리 오라고 해서 고린도에서 만났습니다(5). 이들은 바울의 요청에 따라서 돌아온 사람들입니다.

세 번째 사람은 아볼로입니다. 그는 웅변가요 성경 박사였으며, 열심과 사람을 설득하는 능력이 있었습니다. 그런데 아쉽게도 2% 부족한 상태에 있었습니다. 그것은 그가 요한의 세례만 알 따름이었기 때문입니다. 브리스길라와 아굴라 부부가 이 사람을 데려다가 하나님의 도를 더 자세히 풀어서 설명했습니다. 성경 박사 아볼로는 겸손함까지 가지고 있었습니다. '네가 뭔데 감히 나에게' 하는 마음이 있다면 절대로 듣지 않습니다. 이런 사람들은 보통 자기가 아는 것이 전부요 최고인 줄 압니다. 그러나 아볼로는 그렇지 않았습니다. 성경 박사가 텐트 메이크의 설명을 들었습니다. 그리고 그 모든 것을 수용했습니다. 이렇게 해서 그는 2%가 채워졌고, 이제는 분명한 결론을 가진 자가 되었습니다. 아볼로에게 성령이 임하셨다는 기록은 없습니다. 방언했다는 설명도 없습니다. 그러나 그는 성령을 받았고, 성령으로 충만해 졌습니다. 그래서 그는 가는 곳마다 자기가 아는 지식에 더하여 '예수가 그리스도'인 것을 증거했습니다. 이렇게 해서 믿는 자들에게 많은 유익을 주었습니다(27).

바울 주변에는 이렇게 해서 일꾼들이 많아졌습니다. 브리스길라 부부, 실라와 디모데, 그리고 아볼로입니다. 바울까지 총 6명입니다. 누가는 아직 바울 팀에 합류하기 전입니다. 20장에 가서야 '우리 섹션'이 나오기 때문입니다.

고린도 전도 (5-17)

고린도에서 있었던 일을 기록함에 약간의 변화가 있었지만 바울의 전도 방법은 변함이 없었습니다. 고린도 전도의 특징은 3가지입니다.

첫째는 바울이 유대인과 헬라인을 동시에 권면했다는 표현입니다(4). 아주 특이한 표현입니다. 이렇게 표현할 정도로 이방인 전도가 일반화되었다는 것을 알게 합니다. 헬라인을 만난 곳이 회당인지 아닌지는 분명하지 않습니다. 짐작으로는 헬라인은 회당이 아닌 다른 곳에서 만났겠지만, 유대인과 함께 그들을 권면했다는 것은 만난 곳이 어디든 간에 놀라운 변화라 아니할 수 없습니다.

둘째는 주께서 바울에게 환상으로 지시하셨습니다. 바울이 본 2번째 환상입니다. 처음 환상은 드로아에서 보았습니다. 그만큼 흔하지 않은 일입니다. 주님은 바울을 격려하기 위해서 특이하게도 환상으로 말씀하셨습니다.

셋째는 특징은 그곳에 오랜 기간 머물렀습니다. 2차 전도 여행 기간을 3년으로 보기 때문에 1년 6개월은 절반의 기간입니다. 바울은 주님의 명을 받아 그곳에 오래 있으면서 하나님의 말씀을 가르쳤습니다(11).

빛이 비치면 어둠은 물러가게 되어 있지만, 동시에 그림자가 생깁니다. 바울의 전도와 강론으로 믿는 자가 생기면서 동시에 반대하는 자들의 소요가 발생했습니다. 그래서 바울은 그곳에서 배를 타고 떠나 에베소로 가게 됩니다.

에베소 전도 (18-21)

바울은 에베소에 오래 머물지 않은 듯합니다. 짧게 머물렀지만 전도 방식은 동일했습니다. 바울은 회당을 찾아갔고 그곳에서 유대인들을 만났습니다(19). 여러 사람들이 더 오래 있기를 청했지만 바울은 유월절을 예루살렘에서 보낼 생각으로 에베소를 떠나서 가이사랴로 갔고, 그리고 안디옥으로 귀환했습니다. 이럴 때 바울은 '만일 하나님의 뜻이면 너희에게 돌아오리라'라는 말을 남기고 에베소를 떠났습니다(21). 그 말은 곧 이어지는 3차 전도 여행에서 그대로 실행되었습니다. 2차 전도 여행의 끝이 에베소였으며, 3차 전도 여행의 시작이 에베소입니다.

예수님은 '추수하는 주인에게 청하여 추수할 일꾼들을 보내어 주소서 하라'(마9:38) 하셨습니다. 기도의 세부 사항을 말씀하신 것은 이것이 처음입니다. 우리는 이 말씀을 기억하고 일꾼을 보내 주시도록 기도해야 하겠습니다. 왜냐하면 나 혼자서는 이 모든 일들을 이룰 수 없기 때문입니다. 바울에게 일꾼들이 합쳐지면 더욱 효과적으로 일할 수 있습니다. 그렇게 되려면 우리는 바울과 같이 넓은 마음을 가져야 할 것입니다.

108강
성령이 있음도 듣지 못하였노라! (행 19)

에베소는 바울의 2차 여행의 마지막 장소이고, 3차 여행의 시작점입니다. 그만큼 바울은 에베소를 중요하게 여겼습니다. 바울은 전체 전도 여행 중에 가장 오랜 기간인 3년을 이곳에 있었습니다(20:31). 3년을 머물며 복음을 전했더니, 루카스 계곡에 여러 교회들이 생겼습니다. 골로새, 히에라볼리, 라오디게아 교회가 그때 세워졌습니다. 아시아 7교회 중에 나머지 교회도 그 후에 세워졌습니다. 에베소가 도시의 중심이었고, 교회와 신앙의 중심이었습니다. 바울은 이런 에베소가 이 지역 선교의 전진 기지 역할을 해 줄 것을 기대했습니다. 그래서 디모데를 파송하여 그곳에서 목회하게 했고(딤전1:3), 에베소서라고 하는 편지를 적어서 에베소에 있는 성도들에게 보냈습니다(엡1:1). 에베소는 다른 여러 편지도 받게 되었는데, 디모데전서와 디모데 후서는 그곳에서 목회하는 디모데에게 보낸 편지였습니다.

성령은 바울의 이런 기대에 맞게 여러 가지 일들이 그곳에서 일어나게 했습니다. 바울이 에베소에 있는 제자들을 만나 성령 받기를 기도했더니 성령이 임하여 그들이 방언과 예언을 했습니다(6). 이를 두고 어떤 이들은 '에베소의 오순절'이라 말하기도 합니다. 그들은 12명이었는데, 12사도와 숫자가 같았습니다. 이런 일들을 통해서 에베소에도 12명의 은혜받은 제자가 생겼습니다.

2년 동안 바울이 두란노 서원에서 강론했더니 '아시아에 사는 자는 유대인이나 헬라인이나 모두 주의 말씀을 듣더라'고 했습니다(10). 그뿐 아니라 성령은 바울의 손수건이나 앞치마를 가지고 병든 사람에게 얹으면 병이 떠나가고 악귀가 나가는 희안한 일을 행하셨습니다. 또 마술을 행하던 사람들이 마술책을 모아놓고 불지르는 일도 있었습니다. 이런 일은 다른 전도 지역에서는 없었던 일입니다. 바울은 이런 설명을 다 한 후에 이 지역 선교를 마무리하는 종결 어구를 적었습니다. '이와 같이 주의 말씀이 힘이 있어 흥왕하여 세력을 얻으니라' (20).

에베소 전도 (1-20)

바울은 에베소의 제자들을 만나 '너희가 믿을 때에 성령을 받았느냐?' 하고 물었습니다(2). 이것은 아주 중요한 질문인데, 바울의 경험으로는 성령을 받아야 신앙생활을 제대로 할 수 있기 때문에 이런 문제를 우선 점검했습니다. 그들은 '우리는 성령이 있음도 듣지 못하였다' 하고 대답했습니다(2). 왜 그럴까요? 그것은 이들이 아볼로의 가르침을 받았기 때문입니다(18:24). 그러니까 누구에게서 배우느냐, 누구를 통해서 듣느냐 하는 문제는 대단히 중요합니다. 아볼로는 브리스길라 부부의 도움으로 2%가 채워졌지만, 이들은 아직도 요한의 세례만 알고 있었습니다. 바울의 안수로 이들도 부족한 것이 채워지게 되었습니다.

바울은 회당에서 3개월을 강론했고(8), 반대가 있었을 때 제자들을 따로 세워서 두란노 서원에서 매일 강좌를 2년 동안 계속했습니다(9). 그랬더니 그 지역에 사는 '유대인이나 헬라인이 모두 주의 말씀을 들었다'라고 했습니다(10). 여기에 또 '유대인과 헬라인'이 함께 언급되어 있습니다. 자기들을 철저하게 구별하던 유대인들이 이제는 헬라인과 함께 하게 되었습니다. 이런 세월을 거쳐서 바울은 그곳에서 총 3년간 있었다고 에베소 장로들에게 말했습니다(20:31). 그곳에 최장기간 머물렀습니다.

가장 중요한 것

바울은 에베소에 가서 제자들을 만나자마자 그들이 성령을 받았는지를 질문했습니다. 성경 기록으로는 서로 인사말도 하지 않았습니다. 이것은 바울의 관심을 나타내 줍니다. 그만큼 이것이 중요하고, 시급하고, 근본적이기 때문입니다. 이것이 있으면 다른 것은 부족해도 되지만, 다른 것이 다 있다고 해도 성령을 받지 않았다면 다 있는 것이 소용없는 것이 되기 때문입니다. 그래서 바울은 첫 질문으로 이것을 물었고, 가장 먼저 이것을 해결했습니다.

베드로와 요한도 마찬가지였습니다. 사마리아가 하나님의 말씀을 받았다는 말을 듣고 예루살렘 교회가 2명의 사도를 파송했습니다. 이렇게 내려간 2명의 사도가 아무것도 물어보지 않았고, 아무것도 점검하지도 않았습니다. 그들이 한 것은 단 한 가지뿐입니다. 성령 받았는지를 물었고, 그것을 위해서 기도했습니다. 이들도 사사로운 인사는 하지도 받지도 않았고 바로 성령받기를 위해서 기도했습니다(8장). 왜냐하면 그들 중에 아직 아무 사람에게도 성령 내리신 적이 없었기 때문입니다. 이것이 바로 사도들의 관심이었는데, 이것이 우리의 관심이 되어야 합니다.

우리는 우리의 대상자들이 성령을 받았는지 어떤지를 면밀히 살펴야 할 것이고, 성령 받도록 해야 합니다. 이것이 우리 사역의 처음이자 마지막이 되어야 할 것입니다. 그만큼 중요하기 때문입니다. 성령을 받게 하면 그 뒤에는 성령이 그들을 가르치시고 인도하십니다.

두 부류의 사람들

바울은 에베소에서 두 부류의 사람들을 만났습니다. 그들을 통해서 감동을 받기도 했고, 그들을 통해서 어려움을 겪기도 했습니다. 첫 번째는 마술하는 유대인이었습니다. 유일하신 하나님을 믿는 유대인들이 어떻게 돌아다니면서 마술을 행하는 사람이 되었는지 참 의문스럽습니다. 바울이 구브로 섬에서 바예수라는 거짓 선지자를 만났는데, 이 사람도 유대인이었습니다(13:6).

이들은 예수님의 이름을 빙자하여 악귀를 추방하는 일을 했는데, 그중에 제사장 스게와의 7명의 아들이 있었습니다. 귀신에게 나가라고 명령했더니 귀신이 '예수도 내가 알고, 바울도 내가 알거니와 너희는 누구냐?'(15) 하면서 이들의 허풍을 귀신같이 알아차렸습니다. 이들은 흉내만 내는 사람들이었습니다. 예수님의 이름은 권세가 있기 때문에 믿음으로 선포하면 귀신이 굴복하게 됩니다. 12제자가 아닌 사람들을 통해서 이런 일이 일어났었습니다(눅9:49). 그러나 흉내만 내서는 안 됩니다. 사람은 속을지 몰라도 귀신을 속일 수는 없기 때문입니다.

또 한 부류의 사람들은 진짜 마술을 행하던 사람들인데 이들이 복음을 듣고 변화되었습니다. 전에 사용하던 책을 그냥 두면 유혹에 넘어갈 것이기 때문에 불태우기로 했습니다. 한두 사람이 아니라 여러 사람이 그렇게 하기로 뜻을 모았습니다. 책값이 은 오만이라고 했습니다. 책이 귀하던 그 시절에 산더미같이 책을 모아놓고 불을 질렀습니다. 참 대단한 일입니다. 이들은 흉내만 낸 사람들이 아니라, 실제로 그 일을 행하여 책을 완전히 자기들에게서 분리시켰습니다. 은혜를 받으면 이런 행동을 하게 됩니다. 누가 시켜서 하는 일이 아닙니다.

에베소에서 소동이 일어났습니다. 바울 일행은 그곳에서 다른 지역으로 옮겨가야 했습니다(20:1). 그러나 걱정할 것이 없습니다. 3년 동안 있으면서 제자들을 세워놓았기 때문입니다. 그래서 바울이 그 지역을 떠났지만 교회가 세워지고 장로가 성도들을 돌보게 되었습니다. 우리의 활동 지향점이 바로 이것입니다. 언젠가는 우리의 사역지에서 우리가 빠져야 할 때가 올 것이기 때문입니다.

109강
생명을 귀한 것으로 여기지 않노라! (행 20)

우리는 보통 성경에 이름이 나오는 교회들만 기억하는 경향이 있습니다. 이런 경향은 좀 더 나아가 성경에 이름이 없는 다른 지역에는 교회가 없었던 것으로 오해합니다. 더 나아가서, 그런 교회가 있는 지역 외에는 믿는 사람들이 없었던 것으로 생각합니다. 사도행전을 자세히 살펴보면 그것이 좁은 생각임을 알 수 있습니다. 바울이 직접 가서 복음을 전하지 않았는데 교회가 세워진 곳이 있었습니다. 골로새교회와 로마교회가 대표적입니다. 교회는 세워지지 않았지만 그곳에 믿는 성도들이 있었던 지역이 있습니다.

이 장에 나오는 드로아에는 바울이 복음을 전했다는 기록이 없으며, 교회가 세워졌다는 언급도 없습니다. 그런데도 믿는 자들이 있었습니다. 그들은 바울이 밤이 깊도록 설교를 해도 집중해서 들을 정도의 열심이 있었고, 말씀을 사모하는 성도들이었습니다. 그리고 주일에 성찬을 행할 수준이었습니다. 놀랍지 않습니까? 바울이 에베소에서 3년 동안 가르칠 그럴 때 이곳에 믿는 사람들이 생긴 듯합니다. 이렇게 교회는 겨자씨와 같이 자라갔고 누룩과 같이 번져 갔습니다.

성령님은 이런 기특한 성도들에게 특별한 은혜를 주셨습니다. 그것이 바로 유두고 사건입니다. 그 사건은 처음에는 가슴이 철렁 내려앉는 일이었습니다. 유두고가 창에 걸터앉아서 말씀을 듣다가 졸음을 이기지 못하고 떨어져서 죽게 되었습니다. 말씀을 듣는 은혜의 장이 그만 초상집으로 바뀌었습니다. 이 사건을 기록한 사람은 의사입니다. 의사가 죽었다고 하면 죽은 것이 맞습니다. 그런데 영적인 의사 바울은 다른 판단을 내렸습니다. '생명이 저에게 있다'고 했습니다(10). 그리고는 성령님이 하실 일을 기대하면서 기다렸습니다. 바울은 조금도 의심하지 않았습니다. 청년 유두고는 살아났습니다. 이 일을 통해서 그곳에 있던 사람들이 기적을 경험했으며, 생명이 주께 있음을 알게 되었습니다. 그들이 받은 '엄청난 충격'과 '놀라운 은혜'를 누가는 아주 완곡하게 표현했습니다. '사람들이 살아난 아이를 데리고 와서 위로를 적지 않게 받았더라'(12).

'석달을 있다가...' (3)

바울은 에베소에서 바다 건너편 마게도냐로 갔고, 그곳에서 헬라로 가서 3달을 있었다고 했습니다. 여러 정황을 볼 때 바울이 3달간 있었던 곳은 고린도가 분명합니다. 그렇지만 누가는 '헬라'라고 하는 아주 넓은 지역으로 말했습니다.

이때 바울은 이곳에서 로마서를 기록하여 로마 교인들에게 보냈습니다. 바울에게 고린도에서의 3개월은 아주 귀중한 시간이었습니다.

바울의 원래 계획은 배를 타고 안디옥이 있는 수리아로 가고자 했습니다. 그러나 바울을 살해하려는 계획을 알게 되어 육로로 이동하여 환상을 보았던 곳 드로아로 갔습니다.

We – section

누가가 바울 전도 팀에 합류하면서 '우리(we)' 라는 단어를 사용했습니다. 아시아에서 바울과 함께 가는 사람들이 먼저 가서 드로아에서 바울 팀을 기다렸다고 할 때 처음으로 '우리' 가 등장합니다 (5). 먼저 갔던 사람은 7명이었고, '우리' 라는 단어로 보아 바울과 함께 간 사람 중에 누가가 있었던 것이 분명합니다. 이 구절 이후로 '우리' 는 20장과 21장의 2장에서 무려 16번이나 사용되었습니다. 이렇게 '우리' 라는 단어가 등장하고, 사용된 구간을 '우리 - 구간(we - section)' 이라고 부릅니다. 누가가 바울 전도 팀의 일원이 되었다는 것을 알려 주는 단어입니다.

바울의 눈물 (19)

바울은 에베소에서 자기의 목회 사역을 잠시 회고하면서 많은 눈물을 흘렸다고 했습니다 (19). 바울이 말한 것처럼 목회는 겸손과 인내로 이루어져 가는 것이고 흘리는 눈물이 목회의 거름이 되어 열매를 맺게 합니다. 바울은 눈물을 한 번 더 말했는데, 그는 설교하면서도 눈물을 흘렸다고 했습니다 (31). 또 그는 '그리스도의 원수' 로 행하는 사람들을 생각할 때 눈물이 난다고 했습니다 (빌3:18). 그들에게 그 길에서 돌아설 것을 당부할 때도 눈물을 흘렸겠지요. 바울은 이렇게 눈물의 사람이었습니다. 아들같이 여긴 디모데도 눈물이 많은 사람이었습니다 (딤후1:4). 그는 미숙해서, 그리고 연약해서 많은 눈물을 흘린 듯합니다.

설교를 끝낸 후에 저희와 함께 기도하니 모든 사람이 다 크게 울었다고 했습니다. 그야말로 눈물바다가 되었습니다. 눈물은 눈물로 통합니다. 더 설명하지 않아도 눈물 안에 모든 것이 다 들어 있습니다.

바울의 고별 설교 (17-35)

밀레도에서 에베소 장로들에게 한 바울의 설교는 지난날의 회고와 장래 계획과 에베소 교회의 안전을 위한 당부로 이루어져 있습니다. 바울은 '심령에 매임을 받아' 예루살렘으로 간다고 했는데, 이 말은 '성령에 의해 묶여'라는 뜻입니다. 그곳에서 결박과 핍박이 있는 줄을 바울은 알고 있었습니다. 그래서 이 만남이 마지막이 될 것이라 짐작했습니다. 그렇지만 바울은 단호했습니다. '나의 달려갈 길과 주 예수께 받은 사명 곧 하나님의 은혜의 복음 증거하는 일을 마치려 함에는 나의 생명을 조금도 귀한 것으로 여기지 아니하노라'(24). 하나밖에 없는 생명을 사명을 준수하는 일에 바치겠다는 각오입니다. 바울은 그 후 이 각오대로 살았고, 이 각오대로 생을 마감했습니다.

처음 쓰인 말들

바울 설교에서 처음 사용된 구절을 볼 수 있습니다. 바울은 교회를 '하나님이 자기 피로 사신 교회'(28)라고 했습니다. 예수님이 십자가에서 흘린 피로써 값을 치루고 교회를 샀다는 말입니다. 교회가 얼마나 귀한가 하면 예수님의 피만큼 귀합니다. 또 바울은 '심령에 매임을 받아'라고 했는데(22), 이런 표현도 다른 곳에서 찾아볼 수 없는 말입니다. 이렇게 단단하게 묶여 있기 때문에 아무도 풀 수 없다는 뜻입니다.

'내가 너희를 주와 및 그 은혜의 말씀에게 부탁하노니'(32). 이런 구절도 다른 곳에서는 찾아볼 수 없는 특이한 표현입니다. 주님께 부탁하고 거기에 덧붙여서 말씀에게 부탁한다고 했습니다. 이중으로 부탁했습니다. 35절에 '주 예수의 친히 말씀하신 바 주는 것이 받는 것보다 복이 있다'는 말씀은 복음서 어디에도 없는 말씀입니다. 바울이 개인적으로 받은 말씀인 듯 합니다.

우리는 이곳에서 바울의 결연한 의지와 그리스도의 사랑으로 묶여 있는 사람의 따뜻한 인정을 봅니다. 그 사람의 됨됨이는 떠날 때 보면 알 수 있습니다. 많은 사람들이 진정으로 바울의 떠남을 아쉬워했습니다. 우리가 떠날 때 울 사람이 있을까요? 목놓아 크게 울 사람이 몇 사람이나 될까요?

110강
성령의 감동으로 만류하더라! (행 21)

21장에는 바울에게 예루살렘에 올라가지 말라고 만류하는 것이 4번 나옵니다. 4번 모두 성령의 감동으로 했습니다. 먼저는 두로의 제자들이 그렇게 했습니다. 그들은 사사로운 인정에 매여 그렇게 한 것이 아닙니다. 성령은 그들에게 감동을 주셨고, 그들은 그 감동으로 바울에게 그 사실을 알려 주었습니다. '그 제자들이 성령의 감동으로 바울에게 예루살렘에 올라가지 말라 하더라'(4).

두 번째는 선지자 아가보의 예언입니다. 그는 전에 '천하가 크게 흉년들리라' 하고 예언했는데, 그대로 되었던 적이 있었습니다(11장). 이 사람이 바울의 띠를 가지고 자기 수족을 결박한 뒤에 '성령이 말씀하시되 예루살렘에서 유대인들이 이 띠 임자를 결박하여 이방인의 손에 넘겨주리라'고 말했습니다(11). 어떻게 될 것인지, 누구에게 넘겨질 것인지 아주 구체적으로 예언했습니다.

세 번째는 그 말을 들은 '우리'들입니다. '우리'와 주변에 있었던 사람들이 바울에게 예루살렘으로 가지 말라고 말렸습니다(12).

네 번째는 빌립의 딸들입니다. 바울이 그 집에서 머물렀습니다. 그 딸들이 무슨 말을 했는지는 기록되어 있지 않고, 다만 예언하는 처녀들이라고만 했습니다(9). 예언하는 처녀들이 자기 집에 묵고 있는 교회의 중요 인물이 앞으로 당할 일을 예언하지 않았을까요? 선지자는 예언을 했는데, 예언의 은사를 가진 자는 가만히 있었다는 것은 말이 되지 않습니다. 그러면 누가는 왜 이렇게 기록했을까요? 그것은 연속해서 만류하는 글을 적으면서 3가지는 드러내었고, 한 가지는 감추는 방식으로 글을 적었기 때문입니다.

우리라면 '성령의 감동'과 '성령이 말씀하시되'에 그만 '껌뻑' 넘어갔을 겁니다. 성령이 말씀하시는데 그대로 해야지 뭘 망설이겠습니까? 바울은 전에 '건너 와서 우리를 도우라'는 환상을 보고 그대로 하지 않았습니까?(16장). 그런데 이때는 바울이 성령의 말씀을 듣지 않았습니다. 그 말을 듣고, 그 만류를 받고 성령의 지시인 줄 알았지만, 예루살렘으로 올라가는 것을 포기하지 않았습니다. 바울은 왜 이렇게 했을까요? 바울은 왜 이들의 말을 참고만 했을까요? 그것은 바울에게도 성령이 말씀하셨기 때문입니다.

바울은 이미 성령의 인도하심을 따라 예루살렘으로 올라가기로 결심했습니다. 성령은 그곳에서 '결박과 환란이 기다리고 있다'는 것을 알게 하셨습니다(20:23). 그렇지만 복음 증거 하는 사명을 다하기 위해서 이런 모든 고난은 참아 이기기로 마음먹었습니다. 그러면 이들을 통해서 성령이 말씀하신 것은 뭡니까? 그것은 그런 일들이 있을 것임을 바울에게 확인시켜 준 역할을 했습니다. 바울은 이런 예언을 통해서 더욱 확실히 알게 되었고, 마음속의 결심을 더욱 다지게 되었습니다. 바울의 이런 행동을 보면서 '성령이 말씀하셨다' 할 때 '무조건 순종' 을 외치지 말고, 그렇게 말씀하신 성령님께 내가 한 번 물어봐야 되겠다는 생각을 하게 됩니다.

두로에도 제자가... (1-6)

두로에 제자들이 있었습니다. 바울은 그들을 만나기로 작정하고 간 것이 아닙니다. 배가 짐을 풀려고 했기 때문에 그곳에 임시 기항했습니다. 그래서 바울은 그곳에서 제자들을 찾아서 만났다고 했습니다(4). 두로에 제자가 있었던 것은 예수님이 뿌려놓은 복음의 씨앗 때문입니다. 예수님은 그곳을 찾아 가나안 여인의 귀신 들린 딸을 고쳐주었습니다(마15장). 그럴 때 은혜를 받은 사람들이 믿는 자를 넘어서 제자가 되어 있었습니다. 사도들이나 바울이 그곳에 가서 복음을 전했다는 기록은 없습니다. 이어지는 가이사랴에 대한 설명에서 그곳에 있는 사람들은 '제자' 가 아니라, '형제' 라고 불렀습니다(7). 이렇게 곳곳에 믿는 자가 있었던 것은 앞장에 기록된 드로아의 경우와 흡사합니다(20장).

그들의 결론 (14)

바울 주변에 있는 '우리' 를 포함해서 여러 사람들이 바울에게 예루살렘에 가지 말도록 권유했습니다. 초대교회에서 이방 전도의 수장이 예루살렘에서 체포되고 결박되어 감금된다면 전체 교회에 얼마나 큰 영향을 미치겠습니까? 그래서 이들은 이런저런 이유로 바울을 말렸습니다. 바울은 그들의 만류하는 정도가 점점 심해졌기 때문에 어느 선에서 중지시켜야 되겠다고 생각했습니다.

그래서 '너희가 어찌 울어서 내 마음을 상하게 하느냐?' 하면서 '나는 주 예수의 이름을 위하여 예루살렘에서 죽을 것도 각오하였다' (13) 고 했습니다. 그곳에서 죽을 것을 결심했는데, 결박되는 것이 뭐가 문제가 되겠습니까? 이렇게 바울은 다시 한번 마음의 결심을 밝혔습니다. 그들은 더 이상 권유하지 않았고, 더 이상 울지도 않았습니다. '주의 뜻대로 이루어지기 바랍니다' 하고 만류하는 행동을 그만두었다고 했습니다. 주님의 뜻 앞에서 순종입니다. 과연 바울과 동행할 자격이 있는 사람들이라 하겠습니다.

어울리지 않는 의식

바울은 예루살렘에 있는 야고보와 장로들의 권유로 결례를 행하기로 했습니다(24). 유대인 중에 믿는 사람들 수만 명이 잘못된 말을 전해 듣고 바울에게 따져 물을 준비를 하고 있었습니다(20). 유대주의가 이렇게 강하고 끈질깁니다. 믿는다고 하면서도 버리지 못하는 것이 유대주의였습니다. 그들은 바울이 결례를 행한다면, 들은 말이 헛소문인 줄 알게 될 것이라 했습니다. 바울은 몸에 맞지 않고 어울리지 않는 옷이었지만 교회의 화평을 위해서 그 권유를 따르기로 했습니다.

그런데 소요 사태를 촉발한 자는 이들이 아니라, 아시아로부터 온 유대인들이었습니다. 그들은 잘 알지도 못하면서 바울이 헬라인을 데리고 성전에 들어가서 그곳을 더럽혔다고 외쳤습니다(28). 그래서 소동이 일어났고, 바울은 이들에게 잡혀 성전 밖으로 끌려나갔습니다(30).

복음 전할 기회를 얻다.

소요 사태로 군대가 출동했습니다. 천부장이 바울을 쇠사슬로 묶어서 영문 안으로 데리고 들어가려고 했습니다. 군대가 이를 때까지 그들은 계속 바울을 때렸습니다. 군대의 출동은 하나님의 은혜였습니다. 늦게 출동했다면 아마도 바울은 그 사람들에게 맞아서 죽었을지도 모릅니다.

유대인들은 대단합니다. 바울을 죽이자고 벌떼같이 달려들었기 때문에 군사들은 바울을 들어서 이동시켰다고 했습니다(35). 영문으로 들어가는 층대에 이르렀을 때 바울은 말할 기회를 달라고 하여 허락을 받았습니다. 박해의 장소에서, 그 박해자들에게 바울은 예수님을 증거 할 기회를 얻었습니다. 성난 군중들에게 복음을 전할 생각을 했으니 바울도 참 대단한 사람입니다.

'성령이 하시는 말씀'을 듣는다고 해도, '나에게도 말씀해 주소서' 한다고 해서 잘못하는 것이 아닙니다. 동일한 성령님은 동일하게 인도하시고 나에게도 동일한 감동을 주실 것입니다. 내가 받은 것이 없고, 나에게 말씀하신 것이 없으니까 그만 실수를 저지르고 맙니다. 바울의 행동은 거짓이 난무하는 세상에서 우리에게 귀한 이정표가 됩니다.

111강
주여! 내가 무엇을 하리이까? (행 22)

바울은 예루살렘에서 결박당할 것과 환란을 겪게 될 것을 알고 있었습니다. 만류하는 사람들도 성령이 하시는 말씀과 감동으로 결박과 환란을 말했습니다. 이 말씀이 실현되는 것은 그렇게 오랜 시간이 필요하지 않았습니다. 바울이 예루살렘에 도착한 지 며칠 지나지 않아서 소동이 일어났고, 바로 결박되었으며 환란을 겪게 되었습니다. 유대인들이 얼마나 대단했던지 '하나님이 이렇게 하셨다'는 간증을 듣고서도 바울을 죽이려고 했습니다. 그냥 '혼을 좀 내 주자'이 정도가 아닙니다. 죽일 작정으로 결사적으로 달려들었습니다. '이런 놈은 세상에서 없이 하자. 살려 둘 자가 아니다'. 이런 말을 두 번이나 했습니다(21:36,22:22).

그들은 결국 결사대까지 조직했습니다. '바울을 죽이기 전에는 먹지도 아니하고 마시지도 아니하겠다'라고 했습니다(23:12). 이런 사람이 40명이나 되었다고 하니 참 할 말이 없습니다. 먹고 마셔야 힘을 내서 죽이든지 살리든지 할 것인데, 식음을 전폐하고서 그 일을 이루어 내고야 말겠다고 하니 정말 지독한 사람들입니다.

그런데 바울은 이런 사람들에게 치를 떨지도 않았고, 다시 보고 싶지 않은 사람으로 제쳐놓지 않았습니다. 그뿐만 아니라, 한 걸음 더 나아가서 이들에게 자기가 당한 일을 간증하기까지 했습니다. 어떻게 이렇게 할 수 있었을까요? 전에 말씀드린 바와 같이 이들의 모습이 이전의 자기 모습이기 때문입니다. 이들의 열심이 옛날의 바울 자신의 열심이었습니다. 바울은 이 사람들과 비교해서 하나도 모자라지 않는 열심으로 예수 믿는 사람들을 핍박하고 감옥에 가두었습니다. 그런 바울이 예수님을 만난 뒤 행동이 달라졌습니다. 이 사람들의 이런 행동은 예수님을 몰라서 하는 행동입니다. 그래서 자기와 같이 바꾸어 지기를 바라는 마음으로 그들에게 자기에게 찾아오신 예수님을 소개했습니다.

만남의 복은 아무에게나 주어지는 것이 아닌가 봅니다. 예수님은 바울을 만나 주신 것처럼 이들도 한 사람씩 한 사람씩 만나주시면 되지 않겠습니까? 그러면 모두 변해서 바울같이 될 것인데, 예수님은 그렇게 하지 않았습니다. 이로 보건데, 우리가 믿게 된 것도 아무에게나 주시는 복이 아니라는 것을 알게 됩니다.

계단 설교 (1-21)

22장은 3분의 2가 바울의 설교입니다. 이들을 불러서 자기를 주목하게 한 뒤 설교를 시작한 것부터 이들이 더 이상 설교를 듣지 않고 달려든 것까지 기록하고 있습니다. 그러니까 그곳에서 말한 모든 것이 다 기록되었다고 하겠습니다. 바울이 그들을 '부형들이여!' 하고 불렀을 때 그들은 일시에 소요를 중단하고 바울을 주목했습니다. 그 이유는 바울이 히브리어로 말했기 때문입니다(2).

당시 통용어인 헬라어로 말한 것이 아니라, 히브리어로 말했다는 것은 바울이 소요를 일으키는 그 사람들과 같은 말을 쓰는 동족이라는 겁니다. 이들은 히브리어를 듣자 놀라면서 집중했지만 오래 가지 않았습니다. 그들은 바울이 사용하는 언어로서 같은 핏줄임을 확인했지만, 죽이려는 마음은 변하지 않았습니다.

바울은 계단에 서서 설교할 때 그의 출생과 성장 배경을 말했습니다. 다소에서 예루살렘으로 유학 가서 가말리엘의 문하생이 되었으니 아무나 할 수 없는 최고 수준의 교육을 받았습니다. 바울은 지금 설교하는 이곳 예루살렘에서 남녀를 결박하여 감옥에 넘겼고, 핍박했으며 사람을 죽이기까지 했습니다. 지금 자기 앞에 서 있는 성난 군중들 못지않은 일을 했습니다. 그리고 바울은 다메섹으로 가던 중에 자기를 찾아오신 예수님을 만나게 되었습니다. 이 만남이 지금의 자기를 만들었다는 겁니다.

'주여! 무엇을 하리이까?' (10)

사도행전에 바울이 다메섹 도상에서 예수님을 만났던 사건이 3번 기록되어 있습니다. 9장에는 그 일이 일어났던 사건 현장의 설명이고, 본 장은 예루살렘에서 유대인들 앞에서 행한 설교이고, 그리고 또 한 번은 아그립바 왕 앞에서 간증할 때 말했는데 26장에 나옵니다. 바울은 자기가 경험한 일들을 말했는데도 그 간증에 조금씩 차이가 있었습니다. 그것은 그 당시 모든 일들을 모두 말할 수 없었고 그때의 상황에 따라 필요한 것만 말하니까 이런 차이가 발생했습니다.

본 장에 나오는 간증에는 다른 곳에 없는 말들이 있습니다. '주여! 무엇을 하리이까'(10)도 이곳에만 나옵니다. 예수님은 아나니아가 할 일을 '3게'로 말씀하셨습니다. '알게, 보게, 듣게' 입니다(14). '너의 보고 들은 것에 증인이 되리라'(15)는 말씀과 '일어나 주의 이름을 불러 세례를 받고 너의 죄를 씻으라'(16) 는 말씀도 이곳에만 있습니다.

앞으로 될 일들을 이렇게 상세하게 말씀하지 않는 것이 예수님의 특징인데,

바울에게는 특별한 은혜로 여러 가지 일들을 미리 알게 하셨습니다. 그리고 그 모든 일들을 바울 생애에 다 이루어지게 하셨습니다. 바울이 '무엇을 하리이까?' 하는 질문을 했기에 그랬을까요?

'예루살렘에서 나가라!' (17-21)

이 말씀은 '후에'(17) 라는 단어로 연결되어 있어서 곧바로 일어난 사건이 아님을 알 수 있습니다. 그런데 알고 보면 놀랍게도, 그 사이에는 3년이라는 세월이 있었습니다. 바울이 3년 뒤에 예루살렘을 다시 방문했을 때 있었던 일입니다. 성전에서 기도할 때 비몽사몽(非夢似夢) 간에 주께서 '속히 예루살렘에서 나가라!' 하셨습니다(18). 왜냐하면 그때에도 그 사람들이 바울이 증거하는 말을 듣지 않으려 했고, 죽이려고 했기 때문입니다. 바울은 예수님께 자기의 옛날 행적을 이들이 다 알고 있다고 말했습니다. 예수님은 다시 '떠나가라!'고 하시면서 '내가 너를 멀리 이방인에게로 보내리라' 하셨습니다. 이렇게 해서 바울이 이방인에게로 가게 되었고, '이방인을 위한 복음의 제사장'이 되었습니다(롬15:16).

유대인들은 여기까지 듣자 또 혈기가 폭발하여 더 들을 수가 없었습니다. 왜냐하면 바울이 이방인을 데리고 성전으로 들어가서 더럽혔다고 소요가 일어났고, 바울이 이방 지역에서 한 일들을 잘못 이해하고 죽이려고 했는데 이방인 사역을 더 들으려고 하겠습니까? 그런데 3년 전에는 '예루살렘을 떠나라' 하신 예수님이, 이때는 바울에게 '예루살렘으로 가지 말라'고 하지 않았습니다. 그것은 이번에는 예루살렘에서 해야 할 일이 있었기 때문입니다.

바울은 자기가 가지고 있는 로마 시민권을 십분 활용했습니다. 로마 시민은 죄를 범했다 하더라도 고문에 의한 심문은 받지 않습니다. 그리고 재판 없이 함부로 처벌하지 못했으며, 가이사에게 요청하면 로마에서 상급심을 받을 수 있는 권리가 있었습니다. 바울이 가진 것은 천부장의 시민권과 질적으로 달랐습니다. 바울은 날 때부터 로마 시민이었습니다. 이것을 알게 된 천부장은 바울을 함부로 대하지 못했습니다. 이 세상의 것이 이러한데 하늘의 시민권은 어떠하겠습니까? 우리는 천국 문을 프리 패스할 하늘의 시민권자입니다(빌3:20).

112강

밤에 주께서 바울 곁에 서서 이르시되... (행 23)

바울은 어디로 가야 할지 몰라서 기도하고 있을 때 인도하심을 받기도 했고, 당하는 고난으로 힘들 때 위로와 격려를 받았습니다. 어떤 때는 예수님이 친히 오시기도 했고, 어떤 때는 성령님이 말씀하시기도 했습니다. 바울은 빛으로, 음성으로, 비몽사몽(非夢似夢) 간에 환상으로 인도하심을 받았고, 그리고 지시하심을 받았습니다. 이런 일들이 사도행전에 모두 7번 나옵니다.

첫 번째는 바울이 다메섹 도상에서 예수님을 만난 사건입니다. 이때 예수님은 바울을 '택한 그릇'으로 부르기 위해서 빛으로, 그리고 소리로 오셨습니다. 9장에 나옵니다.

두 번째는 밤에 환상을 보았습니다. 이때는 전도 팀의 행로를 성령이 막으셨기 때문에 바울은 어디로 가야 할지를 두고 기도하고 있었습니다. 바울은 환상 중에 어떤 마게도냐 사람이 자기를 향하여 도와달라고 손짓하는 것을 보았습니다. 16장에 있습니다.

세 번째는 밤에 예수님이 환상 가운데 오셨습니다. 그리고 '두려워하지 말고 잠잠하지 말고 말하라. 이는 이 성 중에 내 백성이 많음이라' 하셨습니다. 예수님이 찾아오시는 것만으로도, 그리고 환상을 보는 것만으로도 어떤 환란도 이길 힘이 주어지는데, 오신 예수님이 지켜 주신다는 약속까지 하셨습니다. 그 약속은 대적하여 해할 자가 아무도 없을 것이라는 말씀이었습니다. 고린도에서 있었던 일이며 18장에 나옵니다.

네 번째는 성령님이 증거하시는 말씀을 들었습니다. 주변 사람들이 성령이 하시는 말씀을 바울에게 들려주었지만 흔들리지 않은 것은 자신이 직접 받은 성령의 말씀이 있었기 때문입니다. '성령이 내게 증거하여 결박과 환란이 나를 기다린다 하시나'(20:23). 바울이 밀레도에서 에베소 장로들을 불러서 당부할 때 했던 말입니다. 이때는 성령님이 말씀하셨습니다.

다섯 번째는 예수님이 음성으로 바울에게 지시하셨습니다 '속히 예루살렘에서 나가라'는 말씀이었습니다. 22장에 나오는 말씀입니다.

여섯 번째는 오늘 우리가 살펴보는 23장에 있는 말씀입니다. 이때 바울은 예루살렘에서 일어난 소동으로 영문 안에 있었습니다. 밤에 예수님이 오셔서 '담대하라' 라고 격려하시고 로마에서도 증거하게 될 것을 말씀하셨습니다. 이렇게 찾아오시는 예수님을 만나면 조금 전에 맞은 것과 결박당한 것은 다 잊어버리고 그저 기뻐하고 그저 감사할 뿐입니다.

마지막 일곱 번째는 풍랑 만난 배 안에서 있었던 사건입니다. 그 배에 탔던 사람들은 모두 죽는 줄 알았습니다. 바울은 기진맥진해 있는 사람들 앞에 서서 어젯밤에 하나님의 천사가 했던 말을 전해 주었습니다. 가이사 앞에 서야 할 것과 배 안의 모든 사람을 다 바울에게 붙여준다는 말씀이었습니다. 27장에 있습니다.

바울은 이만큼 어려운 일을 많이 당했습니다. 그럴 때마다 그 일들을 헤치고 복음을 전하도록 이렇게 위로와 격려와 인도하심이 있었습니다. 이런 사실을 통해서 주님은 전도자를 그냥 내버려 두지 않는다는 것을 알 수 있습니다.

3가지 도우심

예수님은 영문 안에 잡혀 있는 바울을 3가지로 도와주셨습니다. 아주 기가 막히는 방법이요, 아무도 생각하지 못했던 대책이었습니다.

첫째는 분쟁이 바울을 도왔습니다. 분쟁이 일어나도록 유발한 사람은 바울이었습니다. 공회가 바울을 심문하기 위해 모였는데 바리새인과 사두개인이 그 구성원이었습니다. 바울은 '나는 바리새인인데 죽은 자의 부활을 인하여 심문을 받는다' 하고 외쳤습니다(6). 이 한 마디는 두 종파로 하여금 분쟁하도록 만들었습니다. 한 파는 부활이 있다고 하고, 한 파는 없다고 주장했기 때문에 분쟁이 일어날 수밖에 없었습니다. 우습게도 이 분쟁이 바울을 지켜주었습니다.

두 번째는 결사 조직된 특공대가 40명이나 되었는데, 이들의 은밀한 활동 상황을 알려 준 사람이 있었습니다(16). 그 사람은 바울의 생질이었습니다. 바울의 가족 관계를 알려 주는 유일한 단서입니다. 어떻게 이런 극비 사항을 생질이 알게 되었을까요? 쥐도 새도 모르게 한다고 해도 주님은 다 알고 계시기 때문입니다. 비밀이란 사람 사이의 약속일 뿐 주님 앞에서조차 비밀일 수는 없습니다. 이 사실은 천부장에게 바로 알려졌습니다. 그래서 바울은 일촉즉발, 그리고 위기일발의 상황에서 구사일생하는 은혜를 경험하게 되었습니다.

세 번째는 예수님이 직접 오셔서 위로하셨습니다(11). 예수님은 두 가지를 말씀하셨습니다. '담대하라' 하셨는데 이것은 겁먹지 말고, 걱정하지 말라는 것입니다. 그리고 '로마에서도 증거하게 된다' 라고 하셨습니다. 그렇다면 바울은 로마에 가서 전하기 전에는 절대로 죽지 않을 겁니다.

예수님이 이렇게 직접 오셔서 말씀하시는 것을 들으면 이것은 다른 어떤 것과 비교할 수 없는 최고의 도우심이 됩니다. 이 안에는 위로와 격려와 약속과 은혜가 다 들어 있습니다. 조금 전의 고생과 고난을 일시에 다 날려버리는 은혜입니다. 고난 당할 때 우리는 이런 은혜를 사모해야 되겠습니다.

한 사람 호송을 위하여...

천부장은 이 말을 들은 뒤에 즉각적으로 움직였습니다. 바울이 로마 시민권자라 만약 무슨 일이 바울에게 생기면 자기가 모든 책임을 다 져야 하기 때문입니다. 밤 9시에 급하게 호위 군사들을 준비시켰습니다. 바울 주변을 걸어가면서 지킬 보병이 200명, 말 타고 호위할 기병이 70명, 그리고 창을 든 군사가 200명 준비되었습니다. 한 사람을 호위하기 위해서 470명이 동원되었습니다. 이것은 왕의 행차 때 하는 경호 수준입니다. 바울은 속으로 엄청 웃었을 것입니다. '아이고! 주님 이거 너무 황송합니다.'

왜 이렇게 했을까요? 바울이 로마 시민권자이기도 했지만, 결사 조직한 특공대가 40명이나 되기 때문입니다. 이동 중에 그들이 만약 바울을 공격한다면 막아낼 수 있을 만큼의 병력을 동원했습니다. 죄수는 원래 결박한 후에 끌고 가는 것이 원칙입니다. 그러나 그날 밤에 신속하게 이동해야 했기 때문에 바울이 타고 갈 짐승까지 준비했습니다(24). 바울은 예루살렘에서 100㎞ 정도 떨어져 있는 가이사랴까지 말을 타고 왕과 같이 이동했습니다.

예수님은 '내가 내 아버지께 구하여 지금 열두 군단 더 되는 천사를 보내시게 할 수 없는 줄로 아느냐?'(마26:53) 하셨습니다. 예수님은 능히 그렇게 하여 십자가를 면할 수 있었지만 그렇게 하지 않았습니다. 자기에게는 그렇게 하지 않았는데, 바울에게는 이렇게 하셨습니다. 이것이 바로 전도자에게 베푸시는 놀라운 은혜입니다.

바울은 로마에 가서 복음을 전할 꿈을 가졌습니다(19:10). 그때는 3차 전도여행 중이었습니다. 꿈이 열매 맺혀 영글어지기도 전에 예루살렘에서 체포되었고, 가이사랴로 호송되어 감옥에 갇혔습니다. 꿈 하고는 관계없는 일들이 일어났고, 꿈과는 반대 방향으로 나아가고 있었습니다. 이렇게 해서 어떻게 꿈이 이루어지겠습니까? 그런데 나중에 보니 이렇게 해서 꿈이 이루어졌습니다. 바울의 꿈은 놀랍게도 돈 한 푼 들이지 않는 방법으로 이루어졌습니다. 그 시대에 돈 한 푼 들이지 않고 로마로 갔다니 참으로 놀랍습니다. 주님은 이렇게 하십니다. 거꾸로 가는 듯했는데 그것이 바로 가는 길이었습니다.

113강
염병이요 나사렛 이단의 괴수라 (행 24)

우리가 어릴 때 '예배당에 갔더니 눈감으라 해놓고 신발 훔쳐 가더라' 라는 노래를 자주 들었습니다. 이에 비하면 '예수쟁이' 라는 호칭은 점잖은 말이라 하겠습니다. 요즘은 이런 노래도 없고, 예수쟁이라 부르는 사람도 없습니다. 예수 믿는 것을 인정하고 더 이상 조롱하지 않는다는 징조입니다. 그런데 이와 동시에 '예수쟁이'들이 힘을 잃고 무기력해졌습니다. 그러니까 일정의 핍박은 우리의 신앙 건강을 위하여 필요하다는 것을 알 수 있습니다.

아주 옛날 기독교가 처음 시작되는 때에도 이런 조롱과 이상하게 이름을 지어서 부르는 일이있습니다. 바울은 '이 사람들은 우리 성을 심히 요란케 하는 사람' 이라는 말을 들었습니다 (16:20). 요란케 하는 이유가 무엇일까요? 유대인들이 소요를 일으키니까 그렇게 된 것입니다. 또 귀신들린 여종이 온전케 된 뒤에 돈줄이 끊어진 것을 보고 그 주인이 난리를 쳤습니다. 난리는 자기들이 쳐 놓고 말은 뒤집어서 했습니다.

이와 비슷한 이름이 또 있습니다. '천하를 어지럽게 하는 자들' (17:6), '유대인들을 소요케 하는 자들' (24:5) 이라는 말을 했습니다. 또 '다른 임금 곧 예수를 믿는 자들' (17:7) 이라고 하기도 했습니다. 예수님을 임금님같이 섬기니까 붙은 이름입니다. 이 도는 전파성이 전염병같이 강하다고 '염병' 이라 했으며 (5), 바울을 두고 '나사렛 이단의 괴수' 라고 불렀습니다 (5).

바울은 꿈에 그리던 로마에 갔는데, 발이 없는 소문은 바울보다 먼저 그곳에 가 있었습니다. 그곳의 유대인들은 예수님을 믿는 자들을 '어디에서나 반대를 받는 파' 라고 했습니다 (28:22).

이렇게 여러 가지 이름과 조롱이 있었습니다. 복음을 바르게 전하고, 활발하게 전하면 이런 말들은 필연적으로 듣게 되어 있습니다. 사도들이 감옥에서 풀려나면서 '우리가 이렇게 핍박을 받는 것을 보니 이제야 진짜로 믿는 것이로구나' (5:41) 하고 기뻐했다고 했습니다. 이런 조롱은 우리가 제대로 믿고 있으며, 제대로 하고 있다는 증거입니다. 지금 이런 현상이 줄어들었다는 것을 우리는 심각하게 생각해야 합니다.

왕과 같이...

바울은 왕과 같이 호위를 받으며 가이사랴로 왔습니다. 죄수 한 명 호송을 위해서 470명이 동원되었는데, 유사 이래 이런 일이 없었습니다. 주님은 바울을 왕과 같이 대우해 주셨습니다. 놀랍게도 가이사랴에서 바울이 거한 곳은 '헤롯 궁' 곧 왕궁이었습니다(23:35). 이 궁전은 헤롯 대왕이 지은 것인데, 후에는 로마 총독이 이 궁전을 총독의 관저와 사무실로 사용하고 있었습니다. 헤롯 궁에 있는 수많은 방 중에서 하나를 바울을 감금하는 방으로 사용했습니다. 어쨌거나 간에 바울은 왕과 같이 호위를 받아서 왔고, 왕과 같이 왕궁에 거하고 있습니다.

대제사장 아나니아

가이사랴의 총독 앞에서 재판이 열렸습니다. 예루살렘에서 대제사장과 장로들이 변사 더둘로를 대동하고 왔습니다. 이렇게 대제사장이 이 일에 앞장을 섰습니다. 대제사장이라면 제사를 집행하는 사람으로 성전에 있어야 할 것인데, 바울의 죄를 밝혀 감옥에 가두기 위해서 그 먼 길을 움직였습니다. 유대인들의 등살에 이렇게 하지 않으면 안 되었을 것이고, 유대인의 환심을 사기 위해서라도 이만한 수고는 감당해야 했습니다. 유대인들은 이렇게 지체 높은 대제사장에서 일반 평민에 이르기까지 참 대단한 열심을 가지고 있었습니다. 그런데 알고 보면 대제사장은 예수님을 재판할 때부터 직접 관여했고, 주도적으로 일을 했습니다.

바울의 변론

바울은 '소요케 하는 자, 염병, 그리고 성전을 더럽히는 자'(5)라는 항목으로 고소되었습니다. 그는 이에 대해서 하나하나 반박했습니다. 더둘로는 바울을 두고 '천하에 퍼진 유대인들을 다 소요케 하는 자'라고 했습니다. 바울이 복음을 전한 곳마다 소요가 일어나지 않은 곳은 한 곳도 없었다고 할 정도였습니다. 그래서 바울이 다른 지역으로 도망가기도 했고, 유대인들이 그곳까지 따라와서 난리를 쳤습니다. 에베소에서는 마술을 행하던 사람들이 그 책을 산더미 같이 쌓아놓고 불을 질렀습니다. 이런 소문을 들어서 알고 있는 적대자들은 충분히 이렇게 말할 수 있습니다.

바울은 다 말하지 않고 예루살렘의 소요 사건에 대해서만 답변했습니다. 가장 최근에 있었던 일입니다. 그는 예루살렘에 간지 12일밖에 되지 않았기 때문에 소요를 일으킬만한 시간적 여유가 없었다고 했습니다(11). 소요를 일으키려면 사람을 만나서 일을 꾸미고 여러 가지를 준비해야 합니다. 바울이 말한 12일은 예루살렘에 와서 체포되어 가이사랴로 이동한 뒤 재판을 받는 현재까지를 말했습니다. 실제로 체포되어 영문 안으로 들어갈 때까지는 6일밖에 되지 않았습니다. 6일 만에 무슨 일을 꾸밀 수 있겠습니까?

두 번째는 '이단의 괴수'라는 죄목입니다. 바울은 나쁜 일을 행하는 그런 조직의 우두머리가 아니라, 자기는 '하나님과 사람에 대하여 항상 양심에 거리낌이 없도록 행했다'(16)라고 했습니다. 그런 사람에게 '괴수'라는 말은 정당하지 않다는 주장이었습니다.

세 번째는 성전을 더럽혔다는 고소입니다. 바울은 성전에서 결례를 행했을 뿐 모임도 없었고 소동도 없었고, 그것은 저들도 모두 보아서 알고 있다고 했습니다(18). 이방인을 데리고 성전에 들어갔다는 주장은 아시아에서 온 유대인들이 한 말로 모함에 불과하다고 했습니다.

바울이 이렇게 조리있게 변론하자 적대자들도 더 이상 할 말이 없었습니다. 그래서 총독이 재판을 '천부장이 내려올 때까지' 연기했습니다.

그 아내 유대 여자 드루실라 (24)

드루실라는 유대 여자였는데, 충이 먹어서 죽은 아그립바 1세의 딸이며, 지금 왕의 자리에 있는 아그립바 2세의 누이입니다. 드루실라는 원래 남의 아내였는데, 총독이 그녀를 보고 그 미모에 반하여 이혼하게 하고 자기의 아내로 삼았습니다. 얼마 전에 이와 꼭 같은 일이 있었는데, 그 사람은 이 여자의 아버지 아르립바 1세였습니다. 아버지는 동생의 아내 헤로다아를 빼앗아 아내로 삼았습니다. 세례요한이 이런 잘못을 지적하자 앙심을 품고 그의 목을 베었던 사람입니다. 그 아버지의 딸에게서 동일한 일이 일어났습니다. 유부남의 유혹을 받아들여서 이혼하고 남의 아내가 되었습니다. 아버지의 하는 것을 보고 그렇게 해도 된다고 생각했습니다. 죄가 대물림이 되면 이렇게 아무렇지도 않은 듯 당연한 일이 되고 맙니다.

예수님은 바울을 부르실 때 그의 사명이 이러하다고 했습니다. '내 이름을 이방인과 임금들과 이스라엘 자손들 앞에 전하기 위하여 택한 나의 그릇이라'(9:15). 바울이 증거해야 할 대상은 이방인과 임금들과 이스라엘 자손들입니다. 바울은 예루살렘에서 영문으로 잡혀 들어가기 전에 계단에서 설교했는데(22장), 이들이 이스라엘 백성들입니다. 총독은 이방인입니다. 그리고 임금들 앞에 서게 될 것은 다음 장에 기록되어 있습니다. 이렇게 해서 예수님의 말씀이 그대로 이루어졌다는 것을 알 수 있습니다.

114강
내가 가이사에게 호소하노라! (행 25)

성도들은 '하나님의 마음에 합한 자'가 되는 것이 최고 소망이지만, 하나님을 모르는 최고 지도자들은 '백성들의 마음을 얻는 것'이 최고 목표입니다. 신약성경에 나오는 여러 지도자들 중에서 그렇지 않은 사람이 없었습니다. 새로 부임한 총독 베스도가 그랬습니다. 그는 바울에게 예루살렘에 가서 심문을 받겠느냐고 물었습니다. 이것은 대제사장들과 유대인의 요구에 따른 것입니다. 그들은 바울을 다시 예루살렘으로 호송한다면 그 길에 매복했다가 죽이기로 계획을 세웠습니다. 베스도는 그들의 이런 술책을 모르고 다만 '유대인의 마음을 얻기 위해서' 그들의 요구대로 질문했습니다. 바울은 그 요구를 거절하면서 가이사에게 호소하는 상급심을 청원했습니다. 이렇게 해서 바울의 로마행이 결정되었습니다. 바울의 소원을 아신 주님께서 그 꿈을 이루어 주시되 돈 들이지 않고 가게 하셨습니다.

전임자인 벨릭스도 마찬가지입니다. 그도 '유대인의 마음을 얻고자 하여 바울을 구류하여 두니라'(24:27) 했습니다. 정의와 공의는 내팽개치고 그들의 관심은 오직 백성들의 마음을 얻고자 하는 것에 있었습니다.

헤롯도 역시 같이 행동했습니다. 그는 야고보를 죽였는데, 유대인들이 이 일을 기뻐하는 것을 보고 베드로도 잡아서 감옥에 감금했습니다(12:1-). 유대인들의 환심을 사기 위해서 한 행동이었습니다. 여기에 나오는 헤롯은 예수님 탄생 당시에 베들레헴의 아기들을 죽인 헤롯 대왕의 아들인 아그립바 1세입니다.

거슬러 올라가면 빌라도도 역시 마찬가집니다. 빌라도의 관심도 백성들의 마음을 얻는 것이었고, 자기 자리를 안전하게 보전하는 것이었습니다. '빌라도가 무리에게 만족을 주고자 하여 바라바는 놓아주고 예수는 채찍질하고 십자가에 못 박히게 넘겨주니라'(막15:15). 한 사람이 죽고 사는 문제가 달렸는데, 그것을 백성들의 요구에 따랐다는 것은 납득하기 어려운 일입니다.

이런 일들은 지금도 일어나고 있습니다. 지금의 지도자들도 이와 다르지 않습니다. 그러나 감사하게도 이런 모든 일들이 주님의 인도하심 안에 있습니다. 그들이 결정하는 것 같지만, 주님이 주관하십니다. 그들의 결정이 최종 결정인 것 같지만, 아닙니다. 그 뒤에 어떻게 될지는 아무도 모릅니다. 그 모든 일을 최종적으로 결정하고, 그 결정하신 대로 끌어가시는 분은 하나님이십니다. 우리가 너무 염려하지 않아도 되는 이유가 바로 여기에 있습니다.

매복하고 있다가 죽이려는 자들 (3)

매복해 있다가 바울을 죽이려는 40명 결사대의 꿈은 바울 생질의 밀고로 인하여 좌절되었습니다. 바울은 왕과 같이 호위를 받으면서 가이사랴로 갔습니다. 그들의 손에서 완전히 벗어났습니다. 그렇다면 포기해야 되지 않겠습니까? 그러나 유대인의 사전에 포기라는 것은 없습니다. 새로운 작전을 세웠습니다. 그것은 인사차 예루살렘에 들른 새로운 총독에게 바울을 다시 예루살렘으로 호송해 달라고 부탁했습니다. 이것이 성사된다면 예루살렘으로 오는 길에 매복해 있다가 바울을 죽이려고 했습니다. 정말 지긋지긋하도록 끈질깁니다.

총독 베스도

베스도는 벨릭스의 후임으로 부임했습니다. 부임한 지 3일 만에 예루살렘을 방문하여 종교 지도자들과 유대인 중에서 높은 사람들에게 인사를 했습니다. 그만큼 민첩하고 부지런했습니다. 피고는 감옥에 있는데, 최고 판결자가 원고를 찾아가서 인사하고 그들을 만난다는 것은 부적절한 행동입니다. 그리고 바울의 입장에서 보면 이것은 기울어진 운동장에서 축구를 하는 거나 마찬가집니다.

아니나 다를까 그들이 총독에게 바울을 예루살렘으로 다시 데려다 달라고 부탁했습니다. 총독은 이들의 요구를 거절하면서 역제안으로 가이사랴로 같이 가서 바울을 심문하고 재판하자고 했습니다. 그는 이만큼 상황 판단이 빨랐습니다. 부임한 지 며칠 안 되었으면 아직도 뭐가 뭔지를 잘 몰라서 덤벙거려야 할 시기인데도 이 사람은 그렇지 않았습니다. 그 뒤의 재판 과정을 살펴보면 모든 사정을 다 알고 있었고, 정확하게 판단했습니다. 그는 좀 전의 염려와 달리 기울어진 운동장에서 경기하지 않게 했으며, 재판을 공정하게 진행했습니다. 그래서 그는 역대 총독 중에서 가장 바르고 선량한 사람으로 인정받았습니다.

이 사람이 이렇게 하지 않고 종교 지도자들의 말을 듣고 편파 판정을 일삼았다면 바울의 로마행은 좌절되었을 것이고, 그 중간에 비참하게 죽고 말았을 것입니다. 이런 사람이 후임 총독으로 오게 된 것이 바로 보이지 않는 손이 하신 일입니다.

아그립바와 버니게 (23)

아그립바는 아그립바 1세의 아들인 아그립바 2세를 말합니다. 그의 아내 버니게는 1살 아래 친여동생입니다. 오빠는 3번째 남편이고, 그 후에 2번을 더 결혼했습니다. 근친혼이 허락되었다고 하지만 어떻게 한 배에서 태어난 여동생을 아내로 맞이할까요? 그의 아버지 아그립바 1세는 동생의 아내를 빼앗았습니다. 앞 장에 소개된 드루실라는 아그립바 1세의 딸이요, 아그립바 2세와 버니게와 자매지간입니다. 이 여자는 벨릭스 총독의 유혹을 받아 남편과 이혼하고 그의 아내가 되었습니다. 참으로 어지럽고 복잡합니다. 지도자들이 이러하니 백성들은 어떠하겠습니까?

선량하고 착하다고...

25장에는 바울의 말은 몇 마디 없고, 대부분 베스도가 한 말로 채워져 있습니다. 성령님은 그의 입을 통해서 복음이 말해지도록 하셨습니다. 이것도 복음이 전해지는 한 가지 방법입니다.

베스도 총독은 선량하고 공정한 사람이었지만 복음에는 관심이 없었습니다. 그는 예수님의 '부활'을 '예수라 하는 이의 죽은 것을 살았다고 하는 것'이라고 말했습니다(19). 조금도 흔들림이 없는 공직자의 모습 그대로입니다. 그리고 이 모든 말은 바울이 주장하는 것이라고 했습니다. 선량하고 착하다고 구원 얻는 것이 아닙니다. 복음을 듣고서도 반응하지 않으면 그 영혼이 살아나지 못합니다(요5:25). 그런데 전임자 벨릭스는 반응했습니다. 그는 바울을 불러서 '그리스도 예수 믿는 도'를 들었습니다(24:24). 그러나 그것은 돈을 받기 위한 목적이었습니다.

살해 음모에서 구해 주시는 것도, 생질을 통해 기밀을 알게 되는 것도, 벨릭스가 베스도로 교체되는 것도 다 위에 계신 분이 하시는 일입니다. 보이지 않는 손의 역사입니다. 그 손은 지금도 역사의 수레바퀴를 돌리고 있습니다. 거꾸로 가는 것 같아도 그분의 손안에 있습니다. '저희를 내 손에서 빼앗을 자가 없느니라!'(요10:28). '누가 우리를 그리스도의 사랑에서 끊으리요?(롬8:35).

115강
사단의 권세에서 하나님께로 돌아가게 하고...(행 26)

바울을 고소하는 사람들은 바울의 죄를 3가지로 주장했습니다. 변사 더둘로가 한 말에 잘 나타나 있습니다. 첫째는 소란을 일으킨 죄요. 두 번째는 이단이요. 세 번째는 성전을 더럽혔다고 했습니다(24:5). 유대인의 종교법으로 하면 '살려둘 자'가 아니겠지만(22:22), 로마법으로 보면 이것은 죽일만한 죄가 아니었습니다. 그래서 당시 최고 판정관이 죄가 없다고 하는 '무죄 선언'이 3차례나 있었습니다.

첫 번째 경우는 예루살렘의 천부장이 그렇게 했습니다. 그는 바울을 가이사랴로 보내면서 벨릭스 총독에게 '송사하는 것이 저희 율법 문제에 관한 것뿐이요. 한 가지도 죽이거나 결박할 사건이 없음을 발견하였나이다'(23:29) 했습니다. 이것은 사사로운 편지가 아니라 공식 문서입니다.

두 번째는 베스도가 그런 판결을 내렸습니다. 베스도는 교체된 총독입니다. 그가 이모저모로 심문한 뒤에 아그립바 왕에게 이렇게 말했습니다. '유대의 모든 무리가 크게 외치되 살려두지 못할 사람이라고 하여 예루살렘에서와 여기서도 내게 청원하였으나 나는 살피건데 죽일 죄를 범한 일이 없더이다. 그러나 저가 황제에게 호소 한 고로 보내기를 작정하였나이다'(25:24-).

세 번째는 아그립바 왕과 그의 아내 버니게와 베스도 총독이 청문회를 마치고 서로 나눈 말입니다. 아그립바 왕은 베스도의 설명을 듣고 바울에게 묻기도 하고 바울의 하는 말을 들으면서 분석했습니다. 그리고 청문회를 마치고 나오면서 자기들끼리 '이 사람은 사형이나 결박을 당할 만한 행사가 없다'(31)라고 했습니다. 이들은 천부장과 같은 판결을 내렸습니다. 그런데도 풀어주지 않고 감금해 두었습니다.

바울의 3회 '무죄 선언'은 예수님이 받은 '무죄 선언'과 같습니다. 예수님도 3차례에 걸쳐서 빌라도에게서 그런 말을 들었습니다. 빌라도가 예수님을 2차 심문한 뒤에 유대인들에게 말하되 '나는 그에게서 아무 죄도 찾지 못하였노라'(요18:38)했습니다. 두 번째는 빌라도가 예수님을 채찍질한 뒤에 '죄가 없지만 이렇게 채찍질했으니, 이제 그만 놓아주어도 되겠지?' 할 때 예수님의 무죄를 또 말했습니다. 세 번째는 이 말을 들은 대제사장들과 하속들이 '십자가에 못 박으소서'하고 소리 지를 때 '너희가 친히 데려다가 십자가에 못 박으라 나는 그에게서 죄를 찾지못하노라'(19:6)했습니다. 3번이 3번으로 일치합니다. 예수님은 죄가 없었는데도 우리를 대신했기 때문이며, 바울은 죄가 없는데도 로마에 가서 복음을 전하기 위해서 이렇게 되었습니다.

바울의 진술 (2-23)

바울은 예수님이 말씀하신 대로 왕 앞에서 진술할 기회를 얻었습니다. 바울이 왕에게 진술하면 그 옆에 있는 신하와 행정 담당자들과 군인들이 자동으로 모두 듣게 되어 있습니다. 바울은 '우리 종교, 우리 조상, 우리 열두 지파'를 말할 때 '우리'를 강조하여 자기가 유대인과 하나임을 거듭 말했습니다(5-).

바울은 또 '약속과 소망'을 말했는데, 유대인 후손들이 얻기를 바라는 것이라 했습니다(6-7).

이어서 바울은 '우리 종교의 가장 엄한 파를 좇아' 바리새인의 생활을 했던 사람이 어떻게 하여 이렇게 바뀌게 되었는지를 자기가 경험했던 일들을 간증으로 설명했습니다. 이것은 사도행전에 세 번째로 등장하는 간증입니다. 이렇게 자주 말한 이유가 무엇일까요? 그것은 가기가 경험한 것보다 더 확실한 것이 없기 때문입니다. 자기가 겪었던 일은 자신감을 가지고 설명할 수 있습니다. 말하면서 동시에 증거물을 제시하는 거니까, 어떤 것보다 호소력이 있었습니다. 그러나 악한 감정을 가지고 듣는 사람들에게는 오히려 감정을 격발시키는 역할도 했습니다.

조금씩 다른 이유는 뭘까요?

3번의 간증이 전체적으로는 같지만 부분적으로는 조금의 차이가 있습니다. '가시채를 뒷발질하기가 네게 고생이니라'(14)는 말씀과 '그 눈을 뜨게 하여 어두움에서 빛으로 사단의 권세에서 하나님께로 돌아가게 하고 죄 사함과 나를 믿어 거룩하게 된 무리 가운데서 기업을 얻게 하리라'(18)라는 말씀은 다른 곳에서는 찾아볼 수 없는 말씀입니다. 이런 차이는 바울이 자기 간증을 듣는 대상에 따라서 그리고 말하는 상황에 따라서 약간의 차이를 두었기 때문이고 그들에게 맞추어서 적절하게 말했기 때문입니다.

이것으로 인하여 우리가 알게 되는 사실이 또 하나 있습니다. 그것은 다메섹 도상에서 예수님이 바울에게 많은 말씀을 하셨다는 것을 알 수 있습니다. 환상을 보는 듯이, 이상을 보는 듯이 잠시만에 그냥 지나가 버리는 것이 아니라고 했습니다. 이것은 4복음서의 역할과 비슷합니다. 이 복음서에 빠진 것이 다른 복음서를 통해서 채워집니다. 이렇게 해서 우리가 더 많이 알게 되니까 우리로서는 감사한 일이라 아니할 수 없습니다.

아그립바 왕에게...

바울은 베스도 총독과는 달리 아그립바 왕에게 권유하는 말을 했습니다. '선지자를 믿으시나이까 믿으시는 줄 아나이다'(27). 베스도 총독은 이방인이고 이곳에 온 지 얼마 되지 않아서 유대인과 그들의 문화를 잘 알지 못합니다. 그러나 아그립바는 에돔 후손으로 이곳에서 태어나서 살았기 때문에 하나님과 유대인, 그리고 성경과 그들의 문화에 대해서 문외한이 아닙니다. 그래서 베스도와 달리 그에게 권유했습니다. 바울이 선지자를 말한 이유가 뭘까요? 그것은 선지자가 말한 것이 하나님의 말씀이요, 그 말씀이 그대로 이루어졌다는 것을 아그립바가 알고 있기 때문입니다.

그러나 아그립바는 '네가 적은 말로 나를 권하여 그리스도인이 되게 하려 하는 도다"(28) 하고 일언지하(一言之下)에 거절했습니다 . 왕은 자신이 알고 있는 모든 것을 다 묻어 버리고 즉시 공적인 자세로 돌아갔습니다. 안 되는 사람은 어떻게 해도 안 됩니다. 그러나 증거하는 자의 할 일은 다해야 됩니다.

바울은 그에게 이렇게 말했습니다. '어떤 사람이라도 다 이렇게 결박된 것 외에 나와 같이 되기를 바라고 있습니다'(29). 바울과 같이 성령 충만하고, 바울과 같이 담대하고, 바울과 같이 기쁨이 가득하고, 바울과 같이 은혜가 넘치기를 간절히 바라고 있다고 했습니다. 바울은 겸손하게 '결박되는 것'은 빼고 말했지만, 사실은 바울같이 결박되는 것도 피하지 않을 사람들이 많았습니다. 그렇지 않고서야 어떻게 바울 곁에 동행하는 사람이 있을 수 있겠습니까?

예수님은 바울이 '사환과 증인'이 된다고 하셨지, 그의 말을 듣는 사람들이 다 회개하고 돌아온다고는 말씀하지 않았습니다. 베스도와 같이 '미쳤다'는 사람도 있고, 아그립바 왕과 같은 사람도 있고, 유대인과 같이 따라다니면서 반대하는 사람도 있을 것입니다. 그러나 그런 중에도 '영생을 주시기로 작정된 자'는 다 믿게 되었습니다(13:48). 우리는 적대자, 부정적으로 반응을 하는 자, 무관심자들을 보지 말고, 영생을 얻으려는 그 사람들을 보고 나아가면 됩니다.

116강
나는 내게 말씀하신 그대로 되리라고 믿노라! (행 27)

27장은 로마로 향하는 바울의 여정을 소개하고 있습니다. 바울은 로마행을 바라고 소망했었는데, 그 꿈이 시작되었습니다. 비록 죄수의 몸이기는 하지만 그래도 어느 정도 자유가 주어졌습니다. 배가 시돈에 임시 정박하였을 때 백부장의 배려로 그곳에 있는 친구에게 가서 대접을 받을 수 있었습니다(3). 하나님은 왜 죄수의 몸으로 로마로 가게 하셨을까요? 2가지 이유가 있습니다.

첫째는 안전을 위해서입니다. 바울은 지금 유대인의 표적이 되어 있습니다. 유대인이라면 어디에 살든지 바울을 모르는 사람이 없었고, 그리고 어디에 있어도 바울을 죽이려고 했습니다. 그래서 군인이 지켜주지 않으면 안 됩니다. 이름은 '죄수'이지만 사실은 바울의 경호원들입니다. 이들이 이렇게 지키고 있으니 바울은 안전하게 로마까지 갈 수 있었습니다. 만약 중간에 어떤 유대인이 바울을 해친다고 한다면 그 사람은 로마의 국법을 어기는 것이 되기 때문에 준엄한 처벌을 받게 될 것입니다. 그래서 유대인들은 바울을 쳐다보고 이를 갈면서도 어떻게 할 수 없었습니다.

또 한 가지 이유는 무료 여행을 위해서입니다. 지금도 가이사랴에서 로마까지 간다면 비행기를 몇 번이나 갈아타야 하기에 비용이 엄청나게 들게 됩니다. 그때그때 필요 경비를 후원받아 사는 선교사가 무슨 준비된 목돈이 있겠습니까? 만약 바울이 자비로 간다면 오랜 기간에 걸쳐서 자금을 비축해야만 성사될 수 있습니다. 그러나 하나님의 빽으로 가니까 이런 문제는 전혀 걱정하지 않아도 되었습니다. '모든 것이 합력해서 선을 이루시는'(롬8:28) 하나님이십니다. '깊도다! 하나님의 지혜와 지식의 부요함이여! 그의 판단은 측량치 못할 것이며 그의 길은 찾지 못할 것이로다. 누가 주의 마음을 알았느뇨?'(롬11:33-34).

바울의 말보다 더 믿더라! (11)

배의 주인이 그 배에 타고 있었고, 선장과 사공들 그리고 수많은 사람들로 그 배에는 총 276명이 승선했습니다. 이 배는 화물을 실어나르는 아주 큰 배였습니다. 선주는 배의 주인이니까 이런저런 주장을 할 수 있고, 선장은 배를 운전하는 사람이니까 안전 운전을 위해서 모든 것을 결정하고 집행할 것입니다. 그런데 특이하게도 바울을 호송하는 백부장이 결정하는 일에 중요한 역할을 했습니다. 그는 배삯을 내고 배에 오른 사람이지만 한 사람의 결정권자가 된 것은 하나님이 정하신 특별한 은혜가 아닐 수 없습니다.

미항이라는 항구는 작아서 많은 사람들이 겨울을 나기가 불편했습니다. 그래서 뵈닉스라는 항구로 가자고 하여 그곳으로 이동하려고 했습니다. 그 전에 바울은 '내가 보니 이번 행선이 화물과 배만 아니라 우리 생명에도 타격과 많은 손해가 있으리라'(16) 고 말했습니다. 이 말을 들은 백부장이 '바울의 말보다는 선장과 선주의 말을 더 믿더라' 라고 했습니다(11). 그럴 수밖에 없습니다. 바울은 항해 전문가도 아니고, 죄수의 몸으로 끌려가는 신세입니다. 선장은 선장이니까, 그리고 선주는 오랜 바다 생활의 경험으로 결정하는 것이니까 그들의 말이 훨씬 더 권위가 있었습니다.

그러나 바울은 기도하는 사람이요, 성령의 인도와 지시를 받는 사람입니다. 성령님은 항해에 대한 전문적인 지식이나 경험이 없는 바울 같은 사람에게도 항해에 대해서 말씀하십니다. 성령은 하나님이시기 때문에 미래를 다 아십니다. 경험이나 전문적인 지식이 아무리 뛰어나도 성령님께 견줄 수가 없습니다. 나중에 결과를 보니 성령이 바울을 통해 하신 말씀이 옳았습니다. 그러니까 기도하는 사람, 성령의 인도하심을 받는 사람을 무시하면 안 됩니다. 그들의 말을 경청할 줄 알아야 덜 고생합니다.

바울의 확신

바울은 두 번 인도하심을 받았습니다. 한 번은 '화물과 배만 아니라' 하는 성령의 음성이었고(10), 한번은 하나님의 천사가 밤에 곁에 서서 말했습니다(23). '바울아! 두려워 말라 네가 가이사 앞에 서야 하겠고 또 하나님께서 너와 함께 행선하는 자를 다 네게 주셨다'(24). 이런 말씀을 들은 뒤에 바울이 어떻게 행동했는지 바로 이어서 나옵니다.

사공들이 육지에 가까워지는 줄 짐작하고 '거루' 라는 구명정으로 탈출하려 했습니다. 바울은 당장 '배에 있지 않으면 구원을 얻지 못한다' 하고 외쳤습니다. 탈출하면 사는 것 같지만 죽게 되고, 배 안에 있어야 살게 된다고 했습니다. 이것이 천사를 통해 받은 말씀이었습니다. 바울은 이렇게 분명하게 확신했습니다. '되어 봐야 알고, 지나 봐야 알지!' '지금 우째 아노?' 되어 봐야 알고, 지나 봐야 아는 것은 믿음이 아닙니다. 말씀하셨으니까 그대로 될 줄을 믿는 것이 믿음입니다. 바울은 이런 믿음으로 외쳤습니다. 그래서 결국은 그들이 살았습니다.

버린 것은...

그 당시에는 바람이 배를 움직이는 유일한 수단이었습니다. 남풍이 순하게 부는 것을 보고 그 바람에 돛을 걸었습니다. 그러나 그들은 얼마 못 가서 '유라굴로'라는 광풍을 만나게 되었습니다. 바람의 힘을 이용해서 움직이는 배가 광풍을 만났으니 어떻게 되겠습니까? 살아남기 위해서 배에 있는 물건을 버리고 배를 가볍게 하는 수밖에 없었습니다. 제일 먼저 버린 것은 '연장'입니다(17). 두 번째 버린 것은 '짐'이었습니다(18). 세 번째는 배의 '기구'를 버렸습니다(19). 마지막으로 버린 것은 '밀'이었습니다(38). 밀을 맨 마지막에 버린 것을 보니 이것은 이 배가 실어나르는 화물인데 살기 위해서는 이것도 버리지 않을 수 없었습니다.

말한 대로 되다.

바울은 4가지를 말했습니다. ① 화물을 잃게 된다(10). ② 배가 손상을 입는다(10,22) ③ 사람은 머리 터럭 하나도 상하지 않는다(34). ④ 한 섬에 걸릴 것이다(26).

말한 그대로 화물은 다 버려야 했고, 배는 깨어졌고 사람들은 헤엄쳐서 육지로 가야 했습니다. 276명이니까 그중에 몇 명은 조난자가 있어야 정상입니다. 그런데 인원 점검을 해 보니 한 사람도 사고를 당한 사람이 없었습니다. 사람들은 그곳이 육지인지 섬인지를 분간할 수 없었습니다. 그러나 당도해 보니 멜리데라는 섬이었습니다. 바울의 말은 하나도 어긋나지 않았습니다. 그러니 그 사람들에게 바울은 하나님과 통하는 사람으로 알려졌으며, 바울의 말은 곧 하나님의 말씀이 되었습니다.

나는 이것을 '바다 위의 광야'라 부릅니다. 광야를 지날 때는 버려야 삽니다. 아까운 마음이 들어서 가지고 있으면 그것 때문에 죽습니다. 생존에 필요한 것만 남기고, 아무리 귀해도 버려야 됩니다. 죄도, 자존심도, 교만도 버려야 됩니다. 황금도, 명예도, 권세도 다 버려야 됩니다. 못 버리면 죽습니다. 주님은 '구원의 여망이 다 없어졌더라' 하는 그곳까지 가게 하십니다. 겨우 숨만 쉬게 하고, 다른 것은 다 죽고, 다 없어지게 하십니다. 그런 곳에서 벗어나면 낮아진 나와 오직 주님만 계십니다(막9:8). 우리가 거쳐 온 광야입니다. 그 당시에는 죽을 지경이었는데 지내놓고 나면 감사하게 되는 추억이 서린 곳입니다.

117강
가르치되 금하는 사람이 없었더라! (행 28)

이제 우리는 사도행전의 마지막 장에 이르렀습니다. 이곳에서 전체를 정리해 봅니다. 예수님은 승천하기 직전에 제자들에게 '오직 성령이 너희에게 임하시면 너희가 권능을 받고 예루살렘과 온 유대와 사마리아와 땅끝까지 이르러 내 증인이 되리라'(1:8) 하셨습니다.

예수님은 약속에 따라 이 땅에 성령님을 보내셨고, 제자들은 성령으로 충만하게 되었습니다. 제자들은 권능을 받았고, 주변에 복음을 전하기 시작했습니다. 처음 시작은 예루살렘이었으며, 복음은 온 유대로 퍼져 나갔습니다. 이어서 성령님은 큰 환란으로 제자들이 산지사방으로 흩어지게 하셨습니다. 복음을 간직한 자들이 흩어지면서 사마리아에도 가게 되었습니다. 그곳에서도 성령이 역사하셔서 전도를 도와주셨고, 예루살렘에서 두 사도가 가서 기도했을 때는 성령이 그들 가운데 임했습니다. 성령님은 '돌아가는 땅끝'을 그냥 가게 하지 않았습니다. 그 사람은 간다게 내시였는데 사마리아 전도를 맡았던 빌립에게 명령이 내려졌습니다. 빌립은 그에게 다가가서 성경의 주인공인 예수님을 전했습니다. 예루살렘에 '와 있는 땅끝'도 있었습니다. 그 사람은 고넬료였는데, 그에게는 베드로가 보내어졌습니다. 성령이 내시에게는 안 보이게 임하셨고, 고넬료 집에는 보이게 임하셨습니다.

성령님은 이방 지역에 가서 본격적으로 전도할 일꾼으로 바울을 불러서 준비시켰습니다. 바울보다 앞서서 이방 지역에 먼저 간 사람은 베드로입니다. 그는 또 보자기 환상을 통해서 이방 지역의 문을 여는 귀한 역할을 담당했습니다. 성령님은 이방 전도를 위해서 사람만 준비한 것이 아니라, 교회도 준비하셨습니다. 이방 지역에 안디옥교회라는 이방인 교회가 세워졌습니다. 그 교회에서 바울과 바나바가 최초의 선교사로 보냄을 받았습니다.

성령님은 이방 지역에서 많은 이방인들을 돌아오게 하셨습니다. 그러나 유대인들은 이 모든 것을 받아들일 수가 없었습니다. 그래서 그들은 전도지에서 소동을 일으켰고, 1차 전도 여행을 마치고 바나바와 바울이 안디옥으로 돌아왔을 때도 소동이 일어났습니다. 이들이 주장하는 이런 유대주의를 해결하지 않는다면 앞으로 이방인 전도는 불가능하게 될 것입니다. 그래서 예루살렘에서 회의가 모였습니다. 성령의 도우심으로 '이방인 중에서 하나님께로 돌아오는 자들을 괴롭게 말자'(15:19) 하고, 이방인과 유대인이 조금씩 양보하는 몇 가지를 결정했습니다. 이로써 이방인 전도의 문이 완전히 열려졌습니다.

바울은 에게해를 사이에 두고 오른쪽 아시아에는 에베소를, 왼쪽 유럽에는 고린도를 사역의 전초기지로 세웠습니다. 그래서 그 두 지역에 오랫동안 머물렀습니다. 바울은 로마에 가서 복음 전하기를 소원했습니다. 성령님은 이 소원을 돈 한 푼 들이지 않고 이루어지게 하셨습니다. 바울은 유대인에게는 위험인물이었기 때문에 경호원이 필요했는데, 월급 한 푼 지불하지 않고 경호를 받았습니다. 중간에 풍랑을 만나서 고생했지만, 풍랑 가운데서도 복음 전도는 계속되었습니다. 배 안에 있었던 276명이 바울의 말에 귀를 기울이게 하셨습니다.

이상하게도...

바울이 멜리데 섬에서 복음을 전했다는 기록이 없습니다. 누가는 왜 그 말을 기록하지 않았을까요? 이제까지 한 번도 이렇게 한 적이 없었습니다. 그곳에 3개월을 있었는데(11), 기록상으로는 복음을 전했다는 말이 한마디도 없습니다. 바울이 독사에게 물리고 난 뒤에 죽지 않은 것을 보고 그 사람들이 바울을 신이라 했습니다. 루스드라에서 앉은뱅이를 고치고 난 뒤에 신이라고 했을 때는 바울이 옷을 찢고 소리 지르면서 그들을 만류했습니다(14:14). 그런데 이곳에서는 아무런 제지도 없었습니다. 병든 사람을 고쳐줄 때도 그들을 위해서 기도하고 안수했다는 기록은 있는데(8) 예수님을 소개했다는 말은 없습니다. 왜 이럴까요?

나 혼자의 생각입니다만 누가는 바울이 꿈에도 그리던 로마에 도착한 것과 그곳에서의 사역을 기록하기에 바빠서 그랬던 것이 아닌가 짐작해 봅니다. 잘 모르는 것의 결론은 항상 동일합니다. '천국 가서 당사자에게 직접 물어보자!"

말씀의 실천

바울은 예수님의 말씀을 자기의 삶을 통해서 나타내 보였습니다. 그것은 두 가지 사건을 통해서입니다. 하나는 뱀에게 물렸을 때입니다. 그 뱀은 '독사'였는데 죽거나 붓는 일이 없었습니다. 그 지역 사람이 바울이 죽도록 기다린 것을 보면 그런 경험이 그들에게 있었던 것이 분명합니다. 바울은 상처 부위를 째거나 독을 빨아내지도 않았는데 괜찮았습니다.

또 한 가지 사건은 그 섬에서 가장 높은 사람인 보블리오의 아버지를 안수하여 기도하므로 치료해 주었습니다. 예수님은 마가복음 마지막 장에서 '뱀을 집으며 무슨 독을 마실지라도 해를 받지 아니하며 병든 사람에게 손을 얹은즉 나으리라'(16:17-)고 하셨습니다. 바울은 독을 마신 것은 아니지만 아무 일이 없었고, 무슨 병에 걸렸던지 손을 얹고 기도한즉 나았습니다. 성령님은 이렇게 하심으로 그들의 전도 사역을 도와주셨습니다.

후하게 대접한 이유

그들이 그 섬에서 3개월을 지낸 뒤 다시 로마로 가려고 했을 때 섬 사람들은 특별한 호의로 바울 일행을 전송했습니다. 이들이 이렇게 호의를 베푼 이유가 무엇일까요? 많은 병자들이 바울의 기도로 고침을 받았기 때문입니다. 보블리오의 부친만 고침받은 것이 아니라 그 섬에 있는 다른 병자들도 고침을 받았습니다. 전문적인 지식을 가진 의사 누가가 진료하고 바울이 안수하여 불치병을 고쳤으니 얼마나 감사했겠습니까?

그리고 무엇보다도 그들이 기뻐했던 것은 복음을 듣고, 복음을 받아들이고 예수를 믿었기 때문입니다. 기록에 없다고 복음을 전하지 않았다고 생각할 수 없습니다. 바울이 이곳에서 입 닫고 가만있었을 리는 절대로 없습니다. 분명히 그들에게 복음을 전했습니다. 그들로 보아서는 바울 일행이 파선한 것이 복음을 듣는 기회가 되었습니다. 그렇지 않았다고 한다면 복음을 듣지 못하고 몇백 년이 그냥 흘렀을 것이 분명합니다. 그러니 얼마나 감사합니까? 그 섬사람들이 은혜를 받고 난 뒤에는 '나 때문에 바울을 보내 주셨구나!' '나 때문에 광풍이 불게 하셨구나!" '나를 구원하시려고 우리 섬에 당도하게 하셨구나!' 라고 감격해했을 겁니다. 그렇습니다. 나의 고난이 다른 사람에게 복이 되고, 그 사람의 구원을 위한 일이라면 나에게도 무한한 복이요 천국의 상급이 됩니다.

바울은 로마를 향하여 2가지 꿈을 가지고 있었습니다. 그곳에 가려는 꿈과(19:21)과 로마의 형제들을 만나서 교제를 나누려는 꿈이었습니다(롬1:10-11). 그 꿈은 그대로 이루어졌습니다. 바울의 로마 생활은 백부장의 호의로 셋집을 얻어(30), 여러 사람을 접촉할 수 있었고, 나아온 많은 사람들 앞에서 하나님의 나라를 증거하고 주 예수 그리스도에 관한 것을 가르쳤습니다(23,31). 이런 일들은 2년간 계속 이어졌고(30), 그 뒤에도 계속되었습니다. 사도행전은 끝이 없습니다. 지금도 계속되는 사도행전을 성령행전으로 이어갈 사람은 우리들입니다. 지금도 역사하시는 성령님으로 이 시대의 성령 행전을 계속 써 내려 갑시다.

로 마 서

118강 ~ 133강

118강
내가 복음을 부끄러워하지 아니하노니... (롬 1)

이제 우리는 역사서를 끝내고 바울 서신의 첫머리인 로마서를 시작합니다. 바울은 로마서에서 빌레몬서까지 13통의 편지를 각 교회와 개인에게 보냈는데 이것이 성경이 되었습니다. 로마서는 바울이 3차 전도 여행 당시에 고린도에서 3개월 체류했는데 그때 기록하여 뵈뵈 편에 보냈습니다(행20:3). 로마는 바울이나 다른 사도들이 그곳에 간 적이 없으며, 이들의 전도로 세워진 교회가 아닙니다. 제국의 수도에 가서 전도한 적도 없는데 교회가 세워졌으니 바울이 얼마나 기뻤을까요? 아마도 이들은 오순절에 예루살렘에 왔다가(행2:10) 성령이 강림하시는 현장과 제자들이 방언으로 각 나라의 말을 하는 것을 보고, 그때 믿었던 사람들이 돌아가서 교회를 세운 것으로 짐작됩니다. 바울이 직접 가서 교회를 세우지 않았는데도 교회가 세워져서 편지를 보낸 교회는 골로새교회가 또 있습니다.

로마서는 크게 두 부분으로 나누어지는데 1장에서 11장까지는 교리적이고, 12장부터는 실천적이라 할 수 있습니다. 좀 더 세부적으로 나누면 44332라 할 수 있습니다. 처음 4장, 그다음 4장, 그다음 3장, 그다음 3장, 그리고 마지막 2장입니다.

처음 4장에는 의롭지 않은 자를 말합니다. 그다음 4장, 그러니까 8장까지는 의롭게 된 자를 말합니다. 그다음 3장, 곧 11장까지는 의롭다고 우기는 자들입니다. 그다음 3장, 곧 14장까지는 의롭게 된 자의 삶을 말합니다. 마지막 2장에는 의롭게 된 자의 삶이 이어지면서 마지막 인사가 있습니다.

로마서만큼 신학적이고 교리적이며 체계적인 성경은 없습니다. 로마서의 중심 주제는 '의롭다 함을 받는 것' '의롭다고 칭해지는 것' 다른 말로 하면 '칭의(justfication)'라 할 수 있습니다. 로마서를 연구하면 그 가운데서 나 자신을 보게 됩니다. 나는 의롭지 못한 자였는데, 예수님을 믿음으로 의로운 자가 되었습니다. 이런 놀라운 신분의 변화가 있었으니 생활의 변화도 당연히 있어야 합니다. 그래서 바울은 의롭게 된 자가 어떻게 살아야 하는지를 말했습니다.

교리를 말하면 신학 강좌가 되고, 생활을 강조하면 삶을 위한 강좌가 됩니다. 이 모든 것을 다 품고 있는 로마서는 신학이 생활이 되고 생활이 곧 신앙이 되도록 인도해 줄 것입니다.

복음이 무엇입니까?

바울은 첫인사부터 복음을 말하고 있습니다. 그리고 바로 복음의 주체인 예수님을 소개했습니다. 복음이 무엇일까요? 복음은 '복된 소식' 혹은 '기쁜 소리'를 말합니다. 무엇이 기쁜 소식일까요? 전쟁이 벌어졌는데, 전쟁이 끝났다는 소식이 기쁜 소식입니다. 그중에서도 그 전쟁에서 이겼다는 소식은 더 비교할 수 없는 복된 소식이 됩니다. 패전했다면 포로로 끌려가거나 전쟁 부담금을 지불해야 되는데, 그것을 안 해도 되니까 그것보다 더 기쁜 소식이 어디에 있겠습니까?

죽게 된 사람에게는 무슨 소식이 가장 복된 소식일까요? 그것은 '안 죽어도 된다'는 말이 기쁜 소식입니다. 죄인은 심판을 받아야 하고 죄의 삯으로 생명을 내어놓아야 합니다. 그런데 예수님이 십자가에서 다 갚았기 때문에 안 죽어도 된다고 한다면 죄인에게는 이것보다 더 복된 소식이 있을 수 없습니다. 이런 소식을 복음이라 합니다. 그래서 복음을 간단하게 말하면 예수님이 죄인을 구원하기 위해서 행하신 모든 일입니다. 더 간단하게 줄이면 예수님 자신입니다. 그래서 어떤 곳에서는 예수님을 두고 복음이라 했고, 또 어떤 곳에서는 이 둘을 구별하여 사용했습니다.

예수님은 '회개하고 복음을 믿으라'(막1:15)하셨는데, 이때 말씀하신 복음은 자기 자신을 뜻합니다. '나와 복음을 위하여 자기 목숨, 집이나 형제 자매를 잃으면'(막8:35, 10:29). 여기에 나오는 복음은 예수님 자신이 아닙니다. 예수님이 '나와 복음'이라고 자신과 복음을 구분하셨기 때문입니다. 이곳에서의 복음은 죄인을 구원하기 위해서 하신 모든 일, 곧 십자가와 부활과 구원을 위한 모든 행위를 말합니다.

예수는 누구십니까?

복음을 말하면서 예수님을 빠뜨린다는 것은 복음 자체를 빠뜨리는 것이 됩니다. 이것은 있을 수 없는 일입니다. 그래서 바울은 예수님이 누구인가를 설명했습니다. 예수님은 선지자들을 통해서 약속된 메시야라고 했습니다(2). 3절에서 바울이 '다윗의 혈통'을 언급한 것은 하나님의 약속을 상기시키고, 예수님의 인성을 말하기 위함입니다.

그러나 예수님은 인성만 가진 분이 아니라, 신성도 가졌는데, 그분의 부활이 그의 신성을 증명한다고 했습니다(4). 그래서 나사렛 예수는 메시야 곧 그리스도라고 선언했습니다. 이 모든 것을 한 마디로 줄이면 '우리 주 예수 그리스도'입니다(5). 바울은 2에서 4절까지 복음을 설명하고 예수님을 소개했는데, 단지 세 개의 절을 사용해서 예수님이 누구신지에 대한 설명을 끝냈습니다. 참 놀랍습니다.

유대인들의 분류법

유대인들이 사람들을 분류하는 방법은 특이합니다. 그들은 종족이나 지리, 피부색으로 인류를 구분하지 않았습니다. 그들은 이분법으로 구분합니다. 유대인이 아니면 나머지는 모두 이방인입니다. 바울은 유대인의 이러한 구분법에 따라서 자기의 생각을 전개해 나갔습니다. 그래서 1장에는 모든 이방인들이 의롭지 못하다는 것을 정의했습니다. 2장에는 유대인들이 모두 죄인임을 말했습니다. 그리고 이어지는 3장에서 그렇기 때문에 모든 사람이 죄인인 것을 선언했습니다.

'하나님을 알만한 것이...' (19)

하나님은 자기를 2가지로 계시하셨습니다. 하나는 사람 안에 하나님을 알만한 것을 두셨습니다. 다른 하나는 사람 밖에 두셨는데, 만드신 만물에 능력과 신성을 두셨습니다(19-20). 그래서 핑계할 수 없습니다. 그런데도 사람들은 하나님을 영화롭게도 아니하고 감사하지도 않고 썩지 아니할 하나님의 영광을 우상으로 만들어 섬겼습니다(23). 하나님은 저희를 3가지 상태로 '내어버려' 두셨습니다. 더러움과 부끄러운 욕심과 상실한 마음입니다(24,26,28). 이렇게 되면 나아가는 코스가 딱 정해져 있습니다. '순리대로' 쓰지 아니하고 '음욕이 불일듯' 하는 대로 나아갔습니다(26-27). 바울은 21가지 죄악을 나열했습니다(29-31). 이러니 어떻게 죄인이 아니겠습니까? '나는 아니다' 라고 말할 사람이 누구겠습니까? 그래서 1장의 결론은 이러합니다. '이방인은 다 죄인이다.'

내가 죄인인 줄을 깨닫지 못하면 복음도 소용없고 십자가도 필요 없게 됩니다. 그러나 내가 죄인인 줄을 알면 그때부터 우리는 '나 같은 죄인 살리신 주 은혜 놀라워' 하는 찬송을 가장 좋아하는 찬송으로 부르게 됩니다. 세상에서 제일 아름다운 꽃은 죄인이 돌아와서 눈물로 피우는 회개의 꽃입니다. 이런 '사람꽃' 이 가장 아름답습니다.

119강
율법을 행해야 의롭다 함을 얻으리니… (롬 2)

바울은 1장에서 모든 이방인들이 죄인이라고 선언했습니다. 이방인은 두 가지로 나눌 수 있습니다. 양심이 말하는 바에 따라 살려고 하는 도덕적인 사람과 '양심이 화인 맞은'(딤전4:2) 비도덕적인 사람입니다. 바울은 오늘 우리가 살펴보려고 하는 2장에서 모든 유대인이 죄인이라고 선언했습니다. 유대인도 두 종류의 사람으로 구성됩니다. 종교적인 사람과 덜 종교적인 사람입니다. 종교적인 유대인은 율법을 자랑하고(23), 율법을 의지하며(17), 율법의 교훈을 받고(8), 율법으로 다른 사람을 가르치기도 하고(21), 율법을 행하는 사람들입니다(25). 유대인이라고 다 이렇게 사는 것이 아니기 때문에, 그렇지 못한 유대인을 '덜 종교적'이라고 구분할 수 있습니다. 바울의 결론은 종교적이든지, 덜 종교적이든지 모든 유대인이 모두 죄인이라고 했습니다.

유대인의 단순한 분류법에 따라 유대인이 죄인이고 이방인이 죄인이라면 그러면 이 세상의 모든 사람이 다 죄인이라는 말입니다. 그렇게 해서 3장 23절에 '모든 사람이 죄를 범하였으매'라는 결론으로 나아가고 있습니다. 유대인은 자기들이 죄인이라는 말에 펄쩍 뛰고 난리가 나겠지만 어쩔 수 없습니다. 자기들은 아브라함의 자손이기 때문에 구원에서 제외되지 않는다고 생각하지만, 죄인이기 때문에 '하나님의 영광'에 이르지 못할 뿐 아니라(3:23), 하나님의 심판 아래에 있습니다(3:19).

'이제는 율법 외에 하나님의 한 의(義, righteousness)가 나타났으니'(3:21). 이 말씀은 로마서 전반부의 절정입니다. 이 말씀으로 나아가기 위해서 모든 사람 곧 이방인과 유대인이 죄인이라고 선언했습니다. 내가 죄인인 것을 먼저 알아야 합니다. 그리고 생명보다 더 귀하게 여기는 율법이 나를 구원해 주지 못한다는 것을 인식해야만 '율법 외에 하나님의 한 의"에 눈을 돌리게 될 것입니다. 이것이 바울이 설명해 나가는 방식입니다. 이것을 알면 로마서를 전체적으로 이해하는 데 많은 도움이 될 것입니다.

율법의 기능

하나님이 모세를 통해서 율법을 주신 것은 사람이 죄를 범했기 때문입니다. '율법이 없는 곳에는 범함도 없다'(4:15). '율법으로는 죄를 깨달음이니라'(3:20). 죄인들에게 율법을 주신 것은 그 범위를 벗어나지 말고, 무엇이 죄인지를 알게 해 줍니다. 이것이 율법의 기능입니다.

그리고 율법에는 역기능이 있습니다. 613가지 율법을 잘 지키다가 그중에 하나를 범하면 612가지 율법을 어기지 않고 지킨 것은 아무 소용이 없습니다(약 2:10). 법이란 법은 모두 그렇습니다. '그러므로 율법의 행위로 그의 앞에 의롭다 하심을 얻을 육체가 없나니'(3:20). 율법이 제대로 기능을 하면 '아! 내가 죄인이구나!" 하고 깨닫게 됩니다. 그런데 유대인들은 이렇게 하지 못하고 자기들에게 율법이 있다는 것을 자랑으로 삼았습니다. 자기들에게는 율법이 있기 때문에 이방인들과 다르다고 생각했습니다. 그래서 율법이 없는 자들을 판단했습니다(1). 바울의 말은 율법을 듣는 자가 의인이 아니라 율법을 행하는 자라야 의롭다 하심을 얻는다고 했습니다(13). 그런데 안타깝게도 율법을 온전히 행할 자는 이 세상에 아무도 없습니다. 율법으로는 안 된다는 것을 깨닫는 것이 율법의 또 다른 기능인데, 유대인들은 그것을 몰랐습니다.

그러면 율법 없는 이방인들은?

율법이 있는 유대인들이 범죄하면 자기들에게 있는 율법으로 심판을 받게 될 것입니다(12). 그러면 율법이 없는 이방인들은 어떻게 됩니까? 율법이 없어서 무엇이 죄인지를 모르고 범죄했는데 그래도 그들이 심판을 받아야 합니까? 아무리 미개한 지역에 사는 사람이라고 할지라도 잘못을 잘못인 줄 모르는 사람은 없습니다. 왜냐하면 그 사람들에게는 하나님이 '양심'이라는 것을 주셔서 율법의 역할을 하게 하셨기 때문입니다(14-15). 그렇기 때문에 율법이 있는 자나 없는 자나 아무도 핑계할 수가 없습니다.

할례와 율법 준수

유대인들이 또 한 가지 자랑스럽게 생각하는 것은 할례입니다. 할례는 언약의 증표이며 선민의 증거입니다. 할례가 율법 안에 있으니까 할례를 행하는 것은 율법을 준수하는 것입니다. 그런데 율법을 범하면서 할례에 대한 자부심과 우월감만을 가지는 것은 잘못입니다. 바울은 이것을 지적했습니다. '네가 율법을 행한즉 할례가 유익하나 만일 율법을 범한즉 네 할례가 무할례가 되었느니라"(25). 할례라고 하는 율법은 지키고 있지만 다른 율법은 지키지 못했기 때문에 죄인임을 부인할 수 없습니다. 바울은 여기에서 한발 더 나아가서 '무할례자가 율법의 제도를 지키면 그 무할례를 할례와 같이 여길 것이 아니냐?'(26). 바울의 결론은 이것입니다. '무할례자를 죄인이라고 하는 유대인들아! 너희도 다 죄인이다!"

참 유대인과 참 할례

바울은 자신의 몸에 할례의 표를 가진 것을 '표면적 육신의 할례'라고 했습니다(28). 그런데 바울은 이것이 진짜 할례가 아니라고 했습니다. 왜냐하면 할례의 표는 가지고 있지만, 율법을 지키지 않기 때문입니다. 유대인들은 혈통을 얼마나 따지는지 모릅니다. 그런데 바울은 이런 유대인을 '표면적 유대인'이라 하여 진짜 유대인이 아니라고 했습니다. 오히려 이면적 유대인이 유대인이고, 이면적 할례가 진짜 할례라고 했습니다. 왜 그렇습니까? 껍데기만 가지고 있기 때문입니다. 그들은 율법의 정신은 잃어버리고 율법만 붙들고 있었습니다. 할례를 행하라고 하신 그 본래의 뜻은 잊어버리고 흔적만 가지고 있었기 때문입니다. 그래서 혈통적으로 유대인이 아니지만 유대인이 될 수 있는데, 그 사람이 참 유대인입니다. 할례를 몸에 행한 적이 없지만 할례자가 될 수 있는데, 그 사람이 참 할례자입니다. 바울의 결론은 이것입니다. '할례를 받았고, 율법을 가지고 있어도 죄인이다'. 그래서 모든 사람이 죄인이라고 했습니다.

우리 주변에는 성경을 차의 뒷부분에 놓아두는 사람이 있습니다. 그들은 위급할 때 그 성경이 자기를 지켜줄 것으로 생각하고 그렇게 합니다. 말씀이 내 마음에 없으면 100권의 성경을 차 안에 둔다고 해도 아무 소용이 없습니다. 그와 마찬가지입니다. 할례의 정신을 잊어버리면 껍데기만 들고 있게 됩니다. 율법을 입으로 외우기만 하는 것도 껍데기만 들고 있는 것과 같습니다. 할례와 율법을 자랑하는 수천 년 전의 유대인이나 차 안에 성경을 두는 현대인이나 다를 바가 없습니다. 우리는 따라 행하는 자가 되지 말고 바로 행하는 자가 되어야 하겠습니다.

120강
율법 외에 하나님의 한 의가 나타났으니... (롬 3)

1장은 모든 이방인들이 죄인임을, 2장은 모든 유대인이 죄인인 것을, 그렇게 해서 3장은 모든 사람이 죄인이라는 것을 말했습니다. 로마서에는 3개의 산봉우리가 있습니다. 전반부에는 3장 21절 '이제는 율법 외에 하나님의 한 의가 나타났으니' 하는 말씀이 최고봉이 됩니다. 중간 부분에는 8장 35절의 '누가 우리를 그리스도의 사랑에서 끊으리요'하는 말씀이 봉우리를 이룹니다. 마지막 부분에는 12장 1절의 '너희 몸을 하나님이 기뻐하시는 거룩한 산 제사로 드리라 이는 너희의 드릴 영적 예배니라' 는 말씀입니다.

각 부분은 이 봉우리를 향해서 나아갑니다. 이 중에서 가장 높은 산봉우리는 맨 앞에 있는 말씀입니다. 이 말씀이 산맥을 이루고 이 말씀이 기초가 됩니다. '곧 예수 그리스도를 믿음으로 말미암아 모든 믿는 자에게 미치는 하나님의 의(righteousness)니' (22). 이 말씀을 받아들이지 못한다면 이어서 나오는 두 개의 봉우리를 넘을 수 없습니다. 하나님의 사랑이 아무리 크고 놀라워도 나와 관계없는 사랑이 되고, 아무리 흠잡을 것이 없는 반듯한 생활로 산다고 해도 구원과는 상관이 없는 삶이 됩니다.

바울은 이 글을 읽는 사람들을 첫 번째 봉우리에 이르게 하기 위해서 모든 사람이 죄인인 것을 선언했습니다. 율법으로는 의롭게 될 수 없다고 했습니다. 유대인들은 율법을 밤길의 등불과 같이, 그리고 지팡이 같이 의지하고 있었는데 율법으로는 안 된다고 하니까 얼마나 낙담했겠습니까? 바울은 절망의 충격에 빠져 있는 그 사람들에게 하나님이 주신 하나의 돌파구를 알려 주었습니다. 그것이 바로 '율법 외에 하나님의 한 의가 나타났다' 는 말씀입니다. '주어졌다', 혹은 '대체되었다' 하지 않고 '나타났다'고 한 것은 이어서 나오는 예수님을 드러내기 위해서입니다.

율법과 선지자들이 예언하신 그분이 이제 몸을 입고 이 땅에 나타나셨습니다. 그래서 그분을 믿으면 율법으로 불가능한 것이 믿음으로 되는 것을 경험하게 됩니다. 율법은 의지할수록 절망할 수밖에 없는데 예수님은 믿기만 하면 해결됩니다. 의롭게 됩니다. 구원을 얻게 됩니다. 죄 문제가 해결됩니다. 하나님의 자녀가 됩니다. 차별 없이 주어집니다. 공짜로 댓가없이 받게 됩니다.

유대인의 나음이 무엇인가?

유대인의 나음은 '저희가 하나님의 말씀을 맡은 것'이라 했습니다(2). 하나님은 유대인 아닌 아무에게도, 그 어떤 민족에게도 하나님의 말씀을 맡기지 않았습니다. 이들은 말씀을 맡은 사람들답게 말씀을 잘 보존했습니다. 이 부분에 있어서는 이들을 아주 크게 칭찬해도 손색이 없습니다. 그들은 말씀을 생명같이 보존했으며, 후대에 전수했습니다. 하나님의 말씀이 문자로 기록되기 전에는 입에서 입으로 전해졌습니다. 그 방대한 내용을 전부 외워서 전했고, 그 후대가 이어받아서 암송하고 또 다음 세대에 전했습니다. 이렇게 해서 전해지고 전해지게 하셨습니다. 하나님은 이들에게 남다른 지혜를 주셔서 말씀을 통째로 다 외우도록 하셨습니다. 이들의 이런 노력 덕분에 오늘 우리에게까지 말씀이 전달되었습니다. 이 세상에 수많은 민족과 백성이 있지만 유일하게 하나님의 말씀을 받았고, 이렇게 전수했다는 것은 그들에게 주어진 특권이 아닐 수 없습니다.

바울은 이것을 유대인이 누리는 유익의 첫 번째라고 했습니다. 여러 가지 유익이 있는데 그 중에서 첫 번째라는 말씀입니다. 그런데 그 뒤에 두 번째가 없습니다. 두 번째가 없는데 왜 바울은 첫 번째라고 했을까요? 두 번째를 잊어버린 걸까요? 아닙니다. 두 번째와 세 번째는 9장에 있습니다. 9장부터 11장까지 3장은 자기의 동족인 유대인에 대해서 언급했는데, 그곳에서 이 말씀이 이어집니다.

3가지 궤변

궤변이란 겉으로는 그럴듯해 보이지만 실제로는 논리적 결함이나 모순이 있는 주장'을 말합니다. 말도 안 되는 질문은 어느 시대에나 있기 마련인데, 예수님 때도 있었고 이곳에는 3가지가 있습니다.

첫 번째는 '어떤 자들이 믿지 아니하였으면 그 믿지 아니함이 하나님의 미쁘심을 폐하는가?' 하는 질문입니다(3). 두 번째는 '우리가 행하는 불의가 하나님의 의를 드러나게 한다면 그 사람을 심판할 수 있는가?'하고 물었습니다(5). 세 번째는 '선을 이루기 위해서 악을 행하자' 하고 주장하는 사람들이 있습니다(8). 어떤 사람들은 바울이 이런 궤변을 하고 있다고 주장했습니다(8).

성경을 비뚤어진 눈으로 보는 사람들은 이렇게 말합니다. '예수님은 십자가를 지기 위해서 이 땅에 오셨다. 가룟 유다는 예수님이 십자가에 달리시는 일을 도와주었다. 그렇다면 가룟 유다는 배신자가 아니라 공로자가 아닌가?' 이런 것이 바로 궤변입니다. 바울이 말한 것처럼 '만일 그러하면 하나님이 어찌 세상을 심판하리요?'(6). 궤변에 일일이 대답할 것은 없지만, 더 큰 궤변이 만들어지지 않도록 바울은 이 정도의 답변으로 마무리했습니다.

구약의 인용- 5회

바울은 이방인이나 유대인이나 모두 죄 아래 있다고 선언했습니다. 바울은 이 말씀을 확정하기 위해서 구약성경을 인용했습니다. 말씀의 근거가 없다면 그것은 자기주장에 불과하기 때문입니다. 자기주장은 아무런 힘이 없습니다. 그래서 바울은 구약성경에 나오는 모든 말씀을 다 동원했는데, 5개 구절을 인용했습니다. 시편의 말씀에서 4번, 그리고 잠언에서 1번입니다. 잠언의 말씀을 인용해서 모든 사람이 죄인임, 죄의 보편성을 증명했다는 것은 바울이 구약에 얼마나 정통해 있었는지를 알게 합니다. 우리는 잠언을 삶에 지혜를 주는 말씀으로 생각했는데 그 안에 이런 말씀이 포함되어 있었습니다. 10절부터 18절까지 바울은 연속해서 구약성경을 들이댔습니다.

'그리스도 예수 안에 있는 구속으로 말미암아...' (24)

율법의 역할은 '죄를 깨닫게 하는 것'이고(20), '모든 입을 막고 온 세상으로 하나님의 심판 아래 있게 하려 함'이라고 했습니다(19). 율법은 죄인을 그리스도에게로 인도하는 '초등 교사(몽학 선생)'의 역할을 할 뿐입니다(갈3:24). 그렇다면 그리스도는 죄인을 건져내기 위해서 무슨 일을 하셨습니까? 바울은 그것을 '구속(救贖, redemption)'이라는 한마디로 요약해서 표현했습니다(24). 구속은 속전을 지불하고 해방시키는 것을 말합니다. 거저 된 것이 아닙니다. 그래서 예수님은 십자가를 지셨고, 예수님이 십자가에서 죄의 값을 다 갚았으므로 우리는 나음을 입고 평화를 누리게 됩니다(사53:5). 구속으로 말미암아 그렇게 된 것입니다.

그렇다면 율법은 이제 예수님이 오셨으니까 더이상 필요 없는 것인가요? 그렇지 않습니다. 죄를 깨닫게 하는 것에 율법만큼 효력을 발휘하는 것이 없습니다. 지금도 율법은 예수님 아니고는 안 된다는 것을 알게 하는 역할을 합니다. 그러나 이제는 율법에 매일 것이 아닙니다. 예수님은 율법을 다 이루셨고, 성령님은 우리를 인도하기 때문입니다. '그런즉 우리가 믿음으로 말미암아 율법을 폐하느뇨? 그럴 수 없느니라 도리어 율법을 굳게 세우느니라'(31).

121강
우리를 의롭다 하기 위해 살아나셨다! (롬 4)

바울은 3장에서 첫 번째 봉우리를 말했습니다. 그것은 '율법 외에 하나님의 한 의가 나타났으니'(3:21) 하는 말씀입니다. '율법 외에(apart from the law)' 라고 했는데, 유대인들이 그렇게 의지하고 신뢰하는 율법으로는 안 된다고 했습니다. '나타난 한 의(義, righteousness)'는 율법에서 비롯된 것이 아닙니다.

여기에서 당연히 한 가지 의문이 생깁니다. 그렇다면 율법은 왜 주셨는가? 율법의 역할이 무엇인가? 할례는 왜 행하라고 하셨는가? 조상들이 이제까지 율법을 지키고 할례를 행하지 않았는가? 그러면 그들은 헛다리를 짚은 것인가? 바울은 4장에서 이 문제를 취급합니다. 그래서 두 사람의 조상 곧 아브라함과 다윗을 소환해서 그들이 행한 율법과 할례를 설명하고 있습니다. 이들을 통해서 할례가 더 이상 필요하지 않다는 것을 설명한다면, 그리고 이들의 행위를 통해서 율법이 의롭게 할 수 없다는 것을 증명한다면 가장 확실한 방법이 될 것입니다.

바울과 같이 율법에 정통해야 이 일을 할 수 있습니다. 바울과 같이 유대인에게 죽을 각오를 해야 이런 글을 쓸 수 있습니다. 이것만으로도 대단하지만, 그러나 이것이 모두가 아닙니다. 그래서 예수님이 계시로 가르치고(갈1:12), 성령님이 진리를 알게 하셨습니다(엡3:3). 이렇게 해서 교리의 교과서와 같은 로마서가 완성되었습니다. 우리에게는 얼마나 큰 복입니까? 로마서를 통해서 우리는 '율법 외에'를 배우게 됩니다. 왜 율법으로 안 되는지 그 이유를 깨닫게 되었습니다. 왜 할례를 안 해도 되는지도 알게 되었습니다. 그뿐만 아니라 놀라운 하나님의 사랑과 끊을 수 없는 그리스도의 사랑을 배웁니다. 믿어서 의롭게 된 자들이 어떻게 살아야 되는지도 로마서를 통해서 배우게 되니 많은 사람들이 로마서를 사랑하고 애독합니다.

아브라함 (1-5)

아브라함이 하나님으로부터 의롭다 함을 받았는데, 그것은 율법의 행위가 아니라 믿음이라는 것입니다. 아브라함은 하나님으로부터 3가지 약속을 받았습니다. 땅과 자손과 그 자손을 통해 모든 사람이 받을 복입니다(창12:1-). 이 중에 이루어진 것은 아무것도 없었습니다. 그때까지도 아브라함은 얻은 땅이 없어서 나그네의 삶이었고, 나이는 자꾸 들어가는데 자손은 고사하고 자식조차 하나 없었습니다. 아직 태어난 자식이 하나도 없는데 그 후손이 어디에서 난다는 말입니까? 참 답답한 지경입니다. 이럴 때 하나님이 아브라함을 찾아오셔서 자손을 밤하늘의 별들과 같이 많게 하겠다 하셨습니다(창15:5). 이때는 아브라함이 하나님으로부터 두 번째 약속을 받을 때입니다.

첫 번째는 13장에서 하나님이 '동서남북을 보라'(땅)와 '티끌 같이(자손)'을 말씀하셨습니다. 그다음에 하나님이 15장에서 또 약속하셨는데, 사라의 배가 불러오고 난 뒤에 하신 말씀이 아니라 이때도 그냥 말로만 하는 약속이었을 뿐입니다. 그런데 아브라함이 하나님의 이 말씀을 믿었습니다. 그리고 하나님은 이 기특한 아브라함의 믿음을 의로 여기셨다고 했습니다(15:6).

바울은 모든 유대인들이 다 알고 있는 이런 역사적인 사실을 바탕으로, 아브라함이 의롭다고 여김을 받은 것은 율법의 행위가 아니라 순전히 믿음이라고 했습니다. 아무것도 의지할 것이 없는 그럴 때 아브라함이 온전히 믿은 것 그것을 두고 하나님이 의로 여기셨습니다.

바울은 율법의 행위로 의롭게 된 것처럼 주장하는 유대인의 생각을 여지없이 깨뜨려 부수고 있습니다. 아브라함은 아무것도 행한 것이 없었고, 의지한 것도 없었습니다. 그리고 무엇보다 중요한 것은 인정하시는 분은 하나님이십니다. 하나님이 이럴 때 그의 믿음을 의로 여기셨다는 것입니다.

다윗 (5-8)

다윗은 하나님의 '마음에 합한 사람'(행13:22)이었지만 범죄하고 말았습니다. 그 후 그는 선지자의 지적을 받고 철저히 회개했습니다. 그때의 사정을 기록한 시편이 51편입니다. 51편의 후속 시편이 32편인데 다윗은 회개하면서 51편을 기록했고, 용서받은 뒤에 32편을 적었습니다. 바울은 32편의 1절과 2절을 인용하여 '주께서 그 죄를 인정치 아니하실 사람은 복이 있다'고 했습니다(8). 범죄 한 다윗이 한 것은 회개밖에 없습니다. 밧세바의 남편 우리아는 이미 죽었기 때문에 그 사건을 원상태로 되돌릴 수가 없었습니다.

바울은 왜 다윗을 소환하고 있습니까? 그것은 아브라함을 말하면서 '경건치 아니한 자를 의롭다 하시는 이를 믿는 자에게는 그의 믿음을 의로 여기시나니'(5) 하는 말씀을 증거할 인물로 다윗만큼 적당하고 좋은 인물이 없었기 때문입니다. 아브라함이나 다윗이나 행한 것은 실수와 죄뿐입니다. 그런데 하나님은 그 믿음과 회개를 받으셨습니다. 결론은 이것입니다. '그들은 행위로 의롭게 된 것이 아니다.'

할례 (9-12)

할례는 율법 준수의 최종 보루입니다. 그렇기 때문에 율법을 붙들고 있는 사람들은 끝까지 할례를 주장했습니다. 예수님을 믿는다고 하면서도 '모세의 법대로 할례를 받지 아니하면 능히 구원을 얻지 못하리라'(행15:1) 했으며, '바리새인 중에 믿는 어떤 사람들이 일어나 말하되 이방인에게 할례를 주고 모세의 율법을 지키라 명하는 것이 마땅하다'고 주장했습니다(15:5). 이렇게 주장하는 사람들 모두가 이미 할례를 받은 사람들입니다. 그리고 그 당시에도 할례는 시행되고 있었습니다. 언약의 표로써 조상 때부터 시행되고 있는 유대인의 전통과 같은 이런 할례를 그럼 어떻게 해야 되겠습니까?

바울은 다시 아브라함의 예를 들어서 한 가지를 질문했습니다. '하나님이 아브라함의 믿음을 의로 여기신 것이 할례받기 전이냐 할례받은 후냐?' 할례는 아브라함이 의로 여김은 받은 사건의 14년 뒤에 있었던 일입니다. '아브라함이 할례를 표를 받은 것은 무할례시에 믿음으로 인친 것이라'(11) 했습니다. 율법에 있는 조항에 따라 계속해서 할례를 행하고 있지만, 할례조차도 그 시작이 행위가 아니라 믿음이었습니다.

계속해서 아브라함 (13-25)

바울은 계속해서 아브라함을 말하고 있습니다. 아브라함은 그 후에 할례를 받았기 때문에 그는 할례자와 무할례자에게 동시에 조상이 됩니다(12). 우리가 아브라함과 같이 하나님을 믿는다면 우리는 믿음의 상속자가 되어서 그의 상속을 이어받게 될 것입니다.

바울은 계속해서 아브라함을 소개하다가 예수님으로 결론을 맺었습니다. '예수는 우리 범죄함을 인하여 내어줌이 되고 또한 우리를 의롭다 하심을 위하여 살아나셨느니라'(25).

바울이 이렇게 명확하게 선을 그어 주었기 때문에 우리는 할례에 대해서 더 이상 논란을 벌이지 않아도 됩니다. 오직 믿음으로 아브라함의 후손이 되고, 아브라함이 받은 복을 상속하게 됩니다. 구원에 있어서는 아무 일을 안 해도 됩니다. 거저 주시는 은혜를 받기만 하면 됩니다.

122강

한 사람의 순종하심으로 많은 사람이 의인이 되리라! (롬 5)

로마서는 44332로 요약된다고 했습니다. 이제 우리는 처음 4장을 마치고 그 다음 4장을 살펴보려고 합니다. 처음 4장을 한마디로 정리하면 '의롭지 못한 자' 곧 불의한 자라고 할 수 있습니다. 이방인과 유대인 곧 모든 사람이 다 불의한 자라고 했습니다. 그다음 4장이란 5장에서 8장까지를 말합니다. 이 부분을 한마디로 요약한다면 '의롭게 된 자'라고 할 수 있습니다. 의롭지 못한 자들이 '율법 외에 하나님의 한 의'를 믿어서 의로운 자가 되었습니다. 이렇게 의롭게 되는 것은 행위로 말미암지 않았고, 할례에서 비롯된 것도 아니었으며 오직 믿음으로 이루어진 결과였습니다.

믿음의 결과는 대단합니다. 우리가 예수님을 믿을 때 하나님은 우리를 아브라함이 믿을 때와 똑같이 취급하십니다. 아브라함이 믿었을 때 그의 믿음을 의로 여기시는 것과 같이 하나님은 우리의 믿음을 받으시고 우리를 의롭다고 하십니다. 이것을 두고 우리는 '칭의(稱義, justification)'라고 합니다. 하나님은 우리가 아직 완전히 의로운 것이 아닌데도 불구하고 의롭다고 불러주셨습니다. 그리고 아브라함의 후손이 되게 하시고 그 후손들이 받을 상속을 다 받게 하셨습니다. 바울은 4장까지 이런 내용을 말했습니다.

5장부터 8장까지는 어떤 말로써 요약할 수 있을까요? 우리는 먼저 '요약'이라는 말의 함정을 알아야 되겠습니다. 그 많은 내용을 한마디 말로 요약한다는 것은 사실 불가능합니다. 왜냐하면 그 안에 더 많은 내용이 들어 있기 때문입니다. 그러나 그 모든 내용을 다 기억하려는 것도 사실은 불가능합니다. 그래서 이런 함정이 있지만, 기억하기 쉽도록 요약하고 정리합니다. 한 마디가 그 내용을 다 말하는 것이 아니라는 것을 알고 이 부분을 보면 되겠습니다.

그다음 4장에는 의롭지 못한 자가 매여 있었던 것에서 해방되는 것을 말합니다. 5장은 '진노'에서, 6장은 '죄'에서, 7장은 '율법'에서, 8장은 '죽음'에서 해방됩니다. 의롭게 된 자는 이런 4가지에서 자유합니다. 더 이상 매이지 않으며 더이상 속박받지 않습니다. 왜 그렇습니까? 예수 그리스도를 믿음으로 그 안에 들어가 있기 때문입니다.

'믿음으로 의롭게 하심을 얻었은즉...' (1-4)

바울은 이제까지 설명한 것을 요약했습니다. 율법이나 할례가 아니라 '믿음으로' 의롭게 되었습니다. 믿는 그 사람에게 '의롭다' 함이 주어졌고, 믿는 자는 '의롭다' 함을 얻었습니다. '얻었다' 는 과거 동사입니다. 미래에 얻게 될 것이 아닙니다. 이미 주어졌습니다.

바울은 의롭게 된 자가 그다음에 해야 할 일을 말했습니다. 그 자리에서 한 걸음 더 나아가야 됩니다. 바울은 5가지를 말했습니다. 화평을 누리자(1). 영광을 바라고 즐거워하자(2). 환란 중에도 즐거워하자(3). 진노하심에서 구원함을 얻자(9). 하나님 안에서 즐거워하자(11). '즐거워하자' 는 말이 3번 나옵니다. 죄인이 의롭게 된 것을 알면, 그리고 구원받았음을 확신하게 되면 기쁨이 내 속에서 솟아납니다. 감당할 수 없는 기쁨이고, 가만있을 수가 없습니다. 내 속에서 일어나는 기쁨인데도 그 기쁨을 내가 제어할 수 없습니다. 경험자의 고백입니다.

환란 중에도 즐거워해야 하는 이유는 환란은 환란으로 끝나는 것이 아니라 인내와 연단을 만들고 소망을 이루기 때문입니다. 의롭게 된 자를 절대로 그냥 내버려 두지 않기 때문입니다.

'하나님의 사랑이 우리 마음에 부은 바 됨이니...' (5-11)

바울은 이곳에서 특이한 표현법을 쓰고 있습니다. 하나님의 사랑이 우리 마음에 부어졌다고 했습니다. '부어졌다' 는 완료시제로 사용되어 엄청나게 많은 양이 이미 주어졌다는 뜻입니다. 바울은 이 특이한 표현을 더 설명하려고 하지 않고, 사랑이 부어질 그럴 때 우리는 어떤 상태에 있었는가를 3가지로 말했습니다.

첫째는 '우리가 아직 연약할 때' 입니다(6). 예수님이 우리를 위해서 죽으신 것이 바로 하나님의 사랑이 부어지는 순간입니다. 이것을 모르고 제자들은 다 도망갔습니다. 우리가 그 자리에 있었던들 무슨 다른 행동을 했겠습니까? 우리가 심히 연약한 상태에 있었지만, 그리스도 예수를 통한 구속 사역은 계속 진행되었습니다. 그 사랑은 계속 부어졌습니다.

두 번째는 '우리가 아직 죄인 되었을 때' 입니다(8). 죄인이 하는 일은 죄짓는 것밖에 없습니다. 그럴 때 하나님이 사랑이 부어졌습니다. 십자가는 우리에 대한 사랑의 확증입니다. 우리가 죄만 짓고 있을 때 그렇게 하셨다고 했습니다. '내가 너를 얼마나 사랑하는지 알고 싶으냐? 그렇다면 십자가를 보아라. 그곳에 너를 향한 내 사랑이 부어져 있다'.

세 번째는 '우리가 원수 되었을 때'입니다(10). 우리에게는 가혹한 말씀이지만, 가장 적절한 표현입니다. 우리는 죄인을 넘어서 원수 상태에 있었습니다.

원수는 죽이고 처단해야 하는데 그 원수에게 사랑을 부어주셨습니다.

'진노하심에서 구원을 얻을 것이니...' (9)

죄인은 하나님의 진노를 피할 길이 없습니다. 율법을 의지하는 유대인도 마찬가지입니다. 그 율법이 죄를 밝혀서 벌을 받게 합니다. 모든 사람이 죄인이니까 진노를 피할 수 있는 사람은 아무도 없습니다. 그런데 예수님을 믿으면 죄의 구름이 거두어지기 때문에 더 이상 진노를 받지 않게 됩니다. 그래서 말로 다 할 수 없는 기쁨으로 즐거워하게 됩니다. 이런 기쁨이 있으면 환란을 당해도 '넉넉히 이기게'(8:37) 됩니다. 그 기쁨이 환란으로 인내를 만들게 해주고, 인내는 연단을, 연단은 소망으로 이어지고 결국은 소망을 만들어 냅니다. 그래서 의롭게 된 자는 엎어져도 복이 되고, 넘어져도 은혜가 됩니다.

'한 사람의 순종하심으로...' (12-21)

의롭게 되는 것은 말로 그저 되는 것이 아닙니다. 아들을 보내서 대신 죽게 하심으로 해결하셨습니다. 5장 마지막 부분에서는 이러한 내용을 집중적으로 다루고 있습니다. 왜냐하면 '아담의 죄가 나와 무슨 상관이 있느냐?' '예수님의 십자가가 어떻게 내 죄를 없게 했다는 거냐?' 하는 의문에 답하기 위해서입니다. 이런 질문을 하는 사람은 지금도 있습니다. 바울은 대표자의 원리로 설명했습니다. 한 사람의 순종치 아니함으로 많은 사람이 죄인이 되었는데, 한 사람의 순종함으로 많은 사람이 의인이 되었습니다(19).

아담의 범죄로 '모든 사람'이 죄인이 되었습니다. 그런데 바울은 십자가의 혜택을 '모든 사람'이 받는 것이 아니라, '많은 사람'이라고 했습니다. 왜 이렇게 차이가 날까요? '모든 사람'이 동시에 한꺼번에 다 받으면 좋지 않겠습니까? 하나님은 모든 사람이 구원받기를 원하신다고 하셨지 않습니까?(딤전2:4). 기회는 차별 없이, 값없이 주어집니다(3:22,24). 그래서 '모든 사람'이 모두 받을 수 있습니다. 그러나 의롭게 되는 것은 믿는 자에게만 주어집니다. 그래서 '모든 사람'이 아니라, '많은 사람'입니다. 그래도 많다니 얼마나 감사합니까? 더 감사한 것은 그중에 내가 포함되어 있습니다.

123강
죄에게서 해방되어 의에게 종이 되었느니라! (롬 6)

의롭게 된 자는 4가지에서 해방됩니다. 5장은 '진노'에서 해방을, 6장은 '죄'에서 해방을 말하고 있습니다. 6장은 질문으로 시작하고 2가지 질문에 대한 답변으로 채워져 있습니다. 첫 번째 질문은 '은혜를 더하게 하려고 죄에 거하겠느뇨?'라는 질문입니다(1). 바울의 '그럴 수 없느니라'라고 단호하게 대답했습니다. 두 번째 질문은 '우리가 법 아래 있지 아니하고 은혜 아래 있으니 죄를 지으리요' 하는 질문입니다(15). 두 번째 대답도 첫 번째와 마찬가지로 '그럴 수 없느니라' 입니다.

의롭게 된 자는 죄에서 벗어나서 자유하게 됩니다. 바울은 이것을 '죽음'으로 설명했습니다. 사람이 죽으면 죽는 그 순간에 모든 것이 종결됩니다. 죽는 순간에 형의 집행이 정지됩니다. 죽으면 채무에서도 벗어나게 되고, 그렇게 끈질긴 암도 죽은 뒤에는 더 따라오지 못합니다. 사람이 죽으면 다 끝나는데, 딱 한 가지 끝까지 따라오는 것이 있습니다. 그것은 죄입니다. 죄는 사람이 죽어도 끝까지 그 사람을 추적합니다. 열추적 미사일보다 더 지독합니다. 그렇게 따라와서 결국은 '심판'을 받게 합니다. '한번 죽은 것은 사람에게 정하신 것이요 그 후에는 심판이 있으리라'(히9:27). 심판을 받게 해서 영원한 멸망의 구렁텅이에 빠뜨립니다.

그런데 믿어서 의로운 자가 되면 '심판에 이르지 아니하나니'(요5:24)라고 했습니다. 왜 그렇습니까? 다 같이 죄를 범했는데, 왜 믿는 자는 심판을 받지 않는다고 했을까요? 그것은 예수님이 나를 대신해서 죽었기 때문입니다. 예수님이 나의 죄값을 모두 치루었기 때문입니다. 그래서 그 지독한 죄에서조차 해방됩니다. 사죄의 은혜요 죄 사함의 기쁨입니다. 바울은 지금 아주 뛸 듯이 기뻐하면서 이 글을 적고 있습니다.

두 가지

바울은 로마서 전체를 통해 두 가지를 비교해서 설명하는 비교법을 많이 사용했습니다. 6장에서 그 표현법이 더욱 두드러지는데 12가지쯤 됩니다. 은혜와 죄, 그의 죽으심을 본받아 연합한 자와 그의 부활을 본받아 연합한 자, 죄에 대하여 죽은 자와 하나님께 대하여 산 자, 불의의 병기(instrument of wickedness)와 의의 병기(instrument of righteousness), 죄의 종과 순종의 종, 죄의 종과 의의 종, 사망과 영생 등입니다. 이곳에는 또 두 가지 드림이 있습니다. 우리의 몸을 죄에게 드리거나 하나님께 드리는 것입니다.

'병기'라는 표현 (12-14)

우리 몸이 불의의 병기가 되기도 하고 의의 병기가 될 수도 있답니다. 바울은 군인이 전쟁할 때 사용하는 무기인 '병기'라는 단어로 우리 몸을 표현했습니다. 왜 이렇게 표현했을까요? 그것은 우리의 삶이 영적 전투임을 나타내기 위해서입니다. 전쟁에서는 무기가 있어야 하고 그 무기를 잘못 사용하면 전쟁에서 질 뿐만 아니라 포로로 잡혀가게 됩니다. 우리 몸을 죄의 병기로 사용하여 죄가 이기도록 도와주면 어떻게 되겠습니까? 그러면 죄에게 진 자가 되고 죄의 포로가 되어 끌려다니게 됩니다.

반면에 우리 몸을 의의 병기로 드려서 의가 이기도록 사용된다면 우리는 의로운 자로 살게 될 것입니다. 누구에게 어떻게 드리느냐에 따라서 이렇게 달라집니다. 바울은 이렇게 물었습니다 '그때에 무슨 열매를 얻었느뇨?'(21). 불의의 병기로 사용되었을 그때 거둔 것은 죄의 열매뿐입니다. 그 당시에는 아무렇지도 않았고, 떳떳했고, 지은 죄를 자랑하기까지 했습니다. 그런데 의롭게 되어 돌아보니 고개를 들지 못할 정도로 부끄러울 뿐입니다.

'죄가 너희를 주관하지 못하리니...' (14)

의롭게 된 자와 의롭지 못한 채 그대로 있는 사람의 차이점은 '죄가 너희를 주관치 못하리니'(14)하는 말 한마디에 요약되어 있습니다. 이것은 밖으로 보이지 않을 뿐 아니라 대수롭지도 않습니다. 그래서 우리들 조차도 대수롭지 않게 생각합니다. 그러나 이것은 엄청난 은혜요 혜택이요 결과입니다. 법 아래 있을 때는 죄가 그 사람의 모든 것을 주관합니다. 그러나 은혜 아래 있으면 성령이 주관합니다. 성령이 우리를 주관하시니까 죄가 주관하지 못합니다.

하나님은 범죄를 저지른 가인에게 이렇게 말씀하셨습니다. '죄의 소원은 네게 있으나 너는 죄를 다스릴지니라'(창4:7). 가인은 그 후에 죄를 다스렸습니까? 가인이 죄를 다스린 것이 아니라 죄가 가인을 다스렸습니다. 그 후손들도 역시 죄의 다스림을 받았습니다. 죄가 그들을 주관합니다. 이렇게 주관하는 죄를 어떻게 없앨 수 있습니까? 그 뒤에 있었던 홍수 심판으로도 안 되었습니다. 죄인들은 모두 죽었고 의인이라 칭함을 받은 노아와 그 후손들만 남았습니다. 그러나 그들은 또다시 죄를 범했고 죄가 그들을 주관했습니다. 인류의 역사는 죄를 다스리지 못한 역사요, 다스릴 수 없다는 것을 깨닫게 되는 역사입니다. 율법은 죄를 밝혀낼 뿐입니다. 사람으로는 안 되기 때문에 '율법 외에 하나님의 한 의'가 오셨습니다. 믿어서 의롭게 되면 성령의 주관을 받기 때문에 죄를 다스릴 수 있습니다.

'죄에 거하겠느뇨? 죄를 지으리요?' (1,15)

바울의 두 가지 질문은 은혜와 죄라는 공통점을 가지고 있습니다. 하나는 죄를 범하는 것이고 다른 하나는 더 나아가서 죄에 거합니다. 은혜를 더하게 하려고 죄에 거해서도 안 되고, 은혜 아래 있으니 죄를 지어도 괜찮다고 생각해도 안 됩니다.

이런 예를 들어 봅시다. 어떤 아버지에게 사고뭉치 아들이 있다고 합시다. 아버지는 일을 저지르고 오는 아들을 감싸주며 언제나 그 문제를 해결해 주었습니다. '우리 아버지는 부자이고, 늘 해결해 주니까 나는 계속해서 사고를 쳐도 된다!' 아들에게 은연중에 이런 생각이 있었기 때문에 계속해서 사고를 쳤습니다. 그런데 이 아들이 철이 들어 자신을 돌아보게 되었습니다. 이제까지 참아주신 아버지가 너무 고마웠습니다. 이렇게 깨닫게 되면 그 뒤에는 사고를 치라고 해도 그렇게 할 수 없습니다. 아버지가 든든한 빽이 된다고 해도 사고를 치지 않습니다. 아버지의 사랑을 더 깊이 느껴보자고 하면서 또 일을 저지르겠습니까? 깨달으면 깨달을수록 죄를 지을 수가 없으며, 죄에 거할 수는 더더욱 없습니다. 바울은 '결코 그럴 수 없느니라'는 말로 이것을 말하고 있습니다.

우리는 '죄에게서 해방되어 의에게 종이'(18) 되었습니다. 바울은 왜 의를 말하면서도 '종'이라는 단어를 사용했을까요? 죄에게는 끌려다니니까 종이 맞은데, 의에게는 끌려다니지 않는데 왜 종이라고 했느냐는 의문입니다. 그것은 성령님에게 속한 것을 강하게 표현하기 위해서입니다. 성령님께는 매여 있으면 매여 있을수록 좋습니다. 그것이 '종'이라는 단어입니다. 우리는 의의 종이요, 예수님의 종이지만 억지로 끌려다니지 않고, 무엇이든지 억지로 하지 않습니다. 자유를 누리면서 기쁨으로 행합니다. 그러면서도 우리는 '종'입니다. 그리고 우리는 '종'인 것을 자랑스럽게 생각합니다. 의의 종이 되었기 때문에 더 이상 죄의 종이 되지 않습니다. 이런 은혜를 베푸신 아버지께 효도하는 자녀가 됩시다.

124강
선을 행하기 원하는 나에게 악이 함께 있는 것이로다! (롬 7)

의롭게 된 자는 4가지에서 해방됩니다. 5장은 '진노'에서, 6장은 '죄'에서, 7장은 율법에서 해방을 말하고 있습니다. 7장도 6장과 마찬가지로 질문으로 시작했으며, 4가지 질문이 있습니다. 바울은 6장에서 죄에 대하여 설명할 때 죽음이 해방시켰다고 했습니다. '이는 죽은 자가 죄에서 벗어나 의롭다 하심을 얻었음이니라'(6:7). '너희가 본래 죄의 종이더니 죄에게서 해방되어 의에게 종이 되었느니라'(18). 7장에서도 그 논조는 계속됩니다. '너희도 그리스도의 몸으로 말미암아 율법에 대하여 죽임을 당하였으니'(4). 죽음의 결과로 맺히는 열매를 말하는 것도 동일합니다. 6장에서 '그러나 이제는 너희가 죄에게서 해방되고 거룩함에 이르는 열매를 맺었으니'(22). 7장에서는 '우리로 하나님을 위하여 열매를 맺히게 하려 함이니라'(4).

바울은 '죽음은 모든 것의 해방'이라는 일반적인 법칙을 끌어와서 영적인 법칙에도 그대로 적용하고 있습니다. 이렇게 설명하는 이유는 우리의 이해를 돕기 위해서입니다.

바울이 율법에 대해서 내린 최종적인 결론은 이것입니다. '이제는 우리가 얽매였던 것에 대하여 죽었으므로 율법에서 벗어났으니'(6). 너무 쉽게 설명해서 오히려 이상합니다. 율법이 얼마나 끈질깁니까? 바울이 그랬으며, 율법에 매여 있는 사람들이 죽기 살기로 달려들지 않습니까? 그런데 그런 율법에서 이렇게 벗어났답니다. 예수님을 믿음으로 그와 연합되었고, 예수님이 십자가에 죽을 때 내가 죽었기 때문에 율법이 더 이상 나를 어떻게 할 수 없다고 했습니다(6:4). 예수님은 분명히 죽었습니다. 내가 예수님을 믿으니 나도 분명히 죽었습니다. 그러면 나는 이제 율법에 대해서 죽었습니다. 율법은 죽은 자에게 어떻게 작용할 수가 없습니다(1). 그래서 바울은 '율법에 대해서 죽었다'는 것을 2번이나 말했습니다(4,6).

바울이 인용한 것은 간단한 법칙이지만, 예수님 안에서 죽어야 효력이 있습니다. 내가 생명이 다하여 육신이 죽는 것은 아무 소용이 없습니다. 내가 죽어도 율법은 따라오고 적용되기 때문입니다. 그러나 예수님을 믿음으로 예수님의 죽음이 나에게 적용되면 해방됩니다. 왜 그렇습니까? 예수님이 십자가에서 율법의 요구를 다 이루었기 때문입니다(요19:30). 우리가 치루어야 할 것은 조금도 없도록 모두 계산하셨습니다. 예수님을 믿으면 이런 혜택을 받게 됩니다. 몰라서 고집을 피우는 것이지, 알고 보면 안 믿을 이유가 하나도 없습니다.

결혼과 죽음 (1-6)

바울은 율법에서 해방을 설명하기 위해서 결혼이라는 제도를 도입했고, 죽음이라는 인생사를 끌어왔습니다. 결혼하면 아내는 남편에게 매이게 됩니다. 율법 아래 있는 자들에게는 율법이 남편입니다. 남편이 살아 있을 때 다른 남자에게 가면 '음녀(淫女)'가 됩니다. 그러나 남편이 죽으면 그 법에서 자유하게 되어 (3) 더 이상 '음녀'로 불리지 않습니다.

이것은 율법에 있는 규정입니다. 바울은 율법의 이런 규정을 들어서 율법과의 관계를 설명했습니다. 바울이 말한 바는 율법의 규정과는 정반대입니다. 남편인 율법이 죽은 것이 아니라 아내인 내가 죽었습니다. 그래도 이 법은 유효합니다. 율법은 죽은 자가 누구든지 그 사람에게 효력을 발휘할 수 없기 때문입니다. 내가 그리스도와 함께 죽었기 때문에 나는 율법에게서 '벗어났습니다' (6). 매이는 것도 법이고, 벗어나는 것도 법입니다. '그건 안 돼!' 하고 말할 수 있는 사람은 아무도 없습니다. 똑같은 효력을 가진 법이기 때문입니다. 설명이 알아듣기 쉽고 간단하고 명쾌합니다.

'율법이 죄냐?' (7)

바울은 이곳에서 또다시 질문하고 답하는 형식으로 그의 진술을 이어갑니다. 묻고 답하는 형식은 로마서에 여러 번 나오는데 '그럴 수 없느니라' 하는 대답은 총 9번 있습니다. 바울은 이곳에서도 '율법이 죄냐?' 하고 물었고, '그럴 수 없느니라' 고 대답했습니다 (7). 이제까지의 설명을 종합하면 율법은 '필요악 (necessary evil)' 입니다. '필요악' 이란 '실제적으로는 해를 끼치는 존재이지만, 원하는 결과를 얻기 위해서 사용하는 존재나 사람' 을 말합니다. 그러면 당연히 '하나님은 왜 이런 것을 주셨는가?' '왜 유대인으로 율법에 목을 매달고 살게 하셨는가?' 하는 질문을 하게 됩니다.

하나님은 율법을 주시면서 '너희는 내 규례와 법도를 지키라 사람이 이를 행하면 그로 말미암아 살리라' (레18:5) 하셨습니다. 하나님이 악한 것을 주실 이유가 없습니다. 그래서 바울은 '율법도 거룩하고 계명도 거룩하고 의로우며 선하도다' (12) 했습니다. 그런데 거룩하고 선한 것이 어떻게 그렇게 되었습니까? 유대인들은 율법의 기능을 오해했고, 본질을 버리고 껍데기만 붙들었기 때문입니다. 율법은 지금도 '죄로 심히 죄 되게 하는' (13) 기능을 잘 감당하고 있습니다. 율법이 있기 때문에 내가 죄인임을 깨닫게 됩니다. 물론 성령님이 역사하신 결과이지만 말입니다. 성령님이 우리로 예수님을 알게 하지 않았다면 우리는 율법 앞에서 절망만 하고 있을 것입니다. 이런 역할을 생각한다면 율법은 죄가 아니며, 주신 것도 잘못이 아닙니다.

'그러므로 내가 한 법을 깨달았노니...' (21)

바울이 깨달은 것은 4가지입니다. '원하는 것은 행하지 아니하고 도리어 미워하는 것을 행함'을 깨달았습니다(15). 이것은 왜 그럴까요? 육신을 가지고 살아가는 동안에 죄를 완전히 없게 할 수가 없기 때문입니다. 예수님도 세족식을 행하면서 '이미 목욕한 자는 발밖에 씻을 필요가 없느니라' 하셨습니다(요 13:10). 바울이 두 번째 깨달은 것은 '이것을 행하는 자가 내가 아니요, 내 속에 거하는 죄' 라는 겁니다(20). 세 번째는 '선을 행하기 원하는 나에게 악이 함께 있는 것'을 알았습니다(21). 그는 또 자기의 지체 안에서 두 가지 법이 싸우는 것을 경험했습니다. 마지막으로 바울은 '나 자신이 마음으로는 하나님의 법을 육신으로는 죄의 법을 섬기노라' 고 했습니다(25).

'오호라! 나는 곤고한 사람이로다!' (24)

바울이 이전에 율법을 열심히 지켰어도 만족과 기쁨을 누릴 수 없었던 것과 같이 이 문제도 자신의 힘으로 해결할 수가 없었습니다. 그래서 외쳤습니다. '오호라! 나는 곤고한 사람이로다. 이 사망의 몸에서 누가 나를 건져내랴?' (24). 사람은 아무도 도움을 줄 수 없습니다. 자기도 곤고한 자인데 어떻게 남을 그 곤고함에서 벗어나게 할 수 있겠습니까? 그래서 더욱 더 '오호라!' 하는 탄식을 하게 됩니다.

바울은 이 문제를 예수님 안에서 해결했다고 했습니다. 8장에서 보면 도움을 주신 분이 한 분 더 있습니다. 성령님입니다. 두 분의 도움으로 절망 상태에서 벗어나서 해방되었습니다. 그렇다고 바울이 그 뒤에 다시는 죄를 범하지 않았을까요? 아닙니다. 죽지 않고 육신을 가지고 사는 동안에는 어쩔 수 없습니다. 그런데 바울은 어떻게 해결했을까요? 그 내용은 다음 장에 나옵니다. 이것은 우리에게도 있는 일이기 때문에 8장에서의 바울의 설명이 기대됩니다.

125강
모든 것이 합력하여 선을 이루느니라! (롬 8)

의롭게 된 자는 4가지에서 해방됩니다. '진노', '죄', '율법'. 그리고 '죽음'에서 해방됩니다. 어떤 사람이 '로마서는 성경의 보석과 같고, 8장은 그 보석이 반짝 빛나는 부분과 같다'고 말했습니다. 로마서와 8장의 진가를 아주 잘 표현했습니다. 오늘 우리는 '작은 로마서'로 불리는 8장을 살펴보는 영광을 누리려고 합니다.

전 세계 성도들에게 가장 좋아하는 성경 구절이 무엇이냐고 물었더니 28절에 나오는 '하나님을 사랑하는 자, 곧 그 뜻대로 부르심을 입은 자들에게는 모든 것이 합력하여 선을 이루느니라'가 1등을 차지했습니다. 우리도 좋아하는 구절인데, 8장에 있습니다.

또 8장에는 '누가?'로 시작하는 4가지 질문이 있습니다. 질문이자 선언입니다. 그래서 이것을 '대선언'이라 부릅니다. 의롭게 된 자, 생명의 성령의 법이 죄와 사망의 법을 이겼음을 알게 된 자의 장엄한 선언입니다. 그 어떤 것도 이런 우리를 그리스도의 사랑에서 끊을 수 없습니다. 바울은 끊을 수 없는 것을 앞에 7가지, 뒤에 9가지로 나열했습니다. 어떤 것으로도 끊을 수 없고, 절대로 그렇게 할 수 없답니다. 하나하나 열거할 때마다 우리의 가슴은 은혜로 가득 차게 됩니다. 대선언은 8장의 종결일뿐 아니라 1장부터 8장까지의 총 결론입니다. 이 부분은 로마서라는 산맥의 중간에 있는 정상입니다.

8장에는 '성령'이 19번 언급되어 있는데, 그분의 사역과 함께 그 이름도 다양합니다. '하나님의 영'(9,14), 그리스도의 영(9), 예수를 죽은 자 가운데서 살리신 영(11), 양자의 영(15) 등입니다. 이제 보석의 빛나는 그 부분으로 함께 들어가 봅시다.

'결코 정죄함이 없나니...' (1)

바울의 장엄한 선언은 1절에서 바로 시작됩니다. 그리스도 예수 안에 있는 자에게는 정죄함이 없습니다. 바울은 '결코'라는 단어로 어떤 것으로도 정죄 받지 않는다는 것을 말했습니다. 정죄(condemnation)는 칭의(justification)의 반대 개념입니다. 아직 완전히 의롭게 된 것이 아닌데도, 의롭다고 하시는 이가 그렇게 선언하셨습니다. 의롭게 되지 않았으면 정죄 받는 것은 어쩔 수 없는 일입니다. 그러나 의롭다고 칭함을 받으면 절대로 정죄 받지 않습니다. 예수님이 십자가에서 죄의 값을 우리가 낼 것이 1원도 없도록 다 갚았기 때문입니다. 의롭게 된 자는 예수님의 의(righteousness)의 옷으로 가려져 있기 때문에 나의 허물과 죄가 밖에서 보이지 않습니다. 우리는 용서받은 죄인입니다. 한때는 죄인이었지만 지금은 아닙니다. 내가 나를 볼 때는 아직도 죄인입니다. 이것은 나의 판단이고, 마귀가 자주 나를 찌르는 계책이기도 합니다. 그러나 누가 뭐라고 해도 하나님이 나를 의롭다고 하셨으면 나는 의로운 자가 되었습니다. 마귀는 지금도 우리의 용서받은 죄를 찌르며 정죄하는 일을 하지만, 아무리 그래도 결코 정죄 됨이 없습니다. 예수님 덕분에.

'생명의 성령의 법이 죄와 사망의 법에서...' (2)

생명의 성령의 법이란 의롭게 된 자 안에 내주하시는 성령의 활동을 말합니다. 성령은 언제나 생명과 관계되어 일하십니다. 새로운 생명을 탄생시키고, 그 생명을 자라게 하고, 시들해진 생명에 힘을 불어넣습니다. 성령이 임하시는 곳에는 왕성한 생명 운동이 일어나게 됩니다. 에스겔 47장의 성전 문지방에서 흘러내리는 물과 같습니다. 그 물이 이르는 곳마다 죽은 것이 다 살아났습니다. 성령이 하시는 여러 가지 일들 중에 '생명'을 강조해서 이렇게 말했습니다.

이와 반대 개념인 죄와 사망의 법은 마귀가 하는 일입니다. 마귀는 죄를 짓게 하고 죽이는 일을 합니다. 이 둘을 '법'이라고 하는 이유는 법칙이 있기 때문입니다. 법이 있기 때문에 법칙대로 움직입니다. 코로나19처럼 변칙적으로 새로운 종이 자꾸 생겨나면 우리가 감당하기 힘듭니다. 그러나 법칙이 있기 때문에 일정하게 움직이고 같은 결과를 만들어 냅니다. 그래서 우리가 생명의 성령의 법을 받을 수가 있고, 죄와 사망의 법을 물리칠 수도 있습니다.

그리고 말할 것도 없이 성령님이 마귀보다 훨씬 더 세고 강합니다. 성령님은 하나님이시지만 마귀는 피조물입니다. 지어진 것이 감히 창조주를 대적하여 이길 수 있겠습니까? 그래서 해방이 이루어집니다. 그분이 '해방되었다'하면 해방된 것이기 때문입니다.

성령의 하시는 일

8장에는 성령이 많이 언급되었는데, 그분의 하시는 일과 함께 그분의 이름이 소개되었습니다. 1절에서부터 시작해서 마지막 절까지 전부 성령이 하시는 일입니다. '죄와 사망의 법에서 해방'하는 일(2), 하나님의 사랑이 끊어지지 않게 하시는 일도 성령의 일입니다. 사랑이 끊어지는 일은 불행하게도 우리를 통해서 일어납니다. 우리가 고난을 참고 견디다가 실망하고 좌절해서 손을 놓아버리면 끊어지지 않겠습니까? 그러나 우리가 손을 놓아도 성령님은 우리의 손을 놓지 않습니다. 그래서 우리는 계속 붙들린 자가 됩니다. 이런 일을 성령님이 하신다는 것입니다. 그렇게 해서 결국은 이기게 하십니다. 그것도 '턱걸이'로 겨우 이기는 것이 아니라 넉넉하게 이기게 하십니다(37). 우리에게 이루어지는 모든 일은 그분이 하시는 일이요 그분의 공로입니다. 우리는 우리 곁에 이런 성령님이 계신다는 것을 알아야 하겠습니다.

'현재의 고난은 장차 우리에게 나타날 영광과...' (18)

바울은 이곳에서 3가지를 말했습니다. 첫 번째는 지금 우리에게 고난이 있다고 했습니다. 지상에서 당하는 고난입니다. 로마에 아직 본격적인 핍박이 시작되지 않았지만, 그렇다고 고난이 없겠습니까? 성도는 누구나 예수님을 믿는다는 것 때문에 당하는 여러 가지 고난과 어려움이 있습니다.

두 번째는 영광도 있다고 했습니다. 지상에서 고난이 있듯이 하늘에서는 영광이 있습니다. 고난은 지금 현재 있는 일이고, 영광은 장차 경험하게 될 일입니다.

세 번째는 그 둘을 비교할 수 없다고 했습니다. 고난당 할 때는 내가 제일 힘든 것 같고 '이보다 더 힘든 일이 어디 있으랴?' 하는 생각이 듭니다. 견디기가 힘에 부칠 때도 있습니다. 그래도 장차 우리에게 나타날 영광과 비교할 수 없습니다. 바울은 세 번째 하늘에 이끌려 가서 그 영광을 잠시 본 사람입니다. 그 사람이 하는 말입니다.

바울은 '하나님을 사랑하는 자에게는 모든 것이 합력해서 선(善, good)을 이룬다' 고 했습니다. 결국 그렇게 될 것입니다. 성령님이 인도하시기 때문입니다. 그러나 모든 것이 합력하기 전까지는 고통을 당할 수밖에 없습니다. 모든 것이 합력해서 선으로 나타날 때까지는 참고 기다려야 합니다(25). 기다리는 것이 쉬운 일이 아니지만 말씀을 붙들고 하늘을 바라보며 소망을 가지고 기다립시다. 조금만 더...

126강
믿음에 의지하지 않고 행위에 의지함이라! (롬 9)

로마서는 44332로 요약할 수 있습니다. 처음 4장은 '의롭지 못한 자'를 말합니다(1-4장). 그다음 4장은 '의롭게 된 자'에 대해서 설명했습니다(5-8장). 그리고 이제 그다음 3장에서 바울은 '의롭다고 우기는 자'를 말합니다(9-11장). 이들은 바울의 동족 유대인들인데 율법에 의지해서 자기를 의롭다고 믿고 있는 사람들입니다. 바울은 2장에서 이들도 죄인임을 선언했습니다. 모든 사람이 죄인인데 이들만 제외될 리가 있겠습니까? 그런데 자기들은 아브라함의 자손으로 의로운 자라고 주장합니다. 세상 사람들은 이런 것을 두고 우긴다고 말합니다.

이 3개의 장은 바울이 동족인 유대인에 대해서 애끓는 마음으로 글을 쓰고 있습니다. 9장은 이들의 과거, 10장은 현재, 그리고 11장은 이들의 미래에 대해서 말했습니다. 유대인은 어디에 있든 바울이 전하는 예수를 거부했고 그를 죽이려고 했습니다. 매 맞고, 쫓겨 다니고, 감옥에 갇힌 것은 대부분 이들에 의해서입니다. 그렇지만 바울은 이들과 함께 의로운 자가 되기를 원했기 때문에 그의 사랑을 중지하지 않았습니다. 바울은 '자신이 저주를 받아 그리스도에게서 끊어진다고 하더라도' 원한다고 했습니다(3).

바울은 앞 장에서 아무것도 그리스도의 사랑에서 끊을 수 없다고 선언했는데, 여기에서는 끊어진다고 하더라도 골육의 친척들이 예수를 알고 구원받기를 이렇게 소원했습니다. 바울은 동족을 두고 울면서 기도하고 또 기도했더니 성령께서 이들이 어떻게 될 것인지에 대해서 알게 하셨습니다. 은혜를 받으면 이렇게 됩니다. 영혼을 사랑하게 되고, 그 영혼을 한량없이 불쌍히 여기게 됩니다. 기도하면 알게 하십니다. 우리는 이곳에서 바울의 동족을 향한 가식 없는 사랑을 느끼게 됩니다.

유대인의 특권 (4-5)

바울은 3장 2절에서 유대인이 받은 특권을 말했습니다. 그것은 '하나님의 말씀을 맡았다'는 겁니다. 이것이 첫째이고 두 번째, 세 번째는 9장 4절과 5절에 나옵니다. 양자 됨과 영광과 언약들과 율법을 세우신 것과 예배와 약속들이 그들에게 있다고 했습니다. 그뿐만 아니라 아브라함과 이삭과 야곱은 그들의 조상이었으며 무엇보다도 그리스도 예수가 그들에게서 나오셨습니다. 최고의 특권이요 최대의 은혜입니다. '이스라엘이여! 너는 행복자로다 여호와의 구원을 너같이 받은 백성이 누구뇨?'(신33:29). 모세가 이 한 마디로 이들이 받은 특권을 잘 요약해 주고 있습니다. 하나님이 이런 특별한 은혜를 베푸신 이유가 뭘까요? 그것은 '너희가 내게 대하여 제사장 나라가 되며 거룩한 백성이 되리라'(출19:6) 하신 말씀에 있습니다. 만국 백성 앞에 제사장이 되어 그들을 하나님께로 인도하려 함입니다. 그리고 거룩하게 사는 것이 무엇이며 어떻게 살아야 하는지를 보여 주었습니다. 하나님은 이것을 위해서 이들을 특별히 부르고 세웠습니다. 그런데 이들은 하나님의 이런 부름을 망각하고 선민사상과 성민사상에 젖어 우월감만을 드러냈습니다. 결국은 예수님을 거부하고 십자가에 못 박은 백성들이 되었고, 바울이 전하는 것도 거부하게 되었습니다. 특권이 오히려 걸림돌이 되었습니다. 이방인은 구원을 얻는데, 이들은 걸려서 넘어졌습니다.

바울이 깨달은 것- 6가지

바울은 동족의 구원을 위해서 기도하면서 6가지를 깨달았습니다. 첫째는 '하나님의 말씀이 폐하여진 것 같지 않다'고 했습니다(6). 천지는 없어져도 없어지지 않고 영원히 있는 말씀인데 폐하여질 리가 있겠습니까? 바울은 영원히 있는 그 말씀을 들어서 설명했습니다. 두 번째는 '오직 약속의 자녀가 씨로 여김을 받는다'고했습니다(8). 세 번째는 '하나님이 야곱은 사랑하고 에서는 미워하였다'는 말씀입니다(13). 이 두 가지 말씀은 이스라엘 백성을 특별하게 세운 이유를 말씀을 통해 증명하고 있습니다. 네 번째는 '긍휼히 여길 자를 긍휼히 여긴다'는 말씀입니다(15). 다섯 번째는 '그릇 만드는 권한이 토기장이에게 있다'고 했습니다. 바울은 이 모든 것이 하나님의 주권이라고 말했습니다. 선하신 하나님이 선하신 뜻대로 그의 주권을 행사하셨습니다. 이렇게 해서 이들이 특별한 은혜를 받은 백성으로 세워졌습니다. 그런데 이들은 하나님의 이런 뜻을 온전히 이해하지 못했습니다. 특권을 잘못 사용하는 백성이 되었습니다. 마지막 여섯 번째는 '남은 자만 구원을 얻는다'고 했습니다(27). 유대인들이 주장하는 대로 아브라함의 자손이기 때문에 무조건 다 구원받는 것도 아니고, 다 버려지는 것도 아닙니다. '남은 자'와 '거루터기' 사상은 오래전부터 내려오던 것인데(사6:13,말3:16-) 유대인 중에도 구원 얻을 자가 남아 있다는 말씀입니다. 그런 사람들은 버려지지 않는다고 했습니다.

용어의 변화- 2가지

바울은 자기를 그렇게 괴롭혔던 사람들을 '나의 형제', '골육지친'(3)이라고 불렀습니다. 그리고 또 한 가지 변화는 그들을 유대인이라 부르지 않고 '이스라엘 사람' 이라고 불렀습니다. 1장부터 8장까지는 유대인이라 불렀고, '이스라엘 사람' 이라는 명칭은 한 번도 없습니다. 그런데 9장부터 11장까지는 '유대인' 이라는 단어가 한 두 번 나오기는 하지만 '이스라엘 사람' 으로 호칭이 바뀌었습니다. 바울은 그들을 이렇게 부르므로 친근감을 나타냈습니다.

구약성경 인용과 구약 인물 등장

바울은 여러 명의 구약 인물을 등장시켰습니다. 아브라함, 사라, 이삭, 리브가, 야곱, 에서, 모세 그리고 바로에 이르기까지 한 장 안에 이렇게 많은 인물의 등장은 유래를 찾기 힘듭니다. 왜 이렇게 했을까요? 유대인의 구원에 대하여 설명하려니 자연적으로 그렇게 되었습니다. 또 바울은 구약성경을 인용하여 설명했습니다. 호세아는 이방인의 구원을 예언했고(25-), 이사야는 유대인 중에 남은 자가 구원을 얻게 된다는 말씀을 인용했습니다(27). 유대인들이 하는 행사를 보면 다 버려질 것 같은데 바울은 그중에서 남은 자들이 구원을 얻는다고 말했습니다. 바울이 구약성경을 인용한 것은 그릇된 선민사상에 빠진 유대인들에게 하나님의 참뜻을 깨닫게 하기 위해서 였습니다.

바울이 볼 때 유대인들이 하는 행동은 조상들이 출애굽 할 때 바로 왕의 행동과 동일합니다. 하나님은 바로의 강팍함을 이용해서 자기 백성들을 구원하셨습니다. 하나님은 이방인을 구원하실 때도 유대인의 강팍함을 이용하십니다. 그러면 유대인들은 바로와 같이 버려지는 걸까요? 바울은 그것이 아니라는 것을 말하기 위해서 이 글을 쓰고 있습니다. 이들이 이렇게 된 것은 '믿음에 의지하지 않고 행위에 의지' 했기 때문입니다(32). 다 구원 얻는 것도 아니지만, 다 버려지는 것도 아닙니다. 남은 자가 구원을 얻는다는 이러한 놀라운 사실을 말하기 위해서 이렇게 설명했습니다. 하나님께서 씨를 남겨 두셨기 때문에 소돔과 고모라같이 멸망하지 않습니다(29). '남은 자' 가 엘리야 시대에만 있었던 것이 아니라(11:4), 바울 당시의 유대인들에게도 있었습니다. 그리고 지금 우리 주변에도 있습니다.

127강
입으로 시인하여 구원에 이르느니라! (롬 10)

이솝의 '토끼와 거북이' 이야기가 9장에 있습니다. 토끼는 유대인이고 거북이는 이방인입니다. 바울의 진술 방법은 우화와 정반대입니다. 토끼는 나무 밑에서 쉬는 것이 아니라 율법을 의지해서 열심히 달렸습니다. 그런데 거북이는 아예 달리기를 하지 않았습니다. 율법이 있는지도 모르는데 어떻게 율법에 의지해서 달리겠습니까? 이런 거북이가 늦게 예수님의 복음을 듣고 받아들였습니다. 거북이가 예수님의 손에 붙들려 결승점을 통과할 때 토끼는 10리 밖에서 숨을 헐떡이며 아직도 열심히 뛰고 있었습니다. 바울이 아래와 같이 한 말을 두고 이렇게 꾸며보았습니다.

'그런즉 우리가 무슨 말 하리요? 의를 좇지 아니한 이방인들이 의를 얻었으니 곧 믿음에서 난 의요, 의의 법을 좇아간 이스라엘은 법에 이르지 못하였으니 어찌 그러하뇨? 이는 저희가 믿음에 의지하지 않고 행위에 의지함이라 부딪힐 돌에 부딪혔느니라' (9:30-32).

바울의 이런 진술은 9장에 이어 10장에서 계속되고 있습니다. 원래 바울은 이어서 말했는데, 그 뒤에 장과 절을 나누면서 9장과 10장으로 분리되었습니다. '내가 증거하노니 저희가 하나님께 열심히 있으나 지식을 좇은 것이 아니라 하나님의 의를 모르고 자기 의를 세우려고 힘써 하나님의 의를 복종치 아니하였느니라' (2-3).

잘못된 열심 (1-4)

바울은 유대인들의 잘못된 열심을 밝히기 위해서 '힘써(zealous)' 라는 단어를 사용했습니다 (3). 그들은 열심만 있으면 되는 줄 알고 '힘써' 행했는데, 그렇게 하는 것은 하나님의 의를 복종하지 않는 것이 되었습니다. 자기 힘으로 율법을 지켜서 의롭게 되려는 것입니다. 이들은 율법의 기능이 무엇인지 모르고 있었습니다. 율법은 죄를 심히 죄 되게 하고 (7:13), 죄를 드러냅니다 (3:20).

그리고 어떤 사람이라도 율법을 다 지킬 수 없습니다. 율법을 열심히 지키다가 그중에 한 가지를 범하면 그만 범죄자가 되고 맙니다.

하나님은 '율법 외에 하나님의 한 의가 나타나게' 하셨습니다 (3:21). '예수 그리스도를 믿음으로 모든 믿는 자에게 미치는 하나님의 의니 차별이 없느니라' (3:22). 율법을 주신 분이 이것도 주셨습니다. 그러면 따르면 되는데 그들은 거부하고, 거절했습니다.

유대인의 잘못된 열심은 율법을 열심히 행하는 것으로 나타났고, 예수 믿는 자를 핍박했습니다. 예수님은 벌써 '너희를 죽이는 자가 생각하기를 이것이 하나님을 섬기는 일이라 하리라' 하는 말씀을 하셨습니다(요16:2). 자기들이 하는 일이 하나님을 섬기는 일이라 생각하니까 얼마나 열심히 그 일을 하겠습니까? 그래서 바울은 이런 유대인들 때문에 여러 번 죽을 고비를 넘겨야 했습니다. 잘못된 열심이 이런 결과를 낳았습니다. 옛날의 바울이 이러했습니다.

쉬운 일을 어렵게 하지 말라! (5-13)

바울은 유대인들에게 이것을 당부하고 있습니다. 하늘에 올라가는 일도, 그리스도를 끌어내리는 일도 다 어려운 일입니다. 음부에 내려가는 일도, 그리스도를 죽은 가운데서 모셔 올리는 것도 사람으로는 할 수 없는 불가능한 일입니다. 자기의 의를 세우려고 힘쓰는 일이 바로 이러한 무모한 시도입니다. '왜 안 되는 일을 안 되는 줄도 모르고 붙들고 있는가? 왜 쉬운 방법이 있는데 애를 쓰면서 외면하느냐?' 바울은 이것을 말하고 있습니다.

바울이 말하는 쉬운 방법이란 유대인들이 날마다 외우고 묵상하는 말씀이 바울이 전하는 '믿음의 말씀'과 동일하니까, 그 말씀을 이용하라는 겁니다. '누구든지 주의 이름을 부르는 자는 구원을 얻으리라'(13,욜2:32) 했는데, 그 '주님'이 바로 예수 그리스도입니다. 그래서 '만일 네 입으로 예수를 주로 시인하며 또 하나님께서 그를 죽은 자 가운데서 살리신 것을 네 마음에 믿으면 구원을 얻으리니'(9) 했습니다. 이것이 바울이 말하는 쉬운 방법입니다. 하려고만 하면 이것보다 쉬운 것이 없지만, 하지 않으려고 하면 이것보다 어려운 일이 없습니다. 그런데 바울처럼 예수님을 만나면 그 어려운 일들이 한순간에 그만 해결되어 버립니다.

'믿음은 들음에서 나며...' (11)

믿음은 가만있는데 저절로 생기는 것이 아닙니다. 잡초는 가만두어도 잘도 자라지만 믿음은 그렇지 않습니다. 말씀을 들어야 됩니다. 우리는 매 순간 우리의 귀로 여러 수십 가지를 듣지만, 그것이 다 믿음을 만들지 않습니다. 오직 그리스도의 말씀을 들어야 믿음이 생깁니다. 그리스도에 관계된 말씀을 들을 때 그 말씀이 우리로 믿음을 갖게 합니다. 그런데 유대인들에게는 이것도 쉬운 일이 아닙니다. 예수에 관해서 귀를 닫고 있으니 믿음이 생길 수가 없습니다. 그러나 그중에서 한 사람이라도 그리스도의 말씀에 귀를 기울이면 마음에 믿음이 생겨서 구원을 얻게 될 것입니다. 우리 주변에 있는 사람들도 유대인만큼이나 완악하지만, 그러나 믿기로 작정한 자는 귀를 기울여서 듣게 되고, 들으면 믿게 되고, 믿으면 구원을 얻게 됩니다. 성령의 하시는 일입니다.

하나님의 방법 (18-21)

하나님은 이렇게 거부하는 유대인들을 구원하기 위해서 '빙 둘러 가는 방법'을 택하셨습니다. 그들이 받아들이지 않았기 때문입니다.

첫째 방법은 이방인들에게 복음이 전해지게 하셨습니다. 유대인들은 이방인들을 '지옥의 땔감' 정도로 생각했습니다. 이방인에게는 구원이 있을 수 없다는 것입니다. 그런데 그들에게 복음이 전해지고 그들이 믿는 자가 되고 구원을 얻었습니다. 그러면 유대인들은 눈이 번쩍 띄지 않겠습니까? 구원받을 수 없는 자들이 구원을 받았으니까요.

두 번째 방법은 그렇게 해서 유대인들로 시기심이 생기게 하시는 방법입니다(19). '내가 백성 아닌 자들로 너희를 시기 나게 하며 미련한 백성으로서 너희를 노엽게 하리라'. 하나님이 모세에게 하신 말씀입니다. 이방인을 향한 문은 이미 모세 시대에 열렸습니다. 하나님이 유대인들로 시기를 넘어 노여워하도록 했습니다.

세 번째 방법은 팔을 벌리고 기다리는 방법입니다(21). '종일' 팔을 벌리고 맞을 준비를 하면서 기다린다고 했습니다. 언젠가는 돌아올 것이기 때문입니다. 사람이라면 이렇게 하기 힘듭니다. 그런데 하나님은 그렇게 하십니다. 바울은 이사야의 말을 인용해서 하나님이 팔을 벌리고 기다리고 계신다는 이 놀라운 사실을 말했습니다.

하나님은 수천 년이 지났는데도 지금도 계속 기다리고 계십니다. 팔을 벌리고 계신 그대로 지금도 기다리십니다. 언젠가는 돌아오리라는 기대가 있기 때문에 지금도 팔을 내리지 않습니다. 유대인들에게만 이렇게 하시는 것이 아닙니다. 우리에게도 이렇게 하셨기 때문에 우리가 믿는 자가 되었습니다. 엄위하신 하나님의 이런 인자하심에 우리는 감동하게 됩니다. '내가 종일 내 손을 벌렸노라!'

128강
하나님의 은사와 부르심에는 후회하심이 없느니라! (롬 11)

11장도 질문으로 시작합니다. 11장 전체가 총 2개의 질문에 답하는 것으로 구성되어 있습니다. 두 개의 질문에는 동일하게 '그럴 수 없느니라'는 답변이 있습니다(1,11). 앞에 5개, 뒤에 3개의 질문으로 나눌 수 있는데, 주요한 질문 2개가 앞에 나오는 5개의 질문 안에 있습니다. 2가지 이외의 질문은 질문에 딸린 질문입니다. 마지막에 나오는 3개의 질문은 3개의 장(9,10, 11)의 결론입니다. 바울은 이곳의 3가지 질문으로 하나님의 주권과 섭리를 찬양했습니다.

9장과 10장에서 바울은 도무지 의롭지 못하고 의로울 수도 없는 이방인들은 믿음으로 구원을 얻었는데, 의롭다고 자처하는 유대인들은 불신앙으로 버려졌다는 것을 말했습니다. 그러면 자연히 '하나님은 자기 백성을 영원히 버리셨는가?' 하는 질문을 하게 됩니다(1). 또 한 가지는 '저희가 넘어지기까지 실족했는가?' 하는 질문입니다(11). 넘어졌는데 완전히 구제 불능으로 실족하는 자리까지 이르렀는가 하는 질문입니다. 이 두 가지 질문에 답하는 것이 11장 전체의 내용입니다.

바울이 자기 동족에 대해서 9장부터 이렇게 많은 질문을 했다는 것은 그만큼 많이 생각하고 기도했다는 것이고, 그에 대한 해답을 주께로부터 얻었다는 것을 말해 줍니다. 동족을 위해서 울면서 기도하는 바울에게 주님은 그들의 미래가 어떻게 될 것을 알게 하셨습니다. 이것이 11장의 내용입니다.

'소돔과 고모라에 의인이 10명이라도 있으면 멸하지 않겠습니까?'(창18:32) 하고 아브라함은 하나님의 사람을 막아서서 말했던 것을 연상케 합니다. 하나님의 사람은 아브라함의 다섯 번의 제의를 받아주셨고, 그의 기도를 끝까지 들어주셨습니다. 더 나아가서, '아브라함을 생각하사'(19:29) 롯을 멸망의 자리에서 구해주셨습니다. 하나님은 바울의 동족을 위한 기도를 들으시고 그에게 비밀을 알게 하셨습니다. 그것은 남은 자를 구원하겠다는 말씀입니다. 중보 기도는 이런 힘을 가지고 있습니다. 기도하면 이렇게 응답을 받습니다.

두 가지 예 (1-7)

'그럴 수 없느니라'의 답으로 바울은 두 가지 예를 제시했습니다. 첫 번째는 자기 자신입니다. 그는 '나는 이스라엘인이요 아브라함의 씨에서 난 자요, 베냐민 지파라'(1) 하고 말했습니다. 그는 다른 피가 조금도 섞이지 않은 정통 유대인이었습니다. 이곳에서는 말하지 않았지만, 그는 교회를 잔해한 '훼방자, 핍박자, 포행자'(딤전1:13)였습니다. 도무지 자격이 없는 자인데도 불구하고 회개하고 돌아섰더니 예수님이 받아주었습니다. 자기가 증거라는 말입니다.

또 한 가지는 엘리야 때에 하나님이 남겨 두신 7천 명에 대한 예입니다. 눈에는 보이지 않았고, 밖으로 드러나지 않았지만 하나님이 숨겨두신 사람이 있었습니다. 이런 두 가지 예를 제시하고 바울은 '그런즉 이와 같이 이제도 은혜로 택하심을 따라 남은 자가 있으니라'(5)하고 결론을 내렸습니다.

'남은 자' 사상

하나님은 아벨이 가인에 의해서 죽임을 당하자 '셋'을 태어나게 하셨습니다. 홍수로 심판하실 때에도 노아를 불러 방주를 만들게 하시고 방주 안의 8명을 살리셨습니다. 이 사람들이 남은 자입니다. 소돔과 고모라 심판에서는 롯의 가족이 남은 자였고, 가나안의 12 정탐꾼 중에는 여호수아와 갈렙이 남은 자들이였습니다. 하나님은 각 시대마다 몇몇 사람들을 남은 자로 두셨습니다. 구약의 마지막 성경 말라기에도 남겨 두신 사람이 있습니다. 사랑이 없고 감사가 사라진 그 시대에도 '여호와를 경외하고 그 이름을 존중히 여기는 자'(말3:16)를 남겨두셨습니다.

신약성경으로 넘어오면 세례요한, 목자, 시므온과 안나, 요셉과 마리아 등이 남겨진 사람들입니다. 잘 알려지지도 않은 사람들이었지만, 이들은 남은 자로서 그리스도가 이 땅에 오시는 것을 받아들이고 환영했습니다. 이렇게 남겨진 자들이 구원을 얻고, 남은 자들이 쓰임을 받습니다.

또 한 가지 질문 (11-32)

바울은 첫 번째 질문은 하나님의 관점에서 했는데(1), 두 번째는 사람의 관점에서 질문했습니다(11). 하나님이 자기 백성을 완전히 버리지 않았다면, 그러면 유대인들은 어떤 상태에 있습니까? 넘어진 것은 분명한데 '완전히 무너졌는가, 아니면 일어날 만한가?'입니다. 바울은 이것을 '저희가 넘어지기까지 실족하였느냐?'라고 물었습니다(11). 저희의 넘어짐으로 구원이 이방인에게 이르렀고 이스라엘로 시기(猜忌, jealous) 나게 했습니다(11). 바울은 이런 설명을 뒷받침하기 위해서 두 가지 비유를 제시했습니다. 첫째는 '곡식 가루가 거룩하면 떡 덩이도, 거룩하고 뿌리가 거룩하면 가지도 거룩하다'(16)고 했습니다. 두 번째는 '돌감람나무가 참 감람나무에 접붙임이 되었다'(17-)고 했습니다.

이런 설명 중에 바울은 이방인을 향해 자긍(自矜, arrogant)하지 말라는 경고를 했습니다. 지금까지 동족의 미래에 대해서 말하고 있는데 갑자기 로마교회의 이방인들에게 경고하다니, 어쩐지 좀 뜬금없어 보입니다(18-). 바울이 말하는 의도는 이것입니다. 누가 뭐라고 해도 유대인이라고 하는 뿌리에 이방인이 접붙여졌다는 것이고, 유대인이 뿌리라는 것을 강조한 것입니다.

놀라운 비밀을 공개하다. (25-32)

바울은 9장과 10장의 결론으로, 그리고 11장의 앞부분에서 말한 것의 결론으로 동족에 관해 진술을 마치려고 했습니다. 바울은 이것을 '비밀'이라 칭했습니다. 이제까지 감추어져 있었던 것인데 예수님이 바울에게 알게 하셨습니다. 그것은 '이방인의 충만한 수가 들어오기까지 이스라엘의 더러는 완악하게 된 것이라 그리하여 온 이스라엘이 구원을 얻으리라'는 말씀입니다(25-26). '온 이스라엘'은 유대인 중에서 남겨진 자, 곧 선택된 유대인 전체를 말합니다. 하나님의 계획은 이것입니다. '이방인의 충만한 수'에 '온 이스라엘'이 합해지면 하나님이 구원하시고자 하는 숫자가 다 채워지게 됩니다. 그러면 그때 예수님이 재림하시게 될 것입니다.

바울은 9장에서 동족에 대한 논의를 '큰 근심'과 '마음에 그치지 않는 고통이 있다'는 것으로 시작했습니다(1). 그런데 이곳에서는 찬양과 감사로 마무리하고 있습니다. 근심은 사라졌고 고통은 없어졌습니다. 하나님의 비밀을 알았기 때문입니다. 이것은 전도자에게 주시는 위로입니다. 눈물의 기도에 대한 응답입니다. 선교사들은 동족이 아닌 사람들을 위해서 눈물과 땀을 흘립니다. 예수님은 우리에게도 비밀을 알게 하시는 것으로 위로하시고 격려하실 줄을 믿습니다. '하나님의 은사와 부르심에는 후회하심이 없느니라' 우리를 부르심에도 후회가 없었고, 저들을 부르심에도 후회가 있을 수 없습니다. 그러니까 소망이 있습니다.

129강

오직 마음을 새롭게 함으로 변화를 받아… (롬 12)

로마서는 두 부분으로 나눌 수 있는데, 1장부터 8장까지의 앞부분에는 교리가, 12장부터 마지막 장까지의 뒷부분에는 윤리가 있습니다. 그 중간에 9장부터 11장까지 3장은 끼어들기인데, 바울은 이곳에서 동족의 미래에 대해서 언급했습니다.

교리를 설명하는 부분을 통해서 신앙의 원리를 알았고, 전혀 의롭지 못했던 죄인이 예수님을 믿어서 의롭게 되었습니다. 그렇다면 그 뒤에 따라오는 질문이 있습니다. '의롭게 된 자로서 어떻게 살아야 되는가?' 입니다. 이 부분에 대해서는 본받을 수 있는 신앙 모델이 없습니다. 초대교회가 처음 교회이고 그 사람들이 처음으로 믿는 사람들이었기 때문에, 앞서서 걸어가는 사람이 없었습니다. 그러니 바울이 말해주지 않으면 어떻게 해야 할지, 어떻게 살아야 할지 알 수가 없습니다. 바울도 자기가 살아보고, 시행착오를 거쳐서 깨달은 것이 아닙니다.

인생은 삶의 경험이 중요합니다. 신앙생활도 다르지 않습니다. 그런데 처음 살아보는 바울이 어떻게 이렇게 길을 제시할 수 있었을까요? 그것은 바울은 지금 자기 경험을 말하는 것이 아닙니다. 살아보고 '그렇더라!' 혹은 '그게 아니더라' 이렇게 깨달은 것이 아닙니다. 그의 말은 성령님이 하시는 말씀입니다. 성령님은 사람들의 경험과 관계가 없습니다.

의롭게 된 자는 4가지 방향을 잘 살피면서 살아야 합니다. 앞만 보고 가면서 내 할 일을 잘하면 된다고 생각하는 것은 전에 살았던 방식입니다. 이제는 한 방향만 보고 살면 안 됩니다. 의롭게 된 자는 먼저 위를 보아야 합니다. 하나님을 보면서 그분의 뜻을 분별해야 합니다(12장). 또 땅의 권세자들을 보아야 합니다. 그들도 위에 있습니다(13장). 그리고 그는 양옆을 잘 살펴보아야 합니다. 오른쪽과 왼쪽에는 믿음의 동료들(16장)과 불신자들이 있습니다. 또 아래쪽에도 관심을 가져야 하는데, 그곳에는 나보다 못한 사람들이 있습니다. 믿음이 연약한 사람, 의심하는 사람, 가난한 사람, 그리고 병든 사람 등입니다. 이렇게 4가지 방향을 잘 살펴서 변화된 새 모습을 나타낼 때 우리는 칭찬받는 그리스도인이 될 것입니다.

거룩한 산 제사 (1)

짐승 제사는 산 채로 드리는 제사가 아니라 짐승을 죽여서 드립니다. 바울은 의롭게 된 자들에게 두 가지를 요구했습니다. 그것은 '제사'와 '산채로'입니다. 짐승 제사와 같이 몸을 죽여야 되고, 그러면서도 살아 있는 채로 드려야 합니다. 이것이 어떻게 가능할까요? 죽였으면 죽은 것이고, 살아 있으면 안 죽은 거잖아요? 이치적으로는 불가능한 일이 예수님 안에서, 믿음 안에서는 가능합니다. 예수님을 믿어서 의롭게 된 사람은 예수님의 십자가와 합하여 죽었습니다(6:4). 그렇지만 우리 몸은 아직 살아있습니다. 예수님의 부활과 합하여 살아난 자가 드리는 예배가 산 제사입니다. 살아 있는 내 몸으로 하나님의 뜻을 행한다면 그것이 바로 산 제사입니다. 살아난 사람이 드리는 제사요, 삶으로 드리는 살아 있는 제사입니다.

하나님이 짐승 제사보다 훨씬 더 귀하게 받으실 제사입니다. 소 100마리의 제사와 비길 수 있겠습니까? 일천번제와 바꿀 수 있겠습니까? 그래서 '하나님의 구하시는 제사는 상한 심령이라 하나님이여! 상하고 통회하는 마음을 주께서 멸시치 아니하시리이다'하셨습니다(시51:17). 꽃보다 사람이 더 아릅답습니다.

가장 중요한 것

12장부터 마지막 장까지 생활의 적용 부분에서 가장 중요한 것은 이것입니다. 그 뒤에 나오는 여러 권면을 한마디로 요약한다면 이 말씀입니다. 그것은 '하나님의 뜻을 분별하는 것'입니다. 하나님의 뜻은 쉽게 분별 되지 않습니다. 우리에게 있는 죄와 우리의 욕심 때문입니다. 그래서 마음을 새롭게 함으로 변화되지 않으면 불가능합니다. 변화의 기본은 '의롭게 되는 것'이요, 믿어서 '하나님의 자녀가'가 되는 것입니다. 이렇게 변화되어야 하나님의 뜻을 알 수 있는 자격자가 됩니다.

하나님이 뜻은 3가지를 함축하고 있습니다. 하나님의 뜻은 선하고 온전합니다. 그리고 하나님도 기뻐하시고 우리도 기뻐할 수 있습니다. 유대인들은 흉년을 피해서 애굽에 갔다가 노예로 살았고, 바벨론으로 포로로 끌려가기도 했습니다. 죽을 고생을 하면서 눈물을 흘릴 때는 하나님의 뜻이 선하게 보이지 않았습니다. 그러나 그들은 '그는 선하시며 그 인자하심이 영원함이로다'하고 노래했습니다(시136). 이 시편은 처음부터 끝까지 '그 인자하심이 영원함이로다' 하는 반복 구절이 있습니다. 제사장이 앞서 부르고 회중이 따라 부르는 화답송입니다. 그들은 눈물을 흘리면서도 이 노래를 불렀습니다. 지금은 잘 이해할 수 없지만 하나님은 선하시고 인자하시기 때문입니다. 이런 신앙을 근본으로 해서 그분의 선하고 인자하심을 기다리면 하나님의 뜻이 이루어집니다. 이런 하나님의 뜻을 분별하는 것 이것이 가장 중요한 일입니다. 우리가 하나님의 뜻을 잘 분별할 수 있다면 엉뚱한 길로 가지 않을 것이고, 둘러 가지도 않을 것입니다. 결국은 고생을 덜하게 되는 방법입니다. 가장 중요한 것을 가장 중요하게 인식하고 해결하는 성도가 됩시다.

교회 안에서 (3-8)

바울은 '성도를 대하여' 이렇게 하라 하고 말한 적이 없습니다. 그러나 전체 내용을 보면 이 부분은 교회 내에서 성도들을 대할 때 어떻게 해야 될지를 교훈한 것 같습니다. 몸이 많은 지체를 가지고 있는 것처럼 '다양성'을 인정하라고 했습니다. 그렇게 하면 '우리 많은 사람이 그리스도 안에서 한 몸이 되어' 통일성을 이룬다고 했습니다(5).

교회 밖에서 (9-21)

바울은 이 부분에서 성도를 포함해서 불신자들 그리고 핍박하는 자들을 어떻게 대해야 하는지를 말했습니다. 바울이 첫 번째로 강조한 것은 '사랑'입니다. 사랑하면 그 안에서 모든 것이 다 해결된다고 했습니다. 원수를 갚지 않고 진노하심에 맡기는 것도 그 바탕은 사랑입니다. 원리는 분명합니다. 이제 이 모든 것을 실천하는 것이 우리에게 남아 있습니다.

바울은 여러 가지를 말했습니다. 이 중에 가장 중요한 것은 '하나님의 뜻을 분별하는 것'이요, 가장 우선적인 것은 하나님과의 관계를 바르게 해야 합니다. 관계를 바르게 해야 뜻을 분별할 수 있습니다. 예수님을 믿음으로 의롭게 되는 것이 관계를 바르게 하는 최우선적인 일입니다. 하나님의 뜻을 분별할 줄 아는 의롭게 된 자는 위, 오른쪽과 왼쪽, 아래를 두루두루 다 살피게 됩니다. 당부하는 항목이 많아서 뭔가 상당히 복잡한 것 같지만, 하나님과의 관계가 바르게 되면, 다른 것은 그 안에서 저절로 해결됩니다. 바울은 이렇게 되라고, 그리고 이렇게 하라고 부탁하고 있습니다.

130강
권세는 하나님께로 나지 않음이 없나니... (롬 13)

의롭게 된 자는 위를 잘 살펴야 하는데, 위에는 하나님 이외에 권세 자들이 있습니다. 13장에는 권세에 대한 의무와 이웃에 대한 의무가 기록되어 있습니다. 땅에 사는 사람은 누구든지 어떤 모양의 권세이든지 그 권세 아래 살게 되어 있습니다. 국가에 소속되지 않는 개인은 있을 수 없기 때문입니다. 그 권세 자가 좋은 사람일 수도 있지만, 그렇지 못한 경우도 있습니다. 어떤 경우이든지 그 사람을 세우신 분은 하나님입니다. 저 홀로 세워진 듯 하지만 그 배후에는 하나님이 계십니다. 그렇기 때문에 그 권세에 굴복해야 된다는 권고입니다. 내가 어떤 국가에 속해 있다면, 내가 속한 나라에 세금을 내야 합니다. 그것이 성도들이 마땅히 해야 할 의무입니다.

바울은 이웃에 대해서 사랑을 강조했습니다. 사랑 안에 모든 것이 모두 들어 있고, 사랑하면 모든 것이 다 해결된다고 했습니다. 사랑하는 사람은 이웃을 해롭게 할 수가 없습니다. 사랑은 율법의 완성입니다. '남을 사랑하는 자는 율법을 다 이루었느니라'(8)

'위에 있는 권세들에게...' (1-7)

바울은 권세 자들에게 굴복하라고 했습니다. '굴복'이라는 단어는 '순종'보다 강한 의미를 가지고 있습니다. 굴복해야 할 이유는 3가지입니다. 첫째는 하나님이 세우셨기 때문입니다(1). 하나님이 역사를 주관하시고 전 세계가 하나님의 통치 아래 있음을 믿는다면 설령 악한 사람이 권세를 잡았다고 해도 하나님이 그를 세우셨음을 믿어야 합니다. 두 번째는 권세를 거스르는 것이 하나님의 명을 거스르는 결과가 되기 때문입니다(2). 거스르는 자는 심판을 자취하게 된다고 했습니다. 세 번째 이유는 관원들은 '하나님의 사자'의 역할을 하기 때문입니다(4). '하나님의 사자'라는 단어는 4절에 두 번이나 사용되었습니다. 그리고 바울은 심지어 그들을 '하나님의 일꾼'이라고까지 했습니다(6).

굴복의 방법은 긍정적으로는 선을 행하는 것(3)이고, 부정적으로는 두려워하는 것(4)입니다. 선을 행하면 칭찬을 받고, 악을 행하면 보응(報應, retribution)을 받게 될 것입니다. 한 국가의 국민으로서 또 어느 한 도시의 시민으로서 해야 하는 일은 세금을 내야 합니다. 세금은 국가나 지역 사회를 움직여 가는 재원이기 때문에 당연히 감당해야 할 의무입니다. 공세와 국세를 바치는 것은 그 울타리 안에서 보호를 받으며 경제 활동을 하여 이를 남겼기 때문입니다. 당연히 해야 할 의무를 억지로 하지 말고, 나라와 지역을 사랑하는 마음으로 하라는 당부입니다.

불의한 통치에 대하여...

굴복하라고 해서 무조건 복종하라는 뜻은 아닙니다. 권세자가 성경과 신앙에 반대되는 것을 명하는데도 그대로 따르라는 의미일 수는 없습니다. 믿는 자들에게는 하나님의 법이 절대적이고 최우선이 되기 때문입니다. 우리나라에도 그런 예가 있었습니다. 일제 강점기에 일본은 신사에 참배하도록 강요했습니다. 그것은 계명을 정면으로 어기는 일이었기 때문에 그 명령을 따를 수 없었습니다. 그래서 수많은 사람들이 감옥에 갇혔고 순교하기도 했습니다. 우리의 선조들은 이렇게 해서 하나님의 말씀을 지켰고, 신앙을 고수했습니다. 이러한 경우는 하나님의 법에 굴복해야 하기 때문에 불의한 통치에 굴복할 수 없었던 예입니다.

'이웃' 은 누구인가? (9-10)

예수님이 '네 이웃을 네 자신과 같이 사랑하라' 고 하셨을 때 어떤 율법사가 물었습니다. '내 이웃이 누구입니까?' (눅10:29). 그래서 예수님은 '선한 사마리아인의 비유' 를 주셨습니다. 우리가 생각하는 '이웃' 은 내 주변에 있으면서 나에게 도움을 주고, 나에게 잘해 주는 사람이 나의 이웃입니다. 나를 해롭게 하거나 괴롭히는 사람은 이웃이 아니라고 생각합니다. 그런데 예수님은 '나의 도움이 필요한 사람이 내 이웃' 이라고 하셨습니다. 내가 도와주지 않으면 안 되는 사람이 내 이웃입니다. 내 곁에 있으면서 나를 도와주는 사람이 내 이웃이라면 둘러봐도 그렇게 많지 않습니다. 그러나 내가 도와주어야 할 사람, 내 도움을 기다리고 있는 사람이 내 이웃이라면 내 주변에 그런 사람들은 많이 있습니다.

재림 준비— 3가지 (11-14)

재림 신앙은 좋은 권세자 아래에 있던지, 아니면 악한 권세 자에게서 괴롬을 당하던지 믿는 성도가 가져야 할 신앙 자세입니다. 바울은 그 이유를 '가까와졌다' 는 한 단어를 가지고 두 가지 의미로 설명했습니다. 첫째는 밤이 깊고 낮이 가까웠기 때문입니다(12). 주변에 되는 일을 보면 그렇게 느껴진다고 했습니다. 또 한 가지는 날짜가 흐르고 흘러서 예수님이 승천하신 그때와 비교하면 세월이 많이 지났습니다(11). 지금 우리는 재림에 2천 년 더 가까워졌으며, 2천 년만큼 재림의 날이 짧아졌습니다. 분명한 사실입니다.

재림 준비의 구체적인 방법은 벗고 입는 것으로 설명했습니다. 더럽혀진 옷은 벗어야 되고, 새 옷은 입어야 합니다. 벗어야 할 것은 어둠의 일이고, 입어야 될 것은 빛의 갑옷입니다(12). 어둠의 일을 벗으려고 하면 태양이 비취는 곳으로 나와야 합니다. 그러면 어두움은 자동으로 물러가게 되어 있습니다. 그 후에는 낮의 생활을 해야 합니다(13). 성도는 밤을 좋아하면 안 됩니다. 방탕, 술 취함, 음란, 호색(13). 이런 것들은 밤에 일어나는 일들입니다.

바울의 당부하는 3가지는 이것입니다. '두려워할 자를 두려워하며 존경할 자를 존경하라'(7). '남을 사랑하는 자는 율법을 다 이루었느니라'(8). '오직 주 예수 그리스도로 옷 입고 정욕을 위하여 육신의 일을 도모하지 말라!'(14). 우리는 정치에 있어서도 좌로나 우로 치우치지 말아야 합니다. 좌로나 우로 너무 치우치는 것은 하나님이 권세자들을 세우셨다는 것을 믿지 않는 것과 같습니다. 오직 우리는 재림 신앙으로 무장하여 오직 주님을 바라보며 나아가야 되겠습니다.

131강
사나 죽으나 우리가 주의 것이로다! (롬 14)

의롭게 된 자는 위와 양옆을 잘 살필 뿐 아니라, 아래도 내려다볼 줄 알아야 합니다. 그곳에는 믿음이 연약한 자들이 있습니다. 14장에서는 이런 성도들에게 어떻게 해야 되는지를 언급했습니다. 사랑으로 하나 된 교회인데 교회 내에 다툼이 있습니다. 이것은 동서고금이 다르지 않으며 지금도 우리 주변에서 일어나고 있는 일들입니다. 바울이 전도하여 세운 여러 교회에 이런 문제가 있었습니다.

갈라디아교회 (6장), 에베소교회 (4장), 빌립보교회 (4장), 골로새교회 (3장), 그레데교회 (딛3장) 등입니다. 예수님을 믿어서 교회에 속해 있지만 아직 은혜에 푹 젖어 들지 않은 사람들이 있는 곳에는 이렇게 늘 분쟁과 다툼이 있습니다. 고린도 교회는 여러 파로 나누어졌으며, 성도 간에 서로 고소하는 일까지 있었습니다. 데살로니가교회에만 분쟁에 대한 언급이 없는데, 그 교회는 평안했을까요? 데살로니가전후서는 바울의 초기 서신이라 그들을 향하여 칭찬하다가 보니 그 문제가 언급되지 않았을 뿐입니다.

사람은 누구나 자기주장을 가지고 있습니다. 자기주장이 늘 옳은 줄 알면 다툼이 일어나게 됩니다. 자기에게 있는 들보는 깨닫지 못하고 남에게 있는 티끌만 보기 때문입니다. 신앙 안에서 더 성숙해져야 합니다. 은혜를 받아야 합니다. 그 사람의 허물을 바로 보지 말고 예수님을 통해서 그 사람을 보는 방법을 배워야 합니다. 양보할 줄 알아야 합니다. 사랑을 나타내야 합니다. 바울은 이런 권면을 이곳에서 하고 있습니다.

'비판하지 말라!' (1-7)

이들이 살았던 당시에 시장에서 파는 고기는 대부분 우상 제물로 드려진 뒤에 판매됐다고 합니다. 율법에는 정결법으로 먹을 수 있는 것과 먹지 말아야 할 것이 정해져 있었습니다. 이들은 이런 법을 이제까지 지켜 왔고 지금도 지키고 있습니다. 예수님이 오셨음으로 이런 법은 더 이상 지킬 필요가 없게 되었습니다. 바울도 '무엇이든지 스스로 속된 것이 없고 (14), 만물이 다 정하다' (20) 고 선언했습니다. 그러나 이런 가르침이 아직 이들에게 완전히 전달되지 않았기 때문에 '해도 된다' '안 된다'라는 문제로 서로 다툴 수밖에 없었습니다.

바울은 하지 말아야 할 것을 3가지로 말했습니다. 비판하지 말라(1), 업신여기지 말라(3), 판단하지 말라(3) 입니다. 이런 일들을 계속할 때 나타나는 영향은 4가지입니다. 넘어지게 되고(4), 망하게 되고(15), 근심하게 되고(15), 무너지게 됩니다(20). 이것뿐만이 아니라, 4가지가 더 있습니다. 선한 것이 비방을 받게 됩니다(16). 하나님의 사업이 무너지게 됩니다(20). 나에게 믿음이 없다는 것이 드러나게 됩니다(22). 나에게 사랑이 없다는 것이 명백해집니다(15).

5가지 이유 (6-12)

바울은 형제를 판단하지 말아야 할 것을 말하면서 그 이유를 5가지로 설명했습니다. 첫째는 이렇게 하나 저렇게 하나, 모두 주를 위해서 하는 행위라고 했습니다. 바울은 한 가지 공통점을 들어서 부드럽게 말했습니다. 그 공통점은 '주를 위해서' 입니다. 날을 중히 여기는 자도 주를 위해서 중히 여기고, 먹는 자도 주를 위해서 먹는다고 했습니다(6). 정말 주를 위해서 한다면 시끄러운 소리가 들리지 않게 해야 할 것입니다.

두 번째는 사나 죽으나 주를 위하기 때문입니다(7-). 그들은 자기를 위해서 사는 자도 없고, 자기를 위해서 죽는 자도 없었습니다. '사나 죽으나, 우리가 주의 것이기 때문에' 아름다운 모습으로 서로 화합하지 않으면 안 됩니다.

세 번째 이유는 예수님이 우리를 위해 죽었고 부활했기 때문입니다(9). 예수님은 비판받는 사람과 비판하는 사람. 그 사람들 모두를 위해서 십자가를 지셨고 살아나셨습니다. 그런데 별것 아닌 일로 서로 마음이 상하면 되겠느냐고 물었습니다.

네 번째 이유는 하나님의 심판대 앞에 서기 때문입니다(10). 하나님의 심판대에는 불신자들만 서는 것이 아닙니다. 우리는 우리의 공과에 따라 상을 받기 위해서 그 앞에 서게 될 것입니다. 그럴 때 우리는 우리의 모든 행위를 자백하고(11), '직고(直告)' 하게 된다고 했습니다(12). '직고' 는 '바른대로 고하는 것' 을 말합니다. 이런 일이 많을수록 우리가 받을 상이 작아지게 되는데 이렇게 해서 되겠습니까?

다섯 번째 이유는 하나님의 나라는 먹는 것과 마시는 것이 아니기 때문입니다(17). 그곳에는 먹고 마시는 즐거움보다 훨씬 더 큰 기쁨과 즐거움이 있습니다. 그것을 추구하라는 당부입니다. 지금 이렇다고 할지라도 앞으로는 '성령 안에서 의와 희락과 화평' 을 쫓으라고 했습니다.

또 한 가지 이유 (4)

바울은 그들에게 한 가지 질문을 했습니다. '남의 하인을 판단하는 너는 누구냐?' 하인이 잘못을 범했을 때 그 하인을 책망하고 벌하는 사람은 그 하인의 주인입니다. 남의 주인이 그 하인을 책망할 수도, 벌할 수 없습니다. 바울은 이것을 '우리는 다 예수님의 종이요, 하인이다'는 의미로 말했습니다. 그러니까 책망을 받든지 칭찬을 받든지 다 우리의 주인되시는 예수님이 하신다는 의미입니다. 우리는 종의 신분을 잊지 말고, 예수님의 하인을 내 생각으로 판단해서 함부로 꾸짖으면 안 되겠습니다.

바울은 12장에서부터 14장에 이르기까지 계속해서 '사랑'을 강조했습니다. '형제를 사랑하라'(12장). '사랑은 율법의 완성이니라' '남을 사랑하는 자는 율법을 다 이루었느니라' (13장). '네가 사랑으로 행치 아니함이라'(14장). 사랑으로 행하면 아무것도 문제가 되지 않지만, 사랑이 없으면 별것 아닌 것도 문제가 됩니다. 그래서 바울은 '그런즉 믿음 소망 사랑 이 3가지는 항상 있을 것인데 그중에 제일은 사랑이라'(고전13:13) 고 했습니다.

우리 안에 있는 사랑을 점점 더 키워 갑시다. 퍼내고 마셔도 마르지 않는 사랑의 샘이 되게 합시다. 이렇게 되려고 하면 우리는 위로부터 날마다 사랑을 공급받아야 합니다. 십자가를 바라보면서 공급받고, 내가 죄인 임을 깊이 깨달아서 사랑을 확인합시다. 사랑은 주면 줄수록 더 많아지고, 하면 할수록 더 풍성해 집니다. 오늘도 내 생활 가운데서 사랑을 실천하는 삶이 되기를 바랍니다.

132강
복음의 제사장 직무를 하게 하사... (롬 15)

14장에 이어서 15장에도 같은 주제가 계속됩니다. 14장에서는 믿음이 연약한 자를 받고 그 의심하는 바를 비판하지 말라고 했는데, 15장에는 연약한 자의 약점을 담당해야 된다고 했습니다. 아래에 있는 사람들, 나보다 못한 사람들을 외면한다면 의롭게 된 자의 생활이라 할 수 없습니다.

예수님은 비유를 통해서 주릴 때, 목마를 때, 나그네 되었을 때, 벗었을 때, 병들었을 때, 감옥에 갇혔을 때에 돌보아 준 것은 곧 예수님 자기에게 한 것이라고 하셨습니다(마25:35-). '가난한 자를 불쌍히 여기는 것은 여호와께 꾸이는 것이니 그 선행을 갚아주시리라'(잠19:17). 하나님이 갚으시는 것은 두 가지입니다. '원수 갚는 것이 내게 있으니 내가 갚으리라'(12:19) 하신 것처럼, 가난한 자를 도와주면 그 선행을 꼭 갚아주신다고 했습니다. 나는 푼돈으로 했는데, 하나님은 목돈으로 주십니다. 할수록 덕이 되고, 하나도 손해가 나지 않는 장사입니다.

우리가 복음을 전하는 대상자들은 대부분 연약한 자들입니다. 그들을 도와주면서 복음을 전하면 상급이 큰 이유가 여기에 있습니다. 두 가지 일을 동시에 했기 때문입니다. 우리는 이 시대의 복음의 제사장입니다. 우리는 이런 권고를 받았기 때문에 이런 일을 할 뿐만 아니라 상급을 바라보면서 더욱 열심히 해야 되겠습니다.

그리스도의 모범- 4가지 (3-8)

바울은 예수님이 앞서 행하신 4가지 모범을 말했습니다. 예수님의 모범을 말하는 것보다 더 좋은 예는 없습니다. 첫째는 자기를 기쁘게 하지 않은 모범입니다(3). 예수님은 모든 비방을 자신이 다 받았고, 자신이 다 뒤집어썼습니다. 그러면서도 남을 비방하지도, 저주하지도 않았습니다. 이런 모범을 배워야 한다고 했습니다. 두 번째는 예수님이 서로 뜻을 같이 하라고 당부하신 모범입니다(5). 예수님은 제자들이 하나가 되도록 기도하셨습니다. '우리와 같이 저희도 하나가 되게 하옵소서'(요17:11). 세 번째는 예수님이 우리를 받아주신 모범입니다(7). 어설프기 짝이 없는 제자들이었지만, 예수님은 그들을 받아주셨고 참아 기다리셨습니다. 그래서 바울은 '너희도 서로 받으라'고 당부했습니다(7). 네 번째는 할례의 수종자가 되신 모범입니다. 물론 예수님이 아기일 때 육신의 부모가 한 일이지만, 어쨌거나 할례를 받아서 할례의 수종자가 되었습니다. 예수님은 죄가 없기 때문에 세례를 받을 필요가 없었지만 세례도 받았습니다. 이렇게 해서 '의(righteousness)'를 이루셨습니다(마3:15). 예수님의 이런 귀한 모범을 본받아서 자기를 기쁘게 하지 말고 선(good)을 이루고 덕을 세우라고 당부했습니다.

구약 인용- 4가지 (9-12)

구약의 인용도 4가지입니다. 바울은 예수님의 모범을 말하고 난 뒤 이어서 구약성경을 인용했습니다. 얼마나 성경에 박식했던지 무슨 말을 하면 그에 해당되는 구절이 바로바로 연결되었습니다. 성구 사전도 없고, 검색 사이트도 없던 시절에 말입니다. 참 놀랍습니다. 그냥 줄줄 쏟아져 나왔습니다. '바울 선생님! 이젠 그만하셔도 우리가 다 알아차렸습니다'하고 만류해야 할 형편이었습니다.

바울은 시편 18편을 인용하여 '감사'(9), 신명기 32장을 인용하여 '함께 즐거워할 것'을 말했고(10), 시편 117편으로 '찬양' 할 것을(11), 이사야 11장으로 '소망' 을 말했습니다(12). 구약성경의 인용은 4절에 연속으로 적혀 있습니다.

앞으로의 계획- 4가지 (22-29)

바울은 앞으로의 여행 계획을 밝혔습니다. 바울이 앞으로 하려는 여행 계획의 최종 목적지는 서바나였는데 오늘날의 스페인을 말합니다. 그렇지만 지금은 성도의 섬기는 일로 예루살렘에 간다고 했습니다. 마게도냐와 아가야 성도들이 예루살렘의 가난한 성도들을 위해서 헌금을 했는데 그것을 전달하기 위해서입니다(26). 그 일을 마친 뒤에는 로마로 갈 것입니다(28). '너희의 그리로 보내줌을 바람이라' 는 말은 서바나로 가는 전도 여행의 경비를 로마교회가 담당해 달라는 부탁입니다(24). 그렇게 준비가 되면 바울은 서바나로 떠날 것입니다. 이것이 로마교회에 밝힌 바울의 4가지 전도 계획이었습니다.

마지막 부탁- 4가지 (30-33)

바울이 이들에게 부탁한 것도 4가지입니다. 한 가지 부탁은 여행 계획을 말하면서 이미 했습니다(24). 서바나로 갈 여행 경비를 준비해 달라는 부탁입니다. 30절에서 바울은 이들에게 기도를 부탁했습니다. 기도 제목은 3가지입니다. 순종치 아니하는 유대인들에게서 구원을 받게 해 달라고 했습니다. 바울은 그때까지 유대인에게서 살해 위협을 느끼고 있었습니다. 아직도 할 일이 많이 남아 있었기 때문에 그의 꿈이 이들에 의해서 좌절되지 않도록 기도해 달라고 했습니다.

두 번째 기도 제목은 예루살렘에 헌금을 전달하는 일에 대해서 기도해 달라고 했습니다. 바울이 앞에서 경험했던 것처럼 예루살렘에 이방인 전도를 좋아하지 않는 사람들도 있었습니다. 그들은 이방인들에게서 모아온 헌금도 언짢게 생각할 것이 뻔한 일입니다. 그러면 또 시끄럽게 될 것입니다. 그런 일이 없이 헌금이 잘 전달되도록 기도해 달라고 했습니다.

세 번째는 하나님의 뜻을 좇아서 기쁨으로 너희에게 나아가서 너희와 함께 편히 쉬게 되기를 기도해 달라고 했습니다. 바울은 육신의 편안을 위해서 기도를 부탁한 것이 아닙니다. 복음이 방해받지 않게 되기를 소망해서 이렇게 부탁했습니다.

바울은 이방인 전도에 대해서 대단한 자부심을 가지고 있었습니다. 그는 이런 일을 하는 자기를 두고 '그리스도 예수의 일꾼' 이라고 했고, 하나님이 세우신 '복음의 제사장' 이라고 했습니다(16). 드려지는 제물은 이방인인데 성령님이 그들을 거룩하게 해서 받으시게 했습니다. 16절 한 절에 3위 하나님이 다 나옵니다. 3위 하나님이 도와주시고, 인도하시고, 세우시고, 받아주신다고 했습니다. 짐승으로 드리는 제사보다 더 귀한 것이 사람의 영혼이라는 제물입니다. 선교사들은 이런 바울의 후예들입니다. 제사가 없어진 이 시대의 제사장들입니다. 복음의 제사장입니다. 자부심을 가져도 됩니다. 어깨를 펴고 하늘을 봅시다.

133강

내 목숨을 위하여 자기의 목이라도 내어 놓았나니... (롬 16)

로마서의 마지막 장인 16장에 왔습니다. 16장에는 안부를 묻고 안부를 전하는 것과 마지막 권면이 주된 내용입니다. 여러 사람의 이름이 기록되어 있습니다. 이름을 부르면서, 그리고 어떤 기억할 만한 일을 말하면서 인사하는 것은 바울 인사의 특징입니다. 대부분의 바울 서신에서 이런 특징을 찾아볼 수 있습니다. 바울 서신뿐 아니라 일반 서신의 히브리서와 베드로전서, 그리고 요한2, 3서에도 이렇게 안부를 묻는 것이 나오는 것을 보면 이것은 그 당시 편지의 일반적인 형식이라고 하겠습니다. 그런데 바울 서신이 이들과 다른 것은 더 많은 사람들의 이름을 열거했습니다. 이름이 가장 많이 나오는 성경은 로마서이고, 그다음이 디모데 후서입니다. 빌레몬서는 편지라기보다 엽서라고 부를 만큼 분량이 아주 적은데, 문안하는 사람의 이름은 무려 5명이나 적혀 있습니다.

로마서에 기록된 이름은 총 27명입니다. 그 이름을 몇 가지로 구분하면 편지를 전달하는 자와 문안을 받는 자와 문안하는 자로 나눌 수 있습니다. '문안하라'는 말이 있는 이름들은 다 로마에 있는 사람들이고 문안을 받는 사람들입니다. 반면에 이름과 함께 '문안하노라'는 말이 있는 사람들은 바울 곁에 있는 사람들이며, 바울과 함께 문안하는 사람들입니다.

바울을 중심으로 멀리 있는 사람들은 문안을 받는 사람들이고, 가까이에 있는 사람들은 문안하는 사람들입니다. 또 이름에 수식어가 있는 사람이 있고, 없는 사람도 있습니다. 이름이 감추어진 사람도 있고, 한꺼번에 묶어져서 소개된 사람들도 있습니다. '권속', '형제들', '자매', '성도들'은 묶어져서 함께 인사하는 사람들입니다. 바울은 5명의 이름을 수식어 없이 이름만 나열한 후에 '저희와 함께 있는 형제들에게' 문안하라고 했습니다(14). 그리고 이어서 같은 형식으로 4명을 언급한 후에 '저희와 함께 있는 성도들에게' 문안하라고 했습니다(15). 이런 모든 사람을 총괄해서 세어보면 총 30명에 여러 명이 더해진다고 하겠습니다.

편지를 받는 사람이 자기의 이름이 적혀 있는 것을 발견했을 때, 그 마음이 어떠했겠습니까? 그리고 바울이 각 개인과 관계해서 언급한 수식어는 그들의 마음을 더욱 기쁘게 했을 것이 분명합니다. 반대로 이름이 빠지면 엄청 섭섭하게 생각할 것이기 때문에 바울은 아는 모든 이름을 모두 기록했습니다. 그래서 이렇게 이름이 많이 있습니다.

제일 먼저 이름이 기록된 사람 (3-4)

맨 먼저 이름이 기록된 사람은 사역에 있어서나 역할에 있어서 그만한 무게가 있는 사람입니다. 그 사람은 브리스길라와 아굴라 부부입니다. 이들 부부는 성경에 5번 이름이 나오는데, 처음 소개될 때와 1번을 빼고는 항상 브리스길라의 이름이 먼저 나옵니다. 여자인 브리스길라의 이름이 먼저 나오는 것은 모든 일에 아내가 주도적인 역할을 하기 때문입니다. 아내가 이렇게 혹은 저렇게 하자고 의견을 내고 남편은 조용히 따랐던 것 같습니다. 아볼로를 불러서 2% 부족한 것을 채워줄 때도 여자의 이름이 먼저 나오는데, 브리스길라의 아이디어로 그 일이 이루어진 듯 합니다.

바울은 이들을 말하면서 최고의 찬사를 아끼지 않았습니다. '저희는 내 목숨을 위하여 자기의 목이라도 내어놓았나니'(4). 바울이 위험에 처했을 그럴 때 구해준 경험이 있었나 봅니다.

이들은 또 자기들의 집을 개방하여 교회로 모이도록 했습니다. 바울이 말한 '저의 교회'(5)는 '그 집에 있는 교회'라는 뜻입니다(고전16:19). 가정을 개방하려면 개인적인 사적 생활을 포기하고, 손님 대접하기를 즐겨야만 가능합니다. 이런 모든 일은 여자의 일이기 때문에 여자가 반대하면 할 수 없고, 아내가 즐거워해야 할 수 있습니다. 그러니까 최고의 찬사로, 제일 먼저 그 이름을 말해도 손색이 없는 사람들입니다. 이런 사람이 조력자로 옆에 있다는 것은 얼마나 기쁘고 감사한 일이겠습니까?

복음의 제사장답게

바울은 앞 장에서 자기가 '복음의 제사장'직무를 감당하고 있다고 말했습니다(16). 제사장은 성전에서 하나님께 제사 드리는 일을 위해 세워진 사람들입니다. 그들은 죄를 범한 백성이 짐승을 끌고 오면 짐승의 피로 죄를 사하는 제사를 집행했습니다. 대제사장은 특별하게 지어진 옷을 입어야 했습니다. 그 옷은 '에봇'이라고 불렸는데, 옷의 전면에는 '흉패'가 붙어 있습니다. 그 흉패에는 이스라엘의 12지파를 상징하는 12개의 보석이 있었습니다(출28:6). 그 보석에는 이스라엘의 12지파의 이름이 세겨 졌으며 (21), 양어깨에 보석을 두고 이스라엘 12지파의 이름을 세겨서 기념이 되게 했습니다(11).

바울이 로마교회 성도들의 이름을 부른 것은 '복음의 제사장'으로 하나님 앞에 이들을 제물로 삼아서 제사를 집행하는 것과 같습니다. 바울은 대제사장이 에봇을 입고 성전에서 섬기는 것을 본 사람입니다. 그런 장엄한 모습을 머릿속에 그리며 이들의 이름을 불렀습니다. 제사는 더 이상 없지만,그 정신은 이렇게 살아 있습니다.

이것은 또 예수님이 '양은 그의 음성을 듣나니 그가 자기 양의 이름을 각각 불러 인도하여 내느니라'(요10:3) 하신 말씀을 그대로 따라 행한 것입니다. 자기 양의 이름을 부르면서 앞서가는 목자와 그 음성을 알아듣고 따라가는 양들의 아름다운 모습입니다.

마지막 권면 (17-20)

바울은 여러 사람들의 이름을 불러서 인사를 한 후에, 마지막으로 한 마디 권면을 덧붙였습니다. 나이 많은 부모가 장성한 아들에게 당부하는 모습과도 같습니다. '분쟁을 일으키는 자들을 살피고 저희에게서 떠나라'고 했습니다(17). 그러나 바울은 부정적인 말로 편지를 마치려 하지 않았습니다. 그래서 그들의 순종을 말하고 그 소식을 듣고 기뻐한다고 했습니다(19).

마지막 인사인 '우리 주 예수의 은혜가 너희에게 있을지어다'(20) 라고 말한 후에 바울 곁에 있는 사람들의 이름을 적어서 함께 안부를 전했습니다.

로마서는 복음으로 시작해서 복음으로 마쳐집니다. '바울은... 하나님의 복음을 위하여 택정 함을 입었으니'(1:1). '이 복음은 그의 아들에 관하여 성경에 미리 약속하신 것이라'(1:2). 로마서는 이렇게 시작됩니다. 그리고 로마서 맨 마지막에는 '이 복음으로 너희를 능히 견고케 하실'(26) 이라는 말씀이 나옵니다. 첫 인사가 복음이었고, 마지막 인사도 복음이었습니다. 복음을 바로 깨달아 알면 로마서를 다 아는 것과 마찬가지입니다. 우리는 복음을 깨달은 자로서 복음을 전하는 자, 그리고 '복음의 제사장' 직을 잘 감당해야 하겠습니다.

성경 읽기의 참고서 신약 1권

장(章)으로 성경 꿰뚫어 보기

지은 이 | 정규동

만든 이 | 김성구

만든 곳 | 국제문학사

만든 날 | 2025년 12월 25일

등 록 일 | 2015.11.02.

등록번호 | 제2020000026호

주 소 | 서울특별시 광진구 광나루로 15길 41(102호)

전 화 | 070-8782-7272

전자우편 | Email: kims0605@daum.net

값 30,000원

ISBN: 979-11-89805-70-8(03230)